MENGSHAN YEARBOOK 2016

蒙山年鉴

（2016）

蒙山县史志办公室 编

方志出版社
Publishing House of Local Records

图书在版编目（CIP）数据

蒙山年鉴 . 2016 / 蒙山县史志办公室编 . -- 北京：方志出版社，2018.7

ISBN 978-7-5144-3097-4

Ⅰ . ①蒙… Ⅱ . ①蒙… Ⅲ . ①蒙山县—2016—年鉴
Ⅳ . ① Z526.74

中国版本图书馆 CIP 数据核字（2018）第 121856 号

蒙山年鉴（2016）

编　　者：蒙山县史志办公室
责任编辑：陈　效

出 版 人：冀祥德
出 版 者：方志出版社
地址　北京市朝阳区潘家园东里 9 号（国家方志馆 4 层）
邮编　100021
网址　http://www.fzph.org
发　　行：方志出版社图书经销中心
电话　（010）67110500
经　　销：各地新华书店
排　　版：北京中文天地文化艺术有限公司
印　　刷：北京中科印刷有限公司

开　　本：889 × 1194　　1/16
印　　张：23
字　　数：621 千字
版　　次：2018 年 7 月第 1 版　2018 年 7 月第 1 次印刷

ISBN 978-7-5144-3097-4　　**定价：**300.00 元

序

贫困问题一直是困扰人类社会发展的重大问题。中国作为世界上最大的发展中国家，为解决贫困问题进行了长期不懈的努力。改革开放以来，特别是党的十八大以来，以习近平同志为核心的党中央把脱贫攻坚作为全面建成小康社会的底线任务和标志性指标，纳入“五位一体”总体布局和“四个全面”战略布局，以前所未有的力度推进精准扶贫、精准脱贫，扶贫开发成就举世瞩目，显著改善了贫困地区和贫困群众生产生活条件，具有重大的现实意义和深远的历史意义。身处中华民族几千年发展历史上将首次整体消除绝对贫困现象的伟大时代，如何更好地发挥地方志的存史、育人、资政的作用，是新时代全国地方志系统必须深入研究和着力解决的重大课题。

党的十八大以来，在党中央国务院的正确领导下，全国地方志系统深入学习贯彻习近平新时代中国特色社会主义思想和党的十九大精神，紧紧围绕党和国家事业发展需要，深入推进地方志改革创新发展，凝心聚力，稳扎稳打，勇于担当，主动作为，全国地方志形势和地方志工作者的精神面貌发生了深刻变化，取得了优异成绩。其中，为贯彻落实《全国地方志事业发展规划纲要（2015—2020 年）》，经中国地方志指导小组领导批准，中国地方志指导小组办公室于 2015 年、2017 年先后启动民族地区与贫困地区志书、年鉴出版资助工程（以下简称“志鉴出版资助工程”），对国家级贫困县（区、旗、县级市），中西部地区、少数民族边疆地区面临出版经费困难的志书和综合年鉴给予出版资助。实施志鉴出版资助工程是紧扣时代脉搏、坚持创新发展、传承弘扬中华优秀传统文化的一项创举，不仅有力推动了“两全目标”的实现，而且数十部资助出版的志书、年鉴及时记述了民族地区与贫困地区在全面建成小康社会伟大征程中取得的新成绩和新经验、出现的新情况和新问题、涌现的优秀人物和典型事迹，留住地方文化的“根”和“魂”，为这些地区的经济社会发展、地域文化传播、爱国主义教育、精神文明建设等提供了历史借鉴和智力支持，对全面提升民族地区与贫困地区文化建设水平、确保民族地区与贫困地区和全国其他地区同步全面建成小康社会具有重要意义。

尤为可喜的是，志鉴出版资助工程促成了一批扶贫志书的编纂出版，在文化脱贫攻坚中发挥了独特的作用。例如，《贵州省减贫志》全面系统客观记述了从 1978

年至2015年贵州省扶贫、减贫工作的历程及取得的经验，为贵州省实施大扶贫战略提供了有力的资政辅治参考，集中体现了地方志工作因时而动、顺势而为的新作为。前不久，由福建省地方志编委会和人民网共同编纂的《闽宁扶贫协作图志》，是全国首部扶贫协作图志，图文并茂、直观立体、全方位地展现闽宁扶贫协作波澜壮阔的历程，弘扬“闽宁一家亲”“携手奔小康”的深厚情谊和滴水穿石、久久为功的精神，是贯彻落实习近平总书记扶贫工作重要论述精神，服务国家精准扶贫、精准脱贫战略的有力举措。希望各地以此为鉴，编纂出版更多、更好的扶贫志书、年鉴，助力国家精准扶贫、精准脱贫战略的实施，充分展现地方志的独特价值和作用。

当前，我国脱贫攻坚已进入全面决战决胜的关键时期，尚未脱贫的贫困地区集中分布在中西部深山区、极端干旱山区、高寒阴湿地区等，文化建设还比较薄弱，文化产品还不够丰富，文化精品更是少之甚少。同时，这些地区往往是民族文化、历史文化、红色文化、生态文化富集区，具有发展文化旅游、推进文化扶贫的巨大潜在优势，也是繁荣发展地方志事业的巨大文化宝库。要发挥好文化扶贫凝聚人心的优势，善于利用方志文化优势为贫困地区“赋能”，在脱贫攻坚中做出方志人应有的贡献。要发挥好中国名镇志文化工程、中国名村志文化工程的引领作用，大力加强乡镇村志编纂，让百姓记得起乡情、记得住乡愁，凝聚贫困乡镇村庄的强大民心，补齐贫困乡镇村庄的文化短板，以“扶智”的方式“扶志”，践行习近平总书记强调的“扶贫先扶智，扶贫必扶志”的重要理念。

求木之长者，必固其根本；欲流之远者，必浚其泉源。扶贫扶起的是志气骨气，传承的是家国情怀，守护的是绿水青山。扶贫既要富口袋，也要富脑袋。必须坚持文化脱贫和物质脱贫两手抓，筑牢贫困地区文化之基，补足信仰精神之钙，引领脱贫发展之舵。全国地方志系统要围绕中心、服务大局，坚决投入脱贫攻坚这场必须打赢的硬仗，积极参与脱贫攻坚战，发挥优势和特长，深入挖掘文化资源，着力补齐文化短板，努力帮助民族地区与贫困地区的文化建设实现较大的发展提升，在全面建成小康社会、实现中华民族伟大复兴中国梦的征程中贡献方志人的力量。

是为序。

中国社会科学院院长
中国地方志指导小组组长　谢伏瞻

民族地区与贫困地区年鉴出版资助工程领导小组

组　　长：高　翔　中国社会科学院副院长

常务副组长：冀祥德　中国地方志指导小组秘书长

中国地方志指导小组办公室主任

副 组 长：高京斋　中国地方志指导小组办公室党组书记

邱新立　中国地方志指导小组办公室副主任

民族地区与贫困地区年鉴出版资助工程领导小组办公室

主　　任：冀祥德　中国地方志指导小组秘书长

中国地方志指导小组办公室主任

副 主 任：邱新立　中国地方志指导小组办公室副主任

成　　员：于伟平　方志出版社总编辑

刘永强　中国地方志指导小组办公室年鉴处处长

冷晓玲　中国地方志指导小组办公室年鉴处副调研员

李　静　方志出版社地情与专业年鉴编辑部副主任

编辑说明

一、《蒙山年鉴》是由蒙山县人民政府主办，蒙山县地方志编纂委员会编纂的地方综合年鉴。《蒙山年鉴》的编纂始终坚持以马克思列宁主义、毛泽东思想、邓小平理论、“三个代表”重要思想、科学发展观、习近平新时代中国特色社会主义思想为指导，坚持辩证唯物主义和历史唯物主义的立场、观点和方法，客观记录蒙山县经济和社会发展的基本情况。旨在为各级领导决策提供可靠的参考依据，为各行各业的工作提供咨询信息，为社会各界人士了解和研究蒙山县提供最新的基本情况，为编纂与续修地方志书积累资料。

二、《蒙山年鉴》从2016年起由原来两年一鉴改为一年一鉴，《蒙山年鉴（2016）》是蒙山县第四本年鉴，记载蒙山县2015年经济社会发展的基本情况。

三、本年鉴采用分类编辑法，主要分类目、分目、条目三个层次，以条目为主体，个别分目下设次分目，并根据需要在部分条目内设子条目。内容层次设置，大体上按科学分类和社会分工相结合原则归类和排列，行政机构、企事业单位排序和层次一般不表示其地位和规模。

四、本年鉴设特载、大事记、县情总述、中共蒙山县委员会、蒙山县人大常委会、蒙山县人民政府、政协蒙山县委员会、纪律检查·行政监察、社会团体、法治·军事、农业和农村、工业、商贸·服务业·旅游业、经济管理与监督、财税·金融·保险、交通·邮电·通信、城乡建设与管理、资源·环保、教育、科学、文化·体育、卫生·计生、民生事业、乡镇概述、人物·荣誉、附录等26个类目，并设反映全县重大事件和发展成就的彩色图片专辑。

五、本年鉴记述的内容（含文字、图片）主要由记述单位提供，部分图片由年鉴编辑部提供。涉及蒙山县社会经济发展的数据由统计部门提供，统计部门没有的，采用有关单位提供的数据。由于统计来源、口径、方式不同，数据可能存在不尽一致。

六、本年鉴图片专辑记述内容不受年限限制，图片中出现单位领导人物为本年鉴截稿时现任领导，本年鉴截稿时已经调离的领导在图片中出现的均注明活动时间。

七、年鉴编辑部设在县史志办公室，编辑人员由史志办工作人员担任。本年鉴的编纂出版，得到全县各级领导和编写人员的关心和支持，谨此深表谢意。限于编辑水平，本年鉴难免有错漏之处，敬请读者指正，以便今后年鉴编辑得更好。

蒙山县地图

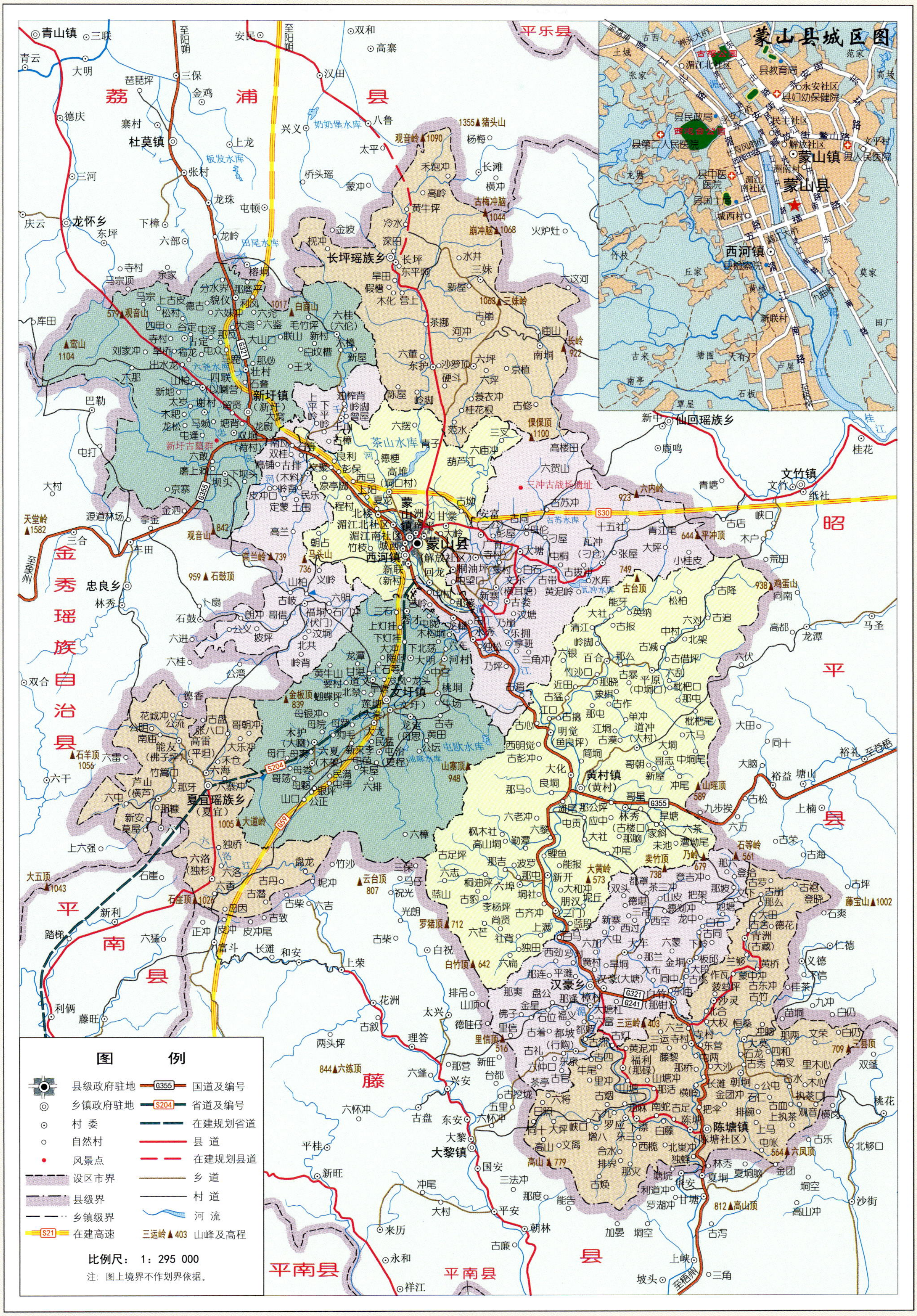

广西壮族自治区地图院编制　　审图号：桂S（2018）59号　　2018年10月

数字蒙山 2015 SHUZI MENGSHAN

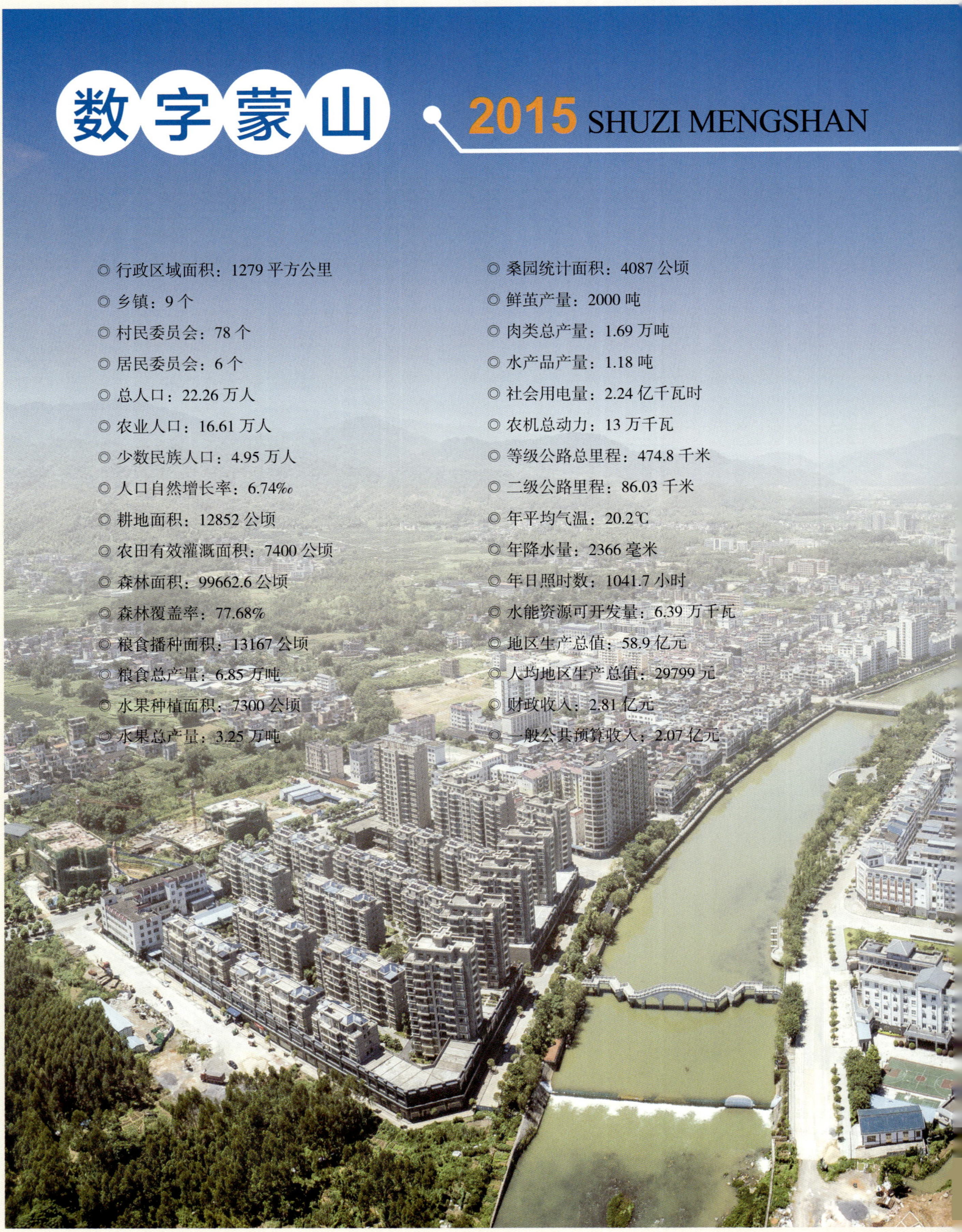

◎ 行政区域面积：1279 平方公里
◎ 乡镇：9 个
◎ 村民委员会：78 个
◎ 居民委员会：6 个
◎ 总人口：22.26 万人
◎ 农业人口：16.61 万人
◎ 少数民族人口：4.95 万人
◎ 人口自然增长率：6.74‰
◎ 耕地面积：12852 公顷
◎ 农田有效灌溉面积：7400 公顷
◎ 森林面积：99662.6 公顷
◎ 森林覆盖率：77.68%
◎ 粮食播种面积：13167 公顷
◎ 粮食总产量：6.85 万吨
◎ 水果种植面积：7300 公顷
◎ 水果总产量：3.25 万吨
◎ 桑园统计面积：4087 公顷
◎ 鲜茧产量：2000 吨
◎ 肉类总产量：1.69 万吨
◎ 水产品产量：1.18 吨
◎ 社会用电量：2.24 亿千瓦时
◎ 农机总动力：13 万千瓦
◎ 等级公路总里程：474.8 千米
◎ 二级公路里程：86.03 千米
◎ 年平均气温：20.2℃
◎ 年降水量：2366 毫米
◎ 年日照时数：1041.7 小时
◎ 水能资源可开发量：6.39 万千瓦
◎ 地区生产总值：58.9 亿元
◎ 人均地区生产总值：29799 元
◎ 财政收入：2.81 亿元
◎ 一般公共预算收入：2.07 亿元

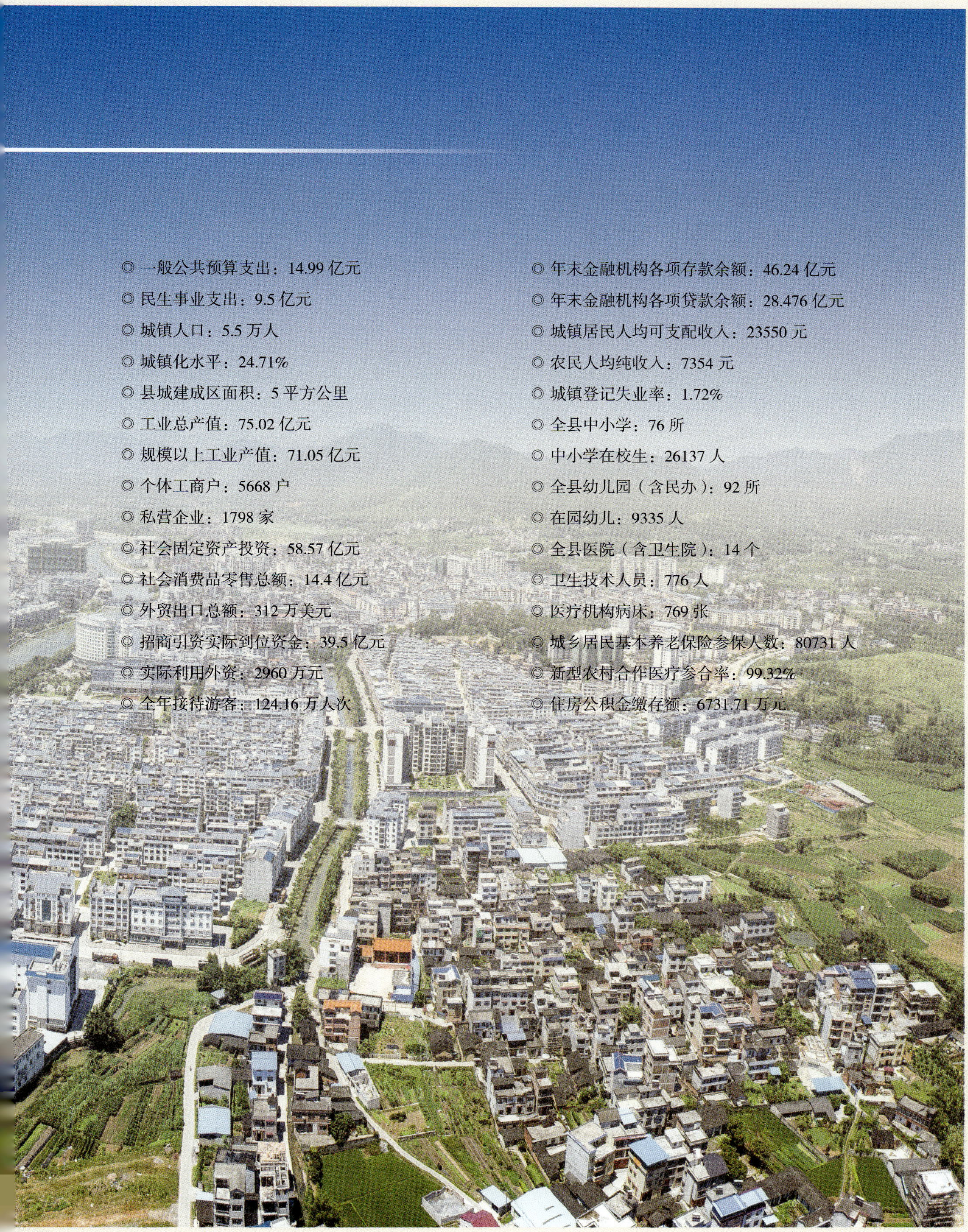

◎ 一般公共预算支出：14.99 亿元
◎ 民生事业支出：9.5 亿元
◎ 城镇人口：5.5 万人
◎ 城镇化水平：24.71%
◎ 县城建成区面积：5 平方公里
◎ 工业总产值：75.02 亿元
◎ 规模以上工业产值：71.05 亿元
◎ 个体工商户：5668 户
◎ 私营企业：1798 家
◎ 社会固定资产投资：58.57 亿元
◎ 社会消费品零售总额：14.4 亿元
◎ 外贸出口总额：312 万美元
◎ 招商引资实际到位资金：39.5 亿元
◎ 实际利用外资：2960 万元
◎ 全年接待游客：124.16 万人次
◎ 年末金融机构各项存款余额：46.24 亿元
◎ 年末金融机构各项贷款余额：28.476 亿元
◎ 城镇居民人均可支配收入：23550 元
◎ 农民人均纯收入：7354 元
◎ 城镇登记失业率：1.72%
◎ 全县中小学：76 所
◎ 中小学在校生：26137 人
◎ 全县幼儿园（含民办）：92 所
◎ 在园幼儿：9335 人
◎ 全县医院（含卫生院）：14 个
◎ 卫生技术人员：776 人
◎ 医疗机构病床：769 张
◎ 城乡居民基本养老保险参保人数：80731 人
◎ 新型农村合作医疗参合率：99.32%
◎ 住房公积金缴存额：6731.71 万元

创建广西特色旅游名县

国家 AAAA 级旅游景区“永安王城”景区一角
县史志办　供稿

国家 AAAA 级旅游景区“梁羽生公园”一角
县史志办　供稿

国家 AAAA 级旅游景区长坪“水韵瑶寨”全景
县委宣传部　供稿

国家 AAA 级旅游景区“西炮台公园”一角
县史志办　供稿

茶山湖景区　　县史志办　供稿

美丽的蒙山县城　　县史志办　供稿

民俗特技活动——“上刀山”
县史志办　供稿

民族节庆表演　　县旅游局　供稿

古榕祈福　　县史志办　供稿

民俗特技活动——“过火海”　　县史志办　供稿

舞台表演剧《封王大典》　　县史志办　供稿

民族传统体育竞技项目　　县史志办　供稿

全县脱贫摘帽誓师大会现场　　县史志办　供稿

选派第一书记驻村扶贫，实现所有行政村全覆盖　　县扶贫办　供稿

县直机关干部与全县贫困户“结对子”帮扶　　县史志办　供稿

贫困户脱贫摘帽“双认定”验收现场　　县史志办　供稿

易地扶贫搬迁移民集中安置房钥匙发放仪式
县发改局　供稿

乡村扶贫搬迁移民安置点　　县发改局　供稿

蒙山县电子商务产业园　　县扶贫办　供稿

光伏扶贫发电项目　　县扶贫办　供稿

扶贫部门给贫困户发放扶贫桑苗
县扶贫办　供稿

扶贫干部对贫困户进行产业技术培训
县扶贫办　供稿

扶贫部门给贫困户发放黑土猪种猪
扶贫办　供稿

黄村镇发展养牛扶贫产业　　县扶贫办　供稿

桑蚕产业

小蚕共育室　　县史志办　供稿

规模桑蚕养殖场　　县史志办　供稿

桑蚕托起的小洋楼　　县史志办　供稿

按标准化建设的蚕室　　县史志办　供稿

热闹的鲜茧收购站　　县史志办　供稿

拿到鲜茧款的蚕农喜笑颜开　　县史志办　供稿

丝绸园区入园企业——八桂蚕坊丝绸有限公司　县史志办　供稿

丝绸园区鸟瞰　县史志办　供稿

丝绸产品展示　县史志办　供稿

丝绸企业烤茧车间　县史志办　供稿

丝绸企业缫丝车间　县史志办　供稿

丝绸企业丝棉被制作车间　县史志办　供稿

丝绸企业检丝车间　县史志办　供稿

丝绸企业织绸车间　县史志办　供稿

精神文明建设

小年纪大爱心　　　　县史志办　供稿

“希望工程圆梦行动”一日捐活动　　团县委　供稿

2015 年 1 月 17 日，“中国梦 · 乡村行”蒙山县“百团千场”文艺下乡到夏宜瑶族乡演出　　戴连升　摄

市民晚间文娱活动重要场所政府广场

黄振兴　摄

“2015 中国黟县国际乡村摄影大展”于 2015 年 11 月 1—5 日在安徽黟县举行。蒙山县应中国摄影报社之邀，作为唯一一个县级参展机构，在大展上展出风光、人文、生态、建设等方面的作品 40 多幅　　县史志办　供稿

中老年文艺爱好者自娱自乐

县史志办　供稿

瑶歌对唱　　　　黄胜林　摄

春节舞狮表演　　　　韦明　摄

2015 年 8 月 8 日，广西全民健身日，县老年太极拳爱好者集体表演

县史志办　供稿

2015 年 12 月 28 日，广西“乡土情深”文化科技卫生“三下乡”集中服务活动到蒙山进行文化惠民慰问演出　　　县史志办　供稿

民间习武　　　陈浦生　摄

2015 年 11 月中旬，广西十三届运动会在梧州市举行，蒙山县承办象棋、围棋等 4 项赛事。图为象棋比赛赛场　　　县史志办　供稿

一级收藏作品《万丈虹桥望入微　天光云影共楼飞》　　温德民　摄

二级收藏作品《太平军雕塑之光》　　黄胜林　摄

三级收藏作品《古城遗风》　　张明　摄

三级收藏作品《丝绸之美》　　陈志勇　摄

三级收藏作品《憧憬》　　钟晨　摄

优秀作品《抽丝剥检》　　潘新田　摄

目　录

特　载

大事记

县情总述

基本地情

历史人文

政治与经济和社会事业发展

领导名录（2015.01—2015.12）

中共蒙山县委员会

重要会议

重要决策

重要调研

重要活动

县委机关工作

组织工作

宣传工作

蒙山县关心下一代工作委员会

法治·军事

政法委及综治工作

法治政府建设

公 安

检 察

法 院

招商引资

商贸 · 服务业 · 旅游业

综　述

市场管理

医药贸易

石油经营

粮食贸易

供销合作

烟草专卖

个体工商业

住宿餐饮业

物流业

旅游业

经济管理与监督

宏观经济管理

统计工作

物价管理

审计工作

国有资产管理

工商行政管理

民生事业

消费者权益保护

扶贫开发

移民管理

供电　发电

水　务

乡镇概述

蒙山镇

西河镇

新圩镇

文圩镇

黄村镇

陈塘镇

汉豪乡

特　载

县委常委会工作报告

——在县委十三届六次全会第一次全体会议上

（2015 年 12 月 24 日）

县委书记　阳永煊

县委书记阳永煊作工作报告　　　　县委宣传部　供稿

县委十三届五次全会以来，面对错综复杂的国际国内经济形势和艰巨繁重的改革发展稳定任务，县委常委会总揽全局、协调各方，坚持以党的十八大和十八届三中、四中、五中全会精神为指导，以习近平总书记系列重要讲话精神为遵循，全面贯彻“四个全面”战略布局，继续坚持“生态立县、特色兴县”发展战略，深化和拓展“特色农业、优势工业、休闲旅游、精品城镇”的工作思路，主动适应经济发展新常态，坚决落实中央及自治区党委、梧州市委各项决策部署，把方向、谋全局、抓大事，着力稳增长、调结构、促改革、惠民生、抓党建、强作风，努力保持经济社会平稳健康发展，全县经济建设、政治建设、文化建设、社会建设、生态文明建设和党的建设取得了新进展，各项工作达到了预期目标，为“十二五”规划圆满收官和“十三五”规划发展开好局、起好步奠定了坚实基础。

县委十三届五次全会以来，县委常委会主要抓好以下几方面的工作。

一、积极落实发展战略，经济社会实现持续平稳发展

县委常委会不断完善党委领导经济工作的制度机制，坚持常委会集体研究经济领域的重大问题，坚持每个季度听取经济工作全面汇报，不定期听取专项工作情况汇报，适时研究重大问题，及时解决经济运行突出问题，加强经济运行监测分析、过程管理。及时研究处置各种难点问题、各类遗留问题和群众关注的民生问题，不回避、不退缩，努力促进问题的妥善解决。全力支持政府开展工作，充分发挥政府在经济调节、市场监管、社会管理和公共服务等方面的职能作用，强化经济发展的要素保障。年初，县委组织制定了全县“三年一工程”活动、旅游基础设施建设大会战项目、生态乡村活动、特色农业发展奖励方案、精准扶贫等一系列重大决策部署，明确了全县的奋斗目标和工作思路。

预计全年，全县GDP完成55.5亿元，同比下降4.56%，完成市下达全年预期目标任务的95.7%；其中第三产业完成增加值22.4亿元，同比增长17.1%。固定资产投资完成55亿元，同比增长19.1%，完成市下达全年预期目标任务的100%。财政收入完成2.54亿元，同比下降1.2%，完成市下达预期目标任务的90.5%。社会消费品零售总额完成14.3亿元，同比增长11%，完成市下达全年预期目标任务的100%。城镇居民可支配收入完成23594元，同比增长6.5%，完成市下达任务的98.2%。农民人均纯收入完成7455元，同比增长11.1%。

一是着力扶持特色农业发展壮大。组织制定特色农业发展奖励方案，把发展特色生态农业作为推动农业发展、农民增收、加快新农村建设步伐的重要抓手。全面铺开冬春水利建设大会战和土地整治项目。加大对特色种养业的扶持力度，全县桑园面积保持6.3万亩以上，全县水果、品牌蔬菜、蜂蜜、努比亚山羊、蝮蛇、黑土猪、娃娃鱼、石蛙等特色养殖规模不断扩大。注重示范引领，以砂糖橘、桑蚕和现代养殖为重点产业，按照乡村建设和现代农业“五化”的要求，在蒙山镇、西河镇打造9000亩特色生态种养（核心）示范区。大力培育发展新型农业经营主体，全县合作社和家庭农场的数量不断增加，实力明显增强。积极鼓励农业企业、合作社申报“三品一标”认证，提升品牌价值。生态休闲观光农业成效显著，在夏宜瑶族乡种植醉蝶花获得成功，“四季花海”知名度不断提升，国庆黄金周期间，“四季花海”共接待游客18.96万人次，带动周边景区景点旅游兴旺，全县餐饮、住宿、娱乐等相关产业呈现繁荣态势。

二是着力推动优势工业转型升级。进一步完善县四家班子领导联系服务企业制度，细化分解责任，采取有力的督察推进措施，全县优势工业稳步发展。重点项目建设稳步推进，蒙山县金桥木业有限公司和蒙山县永安商品混凝土有限公司完成上规，欧蒙人造板正积极争取申报上规。木衣架加工、刨花板加工等项目已经开工建设。陈塘矿山企业、广晋水泥有限公司已恢复正常生产，正力促其扩大生产规模。主动对接“东绸西移”，出台招商引资优惠政策，着力抓好茧丝绸深加工特色产业，重点项目山东省淄博大染坊丝绸集团真丝织造项目的试生产状况良好。组织强有力的队伍到北京、山东、浙江等地招商，在招大引强上取得重大突破，与中国500强企业的华润控股有限公司、中广核风电有限公司、国家电力投资集团签订了总投资达37亿元的风电开发项目，和广东惠州市汤泉高尔夫俱乐部洽谈签订了总投资2.8亿元的生态健康养生度假园项目合作意向，和桂北香料公司签订了合作项目。积极加快电子商务发展，与北京东方财星国际资本管理有限公司签订PPP战略合作协议，与中农批电商（北京）建设开发有限公司达成了初步合作意向。全县小微企业孵化园和长寿生态食品园区建设正在筹备当中。

三是着力加快“特色旅游名县”创建步伐。组织制定2015年旅游基础设施建设大会战项目及其任务分解，筹集资金2.5亿元，统筹推进25个重点旅游建设项目。对照创建广西特色旅游名县的具体评分标准，把各个指标和任务分解落实到县四家班子全体领导和县直有关部门的负责同志当中。加快推进星级旅游区建设，“永安王城”创建国家AAAA级旅游景区正在接受自治区有关机构评审；以县城打造国家AAAA级旅游景区为中心，推进湄江休闲观光带建设；蒙山历史文化园、夏龙生态岛健康乡村旅游区等一批景区景点建设。长坪瑶族乡“水韵瑶寨”乡村旅游区获评五星级乡村旅游区，着力打造夏宜瑶族乡“醉美瑶寨”创建四星级乡村旅游区。不断加强合作提升旅游品牌，推进与周边市县重大旅游品牌联合推介，与桂林三姐国旅携手共同开辟“微旅游”新市场，推出“桂林周边游·任性游蒙山”旅游线路。国庆黄金周期间，我县与桂林、梧州、贺州等地旅行社合作推出两天一夜游“微旅行”市场，其中长坪“水韵瑶寨”乡村旅游区国庆期间游客接待量达3.45万人次。赴柳州、来宾、桂林、佛山等地，积极参加各类有影响力的博览会、论坛推介蒙山旅游。邀请中央电视台《武侠世界》摄制组来我县拍摄纪录片。成功举办了“水韵瑶寨节日欢歌”暨蒙山文化旅游节，吸引上万名游客走进蒙山。截至11月底，全县接待游客人数达124.16万人次，旅游总收入11.99亿元。

四是着力提升精品城镇魅力。高度重视抓好城镇规划，以打造桂东休闲度假精品小城镇为目标，细化城镇规划，不断完善城镇体系建设。新圩镇、黄村镇、汉豪乡3个乡镇新区基础设施建设稳步推进，以瑶寨风格为特色的夏宜和长坪两个瑶族乡别具一格。甘棠村十万组、古定村古皮组、安富村青子组等新农村建设示范点不断完善升级。旧城改造、城市道路及基础设施建设、城市环境综合整治等项目不断加快；完成县城便民公共自行车项目设置5个点共40辆车。组织推进新联片区、东环路周边和湄江沿岸棚户区改造，向国家开发银行争取的5.23亿元贷款已全部签订协议，落实到位资金1.6亿元，现正在推进安置地建设、配套基础设施建设等工作。完成长寿阁、聚福楼等项目建设，九曲桥、福寿广场完成主体建设，湄江沿岸综合整治工程扎实推进。组织专门队伍到自治区有关部门对接，荔浦至玉林高速公路、贺州至巴马高速公路的选址、勘探、环评及路线征询等前期工作正在进行，协助推进通用机场建设项目；高度关注张家界—海口高速铁路项目的规划前期工作，力争该项目从蒙山经过并设站。

二、推进民主政治建设，不断巩固安定团结的政治局面

县委常委会坚定不移走中国特色社会主义政治发展道路，汇集各方力量促进科学发展。

一是全面加强人大工作。大力支持县人大及其常委会依法履行职权，加强对“一府两院”工作的监督，促进各项工作的开展。充分发挥人大代表的作用，支持和保障人大代表依法履行职责。一年来，县人大常委会听取和审议28个专项工作报告以及计划、预算和审计工作报告。坚持党管干部与人大依法任免相统一的原则，依法任免干部。

二是全面加强政协工作。召开全县政协工作会议，加强对全县经济社会发展重大问题的协商，推进政协事业的科学发展。一年来，由县委建议、县政协组织工商联和无党派人士代表围绕事关我县发展的重大课题，开展调查研究，形成9篇专题调研报告。重视发挥人民政协的民主监督作用，邀请政协委员、民主党派人士参与“两大评议”“十三五”规划编制等各项工作。

三是全面加强统战工作。切实加强社会主义民主政治建设，党代表、人大代表和政协委员的作用日益显现，党代会常任制和年会制试点工作取得明显成效。“十家民营企业扶助十个贫困村活动”深入开展，30家企业与30个贫困村签署了扶助协议，民营企业帮扶贫困村资金达1200多万元，就业安置1300多人，参与捐资助学等光彩事业捐资捐物达40多万元。把知联会作为加强党外干部队伍建设的重要平台，将知联会打造成“党外知识分子之家”。

四是大力支持法院、检察院工作。支持人民法院依法独立行使审判权，充分发挥审判职能，惩治各类犯罪，维护合法权利，确保司法公正。支持人民检察院依法独立行使检察权，围绕中心，服务大局，打击犯罪，惩治腐败。

五是全面加强民族工作。深入开展民族团结进步宣传月活动，积极争取自治区、梧州市少数民族发展资金，促进了民族地区经济社会发展。不断改善少数民族群众生产生活条件，蒙山县长坪瑶族乡生态休闲旅游加快发展，成功举办夏宜瑶族乡成立30周年乡庆活动，民族关系进一步巩固。

六是全面加强群团工作。召开党的群团工作会议，传达贯彻中央及自治区关于党的群团工作会议精神，强调坚持党对群团工作的统一领导，充分发挥群团组织的桥梁和纽带作用，工青妇、文联、科协、侨联、社科联等群团组织的作用得到更好发挥。

七是大力加强党管武装工作。加强国防动员和国防后备力量建设，深入开展"双拥"工作，支持驻蒙部队建设，促进军民融合深度发展。

三、加强意识形态工作，推动宣传思想文化事业健康繁荣

县委常委会贯彻落实习近平总书记关于"意识形态工作是党的一项极端重要工作"的讲话精神，切实抓好新形势下意识形态工作和宣传思想文化工作，为建设和谐蒙山凝聚强大正能量。

一是抓好理论学习宣传。贯彻落实党的十八届四中、五中全会和自治区党委十届五次全会、梧州市十二届六次全会精神。组织举办专题研讨培训班，牢牢抓住领导干部这个"关键少数"，要求各级领导干部做尊法学法守法用法的模范。组织全县上下认真贯彻落实全会精神，规范司法成效明显，全社会法治氛围进一步增强。深入学习贯彻习近平总书记系列重要讲话精神，对于习近平总书记的重要讲话，我们都第一时间组织传达学习，认真研读原文，领会精神实质，研究贯彻落实措施。县委常委会集中传达学习讲话8次，研究贯彻落实议题6个。通过学习，进一步提高了常委会的政治素质、理论素质，进一步带动了全县上下的学习活动。我们还通过召开各种专门会议、举办培训班等形式广泛宣传阐释讲话精神，不断掀起学习贯彻热潮。开展以"百场宣讲下基层"为载体的宣讲活动，组织各类主题宣讲100多场次，进一步巩固基层宣传文化阵地。紧紧围绕党的十八届四中、五中全会精神，加大对外宣传力度，在《广西日报》发表稿件59篇。

二是扎实推进群众性精神文明创建。积极践行社会主义核心价值观，广泛开展"讲文明树新风"公益广告宣传，开展向身边的先进人物学习等活动，推进诚信和文明旅游制度化建设，狠抓未成年人思想道德建设，开展道德讲堂活动120多场，结合党的十八届四中、五中会精神和"三严三实"专题教育，组织开展"走基层"宣讲活动80多场次，参加的干部群众近万人次。我县被授予"自治区文明县城"称号，西河镇被评为全国文明村镇，1人入选"中国好人榜"，2人获评自治区孝老爱亲模范。

三是加强网络舆论引导。以各网站、论坛、官方微博、微信公众号为主阵地，组织开展网络正面宣传。建立健全网络舆情预警机制，提高有效应对网络舆论的方法与技巧，确保网络环境健康有序。注重发挥好"零距离网络问政"监督平台的作用，引入群众评议机制，督促各级各部门认真解决群众反映的热点难点问题，促使机关提升效能、干部转变作风。

四是推动文化繁荣发展。在香港《大公报》策划《游梁羽生故乡、品乡土美食》专题报道；配合中央电视台科教频道栏目组拍摄《梁羽生》纪录片；邀请中央电视台中文国际频道节目组到蒙山拍摄《长寿广西》；配合广西电视台拍摄《第一书记》等专题节目。村级公共活动中心设施进一步完善，城乡重大文化工程建设有力推进，群众性文化活动日趋活跃。编辑出版《魅力蒙山》刊物。

四、加强社会建设和生态文明建设，提升人民群众幸福指数

一是扎实推进民生项目建设。全力推进以民生为主的社会事业发展，大力实施12项为民办实事工程。优化教育资源配置，教育均衡发展步伐不断加快，实施农村中小学校舍维修改造项目、农村义务教育薄弱学校改造计划等项目；教育惠民力度不断加大，对各个教育阶段实现全覆盖。“乐业工程”深入实施，城镇新增就业人员、农村劳动力转移就业、失业人员再就业、就业困难人员再就业等如期完成年度目标任务。医疗卫生、住房、饮水、道路建设等民生项目如期推进。

二是加强社会管理创新。狠抓安全生产不放松，组织开展安全生产大检查，开展食品药品安全专项整治。依法打击违法犯罪活动，完善社会矛盾纠纷排查调处和预警体系，化解影响社会稳定的突出问题。加强和创新社会管理，前3季度社会公众安全感和政法工作满意度排名位居全市前列。

三是扎实推进精准识别和脱贫攻坚工作。成立了由县委书记、县长任组长的精准识别工作领导小组和督查推进小组，下发了精准识别工作方案。每个包村后盾单位增派3—5名干部，全县组成总人数1041人的精准识别工作队伍。县财政安排精准识别工作第一期专项经费45万元。加强宣传动员，我县分别召开了县、乡、村、组四级宣传动员（培训）工作会，发放宣传资料2万多份。严格按照“两入户两评议两审核两公示一公告”程序，运用“一进二看三算四比五议”方法，确保识别工作真实准确。目前，已全部完成动员培训、入户调查评分、两评议一公示、核实汇总分数4个阶段工作。

四是着力推进深化改革各项工作。印发了《蒙山县2015年全面深化改革工作要点》和《蒙山县委全面深化改革领导小组7个专项小组贯彻落实〈蒙山县2015年全面深化改革工作要点〉的分工方案》，全面加快推进深化改革工作。着眼于简政放权，持续深化行政审批制度改革。设立县人民政府法律顾问室，聘请法律顾问5名。政府依法行政能力和司法机关司法水平进一步提高。政务公开、基层群众的自治制度日益完善。扎实推动医改工作，认真贯彻落实《梧州市城乡居民大病保险工作实施方案》，全面开展县级公立医院综合改革试点工作。深化机构改革，完成卫生局、人口计生局的合并，组建成立县文化新闻出版广电体育局。加强与自治区、梧州市沟通衔接，细化落户准入条件并组织实施，稳步推进我县户籍制度改革工作。全面推行“三证合一”企业注册登记制度改革。推进实施农村金融改革，完善农村信用信息系统，推进农村信用体系建设，强化金融服务“三农”力度。进一步推进农村综合改革、土地确权登记发证试点等改革，完成汉豪、夏宜2个试点乡镇的土地确权登记发证工作。

五是扎实推进生态文明建设。作为首批25个国家级美丽乡村建设标准化试点县之一，县委大力推进环境综合整治，把生态优势变为发展优势，全县先后有63个村获评“市级生态村”，2个乡镇获评自治区级生态乡镇。全县提前完成村屯绿化自治区级示范点45个、梧州市级示范点5个、一般村屯680个项目的种植任务，完成新圩镇2000亩生态景观林建设，全县森林覆盖率达77.6%。加快硬件设施建设，县水质检测中心、沟渠清淤联通工程、8个乡镇污水处理项目、13个列入饮用水水源保护区（范围）规划等项目稳步实施。建成村屯道路39条、桥梁1座。建立农村生活垃圾机械化收运体系，通过向社会购买服务在8条主干线、5条支线上实现县域农村垃圾机械化清运，建设实时监控平台，进行全程监管。突出村民群众自主参与，加强县城和镇区综合执法，整治“六乱”现象。引导群众发展生态农业，构筑绿色立体循环的种养模式，全县有桑蚕、水果等生态种养村65个，13家企业获QS质量认证。获评“全国休闲农业与乡村旅游示范县”称号，由“自治区级生态功能区”升格为“国家重点生态功能区”已通过终审。

五、全面落实从严管党治党，坚守政治担当

一是从严开展“三严三实”专题教育。紧扣主题组织开展边学边查边改，全县27名处级领导干部围绕查摆出86个不严不实突出问题，逐一对照整改。危桥、水毁灾毁垮塌桥梁等一批民心工程项目得到整改落实，党代表作用发挥不明显、旅游配套设施不完善、农村垃圾清理难等突出问题得到有效整治，探索形成了党员干部“问题曝光台”等务实有效做法，树立一批“三严三实”干部先进典型，党员干部作风得到明显转变。

二是务实抓好党代会试点。将党代会试点作为党要管党、从严治党的重要内容来抓。通过邀请党建专家对全县党代会试点进行系统指导，起草进一步加强和改进党代表任期制工作的意见、方案等，明确党代表闭会期间工作职责，构建党代表直通网络，筹备开设党代表论坛，落实党代表工作室建设及党代表论坛专项活动经费13万元，进一步丰富党代表活动载体，搭建起党代表作用长期性发挥平台，提升试点工作实效。

三是深入推进基层党组织“三大工程”建设。采取“一联三动”（即县领导挂点联系，党（工）委主动担责、帮扶单位联动配合、基层党组织主动作为）措施，共对102个基层党组织实施巩固、提升、整顿工程，对全县84个农村党组织全面实施“三大工程”建设。建立“一库三表”（即基层组织建设“三大工程”数据库、任务分配表、情况登记表、月进度报表），强化跟踪指导。多渠道筹集资金100多万元投入基层党组织建设，我县5个市级党建示范点的示范带动作用日益明显，基层党组织各项建设进一步夯实。

四是抓好干部队伍建设。加强干部日常管理，落实定期分析干部队伍建设情况制度，抓好后备干部储备工作。认真落实县级以下机关公务员职务与职级并行制度，共为符合政策的294名干部办理了职级晋升。全年共消化清理超配正科级干部32名、副科级干部9名。从严抓好干部监督，加大对党政主要领导干部经济责任审计力度。组织全县34名市管处级干部认真如实填报《领导干部个人有关事项报告表》。对党政领导干部在企业兼职（任职）进行规范，开展超职数配备干部整治工作。对党政领导干部选拔任用过程进行集中倒查，防止“带病提拔”。加强精准扶贫工作队伍建设，在实现各村第一书记全覆盖的基础上，整合抽调区、市、县下派的第一书记、包村干部，驻村工作队员和乡（镇）干部组成的精准识别工作队，建立“精准识别业务交流群”及“第一书记交流群”，有力推动精准扶贫进程。抓好村级干部队伍管理，按要求相应提高村级干部报酬及村级办公经费；组织全县471名在岗定工和半定工干部进行健康体检。实施“领头羊”分类培训工程。全面推行村干部轮流坐班、民事代办等制度，为群众提供“一站式”“窗口化”服务。加强大学生村干部培养和管理，全县在岗大学生村干部21人。

五是切实加强党风廉政建设和反腐败斗争。认真分析全县党风廉政建设的形势，对反腐倡廉工作进行了整体安排和部署，与9个乡（镇）、70个县直单位签订党风廉政建设“两个责任”责任书。印发《蒙山县落实党风廉政建设党委主体责任和纪委监督责任的实施办法》，明确党委（党组）主体责任和纪委（纪检组）的监督责任，强化责任追究。组建以县委常委带队的5个检查组，深入9个乡（镇）和7个县直单位，抽查落实党风廉政建设责任制和推进惩防体系建设工作情况。全县共有党员干部3000多人次到广西廉政教育基地、800多人次到县预防职务犯罪教育基地接受廉政教育。组织县处级领导干部及县纪检监察干部参观梧州市反腐倡廉警示教育基地。建立常态化的作风纪律监督检查制度，组织明察暗访活动，严查公车私用、公款旅游、公款大吃大喝、婚庆事宜大操大办、党员干部纵酒、“走读”等行为，先后下发通报对违反工作纪律规定的5名工作人员、违反“走读”相关规定的3位领导干部进行点名通报曝光。开展专项检查活动，加强“吃空饷”、清退干部职工多占住房、办公用房清理、机关运行经费等问题的监督检查，对发现的问题及时督促整改，对相关人员进行追责问责，全年立案查处违反中央八项规定精神的案件6起；受理发生在群众身边“四风”和腐败问题信访举报件58件，立案15件，已结案12件。

一年来，县委常委会高度重视加强自身建设，坚持高举旗帜，解放思想，实事求是，与时俱进，求真务实，带头严格遵守政治纪律、组织纪律，以及领导干部政治、工作、生活待遇各项制度规定，确保中央及自治区党委、梧州市委政令畅通。坚持定期务虚制度，先后召开全县经济社会发展工作务虚会、全县党建工作务虚会，进一步解放思想、推动工作。坚持加强和改进党委对经济工作的领导，加强对经济运行形势的分析研判，经常深入各地调查研究，加强督促检查，帮助解决问题。坚决贯彻民主集中制，按规则议事、决策、办事，以县委领导班子的团结，带动全县各级领导班子和干部队伍的团结。带头认真落实“三严三实”，进一步改进作风、密切联系群众，努力做到干部清正、政府清廉、政治清明。

同志们，以上的报告是县委常委会一年来的主要工作。这些工作的开展和各项成绩的取得，是上级党委、政府正确领导的结果，是全县各级党组织和各部门精心组织、扎实工作的结果，是全县广大党员干部群众团结拼搏、艰苦创业的结果，也是在座各位县委委员、候补委员同心同德、共同努力的结果。在此，我代表县委常委会，向大家表示衷心的感谢！

在总结工作的同时，我们也清醒认识到存在的问题和不足。主要是：应对新常态下各种风险挑战的能力有待提高，解决实体经济困难的政策和工作力度有待加大；改革举措落地仍需下更大功夫，群众对共享改革成果的认可度还不够高；民生工作还需要进一步改进，扶贫攻坚任务艰巨，城乡居民收入还不高，部分群众生活仍然困难；从严治党责任落实还不够到位，抓基层党建不平衡；一些领域和地方消极腐败现象还时有发生，构建不敢腐、不能腐、不想腐的体制机制还要下更大气力；少数基层党组织负责人抓党建意识不强，党建工作力度偏弱；少数干部干事创业热情不足，距离“三严三实”要求还有一定差距。

我们认为，加强和改进各项工作，有效化解各种矛盾和风险，必须看清问题、扭住关键、理清思路、综合施策、精准发力、敢于担当、积极作为。我们要以全面加强党的建设为重要抓手，坚持中央提出的“创新、协调、绿色、开放、共享”发展理念，主动适应经济发展新常态，跟踪研究国家、自治区、梧州市的宏观经济趋势和改革走向，挖掘我县发展潜力，加快建成广西特色旅游名县，为“十三五”规划开局打下良好基础。希望大家对县委常委会工作报告提出意见和建议，帮助我们把工作做得更好。

蒙山县人大常委会工作报告

——在蒙山县第十五届人民代表大会第六次会议上

（2016年3月1日）

县人大常委会主任　杨铁庄

县人大常委会主任杨铁庄作工作报告　　县史志办　供稿

去年主要工作回顾

过去一年，在县委的坚强领导下，县人大常委会全面贯彻党的十八大和十八届三中、四中、五中全会精神，深入学习贯彻习近平总书记系列重要讲话精神，积极践行党的群众路线，按照“三严三实”的要求，忠实履行宪法和法律赋予的职责，坚持党的领导、人民当家作主、依法治国的有机统一，围绕中心，服务大局，求真务实，敢于担当，为推动全县经济社会科学发展，充分发挥了地方国家权力机关的作用。

一、加强工作监督，促进经济社会科学发展

县人大常委会在对“一府两院”实施监督中，把握好监督工作的正确方向，处理好监督与支持的关系，选准选好监督的重点，通过依法履行监督职能，更好地体现出对“一府两院”工作的促进，推动科学发展。

（一）加强经济运行情况的监督

常委会加强对国民经济和社会发展计划执行情况的监督，听取和审议了县人民政府关于2015年上半年国民经济和社会发展计划执行情况的报告，通过采取各种形式的监督，助推经济健康平稳运行。还听取和审议了县人民政府关于国民经济和社会发展第十三个五年规划草案的报告，并对规划草案提出了很好的意见建议，使规划草案更具科学性和指导性，符合蒙山实际。加强对财政预决算的审查监督，听取和审议了县人民政府关于2014年财政决算和2015年上半年财政预算执行情况的报告、关于2014年财政预算执行和其他财政收支的审计工作报告，审查批准了2014年财政决算、2015年财政预算调整方案、2015年预算执行和2016年预算草案，推动政府依法理财，确保财政资金运行安全，提高资金使用效益。加强政府债务使用情况的监督，听取和审议了县人民政府关于我县政府性债务分析的报告，加强监督检查，降低财政风险，确保我县经济平衡较快发展。

（二）加强对民生事项的监督

常委会高度关注民生，紧紧围绕促进民生抓监督，常委会会议和主任专题会议，听取和审议了县人民政府及有关部门关于扶贫工作情况的报告、关于社会治安管理工作情况的报告、关于病险水库除险加固工程建设情况的报告、关于保障性住房建设情况的报告、关于卫生工作情况的报告等多项民生方面的工作报告，提出意见建议，促进有关民生工作的开展。

（三）加强对重点工作的监督

为了配合创建广西特色旅游名县工作，常委会先后听取和审议了县人民政府关于森林保护工作情况的报告、关于环境保护工作情况的报告、关于创建广西特色旅游名县工作情况的报告等，有力推进“创特”工作的开展。常委会还听取和审议了县人民政府关于发展特色农业工作情况的报告、关于织绸园区建设情况的报告等，助推重点项目建设。

二、加强法律监督，大力推进蒙山法治建设

（一）开展执法检查，保证法律施行

常委会加强了对法律法规实施情况的监督。对我县实施《中华人民共和国预防未成年人犯罪法》和《中华人民共和国预算法》的情况开展执法检查。积极配合上级人大常委会开展对《中华人民共和国防洪法》《中华人民共和国食品安全法》《中华人民共和国老年人权益保障法》《中华人民共和国旅游法》《中华人民共和国传染病防治法》等多部法律法规的执法检查。在执法检查中，邀请部分县人大代表参加，采取先自查自纠、后组织抽查，既明察又暗访，召开汇报会面对面交换意见和个别走访了解情况相结合方式进行，使执法检查收到良好效果。常委会听取了县人民政府对有关法律法规贯彻实施情况报告和县人大常委会执法检查组的执法检查报告后，作出相应的审议意见，对存在问题，要求县人民政府及相关部门限期整改，并将整改情况向常委会报告，确保法律法规的正确施行。

（二）加强司法监督，维护公平正义

常委会加强对司法机关的监督，听取和审议了县人民法院、县人民检察院关于加强队伍建设情况的报告，促进“两院”队伍建设。常委会领导和相关工委负责人还经常深入司法机关开展专项调研活动，听取工作汇报，参加重大活动，受理人大代表和人民群众的控告和申诉，共同分析研究存在的问题，提出意见建议，促进一些复杂问题的解决和存在问题的及时纠正。

（三）关注群众诉求，促进和谐稳定

常委会把信访工作作为联系群众、了解社情民意、加强监督工作的重要渠道。定期分析人民群众来信来访集中反映的问题，依法受理人民群众的申诉和意见，推动信访、申诉事项得到妥善解决。全年共受理人民群众来信 37 件，接待群众来访 212 人次。

三、加强任免工作，促进国家机关组织建设

按照充分发扬民主，严格依法办事的原则，认真做好审议、表决、表态发言、颁发任命书等各项工作，做到既坚持党管干部的原则，又切实维护人大常委会依法任免国家机关工作人员的严肃性和权威性。一年来，共依法任免国家机关工作人员 27 人次（其中：人大常委会 1 人次，政府 22 人次，法院 4 人次）。任命县人民法院人民陪审员 13 人，接受辞去职务 2 人。为促进蒙山各项事业发展提供了坚强的组织保障。

四、加强代表工作，充分发挥代表主体作用

常委会高度重视代表工作，不断拓展代表履职平台，加大经费支持力度，提升服务质量，努力为代表依法履职提供保障，充分发挥人大代表的主体作用。

（一）畅通代表知情渠道

县人大常委会组成人员认真贯彻执行《县人大常委会组成人员联系代表制度》，采取多种方式与人大代表保持密切联系，畅通联系代表渠道，认真听取人大代表对人大常委会工作及其他方面工作的意见和建议。在“三严三实”专题教育中，常委会领导走向基层征询代表对常委会党组及班子领导的意见和建议，自觉接受人大代表的监督。常委会还坚持邀请人大代表参与常委会组织的执法检查、专项调研、工作检查、列席常委会会议、主任专题会议等重大活动，进一步拓宽代表知情知政渠道，更好地发挥代表作用。坚持为代表寄送《广西人大》杂志、县人大常委会《公报》等学习资料，为代表加强学习提高素质提供帮助。

（二）丰富代表活动方式

在继续推进“代表之家”建设，不断完善乡镇“代表之家”基础上，在代表人数较多的村实行建立“代表活动室”试点，推进闭会期间开展代表活动的常态化和规范化。一年来，各乡镇人大利用“代表之家”这一平台，组织人大代表开展代表向选民述职活动、代表联系选民活动、代表接访日活动等，不断丰富活动的内容。去年，常委会与各乡镇人大密切配合，曾两次组织县、乡（镇）人大代表进行专题调研和集中视察活动。代表活动紧紧围绕我县的发展战略和中心工作，各乡镇认真组织，周密安排，使代表活动收到良好的效果。还根据市人大的要求，县人大常委会在去年的6月份和12月份分别组织了市人大代表开展小组活动和集中视察，对我县“十三五”规划的制定、生态乡村建设等工作进行了调研和视察，还积极配合万秀区人大常委会组织市人大代表到我县视察推进农业现代化建设和城镇化建设等方面工作，使市人大代表加深对我县经济社会发展情况的了解，促进了有关工作的开展。

（三）认真督办议案建议

为了提高代表议案建议的办理质量，建立了常委会领导班子成员牵头督办重点代表议案建议机制，选取了《关于解决群众看病难看病贵住院难问题》等7条代表议案建议作为重点，由班子领导成员组织督办，增强了督办工作的针对性和实效性。同时把代表议案建议的办理工作列入绩效考评，组织人员深入承办单位进行督察督办，有效推动代表议案建议的办理落实，提高办理质量。县人大五次会议期间，代表提出的45条议案、建议和意见目前已全部办结并答复代表，代表的满意度进一步提升。

五、加强自身建设，努力提高依法履职能力

常委会认真践行党的群众路线，以“三严三实”的要求切实转变作风，加强自身建设，努力克服在工作中存在的问题和不足，全面提高依法履职的能力和水平。

（一）加强理论学习提升履职素质

常委会坚持党组中心组学习制度和机关学习制度，认真学习邓小平理论、“三个代表”重要思想、科学发展观，深入学习党的十八大和十八届三中、四中、五中全会精神和习近平总书记系列重要讲话精神。组织学习全国人大及自治区人大关于加强县、乡人大工作和建设的有关文件精神。在开展“三严三实”专题教育中，常委会党员领导干部还学习了《习近平谈治国理政》《习近平关于党风廉政建设和反腐败斗争论述摘编》，学习《党章》和党的纪律规定等，进一步增强政治素质和依法履职能力。

（二）加强调查研究转变工作作风

常委会把调查研究工作作为常委会加强监督工作，提高监督实效的基础性工作来抓，要求常委会组成人员、机关干部要围绕县委的重大决策部署和人大常委会会议、主任专题会议的议题以及社会关注的热点问题，深入基层和群众，开展调查研究，深入了解和掌握情况，为常委会会议、主任会议审议有关报告，决定重大事项提供依据，提高了会议的审议质量，增强了人大工作的针对性和实效性。同时，也加强了与基层和群众的密切联系，促进了人大工作水平的提高。

（三）加强与乡镇人大联系和指导

常委会组成人员和机关工作人员经常深入各乡镇人大指导工作，加强与乡镇人大干部的沟通与交流，共同探讨做好人大工作的经验和做法，指导乡镇人大开好例会、建设好“代表之家”，帮助解决在工作上遇到的实际困难和问题，支持乡镇人大依法履行职责。常委会在开展执法检查、专题工作调研、代表建议督办等重大活动，

邀请乡镇人大主席、副主席参加，注意听取他们的意见和建议。坚持邀请乡镇人大主席、副主席列席县人大常委会会议，采取以会代训方式，加强指导和培训，提高乡镇人大干部的业务素质和工作能力，促进乡镇人大工作的开展。

（四）服务发展大局参与经济建设

常委会领导积极参与和配合县委做好重大项目建设推进和服务企业等工作，在工作中，常委会领导深入项目建设工地和联系企业，开展调研活动，了解企业在发展中遇到的困难和问题，主动服务，加强协调，为推进项目建设和企业发展出谋划策，实实在在为企业解决实际困难和问题，促进项目建设和企业发展。常委会领导和机关干部还积极参与社会主义新农村建设，认真做好联系乡、村的各项工作，努力为基层和群众做好事实事。

各位代表，一年来，常委会的各项工作取得了明显成效，我们也清醒地认识到，人大工作中仍然存在与新形势新要求不完全适应的地方，如何更好地加强对“一府两院”的监督，增强监督实效；如何做好优质服务，更好发挥代表作用；如何创新工作方法，更好地推动和引领经济社会发展等还需要积极探索。我们将自觉接受人民监督，虚心听取代表意见，不断加强和改进工作，努力推进我县人大工作提高到新的水平。

今年主要工作安排

各位代表，今年是全面建成小康社会决胜阶段的开局之年，也是实施“十三五”规划的起步之年，在新的一年里，县人大常委会要全面贯彻党的十八大及十八届三中、四中、五中全会精神和习近平总书记系列重要讲话精神，以邓小平理论、“三个代表”重要思想、科学发展观为指导，坚持党的领导、人民当家作主、依法治国有机统一，适应经济发展新常态，以“三严三实”要求，依法履行职责，充分发挥地方国家权力机关的作用，为实现“十三五”规划的良好开局、全面建成小康社会目标作出新的贡献。

一、认真行使决定权，推动重大决策落实

常委会要坚持议大事、抓大事，及时讨论决定我县经济社会发展的重大事项。紧紧围绕全面建成小康社会目标、“十三五”规划实施、县委决策部署、重大民生事项、“一府两院”的重点工作以及社会关注的热点问题，依法进行讨论，作出决议决定，并做好跟踪监督和检查落实，促进重大决策部署、重大事项的落实。

二、认真行使监督权，促进“一府两院”工作

常委会要认真贯彻《中华人民共和国监督法》，加大监督力度，突出监督重点，提高监督实效，依法听取“一府两院”的专项工作报告，促进依法行政、公正司法。

2016年，常委会将听取和审议县人民政府关于2015年财政决算情况的报告，审查批准2015年财政决算；关于2015年预算执行情况和其他财政收支的审计工作报告；关于2016年上半年国民经济计划、财政预算执行情况的报告；关于2016年预算执行和2017年预算草案的报告；关于在全县公民中开展第七个五年普法规划的报告，审议批准第七个五年普法规划；关于贯彻实施《中华人民共和国预算法》存在问题整改情况的报告；关于农村饮水安全工作情况的报告；关于县城供水系统改造工程建设情况的报告；关于实施精准扶贫工作情况的报告；关于推进农村现代化建设工作情况的报告；关于生态环境保护工作情况的报告；关于创建广西特色旅游名县工作情况的报告。听取和审议县人民法院关于推进“阳光审判”工作情况的报告、县人民检察院关于做好预防职务犯罪工作情况的报告等。主任专题会议将听取县人民政府及其有关部门关于法律援助工作情况的报告、关于县级医疗单位建设工作情况的报告、关于交通建设工作情况的报告、关于职业

教育工作情况的报告、关于为民办实事工作情况的报告。组织开展对《农药管理条例》等法律法规实施情况的执法检查。积极配合上级人大常委会做好有关法律法规的执法检查，确保法律法规的正确实施。

三、认真行使任免权，依法做好人事任免

坚持党管干部原则，依法履行人事任免权，进一步完善人事任免制度，严格依照法律规定的程序办事，保证人大人事任免权的有效行使，加强干部任后监督，促进国家机关组织建设。

四、注重服务保障，努力做好代表工作

进一步丰富闭会期间代表活动内容，为代表履职提供服务保障。认真组织代表开展专题调研和集中视察活动，邀请代表参与常委会组织开展的执法检查，列席常委会会议、主任专题会议等重大活动，利用“代表之家”平台开展“代表接访日”、代表向选民述职、代表与选民联系等活动，拓宽代表参政议政渠道，丰富活动内容，充分发挥代表闭会期间的作用。

认真落实常委会组成人员联系代表制度。通过走访、约见代表，向代表通报政情、了解社情，听取代表对常委会及各方面的工作意见和建议，密切与代表的联系。

加大代表议案建议督办力度，对重点议案建议实行跟踪督办，适时邀请提出议案建议代表参与督办工作，努力使代表议案建议得到有效落实。

五、周密部署安排，做好换届选举工作

2016 年是市、县、乡（镇）三级人大换届选举年，也是《中华人民共和国选举法》修改后颁布实施的第一次换届选举，常委会要在县委的领导下，按照上级党委、人大常委会的统一部署和要求，认真总结往届换届选举工作的经验和做法，精心组织，周密安排，加强调研和指导，确保换届选举工作依法有序进行和各项选举任务的完成。

六、坚持与时俱进，切实加强自身建设

适应新常态，谋划新发展，着眼于党的十八大和十八届三中、四中、五中全会精神对人大工作提出的新方向、新目标、新要求，认真贯彻落实自治区党委副书记危朝安同志去年 12 月 10 日在全区加强县乡人大工作和建设会议上的讲话精神，把加强自身建设摆在更加突出的位置，巩固和拓宽教育实践活动成果，以“三严三实”的要求加强常委会及机关的自身建设，促进人大工作与时俱进。加强思想政治建设，坚持正确的政治方向，坚持和服从党对人大工作的领导，坚持民主集中制原则，坚决在思想上、政治上、行动上同习近平同志为总书记的党中央保持高度一致。健全常委会及机关学习制度，加强政治理论、法律法规和人大业务知识的学习，不断提升政治素质和依法履职能力。加强作风建设，认真贯彻党的群众路线，严格执行作风建设各项规定，深入开展调查研究，进一步增强监督工作的针对性和实效性。加强与区内兄弟县（市区）人大常委会的工作联系和工作交流，学习借鉴好经验好做法，促进我县人大工作的开展。加强乡镇人大建设，认真贯彻落实自治区人大常委会党组关于加强县乡人大工作和建设实施意见的各项要求，加强联系和指导，帮助乡镇人大解决实际困难和问题，支持乡镇人大依法履职，共同推动我县人大工作上新台阶。

政府工作报告

——在蒙山县第十五届人民代表大会第六次会议上

（2016 年 3 月 1 日）

县长　宋彤宇

一、2015 年和“十二五”时期工作回顾

刚刚过去的一年，面对错综复杂的经济形势，我县牢牢把握发展大局，坚决贯彻落实上级各项决策部署，主动适应经济发展新常态，全力抓好稳增长、促改革、调结构、惠民生、防风险各项工作，全县总体上保持经济社会持续平稳发展。全县地区生产总值增长 5.3%，规模以上工业总产值增长 1.4%；固定资产投资增长 18.5%；财政收入增长 9.3%；社会消费品零售总额增长 11.1%；城镇居民可支配收入增长 6.3%；农民人均纯收入增长 9.5%。

县长宋彤宇作工作报告　　县史志办　供稿

重投资引强企，优势工业增效明显。全县 47 个重点项目建设稳步推进，完成投资 16 亿元，完成年度计划 103.3%。全县招商引资完成到位资金 39.5 亿元，完成年度任务的 106.8%，山东大染坊等名企落户蒙山，与 3 家中国 500 强企业签订总投资达 37 亿元风电开发项目。全县规模以上企业完成工业总产值 71 亿元，其中，丝绸企业实现工业产值 3.3 亿元，同比增长 26.7%，实现税收 1091 万元，同比增长 46.8%。强基础建示范，绿色农业稳步发展。农业生产稳定增长，第一产业增长 5.8%，增速继续位居全市前列。完成山上造林 3 万亩，全县森林覆盖率达 76%，我县升级为国家级生态功能区。特色种养业效益不断提升，成功创建市级现代特色农业（核心）示范区，生态观光农业“四季花海”取得新成效。抓旅游创特色，第三产业增幅明显。旅游发展成效显著，广西特色旅游名县创建工作不断加快。荣获“全国休闲农业与乡村旅游示范县”荣誉称号，“永安王城”成功创建国家 AAAA 级旅游景区，长坪“水韵瑶寨”被评为广西五星级乡村旅游区。旅游业带动第三产业发展，餐饮住宿、金融保险、电子商务、零售批发服务等产业增长加快，占地区生产总值比重进一步扩大，比 2014 年同期高出 7.2 个百分点。重城乡筑精品，城镇建设品质提升。实施的 14 项城建重点项目，完成投资 5.9 亿元，占年度投资 5 亿元的 130.8%。有序推进棚户区改造、旧城改造、城市环境综合整治、市政夜景亮化等项目建设。结合生态乡村活动，大力提高城乡发展品质，城乡面貌得到较大改善。抓改革谋创新，发展动力显著增强。取消、接收和调整一批行政审批事项共 246 项，政府各部门机构改革加快推进，完成卫计局等 9 个部门机构改制。完成“三证合一”“一照一码”登记制度改革，有效激化发展活力。强保障抓惠民，民生福祉稳步改善。全年民生支出超过 12.7 亿元，占全县固定资产投资的 23.2%。农民收入增速快于城

镇居民收入，城乡差距逐步缩小。扎实开展精准识别，实施精准扶贫，实现脱贫4725人。保障性住房新开工建设388套，分配入住107套。教育、社保、卫生计生、文化、体育等社会事业取得新进步，超额完成12项为民办实事工程任务。

各位代表！2015年工作任务的完成，为我县“十二五”规划画上一个圆满的句号。过去的五年，面对前所未有的压力和挑战，我们坚持大力实施“生态立县、特色兴县”战略，坚持“特色农业、优势工业、休闲旅游、精品城镇”的工作思路，持续深入开展“三年一工程”，经济运行稳中有进、稳中向好，实现了蒙山经济社会新的发展。

经济实力明显增强。“十二五”时期末，地区生产总值完成58.9亿元，是2010年的1.53倍，年均增长8.9%，人均生产总值29799元。社会消费品零售总额14.4亿元，是2010年的2倍，年均增长14.9%。城镇居民人均可支配收入23550元，是2010年的1.54倍，年均增长9%，农民人均纯收入7354元，是2010年的1.92倍，年均增长13.9%。

产业结构加快优化。三次产业结构由2010年的18.9∶54.9∶26.2调整为2015年的19.9∶43.6∶36.5，二产比重下降了11.3个百分点，三产比重提高了10.3个百分点。特色种养业、桑蚕茧产业蓬勃发展。我县丝绸产业园区规上企业有5家，年产值达19.28亿元，同比增长24.18%。接待游客总人数和旅游收入年均分别增长24.1%、28.8%。

交通基础建设不断夯实。“十二五”规划期间，累计完成固定资产投资215亿元，年均增长15.6%。改造建设通乡道路30条，建成桥梁24座。乡村道路新增67公里，总里程达到260公里。全县9个乡镇全部通等级公路，78个行政村全部铺通硬化路。村屯道路硬化240条，村民小组道路硬化率达80%。完成东环路和旅游专线道路（上阳桥至茶山水库口）建设。县域交通网络不断完善。

改革创新迈出新步伐。累计取消、接收和调整行政审批事项（含非行政许可）571项。政府部门权力事项精简34%。全面完成新一轮政府机构改革、财税金融改革、事业单位分类改革和不动产统一登记相关工作。城乡大病保险工作全面铺开，医药卫生、医疗保险、农村产权、集体林权等改革不断深化，为经济社会发展释放了强大的动力。

城乡建设取得新进展。新型城镇化建设和城乡统筹取得新进展，全县城镇化率38%，县城基础设施不断完善，城市综合功能不断增强。蒙山镇、夏宜乡、长坪乡宜居、宜业、宜游且各具特色。“十二五”规划期间，累计解决4万余人住房问题，改造农村危房6080户，建设保障性住房1870套；发放廉租补贴2320户。城乡人居环境进一步改善，人民生活质量和幸福指数不断提高。

民生事业取得新进步。五年累计民生支出达46亿元，年均增长18%。教育普及程度全面提高，学前三年毛入学率达80%，九年义务教育巩固率达97%，高中阶段毛入学率达90%。覆盖城乡的社会保障体系、城乡医疗服务体系和公共文化服务网络基本形成，2015年获县级全国基层中医药工作先进单位。五年累计减少贫困人口2.2万人，解决了7.6万农村人口饮水安全问题，城乡新增就业2.39万人次。社会救助制度日趋完善。社会治理创新、信访、人民调解和行政调解、治安管控、平安创建、安全生产、食品药品监管不断得到强化，防灾减灾、气象服务、人防建设继续得到加强，妇女儿童、老年人和残疾人权益得到有效保障。编制、民族、宗教、外事侨务、统计、物价、人防、供销、地震、粮食、农机、移民等工作取得新成效，工会、共青团、妇联、残联、科协、社会科学、档案、地方志等工作在政府支持下取得新进步。国防教育和后备力量建设深入开展，双拥共建工作取得新成绩。各项社会事业取得新进步，社会和谐稳定，全县上下满怀信心加快向全面小康社会迈进。

五年来，我们全面推进依法行政，成立县政府法律顾问室，全面完成“六五”普法工作，努力建设法治政府。认真执行人大及其常委会的决议和决定，自觉接受人大、政协和社会监督，人大代表议案和政协提案办结率100%。严格贯彻执行中央八项规定和国务院“约法三章”，深入开展党的群众路线教育实践活动和“三严三实”专题教育，廉政建设和反腐败斗争取得新成效。

各位代表！五年的成就来之不易。这是市委、市政府和县委总揽全局、正确领导的结果，是县人大及其常委会依法监督和县政协民主监督的结果，是全县各族人民精诚团结、艰苦奋斗和社会各界鼎力支持、积极奉献的结果。在此，我代表县人民政府，向全县各条战线上的干部群众，向人大代表、政协委员，向工商联、无党派人士、人民团体，向离退休老领导、老同志，向驻蒙部队、武警官兵、公安干警，向所有关心支持蒙山发展的社会各界人士，表示崇高的敬意和衷心的感谢！

回顾五年工作，我们也清醒地认识到，我县后发展欠发达的县情还没有根本改变，经济社会发展仍面临一些困难和问题。主要是：经济总量小，人均水平低，竞争力不强，区域比较优势未能充分发挥；长期困扰我县经济社会发展的交通状况还没有得到根本改善，工业不发达，转型升级任务艰巨，第三产业发展短板依然存在，旅游业态培育还需时日；资源环境约束趋紧，土地、资金等要素保障供需矛盾突出；基本公共服务发展滞后，城乡发展不平衡，城乡居民持续增收困难加大；加快发展还面临一些体制机制障碍；政府职能有待进一步转变；等等。这些问题和不足，我们将高度重视，在今后的工作中采取有效措施认真加以解决。

二、“十三五”时期的奋斗目标和主要任务

未来五年，是我县实现与全国、全区、全市同步全面建成小康社会目标和成功创建广西特色旅游名县的关键时期，有挑战更有机遇，有困难更有潜力。我县“十二五”规划圆满收官，经济社会持续发展，产业结构日趋优化，城镇化进程全面加快，创建广西特色旅游名县取得初步成效，高速公路有望在2016年进入实质性开工建设，加上我县上升成为国家级生态功能区，我县将获得更多的专项转移支付资金，可以更多地投入基础设施建设，改善环境，增进民生福祉，进一步推进公共服务均等化，为未来加快发展提供强劲动力。我们要抢抓发展机遇，切实增强历史使命感和责任感，敢于担当，勇于拼搏，勇于创新，努力走出新常态下具有蒙山特色的发展之路。

根据《中共蒙山县委员会关于制定国民经济和社会发展第十三个五年规划的建议》，县政府在广泛征求党代表、人大代表和政协委员、各乡（镇）、各部门、专家学者及社会各界意见的基础上，制定了《蒙山县国民经济和社会发展第十三个五年规划纲要草案》（以下简称《纲要草案》），整个起草过程广泛征求各方意见，是汇民智、聚民力的集体结晶。《纲要草案》已印发，请各位代表连同《报告》一并审议，在这里着重报告三个方面内容。

（一）关于“十三五”时期发展的总体要求和目标

县委十二届六次全会提出，我县“十三五”时期发展的总体要求是：高举中国特色社会主义伟大旗帜，以马克思列宁主义、毛泽东思想、邓小平理论、“三个代表”重要思想、科学发展观为指导，全面贯彻党的十八大及十八届三中、四中、五中全会精神，深入贯彻习近平总书记系列重要讲话精神，牢固树立创新、协调、绿色、开

放、共享的发展理念，积极主动适应新常态，坚持稳中求进工作总基调不动摇，紧紧围绕"生态立县、特色兴县"发展战略，以改善民生为根本立足点，以提高经济增长质量和效益为中心，以创新驱动为动力，以生态资源优势为依托，坚持"绿色农业、优势工业、特色旅游、品质城镇、福祉民生"工作思路，以发展为第一要务，成功创建广西特色旅游名县，实现全面建成小康社会宏伟目标。

根据上述总体要求，与全国、全区、全市同步建成小康社会，是我县"十三五"规划期间最硬的任务。全面建成小康社会，其中最关键的就是确保到2020年实现地区生产总值和城乡居民收入比2010年翻一番。确定这一目标，主要考虑是：从需要看，一是按照党的十八大提出的到2020年城乡居民收入比2010年翻一番的要求；二是根据蒙山县"十二五"规划期间年均GDP增速的实际情况；三是适当留有余地，为生态功能区建设、转方式调结构留出空间。从可能看：一是具有产业支撑，经测算，实现一、二、三产业增长目标是有条件的；二是具有投资支撑，综合分析在建项目、拟建项目、储备项目等方面情况，"十三五"规划期间我县固定资产投资增长目标是可以实现的。综合考虑分析，确定这一目标是积极稳妥的。

（二）关于"十三五"时期的主要考虑

实现"十三五"时期发展目标，必须结合我县的战略定位和特色优势，更加注重转型升级和生态经济发展，大力推进生态、环保、新能源产业开发，培育发展新动能，拓展发展新空间，形成发展新格局。

更加注重创新驱动，全面构建自主创新体系。要深入实施"创新驱动"战略，重点围绕风力发电、生物质发电、生物医药等战略性新型产业和特色优势产业。积极探索机制体制创新，建立联合型茧丝绸科技创新平台。大力发展"互联网+"等新型孵化模式，鼓励发展众创、众筹，推动大众创业、万众创新。进一步转变政府职能，积极营造创新发展环境和建立创新发展机制。通过五年努力，自主创新能力和产业竞争力大幅提升，科研经费占地区生产总值比重提高到2%以上。

更加注重开放带动，构建开放型区域发展新格局。开放是我县繁荣发展的必由之路，要充分利用"两高"建设的发展机遇，实施"北进、南融、东拓西联"，积极构建更加开放的区域合作格局。

——"北进"。加快融入大桂林旅游圈，积极推动荔浦至玉林（蒙山段）高速公路建设，打造古城文化旅游和生态养生旅游两大特色精品主题，加强宣传与推广，将蒙山打造为桂林国际旅游胜地新功能拓展区，借助桂林游客资源市场，实现借势、融合发展。

——"南融"。推进与广东、港澳等泛珠三角区域更紧密的联系，提升产业、旅游、劳务等合作水平，延伸农产品深加工、丝绸等特色产品产业链，拓宽人流、物流、资金流通道，使蒙山县更加全面主动地接受先进生产力辐射带动。改善投资环境，创新招商引资机制，提高合同履约率、资金到位率和项目贡献率，积极发挥商会、行业协会和华侨、华商的作用，扎实推进民企入蒙，积极争取央企入蒙。

——"东拓西联"。利用贺州至巴马高速公路建设，将蒙山生态、历史、人文、旅游等资源与高速公路沿线各市县优势互补，相互串联，促进区域间产业元素交流。完善区域合作机制，拓宽发展领域。

更加注重城乡协调发展，优化发展空间布局。加强城镇交通、公共停车场、应急避险、防灾减灾等基础设施建设，不断提高城乡公共服务水平。深化户籍制度改革，有序推进农业转移人口市民化。推进品质城镇发展战略，构建"一心两轴”的城镇空间结构体系。深入推进“美丽蒙山”乡村建设，实现农村环境优美、农民生活幸福、乡村和睦安宁。加快推进文化改革创新，大力发展文化事业和文化产业。加强国防动员和后备力量建设。通过五年努力，推进城乡要素平等交换和公共资源均衡配置，促进城乡一体化融合发展。

更加注重绿色发展，打造“生态蒙山”升级版。坚持生态立县，把绿色发展摆在发展全局的突出位置，坚守发展和生态两条底线，全面实施主体功能区战略，加大环境保护力度，严格划定生态红线和用途管制，推进污染物综合防治和环境治理，防止大规模环境污染事件发生。加快污水垃圾处理设施建设，实现县城和各乡（镇）污水垃圾处理设施全覆盖。促进节能降耗和生态循环农业发展，重点推进茧丝绸工业生态链建设。完善主体功能区差异化开发机制。大力发展生态产业体系建设，努力建成生态文化繁荣、生态环境明显改善、社会文明进步、经济发展与环境保护的国家生态县。通过五年努力，主体功能区布局进一步完善，生产生活方式绿色、低碳水平大幅提升，生态经济体系进一步提升，生态环境质量、森林覆盖率继续保持全区前列，力争森林覆盖率达到 77.6% 以上，城市空气质量全年保持优良。

（三）关于“十三五”时期的重点任务

针对我县经济社会发展的瓶颈和薄弱环节，要突出抓好产业发展、基础设施、公共服务和改善民生等主要工作。

构建具有竞争力的现代特色产业体系。打好产业转型升级攻坚战，努力推动发展动力从要素和投资驱动向创新和改革驱动迈进、发展方式从规模速度型向质量效率集约型转变、产业结构从中低端向中高端发展。

——大力发展绿色农业。坚持工业化、绿色化理念发展农业，用先进适用技术提升农业，用现代经营方式拓展农业，着力推进农业集约化、专业化、组织化和社会化，全面提升农业现代化水平。着力构建现代化农业产业体系，推动农林牧渔结合、种养一体、“互联网 + 农业”等多种农业经济发展模式。以区、市、县、乡四级现代特色农业（核心）示范区、林业生态示范区、特色养殖基地等为依托，推进蒙山县农业现代化建设。

——全力助推优势工业。优化产业布局，加快承接优势产业转移，促进传统工业转型升级，提升工业集中区产业承载能力，突出加快丝绸园区、林产林化园区、微小企业创业基地、农民工创业园区的建设，培育食品加工、新能源和生物医药等新兴绿色产业，优化工业集中区产业布局，促进工业规模化、集聚化发展，重点把茧丝绸产业循环经济工业园区打造成为国家级、自治区级桑蚕茧丝绸产业基地和丝绸生态旅游产业基地。培育一批辐射带动能力强的龙头企业。大力实施“互联网 + 工业”行动，促进工业化和信息化融合，走出具有蒙山特色的优势工业发展道路。

——加快建成广西特色旅游名县。巩固和促进蒙山旅游特色化发展，把旅游业打造成为蒙山县现代服务业的龙头、国民经济的支柱产业之一。以十大骨干旅游项目为抓手，推进永安王城景区、天书峡谷生旅游区等景点景区建设。积极推进“旅游业 +”的发展路径，打造古城文化旅游和生态养生旅游两大品牌，多措并举推动发展生态健康养生产业。到 2020 年，力争接待旅游总数达到 300 万人次，旅游收入突破 20 亿元。

——提速发展现代服务业。积极培育电子商务、互联网金融等服务业新业态。大力发展商贸流通、文化体育、健康养老、休闲旅游等生活性服务业，提升永安古城商业街服务承载能力，第三产业比重稳定在 37% 以上，社会消费品零售总额年均增长超过 10%。

构建比较完善的基础设施体系。全力打好基础设施建设攻坚战，围绕做强枢纽、优化网络、提升保障目标，构建功能配套齐全、高效安全便捷的现代基础设施体系。

——构建便捷交通运输网络。发挥交通运输对产业和城镇化布局的支撑作用，重点推进荔浦至玉林高速公路蒙山段和贺州至巴马（昭平至蒙山段）高速公路开工建设，蒙山至桂平金田、蒙山至金秀二级公路开工建设，跟踪柳韶铁路及通用机场项目前期规划工作。加快形成全县连通内外、快速便捷、安全高效的现代综合交通运输网络。

——加快水利基础设施建设。加快城乡供水、农村饮水安全、农田水利、农村水电、大中型灌区等民生水利工程建设，着力解决民生水利问题，重点抓好壬山水库备用水源建设，完成县城供水管网改造。加快中小河流治理、病险水库水闸除险加固、山洪灾害防治、城市防洪排涝等建设与治理力度，提升防洪减灾能力。积极推进水生态文明试点县建设进程。

——提高能源综合保障能力。积极推动220千伏鳌山送变电站、生物质能源发电以及风能发电等清洁能源工程建设。加强天然气管网建设，重点推进蒙山县管道燃气工程，提高天然气配送覆盖面。

扎实推进精准扶贫攻坚。脱贫摘帽是我县“十三五”时期最大的政治任务、最大的民生工程，必须坚决打赢脱贫攻坚战，实现贫困县、32个贫困村全部摘帽，确保全县在册的2.5万农村贫困人口全部脱贫，全县人民共同迈入全面小康社会。

——健全完善扶贫开发机制。建立精准扶贫工作机制，完善精准识别、精准扶持、精准管理，健全信息更新、脱贫管理、返贫认定等动态管理机制。完善社会参与机制，充分发挥各类市场主体、社会组织和各界力量作用，形成扶贫开发工作合力。

——改善贫困人口的生产生活水平。通过生态移民、医疗和卫生、教育等精准扶贫，推进基本民生保障均等化，改善贫困人口生产生活环境。加大对贫困村农村通路、通水、通电、通信建设力度，提升贫困村基础设施建设水平。

——提升脱贫增收能力。实施产业扶贫，加快推进生态移民，力争每个贫困村发展1—2个特色优势产业。实施“互联网+惠民增收”计划，构建“农产品出山、工业品下乡”电商流通渠道。

构建新型城镇化体系。优化城镇发展布局，做大县城、做精乡镇、做美村屯，提升城镇综合承载能力，到2020年城镇化水平稳步提高，城镇化率达到50%。

——优化城镇空间布局。构建形成以蒙山县城为城镇群中心，新圩—黄村—汉豪—陈塘为城镇发展主轴，文圩—夏宜—长坪为城镇发展次轴的“一心两轴”的城镇空间结构布局。把中心城区建设与旅游景区景点、产业聚集区建设有机结合起来，增强中心城区连接城乡、聚集产业、承载人口、辐射带动的能力。按照“小而精、小而美、小而富、小而特”的要求，重点布局建设新圩、西河、文圩、黄村、陈塘5个示范小城镇建设，带动其他乡镇加快发展。

——提升城镇可持续发展能力。提升蒙山镇中心城区综合承载能力，进一步加大城镇基础设施投入力度，重点实施棚户区改造和环境综合整治工程，逐步完善市政设施建设，提升和发挥中心城区的综合服务功能。

健全基本公共服务体系。牢固树立共享发展理念，坚持以人为本，保基本、兜底线、促公平，健全基本公共服务体系，实现全民共同迈进全面小康社会。

——加快教育均衡发展。加快实施学前教育普及工程、义务教育均衡发展工程、普及高中阶段教育和办好特殊教育，学前三年毛入学率达到84%，九年义务教育巩固率达到98%，高中阶段毛入学率达到91%，保证“三类残疾”儿童少年义务教育入学率达到87%。力争中等职业教育在校生规模达到1000人以上，新增劳动力平均受教育年限达到13.5年。

——推进健康蒙山建设。积极推广智慧医疗，建设卫生计生信息化管理网络，持续促进中医药事业发展，满足县城人民日益多元化的医疗服务需求。鼓励社会资本举办医疗机构。建立和完善疾病预防控制、卫计监督和农村卫生保障机制。全面落实“二孩”政策，促进人口均衡发展。巩固2010—2015年防治艾滋病攻坚工程成果，全面实现国家提出的遏制与防治艾滋病“十三五”行动计划各项指标要求。

——加强公共文化服务体系建设。实施文化惠民工程和重大公共文化工程，积极开展“科技、文化、卫生三下乡”活动，加强社区和村屯文化建设，推动公益性文化设施免费开放。培育新型文化业态，大力发展体育事业和体育产业，扩大和引导文化消费、体育消费。深入发掘民俗文化资源，保护历史文化遗产。

全面增进民生福祉。民生，党心所系，政之所行。必须持之以恒保障和改善民生，为百姓创造更多的福祉。

——推动创业就业。贯彻实施更加积极的就业创业政策，加强创业培训和服务，规范就业服务和管理，统筹推进农村转移劳动力、城乡就业困难人员就业。城镇新增就业人数累计超过0.37万人，城镇失业率每年控制在4.5%以内。

——提高城乡居民收入。深入实施城乡居民收入倍增计划，提高农民职业技能和创收能力，千方百计增加农民收入，多渠道促进城镇居民增收。

——健全社会保障制度。实施全民参保计划，加快机关事业单位养老保险制度改革步伐，努力实现法定人员全覆盖。推行社会保险“一卡通”，全面实施城乡居民大病保险制度，完善失业、工伤、生育保险制度。健全社会救助体系，完善城乡最低生活保障制度。提高住房保障水平，建立健全购租并举的住房供应体系。

各位代表，“十三五”是蒙山发展史上重要时期，宏伟蓝图已经绘就，我们坚信，勤劳智慧的蒙山人民，团结一心，共同努力，一定会把美好的蓝图变成现实，我们的事业将更加兴旺，我们的家园将更加美丽，我们的生活将更加美好！

三、2016年的主要目标和重点工作

今年是“十三五”的开局之年。我县经济社会发展的主要预期目标是：地区生产总值增长6%，固定资产投资增长10%，财政收入增长4%，社会消费品零售总额增长10%，城镇居民人均可支配收入增长8%，农民人均纯收入增长10%，城镇登记失业率控制在4.5%以内，节能降碳减排等约束性指标达到自治区的要求。

实现上述目标，我们要重点抓好以下几个方面的工作。

（一）大力推进优势工业，加快产业转型升级

一要抓好投资及项目建设。积极组织编制政府投资项目储备三年滚动投资计划，加大投资，拉动经济增长。统筹推进市层面重大项目19个，年度投资7.4亿元以上，其中新开工项目1个以上，续建项目14个，前期4个。力促新签约桂北香料加工、俊博服装厂、风力发电等项目按计划开工建设。

二要抓好园区建设。推动优势产业、优势企业和优势资源向园区集中，提升园区产业集聚力和承载力。积极争取把丝绸产业园区纳入自治区人民政府“十三五”规划精准扶贫重点扶持产业园区，以丝绸产业带动精准扶贫，群众脱贫。完善基础设施建设，加快推进工业园区污水处理等项目开工建设，力争年内完成小微企业建设基地

“三通一平”工作。

三要加大招商引资力度。加强与央企、行业龙头企业、国家行业协会的深度对接，重点做好节能环保、新能源和健康养生等战略新兴产业的引进和培育，充分挖掘蒙山优势资源，争取引进更多的投资5000万元以上的新项目落户蒙山。丝绸园区重点跟进与山东大染坊丝绸集团公司签订总投资1.5亿元二期深加工项目。

四要认真做好企业服务。继续实施“四个一”跟踪服务机制，实行“一企一策”和全方位、零距离、“保姆式”服务，帮助企业破解发展难题。促进企业融资工作，解决企业资金困难问题，积极为企业争取发展专项资金。简政放权，进一步深化行政审批制度改革，密切跟踪中央及自治区政策动向，努力降低工业企业生产要素成本。建立县财政性资金项目“甲供材”方式，支持做大做强我县水泥、建材类企业，重点加快推进黑土猪养殖及产品深加工项目、玉兰制药公司技术改造项目、多层实木复合地板等项目。发挥政府的服务职能，加强矿山的管理，力促采矿企业满产达产，重点培植扶持文圩木衣架厂和大染坊丝绸上规。

（二）大力推进绿色农业，加快农业增效农民增收

一要加快发展现代农业。强化粮食安全责任落实，加快推进水利设施建设和土地整治。实施特色农业产业提升行动，确保完成农业、林业、牧业、渔业增加值增长3.5%的目标，推动桑蚕、水果、黑土猪等特色种养业和休闲观光、生态循环等新型农业融合发展，着力培育具有竞争优势的绿色效益农业，争取“东乡桔园”特色农业（核心）示范区通过自治区级验收，积极创建市级、县级、乡级现代特色农业（核心）示范区。加快推进计划投资8000万元的尖吻蝮蛇现代化农场及工业化项目开工建设。加大林业资源的整治管理力度，做大做强我县林产加工业。引进社会资本，加大投入，进一步打造“四季花海”，不断提升观光农业旅游示范点品质。

二要促进农村电子商务发展。培育“互联网+农业”新业态，扶持引导蒙山县乡惠电子商务有限公司的乡惠网上商城（城乡互联O2O）加速网点布置，搭建以服务站为连接点的线下基础服务，建立完善服务站代购代销模式。推动北京东方财星国际资本管理有限公司嘉言民生项目落地蒙山，全力推进与阿里巴巴等互联网领军企业合作，促进蒙山电子商务发展。

三要深化推进生态乡村建设。认真落实第二次全国改善农村人居环境工作会议精神，积极借鉴恭城、阳朔等成功模式，将“美丽蒙山·生态乡村”活动与新农村建设有机结合，统筹“三化”项目建设，突出农村环境综合整治的重点区域，优先推进“三化”专项活动示范点、现代农业核心示范区、旅游景区、城乡风貌改造区域、交通主干道等村屯的建设，重点打造一批高标准、高水平的“三化”示范点和示范区。到2016年年底，实施建成自治区级示范村屯45个，市级绿化示范村屯4个，一般村屯730个。解决8000人饮水安全问题，全面强化重点生态功能区和生态环境脆弱区的保护。全县农村自来水普及率提高到80%以上，建制村客运通达率达到85%。争取全县所有行政村被评为市级生态村，为争创自治区生态县打下基础。

（三）大力推进特色旅游，加快第三产业繁荣发展

一要加快旅游景区景点建设步伐。要充分利用好我县获得的“国字号”招牌和创建广西特色旅游名县工作的契机，加强旅游推介，培育旅游新业态。进一步编制完善有关规划，力争县城滨江公园创建国家AAAA级旅游景区、西炮台公园创建国家AAA级旅游景区。提升精品康养旅游理念，加快推进水秀养生旅游项目的规划、设计和论证工作；加快新圩“橙柿”亲情谷旅游区和文

圩乡村旅游项目规划和建设。加强旅游公共设施建设，提升旅游行业服务档次和质量。加大星级酒店、农家乐创建规模和数量，建设配套的旅游厕所、停车场。抓好武侠文化节、“三月三”等节庆旅游活动，搭建促销平台，营造旅游氛围。借助互联网平台推介蒙山旅游，深化与周边市县旅游合作，丰富生态观光旅游新业态。

二要加大力度推动服务业壮大发展。切实把加快与旅游相配套的相关服务业发展作为重点，创新发展模式，推动餐饮、住宿、娱乐、文化等领域协调发展。抓好第三产业培育和引导，加强资源整合，争取引进区内大型百货商企落户蒙山。继续实施房地产扶持政策，推进棚户区改造货币化安置和保障性住房“以租代建”“以购代建”模式相结合，加快消化商品房库存，促进房地产健康稳定发展。进一步加大财政八项支出，提升非营利性服务业水平。积极发展商贸物流业，鼓励加盟全国知名快递连锁，加强电子商务建设及推广，拓展网络消费。坚决打击制假、售假欺诈等违法犯罪行为，不断改善购物环境，增强老百姓消费信心。

（四）大力推进品质城镇，加快提升城乡面貌

加快推进品质城镇化进程。重点推进荔浦至玉林高速公路蒙山段和贺州到巴马（昭平至蒙山段）高速公路开工建设。抓好绕城公路、壬山水库等重大项目建设前期工作。加快推进棚户区和旧城改造，确保完成全年改造任务；以棚户区改造、生态乡村建设为着力点，加快推进湄江沿岸综合整治等18个市政基础设施建设；加强地下管网普查和各项市政设施工程的施工管理。以产业发展为支撑，推进产业融城。加快推进道路、供电、供水、污水处理等基础设施建设，推动城镇市政设施向农村延伸、公共服务向农村覆盖，以投资拉动经济，促进人才、技术、资金等生产要素更多投向农业农村，推动城乡均衡发展。

（五）大力推进改革创新，增强发展持续动力

加快重点领域改革。进一步取消、下放和调整审批事项，推进政府部门权力清单、责任清单制度。完善国库集中支付改革，健全公务卡管理，建立预算执行动态监管机制；深化非税收入管理改革，巩固国有资产产权制度改革成果，盘活国有资产存量，增加资产收益。加快推进政府各部门机构改革，完成公务用车制度改革。进一步加大预算公开力度，完善政府预算体系，深化部门预算改革。深入推进“营改增”改革，持续推进消费税和征管体制改革，继续完善县级基本财力保障机制。推动农村产权制度改革，完成西河镇、新圩镇、长坪乡开展农村土地确权登记颁证工作。统筹推进科技、教育、医疗、卫生、社保等其他领域改革。

（六）大力推进民生福祉，提高人民群众生活水平

一要抓好民生实事工程。加大民生实事工程投入，今年筹措资金4亿元以上，继续做好12项为民办实事工程，重点抓好县城给水工程升级改造，推进镇区供水工程建设；落实好1910户农村危房改造，加快乡村危桥改造，扎实推进村级公共服务中心、村屯道路硬化、乡镇幼儿园等一批惠民项目建设。力争为百姓创造更多的福祉，让人民群众有更多获得感。

二要统筹推进社会事业。坚持教育优先发展，加大教育投入，实施义务教育“全面改薄”工程。深化医药卫生体制改革，推进县级公立医院综合改革。完善新农合制度，全面落实“两孩”政策，提升出生人口素质。健全现代公共文化服务体系，完善公共体育服务体系。推动创业扩大就业，实施更加积极的就业政策，统筹做好高校毕业生、退役军人、城镇就业困难人员、农村转移劳动力等就业工作。完善城乡社会救助体系，提高低保标准和补助水平，继续扩大社会保险覆盖面。切实保障公众食品药品安全。加强防灾减灾应急体系建设，深化安全隐患排查治理和安全专项整治。突出抓好矛盾纠纷排查化解，加强社会管理综合治理，推动机制创新，提升公众安全感满意度，构建平安和谐蒙山。

三要打好脱贫攻坚战。广泛动员和凝聚社会力量参与扶贫，形成政府、市场、社会互为支撑，专项扶贫、行业扶贫、社会扶贫“三位一体”的大扶贫格局。在完成精准识别建档立卡工作基础上，扎实推进精准扶贫、精准脱贫工作，因村因户施策，帮助贫困村、贫困户发展特色富民产业，实现村有特色优势产业、户有增收门路，增强贫困村“造血”功能。加大对贫困村水、电、路、网络等基础设施建设。提高劳动力素质，提升扶贫对象自我发展能力。力争全年减少贫困人口6000人以上。

各位代表！新常态、新形势、新任务对政府工作提出了新的更高的要求，我们要以更加务实的作风，努力建设人民满意的政府。推进依法行政，全面履行政府职能，严格按照法定程序行使权力，加快建设法治政府。自觉接受人大及其常委会的监督，定期向人大及其常委会报告工作，支持人民政协履行政治协商、民主监督、参政议政职能，切实做好人大代表议案和政协提案办理工作。认真听取工商联、无党派人士和各人民团体的意见建议。全面推进政务公开，推广电子政务和网上办事。严格执行重大行政决策法定程序，切实提高政府决策的科学化、民主化和法治化水平。巩固“三严三实”专题教育成果，进一步改进作风，形成长效机制。严格落实党风廉政建设主体责任，支持纪委落实党风廉政建设监督责任，履行“一岗双责”，持之以恒纠正“四风”，坚持不懈推进政府系统党风廉政建设和反腐败工作。

各位代表！宏伟蓝图催人奋进，未来征程任重道远。让我们在市委、市政府和县委的正确领导下，在县人大、县政协的监督支持下，紧紧依靠全县人民，团结一心、锐意进取，攻坚克难、扎实苦干，为加快建成广西特色旅游名县和全面迈进小康社会而努力奋斗！

中国人民政治协商会议蒙山县第八届委员会常务委员会工作报告

——在政协蒙山县第八届委员会第七次会议上

（2016年2月29日）

县政协主席　何　健

县政协主席何健作工作报告　　县史志办　供稿

2015年工作回顾

2015年，在中共蒙山县委的坚强领导下，县政协常委会牢牢把握团结、民主两大主题，围绕中心，服务大局，认真履行职能，切实发挥作用，筑牢团结奋斗共同思想政治基础，助力“十三五”规划编制，助推全面深化改革和开放合作，关注精准扶贫攻坚和社会事业发展，加强履职能力和自身建设，推进了政协事业的发展，为加快我县经济社会发展作出了积极的贡献。

一、履职基础更加巩固

一年来，我们着力强化理论引领和思想建设，切实凝心聚力，形成了团结奋进、共促发展的强大合力。

——着力夯实共同思想基础。深入学习中共十八大及十八届三中、四中、五中全会精神，学习习近平总书记系列重要讲话精神和自治区、梧州市及县委党代会精神，不断提升政协履职的道路自信、理论自信、制度自信，统一思想，增进共识。

——始终坚持正确政治方向。认真贯彻落实中央及自治区、市委和县委决策部署，切实增强政治意识、大局意识、责任意识。始终坚持在县委领导下开展工作，重大事项、重要工作及时向县委汇报，始终做到与县委保持方向一致、目标一致、工作一致。

——扎实开展专题教育活动。按照县委的统一安排部署，精心组织开展“三严三实”专题教育，扎实抓好专题党课、专题学习研讨、专题民主生活会、整改落实和立规执纪四个关键动作，高质量开展讲专题党课，高标准开展学习研讨，高要求开展边学边整改。

——广泛凝聚社会各界力量。主动加强与无党派、工商联及社会各界人士的联系，广泛听取意见建议；认真落实政协常委会组成人员联系委员制度，了解民情，关注民生，反映民意；加强委员活动组工作指导，积极搭建履职平台，推动工作开展；积极加强对外交流联谊，不断提升蒙山知名度；切实加强政协宣传，在县电视台开设政协委员履职风采栏目，广泛宣传政协履职工作。

二、政协协商务实推进

一年来，我们着力围绕党政中心工作和民生实事协商建言，充分发挥了人民政协协商民主重要渠道作用。

——围绕全县发展大局进行全会协商。县政协八届六次全委会议期间，委员们紧紧围绕县政协常委会工作报告、提案工作情况报告和“一府两院”工作报告等，进行认真讨论协商，特别对我县经济发展、城镇建设、整合项目资源资金加快生态乡村示范点建设、加强生猪屠宰管理、发展我县乡村旅游业和社会稳定等重要问题提出许多有价值的意见和建议，切实履行政协参政议政职能，发挥了参谋助手作用。

——围绕“十三五”规划编制、依法行政工作进行常委会议协商。从年初开始，县政协召开主席会议对“十三五”规划编制课题进行研究部署。采取会议协商和书面协商等方式，正副主席分成6个调研组，利用半年时间，分别带领各专委会、部分常委、委员，全面深入协商，综合形成了一份较高质量的调研报告，提交八届二十三次常委会议协商讨论。常委们结合蒙山的实际，宏观建议“要做好承上启下和统筹衔接，保持发展战略的延续性；要广泛征求各界意见，让规划编制更加科学合理；要建立完善部门联动机制，强化主体责任意识，让规划编制更加符合蒙山县经济社会发展实际”。同时，围绕“互联网+”、发展战略总定位、交通、税收、生态、旅游、城乡规划等方面，提出了前瞻性、科学性、可操作性的意见建议50多条，得到县委、县政府的高度重视和采纳。八届二十四次常委会议专题协商依法行政工作。会前，围绕我县依法行政工作组织开展调研，在常委会上进行集中协商，广泛征集各界的智慧，提出了强化依法行政观念，增强行政执法责任意识，规范行政执法行为和程序，提升执法水平等10多条意见建议。

——围绕企业融资、食品质量安全工作进行专题协商。针对企业融资难、银行放贷难，通过“创新企业融资机制”协商会平台，让企业代表与金融部门负责人面对面进行协商，委员围绕创新企业融资机制提出了银行贷款、信用贷款、股权融资、政府贷款援助等具有针对性、前瞻性和可操作性的意见和建议。委员们认为，企业要自强诚信，积极争取银行支持；金融部门要适应新常态，加大对企业的支持力度；各相关职能部门要树立服务金融、服务企业的意识，帮助企业解决融资遇到的问题，促进金融部门和企业的健康发展。主席会议成员选择生猪定点屠宰管理、食品安全监督这两方面关系群众健康的工作进行协商。通过参观生猪定点屠宰工作流程、全县学校食堂远程监控平台等，了解到我县的食品安全监管能力建设、市场消费水平有了非常大的提升，对食品质量、食品安全工作有了更深的认识。对食品安全工作提出“加强监管力度、形成长效机制、强化源头治理、抓好队伍建设”等方面提出建议意见。

——围绕长寿资源挖掘、生态林保护开展对口协商。我们围绕长寿资源如何进一步挖掘、保护、利用工作开展协商。就成立机构、做好规划、研发产品、福寿文化与旅游相结合等，具有针对性、前瞻性和可操作性的意见和建议。与此同时，要对长寿文化做科学的研究和整理，要把长寿元素融入到全县建设中，要对长寿产品进行统一的宣传与开发，要把长寿产品开发与环境保护相结合。组织宣教组委员对全县速生桉种植工作开展调研。据了解，我县在2000年开始种植速生桉3000亩，2005年起以每年2万亩的速度增长，2013—2015年发展速度放缓，目前全县已达19.5万亩。在协商会上，委员们对发展速生桉造林的“利”与“弊”有了更深入的了解，进一步建议我县作为中国长寿之乡，更应具有自己特有的气质，更应保持原有的生态系统，重点减少速生桉的种植，让生态林覆盖全县，让山更青，水更绿，蒙山更美!

——围绕知情明政开展情况通报协商。全面听取了县政府重点项目建设进展、全县经济社会发展和县人民法院、县人民检察院工作等情况通报，达到了知情明政、推动履职的目的。县政协领导和部分委员还通过参加县委、县政府召开的各种会议和组织的检查活动，就事关全县经济社会发展的大事、要事进行了充分协商，提出了许多有益的意见和建议，为推进党政决策的科学化、民主化发挥了积极作用。

三、民主监督实施有力

一年来，我们着力健全和完善民主监督机制，扎实开展监督，切实增强了民主监督实效。

——对提案工作重点督查确保取得实效。县政协八届六次会议以来，立案提案27件，其中重点提案3件，涉及经济、教科文卫体、市政、社会政法、农林水等方面，所有提案均在法定期限内办结，并分别答复了委员，办结率100%。我们坚持常委会听取县政府提案办理情况通报制度，主席会议研究部署提案工作制度，切实加强提案工作的领导。强化提案知识培训，拓宽提案征集渠道，不断提高提案质量。优化提案审查、立案、交办程序，切实将协商纳入提案审查立案、交办督办、具体办理等各个环节，进一步提升了提案办理的规范性、实效性。协同县绩效办完善有关提案考核机制，对17个单位提案办理工作开展考评，对《关于湄江河重要河段旅游观光进行系统规划的建议》等3件重点提案办理情况开展督察。

——对重点工作民主评议助力事业发展。选派50多名委员、机关干部参加“三年一工程”和“美丽蒙山·生态乡村”活动督察等工作献计出力。继续选派委员受聘担任党政部门、司法机关的各类特邀监督员、评议员、人民陪审员，协助聘任单位全程跟踪，全程监督，加强民主监督跟踪的管理，及时提出改进工作的意见建议，促进了执法部门的工作，不断提高政协民主监督实效。

——广泛反映社情民意。不断拓展信息来源，规范反映程序，提升反映社情民意信息工作的制度化水平，共收集社情民意信息20多条，向市政协整理报送社情民意信息10条，向县委、县政府报送社情民意专报2期。

四、参政议政卓有成效

一年来，我们着力围绕建设广西特色旅游名县、推进新型城镇化和社会事业发展，认真做好政协属性的参政议政工作。

——抓好重点项目工作。坚持做到“县委想什么，政协议什么；政府做什么，政协帮什么”，在重点项目中多献策、献良策。根据县委、政府统一部署，县政协领导班子成员分别承担了拆迁安置、县城湄江沿岸综合整治、发展旅游业、壮大丝绸园区、改善基层卫生条件等10个重点项目工程建设的工作任务，全力倾斜重点工程建设。在工作中认真把握各个阶段的要求，想方设法把工作做好，抓好落实，扎实推进。

——深入开展专题调研。围绕县委、政府关注的重大事项和老百姓关注的重点问题，采取沉下去、走出去、请进来等方法，进行系列调研、联合调研和跟踪调研。通过“借智、借脑、借力”，发挥委员主体作用，形成了一批能够促进科学发展、民生和谐、能够进入党政决策视野的参政议政精品。年初，开展“提质提速发展我县乡村旅游业”调研，形成《关于蒙山县生态旅游开发建设的几点建议》；围绕我县如何挖掘蒙山民俗文化，助推旅游产业发展进行调研，通过收集相关资料，在县内各乡镇调研与赴融水、三江等县实地学习，邀请部分专家学者和政协委员召开座谈会等多种形式，深入了解情况，广泛听取意见建议，形成《让蒙山旅游插上腾飞的翅膀》；围绕开展“美丽广西·清洁乡村”工作中存在资金不足问题进行专题调研，形成《整合项目资源资金，加快生态乡村示范点建设》的大会发言；组织政协委员对我县青年创业创新工作进行调研，了解我县青年创业创新工作情况并提出了意见和建议；组织政协委员围绕加快农民专业合作社发展进行调研，提出了加大宣传促发展、加强业务培训促提高、树立示范促带动、坚持运作原则促规范、加强指导服务促壮大等具有针对性、前瞻性和可操作性的意见和建议。这些建议具体、可操作性强，很多被融入了县委、政府的工作决策当中。

——认真组织委员视察。常委会充分发挥委员活动小组的作用，委员活动正常化。各小组分别就乡镇镇区居民饮水、建设特色旅游名县、基础设施建设与精细化城市管理5个课题开展视察。通过各类视察，提出建议意见50多条。

——围绕专题外出考察。聚焦旧城改造工作建言献策，组织部分委员和有关人员赴广东省佛山市禅城区考察学习旧街改造工作先进经验。通过实地参观了广东省最大、最成功的旧城老街道改造项目“岭南天地”，听取了禅城区旧城改造指挥部负责人对旧城改造具体做法的介绍。考察组就旧城改造采取政府引导、市场运作、多种模式推进和规划先行、先试点后推广的做法非常值得我县学习，提出了具体意见建议。聚焦市政设施市场化协商，推动市政设施市场化运作步伐。组织人员到桂林、阳朔、田东、上林等市县考察学习，在深入分析了我县市政设施市场化情况，借鉴外地市政设施市场化运作方面好做法的基础上，找出了存在的问题和差距，并从制定措施、管理政策等方面，对推进我县积极推进市政设施市场化运作提出了对策和建议。

五、主题活动深入开展

一年来，我们着力引导广大委员投身精准扶贫和履职实践主题活动，委员主体作用得到了充分发挥。

——积极参与精准扶贫。按照县委统一部署，县政协领导分别联系长坪乡、西河镇、黄村镇、汉豪乡，统筹指导完善精准扶贫规划，督促指导开展脱贫工作。特别是帮扶长坪瑶乡工作中，协助该乡发展乡村旅游、协助筹办“三月三”歌节、生态乡村建设、精准扶贫工作，给予人力、物力等全力支持。政协机关干部充分发挥模范带头作用，深入贫困户，开展一对一帮扶活动；许多政协委员或企业主动结合自己的户籍、企业驻地情况，深入贫困村、贫困户开展规划咨询、基础建设、产业扶持、技能培训、义诊义捐等活动，用实际行动办实事好事。

——深入开展“四个一”活动。围绕“每年至少提出一件有质量的提案，反映一条有价值的社情民意，参加一次有影响的政协活动，办理一件好事实事”为主要内容的“四个一”活动，全体政协委员主动深入开展政策宣传，发展增收帮扶、就业创业扶持、助学、助医、助老、助残、法律维权，弘扬新风正气，发出好声音、传递正能量。涌现了入选中央文明办“中国好人榜”罗火成等先进人物。据统计，县政协和委员共为群众办好事实事 100 多件。如，县政协办与县民族局继续做好中国社会福利基金会免费午餐基金在我县山区 11 所小学开设“免费午餐”项目，1300 多名师生免费享受每人每天 4 元午餐，每年注入资金 60 多万元；县政协办与依队网联合探访、调查抗战老兵，收集、整理、汇总资料，向广西壹方慈善会（民间慈善机构）提交审核书，已为审核通过的 19 位抗战老兵，办理了每人每月 750 元的生活补助，同时向县政府提供老兵的材料，在纪念抗战胜利七十周年之际，使他们获得政府的补助每人 8000 元；委员引进慈善团体善款 100 多万元建设山区小学教学楼 2 幢，为我县近 400 名贫困的大学生、中小学生发放助学金，用实际行动传递了爱心，用爱心增添了社会正能量。

——协助开好市政协专题会议。4 月，全县政协生态建设专题调研活动暨经科委工作会议在蒙山召开，会议听取我县政府领导就围绕“优势工业、特色农业、休闲旅游、精品城镇”发展思路，加强生态环境保护和利用，坚持走科学发展道路的工作情况介绍。我们全力做好服务工作，确保了会议圆满成功。

——开展走访委员活动。为提升机关服务水平，加强与委员密切联系，增强政协组织凝聚力、亲和力，为蒙山经济社会发展献智出力。政协领导组织机关干部、活动组长走访县内外的政协委员和蒙山同乡会、老乡企业，了解他们创业的工作、生活情况，广泛征求他们对政协工作和全县经济社会发展的意见和建议。

六、自身建设不断加强

一年来，我们着力素质建设和健全制度，不断提升了政协工作水平。

——加强队伍建设。加强委员履职管理，严格委员参加会议、撰写提案、参加视察等方面要求，切实促进委员履职参政，进一步发挥委员作用。

——加强制度建设。对八届县政协以来的各项工作进行了认真梳理和总结，完善修订了《委员管理办法》《走访联系委员制度》《理论学习制度》《政协机关内部管理制度》等各项规章制度，制定工作规则，规范工作程序，为推动各项工作制度化、规范化和程序化打下了坚实的基础。

——加强作风建设。根据新形势对政协工作的要求，结合开展“三严三实”专题教育活动，进一步加强县政协领导班子的思想、组织和制度建设，严格执行中央八项规定，在完善规范、强化管理、严肃制度上下工夫，提高廉洁自律意识和对反腐败重要意义的认识。

各位委员，过去的一年，常委会取得的成绩，是市政协重视关心指导的结果，是县委正确领导和县人大、县政府大力支持的结果，是社会各界和政协委员团结一致、共同奋斗的结果。在此，我代表县政协常委会表示衷心的感谢！

同时，我们也清醒地认识到，面对新形势、新任务、新要求，政协工作还存在着差距和不足。主要表现在：延伸政协履职触角还需进一步探索，搭建委员履职平台还需进一步创新，委员履职意识和能力还需进一步提升。我们必须高度重视，认真研究，着力改进。

2016 年工作部署

2016 年，是“十三五”规划开局之年，也是全面建成小康社会决胜阶段的开局之年。县政协工作的总体思路是：坚持以邓小平理论、“三个代表”重要思想、科学发展观为指导，在中共蒙山县委的领导下，深入学习贯彻中共十八届三中、四中、五中全会和习近平总书记系列重要讲话精神，贯彻落实县委十三届六次全会和县经济工作会议精神，紧紧围绕县委“绿色农业、优势工业、特色旅游、品质城镇、福祉民生”工作发展思路，突出团结、民主两大主题，认真履行政协职能，广泛凝聚改革发展稳定正能量，为推动我县“十三五”规划开好局、起好步，促进经济社会发展作出更大贡献。

一、深入学习贯彻党的十八届五中全会精神，统一思想，坚定信心

深入贯彻落实党的十八届五中全会精神，围绕制定和实施“十三五”规划献计出力是当前和今后一段时期人民政协的一项重要任务。我们要通过各种有效形式，深入学习贯彻五中全会和习近平总书记系列重要讲话精神，深刻把握全面建成小康社会决胜阶段的形势和指导思想，把握“十三五”时期经济社会发展主要目标和基本理念，自觉用全会精神武装头脑，统一思想，坚定信心。中共蒙山县委十三届六次全会通过的《关于制定国民经济和社会发展第十三个五年规划的建议》，描绘了未来五年蒙山发展的蓝图，确立了我县“十三五”时期发展的指导思想、基本原则、目标要求和重大举措，明确了蒙山“十三五”时期工作的重点把握和发展路径，提出了“生态立县、品牌兴县”发展战略，以及“特色农业、生态工业、康养旅游、品质城镇、福祉民生”工作思路。我们要认真贯彻落实县委全会精神，珍惜良好的发展环境，珍惜“十二五”期间取得巨大成就的成功经验，珍惜全县上下团结拼搏的大好局面，自觉把思想和行动统一到县委的重大决策部署上来，把智慧和力量凝聚到实现“十三五”时期各项任务上来，始终做到同党委政府方向一致、目标一致、工作一致。

二、积极为“十三五”规划顺利实施献计出力，主动作为，发挥作用

围绕中心、服务大局是人民政协的重要工作原则。要切实把握好“十三五”时期我县经济社会发展的趋势，做到观念上适应、认识上到位，以严的精神、实的作风推动我县“十三五”规划开好局、起好步。要牢固树立并切实贯彻创新、协调、绿色、开放、共享的五大发展理念，同时注重转型升级和特色效益发展，推动经济社会发展迈上新台阶。要始终保持政治定力、战略定力、实干定力，深入推进全面深化改革，深入推进蒙山法治建设，深入推进从严治党，适应新常态，展现新常态，为经济社会发展提供坚实保障。继续把稳增长、促改革、调结构、惠民生、防风险摆在履职的重要位置，组织广大政协委员深入开展调研，集思广益、建言献策，努力破解发展难题，积极推动创新发展。

三、充分发挥爱国统一战线组织的优势和作用，凝聚人心，增添力量

推动“十三五”规划实施和全面建成小康社会，需要充分发挥人民政协作为最广泛爱国统一战线组织的优势和作用。要针对我县加快提升核心竞争力，坚持创新发展、协调发展、绿色发展、开放发展、共享发展过程中遇到的新情况、新问题，广泛深入宣传县委、县政府的重大决策部署，多做宣传引导、解疑释惑的工作，多做统一思想、增进团结的工作，最大限度地凝聚人心、增添力量。要坚持履职为民理念，把助推精准扶贫、精准脱贫作为政协履职的重中之重，以“委员行动工程”和“四个一”活动为载体，围绕产业扶贫、移民扶贫、教育扶贫等民生问题，开展多种形式的协商议政、调研视察、反映社情民意等活动，为群众生活水平的提高和生活质量的改善，建真言、谋良策、出实招，促进改革发展成果更多地惠及普通百姓；广泛引导政协委员和委员企业支持贫困地区基础设施建设、推进特色产业建设、加强生态环境整治、参与公益慈善事业，为贫困地区经济社会发展添动力、增合力。要重视发挥少数民族和宗教界委员的作用，促进民族团结、宗教和谐、社会稳定；多形式开展港澳和海外联谊工作，进一步激发港澳委员及爱港爱澳社团的爱国热情。引导他们为我县“十三五”规划实施积极发挥作用。

四、扎实推进政协协商民主和履职能力建设，提升素质，增强实效

认真贯彻落实自治区党委《关于加强社会主义协商民主建设的实施意见》，按照有事多商量、遇事多商量、做事多商量的要求，聚焦我县“十三五”时期经济社会发展的重要课题，更加灵活、更为经常地开展不同层面的议政协商。制定并组织实施2016年协商工作计划，花更大气力深入了解实际，花更多时间强化研究论证，识民情、接地气，倾听群众呼声，把握事物规律，力求使调研协商靠事实和数据说话，使对策建议更加符合实情、反映民意、有助决策。深入贯彻落实习近平总书记关于“懂政协、会协商、善议政”的重要思想，正确把握人民政协的性质定位，进一步改进履职方式、提高履职能力、增强履职实效，着力推进履职能力建设。注重发挥委员主体作用，完善委员联络制度，充分发挥政协参加单位、专委会、活动组、机关等联络服务委员的作用，尊重和保障委员的各项民主权利，努力为委员履职尽责创造更好条件。促进与工商联、无党派人士和各人民团体的合作共事，充分发挥他们在社会主义协商民主中的重要作用。彰显活动组特色，丰富活动，完善调研、视察、协商和提案等工作机制。健全专委会组织协调机制，切实发挥专委会履行职能的基础作用。巩固“三严三实”专题教育成果，加强机关思想政治教育，提升干部队伍素质，为科学履职提供强有力保障。切实加强社会主义协商民主理论研究，更好地发挥理论对实践的指导作用。继续抓好政协宣传和文史资料工作，努力营造全社会了解支持政协工作的良好环境，充分发挥文史资料存史、资政、团结、育人的重要作用。按照中共蒙山县委的部署，认真总结八届县政协的工作经验，切实加强换届工作的统筹协调，精心做好换届各项准备工作，做到换届工作与履职尽责两不误。

各位委员，民主凝聚力量，团结成就伟业！让我们紧密团结在以习近平同志为总书记的中共中央周围，以邓小平理论、“三个代表”重要思想、科学发展观为指导，在中共蒙山县委的坚强领导下，同心同德，开拓创新，努力谱写人民政协事业发展新篇章，为推动我县“十三五”规划开好局、起好步作出更大的贡献！

责任编辑　黄胜林

大事记

1月

5日 广西广电网络公司大力打造的一项民心工程——蒙山县首个数字电影院正式开工建设，这是广西广电网络公司投资建设的第一家县级数字电影院。数字电影院建设工期为272天，计划于2015年年底投入使用，建成后影院配备3个标准3D数字影厅，共设座位300个。

10日 自治区新闻出版广电局第五验收组到蒙山县，对蒙山县2014年村村通乡镇无线覆盖工程进行检查验收。验收组经过实地检查、查阅档案资料，并对各项技术指标进行目测和实际测试，蒙山县2014年村村通乡镇无线覆盖工程顺利通过验收。

上旬 广西壮族自治区住房和城乡建设厅《关于命名2014年广西园林城市的通报》文件中，正式命名蒙山县为“广西园林城市”。

同旬 自治区检察院确定蒙山县为第二批全区检察机关预防职务犯罪工作示范县。

同旬 由《经济日报》县域经济研究中心、中国县域经济报社与北京工商大学经济学院联合主办的2014中国县域金融年会在北京召开，蒙山农商行荣获“中国服务县域经济领军银行”荣誉称号，这是广西唯一获此殊荣的县级金融机构。

13日 自治区投资促进局局长杨静华带队的区投资促进局考核组到蒙山县，对蒙山县招商引资项目建设情况进行实地考核验收。

15日 全市“美丽梧州·生态乡村”活动现场会在蒙山县召开，贯彻落实全区和全市动员大会精神，总结交流近两年来“清洁乡村”工作取得的阶段性成效及经验，探讨全市开展“生态乡村”活动工作思路和做法，对全市“生态乡村”活动下一步工作进行研究部署。

16日 自治区教育厅复查评估工作组到蒙山县，对蒙山中学示范性普通高中建设情况进行复查评估。

同日 自治区政法工作组到蒙山县开展督察和调研工作。

20日 中央电视台第七频道派出栏目组到蒙山县，对近日获“中国服务县域经济领军银行”荣誉称号的蒙山农商行如何服务县域经济，支持地方三农建设进行为期两天的专题采访。

中旬 自治区精神文明建设委员会授予蒙山县“2011—2013年度自治区未成年人思想道德建设工作先进县”荣誉称号，这是梧州市唯一一个获此荣誉的县。

21日 以自治区教育厅副厅长白志繁为组长的督察组到蒙山县，对蒙山县人口计划生育工作展开专项督察。

22日 自治区计生检查组到蒙山县考核2014年人口和计划生育工作执行情况。

30日 蒙山县召开《蒙山年鉴·2015》组稿

会议暨撰稿业务培训班。

本月 在自治区旅游景区质量等级评定中，蒙山永安古城景区获评国家AAA级旅游景区。

本月 由农业部、水利部等9家单位组成的全国农民合作社发展部际联席会议评选出254家农民用水合作全国示范组织，蒙山县西河镇古排村农业灌溉用水者协会入选示范。

2月

4日 蒙山县委召开领导干部大会，宣布中共梧州市委关于调整蒙山县主要领导人的决定：任命阳永煊同志为蒙山县委书记，秦金敏不再任蒙山县委书记。

5日 梧州市公共法律服务体系建设现场推进会在蒙山县召开，研究探索进一步推进公共法律服务体系建设措施方法，为全面推进体系建设提供指导。

8日 自治区政协副主席李彬到文圩镇河村村，参加“百村增绿”村屯绿化示范点大种树活动暨“兴水利、种好树、优生态、惠民生”主题活动。是日，梧州市中石化公司为文圩镇河村村新农村建设捐赠30万元建设资金。

9日 蒙山县召开2014年干部选拔任用“一报告两评议”、县党政领导班子和全县处级干部年度考核工作会议，对全县党政领导班子和在职处级领导干部进行民主测评和评议，并民主评议蒙山县2014年干部选拔任用工作情况。

16日 由县委、县人民政府主办，县委宣传部、县文体局承办的蒙山县2015年迎春文艺晚会在县青少年活动中心上演。

中旬 春节前夕，蒙山县四家班子领导分组下到基层单位和乡村，慰问驻蒙部队官兵、公安干警、复退伍军人、一线职工、贫困党员及贫困户等。

28日 中央文明委召开全国精神文明建设工作表彰暨学雷锋志愿服务大会，对第四届全国文明城市、文明村镇、文明单位和未成年人思想道德建设工作先进代表进行表彰，蒙山县西河镇获全国文明村镇称号。

3月

2日 蒙山县举行县域生态观光和乡村旅游建设专题讲座，邀请规划学博士、浙江大学旅游研究所副所长周永广博士就生态观光旅游和乡村旅游规划与开发等休闲观光旅游产业进行专题授课。会县科级以上干部、旅游企业代表、村干等600多人聆听讲座。

10日 中国人民政治协商会议蒙山县第八届委员会第六次会议在县青少年活动中心开幕。

11日 自治区督察组到蒙山县，督察指导扶贫生态移民工程推进工作情况。

同日 蒙山县第十五届人民代表大会第五次会议在县青少年活动中心召开幕。

12日 自治区综治办副主任韦绍仕带领调研组到蒙山县调研综治平安建设工作。

12日至13日 梧州市委书记黄俊华到蒙山县，围绕地方经济运行、新农村建设和生态乡村建设、特色农业发展以及创建广西特色旅游名县等工作开展调研。

19日 自治区住房和城乡建设厅检查组到蒙山县西河镇龙蟠村开展农村危房现状调查核实工作。

同日 梧州市创建全国义务教育发展基本均衡县装备类工作推进现场会在蒙山县召开。

4月

1日 自治区农机调研组到蒙山县组织开展2015年农机立法调研工作，并了解水稻全程机械化项目建设发展情况。

9日 蒙山县召开扶贫工作座谈会，在蒙山县调研的区扶贫办主任杨国艺听取精准帮扶到户等工作情况汇报后，就精准帮扶到户方面工作提出指导性意见和建议。

10日 蒙山县召开2015年全县农村工作会议，分析当前形势，部署全县今年农村工作。

上旬 水利部珠江水利委员会、自治区水利厅、梧州市水利局联合工作组到蒙山县督导农业水价综合改革试点工作情况。

14日至17日 县委书记阳永煊、县长宋彤宇率领组织、财政、交通、农业、旅游等部门的负责同志，到自治区有关部门学习汇报工作，加强对接，争取上级在政策、项目和资金等方面给予支持帮助。

15日 有“中国长寿之乡”称号的蒙山县再现长寿奇迹，蒙山镇高堆村茶山水库移民新村平冲组覃兆全和吴静文夫妇，双双年逾百岁。其中妻子吴静文于1914年3月3日（农历）出生，丈夫覃兆全于1915年4月15日出生，分别达101岁和100岁。

同日 中央电视台科教频道纪录片《梁羽生》摄制组到蒙山县，进行拍摄工作，探寻一代武侠小说宗师的成长足迹。

17日至19日 广西电视台国际频道编导组一行四人，到蒙山县拍摄电视纪录片《长寿广西》，深入挖掘蒙山长寿文化，诠释蒙山县的长寿现象。

19日 蒙山县水韵瑶寨“三月三”节庆暨蒙山文化旅游节在长坪瑶族乡长坪村举行。

25日 蒙山县召开文艺工作座谈会，共同探讨文艺工作如何在蒙山县创建广西特色旅游名县中发挥作用。

28日 2015年庆祝“五一”国际劳动节暨全国劳动模范和先进工作者表彰大会在北京人民大会堂举行。蒙山镇北楼村党总支部书记、蒙山县金宇特色农业发展有限公司经理黄树新获党中央、国务院授予“全国劳动模范”荣誉称号，并出席会议。

28日至29日 2015年全市应急管理工作现场会在蒙山县召开，部署2015年全市应急工作重点任务。

29日 蒙山县文圩镇木护村平岭组发生一起伤害事件，造成2名群众死亡，1名干警在抓捕嫌疑人时受伤，3名群众在这起案件中受伤。

5月

7日 蒙山县召开2015年“三年一工程”工作推进会，回顾总结上一年“三年一工程”项目推进情况，分析项目推进中存在的问题和困难，研究部署下半年“三年一工程”项目推进工作。

8日 蒙山县领导阳永煊、杨铁庄、宋彤宇、何键等县四家班子成员、县处级以上干部和法院、检察院等单位干部到梧州市反腐倡廉警示教育基地（梧州市预防职务犯罪警示教育基地）参观，接受警示教育。

14日 蒙山县举办“中国梦·老年梦——养生养老地产”专题讲座，邀请华蓝集团有限公司专家为大家进行讲解。

19日 蒙山县举办“三严三实”专题教育党课，县委书记阳永煊以讲党课的形式进行专题辅导。

同日 市政协主席吴汉华、副主席杨炳才到蒙山县文圩镇、夏宜瑶族乡进行工作调研。

20日至21日 自治区妇女儿童工作委员会副主任、自治区妇联主席、党组书记王革冰到蒙山县进行工作调研，并为蒙山县200多名领导干部和基层妇女干部作了主题为《坚持男女平等基本国策，弘扬先进性别文化》的专题授课。

21日 中国共产党蒙山县第十三届代表大会第三次会议在县青少年活动中心召开。

同日 中共蒙山县第十三届代表大会第三次

会议举行县委全委会（扩大）第一次会议。

22日　中共蒙山县第十三届代表大会第三次会议举行县委全委会（扩大）第二次会议。

25日　黄村镇百合村花篮山山地外来务工人员出现疑似食物中毒现象事件，5人中毒死亡。

26日　全区精神文明建设工作表彰会在南宁召开，蒙山县荣获第六轮“自治区文明县城”称号。

29日至30日　市长朱学庆率领市发改、国土、环保和扶贫等部门负责人到蒙山县，就生态乡村建设、扶贫开发、特色农业发展等工作进行调研，督导上半年经济社会发展目标完成情况。

本月　蒙山县社保局逐步推进采用“人脸识别”技术开展养老待遇资格认证。

6月

2日　由自治区投资促进局局长杨静华带领的自治区国土、发改部门组成的服务小组，到蒙山县开展服务活动，帮助解决蒙山县招商引资重点项目推进落实遇到的困难和问题，促进项目尽快落地、开工。

17日　蒙山县召开“美丽广西”乡村建设（扶贫）工作队工作会议。

同日　蒙山县委副书记覃杏、副县长钟学坚带领考察团赴阳朔县考察学习推进生态乡村工作的主要做法和先进经验。

18日　蒙山县召开全县非公经济组织和社会组织党组织组建百日攻坚大行动动员会，研究部署“两新”党组织组建工作，提升“两新”党建工作水平。

同日　蒙山县召开旅游工作推进会议暨创建“广西特色旅游名县”工作推进会，总结去年旅游工作和创建“广西特色旅游名县”工作，部署下一阶段的旅游工作和创建工作。

19日　中共蒙山县第十三届纪律检查委员会召开第六次全体会议。

本月　自治区第三届道德模范评选活动落幕，共评出22名“自治区道德模范”。蒙山县黄村司法所所长莫运福获评“自治区敬业奉献模范”，汉豪乡大车村古帐组村民胡美连获评“自治区孝老爱亲模范”。

7月

1日　蒙山县召开庆祝中国共产党成立94周年大会。

同日　中国供销集团总经理宋高烽带领考察组到蒙山县，重点对蒙山县农产品电商物流中心建设项目进行考察调研。

2日　县人武部组织开展民兵应急反恐维稳演练。

2日至3日　县委副书记覃杏率考察团到龙胜县，就新农村建设、农家乐等工作进行考察学习。

7日　自治区党委组织部专题调研组一行6人到蒙山县进行调研，与县党政班子成员及在主要领导岗位退休干部进行谈话了解，并到蒙山县生态农业核心区及茧丝绸工业园区进行实地查看，了解第一手资料。

8日至10日　县委书记阳永煊率队赴广东惠州、深圳、增城等地，同中国企业500强之一的华润（集团）有限公司企业对接合作、考察养生养老项目。

21日　自治区民族与宗教委员会主任卢献匾率队到蒙山县就民族与宗教工作以及夏宜乡庆筹备等进行调研。

22日　县委书记阳永煊、县人大常委会主任杨铁庄率队远赴山东考察期间，在山东淄博市大染坊丝绸集团总部举行投资合作签字仪式，副县长李世超代表县人民政府与山东省淄博大染坊丝绸集团有限公司签订1.5亿元丝绸深加工投资项目意向书。

23日　梧州市党委信息工作座谈会在蒙山县召开，总结上半年各县（市、区）党委信息工作情况，分析当前各县（市、区）信息工作存在的问题和不足，研究进一步加强党委信息工作的措施。

25日　自治区地方志编纂委员会办公室副主任邓敏杰一行到蒙山县，督察指导蒙山县地方志书编修工作。

28日　县司法局组织全县60余名社区矫正人员集中进行军事操练，并接受警示教育及心理辅导。

30日　蒙山县在滨江公园、水秀江段等地方举行水生生物增殖放流活动，将180多万尾鱼苗投放到湄江河段。

31日　蒙山县诗词楹联协会正式成立，并顺利召开第一次代表大会。陆艺罡当选为会长，刘海寿为名誉会长。

8月

8日至9日　由县委宣传部主办的“儒风拂面——圣地七子走进蒙山暨蒙山馆藏名家书法作品展在县老干部活动中心举行，展出近80幅高水平书画作品。

12日至14日　自治区旅发委组织由广西大学、桂林旅游学院等高校的知名专家学者一行7人到蒙山县，对蒙山县创建广西特色旅游名县工作进行指导。

17日　经逐级申报、审查、复核、公示，全市43个行政村近日获评为2015年第一批市级生态村，其中蒙山县占22个。

20日　蒙山县召开维护社会稳定暨信访维稳工作会议，总结上半年信访维稳工作，部署当前维护社会稳定和信访维稳工作任务。

21日　副县长韦放代表县人民政府与北京东方财星国际资本管理有限公司董事长首席助理高春景签订“嘉言民生农村电子商务项目”投资意向书，这是北京东方财星在广西继永福县政府后签订的第二个PPP战略合作协议。

27日　县总工会举行金秋助学金发放仪式，帮助品学兼优，家庭困难的贫困大学生圆梦大学。资助123名困难职工子女，资助金额达16多万元。

本月　黄村司法所所长莫运福荣获“第三届自治区敬业奉献模范”荣誉称号，他所独创的莫运福调解法已成为全区政法系统学习的榜样。

9月

2日　蒙山县举行县政府法律顾问暨经济发展顾问聘任仪式，聘任谭世贵、陶斌智、黄柳先、覃厚昌、黄昌富、蒙信昌六位同志为法律顾问，聘任何永琪同志经济发展顾问。

9日　蒙山县举行2015年度新兵入伍欢送会，一批适龄青年身穿军装，正式接受新兵入伍命令，光荣入伍。

同日　梧州市侨联工作会议在蒙山召开。

16日　蒙山县人民政府聘请何秀池、封祚孟两位旅游界知名人士为蒙山县旅游发展顾问。

21日　农业部经管站副站长戴军率队到蒙山县，对蒙山县农村土地承包纠纷仲裁基础设施建设项目落实和调解仲裁体系建设情况进行调研和检查。

23日　梧州市2015年全国科普日活动暨“十月科普大行动”活动在蒙山县启动。

28日　中晨路桥建设（北京）有限公司考察团到蒙山县进行投资考察。

29日　县畜牧局执法人员将在全县范围内查处没收的400多公斤私宰肉在洲南村大塘岭进行无害化处理。

同日　经梧州市旅游饭店星级评定委员会评定，蒙山县有4家酒店、宾馆被评为星级旅游酒店、宾馆，其中滨江大酒店被评为三星级旅游饭店，其他3家被评为二星级旅游饭店。

10月

11日　来自自治区和梧州市的消除疟疾考核组到蒙山县，对蒙山县防疟工作进行考核验收。

14日　自治区旅游发展委员会组织专家对蒙山“十三五”旅游规划情况开展专题调研。

19日　香港善一堂到蒙山县开展捐资助学活动，走访看望受资助的部分困难学生，勉励他们努力学习，争取以更加优异的成绩完成学业。

27日　夏宜瑶族乡举办30周年乡庆庆典活动，自治区、梧州市、蒙山县都派出代表团到会祝贺。

11月

1日　“2015中国黟县国际乡村摄影大展”11月1日至5日在安徽黟县举行。蒙山县作为唯一一个应中国摄影报社邀请的县级参展机构，在大展上展出风光、人文、生态、建设等方面的作品40多幅。

9日　自治区党委书记、自治区人大常委会主任彭清华深入蒙山县，就精准识别扶贫工作开展情况进行调研。

11日　自治区党委组织部副部长、自治区老干局局长陈虹调研蒙山县组织离退休干部开展为党的事业增添正能量活动情况。

12日　自治区运会中国象棋比赛在蒙山县举行。

18日　自治区“美丽广西”乡村建设领导小组办公室公布2015年度“绿色村屯”候选名单，蒙山县蒙山镇北楼村程村组名列其中。

20日　蒙山、荔浦、平乐、昭平、藤县、平南、金秀七县森林公安边界林区警务合作联席会议在蒙山县森林公安局会议室召开。

27日　自治区精准扶贫督察组到蒙山县督察精准识别工作，采取随机抽查、现场打分比对、座谈交流探讨的方式对精准识别工作进行督察，全力破解精准识贫过程中存在的问题。

12月

2日　蒙山县新圩镇古定被中国生态文化协会评为“全国生态文化村”，全国同批命名的共有120个行政村，广西有5个行政村在这次评选中获此殊荣。

7日至10日　由团中央农青部和团广西区委主办，团梧州市委和团县委共同承办的团中央“农村青年电商培育工程”示范培训班（广西）在蒙山县举行。

8日　梧州军分区司令梁开理，在县委书记阳永煊陪同下，就蒙山县民兵工作和人武部正规化建设工作进行检查。

15日　蒙山县首家数字电影院——县广电影城正式营业，这是蒙山县唯一一家电影院。广电影城位于城南新区，总投资500多万元，有3个专业电影厅，设有300多个座位。

24日　县委第十三届委员会召开第六次全体会议。

29日　由区直机关17个单位联合组成的自治区文化科技卫生“三下乡”集中服务活动工作团，在蒙山县体育馆举办捐赠仪式，向蒙山县捐赠价值1550多万元的资金、项目和物品。

本月　在北京举办的“2015年中国县域金融年会”上，蒙山农村商业银行再次获评“中国服务县域经济领军银行”称号，为广西唯一一家获得这项荣誉的县域金融机构。

本月　自治区旅发委公布2015年度四星级以上乡村旅游区和农家乐评定结果。蒙山县长坪“长韵瑶寨”获评定五星级乡村旅游区，万寿谷生态庄园获评定五星级农家乐，福人园农庄、荷塘饮食山庄获评定四星级农家乐。

责任编辑　黄胜林

县情总述

基本地情

【地理位置】 蒙山县位于广西壮族自治区东部，东邻昭平县，西连金秀瑶族自治县，南毗平南县、藤县，北接荔浦县。县城坐标是北纬24° 12′，东经110° 31′，靠近北回归线。县城距广西首府南宁市460公里（公路距离，下同），距梧州市186公里，距桂林市146公里。国道321线与湄江贯穿县境南北。

【区划人口】 2015年，全县总面积1279平方公里，辖蒙山镇、西河镇、新圩镇、文圩镇、黄村镇、陈塘镇6个镇及汉豪乡、夏宜瑶族乡、长坪瑶族乡3个乡，78个村民委员会，6个社区居民委员会。其中，蒙山镇辖洲南、回龙、高堆、北楼、城西、甘棠、新联、文平8个村委会及民主、解放、永安、湄江南、湄江北5个社区居民委员会；西河镇辖瓦冲、古娄、安富、大塘、广育、桐油坪、文尔、水秀、乐拥、龙蟠、壬山、福垌、古排13个村委会；新圩镇辖貌仪、壮村、新圩、双垌、坝头、谢村、四联、古定、六桂9个村委会；文圩镇辖秀才、大明、文圩、河村、桃垌、莲塘、龙定、大龙、六夏、木护、道义、屯治12个村委会；黄村镇辖黄村、大化、林秀、明觉、百合、平原、道冲、朋汉、六埠、新开10个村委会；陈塘镇辖陈塘村、寺村、福利、罗应、下漂、大莫、沙灵、青州、朝垌9个村委会及陈塘社区居民委员会；汉豪乡辖金垌、汉豪、白竹、都坡、樟村、大车6个村委会；夏宜瑶族乡辖夏宜、六海、芦山、六洛、高雷、能友6个村委会；长坪乡辖长坪、东护、三妹、南垌、六坪5个村委会。县人民政府驻地蒙山镇。2015年年末，全县总人口22.26万人，其中农村人口16.61万人，瑶族、壮族等少数民族人口4.95万人。人口自然增长率6.74‰。

【自然资源】 土地资源：2015年，全县土地面积1279平方公里，耕地总面积12852公顷，其中水田7400公顷，旱地5452公顷。森林面积99662.6公顷。水资源：蒙山县水资源主要来自地表水，全县有大小河流159条，其中集雨面积17.5平方公里以上的河流24条，总集雨面积3325.5平方公里，年径流量14.99亿立方米，在平水年的年径流量12.57亿立方米。县境内地表水人均拥有7077.7立方米。水能资源理论蕴藏量9.67万千瓦时，水能资源可开发量6.39万千瓦时。矿产资源：县内已发现的矿种有金、银、铅、锌、镜铁矿、硫铁矿、石英石、石灰石、重晶石、金刚石等。铅锌矿储量约3600吨，主要分布在陈塘镇罗应村一带；重晶石储量约8万吨，主要分布在西河镇古排村古门坪、古娄村营潘、文圩镇三石村和六夏村等。动植物资源：境内动物有哺乳类（纲）35种，鸟类（纲）45种，被列为国家重点保护的野生动物有瑶山鳄蜥、蟒、大鲵、白鹇、原鸡、小灵猫、水獭、麝、黑鹿等；国家重点保护植物有桫椤、海南粗榧、观光木、鹅掌楸、油杉、大叶木兰、樟树、八角莲、半枫荷、青钩栲、黄连、柔毛油杉、格木等。

县域主河流——湄江　　县史志办　供稿

【土特名品】 果类有：古定柿子、百香果、无核黄皮果、沙糖橘、红心蜜柚、马水橘等。米类有：富硒米。林产品有：肉桂、八角、茶油、茶叶、木耳、香菇、灵芝、笋干等。加工产品有：白厂丝、丝棉被、木瓜酱、桑葚酒等。养殖类有：黑土猪、娃娃鱼、肉兔等。其他产品有：蒙山肉丸、蜂蜜等。

放养黑土猪　　县史志办　供稿

【气候水文】 蒙山县靠近北回归线，属亚热带季风气候区，具有气候温和、雨量充沛、雨热同季、光照充足、夏季长冬季短、严寒酷暑时短、无霜期长的特点。2015 年，全县年平均气温 20.2℃，比历年平均偏高 0.3℃，年极端最高气温 36.9℃，年极端最低气温 2.7℃；年降雨量 2366.0 毫米，比历年平均偏多 624.8 毫米；年日照时数 1041.7 小时，比历年平均少 429.8 小时；最大降水量为 294.9 毫米，出现在 10 月 4 日至 6 日；最高水位 113.31 米，最低水位 106.79 米。

（年鉴编辑部）

历史人文

【建置沿革】 商周时期（前 1711—前 1098 年），蒙山地属百越族中西瓯苍梧部族。秦始皇三十三年（前 387 年），蒙山地属桂林郡。汉元鼎六年（前 111 年），蒙山地属苍梧郡荔浦县。三国吴甘露元年（265 年），蒙山地属始安郡。南北朝梁武帝天监元年（502 年），设金安县（县治在今蒙山县汉豪乡金垌村）、蒙县（县治在今蒙山县黄村镇黄村村）、常安县（县治在今蒙山县新圩镇双垌荷村），这是蒙山地设县的开始。隋开皇十年（590 年），废金安、蒙县、常安三县，置隋化县，属扬州始安郡，县治在今县城旧县村。唐武德四年（621 年），改隋化县为立山县，同年于立山县治（今旧县村）置荔州。武德五年，改荔州为南恭州，领立山、崇仁（县治在今荔浦县新坪乡中垌）、岭政（县治在今昭平县仙回乡王村）、纯义（县治在今蒙山县新圩镇荷村中荷）、东区（县治在今蒙山县黄村镇黄村老街）五县。州域包括今蒙山县全部及今荔浦县的新坪、杜莫、三河等乡镇；今平乐县大扒乡桂江西岸南部；今昭平县的仙回、文竹北部等地；今藤县的太平、大黎、宁康、东荣等乡镇；今平南的马练；今金秀瑶族自治县的罗香、忠良等乡镇。贞观八年（634 年），废南恭州改置蒙州，州治在今黄村镇黄村老街。

贞观十二年，崇仁县西北部并入荔浦县，东南部归纯义县，岭政县并入立山县。天宝元年（742年），蒙州改为蒙山郡，乾元元年（758年）复为蒙州，领立山、纯义、东区三县，州治迁至今蒙山县蒙山镇新联村大有厂，属岭南西道桂管。蒙州辖境除崇仁县东北划归荔浦县外，其余与南恭州相同。元和元年（806年），因避宪宗皇帝讳改纯义县为正义县。北宋太平兴国元年（976年），改正义县为蒙山县。熙宁五年（1072年），废蒙州，以东区、蒙山两县并入立山县隶昭州。元朝，改立山县为蒙山县，属平乐府。明洪武元年（1368年），改蒙山县为立山县。洪武十八年因战乱户损过半，改立山县为立山乡，属荔浦县。不久设古眉巡检司及群峰巡检司，属平乐县。成化十三年（1477年）置永安州，属桂林府。弘治三年（1490年），改永安州为永安长官司。弘治五年复为永安州，属平乐府。清朝仍为永安州，属平乐府。民国元年（1912年），改永安州为永安县。民国3年，复称蒙山县，先属桂林道，后属平乐区、民团区、平乐行政监督区、平乐行政督察区。全国解放后仍为蒙山县，先属平乐专区，1958年撤销平乐专区，蒙山县改属梧州专区（后改称梧州地区）。1997年4月，改隶梧州市辖。

【名胜古迹】 蒙山境内风景名胜古迹众多，公园类有：太平天国封王建制遗址公园、西炮台公园、梁羽生公园、洲头古榕公园、滨江公园。庙宇楼阁类有：武圣宫、永安寺、觉宽寺、邓公庙、基督教礼拜堂、长寿阁、聚福楼等。风光类有：长寿桥、天书峡谷、茶山湖、龙潭瀑布、三妹瀑布、水秀风光等。古迹类有：永安州古城墙、蒙山文笔、攀龙桥、接龙桥、古排风雨桥、文圩风雨桥、西浮岭地洞、长墙等。故居类有：陈漫远故居、梁羽生故居、韦竹平故居、莫炳驹故居、冯云山指挥所、石达开指挥所等。

永安州古城墙　　县史志办　供稿

【文化遗存】 蒙山历史悠久，先民勤劳朴实，留下众多文化遗存。县文物管理所管理全县各级文物保护单位108处，其中全国重点文物保护单位1处（25个点），自治区级文物保护单位2处，县级文物保护单位71处。馆藏文物2697件，其中二级文物23件，三级文物319件。“太平天国永安历史文物陈列馆”被定为自治区爱国主义教育基地和第一批广西廉政教育基地。全县确定非物质文化遗产资源项目7个，类别920项，其中传统手工艺155项、传统戏剧3项、传统医药23项、民间音乐121项、民俗314项。列入蒙山县第一批非物质文化遗产名录的有《蒙山话山歌》《蒙山瑶歌》《瑶族医药——潘公平跌打还魂丸》《瑶族婚嫁》《舞狮》《歌圩》和木偶戏7项；列入梧州市级非物质文化遗产保护名录有《瑶族婚嫁》《瑶族医药——潘公平跌打还魂丸》《蒙山话山歌》《蒙山瑶歌》4项；列入自治区（省）级非物质文化遗产保护名录有《瑶族婚嫁》《瑶族医药——潘公平跌打还魂丸》2项。

【蒙山名人】 蒙山人杰地灵，历史上出过众多的名人。如任过广西省委第一书记、北京农业大学党委书记兼校长的陈漫远，壮族现代历上第一个为民主革命牺牲的爱国主义知识分子、清华大学学生韦杰三，在清代抗法战争“镇南关大捷”中立下赫赫战功的广西提督、广西边防督办苏元春，清代抗法战功卓著、官至广西防军统领的马盛治，三亚“南天一柱”石刻题字者、被誉为清末清官的崖州知州范云梯，多年称雄中国南方拳坛、被誉为“广西拳王”的韦仕群，广西著名烈士、解放军粤桂湘边纵队北风团团长张镇道，抗击日机英勇献身、被蒋介石等军政要员题挽联的空军飞行员莫更，一生著36部武侠小说、被誉为新派武侠小说开山鼻祖的梁羽生，广西历史学会会长、太平天国历研究专家钟文典等。

（年鉴编辑部）

政治与经济和社会事业发展

【政治建设】 2015年，全县新发展党员115人，全县党员总数达10361人。从严开展“三严三实”专题教育活动，紧扣主题组织开展边学边查边改，全县27名处级领导干部围绕查摆出的86个不严不实突出问题，进行逐一对照整改。深入农村、企业、机关和学校开展党的十八届四中、五中全会精神、“三严三实”专题教育等宣讲。聘请6名执业律师及法律专家为县人民政府法律顾问，政府法制部门收到行政复议申请5件，实现案件审结率100%；行政诉讼案件5件，其中分管负责人出庭应诉3件。推进党建“三大工程”建设，共对全县102个基层党组织分类实施巩固、提升、整顿工程。认真落实县级以下机关公务员职务与职级并行制度，共为符合政策的294名干部办理了职级晋升。制定超职数配备干部整改方案，重点对超配的科级领导进行整改，全年共消化清理超配正科级干部32名、副科级干部9名。从严抓好干部监督，加大对党政主要领导干部经济责任审计力度，组织全县34名市管处级干部认真如实填报《领导干部个人有关事项报告表》。县人大听取和审议县人民政府、县人民法院、县人民检察院及县政府相关部门各项工作报告21个，组成执法检查组于年内进行两次政府工作执法检查。县政协围绕县委、政府关注的重大事项和老百姓关注的热点问题，开展6次专题会议协商和6次专题调研活动，通过组织委员视察活动，积极向上反映社情民意信息20多条。县人民政府聘请6名执业律师及法律专家为法律顾问，政府政府法制部门收到行政复议申请5件，实现案件审结率100%；行政诉讼案件5件，其中分管负责人出庭应诉3件。组织党员干部3000多人次到广西廉政教育基地（太平天国永安历史文物陈列馆）、800多人次到县预防职务犯罪教育基地接受廉政教育，组织县处级领导干部及县纪检监察干部参观梧州市反腐倡廉警示教育基地。

【经济建设】 2015年，全县地区生产总值58.9亿元，同比增长5.3%；实现工业总产值75.02亿元，同比增长1.7%；其中规模以上工业总产值71.05亿元，同比增长3.3%。规模以上工业企业增加值21.94亿元，同比增长1.15%；全社会固定资产投资58.57亿元，同比增长14.7%；社会消费品零售总额14.4亿元，同比增长11.1%；招商引资实际到位资金39.5亿元，实际利用境外资金2960万美元；财政收入2.81亿元，同比增长9.28%。年末，金融机构各项存款余额46.24亿元，比年初增加6.47亿元，同比增长16.28%；各项贷款余额28.47亿元，比年初增加2.53亿元，同比增长9.74%。城镇居民人均可支配收入23550元，同比增长6.3%；农民人均纯收入7354元，同比增长9.5%。

县丝绸产业园区建设加快，入园企业达15家，其中生产企业7家，初步建成集桑蚕饲养、桑蚕生产、丝绸加工、真丝服装、丝绸家纺于一体的特色丝绸综合产业基地，全年生产丝绸407万米，实现工业产值3.32亿元，同比增长26.72%。全县水果种植面积达到7300公顷，水果总产量32490吨，总产值达2亿元左右。桑园统计面积4087公顷，全年共发放蚕种（标准张）4.8万张，鲜茧产量2000吨，蚕农售茧收入9000多万元。全县品牌蔬菜种植总面积122公顷。成功举办“水韵瑶寨节日欢歌”暨蒙山文化旅游节，吸引上万名游客走进蒙山。全年全县接待游客人数达124.16万人次，旅游总收入11.99亿元。

沙糖橘外运　　县史志办　供稿

【城乡建设】 2015年，城乡建设部门以打造桂东休闲度假精品小城镇为目标，不断完善城镇体系建设，新圩镇、黄村镇、汉豪乡3个乡镇新区基础设施建设稳步推进，以瑶寨风格为特色的夏宜和长坪两个瑶族乡别具一格，甘棠村十万组、古定村古皮组、安富村青子组等新农村建设示范点不断完善升级。落实到位资金1.6亿元，实施棚户区改造项目4个，改造总户数1500户。投资300万元，完成夏宜乡、汉豪乡两个垃圾中转站建设。启动县城污水厂二期及乡镇8座污水处理工程项目建设，年底累计完成投资500万元。实施“安居”工程，投资2072万元建设公租房348套，投资440万元建设廉租住房40套，总投资13200万完成农村危房改造2200户。年底，城镇人口达到5.5万人，县城建成区面积5平方公里，县城建成区绿化覆盖面积190.1公顷，全县城镇道路面积80.2万平方米。交通部门在绕城公路建设、路网及农村公路建设、水运工程建设、便民候车亭建设、农村村屯道路硬化和公路安全防护工程建设等基础设施建设方面投入资金1.8亿元。扶贫开发部门投入财政扶贫资金569万元，实施贫困村道路、桥梁建设项目52个。水库移民管理部门投入资金493万元，实施中、小型水库移民基础设施建设项目11个。旅游部门加快“特色旅游名县”创建步伐，组织制定旅游基础设施建设大会战项目，筹集资金2.5亿元，统筹推进25个重点旅游建设项目；加快推进星级旅游区建设，长坪瑶族乡“水韵瑶寨”乡村旅游区获评五星级乡村旅游区，夏宜瑶族乡“醉美瑶寨”创建四星级乡村旅游区全力推进。水利部门实施2014年度小农水重点县建设项目工程，总投资3613.64万元；兴建农村饮水安全工程10个，总投资400.94万元；狠抓4座小型病险水库除险加固项目建设，完成工程投资800万元；实施中小河流治理防洪工程建设7个，年内投入建设资金3890万元。

青子生态新农村　　县史志办　供稿

【文化建设】 2015年，配合中央电视台第十套栏目组拍摄纪录片《梁羽生》，邀请中央电视台第四套节目组到蒙山拍摄《长寿广西》。在重大节庆活动期间，举办文艺会演、舞龙舞狮表演、书画摄影展览及文化下乡演出等活动110多场次，观众5万多人次。承办“中国体育彩票杯”2015年广西青少年女子柔道锦标赛暨第十三届自治区运动会资格赛和自治区十三届运动会柔道、围棋、象棋、桥牌等四个项目的比赛。启动第二届蒙山“文化古城·养生福地”全国摄影大展，举办夏宜瑶族乡成立30周年摄影大赛、公安杯摄影大赛、文化杯摄影大赛，出版夏宜瑶族乡建乡30周年宣传画册。三月三“魅力长坪”庆典活动和历史舞剧“封王大典”重新排练演出，已初现品牌文化效应。“瑶族婚嫁”“跌打还魂丸”获得自治区级非物质文化遗产名录，“桑蚕文化”项目正在筹备实施之中。文化部门投资457万元，完成12个村级公共服务中心、8个农村篮球场建设。大力扶持基层业余文艺团体发展壮大，年底业余文艺团体增加到59支。查处销售非法出版物的店铺4个，查缴各类盗版及非法出版物500多册（张）。立案查处网吧6家，取缔黑网吧1家，收缴计算机20台。县文化馆组织创作人员深入基层进行采风活动，全年共创作各类舞台作品11个。图书管公共空间设施场地全部免费开放，年读者流通总人数1.6万多人次。文物管理所正常开放太平天国永安历史文物陈列馆及太平天国历史专题展播厅、廉政图书室，全年接待了包括自治区党委书记彭清华在内的重要党政领导及各地游客14万人次。电影发行放映公司组织惠民电影放映，放映范围覆盖全县9个乡镇，78个行政村。由自治区广电网络公司投资400多万元建设的蒙山县广电数字影视城正式面向社会公开开映，结束蒙山县20多年来没有影院的历史。古定村、洲南村成功创建数字农家书屋示范点。成立蒙山县诗词楹联协会。

2015年2月19日，县文体局与县摄影协会联合举办“文化杯”摄影作品展　　县史志办　供稿

【社会建设】 民生事业：2015年，县人民政府把保障和改善民生作为一切工作的出发点和落脚点，全年民生支出超过9.5亿元，占全县固定投资的17.3%，其中社保、健康、安居、惠民等12项为民办实事工程完成投资5.2亿元。教育事业：2015年，全县教育经费总收入33442.1万元，义务教育阶段上级下达蒙山县各项工程建设资金2014万元，新建（改扩建）校舍12850平方米。投入农村义务教育学生营养补助资金806.17万元。卫生事业：2015年，全县共有182563人参加“新农合”，参合率达99.32%，当年筹集到位基金8580.46万元。全县78家村卫生室有57家开通“一卡通”业务，群众“一元钱”开病得以逐步实施。对129名符合条件的60周岁及以上乡村医生发放养老生活补助，总补助金额31.69万元。社会救助：2015年，全县有城市低保对象2211人，累计发放低保金720万元；农村低保对象16251人，累计发放低保金2304.8万元。社会保险：2015年，全县城乡居民养老保险参保80731人，基金收入3790万元，发放待遇25112人，发放养老金2755万元。残疾人保障：2015年，筹集资金43万元，对430名残疾人家庭进行居家托养资助；筹集资金43.2万元，为全县1200名重度残人发放护理费补贴。希望工程：2015年，为21所小学争取到希望厨房款100万元；争取到各种助学金18.5万元，为48名贫困大学新生圆大学梦。扶贫工作：财政落实专项经费45万元，组成总人数1041人的精准识别工作队伍，到各村开展精准识别贫困户贫困村工作，全县确定

2015年开工建设的保障性安居工程楼房　　县史志办　供稿

建档立卡贫困人口24852名。

【精神文明建设】 2015年，开展梧州市“好人在身边”百场巡讲巡演活动，对入选中国好人榜的罗火成、孝老爱亲道德模范胡美连、爱岗敬业模范莫运福的模范事迹进行宣传，宣扬社会主义核心价值观。在蒙山镇文平村哪拉组创建了“法治文化教育园”示范基地，开展法律宣传教育、法律咨询、提供法律服务和提升群众安全感和满意度活动。开展十星级文明户评选工作，有8户获得市十星级文明户称号。深化“做一个有道德的人”主题活动，组织全县中小学开展了“网上祭英烈”“红领巾相约中国梦·核心价值观我践行”“童心向党”等主题教育活动。做好未成年人思想道德工作，向梧州市文明办推荐7名美德少年。县关工委组织“五老”志愿者宣讲团开展了30场宣讲活动，内容涵盖十八大精神、革命传统、理想信念、法制教育、科技知识等，9020多名青少年学生和教师聆听了宣讲。文圩镇文圩中心小学获得中央专项彩票公益金支持乡村学校少年宫建设项目。把瑶族婚嫁、瑶族医药、蒙山山歌、蒙山瑶歌等县级以上非物质文化遗产拍摄成为纪录片留存档案；协助梧州市和广西区文化厅成功拍摄瑶族婚嫁、瑶族医药两部电视宣传片。在第六轮全区精神文明建设工作表彰会上，蒙山县被授予“自治区文明县城”称号。

【生态建设】 2015年，作为首批25个国家级美丽乡村建设标准化试点县之一的蒙山县，共投入造林、绿化和抚育款5626.74万元，完成山上造林2003公顷，完成村屯绿化自治区级示范点45个、梧州市级示范点5个、一般村屯680个的任务。完成2014年度巩固退耕还林成果太阳能项目300座太阳能热水器安装、300多个“旧病”沼气池修复改造任务。兑付林农退耕还林补助资金670.57万元、生态公益林补偿基金379.67万元。建立农村生活垃圾机械化收运体系，通过向社会购买服务在8条主干线、5条支线上实现县域农村垃圾机械化清运，辐射全县92%村屯，并建立实时监控平台。对辖区水泥、制药、缫丝加工等重点行业企业开展环境保护大检查，下达《环境违法限期整改通知书》8份。清洁乡村活动成果不断巩固，全年全县清理垃圾1.62万吨，清洁水源2863处，清理回收农业生产废弃物60.2吨，清捡田园面积9267公顷。农村生产技术推广面积8333公顷，促进果粮桑增产、农业增效、农民增收和减少对水源污染，保护农田生态环境。整县推进土地整治项目实施规模6000公顷，年内完成投资7016万元。耕地提质改造项目实施面积143.17公顷，新增水田面积108.75公顷，总投资612.65万元。梧州电视台《寻找魅力乡村》节目录制组聚焦蒙山，展现蒙山县开展生态乡村活动以来取得的显著成果。全县先后有63个村获评“市级生态村”，2个乡镇获评自治区级生态乡镇。

蒙山民间药方展示　　县委宣传部　供稿

农村垃圾机械化清运　　县史志办　供稿

【重要荣誉】 近年来，蒙山县先后荣获“西部地区‘两基’攻坚先进地区”“全国农田水利基本建设先进单位”“全国推进义务教育均衡发展工作先进地区”“全国扶贫开发先进集体”“全国计划生育优质服务先进单位”“国家级生态示范区”“中国长寿之乡”“全国最美生态旅游示范县”“全国休闲农业与乡村旅游示范县”等荣誉称号。

（年鉴编辑部）

领导名录
（2015.01—2015.12）

党政机构、社团组织、县直属事业单位

中共蒙山县委员会

书记：秦金敏（2015年2月离任）
　　　阳永煊（2015年2月任）

副书记：宋彤宇
　　　　覃　杏（2015年8月离任）
　　　　潘一清（2015年10月任）

常委：陈洪剑
　　　罗国华（2015年7月离任）
　　　吴裕四（2015年8月任）
　　　梁炎盛（2015年9月离任）
　　　李世超
　　　马涌涛
　　　潘一清
　　　谢　琨（2015年12月任）
　　　黄振国
　　　申学明
　　　罗锦贤（2015年12月任）
　　　莫达飞（挂职，2015年10月任）

蒙山县人大常委会

主任：杨铁庄

副主任：覃庆梅
　　　　莫华光
　　　　韩　格
　　　　蒙中平

蒙山县人民政府

县长：宋彤宇

副县长：梁炎盛（2015年10月离任）
　　　　李世超
　　　　李世超
　　　　盘远和
　　　　唐经健
　　　　徐宏彪（兼县公安局局长）
　　　　刘　念
　　　　韦　放
　　　　茹恩南（挂职，2015年9月离任）
　　　　钟学坚（挂职）
　　　　莫达飞（挂职，2015年10月任）
　　　　林　智（挂职，2015年6月意外死亡）

政协蒙山县委员会

党组书记、主席：何　健

党组副书记、副主席：吴　科

党组成员、副主席：曾凡玺

副主席：黄　鹏　何剑珍

党组成员、秘书长：张建旺

中共蒙山县纪律检查委员会

书记：罗国华（县委常委兼）（2015年7月离任）

吴裕四（县委常委兼）（2015年8月任）

副书记：黄昌靖（兼监察局局长）
　　　　潘百秀

常委：黄武禅（兼监察局副局长）
　　　罗　军
　　　梁亿珍（兼监察局副局长）

李寿华

蒙山县人民法院

党组书记：张　勇（2015 年 5 月离任）

周春兴（2015 年 5 月任）

院长：张　勇（2015 年 2 月离任）

副院长、代理院长：周春兴（2015 年 6 月任）

党组副书记、纪检组长：徐建平

党组成员、副院长：潘建华

秦永炎

李伟梅

党组成员：潘百炼

蒙山县人民检察院

党组书记、检察长：李海清

党组副书记、副检察长：刘小勇

党组成员、副检察长：黎荣超　刁光海

党组成员、纪检组长：覃庆娟

中共蒙山县委员会办公室

主任：申学明（县委常委兼）

副主任：黎娟萍（兼县接待办主任，2015 年 12 月离任）

李明霞（兼县旅游局局长，2015 年 12 月离任）

潘家广

莫成华（2015 年 12 月离任）

黄启壮（2015 年 12 月任）

县委保密办（县国家保密局）

主任（局长）：陈胜健（2015 年 12 月离任）

潘家广（2015 年 12 月任）

副主任（副局长）：黄　燕

蒙山县人大常委会办公室

主任：刘　荣

法制工委主任：黎　亮

财经工委主任：吴焕芳

教科文卫民族工委主任：钟永梅

副主任：范　燕

代表联络工委主任：温德忠

蒙山县人民政府办公室

党组书记、主任：易铭良

副主任：黄启壮

冯兆良

刘佐生（2015 年 7 月任）

冯家毓（2015 年 7 月任）

莫洪钟（2015 年 7 月任）

冯兆东（2015 年 7 月离任）

姚廷国（2015 年 7 月离任）

政协蒙山县委员会办公室

办公室主任：张建旺

副主任：韩祖平（2015 年 12 月离任）

黄自斌（2015 年 12 月任）

提案和民族宗教委员会主任：韦汉浩

经济人口环保和联谊外事

委员会主任：江　滢

教科文卫体和学习委员会主任：何　金

蒙山县委组织部

部长：潘一清（县委常委兼）

副部长：冯宗利

潘兴发（兼任）

李玉福（兼任）

卢定仁

彭春英

蒙山县委宣传部

部长：李世超（县委常委兼）

副部长：廖清梅

黄海峰

蒙山县委统战部

部长：马涌涛

副部长：姚焕玲（兼县民族局局长）

陆位德（兼县工商联党组书记）

蒙山县委政法委员会

书记：黄振国（县委常委兼）

副书记：黄国邦（兼任县综治办、县维稳办主任）

贝荣军

蒙山县编制委员会办公室

主任：雷志雄

副主任：郭盛贤

蒙山县直属机关工作委员会

书记：黄来杰

副书记：刘业金

纪委书记：高成全

蒙山县发展和改革局

局长：周　志（2015年12月离任）

曾令春（2015年12月任）

党组书记：周　志（2015年12月离任）

曾令春（2015年12月任）

副局长：欧　春

倖远辉

陈　东（兼粮食局局长）

黄　劲（兼物价局局长，2015年12月离任）

蒙山县教育局

局长：林　峰

党委书记：李世朝

副局长：梁永金

莫永隆

纪委书记：胡锦华

蒙山县科技局

局长：谢　祥

党委副书记：关　芸

蒙山县工业和信息化局

局长：莫益隆

党委书记：黄建勇

副局长：冯文华

党委副书记：孔献萍

欧建锋

党委委员：卢金花

谢志芳

蒙山县公安局

党委书记、局长：徐宏彪（副县长兼）（2015年7月离任）

陈　斌（副县长兼）（2015年7月任）

党委副书记、政委：陈　斌（2015年7月离任）

党委副书记、副局长：李庆斌

党委副书记、纪委书记：叶献荣

党委委员、副局长：张兴西

莫运多

党委委员、副政委：易广铭

党委委员：黄振兴

蒙山县监察局

局长：黄昌靖

副局长：黄武禅

梁亿珍

蒙山县民政局

局长：磨建华

副局长：潘明坤

张柱光
纪检组长：游华敏

蒙山县司法局
局长、党组书记：关洪世
副局长：梁维高
张超林
纪检组长：余恒民

蒙山县财政局
党组书记、局长：曾凡玺
党组副书记、纪检组长：黄昌光
党组成员、副局长：陈有军
孔献群
胡　平

蒙山县人力资源和社会保障局
局长、党组书记：潘兴发
副局长：张国庆
王　波
蒋庆龙
纪检组长：廖　雪

蒙山县国土资源局
党组书记、局长：陈冬宁
副局长：廖世锋
叶　勇
关盛维
纪检组长：覃家盛

蒙山县环境保护局
局长、党组书记：莫成华（2015 年 12 月任）
副局长：邱　伟
纪检组长：黄凤美

蒙山县住房和城乡建设局
局长：陆荣建（2015 年 10 月离任）
周　志（2015 年 12 月任）
副局长：曾令春（2015 年 12 月离任）
杨铜强：温冬玲
纪检组长：冯　波
党组成员：易少军

蒙山县交通运输局
局长、党组书记：梁　晓
副局长：王　茵
江献军
纪检组长：廖世梅
总工程师：何天喜

蒙山县水利局
局长：雷振盛
党组副书记：邓庆生
黄展斌
副局长：刘寿贤
黄　标
纪检组长：易春林

蒙山县林业局
局长：陆　涛（县农业局副局长兼）

蒙山县农业局
党组书记、局长：钟永春
党组成员、副局长：陆祖万
冯勤国
党组成员、纪检组长：余盛珍
党组成员：罗　灵
总农艺师：何振华

蒙山县文化和体育局
局长：肖映山（任至 2015 年 11 月）

党组书记：莫前隆（任至 2015 年 11 月）
党组副书记：黄位斌（任至 2015 年 11 月）
副局长：梁兆东（任至 2015 年 11 月）
李健芬（任至 2015 年 11 月）
纪检组长：黄　濛（任至 2015 年 11 月）

蒙山县文化新闻出版广电体育局
局长、党组书记：关盛华（2015 年 11 月任）
副局长：唐奕球（2015 年 11 月任）
梁兆东（2015 年 11 月任）

蒙山县卫生局
局长、党委副书记：黄朝辉（任至 2015 年 10 月）
党委书记：陆深明（任至 2015 年 10 月）
纪委书记：唐　娟（任至 2015 年 10 月）
党委委员、副局长：覃建平（任至 2015 年 10 月）
副局长：陆　飞（任至 2015 年 10 月）

蒙山县人口和计划生育局
局长、党组书记：李红娟（任至 2015 年 10 月）
副局长：唐　林（任至 2015 年 10 月）
李庆焕（任至 2015 年 10 月）
纪检组长：黄扬春（任至 2015 年 10 月）

蒙山县卫生和计划生育局
局长、党委书记：陆荣建（2015 年 10 月任）
纪委书记：黄扬春（2015 年 10 月任）
副局长、党委成员：李庆焕（2015 年 10 月任）
唐　林（2015 年 10 月任）
覃建平（2015 年 10 月任）
副局长：陆　飞（2015 年 10 月任）

蒙山县审计局
局长、党组书记：曾志健（2015 年 7 月离任）
党组成员、纪检组长：蒲彩芬
党组成员、副局长：冯志全
余志杰
总审计师：李佩航

蒙山县安全生产监督管理局
局长、党组书记：罗　明
副局长：黄　源

蒙山县食品药品监督管理局
局长、党组书记：黄荣桂
党组副书记、纪检组长：刘小梅
党组成员、副局长：李先智
黄阳建

蒙山县统计局
局长：冯向红
党组书记：王　健
副局长：岑志杰

蒙山县旅游局
局长：李明霞
副局长：刘长江

蒙山县工商局
常务副局长：唐为亮（主持全面工作）
副局长：姚　志
陆祖美
纪检组长：陈大庆

蒙山县质量技术监督局
党组书记、局长：黄　超
党组成员、副局长：李庆彬
黄兆德

党组成员、纪检组长：钟兆贞

蒙山县扶贫开发办公室

主任：黄发军

党组书记、副主任：莫　若

副主任：梁　虹

纪检组长：莫健红

蒙山县人民医院

院长：何剑珍（县政协副主席兼）

副院长：梁　鸣

　　　　吕慧华

蒙山县中医院

院长：张　惠

副院长：阳育昌

　　　　吴发扬

蒙山县第二人民医院

院长：何兴德

副院长：黄永贵

　　　　姚玲玲

蒙山县妇幼保健院

院长：黄建芳

副院长：欧朝鸿

　　　　孔正寰

蒙山县疾病预防控制中心

副主任：黄国骏（主持工作）

　　　　韩祖源

蒙山县卫生监督所

副所长：黄建山（主持工作）

蒙山中学

校长：黄　晅

党支部书记、副校长：王党生

副校长：黄　斌

　　　　冯兆民

蒙山县第一中学

校长：植继成

副校长：罗贵繁

　　　　温光阳

蒙山县第二中学

校长：陆荣林

副校长：罗桂祥

蒙山湄江中学

校长：魏明才

副校长：江剑明

　　　　曾碧芳

蒙山县教师培训中心

主任：范林辉

副主任：黄厚铭

蒙山县幼儿园

园长：黄晓琳

副园长：黄　媛

　　　　蔡　芬

　　　　戴建芳

蒙山县职业技术学校

校长：覃鼎铸

副校长：韦国维

蒙山县水产畜牧兽医局

局长：莫永玉

党组书记：曾丽群（2015年12月离任）
副局长：李孝杰
党组副书记：黄林周
纪检组长：何孔民

蒙山县广播电视局
局长：关盛华（任至2015年11月）
副局长：唐奕球（任至2015年11月）
　　　　陈庆联（任至2015年11月）

蒙山县政府机关事务管理局
党组书记、局长：邹胜凤
党组副书记、副局长：李　军
党组成员、纪检组长：谢　诚

蒙山县人民防空办公室
主任：曾令春
副主任：黄　辉

蒙山县委党校
校长：覃　杏（县委副书记兼，2015年12月离任）
常务副校长：李峰云
副校长：林汉光（2015年10月离任）
校务委员：玉翠莲

蒙山县档案局
局长：韦玉明
副局长：唐帮忠

蒙山县外事接待办公室
主任：黎娟萍

蒙山县农业机械化管理局
局长、党组书记：何　健（2015年7月离任）
　　　　　　　　赵富球（2015年7月任）

副局长：陆　莹
纪检组长：黄送平

蒙山县史志办公室
主任：黄胜林
副主任：潘　健（2015年12月离任）

蒙山县供销合作联社
党组书记、理事会主任：覃健伟
监事会主任、纪检组长：蒙华道

蒙山县手工业联社
主任：冯兆源

蒙山县委机要局
局长：何　健

蒙山县信访局
局长：冯兆良
副局长：欧菊芬

蒙山县委老干部局
局长：李玉福

蒙山县民族局
局长：姚焕玲（县委统战部副部长兼）

蒙山县绩效考评办公室
主任：黄治旺
副主任：温超健

蒙山县法制办公室
主任：李中禄
副主任：黄自立

蒙山县物价局
局长：黄　劲（发改局副局长兼）

蒙山县粮食局
党组书记、局长：陈　东
副局长：黄继寿
　　　　姚文光
纪检组长：徐　斌

蒙山县水库移民工作管理局
局长：陈杏光
副局长：范明宗
纪检组长：李德通

蒙山县政务服务中心
主任：冯兆东（2015 年 9 月离任）
　　　刘佐生（政府办副主任兼，2015 年 9 月任）
副主任：刘春红
　　　　何桂健（2015 年 9 月任）

蒙山县水务有限公司
经理：钟火高
副经理：吴庆月
　　　　黄献亮
　　　　黄杰民（2015 年 7 月离任）

蒙山县总工会
主席：吴　科（县政协副主席兼）
党组书记、常务副主席：覃福宝
副主席：朱学平

共青团蒙山县委员会
书记：陆艺罡（2015 年 7 月离任）
副书记：彭鹏厚

蒙山县妇女联合会
主席：陈雪美
副主席：覃旭青

蒙山县科学技术协会
主席：李清兴
副主席：陆祖万（兼职）

蒙山县文学艺术界联合会
主席：杨汉光
副主席：玉文清　李世权（兼职）

蒙山县归国华侨联合会
主席：戴朝辉
副主席：黄建源（兼职）
　　　　黄明书（兼职）

蒙山县残疾人联合会
理事长：刘立松
副理事长：莫少隆

蒙山县社会科学界联合会
主席：吴广升
副主席：蒙春颖

蒙山县工商业联合会
主席：龚义富
党组书记：陆位德（统战部副部长兼）
专职副主席兼秘书长：邹贵升

蒙山县革命老区建设促进会
会长：陈善金
常务副会长：何伟平
副会长：黄发军

蒙山县关心下一代工作委员会
主任：潘一清（县委常委兼）
常务副主任：李碧华
副主任：曾凡玺
李玉福
廖清梅
林　峰
梁永全
覃定仙

驻蒙部队

蒙山县人民武装部
部长：朱定奎
政委：陈洪剑（县委常委兼）
副部长：曾庆文（2015年2月离任）
彭余樟（2015年3月任）

武警蒙山县中队
中队长：秦昌波
政治指导员：黄　斌（2015年3月离任）
李远光（2015年3月任）

蒙山县公安消防大队
大队长：潘　攀
政治教导员：胡治国（2015年12月离任）
杨　雁（2015年12月任）

中直、区直、市直驻蒙单位

蒙山县国家税务局
局长、党组书记：蒋剑林
党组成员、副局长：陈胜强
江　海
潘庆新（2015年3月任）
党组成员、纪检组长：苏志勇

蒙山县地方税务局
党组书记、局长：韦　慧
党组副书记、副局长：何红强
党组成员、副局长：陈定林（2015年7月离任）
关志强
党组成员、纪检组长：温替誉

蒙山县气象局
局长：黄炎平
副局长：黄　河
刘桂华

蒙山公路管理局
局长：周家龙
教导员：黄碇淋
副局长：黎国胜
何仕宝

广西水利电业集团有限公司蒙山供电分公司
总经理：江发枝
党总支书记：成任志
副总经理：黄方南
覃永军
黄雪峰
总工程师：陈明周
财务总监：彭炳深

广西桂水电力股份有限公司蒙山发电分公司
总经理：成任志
副总经理：刘德献
刘原立

蒙山县烟草专卖局
局长：陈勇良
副经理：朱东伟

副局长：周　孟

蒙山县邮政局
局长：黄世波
副局长：梁　娟

人民银行蒙山县支行
行长：潘　鸣
副行长：黎北光
　　　　余文海

农业银行蒙山县支行
党委书记、行长：沈荣秀
党委副书记、副行长：韦荣航
纪委书记、副行长：霍满叶
副行长：黄　伟
　　　　曾凡颖

工商银行蒙山县支行
行长：宋　远
副行长：王西蒙

农业发展银行蒙山县支行
行长：朱怡华（2015 年 1 月离任）
　　　黄东焕（2015 年 5 月任）
副行长：石瑞海

邮政储蓄银行蒙山县城南支行
行长：江　峰
副行长：陈　龙

广西蒙山农村商业银行
党委书记、董事长：朱显驹
党委副书记、行长：陈灿军
纪委书记、监事长：魏　宇
副行长：李业华

银监蒙山办事处
主任：莫　斐

人保财险蒙山支公司
经理：李峰凌
副经理：陆巧琴

人保寿险蒙山支公司
经理：韦炎新

人寿保险蒙山支公司
经理：黄　涌
副经理：李发旺
经理助理：范雄姿

广西电信蒙山分公司
总经理：覃超文
副总经理：李德生

广西移动蒙山分公司
总经理：欧龙海
副总经理：潘　军

中国联通蒙山分公司
总经理：陈　俭

广电网络蒙山分公司
总经理：莫晓明
副总经理：莫英浩

中国石化蒙山分公司
经理：王柱华
副经理：刘振梅

蒙山县住房公积金管理部
主任：张菊慧

蒙山县新华书店
经理：吴善春

乡镇政府

蒙山镇
党委书记：韩方舟
党委副书记、人大主席：王运方
党委副书记、镇长：何玉松
党委副书记：吴用强（挂职）
杨　颖（挂职，2015 年 5 月离任）
于昭翔（挂职，2015 年 5 月任）
纪委书记：范丽辉
组织委员：廖世娟
宣传委员、副镇长：龙中升
统战委员、副镇长：郑彩中
党委委员、副镇长：唐伟宁
党委委员、武装部部长：何日海
人大副主席：陆　炜

西河镇
党委书记：闭　瀚
党委副书记、人大主席：钟建华
党委副书记、镇长：黄扬钊
党委委员、纪委书记：覃庆华
党委委员、武装部部长：覃宏章
党委组织委员：成任兰
党委宣传委员、副镇长：陈明贵（2015 年 12 月任）
党委统战委员、副镇长：覃庆森
党委委员、副镇长：唐钟南
人大副主席：李文全

新圩镇
党委书记：梁威龙
党委副书记、人大主席：陈　华
党委副书记、镇长：徐金良（2015 年 7 月离任）
陆艺罡（2015 年 7 月任）
党委委员、纪委书记：姚　烨
党委委员、武装部部长：梁伟华
党委组织委员：梁民斌
党委宣传委员、副镇长：黎　伟
党委统战委员、副镇长：黄文华（2015 年 12 月任）
党委委员、副镇长：刘　颖
人大副主席：黄秋和

文圩镇
党委书记：莫国东
党委副书记、人大主席：刘　成
党委副书记、镇长：岑　锐
纪委书记：邓玉红
党委组织委员：陆小丹（2015 年 12 月任）
党委宣传委员、副镇长：李建光
党委统战委员、副镇长：陈玉锋
党委组织委员、副镇长：冯家毓（2015 年 7 月离任）
党委委员、武装部部长：黄　寿（2015 年 12 月离任）
吴　刚（2015 年 12 月任）
人大副主席：黄捷峰

黄村镇
党委书记：唐奕梅
党委副书记、人大主席：李果平
党委副书记、镇长：黄昌军
党委副书记：刘　豪（挂职）
黄尚发（挂职）
梁亿珍（挂职，2015 年 9 月离任）

纪委书记：唐　勇（2015 年 12 月任）
党委组织委员：彭南歌
党委委员、副镇长：黄庆梅
　　　　　　　　　刘广云
　　　　　　　　　陆盛海
党委委员、武装部部长：李齐昌
人大副主席：黄炜丽

陈塘镇
党委书记：蒙　斐（2015 年 11 月离任）
党委副书记、人大主席：杨立宏
党委副书记、镇长：谭永辉
纪委书记：张　伟（2015 年 5 月离任）
组织委员：李世泉
宣传委员、副镇长：袁慧洁
党委委员、武装部部长：欧盛龙
党委委员：高　燕（2015 年 12 月离任）
人大副主席：何炎良
副镇长：覃庆洋

汉豪乡
党委书记：黄朝业
党委副书记、人大主席：郭建文
党委副书记、乡长：刘　超
纪委书记：岑美健（2015 年 1 月离任）
组织委员：江　柳
宣传委员、副乡长：朱东钊
统战委员、副乡长：黄锡华
党委委员、副乡长　李升军
党委委员、武装部部长：孙承海
人大副主席：甘正斌

夏宜瑶族乡
党委书记：廖仲诗
党委副书记、人大主席：邓济群
党委副书记、乡长：莫兴元
纪委书记：梁维高
组织委员：陆伟朝
宣传委员、副乡长：黄自斌
统战委员、武装部部长：刘建荣
副乡长：陈碧良
人大副主席：黄榆茗

长坪瑶族乡
党委书记：赵富球（2015 年 7 月离任）
　　　　　徐金良（2015 年 7 月任）
党委副书记、人大主席：雷振新
党委副书记、乡长：陈爱良
党委委员、纪委书记：吴广峰
组织委员、副乡长：潘海英
宣传委员、副乡长：莫洪钟（2015 年 7 月离任）
统战委员、武装部部长：陆荣昌
人大副主席：华　洁

责任编辑　黄胜林

中共蒙山县委员会

重要会议

【第十三届委员会第三次会议】 2015年5月22日在县青少年活动中心隆重召开。大会总结回顾中国共产党蒙山县第十三届代表大会第二次会议以来的工作，研究确定今后一年乃至更长一段时间奋斗目标和工作部署。会上，县委书记阳永煊代表中共蒙山县第十三届委员会在大会上作题为《立足新常态再添新动力奋力推进特色旅游名县建设》的报告。县委常委、纪委书记罗国华代表中国共产党蒙山县第十三届纪律检查委员会向大会作工作报告。大会通过《关于中国共产党蒙山县委员会2014年度工作报告的决议》；通过《关于中国共产党蒙山县纪律检查委员会2014年度工作报告的决议》。通报了提案收集情况。

蒙山县第十三届党代会第三次会议现场　　县史志办　供稿

【县委第十三届委员会第六次全体会议】 2015年12月24日在县行政中心大楼一楼附楼会议室召开。会上，县委书记阳永煊代表县委常委会作县委常委会工作报告。县委副书记、县长宋彤宇对《县委关于制动国民经济和社会发展第十三个五年规划建议（草案）》有关情况进行说明。会议审议通过《关于递补闭瀚等3名候补委员为委员的决定》、《中共蒙山县委员会关于制定国民经济和社会发展第十三个五年规划的建议》和《中国共产党蒙山县第十三届委员会第六次全体会议公报》。

【县委全委会议】 2015年7月17日下午，县委在县行政中心大楼六楼西会议室召开县委全委会议，主要议题是：对乡镇党政正职拟任人选进行票决。会议票决通过徐金良、陆艺罡2位同志的任免职事项。

【县委常委会】 2015年1月1日至2015年12月31日，县委十三届委员会召开14次常委会议。其中，2015年2月15日下午十三届第51次会议，讨论中国共产党蒙山县第十三届代表大会第三次会议、蒙山县第十五届人民代表大会第五次会议、政协蒙山县第八届委员会第六次会议等3个会议召开的时间；2015年3月27日上午十三届第52次会议，讨论决定对5名科级干部立案或处分问题，讨论决定有关人事任免事项；2015年5月7日上午十三届第53次会议，讨论决定有关人事问题，讨论党代会召开时间及工作报告问题，讨论决定科级干部违纪立案问题，讨论蒙山县“一对一”企业服务队实施方案及管理办法；2015年6月5日上午十三届委员会第54次会议，讨论决定“七一”表彰先进单位和个人名额，讨论有关人事问题；2015年6月24日十三届常务委员（扩大）会议，通报梧州市第三督察组对蒙山县贯彻落实中央八项规定精神督察反馈情况，对存在问题查找原因，提出针对性整改措施；2015年6月29日下午十三届委员会第55次会议，讨论有关人事问题，讨论批准县“七一”表彰的先进单位和个人名单，讨论“三严三实”专题教育有关问题，讨论建党94周年庆祝大会相关工作，讨论对黄朝辉、黄建芳违纪处理问题；2015年7月17日下午十三届委员会第56次会议，推荐一名副处级领导干部人选，通报、部署禁毒等综治维稳工作；2015年7月29日下午十三届委员会第57次会议，讨论职级并行科员级晋升副科级人员名单，讨论有关人事任免方案，讨论2014年度蒙山县乡镇党委、人大、政府，以及县直部门党（党委、党组）政正职考核拟定优秀等次人员名单，讨论自愿申请提前退休人员名单，讨论确定县纪委书记空缺期间分管或主持县纪委全面工作领导，学习《党政领导干部保密工作责任制规定》；2015年7月31日下午十三届县委常委议军会议（第58次会议），分别听取县人武部、县公安消防大队、武警蒙山县中队2015年工作情况汇报，讨论决定县人武部提交的议题，讨论决定县公安消防大队提交的议题，讨论决定武警蒙山县中队提交的议题；2015年8月31日下午十三届委员会第59次会议，讨论县纪委提交对有关人员进行纪律处分的请示，讨论决定团县委书记空缺期间主持团县委工作人选；2015年9月2日下午十三届委员会第60次会议，听取全县安全生产工作情况汇报，讨论《蒙山县2015年度机关绩效考评工作方案（审议稿）》，讨论《关于进一步加强和改进党代表任期制的工作方案（送审稿）》，讨论《蒙山县开展与乡镇干部谈心谈话活动方案（送审稿）》，讨论《新一轮贫困村党组织第一书记驻村建议方案》，传达学习中央统战工作会议精神、《中国共产党统一战线工作条例（试行）》，以及自治区党委彭清华书记有关讲话精神，讨论《蒙山县“十三五”规划编制工作情况报告》，通报1至8月份全县经济运行情况，传达自治区党的群团工作会议精神；2015年10月27日下午十三届委员会第61次会议，关于讨论机构改革：设立卫生和计划生育局党委问题，讨论批准人事方案问题，讨论批准两名公务员申请辞去公职问题，讨论拟定正科职（级）干部外出学习培训方案问题；2015年12月23日上午十三届委员会第62次会议，讨论有关人事方案，讨论《县委常委会工作报告——在中共蒙山县第十三届委员会第六次全体会议上（征求意见稿）》，讨论《县委关于制定国民经济和社会发展第十三个五年规划的建议（第三次征求意见稿）》，讨论《关于进一步规范县委常委会会议组织工作的通知（征求意见稿）》，讨论确定召开中共蒙山县第十三届委员会第六次全体会议和2015年度蒙山县委常委班子民主生活会时间，讨论通过递补出缺县委委员决定（草案）；2015年12月25日上午十三届委员会第63次会议，讨论对黄晅同志违反财经纪律错误行为进行处理问题。

【党政联席会议】 2015年9月21日下午，在县行政中心大楼六楼西会议室召开县党政联席会议。会议主要内容：讨论通过申报全区“记一等功公务员”“人民满意公务员”“记二等功优秀乡镇公务员”“人民满意公务员集体”“记一等功公务员集体”“记二等功优秀乡镇公务员集体”推荐名单。

【四家班子会议】 2015年2月15日下午，县四家班子会议主要议程有四项：一是通报中国共产党蒙山县第十三届代表大会第三次会议、蒙山县第十五届人民代表大会第五次会议、政协蒙山县第八届委员会第六次会议等3个会议召开时间；二是讨论县2014年度绩效考评结果及奖励办法；三是宋彤宇县长对春节前后有关工作作具体布置；四是阳永煊书记对春节前后有关工作进行重点强调。2015年6月5日上午县四家班子会议主要议题：讨论山东淄博大染坊丝绸集团真丝织造项目落户蒙山有关合同问题。2015年8月24日上午县四家班子会议主要议题：讨论通过《2014年蒙山县机关绩效考评奖励方案》《2014年度机关绩效奖励标准》。2015年10月23日上午县四家班子会议主要议题：一是传达学习中央及自治区、梧州市有关文件精神；二是传达梧州市关于第四季度工作部署；三是部署县第四季度工作。

【2015年经济工作会议】 2015年1月8日在县行政中心大楼一楼附楼会议室召开。会议传达贯彻中央、自治区、梧州市经济工作会议精神，总结2014年经济工作，研究部署2015年经济工作。会议强调，各乡镇、各部门要结合本单位实际，早谋划、早安排，科学制定今年工作计划，争取工作主动，为加快创建广西特色旅游名县而努力奋斗。县委书记秦金敏在会上作重要指示，希望蒙山人民倍加珍惜来之不易的发展机遇，倍加珍惜历届县委县政府打下的良好基础，倍加珍惜蒙山发展的大好局面，继续开拓奋进，为实现富民强蒙新跨越而努力奋斗。

【全市“美丽梧州·生态乡村”活动现场会】 2015年1月15日至16日在蒙山县召开。会议贯彻落实全区和全市动员大会精神，总结交流近两年来“清洁乡村”工作取得的阶段性成效及经验，探讨全市开展“生态乡村”活动工作思路和做法，对全市“生态乡村”活动下一步工作进行研究部署。副市长严伯贵在会上总结近两年来全市“清洁乡村”活动成效，对如何开展好一下步全市“生态乡村”活动提出要求。其中蒙山县不论是在“清洁乡村”阶段，还是在“生态乡村”起步阶段，都是梧州市中做得最好的，其经验和做法值得全市学习和推广。县长宋彤宇在会上致辞，县委副书记覃杏代表县委、县政府在会上作题为《建生态文明筑和谐乡村》的典型经验介绍发言。

2015年1月14日，参加全市“美丽梧州·生态乡村”现场会的代表到青子新村参观村屯绿化成果　　县乡村办　供稿

【县委“三严三实”专题教育典型事例剖析会】 2015年12月25日召开。会议围绕11个典型问题开展批评和自我批评、深挖问题根源、寻找解决问题办法措施。会议列出“抓低保基础整改工作，县新农合存在问题整改工作，义务教育学校存在“大班额”“大通铺”问题整改工作，企业生产、工程项目运营管理有关问题，群众安全感满意度下降问题，领导干部执行有关规定落实监督不到位问题，餐饮用具、酒店用品集中消毒卫生监督整改工作问题，“打违”“打非”工作存在问题等11个问题清单。阳永煊、宋彤宇、潘一清、吴裕四、李世超、马涌涛、黄振国、申学明等县委班子成员选择有关问题发言，把自己摆进去，自我剖析、自我批评、深挖问题根源、寻找破解问题办法措施。蒙山镇、长坪瑶族乡党委负责人分别就“打违”“打非”工作存在问题作典型发言。每一位同志发言后，县委书记阳永煊都一一点评，既肯定成绩，也直击问题要害，提出整改方向。会议让人“红了脸”“出了汗”，开出了“辣味”。

【庆祝中国共产党成立94周年大会】 2015年7月1日在县行政中心大楼一楼附楼会议室召开。

会议回顾党光辉历史，缅怀党的丰功伟绩，总结蒙山县党建工作经验，激励和引导广大党员干部学习先进，争创先进。会上，县委书记阳永煊指出：我们既要重温党的光辉历程，缅怀党的丰功伟绩，更要时刻牢记肩负的历史重任，清醒认识我们面临的形势任务，为蒙山县全面建成小康社会的社会目标而奋斗。大会对荣获2013—2015年先进党组织、优秀共产党员、优秀党务工作者和优秀党组织书记的单位和个人进行表彰。

（蔡振忠）

重要决策

【开展“三严三实”专题教育活动】 根据上级有关文件精神，蒙山县委决定从2015年4月底开始，在全县处级以上领导干部（包括处级以上非领导职务干部）中开展“三严三实”专题教育。专题教育融入领导干部经常性的学习教育，不分批次，不划阶段，不设环节，紧紧抓住专题党课、专题学习研讨，专题民主生活会和组织生活会、整改落实和立规执纪这四个“关键动作”，把落实“三严三实”要求制度化、常态化、长效化。全县27名处级领导干部围绕查摆出86个不严不实突出问题，逐一对照整改。危桥、水毁灾毁垮塌桥梁等一批民心工程项目得到整改落实，党代表作用发挥不明显、旅游配套设施不完善、农村垃圾清理难等突出问题得到有效整治，探索形成党员干部“问题曝光台”等务实有效做法，树立一批“三严三实”干部先进典型，党员干部作风得到明显转变。

【开展“美丽蒙山·生态乡村”活动】 “生态乡村”活动于2015年至2016年集中开展，重点实施“村屯绿化”“饮水净化”“道路硬化”三个专项活动。到2016年年底，“村屯绿化”要实现乡村普遍增绿，绿化美化水平大幅提高，生态环境明显改善，生态效益显著提升，营造“一个村屯一座绿岛”的生态美景；“饮水净化”要实现乡村供水基础设施完备，生活生产用水提质增效，供水用水保障体制机制基本完善，村屯自来水普及率明显提升，饮水安全得到保障；“道路硬化”要实现乡村道路基础设施普遍改善，配套公共服务设施基本完善，道路“建、管、养、运”机制基本建立，村通村提升、村通屯畅通、屯通屯保障、户通户便民，农民生活、农业生产、农村生态保障能力显著增强。

【开展精准识别贫困户贫困村工作】 根据上级有关文件精神，从2015年10月开始，蒙山县开展精准识别工作。县委、县政府高度重视，统一部署，召开全县动员部署和培训会议，对工作进行具体部署。成立由县委书记、县长任组长的精准识别工作领导小组和督察推进小组，下发精准识别工作方案。每个包村后盾单位增派3—5名干部，全县组成总人数1041人的精准识别工作队伍。县财政安排精准识别工作第一期专项经费45万元。加强宣传动员，分别召开县、乡、村、组四级宣传动员（培训）工作会，发放宣传资料2万多份。严格按照“两入户两评议两审核两公示一公告”程序，运用“一进二看三算四比五议”方法，确保识别工作真实准确。年底全部完成动员培训、入户调查评分、两评议一公示、核实汇总分数4个阶段工作，全县建档立卡贫困人口24852名（识别得分58分以下）。

扶贫精准识别工作队入户开展工作　　县扶贫办　供稿

【开展查处发生在群众身边的“四风”和腐败问题专项工作】 按照自治区党委、梧州市委专项工作领导小组部署要求，蒙山县于2015年9月开始开展查处发生在群众身边的“四风”和腐败问题专项工作。9月，下发《全县开展查处发生在群众身边的“四风”和腐败问题专项工作实施方案》。10月份，结合全县精准扶贫工作，统一谋划部署精准扶贫和查处发生在群众身边的“四风”和腐败问题走访入户工作。12月，提升领导机构规格，成立由县委、县政府主要领导任组长的县委查处发生在群众身边的“四风”和腐败问题专项工作领导小组，多次组织召开全县专项工作约谈推进会，对专项工作进行再部署、再推进。截至2015年12月，全县受理发生在群众身边“四风”和腐败问题信访举报件58件，立案15件，结案12件。

（蔡振忠）

重要调研

【彭清华到蒙山调研】 2015年11月8日，自治区党委书记、自治区人大常委会主任彭清华到蒙山县，先后走访了夏宜瑶族乡能友村、蒙山县新圩镇古定村、蒙山镇北楼程村等地，重点就精准识别工作开展情况进行调研。调研期间，彭清华同志走进贫困户家中，倾听群众对精准识别工作的意见建议，勉励他们坚定信心，立志脱贫勤劳致富。自治区领导范晓莉、于春生，市领导黄俊华、蒋海东、谭丕创、黎永益，县领导阳永煊、宋彤宇一同调研。

2015年11月8日，自治区党委书记彭清华（左四）到新圩镇古定村了解大学生曾祥日自主创业情况　　县史志办　供稿

【李彬到蒙山调研】 2015年2月8日，自治区政协副主席李彬到蒙山县开展春节慰问活动，并参加村庄绿化植树和冬修水利义务劳动。李彬一行先后走访全国劳动模范陆福生、老党员黄若明、老兵陆朝军和困难群众郭健林、覃金英，送去节日问候。随后，李彬和河村干部群众一起参加“兴水利、种好树、优生态、惠民生”主题活动，用实际行动支持生态乡村建设。市政协副主席孙以万、县委书记阳永煊参加相关活动。

【黄俊华到蒙山调研】 2015年3月12日至13日，市委书记黄俊华到蒙山县，围绕地方经济运行、新农村建设和生态乡村建设、特色农业发展以及创建广西特色旅游名县等工作开展调研。黄俊华先后到新圩镇古定村古皮组、西河镇安富村青子组、长坪乡六坪村、蒙山县游客集散中心、梧华林产公司、桐油坪工业园区、欧蒙板业公司等地进行实地调研。黄俊华指出，蒙山县在景区景点规划建设中要理清思路，做好规划定位和布局，把立面改造、市政设施改造每个项目的每个元素同地方特色结合起来，充分挖掘蒙山的历史人文内涵，突出特色、亮点，打造精品城镇和知名景区景点，推动蒙山旅游产业发展，加快把蒙山建成广西特色旅游名县。县领导阳永煊、宋彤宇、覃杏、梁炎盛、潘一清、申学明、茹恩南分别陪同调研。

【朱学庆到蒙山调研】 2015年5月29日至30日，梧州市长朱学庆到蒙山县，就生态乡村建设、扶贫开发、特色农业发展等工作进行调研，督导上半年经济社会发展目标完成情况。朱学庆先后到陈塘镇、文圩镇、汉豪乡等地实地调研，在听取蒙山县有关工作汇报后，朱学庆指出，蒙山县立足“生态立县、特色兴县”发展战略，统筹推进项目建设、服务企业、园区建设、招商引资等重点工作，特色农业、生态旅游发展成效明显。但在当前经济下行的背景下，蒙山也面临稳增长的艰巨任务，一定要在特色产业培育发展、生态环境保护、城镇乡村建设管理、行政机构改革创新等方面做好表率，继续抓好经济社会各项工作，确保如期完成上半年各项目标任务。县领导阳永煊、宋彤宇、梁炎盛、申学明、盘远和、韦放、唐经健、曾凡玺陪同调研。

（蔡振忠）

重要活动

【媒体聚焦蒙山县清洁乡村工作】 2015年4月9日至10日，《广西日报》、《梧州日报》、《西江都市报》、梧州电视台、梧州电台等多家自治区、梧州市媒体记者聚焦蒙山，对蒙山县清洁乡村、生态乡村工作成效进行采访报道。记者们先后深入新圩镇、西河镇、文圩镇、汉豪乡、陈塘镇，采访当地干部群众，了解各乡镇新农村建设、保洁费收取、垃圾分类处理和村屯长效保洁机制建设等方面好经验、好做法。通过察看垃圾机械化清运监控平台、邀请县委书记阳永煊作经验介绍，全面了解蒙山县清洁乡村和生态乡村建设情况和下一步工作打算。

【县领导干部到市反腐倡廉警示教育基地参观】 2015年5月8日，县委书记阳永煊、县人大常委会主任杨铁庄、县长宋彤宇、县政协主席何键等县领导和纪委、法院、检察院等单位领导干部到梧州市反腐倡廉警示教育基地（梧州市预防职务犯罪警示教育基地）参观，接受警示教育。县领导干部在讲解员引导下，逐一参观梧州市反腐倡廉警示教育基地展厅各个展板，认真聆听讲解，仔细观看案例展示和剖析，随后还到梧州监狱监区参观服刑人员改造场所。观展中，阳永煊题写“公正廉明服务民生”以勉励全县领导干部。

【举办“三严三实”专题教育党课】 2015年5月19日，蒙山县举办“三严三实”专题教育党课，深入学习贯彻习近平总书记系列重要讲话、中央“三严三实”专题教育工作座谈会和自治区、梧州市“三严三实”专题教育党课报告会精神，动员部署全县“三严三实”专题教育工作。县委书记阳永煊以专题党课的形式对大家进行专题辅导，县委副书记、县长宋彤宇主持报告会。阳永煊强调，当前，蒙山正处于发展的关键时期，我们要以开展“三严三实”专题教育为动力，把开展专题教育与推进“四个全面”战略布局结合起来，与大力推进蒙山法治建设结合起来，与全面落实全县各项改革任务结合起来，与完成本地本单位中心任务结合起来，协调好时间和精力，做到统筹安排，推进有序，做到“两手抓双促进”，为在新常态下推动蒙山经济社会加快发展凝聚强大的正能量。

【赴京参加《中国农村教育发展报告2015》新闻发布会】 2015年12月20日，由教育部人文社会科学重点研究基地农村教育研究所、中国农村教育发展协同创新中心联合主办，蒙山县人民政府等单位协办的《中国农村教育发展报告2015》新闻发布会在北京召开。蒙山县县长宋彤宇、县教育局局长林峰、县教育和科技局党委书记李世朝出席发布会。发布会上，县长宋彤

2015年12月20日，县人民政府协办《中国农村教育发展报告2015》新闻发布会　　县教育局　供稿

宇致辞，县教育和科技局党委书记李世朝作题为《保投入，抓常规，推改革，促进县域义务教育高位均衡发展》的经验介绍，与会人员观看蒙山县均衡教育实践纪实专题片《永安教育新跨越》。教育部基础教育一司司长王定华表示，蒙山的义务教育均衡发展经验是一个好典型，希望能从一枝独秀发展到百花齐放，带动全国农村教育的发展。

（蔡振忠）

县委机关工作

【概　况】 2015年年底，县委办公室在编人数17人，其中行政编制15人，后勤服务事业编制2人。内设第一秘书股、第二秘书股、信息股、督查室、保密办、财务股、机要局。2015年，县委办公室紧紧围绕“生态立县、特色兴县”发展战略和“特色农业、优势工业、休闲旅游、精品城镇”工作思路，按照习近平总书记“五个坚持”工作要求，不断增强办公室工作主动性和创造性，全面提升“三服务”工作能力和水平。

【文秘工作】 文字材料整理。围绕县委重大决策部署，深刻领会党委意图，协助做好重要文稿起草和整理，力求使综合文字材料真正体现领导最新思想和工作思路。先后协助完成2015年经济工作会议、县第十三届党代会第三次会议上关于《立足新常态再添新动力奋力推进特色旅游名县建设》工作报告、自治区党委彭清华书记到蒙山调研汇报材料、市委黄俊华书记到蒙山调研汇报材料、各季度党建和经济工作情况汇报、各类汇报总结等20多份重要材料编写整理工作，较好地贯彻县委及县委领导工作思路和决策意图。公文处理。严格把好文件材料起草、审核、收发各环节工作，认真核对文件内容准确性、格式要求，按规定做好文件签收、传阅和归档工作，确保县委各项决策部署得到及时准确地传达和部署。认真做好上级文件呈阅工作，让领导在第一时间掌握上级文件精神。2015年，编校并印发县委及县委办公室文件181件，没有发生一起重大差错，全部符合相关规定要求。党内规范性文件清理工作扎实推进。2015年10月，协助市委办在蒙山县组织开展全市规范性文件清理工作总结座谈会暨党内政策法规工作培训班。

【综合协调工作】 搞好领导之间的协调。坚持原则性与灵活性相结合，及时向各位领导汇报情况，听取指示，统筹安排领导活动，使各位领导之间工作保持有机联系。搞好县委与人大、政府、政协之间的协调。主动加强联系，及时就四大班子重大决策部署和需要协调的事项进行协商沟通，取得理解与支持。搞好部门、基层之间的协调。加强部门协调，强化部门职责，形成齐抓共管的合力，确保县委工作高效运转；利用党政网、电话、会议等各种形式，及时把县委各个阶段重大决策和重要部署传达到基层和部门，把基层和部门工作情况、意见、建议及时反映给县委。

【信息工作】 积极为自治区党委、市委上报工作信息。迅速灵敏地向上级反映全县经济社会发展成效和各个方面最新动态，全面客观地展示蒙山形象。主动为县委科学决策提供信息。把信访工作、党建、稳定、农村等方面工作作为反馈重点，使县委领导能够及时、准确地了解基层情况，便于指导工作。同时，扎实做好社情民意工作，对网上留言做到定时阅看、逐级反馈、限时办结，做到网民留言早发现、早报告、早处理、早反馈。7月份，协助市委办在蒙山县成功举办全市党委信息工作总结座谈会。2015年，全办信息工作超额完成自治区、梧州市下达的任务。

【督察工作】 紧扣自治区党委、市委和县委重大决策和重要工作部署，全力抓好重要会议精神和重点工作督察。在决策督察上：一方面，抓住中心工作落实，深入督察。重点围绕自治区党委、市委和县委重要工作部署，明确承办单位、责任人，定期组织检查，及时反馈各方面工作动态，推动各项工作扎实开展。另一方面，针对热点难点问题，主动督察。对领导批办、交办事项和群众反映强烈的热点、难点问题，及时列入督察范围，实施追踪督察。在批办督查上：按照县委重点工作部署要求，从重点、难点、焦点问题入手，对领导批办事项，按照“一事一办、专人负责、严格把关”原则，及时做好分办、转办、催办工作，做到件件有单位承办、事事有专人负责，有效发挥领导批示件指导工作、推动决策落实辐射作用。全年，办理领导批示和交办事项36件，接到市级《督查通知》14份，上报《督查专报》18期，按时办结率达100%。

【保密工作】 2015年，全力抓好保密工作管理，大力推进定密管理，全面加强网络保密管理，稳步推进涉密人员管理。深入学习贯彻保密法和保密法实施条例，组织征订保密“两识”教育培训资料140多套、《保密工作》杂志90份。组织县委常委会学习《党政领导干部保密工作责任制规定》，组织县四家班子领导和各单位涉密人员参观全市保密违法案例警示教育展，协助市保密局在蒙山举办全市保密干部培训班（200多人参加）。全年全县保密工作未发生一起失、泄密事故。

【机要工作】 2015年，严格按照上级要求，认真开展网络清理检查和机要设备定期检查、保养、淘汰置换、密码保管等各个环节工作，确保工作中“零差错”实现。顺利完成蒙山县党委机关信息网分级保护改造、电子政务内网项目建设、县级基层机要工作规范化建设整改、机要干部政审、自治区领导来蒙调研通信保障等重要工作。全年机要工作未发生任何事故和差错，确保密码安全和通信畅通。

（蔡振忠）

组织工作

【概　况】 2015年，县委组织部认真贯彻落实党的十八大和十八届四中全会精神，及习近平总书记系列重要讲话精神，根据市委党建工作“要有更深认同、更多创新、更广覆盖、更大实效”的目标要求，结合县委的工作思路，以基层服务型党组织建设为统领，努力推动全县党建工作上一台阶，为“广西特色旅游名县”的创建提供坚强的组织保障。全年，全县发展新党员115人。12月底，全县党员总数10361名，其中农村党员5018名，占48.13%；少数民族党员2148名，占20.73%；妇女党员2984名，占28.80%。县委管辖9个乡（镇）党委，6个县直党（工）委：县直机关工委、县公安局党委、县卫生和计划生育局党委、县教育和科技局党委、县工业和信息化局党委、县非公有制经济组织和社会组织党工委。有村级党委1个（西河镇大塘村党委），党组34个，党总支23个，党支部345个。

【基层组织建设】

创新开展党员进社区服务活动。利用春节和“七一”等节假日，全县各单位组织党员义工开展了“情暖返乡回家路，为民服务当先锋”主题实践活动和“在职党员进社区，为民服务先锋行”为主题的“组团式”服务群众活动，全县1293名机关及企事业单位党员先后到6个社区报到，服务社区居民2万人次，认领“微心愿”500个。

开展关怀困难党员、老党员活动。2015年春节期间，下拨党费4.22万元；“七一”期间，县财政拨款14万元、党费拨出4.97万元，对全县年龄满75周岁、党龄满50年的老党员、生活困难党员进行关怀慰问。

推进党建“三大工程”建设。采取“县领导、县直后盾单位、乡镇包村干部、村干部”四级联抓的办法，共对全县102个基层党组织实施巩固、提升、整顿工程，其中重点巩固单位5个、提升单位10个、整顿单位5个。采取“县级下拨一点、乡镇划拨一点、包村单位帮扶一点、基层党组织自筹一点”的“四个一点”办法，多渠道筹集资金70万元投入基层党组织建设。全县5个市级党建示范点示范带动作用日益明显，全县各基层党组织思想、组织、作风、阵地各项建设更上一台阶。

抓好村级干部管理。按要求相应提高村级干部报酬及村级办公经费，组织全县471名在岗定工和半定工村干部进行健康体检。实施“领头羊”分类培训工程。全面推行村干部轮流坐班、民事代办等制度，为群众提供“一站式”“窗口化”服务。加强大学生村干部培养和管理，全年新选聘大学生村干部5人，全县在岗大学生村干部达21人。

【党代会试点工作】 2013年11月，蒙山县被列为梧州市党代会常任制唯一试点县。2015年，县党代会试点按照“提高民主决策水平、健全完善党内基层制度、拓展党代表发挥作用途径和形式、健全党的民主集中制”要求，采取整体化设计，以推动服务全县中心工作为主要目标，以构建党代表工作机制为途径，务实创新抓好党代表职责与权利落实。组织科学制定县乡党代会试点方案，以召开县乡党代会年会为契机，县委2次成功召开大会，新圩镇、汉豪乡、蒙山镇、西河镇、陈塘镇等5个乡镇党委成功召开党代会年会。试行了党代会年会制、党代表任期制等六项制度，出台了《关于进一步加强和改进党代表任期制工作方案》，形成了初步的试点制度框架，健全配套了相关工作制度；不断强化党组织的战斗堡垒作用，建立一批党代表工作平台，有力推动了基层党建提升；突出党代表先锋模范作用发挥，扎实推进党代表任期制，涌现了黄树新等一大批优秀党代表。

【开展“三严三实”专题教育】 2015年5月19日，蒙山县以县委书记讲党课形式正式启动“三严三实”专题教育。6月中旬，27名县处级领导已全部完成讲专题党课，直接参与党课学习教育1670多人次，通过会议传达、学习研讨等形式参与党课学习5100多人次。7月初，围绕“严以修身”完成了集中学习研讨，加强了党性修养、坚定了理想信念。同时，边学边查边改，27名县处级党员领导查找不严不实问题80个，一批具体问题的整改得到了有效落实，作风建设的实效得到进一步体现。8月31日，围绕“严守党的政治纪律和政治规矩“主题，联系反面典型开展第二次专题学习研讨，强化了党员领导干部规矩意识和纪律意识，筑牢了拒腐防变思想道德底线。

【第一书记精准扶贫】 2015年，在实现各村第一书记全覆盖基础上，按照县委制定印发的《蒙山县精准识别贫困户贫困村工作方案》，整合抽调到各乡（镇）的区、市、县干部、村第一书记、驻村工作队员和乡（镇）干部、职工组成共741人的精准识别工作队，建立“精准识别业务交流群”及“第一书记交流群”，加强沟通交流，进一步摸准贫困村、户基本情况和致贫原因，实施精准帮扶，有力推动扶贫工作进程。

【县乡村三级党组织“联述联评联考”】 蒙山县不断完善“三级联述联评联考”制度，强化各级党委和有关部门抓党建的责任和党组织书记作为党建工作第一责任人责任。年底由各级党组织书记向上一级党组织就抓基层党建工作进行专项述职，并由上级党组织对下级党组织的党建工作进行点评和考核。2015年，全县12个党（工）委书记、34个党组书记、84个村（社区）党组织书记分别向上级党委进行专项述职。

【规范干部管理及监督】 2015年，共为符合政策的294名干部办理了职级晋升。做好超职数配备干部清理工作，全年共消化清理超配正科级干部32名、副科级干部9名。从严抓好干部监督，加大对党政主要领导干部经济责任审计力度，抓好干部出入境证件管理，组织全县34名市管处级干部认真如实填报《领导干部个人有关事项报告表》；组织对全县党政领导干部在企业兼职（任职）进行了全面摸底排查，对党政领导干部选拔任用过程进行集中倒查，防止“带病提拔”。全年共受理咨询或反映干部选拔任用工作方面信访件3件，都已按要求进行调查、办结、反馈。

【干部培训】 紧紧围绕落实大规模培训干部，大幅度提高干部素质要求，制定《2013—2017年蒙山县干部教育培训规划》，深化干部教育培训改革，强化思想教育，加强培训能力建设。2015年，共配合上级部门调训干部70人次，其中处级14人次，科级56人次，有效拓宽干部视野，提升干部综合素质。继续实施“培训扶贫大行动”，全年整合各类涉农资金530万元，举办各类培训班115期，组织农村群众28300多人次参加实用技术、劳动技能、科学知识等培训，有效提高农民自身“造血”功能，有力促进了农村经济发展。围绕加快建成“广西特色旅游名县”中心工作抓培训，全年县级举办重点班次3期，培训干部398人次。全年共培训各类干部503人次，其中科级以下76人次，基层党组织负责人252人次，专业技术人员175人次。此外，网络培训710人次，有效促进干部思想观念更新、知识结构的转型，为富民强蒙新跨越提供有力的思想政治保证和智力支持。

【党员远程教育】 依托网络APP模块，自主开发“蒙山远教助手”手机应用软件，集通知公告、站点统计、故障申报、远教知识等功能于一体，创新开展远程教育工作。2015年，全县88个终端站点半年共组织学习200多场次，10000多人次通过远程教育系统接受了群众路线、实用技术、减灾防灾、惠民政策及法律知识的培训。完成百岁老人的摄制，摄制全区党员电教百部系列专题片2部，党建示范点宣传片3部，与县电视台合作播放《党员大风车》节目12期；分别投入经费12.09万元、4万元用于大组工网分级保护建设、党员干部远教站点升级改造，全县卫星模式站点已全部升级完毕。

2015年4月30日，汉豪乡机关党员在观看远程教育节目

县委组织部　供稿

【规范领导职数配备】 2015年，对全县各乡（镇）、各单位科级岗位职数进行全面清查，严肃认真开展“三超两乱”（超职数配备干部、超机构规格提拔干部、超审批权限设置机构，擅自提高干部职级待遇、擅自设置职务名称）治理，制定超职数配备干部整改方案，重点对超配的科级领导进行整改。截至12月底，超配正科级领导由35人整改为4人，副科级领导由13人整改为3人，整改消化违规党政分设单位5个。

【实施公务员职务与职级并行制度】 2015年，将初审符合晋升条件，且经民主测评、考察、公示等规定环节的人员名单上报县委常委会讨论决定，并对符合晋级资格又没有争议的两个批次151名科级干部按程序及时兑现待遇，其中由副科晋升为正科职级73人，正科晋升为副处级78人。

（陈剑云）

2015 蒙山县基层党组织设置情况表

表 1　　　　单位：个

党（工）委						党总支部					党支部					党组
总数	其中					总数	其中				总数	其中				
		乡镇	村（社区）	企事业单位	其他		机关	企事业单位	村（社区）	其他		机关	企事业单位	村（社区）	其他	
14	4		1	0	0	23	1	6	16	0	345	90	135	120	1	36

2015 蒙山县党员情况表

表 2　　　　单位：人

总数	性别		年龄					学历						少数民族
	男	女	35 岁及以下	36 至 45 岁	46 至 55 岁	56 至 60 岁	60 岁及以上	研究生及以上	大学本科	大学专科	中专	高中（中技）	初中及以下	
10361	7377	2984	2080	2077	2021	1018	3165	30	1183	1530	1696	1764	4158	2148

宣传工作

【概　况】 2015 年，蒙山县宣传工作紧紧围绕“特色农业、优势工业、休闲旅游、精品城镇”的发展思路，结合“美丽广西”乡村建设工作、创建广西特色旅游名县和“三严三实”教育实践活动，在加快经济和社会事业发展的同时，进一步加强了社会主义精神文明建设，培育和践行社会主义核心价值观。组织全县各级党委（组）中心组开展理论学习；在各级党报党刊上稿 560 篇，宣传蒙山经济社会建设和风土风貌；扎实推进文明县城创建工作，提升城市文明形象；一批单位或村镇被评为自治区文明单位、文明村镇和军民共建先进单位；开展乡村学校少年宫建设，全县 9 个乡镇中有 7 所中心小学获了得乡村学校少年宫项目。

【理论学习】 围绕党的十八大及十八届三中、四中、五中全会精神，结合“三严三实”专题教育，积极组织各级党委（组）中心组成员按要求开展理论学习，完成“学习习近平总书记在参加广西代表团审议时的重要讲话精神”“全面从严治党，模范践行‘三严三实’要求”“全面推进依法治国，加强法治中国建设”等五个理论专题的集中学习，组织学习了“学习党的十八届五中全会精神”“《中国共产党廉洁自律准则》、《中国共产党纪律处分条例》和相关法律知识”等理论专题。2015 年，全县各级党委（组）中心组共组织学习 150 多次，参与人数达 1200 多人次。结合“特色农业、优势工业、休闲旅游、精品城镇”的发展思路，精心设置调研课题，组织人员深入基层调查研究，认真探索和撰写理论文章，其中贤维的《突出民族特色，创新服务方式》、李世超的《以文化建设为抓手，传递社会正能量》、阳永煊的《科学统筹城乡区域发展》等 12 篇理论文章发表在《梧州日报》《广西日报》等党报党刊上。参加市思想政治工作研究会和梧州日报社联合会举办的“思想政治工作”调研论文征集中，贤维获得二等奖。

【宣传报道】 紧紧围绕党的十八大、十八届三中全会精神，结合党的群众路线教育实践活动、创建广西特色旅游名县等工作，找准新闻热点，挖掘新闻亮点，加大对外宣传力度，营造了良好舆论氛围。在《广西日报》刊发各类稿件 60 多篇、《梧州日报》480 多篇；在广西电视台采用 6 条、梧州电视台采用 186 条、蒙山电视台用稿 1600

条。利用电视、广告等媒体，开辟专栏，报道莫运福爱岗敬业、胡美连敬老孝亲、罗火成诚实守信的模范事迹，宣扬社会主义核心价值观。投入宣传经费8万元，通过各种电视和网络平台对生态乡村活动宣传。在《广西日报》《桂林日报》《梧州日报》策划专版宣传，展示蒙山县工作的亮点、做法、成效。抓好精准扶贫的宣传，在县电视台、县政府网站开辟专题专栏进行重点宣传，把媒体宣传和进村入户实地宣传相结合，通过发放宣传资料，现场提供咨询等方式宣传各项扶贫政策，做到家喻户晓、深入人心。全年接待《广西日报》《梧州日报》等记者90多人次到蒙山县采访报道，有效提升蒙山的美誉度和知名度。

【网络舆情】 在新华网、人民网、凤凰网、网易、梧州零距离网以及新浪、腾讯微博积极开展网评工作，共发表原创帖文800多篇，跟帖约6000多条，在腾讯微博、新浪微博上发表文章约500篇，在论坛上发表网评文章30篇，及时正确引导网络舆论。充分利用网络问政平台，倾听民声、广纳民意、集中民智，在梧州零距离网站网络问政平台收到网民的各种建言、咨询、投诉、举报、求助等留言753条，回复率达100%。7月份，开展“零距离问政”问计于民栏目特别策划——“你来提，我们一起做”网络问政专题征集活动，现场收集群众最关心、最迫切希望解决的问题31条，回复率达100%。针对县内外各网站、各论坛以及微博上出现有关涉蒙网络舆情进行监管引导，及时处置不良信息，成功处置了5起涉蒙重大突发事件和热点敏感问题，有效维护了蒙山的良好社会形象。编发《网络舆情快递》2期，发出处理负面涉蒙舆情的公文处理函8份，给当地网站、有关部门发各类舆情处置提示60多次。

【央视到蒙拍摄纪录片《萍踪侠影——梁羽生》】 2015年4月15到20日，中央电视台科教频道《武侠世界》摄制组走进蒙山县，拍摄《萍踪侠影——梁羽生》专题节目，探寻一代新派武侠宗师梁羽生的成长足迹。拍摄组分别到梁羽生公园、梁羽生故乡文圩镇屯治村等地拍摄他的生平故事，展现中国著名新派武侠小说家梁羽生先生的生平事迹。

2015年4月15日，《萍踪侠影——梁羽生》专题节目摄制组在梁羽生公园拍摄剧照 县委宣传部 供稿

【开展“寻找魅力乡村”活动】 2015年11月24—28日，梧州电视台“寻找魅力乡村”节目录制组聚焦蒙山，开始为期5天的采访录制工作。记者们先后深入新圩镇、西河镇、长坪瑶族乡、夏宜瑶族乡等地，采访当地干部群众，了解各乡镇新农村建设。通过现场体验、深入采访等形式，捕捉蒙山乡村最美的画面，记录下最详尽的素材，展现蒙山县开展生态乡村活动以来取得的显著成果，向全社会展示了蒙山各地的历史人文和文化底蕴的保护、产业发展等形象。

【开展“百场宣讲下基层”活动】 深入农村、企业、机关和学校开展党的十八届四中、五中全会精神及“三严三实”专题教育等宣讲。宣讲团成员由县四家班子领导组成，通过对象化、分众化、互动化的宣讲解读，帮助广大干部群众释疑解惑。还通过网络多媒体、电视、标语、横额等加大宣传力度。全年在各单位、各乡镇开展“百场宣讲下基层”等宣讲活动70多场次，参加的干部群众3000多人次。

【开展抗战胜利70周年纪念活动】以"铭记历史、缅怀先烈、珍爱和平、开创未来"为主题，组织开展群众性抗战经典爱国诗词诵读活动，蒙山中学、蒙山镇第一小学、黄村中心小学等学校先后开展了爱国诗歌朗诵及专题书法绘画比赛活动；组织开展"弘扬伟大抗战精神、同心共筑强大国防"专题讲座、歌咏比赛，深入挖掘抗战英雄事迹，进一步弘扬抗战精神，激发全县人民的爱国主义精神和民族精神。9月24日晚，"蒙山县纪念抗日战争胜利暨世界反法西斯战争胜利70周年文艺晚会"在县青少年宫激情上演，表演者用嘹亮的歌声重现了那段难忘的岁月。

【举办第二届蒙山"文化古城·养生福地"全国摄影大展】2015年5月，为了提升蒙山县旅游产业的竞争力，实现创建广西特色旅游名县的目标，蒙山县委、县政府与中国摄影报社共同主办，启动了第二届蒙山"文化古城·养生福地"全国摄影大展，活动得到了全国各地影友的踊跃参与，收到参赛作品近万幅。摄影大展以永安古城为依托，以文化为底蕴精心设计和运作，通过更加丰富的摄影艺术作品，进一步向世人展示蒙山县生态养生福地的魅力，提升蒙山县的知名度、美誉度和影响力。

（关　新　姚文武）

2015年各级党报有关蒙山重要报道一览表

表3

报刊名称	报道题目	版面	刊发时间	作者
广西日报	蒙山：生态引领加快创建特色旅游名县	9	2015年1月31日	陈贻泽、吴凌平、黄海峰
广西日报	蒙山：打响生态招牌激发乡村活力	8	2015年3月9日	陈贻泽、吴凌平、黄海峰、关新
广西日报	"半边天"撑起一片天	6	2015年9月28日	董文锋、李耿
广西日报	把绿水青山化为竞争力	1	2015年10月27日	陈贻泽、吴凌平、黄海峰、戴连升
广西日报	蒙山：把生态优势转化为发展优势	37	2015年11月4日	黄海峰、关新
梧州日报	打造休闲精品小城镇	4	2015年1月12日	秦金敏
梧州日报	增强生态新优势激发发展新活力	3	2015年3月10日	黄东荣、黄海峰、关新
梧州日报	打造宜居宜业新农村	4	2015年3月11日	黄海峰
梧州日报	唱响民族团结进步交响乐章	3	2015年4月23日	黄东荣、刘国稳、黄海峰
梧州日报	"细胞"裂变筑就"平安铜墙"	2	2015年5月3日	黄建梅、欧东、蒋旅
梧州日报	自主管理破解基层治水难题	1	2015年5月28日	黄东荣、彭峰、钟建华
梧州日报	瑶胞争穿法袍村民喜泡"法吧"	4	2015年6月5日	黄建梅、姚建媛、蒋旅
梧州日报	科学统筹城乡区域发展	4	2015年6月8日	阳永煊
梧州日报	打造基层党建品牌	4	2015年6月15日	潘一清
梧州日报	"村规"绘就"生态园"	4	2015年7月24日	李继远、莫成华、陆献
梧州日报	盛夏来蒙山赏清风荷韵	6	2015年8月7日	吴广升、杨汉光等
梧州日报	创新服务方式主动服务群众	2	2015年9月6日	李继远、蒋旅
梧州日报	"法治动车"进瑶乡法官放飞"瑶胞梦"	4	2015年9月25日	李继远、蒋旅
梧州日报	保持政治定力强化责任意识	4	2015年12月14日	阳永煊

精神文明建设

【概　况】 2015年，蒙山县创建自治区文明县城工作通过自治区的复核；开展梧州市“好人在身边”百场巡讲巡演活动，对入选中国好人榜罗火成、孝老爱亲道德模范胡美连、爱岗敬业模范莫运福进行表彰奖励；开展“走进基层、深入生活、扎根人民”梧州市文明共建、文化共享“结对子、种文化”集中服务日活动；深化“做一个有道德的人”主题活动，组织全县中小学开展“网上祭英烈”“红领巾相约中国梦·核心价值观我践行”“童心向党”等主题教育活动；做好未成年人思想道德工作，向梧州市文明办推荐7名美德少年。投资408万元，完成12个村级公共服务中心建设；投资49万元，完成8个农村篮球场建设。在重大节庆活动期间，举办迎春文艺晚会、舞龙舞狮表演、“七一”文艺晚会、国庆文艺晚会、书画展览以及文化下乡演出等活动110多场次，观众5万多人次。利用“三月三”歌节、“蒙山歌圩”“放赦节”以及其他演出活动等机会，大力开展非物质文化遗产展示宣传和传承保护活动。把瑶族婚嫁、瑶族医药、蒙山山歌、蒙山瑶歌等县级以上非物质文化遗产拍摄成为纪录片留存档案；协助梧州市和广西区文化厅成功拍摄瑶族婚嫁、瑶族医药两部电视宣传片。

蒙山山歌圩　　蔡中杰　摄

【创建自治区文明县城】 2015年5月26日，在第六轮全区精神文明建设工作表彰会上，蒙山县被授予“自治区文明县城”称号。蒙山县按照“生态立县，特色兴县”发展战略，以社会主义核心价值体系为根本，将文明县城创建与经济社会发展、塑造县城精神、提高公民素质、培育良好社会风尚、提升群众的幸福指数结合起来，积极发动广大群众参与文明县城创建活动。2015年，蒙山镇、长坪瑶族乡被评为自治区级生态乡镇，多个行政村被评为梧州市生态村，县城建成区绿化覆盖率、绿地率、人均公园绿地面积分别达到35.22%、31.2%和8.28平方米。同时深化思想道德建设，组织开展“道德讲堂”“感恩教育”“道德模范”巡讲，“我推荐、我评议身边好人”以及志愿服务等活动。在自治区文明县城复核中，获得了91.23分，名列全区第三名，为创建自治区文明县城打下坚实基础。

【罗火成入选中国好人榜】 2015年，罗火成入选中国文明网中国好人榜名单。罗火成在18年艰难曲折的创业奋斗历程中，始终坚持“德为先、诚为本、一点一滴铸就诚信”的服务经营理念，恪守商业道德，文明经商，成为蒙山县摩托车销售行业的佼佼者。致富不忘回报社会，在创业的这些年中，他先后帮助和安排6名下岗职工实现再就业，12名待业人员实现就业，资助贫困学生读书2人，在抗洪救灾、捐资助学等公益活动中，罗火成都慷慨解囊，献上自己的爱心，为扶贫济困和社会公益活动累计捐款6万多元。他的诚信经营和善行义举也赢得了社会的尊重和认可，先后5次被蒙山县表彰为十大优秀个体户，4次被梧州市工商局、消协、个私协表彰为“信得过单位”和“文明个体工商户”，3次被自治区工商局、个私协分别表彰为“先进个体工商户”“诚信个体工商户”等荣誉称号。

【莫运福、胡美连获“第三届自治区道德模范”称号】 2015年6月，经过蒙山县文明办推荐，自治区文明委投票和审核评定，莫运福和胡美连获得了“第三届自治区道德模范”荣誉称号。莫运福是蒙山县黄村司法所所长，他默默扎根基层工作38年，以饱满的工作热情和高度的工作责任感，任劳任怨为广大群众化解了一桩桩将要激化的矛盾，促进了社会和谐稳定。胡美连是汉豪乡大车村一名普通妇女，她一肩挑起家庭经济重担，13年如一日，无微不至地照料病瘫的丈夫和年迈的公婆，抚养年幼的儿女；热心公益事业，善于调解邻里矛盾，对村邻“能帮则帮”，展现了一个农村妇女尊老爱幼、淳朴真诚的博大情怀，为此被选为蒙山县第十五届人大代表。

【文小获中央专项彩票公益金支持乡村学校少年宫建设项目】 2015年，蒙山县文圩镇文圩中心小学获得中央专项彩票公益金支持乡村学校少年宫建设项目。文圩中心小学以新派武侠小说开山鼻祖梁羽生的故乡文圩镇为依托，利用乡村学校少年宫开展“武术进校园活动”，全校约500学生每一位学生均学会打一套拳、棍、剑等武术套路，并把武术列为学校的大课间活动；建设“梁羽生”文学社，开展“梁羽生”读书、征文、演讲、讲故事等活动，全校梁羽生武侠文化、文学文化氛围浓厚。截至2015年12月，蒙山县已有新圩、陈塘、西河、文圩等4个乡镇的中心小学获得了中央专项彩票公益金支持乡村学校少年宫建设项目。

【获多项精神文明荣誉】 2015年，在全市开展十星级文明户评选活动中，陆小清等8户获市十星级文明户称号；在志愿服务活动中，何颖维等2人获梧州市优秀志愿者先进个人荣誉；在参加全区青少年“奋发向上·崇德向善”爱国主义读书教育活动演讲暨讲故事比赛中，蒙山县第一中学潘柏林同学荣获一等奖；在梧州市童谣征集评选活动中，全县有12人获奖。

（关　新　姚文武）

统战工作

【概　况】 2015年，蒙山县委统战部深入学习贯彻中央统战工作会议和《中国共产党统一战线工作条例（试行）》精神，发挥统一战线优势，服务经济社会持续快速健康发展。为非公有制强优企业申请民贸民品贷款贴息421万元。引导全县30个企业与30个贫困村结对帮扶，从资金上、物资上、就业等方面进行扶助。联系美国加州健华社、香港“善一堂”道德协会、香港梧州工商联合会、香港“两地一心”基金会等慈善机构为县内多个学校捐资助学，金额达43.5万元。以县党外知识分子联谊会作为加强党外干部队伍建设的重要平台，打造“党外知识分子之家”。统战理论政策研究成果显著，统战信息报送量大幅度提升。

【统战工作会议】 2015年3月31日，县委统战部召开全县统战工作会议。会上，县委常委、统战部部长马涌涛传达了全国及全区、全市统战部长会议精神，回顾总结2014年全县统战工作情况，布置谋划2015年全县统战工作。要求重点抓好牵头协调党外人士应邀担任司法机关和政府部门的特约人员；抓好县知联会的作用发挥，开展“四个一”（每年进行一次考察调研、一次专题讲座、一次社区服务活动、一次植树活动）活动；筹备成立县非公经济领导小组和非公办；做好夏宜瑶乡成立30周年乡庆活动；开展侨情调查，特别是70年代中期后新移民的调查工作；加强统战宣传信息、理论调研和统战工作实践创新信息的报送；积极谋划创新，建立基层统战工作联络员和信息员队伍，在蒙山镇永安社区建立社区民族之家；参加市委统战部开展“十佳统战”评选活动等几项工作。县委统战部、县侨联、县工商联全体机关干部，各乡镇统战委员或分管统战的副书记，以及县党外知识分子联谊会会长、秘书长共20人参加了会议。

【服务非公有制经济】 制定并实施《蒙山县非公有制强优企业培育计划》（2014—2017年），根据计划培育目标，培育本级非公有制强优企业2家：2014—2015年培育广西华虹蚕丝股份有限公司，2016—2017年培育蒙山县五丰丝绸有限公司。9月29日，开展了本级非公有制经济人士培训班，参训人员65人；12月2日，组织非公经济人士15人参加全区非公有制强优企业交流人才培训、梧州提高班暨梧州市非公经济人士综合素质能力提升培训班。积极为非公有制强优企业服务，为广西华虹蚕丝股份有限公司、蒙山县五丰丝绸有限公司等非公有制强优企业申请民贸民品贷款贴息项目，贷款金额为22512万元，贴息金额达421万元。

按照《梧州市“百家民营企业扶助百个贫困村”活动工作方案》的要求，扎实推进县“十家民营企业扶助十个贫困村活动”深入开展。广泛调研，详细摸清全县最新扶贫开发情况，了解企业生产经营情况并征求扶助意愿。经多方努力，包括华虹、五丰、耀华在内的30个企业（含商会、合作社）与全县6个乡镇的30个贫困村签署了扶助协议。至年底，民营企业帮扶贫困村资金达1200多万元，就业安置1300多人，参与捐资助学、修桥铺路等光彩事业捐资捐物价值40多万元。9月29日，蒙山县民营企业扶助贫困村现场会在县城和文圩镇木护村举行。蒙山县民营企业通过产业扶贫扶助贫困村的做法在梧州市得到中肯。10月19日，县委统战部领导、华虹蚕丝股份有限公司负责人、木护村党支部书记作为梧州市唯一代表出席了在崇左市大新县举行的全区“千家民营企业扶助千个贫困村活动”现场会，并在会上做了经验介绍。

【党外代表人士工作】 县委统战部紧紧抓住蒙山县党外知识分子联谊会成立的契机，把知联会作为加强党外干部队伍建设的重要平台，以“四个一”活动为主线，将知联会打造成“党外知识分子之家”。做好一次政协大会议案发言。县知联会组织部分会员到相关部门对县生猪屠宰管理工作进行了调研，形成题为《关于进一步加强生猪屠宰管理的建议》的调研文章，并在县政协八届六次会议上进行了重点发言。开展一次联谊交友活动。4月16日上午，组织知联会30多名会员到文圩镇万寿谷山庄进行植树和联谊交友活动。进行一次服务社会活动。5月12日，统战部组织知联会在夏宜民族中学开展一次文学创作讲座，120多名初中生参加了活动。12月30日，组织知联会在蒙山镇解放社区，利用“少数民族之家”平台，开展医疗义诊、送医送药进社区活动。进行一次理论学习活动。7月8日上午，蒙山县知联会在县委党校多媒体教室举办践行社会主义核心价值观专题讲座，讲座深入浅出，有理论、有实例、有论断，会员们纷纷表示受益良多。

认真完成干部教育培训工作，选派1名民主党派人士到广西社会主义学院参加全区乡镇党外领导干部培训班，选派1名无党派人士到梧州社会主义学院参加梧州市党外代表人士培训班。与县人民法院协商，推荐的5位党外人士到县法院担任特约监督员，发挥党外民主监督，推进阳光司法。年底，全县副科级以上党外干部共有42名，选配有9个党外干部在8个政府工作部门担任领导职务，比例达33.33%，县政府工作部门有2名符合任职条件的党外干部担任部门行政正职。

【公益事业捐赠】 加强与外界各种爱心公益组织沟通联络，积极引导社会各界人士参与光彩公益事业，推动本县公益事业稳步发展。2015年，美国加州健华社为夏宜金祖鑫健华图书馆资助第二年建馆款6121.80元，香港“善一堂”道德协会为四联小学捐赠价值4000元图书，香港梧州工商联合会捐资2万元建设夏宜民族学校宿舍，香港“两地一心”基金会为甘棠小学捐赠价值1.5万元体育器材。

【侨台工作】 县委统战部联合侨联、台办组织人员先后两次到县出入境管理中心进行摸底调查，掌握定居港澳台及海外的蒙山籍侨胞的基本情况，加强与侨资侨属企业和归侨、侨眷属、海外侨胞的联系。争取县财政经费支持3.3万元，利用中秋节、春节对60多名侨胞、台胞及其眷属进行慰问；深入宣传党和国家的侨务政策和对台政策，做好来信、来电、来访的答复、解释工作，协调有关部门为侨、台胞及其眷属排忧解难，依法维护他们合法权益；县侨界政协委员认真履行民主参与和民主监督职能，参加县政协八届六次全会，列席县人大第十五届全体会议，积极为蒙山的经济建设和社会发展建言献策。县侨联通过与区、市侨联积极联系，牵线香港“善一堂”道德协会，为四联小学筹集善款40万元人民币建成“善一堂”教学楼。

【统战理论研究】 2015年，县委统战部重视统战理论研究，组织撰写的《培养选拔少数民族干部之路径—以蒙山县为例》《蒙山县统战工作找准契合点助力司法公正》分别荣获“全市统战理论政策研究创新成果奖”，《构建三级统战网络夯实基层统战基础》《发挥党外民主监督推进阳光司法》分别荣获“全市十佳统战亮点工作”。全年向各级统战、民族刊物报送信息量48条，分别在《广西统战信息》、《梧州统战信息》、《梧州统战》、区民委信息网、《广西民族报》及县政府网站上发表。

（莫明柳）

党校工作

【概　况】 中共蒙山县委党校近几年来，投入450多万元进行基础设施建设，使党校更具规模，基础设施更加完善。2010年12月，经自治区党委组织部、自治区党校进行综合评估，以总分84分良好的成绩，达到了县级党校办学标准。县委党校在办学水平达标评估后，再接再励，进一步深化教学和管理体制改革，逐步走上正规化教育和培训的道路。2015年，蒙山县委党校在理论教育工作中，紧紧围绕县委、县政府的中心工作，立足于蒙山县干部教育培训工作的实际，以加强各级干部能力建设、素质建设、农村党员大培训和农民工就业技能培训为重点，不断拓展培训渠道和培训对象，扎扎实实开展各类培训工作。根据不同的培训层次和培训对象，以短训班和研讨班为主，以巡回演讲、专题讲座为辅的办班形式，采取学习讨论、下乡调研、案例教学、菜单式教学、情景模拟教学和远程多媒体教学等新的教学方法，实现由传统培训向现代化培训转变，从满足学员多样化、个性化和差异化的学习需求。有计划、分层次地对全县党员干部、公务员、中青年干部、事业单位工作人员、建制村（社区）“两委”干部、农村党员和农民工进行了培训，为加快推动富民强蒙新跨越提供了强之有力的精神动力和智力支持。

【干部培训】 2015年，在巩固原来教育培训体系的基础上，横向由县委组织部牵头抓总，整合各部门的培训资源，既发挥县委党校培训主阵地作用，又发挥其他相关部门的培训辅助作用。全年培训党员干部约3000多人，其中由党校举办主体班7期，培训党员干部700多人。

行政村（社区）“两委”培训班。2015年11月23—25日，举办行政村（社区）党组织书记

2015年11月23日，县委党校举办村党组织书记培训班

县委党校　供稿

综合能力培训班，81名村（社区）党组织书记参加此次培训。2015年11月26—27日，举办村（居）委会主任综合能力提升班，培训人数达81人。

非党知识分子培训班。2015年6月，县委统战部在县委党校举办非党知识分子培训班，40多名非党知识分子参加培训。通过培训，使得学员们对党的方针政策、统一战线理论有更深刻的理解和认识，进一步提升自身政治素养和理论水平，提高参政议政、合作共事的能力。

老干部培训班。2015年1月，县委党校与县老干部局联合举办老干部培训班一期，30多名老干部参加培训。县老干部局把这次培训作为提高服务老干部工作水平的重要手段，受到了参会老同志们的一致好评。

北京大学中青年干部党性锻炼与能力提升培训班。2015年12月21—28日，蒙山县在北京大学（首批全国干部教育培训高校基地）举办一期中青年干部党性锻炼与能力提升培训班，参训人数46人。培训班围绕“主动适应新常态、争当三严三实好干部”主题，认真开展十八届五中全会精神、“一带一路”的定位与重大举措、特色城镇化建设、城市化进城中的农村发展、我国生态农业发展、乡村旅游发展、精准脱贫、领导者心理健康与压力管理等专题讲座与研讨交流。

事业单位专业技术人员培训。县委党校与县人社局共办了8期培训班，2000多人参训，党校常务副校长李峰云与中级讲师龙玉分别就《全面依法治国》与《加强网络道德教育》为学员授课。

【科研工作】 2015年，蒙山县委党校配合开展太平天国廉政教育基地建设，撰写了《古今腐败的历史相似》《透视太平天国兴亡深化反腐倡廉教育》《永安封王建制地观后感言》三篇文章作为太平天国廉政授课题材。课题《蒙山县现代农业暨林下经济发展与蒙山文化旅游的有机整合》正在抓紧后期修改完善。论文《培养选拔少数民族干部之路径》《论梁羽生武侠小说的蒙山地方文化风情》入围全市优秀征文。为进一步深化教学改革，调动教师教学研究课程、创新教学方式方法的积极性，不断提升教师教学水平，从而提高教学质量，增强干部教育培训的针对性和实效性，县委党校积极开展党校系统优质课评选活动。

【教师培训】 蒙山县委党校坚持定期理论学习制度，组织全校教师进行理论学习，每月进行两次以上的集中学习，开展有关的专题课学习和收看中央党校远程教学网的课程。多次选派教师外出学习培训，2015年4月选派黄东升老师参加全市党委（党组）中心组学习秘书培训班学习；12月常务副校长李峰云及总务处主任黄婉媛赴北京大学参加蒙山县中青年干部党性锻炼及能力提升培训班。

（张廷杰）

老干部工作

【概　况】 2015年，蒙山县委老干部工作，紧紧围绕全县的政治经济建设大局，全面贯彻落实习近平总书记等中央领导同志在全国离退休干部“双先”表彰大会上重要讲话精神，结合本县实际，坚持“让党放心，让老干部满意”的工作导向，组织老干部扎实开展“为党的事业增添正能量”活动，较好务实完成各项工作任务。2015年，离休干部邱怀裕、梁景秀、莫念情、朱佩球病逝。年底，尚有健在的离休老干部14人，县四家班子退休干部27人。

【老干部活动中心投入使用】 县委老干部局原在20世纪80年代建成的老干部宿舍楼内办公，由于当时是水泥砖砌成，加上年久失修已成危房。为改善老干部局办公条件和老干部活动场地，县委、县政府筹资540万元，建筑面积1290平方米的活动中心于2015年上半年建成，7月16日正式启用。此外，县政府还拨款13万元作为老干部局搬迁和购买办公设备经费。

老干部活动中心　　县史志办　供稿

【老干部“为党的事业增添正能量”活动】 2015年，县委老干部局把为党的事业增添正能量作为老干部工作的价值取向和重要工作日程，主动向县领导汇报开展老干部工作正能量活动情况，同时协调相关单位组织老干部积极开展正能量活动。组织老干部工作者和离退休老干部学习习近平总书记等中央领导同志在“双先”表彰大会上重要讲话和开展“以展示阳光心态，体验美好生活、畅谈发展变化”为主要内容的为党的事业增添正能量活动“两个宣传提纲”。印发“两个提纲”500多份发给离退休老干部和县直单位，在电视台滚动播放习近平、刘云山同志重要讲话摘录。构建涉老组织平台，组织老干部开展多种形式正能量活动：10月中旬，联合文体局筹措4万多元资金，举办600多位离退休干部参加的“老少同台，共唱中华魂”纪念抗战胜利70周年歌咏比赛和“运动乐、夕阳红”老年文体活动；利用老干部局活动中心和门球场举办春节、五一节、老年节门球、太极拳、太极剑、扑克等比赛活动和猜谜、踢足球、飞镖、乾坤大挪移、抛圈、摸彩球等大型游园活动；5月中旬，组织老干部开展“我看蒙山旅游开发”“展望蒙山十三五”两个主题调研，向老干部发出问卷调查表500多份，收上意见建议250多条，老干部局在调研基础上形成调研报告，报送县委、县政府；全力支持关工委、老促会、老科协等涉老组织开展工作，鼓励老干部发挥正能量。县关工委全年资助留守儿童30人，金额12.8万元。举办法制宣讲和文艺演出20余场，参与学生1.4万人次。县老促会向上争取资金100余万元，建设汉豪乡樟村道路、陈塘镇人饮工程等5项老区基础设施工程。组织3位退休农牧专业干部下乡为农民种养提供技术指导，5位老医生下乡为农民义诊。

【老干部政治理论学习】 2015年，组织老干部学习十八届五中全会、全国和全区“双先”表彰会精神，及习近平总书记与彭清华书记重要讲话。10月中旬，邀请市委老干部局副局长李冰来蒙山举办“两个提纲”宣讲报告会1期，有20余名老干部参加报告会。11月上旬与县委党校合作，为老干部举办1期贯彻依法治国理念的培训班，参加培训老干部约30人。确定每月16日为老干部集中学习日，由局领导向老干部报告当前政治经济形势和时事，介绍蒙山县各项工作进展情况，提供自治区、梧州市及县委、县政府有关文件供老干部阅读。投入资金4万多元为老干部订阅《中国老年报》《老年知音》等各种报刊700多份，供老干部学习。

【落实老干部政治生活待遇】 政治待遇。利用举办报告会、主题学习会、座谈会和组织参观等活动，扩大老干部视野，提高政治素养。县委、县政府领导利用春节、敬老节等重大节日举办座谈会，向老干部通报全县社会经济建设情况。县经济工作会议、党代会、人大会、政协会都邀请老干部列席，会前征求老干部对大会工作报告的意见和建议。老干部局采取结对帮扶办法加强对老干部的联系，及时了解老干部学习情况和思想动态，对身体不好的采取上门送资料办法进行跟踪服务。

生活待遇。健全离休老干部离休费、医疗费保障机制和财政支持机制，保证老干部工资、医疗费不拖欠，及时帮助在外地居住的离休干部报销医疗发票。重大节日、生日、生病住院都登门探望，送上慰问金和慰问品。全年累计帮助老干部报销医疗发票43万元，各种慰问金标准普遍提升，生病住院、生日祝贺慰问金由2014年的100元提升到200元。全年看望、慰问老干部102人次，累计发放慰问金10万元，2015年5月上旬投入3万多元组织老干部进行健康检查。新增办理提高因病生活不能自理护理费标准3人，护理费由每月600元提升至1000元。同医院建立老干部看病医疗快车通道，为老干部办理医疗优先卡，方便老干部就医诊治。为保证企业离休干部生活费与机关事业平行同步，老干局提请县政府把企业离休干部离休费中县财政负责部分拨到老干部局，由局转入老干部账户。个别特殊困难老干部遗孀生活困难补贴，由老干部局直接发放。对病故离休老干部，局派专人协助家属办理抚恤金手续。

【参观视察】 2015年5月中旬，组织老干部20多人视察长坪水韵瑶寨、夏宜乡村镇建设、新圩镇古皮生态乡村建设、新型化工厂育秧技术项目、蒙山镇北楼村黑土猪放养场。整个视察活动得到蒙山镇、新圩镇、长坪乡、夏宜乡领导的支持，顺利完成视察活动。

【区市领导及兄弟县领导到蒙调研】 2015年12月15日，自治区党委组织部副部长、老干部局局长陈虹，梧州市委组织部副部长、老干部局局长王玲，在县委书记阳永煊、县委副书记潘一清陪同下到蒙山县委老干部局视察调研。12月下旬，象州县政府调研员覃淑芬带领县老干部局、政协办、文体局、民政局等单位领导15人到蒙山县老干部局参观考察，具体了解蒙山县开展老干部服务管理工作和发挥正能量活动的经验和成效。

（陆润松）

机关党建

【概　况】 2015年，中共蒙山县直属机关工作委员会深入学习贯彻党的十八届四中、五中全会精神，集中开展党员教育培训和入党积极分子培训教育，开展学习型、服务型党组织创建活动，进行机关党建“三大工程”建设，开展“两新”组织党组织组建工作，组织党组织书记专项述职评议。年底，辖党总支部2个，党支部64个，有党员1472人，其中本年度新发展的党员10人。

【思想建设】 2015年，县直属工委认真学习贯彻党的十八届四中、五中全会精神和习近平同志系列重要讲话精神，不断深化思想建设。先后组织开展了“建设学习型党组织”“学党史、感党恩、强党性”等主题活动。举办各类学习培训班4期，培训人数176人次，发放党员教育资料1200多册。

【组织建设】 2015年，新成立了水库移民管理局党支部，撤销了人口和计划生育局党支部，共有12个党支部进行了换届选举或补选支委成员。一年来，共培训入党积极分子39名，发展新党员10名，预备党员转正11人。全年收缴党费142225元。在“七一”建党节和春节前夕分别对年满75周岁且党龄50年以上老党员和困难党员进行慰问，老党员每人每次慰问金200元，困难党员每人每次慰问金100元。“七一”期间的慰问由组织部下拨慰问经费，共13600元。春节期间的慰问由各支部自筹经费。2015年年底，全县共有在册年满75周岁且党龄50年以上老党员67人，困难党员40人。

【党风廉政建设】 2015年，全面贯彻中央纪委和上级党风廉政建设工作会议精神，严格执行《廉政准则》和党内监督各项制度。注重对入党积极分子进行警示教育，组织了35名入党积极分子和新发展党员到检察院廉政教育基地参观学习。

在对党组织书记进行述职评议中增加了廉政教育课。对下辖党支部1名党员的违纪问题进行立案调查，解除1名党员“留党察看一年”的处分。

【开展“在职党员到社区报到为群众服务”活动】 2015年，县直工委组织所辖支部开展在职党员到社区报到为群众服务活动，所辖66个党支部全部到所在社区报到，参与义工服务活动；有343名在职党员到住地所在社区报到参加志愿服务活动。共收集到群众需求微心愿76件；党员认领微心愿59件；为群众办好事实事65件；开展服务活动55场次。

县直机关在职党员到社区慰问困难学生家庭

县史志办　供稿

【开展机关党建“三大工程”建设】 组织实施党建“三大工程”，2015年共有5个支部实施市县基层党组织建设“三大工程”。中共蒙山县人力资源和社会保障局支部为梧州市基层党建提升工程；中共蒙山县司法局支部、中共蒙山县农业局支部、中共蒙山县气象局支部为县级基层党建“三大工程”的提升工程；中共蒙山县白竹林场支部为县级基层党建“三大工程”的整顿工程。共下拨给各参建党支部建设经费2万元。

【开展“两新”组织党组织组建百日攻坚大行动】 从2015年6月至9月中旬，组织开展了“两新”组织党组织组建百日攻坚大行动。共组建非公有制企业党支部4个，社会组织党支部10个。新组建的非公有制企业党支部分别是：由蒙山县永安洲生态农业发展有限公司、蒙山县鼎益生态农业科技发展有限公司联合组建的蒙山县直属机关工委非公企业第一临时党支部；由蒙山县水务公司、蒙山县盛成农林开发有限公司、蒙山县明珠农林发展有限公司联合组建的蒙山县直属机关工委非公企业第二临时党支部；由蒙山县百兴农业发展有限公司、蒙山县东胜农业开发有限公司、蒙山县雨生现代农业科技发展有限公司联合组建的蒙山县直属机关工委非公企业第三临时党支部和蒙山县亘古投资发展有限公司党支部。新组建的社会组织党支部分别是：由蒙山县革命老区建设促进会、蒙山县养生福寿文化研究会联合组建的蒙山县革命老区建设促进会、养生福寿文化研究会党支部；由蒙山县畜牧兽医水产学会、蒙山县养兔行业协会、蒙山县养猪专业协会、蒙山县木薯产业协会、蒙山县桑蚕产业协会联合组建的蒙山县直属机关工委社会组织第一临时党支部；由蒙山县少年体育俱乐部、蒙山县建兰青少年体育俱乐部、蒙山县摄影协会、蒙山县羽毛球协会、蒙山县体育舞蹈运动协会联合组建的蒙山县体育摄影协会党支部；由蒙山县成人职业技术学校、蒙山县新希望职业技术学校、蒙山县桂东职业技术学校联合组建的蒙山县职业技术学校党支部；蒙山县老科学技术工作者协会党支部；蒙山县餐饮业商会党支部；蒙山县小水电代燃料用户协会党支部；蒙山县电机工程学会党支部；蒙山县建筑业协会党支部；蒙山县计划生育协会党支部。

（高成全）

信访工作

【概　况】 蒙山县信访局全称为中共蒙山县委员会、蒙山县人民政府信访局。2015年，编制2人，实有人员3人，设局长1人，副局长1人，其中局长由县政府办公室副主任兼任。2015年，蒙山县信访工作重点是围绕推进信访法治建设、推行“阳光信访”等方面展开。全年收到来信44件，其中自收信18件，上级转信26件；初信37件，重信7件；调查处理答复来信人22件，处理率81.5%。来信中，反映劳动社保的4件，国土7件，政法5件，企业改制4件，城乡建设2件，农村农业13件，纪检监察4件，民政1件，教育1件，其他3件。全年接待来访220批次1432人次，其中个体访162批次261人次，集体访58批次1171人次。全年没有发生进京、赴邕非正常上访。

【重大问题来访】 2015年，较为重大的信访问题涉及劳动社保等方面，农民工工资和县城周边失地农民要求补缴城镇职工养老保险的问题比较突出。如湄江·御景园工地的农民工要求兑付工资问题，历时数月，到农历年底得到了大部分解决。如韦杏秀等失地农民，连续多次来访，要求补交城镇职工养老保险问题。县人社部门领导解释，按2015年1月30日桂人社函〔2015〕70号文件，在国家和自治区统一的被征地农民参加城镇企业职工基本养老保险政策出台前，为维护全区政策的统一性，从本通知下发之日起，各市出台涉及被征地农民参加城镇企业职工基本养老保险政策中凡采取一次性缴足15年或往前追补缴足15年基本养老保险费缴费年限的，均应暂停执行。失地农民要求补缴社保问题暂时无法解决，但该群体人数众多，诉求强烈。

【领导接访】 2015年12月17日，县四家班子主要领导在新圩镇新圩街接待来访群众，县委书记阳永煊对来访群众进行了耐心的接访，共接来访群众5批，当场作出批示2件，其余3件也当场交由职能部门办理。2015年1月22日，副县长韦放在行政中心楼接待西河镇古娄村来访群众150多人。信访人反映与大塘村古带片有林地权属纠纷，纠纷还没有解决但承包林地经营的老板就办理砍伐证砍伐林木并运输，引发古娄村群众阻拦。经韦放副县长接访，及时化解了的该群体性事件。

2015年12月17日，县委书记阳永煊在新圩镇接访群众

县信访局　供稿

【信访督办】 2015年，县信访局重点对陈塘镇油麻冲矿区群众的信访件等进行了督察督办。该信访事项是油麻冲矿区群众覃记林等向自治区主席陈武写信，反映油麻冲矿区污染严重，已不宜居住要求整体异地搬迁安置。该信件经陈武主席批示后，2015年5月26日，自治区信访局向当地政府进行了交办，县政府要求县发改、国土、住建、扶贫、陈塘镇等部门进行调查并拿出工作方案。信访部门要及时跟踪督察，使得上级机关交办的信访件，得到及时办理。

（欧菊芬　覃庆明）

责任编辑　黄兆伦

蒙山县人民代表大会

综　述

【概　况】2015年，蒙山县人大常委会设有办公室、法制工作委员会、财政经济工作委员会、教科文卫工作委员会、代表联络工作委员会等办事机构。年内，县人大常委会召开主任专题会议2次、常委会会议8次，组织召开人民代表大会1次。听取和审议县人民政府、县人民法院、县人民检察院及县政府相关部门各项工作报告21个，作出决议决定11个。组织在蒙山县选举产生的梧州市人大代表开展代表小组活动和视察活动2次，各乡镇组织县乡代表开展活动2次，县人大常委会组织专项执法检查2次。选举和任免干部25名，其中副处级以上干部7名。根据有关部门提请，经县人大常委会会议审议，决定许可对1名县人大代表采取强制措施。

（阮富喜　戴瑞平）

重要会议

【十五届人大五次会议】于2015年3月10日至12日在县青少年活动中心举行。大会听取和审议了宋彤宇所作的县人民政府工作报告、杨铁庄所作的县人大常委会工作报告、潘建华所作的县人民法院工作报告、李海清所作的县人民检察院工作报告；审查了蒙山县2014年国民经济和社会发展计划执行情况与2015年国民经济和社会发展计划（草案）的报告、蒙山县2014年预算执行情况和2015年预算（草案）的报告，并对上述报告作出了相关的决议。在大会闭幕式上，县委书记阳永煊作了重要讲话，他强调，代表们回到各自的工作岗位后，要把发展作为最核心的要务，在转型创新上强力突破；要把法治作为最有力的保障，在依法治县上务求实效；要把为民作为最崇高的追求，在民生保障上再加力度；要以创建“广西特色旅游名县”为抓手，更加扎实有效地推进“生态乡村”建设，着力建设宜居、宜业、宜商、宜游的精品小城市；要以“三严三实”推进作风建设，着力营造风清气正的政治生态；务实进取，开拓创新，以干在实处、走在前列的更大作为，奋力谱写“中国梦”的蒙山篇章。

【人大常委会会议】2015年1月至12月，蒙山县十五届人大常委会共召开8次会议。1月30日，县人大常委会召开第27次会议，听取了县人民政府副县长钟学坚作的《关于县十五届人大四次会议代表议案建议办理情况的报告》和《关于贯彻实施〈中华人民共和国传染病防治法〉存在问题整改情况的报告》；2月26日，县人大常委会召开第28次会议，听取了县财政局局长曾凡玺受县人民政府委托作的《关于蒙山县2014年预算执行情况和2015年预算草案的报告》；3月31日，县人大常委会召开第29次会议，听取了县人民政府副县长韦放作的《关于“六五”普法规划实施情况报告》、《关于森林保护工作情况的报告》和《关于贯彻实施〈中华人民共和国老年人权益保障法〉存在问题整改情况的报告》，审议了县人民检察院《关于报请许可对盘宗权采取刑事强制措施的报告》；6月2日，县人大常委会召开第30次会议，听取了县人民政府副县长韦放作的《关于发展特色农业工作情况的报告》、《关于扶贫开发工作情况的报告》和《关于环保工作情况的报告》；7月30日，县人大常委会召开第31次会议，听取了县人民政府副县长李世超作的《关于贯彻实施〈中华人民共和国预防未成年人犯罪法〉情况的报告》和《关于织绸园区建设情况的报告》；9月9日，县人大常委会召开第32次会议，听取了县财政局局长曾凡玺受县人民政府委托作的《关于蒙山县2014年财政决算和2015年上半年财政预算执行情况的报告》、县审计局纪检组长蒲彩芬受县人民政府委托作的《关于2014年度蒙山县本级预算执行及其他财政收支的审计工作报告》、县发展和改革局局长周志受县人民政府委托作的《关于蒙山县2015年上半年国民经济和社会发展计划执行情况的报告》，听取和审议了县人民法院《关于提请许可对盘某权采取逮捕强制措施及进行刑事审判的报告书》；10月29日，县人大常委会召开第33次会议，听取了县人民政府副县长李世超作的《关于贯彻实施〈中华人民共和国预算法〉情况的报告》，听取了县财政局局长曾凡玺受县人民政府委托作的《蒙山县人民政府关于提请审议2015年财政预算收支调整方案的议案》和《蒙山县2015年财政收支调整方案（草案）的报告》，听取了县人民检察院检察长李海清作的《关于蒙山县人民检察院队伍建设工作的报告》；12月31日，县人大常委会召开第34次会议，听取了县人民政府常务副县长李世超作的《关于创建广西特色旅游名县工作情况的报告》《关于贯彻实施〈中华人民共和国预防未成年人犯罪法〉存在问题整改情况的报告》和《关于我县政府性债务分析的报告》。与会人员对上述报告进行了认真的审议，作出了相关的决议和决定。

【常委会主任专题会议】 2015年，召开常委会主任专题会议2次。1月8日，召开主任专题会议，听取和审议了县工信局局长莫益隆所作的《关于节能减排工作情况的报告》。会议认为，县人民政府及其有关部门，能按照自治区、梧州市的统一部署和要求，围绕确保全年节能减排任务的完成，采取推动企业的节能降耗、节能减排技改，开展清洁生产、实施循环经济和加强日常监督等措施，取得了一定的成效，较好地完成了上级下达的任务。针对存在问题提出了建议和意见。会议还听取和审议了县人社局局长潘兴发所作的《关于社会保障工作情况的汇报》。会议认为，蒙山县社会保障工作紧紧围绕“保增长、保民生、保稳定、促发展”的总要求，在推进社会保险制度改革，实现社会保险费用社会统筹，扩大社会保险覆盖面等方面做了大量工作，取得了较大进展，有力促进社会和谐稳定。会议对存在问题提出了意见和要求；4月23日，召开主任专题会议，会议听取和审议了县公安局政委陈斌所作的《关于社会治安管理工作情况的报告》。会议认为，近年来，县人民政府及公安部门以平安建设为主题，以“发案少、秩序好、社会稳定、群众满意”为目标，切实加强社会治安管理工作，取得了较好的成绩，为全县经济社会发展和人民群众安居乐业创造了良好的社会治安环境，公众的安全感和满意度不断提升。对存在问题提出了意见和要求。会议还听取和审议了县水利局局长雷振盛所作的《关于蒙山县病险水库除险加固工程建设情况的汇报》。会议认为，近年来，县人民政府及水利部门，能积极向上争取资金，主动开展病险水库除险加固工程建设工作，取了较好的成绩。会议对今后的工作提出了意见和要求。

（阮富喜　戴瑞平）

重点工作

【视察调研】 2015年1月13日，梧州市人大常委会副主任李奕权、莫永东一行8人，在县人大常委会主任杨铁庄的陪同下，到新圩镇古定村对社会主义新农村建设和发展生态农业等情况进行专题调研。5月13日，梧州市人大常委会副主任徐远洲一行11人，在县人大常委会副主任蒙中平的陪同下，对蒙山县开展职业教育情况进行专题调研。5月25日，梧州市人大常委会副主任竺坤松一行6人，在县人大常委会副主任莫华光、副县长韦放的陪同下，到新圩镇对生态农业发展进行专题调研。5月26日至27日，梧州市人大常委会副主任李桂珍一行6人，在县人大常委会副主任覃庆梅的陪同下，对蒙山县贯彻实施《中华人民共和国旅游法》情况进行执法检查。6月8日，自治区人大常委会副秘书长李朝辉一行5人，在县人大常委会副主任覃庆梅、副县长唐经健的陪同下，对蒙山县贯彻实施《中华人民共和国森林法》情况进行执法检查。11月26日，梧州市人大常委会副主任徐远洲，在县人大常委会副主任蒙中平的陪同下，到新圩镇双垌村黄村组慰问温德金、温德友两户贫困户。

【监督检查】 根据县人大常委会2015年工作安排，县人大常委会组成执法检查组，于年内进行了2次执法检查。2015年6月中旬开始，对全县贯彻实施《中华人民共和国预防未成年人犯罪法》情况进行执法检查。执法检查组认为：蒙山县有关部门在深入学习宣传，营造良好氛围；采取有效措施，抓好工作开展；加强司法保护，做好教育感化挽救工作等方面做了大量工作，取得了良好的成绩。针对存在问题提出了4点意见和建议。2015年12月31日，县人大常委会召开第34次会议，县人民政府根据县人大常委会提出的意见和建议，作出了《关于贯彻实施〈中华人民共和国预防未成年人犯罪法〉存在问题整改情况的报告》，会议对整改结果表示满意。2015年9月开始，县人大常委会执法检查组对全县贯彻实施《中华人民共和国预算法》情况进行执法检查。2015年10月29日，县人大常委会召开第33次会议，县人民政府副县长李世超作了《关于贯彻实施〈中华人民共和国预算法〉情况的报告》，会议对县人民政府及其相关单位在贯彻实施《中华人民共和国预算法》工作中所取得的成绩予以充分肯定，并对存在问题提出整改意见和建议。

【议案办理】 2015年3月，县十五届人民代表大会第五次会议共收到代表10人以上联名提出的议案、建议和意见45件。经大会议案审查委员会审查，全部作为建议和意见，交由县人民政府及其相关部门处理，并在规定时间内办结并答复了提出建议和意见的代表。这些建议和意见，有9件得到了解决或基本解决，占20%。如“关于茶山河水资源保护的建议”“关于文圩镇斜冲水库加固除险的建议”“关于帮助缴交村干部社会养老保险的建议”“关于新型农村合作医疗工作实施问题的建议”等。有26件具有建设性的建议，有关部门已作出解决计划，正在逐步落实和解决，占57.78%。有10件因政策或客观条件限制，暂时不能解决或无法解决的，占22.22%。

【代表活动】 市人大代表小组活动。根据工作安排，受梧州市人大常委会委托，2015年县人大常委会组织在蒙山县选举产生的梧州市十三届人大代表开展专题调研和集中视察活动2次。7月13日至14日，组织市代表开展年中专题调研。主要内容是：对蒙山县“十三五”规划编制情况进行专题调研，组织相关部门单位领导进行座谈讨论，听取相关部门关于“十三五”规划编制情况的汇报。代表们认为，县人民政府及相关部门，认真贯彻落实上级“十三五”规划编制工作部署，及时启动县“十三五”规划编制工作，研究确定了工作方案，编制工作思路清晰，目标明确，“十三五”规划编制工作整体有序，稳步推进，代表们对编制工作表示满意，并对存在问题提出了意见和建议。12月2日至3日，受梧州市人大常委会委托，县人大常委会组织在蒙山县选举产生的梧州市十三届人大代表开展视察活动。主要内容是：学习党的十八届五中全会精神；对蒙山县生态乡村建设工作进行视察。代表们认为，近年来，蒙山县围绕“生态立县、特色兴县”工作战略和自治区、梧州市“美丽广西”乡村建设活动部署，大力推进乡村环境综合整治、基础设施建设、生态经济建设等，取得了明显成效，农村基础设施日益改善，保洁机制成效日益明显，乡村发展活动日益增强，生态乡村建设各项工作扎实、有效、稳步推进。代表们就如何进一步做好生态乡村建设工作提出了意见和建议。

县、乡（镇）人大代表活动。根据县人大常委会工作安排，2015年各乡镇组织县、乡（镇）人大代表开展学习考察活动2次。部分乡镇考察活动情况如下：1月8日，汉豪乡组织县、乡人大代表40多人到广西柳州生态工程职业技术学院参观学习，探索建设生态乡村和发展现代农业新路子；7月17日，西河镇组织县、镇人大代表35人，黄村镇组织县、镇人大代表49人到阳朔县高田镇水厄村、矮山门等村对生态乡村建设进行考察；7月和12月，蒙山镇分别组织人大代表70人到新圩镇古皮新农村、蒙山镇十排黑土猪养殖基地，围绕特色农业和新农村建设进行视察；7月29日，汉豪乡人大组织人大代表30多人到恭城瑶族自治县平安乡、龙虎乡及平乐县源头镇参观学习生态乡村建设新机制、新模式、新方法的成功经验以及特色产业发展等；9月19日至20日，陈塘镇人大组织县、镇人大代表32人到恭城县嘉荟镇、龙虎乡、矮寨村参观考察城镇化建设、生态旅游、清洁乡村等工作情况；12月10日，新圩镇人大组织县、镇人大代表45人到县人民检察院廉政教育基地参观学习，到长坪瑶族乡参观考察乡村旅游发展建设工作情况；12月12日，夏宜瑶族乡人大组织县、乡人大代表18人到三江县斗江镇实地考察生态乡村建设情况。

2015年12月2日，县人大常委会组织部分市人大代表到夏宜瑶族乡视察生态乡村建设情况　　县人大办　供稿

【人事任免】 2015年1月至12月，县人大常委会共任免干部25名，其中处级干部7名。

2015年县人大常委会任免干部（处级）一览表

表4

时　间	会议名称	任免人员名单
2015.2.26	十五届人大常委会第28次会议	接受张勇辞去蒙山县人民法院院长、审判委员会委员、审判员职务
2015.6.2	十五届人大常委会第30次会议	任命周春兴为蒙山县人民法院审判员、审判委员会委员、副院长；决定周春兴为蒙山县人民法院代理院长
2015.7.30	十五届人大常委会第31次会议	任命陈斌为蒙山县人民政府副县长、蒙山县公安局局长；免去徐宏彪的蒙山县人民政府副县长、蒙山县公安局局长职务
2015.10.29	十五届人大常委会第33次会议	免去梁炎盛的蒙山县人民政府副县长职务；免去茹恩南的蒙山县人民政府副县长职务
2015.12.31	十五届人大常委会第34次会议	任命莫达飞为蒙山县人民政府副县长

（阮富喜　戴瑞平）

自治区、梧州市人大代表名单

（蒙山县部分）

自治区级：宋彤宇　温冬玲　黄树新

市级：谢凌云　谭丕创　姜云飞

黄积卓　杨明志　房　龙

周春波　温　伦　蔡　虎

阳永煊　杨铁庄　宋彤宇

覃　杏　梁炎盛　莫华光

冯宗秈　周建仁　张锦强

陆荣建　李文红　魏明才

廖仲诗　廖锡光　黄树新

廖世兰　曾瑞联　杨礼梅

唐奕娟　吴永芳　黄建芳

姚瑞平

责任编辑　黄兆伦

蒙山县人民政府

重要会议

【县政府常务会议】 2015年，县政府召开十五届常务会议3期，均由县长宋彤宇主持。第一期会议于3月24日召开，主要议题：原则通过2015年《政府工作报告》重点工作责任分工（讨论稿）；传达市委、市政府关于进一步健全全年经济工作考核机制的通知精神，要求各分管领导及各经济部门根据考核机制认真抓好落实；原则同意启动县水务公司提高县城供水价格程序，不同意一次听证两次调价的方案。第二期会议于6月2日，主要议题：学习自治区《关于千方百计做好稳增长工作的意见》；学习梧州市《关于在新常态下加快我市第三产业发展的若干措施》。第三期会议于8月31日召开，主要议题：听取了与会人员对《蒙山县国民经济和社会发展“十三五”规划基本思路》的意见；原则同意《蒙山县关于加快推进乡镇机构改革工作实施方案》，适当调整增加陈塘镇有关站所人员编制；由住建局牵头，与法制办、政府办按正式文本修改完善我县促进房地产业持续健康发展暂行办法。

【县长办公会议】 2015年，召开县长办公会议3次，均由县长宋彤宇主持。第一次于3月24日召开，研究6项议题，作出6项决定：①同意县交通局关于出租汽车经营权投放方案的请示，并由交通局组织相关企业实施出租汽车运营；②原则同意县人民医院在县级公立医院改革政策出台前，参照蒙政办〔2011〕165号文件精神制订绩效工资分配管理方案；③同意蒙山县高等级公路建设工程指挥部意见，由县财政局通过统筹资金500万元（2015年4月15日前拨付200万元，2015年6月底前拨付150万元，2015年9月30日前拨付150万元）打包清偿陈瑞彪债务，具体由蒙山县高等级公路建设工程指挥部以县政府名义与陈瑞彪签订债务清偿协议；④原则同意按相关规定来处置新圩镇四联粮仓；⑤原则同意县教育局关于划拨新建蒙山镇中心幼儿园及西河镇中心幼儿园建设用地的请示，由韦放副县长牵头做好征地工作；⑥原则同意两位同志辞职请求，由何爱军担任县地产公司临时负责人。第二次会议于6月2日召开，研究10项议题，作出10项决定：①由县人民政府下文注销县建筑工程承建公司，由县财政局、国资办接收债权债务并在处置遗留问题时明确债权债务的具体内容，由县法制办具体负责改制遗留问题；②由于2015年度县财政预算方案已定，“关于县事业单位失业保险费征缴的问题”今后另议；③同意要进一步建设和完善全县综合性培训基地；④一致同意给予一名干部行政开除处分；⑤一致同意给予一名干部行政记过处分；⑥原则同意由县政府收回市场产权；⑦一致认为引进山东淄博大染坊丝绸集团有限公司对蒙山经济发展具有重大意义，将强有力促进全县丝绸产业的发展；⑧由县住建局牵头，积极与投资方沟通，要求其完善相关材料，县发改局、县住建局、县环保局等相关部门对投资方的资质和相关工艺进行审核；⑨原则同意县生猪定点屠宰管理工作方案；⑩原则同意县绕城公路项目合作合同，按合同与投资方进行洽谈合作，同时要把握好国家政策。第三次会议于8月31日召开，研究10项议题，作出10项决定：①根据桂教人〔2014〕50号文件精神，同意实施义务教育学校校长奖励性绩效工资并列入财政预算，按70%的比例增核校长奖励性绩效工资；②根据县教育发展规划，不同意小红帽幼儿园使用老干局地块（含文化馆）建设第二幼儿园；③原则同意《蒙山县建设合作框架协议》，由县政府办组织修改完善相关内容，由法制办把关，协议完善后反馈给华蓝设计（集团）有限公司；④暂缓污水处理费的调价；⑤同意县茶山水库工作管理站列入县财政全额预算管理，单位性质不变；⑥同意成立蒙山泰晖城市投资开发有限公司；⑦同意设定蒙山县人民政府法律顾问室和聘请县政府经济发展顾问；⑧原则同意《蒙山县党政机关国内公务接待经费管理办法》《蒙山县本级培训费管理办法》《蒙山县本级培训费管理办法补充规定》《蒙山县本级会议费管理办法》及外宾接待经费、因公短期出国培训费用、因公临时出国经费等管理办法，由分管领导组织相关部门根据自治区和梧州市的相关规定制定我县具体实施细则；⑨同意县政府领导工作分工调整方案；⑩一致同意给予一名干部行政记过处分。

【政府专题会议】 蒙山县2015年人口和计划生育工作会议。2015年3月31日在县行政中心大楼附楼会议室召开。县人民政府副县长刘念出席会议并讲话。县直有关部门主要负责人，各乡（镇）分管计生的领导、乡（镇）计生站长、计生局全体人员参加会议。会上，副县长刘念代表县政府与各乡（镇）签订2015年度人口计生目标的管理责任状。蒙山县“三年一工程”重点项目建设推进会。2015年5月7日在县行政中心附楼会议室召开。县委书记阳永煊、县人大常委会主任杨铁庄、县长宋彤宇、县政协主席何健、县委副书记覃杏等在家的县四家班子领导，以及各责任单位和各乡镇相关负责人参加了会议。会议总结回顾上一年蒙山县“三年一工程”项目推进情况，分析项目推进中存在的问题和困难，研究部署下半年“三年一工程”项目推进工作，促进蒙山县“三年一工程”项目建设顺利推进。县委常委、常务副县长梁炎盛主持会议，县委书记阳永煊、县长宋彤宇作重要讲话。

（王永嘉）

重要政务活动和工作部署

【服务企业】 2015年，蒙山县以解决企业生产和项目建设中遇到困难和问题为突破口，不断延伸服务范围，并根据实际确定五丰丝绸、华虹蚕丝、欧蒙人造板、广晋水泥等10家企业为重点服务对象，成立10支企业服务队，继续按照“四个一”服务机制深入企业开展服务。年内，10支服务队到企业开展服务81次，有效协调解决企业用地、融资、生产原材料供给等问题35个。华顺、欧蒙两家工业企业达到新上规标准；文圩木衣架加工、中禾木业等项目已开工生产；耀华、兴华两家矿业企业和广晋水泥有限公司已恢复生产。全年10家重点工业企业完成工业总产值34.33亿元，同比增长14.25%。

【旅游宣传推介】 2015年4月17日，中央电视台中文国际频道主任编辑张鸥带领摄制组到蒙山县拍摄《抗战百岁老兵黎家仕》等《长寿广西》系列纪录片。《长寿广西》是由自治区党委宣传部、自治区旅游发展委员会联合发起，由中央电视台中文国际频道、广西电视台与央视网广西旅游频道联合制作的大型纪录片，是2015年推出的广西重点外宣项目。蒙山县是全国54个长寿之乡之一，故列入拍摄范围。4月19日，蒙山县在长坪瑶族乡举办水韵瑶寨“三月三”节庆暨蒙山文化旅游节。有绣球招婿、竹筏迎亲、上刀山、过火海、踏红犁头等丰富多彩的民俗活动，还有竹竿舞、踩高跷、多人板鞋等互动性传统竞技节目，有1万多名游客参与了节庆活动。5月29—31日，作为自治区首批创建特色旅游名县、中国长寿之乡，蒙山县参加了在桂林市隆重举行的2015中国—东盟博览会旅游展，其中历史剧《永安封王》在展会现场亮相演出，获得圆满成功。8月12—14日，自治区旅发委组织高校界知名专家学者一行7人到蒙山县，对蒙山创建广西特色旅游名县工作进行中期评估指导。9月16日，县人民政府聘请何秀池、封祚孟两位旅游界知名人士为蒙山县旅游发展顾问，他们将在旅游规划、设计等方面给予蒙山更多技术支持。11月24日，梧州市《寻找魅力乡村》节目录制组在蒙山县开始为期5天的采访录制工作，展现蒙山县开展生态乡村活动以来取得的显著成果。节目通过“魅力乡村大使”的所见所闻，感受乡村建设活动开展以来当地村容村貌发生的新变化和村民群众产生的新风气，同时介绍历史人文、文化底蕴、产业发展等。12月份，农业部、国家旅游局公布了2015年全国休闲农业与乡村旅游示范县、示范点认定名单，认定68个县（市、区）为全国休闲农业与乡村旅游示范县，蒙山县入选全国休闲农业与乡村旅游示范县。

2015年5月29日,《永安封王》在桂林旅博会演出

县旅游局　供稿

【招商推介】 2015年4月27—30日，县委常委、常务副县长梁炎盛带领县招商小分队赴“长三角”地区考察学习生态养生养老、特色休闲旅游项目规划和土地等方面的做法和经验。5月21日，大连万达集团发展中心副总经理袁雁军、设计中心副总经理刘大伟一行6人考察团到蒙山县就“医疗养生城”项目投资选址工作进行考察调研。8月19—20日，由广东惠州汤泉俱乐部、越南北宁龙庆有限公司组成的考察团到蒙山县考察特色生态健康养生度假园项目，并与蒙山成功签约项目投资意向书。11月15—19日，由县长宋彤宇带队，县直各相关部门主要领导组成的招商组前往浙江、江苏等地对农村电子信息、丝绸织造、风力发电、村镇银行等项目进行洽谈对接，进一步加快了蒙山县农村电子信息、风力发电、村镇银行等项目进展，拓展建设美丽乡村、打造良好的人居环境的思维和视野。

【惠民工程】 2015年，县人民政府坚持把保障和改善民生作为一切工作的出发点和落脚点，加大公共财政支出保障和改善民生，全年民生支出超过9.5亿元，占全县固定投资的17.3%，其中12项为民办实事工程完成投资5.2亿元，完成年度投资计划的112%。至年底，全部完成社保惠民工程、健康惠民工程、教育惠民工程、强基惠民工程、安居惠民工程、土地整治惠民工程、农补惠民工程、生态惠民工程、交通惠民工程、能源惠民工程、消费惠民工程等12项为民办事工程。

【创建“广西特色旅游名县”】 2015年，蒙山县荣获“全国休闲农业与乡村旅游示范县”,“永安王城”成功创建成为国家AAAA级旅游景区，长坪“水韵瑶寨”获广西五星级乡村旅游区称号，长坪村荣获自治区级休闲农业与乡村旅游示范点称号，3家农家乐获评为广西五、四星级农家乐。

借助长坪“三月三”、夏宜瑶族乡30周年乡庆及“五一”“国庆”等重要节庆推介蒙山旅游。其中，国庆节期间，“四季花海”共接待游客18.96万人次。2015年，全县接待游客人数达125万人次，旅游总收入12亿元。

“四季花海”之菊花　　县史志办　供稿

【重点项目建设】 2015年，坚持项目投资拉动增长，突出抓好农业、交通、城建、旅游、民生等领域的重点项目建设，全县47个重点项目建设稳步推进，完成投资16亿元，完成年度计划103.26%。

（王永嘉）

政府机关工作

【概　况】 蒙山县人民政府办公室是县人民政府的综合部门，协助县人民政府领导处理县人民政府日常工作，包括日常文电，草拟文件，研究、审核、报批各乡镇人民政府和各部门向县人民政府的请示、报告；协助组织处理突发事件和重大事故；督促检查各项决议、决定、重大工作部署及领导批示的执行情况；收集上报信息和调查研究，为领导决策服务；协调各单位之间的关系等。加挂法制办公室、应急管理办公室、行政服务中心、信息网络中心牌子。

【文秘工作】 2015年，上传下达准确及时，没有出现重大失误，文电处理规范有序，办文质量不断提高。一年来，办公室共起草印发政府工作报告等重要文稿42件，制发各类文件440件。由县人民政府办公室负责重要材料的4个市级工作现场会先后在蒙山县召开，均取得圆满成功。全县由县人民政府办公室组织的会议达206次。

【信息工作】 2015年，县人民政府办公室围绕自治区、梧州市以及县委、县政府的工作部署，认真抓好信息收集、反馈和上报工作，反映焦点和热点问题。办公室全年共撰写并上报各类信息576条，被自治区政府办公厅采用11条，被梧州市政府办公室采用36条，被梧州市人民政府网站录用24条，发挥了信息工作承上启下桥梁纽带作用和为领导科学决策参考辅助作用。

【督办工作】 2015年，县政府督办工作紧紧围绕“特色兴县、生态立县”战略构想和发展“特色农业、优势工业、休闲旅游、精品城镇”工作思路，以“三年一工程”活动为抓手，坚持突出重点、注重实效的原则，较好地完成了督办工作任务。一是对政府工作报告确定的经济和社会发展目标进行督察。2015年，顺利完成了年初所确定的发展目标，全县经济社会继续保持健康协调较快发展；二是全力做好重点建设项目督察。2015年，全县实施的重点推进项目为47项，当年完成投资额均超年度计划投资任务；三是对与全县广大人民群众切身利益紧密相关的为民办实事项目进行督察。实施为民办实事项目涉及农村基础设施建设、教育基础设施建设、农村医疗合作保障等多方面，县委、县政府高度重视，做到了按规范和规定要求实施，并全面完成；四是对人大议案和政协提案的督察。2015年，需办理的人大代表议案、政协委员提案为72件，办结率100%；五是对上级党委、政府领导批示件办理的督察。2015年，共对转办的26份上级党委、政府领导的批示件办理情况进行督察，全部及时办结并反馈。

（王永嘉）

人事人才

【概　况】 2015年，蒙山县人事人才工作紧紧围绕全县经济工作会议和区、市人力资源和社会保障工作会议部署要求，不断深化干部人事制度改革，切实加强专业技术人员队伍建设，大胆创新用人机制和人才培养机制，认真做好工资收入分配工作，取得了较好成绩。全县招录公务员（参公人员）47人，全县机关事业单位科员及科员级以下职位共举办了3次竞争上岗，有33人通过竞岗方式交流到新的工作单位。

【公务员职务与职级并行改革】 2015年，蒙山县实施基层公务员职务与职级并行制度，属县人社局管辖的干部中，有206人获得科员晋升享受副科级职级待遇。

【人才引进】 2015年，蒙山县政府印发实施《蒙山县人才引进的若干政策》，大力引进、培养急需紧缺人才，吸纳区内外优秀人才到蒙山县干事创业。全年组织用人单位到区内高校（南宁广西师范学院、桂林广西师范大学）举办专场招聘会13场，共为全县各紧缺人员的事业单位直接面试签约录用工作人员48名。

【公务员招录】 2015年，全县招录公务员（参公人员）47人，其中，政府口共招录公务员（参公人员）33名。以招录应届高校毕业生为主，按照党的十八届三中全会关于“完善基层公务员录用制度，在艰苦边远地区适当降低进入门槛”的精神，视情况单独或者综合采取了适当降低学历要求、放宽专业限制、适当调整报考年龄、不限制工作年限和经历、单独划定笔试合格分数线等措施，降低进入门槛。

【竞争上岗】 2015年，全县机关事业单位科员及科员级以下职位共举办了3次竞争上岗，共有40个职位，有29个职位33人通过竞岗方式交流到新的工作单位。

【事业单位工作人员招录】 2015年，蒙山县新招录事业单位工作人员56名，并举办事业单位新录用人员初任培训班。对急需引进的高层次、短缺专业人才，具有高级专业技术职务或博士学位的人员，采取直接考核的方式招聘。

【专业技术人员管理】 2015年度事业单位岗位聘用合同续聘续签3170人，岗位聘用合同率为99.5%。年内新增专业技术人员199人，至年底，全县共有专业技术人员3525人。其中，副高级职称97人，中级职称1622人，初级职称1806人。全年开展专业技术人员继续教育公需科目培训6027人次。

【退休及工资福利管理】 2015年，共办理行政机关、事业单位、企业等退休人员102人，办理机关事业单位一次性抚恤金审批79人，审核机关事业单位死亡职工直系亲属领取遗属生活困难补助600多人，审核企业单位退休职工工龄140人。增加机关事业单位工作人员基本工资标准调整和离退休人员离退休费，实施乡镇补贴，调整最低工资标准，由最低800元/月提高到最低1000元/月。

【军转干部安置】 2015年，全县有企业退休军转干部30人。八一、春节期间对这30名企业军转干部进行走访慰问，召开座谈会、茶话会，全年为他们发放的各种补贴总计46.26万元，其中生活困难补助共计41.44万元，医疗门诊费2.22万元。2015年，全县企业军转干部资金总收入为45.49万元；总支出44.64万元，其中节日慰问支出3.68万元，困难补助38.73万元，医疗保险2.23万元。

（文千沦）

机构编制

【概　况】 2015年，县机构编制委员会办公室内设综合股、党政群机关事业单位机构编制管理股2个股。核定行政编制4名，在职人员4人，其中，主任1人，副主任1人，股长2人。下辖县事业单位登记管理局，为副科级全额拨款事业单位，列入参照公务员法管理，有在职人员2人。年内，蒙山县进一步深化了行政审批制度改革工作，印发了《蒙山县人民政府关于取消、接收和调整一批行政审批项目的通知》，取消、接收和调整一批行政审批事项共246项。其中，取消行政审批事项81项，接收行政审批事项129项，调整行政审批事项36项。重点做好全面清理县政府部门行政权力清单工作。成立蒙山县推行政府部门权力清单制度工作领导小组，印发《关于推行县政府部门权力清单制度工作领导小组机构设置和成员单位任务分工的通知》和《蒙山县人民政府关于印发推行我县政府部门权力清单制度实施意见的通知》，年内完成第二阶段的部门梳理权力清单和编制清单工作。认真组织实施政府机构改革后续工作，年内印发卫生和计划生育局等9个涉及改革部门的“三定”方案。

【机构编制管理】 机构编制管理坚持“编办一家单位承办，编委主要领导一支笔审批，编委一家行文”的审批制度，加强对机构编制的控制和管理，严格控制机构的增设和机关事业单位人员编制的增长。2015年，全县机关编制总数1068名，其中县直党政群机关397名，政法机关457名，乡镇机关261名；实有人数1011人，其中县直党政群机关480人，政法机关318人，乡镇机关213人。全县事业单位编制总数为3975名，其中全额拨款事业编制3153名，差额拨款事业编制639名，自收自支事业编制160名；实有人数3580人，其中全额拨款事业单位2890人，差额拨款事业单位489人，自收自支事业单位132人。

【事业单位法人登记管理】 事业单位法人登记管理按照《事业单位登记管理暂行条例》（国务院令第411号）和《事业单位登记管理暂行条例实施细则》（中央编办发〔2005〕15号）的规定执行。2015年在网上办理事业单位法人年检登记（备案）302个，其中同时在网上办理事业单位法人变更登记（备案）91个，新核准登记（备案）8个。

【单位中文域名注册】 政务和公益中文域名，是党政群机关和事业单位在互联网上重要名称标识。按照中央编办《关于进一步加强党政群机关和事业单位网上名称管理工作的通知》（中央编办发〔2009〕4号）的要求，县编委办扎实开展政务和公益中文域名注册工作，取得了一定的成效。2015年，县编委办请梧州市编办业务科室人员利用两天时间对全县380个机关事业单位的有关工作人员进行了专门培训，并完成中文域名网上注册、网络段挂标及续费工作318个单位，注册及续费率77%。

（莫丽芳）

机关事务管理

【概　况】 蒙山县机关事务管理局是蒙山县人民政府的行政事务管理部门，为正科级县政府直属机构。主要职能：负责县四套班子及所管辖县党政机关单位的行政经费、车辆、基建、房产、会务等行政管理工作和全县公共机构节能管理工作。内设6个股队：秘书股、综合股、财务股、保卫股、节能股和政府车队。2015年年底，在职干部职工24人，其中参公管理人员12人，在编后勤人员12人。聘用后勤人员26人。

【后勤保障】 抓好办公区和宿舍大院环境整治。加强爱国卫生健康宣传，经常性开展路面清扫、楼层保洁、草坪修剪和除“四害”防疫工作，推进环境卫生长效管理；抓好原政府综合办公楼拆迁安置和宿舍大院房产维修。随着机关大院宿舍楼房产、水电设施老化，突发性故障频发，县机关事务管理局精心组织安排维修力量，做到故障及时修复，维护正常的生活秩序；维护职工合法权益，将原政府大院两栋宿舍楼交由职工自主管理；抓好公务用车保障。建立一车一档，规范装饰和定点维修程序，加强车辆使用调度和日常养护，确保车辆长周期安全运行。

【安全保卫】 坚持预防整治结合、人防技防并重，确保机关大院平安：加强安保人员教育管理，提高安保人员安全责任和防卫意识，并经常组织值班人员进行安保理论和技能学习培训；对安保人员实行月考核，实行月工作实绩与月工资挂钩考核，奖惩有别；加大安保人员昼夜值班和巡查力度，对进出县综合办公区和宿舍大院每位陌生人员进行必要的询问、登记、检查。安保人员做到24小时不间断巡查，并建立每日交接班台账，认真做好交接班工作；提高突发事件应急能力，做好上访劝退和秩序维护，保障党政机关正常工作秩序；开展安全工作大检查，严格排查各项人防物防措施，通过查漏补缺及时排查处置不安全因素，确保办公区和宿舍大院安全，没有发生安全事故。

【节能管理】 县机关事务管理局根据上级要求，结合蒙山县实际，采取多种形式组织全县公共机构开展节能主题宣传活动和节能技术培训。在全国节能宣传周期间，开展以“节能有道、节俭有德”和“低碳城市，宜居可持续”为主题的公共机构节能宣传周活动，并在梧州市进行节能宣传展出。县公共机构节能工作领导小组办公室还制定督察方案，成立四个督察小组，于2015年6月16日分别对全县各公共机构进行专项督察。通过督察，发现有3个单位未能按通知要求落实各项宣传工作任务，当天即下发通知要求他们立即整改。

【财务管理】 按照《机关事务管理条例》和中央八项规定，加强对所管辖县党政机关16个单位财务管理工作。在做好日常工资、津贴等发放和住房公积金、社会保险金、医保、个人所得税、水电费用等扣缴工作和会计结算外，组织所管辖机关事业单位完善财务审批制度和报批手续，加强对控制预算单位现金流量与现金风险管理，提高单位公务支出透明度。同时，配合自治区督察组对县四家班子领导办公和车辆运行经费审查，及时调整不合理开支，确保县财政预算经费正常安全运转。

【车辆管理】 进一步加强和规范机关公务车辆管理，按照《县综合办公大楼机关单位车辆管理办法》，不定期检查各单位车辆停放情况，对不按规定管理的单位及时与其负责人沟通。同时加强对车辆保养和维修管理，确保县四家班子和上级领导到蒙山调研、处置突发事件和其他重要活动用车安全。

（谢　诚）

政务服务

【概　况】 蒙山县政务服务管理办公室属县人民政府办公室管理，内设管理股、监督股、技术股。核定行政编制4人，现有管理人员5人，办公室地址设在湄江街北路18号（原湄江宾馆），一、二楼为办证大厅。2015年，进驻县政务服务中心具有行政审批职能部门44个，公共服务窗口1个，有6个常设窗口，4个综合窗口，5个分大厅。全年办理申请行政审批事项23147件，受理23135件，办结23146件，办结率94.15%。评议率81.43%，满意率99.22%，办理提速93.15%。执行率97.12%，无超时件发生。

【行政审批事项清理】 根据蒙山县人民政府下发《关于我县取消、接收和调整一批行政审批项目的通知》（蒙政发〔2015〕44号）文件精神，全年累计取消、接收和调整行政审批事项（含非行政许可）571项。

【基层政务服务全覆盖】 2015年年底，全县9个乡镇和84个行政村（社区）均建立政务服务中心，基层政务服务覆盖率达到100%，全面完成政务服务向基层延伸工作。

【推进政府信息公开】 2015年，根据自治区“一服务两公开”工作要点要求，蒙山县通过网站改版、整合资源、创新页面，调整扩大了政务信息公开板块，增设了民生服务领域、重大项目建设领域和行政权力清单等信息公开栏目，积极围绕群众关心的热点问题，大力进行重点领域信息公开，逐步提高网站信息的实用性。积极推进基层政务公开，全县9个乡镇政务中心全部开通并应用自治区基层信息化平台系统，公开相关信息。全县大部分部门都能通过政府信息公开平台按要求、规范发布本部门应主动公开的政府信息。2015年，全县通过各种载体公开政府信息6400多条，其中在县政府门户网站（统一平台）公开的信息4988条，统一平台累计公开政府政府信息9384条，政府信息公开工作取得阶段性成效。

（何桂健）

民族宗教事务

【概　况】 2015年12月底，全县有少数民族人口49470人，其中世居少数民族的瑶族32043人，壮族16333人，其余1094人为外地因婚嫁落户的侗族、苗族等22个少数民族人口及生育的子女。有佛教教徒1681人，基督教徒260人。2015年，全县民族宗教工作围绕服务县团结稳定大局，扎实推进民族团结进步宣传教育和民族文化保护等工作；加强宗教活动场所安全隐患排查工作等宗教事务管理；协助筹备夏宜瑶族乡建乡30周年乡庆庆祝各项工作；争取到少数民族发展专项资金213万元，落实5家民族定点生产企业流动资金优惠贷款16497万元，实现财政补助企业贴息417万元，申报落实华虹蚕丝股份公司技术改造补助30万元。

【争取少数民族发展资金项目】 2015年，逢夏宜瑶族乡建乡30周年，县民族局积极争取上级民委和财政等部门的支持，共落实到位213万元项目资金：市级下达20万元，区本级10万元，国家级下达183万元。重点实施夏宜村一、二组民族村寨保护和发展项目建设（资金150万元）；高雷仄岭漫水桥建设（资金18万元）；夏宜仕吉村硬化道路（资金10万元）；夏宜街巷道硬化（资金10万元）；夏宜二组石板、水泥硬化组合路（资金20万元）。

【协助筹备夏宜瑶族乡建乡30周年庆典活动】 2015年，逢夏宜瑶族乡建乡30周年，县民族局认真履行乡庆筹备领导小组办公室职责：一是协助夏宜瑶族乡政府确定乡庆项目计划，并及时上报乡庆工作领导小组，分解落实到各部门，落实到责任人，努力推进乡庆项目申报、实施工作。按照乡庆筹备工作和乡村休闲旅游规划的需要，调整乡庆扶持项目的申报工作，协调重点实施乡驻地的“六个一”（一条江、一条街道、一面墙、一个寨、一片花海田园、一条大道）工程建设方案，突出整体面貌发展性整改措施。二是及时落实本部门乡庆筹备项目的资金，抓设计规划和开工建设。民族局本部门争取上级民委乡庆项目资金183万元，及时完成民居风貌改造和小桥梁建设任务。三是组织草拟夏宜乡庆活动方案等文秘会务文件，并协调组织工作汇报会、现场建设协调会等会议。抓早、抓好群众性文体活动，营造喜庆和乐氛围，各项工作紧骤有序。

【民族团结进步宣传与民族文化交流】 民族局协助夏宜瑶族乡党委、政府以建乡30周年为契机，广泛开展民族团结进步宣传示范创建活动，印制瑶乡风情画册230册，把瑶乡生态风景、人文风俗、经济特产、民居特色等通过专业摄影师的镜头，组成一副副妙趣横生、美纶美幻的场景，在瑶乡30周年庆典活动中展出。协助长坪瑶族乡平垌瑶寨举办“‘三月三’节庆暨文化旅游活动”，展示瑶族乡独特瑶族文化风情；展现瑶乡经济文化的新发展、新成就，促进各族群众文化交流和合作，较好地服务县民族特色旅游景点培植工作的开展。

【民品政策落实】 2015年，县民族局积极帮助协调解决落实民品优惠政策中出现的困难和问题，年内审核12份民品企业优惠利率贷款，贷款额16497万元，共计支付企业财政贴息417万元。组织申报华虹蚕丝有限公司技术改造补助项目，获得区下达补助资金30万元。组织申报广西民贸民品"千家培育企业"，本年度"五丰丝绸""玉兰制药"两家企业入围初选名单。

【宗教场所管理】 2015年，县民族局、宗教局加强宗教活动场所安全隐患排查工作，确保年内农历二月十九、六月十九、九月十九及圣诞节等重大宗教活动日安全无事故。通过组织2期座谈会、学习会，围绕"国法与教规的关系"主题，加强学习，提高宗教教职人员守法意识。

永安寺诞期　　县史志办　供稿

【承办长坪"三月三"节庆暨蒙山文化旅游节活动】 2015年农历三月初三（公历4月19日），县委宣传部、县旅游局、县文体局、县教育局、县民族局、团县委和长坪瑶族乡党委、政府联合承办蒙山长坪水韵瑶寨"三月三"节庆暨蒙山文化旅游节活动，县民族局负责组织当天传统文体竞技活动、长坪平垌河岸和县城湄江河岸佛教放生（鱼苗）活动。

（陆永芳）

接待工作

【概　况】 2015年，蒙山县外事接待办公室按照"从简、从细、从严，热情周到，优质服务"的原则，克服人手少、事务多、任务重的种种困难，紧紧围绕县委、县政府中心开展工作，认真履行了外事接待办的基本职能，圆满完成了县委、县政府交给的接待工作任务。全年，共完成接待任务253批次，1797人次。其中，省部级领导2批次，24人次；厅局级领导59批次，473人次；副厅以下宾客192批次，1315人次；30人以上团队性的客人2批次。

【重大接待】 2015年，县外事接待办圆满完成以下重大接待任务：自治区党委书记彭清华到蒙调研活动接待任务、自治区政协副主席李彬到蒙调研活动接待任务、市委书记黄俊华到蒙调研活动接待任务、市长朱学庆到蒙调研活动接待任务、市政协主席吴汉华到蒙调研等接待任务。

【厉行节俭办接待】 2015年，县接待办认真贯彻落实中央八项规定和"厉行勤俭节约、反对铺张浪费"的要求，根据县2015年制定的《蒙山县党政机关国内公务接待管理办法》及《蒙山县党政机关国内公务接待管理办法补充规定》，在公务接待中，从严控制公务接待费、接待范围及接待标准；严格规范执行公务接待审批手续；严格按标准安排食宿，不随意扩大接待范围和标准；按规定做好迎送工作，不安排宾馆服务员列队迎送，不铺设迎宾地毯，不张贴悬挂标语横幅（包括电子屏幕显示）。

（蔡振忠）

政府网站

【概　况】 蒙山县人民政府网站由中共蒙山县委员会、蒙山县人民政府主办，蒙山信息网络中心进行运行维护。蒙山信息网络中心属参公管理事业单位，现有编制4人。2015年，蒙山信息网络中心紧紧围绕全县中心工作开展网站运行业务，加强部门协作，及时增设栏目，并根据社会热点，如“十三五”规划编制、“三严三实”宣传教育、生态乡村建设、中共十八届五中全会精神宣读、养老保险、抗战胜利70周年纪念活动、抗洪救灾等进行宣传报道，引导社会舆论导向。网站设置有特色农业、优势工业、休闲旅游、精品城镇等版块，视频新闻、今日快讯、县直部门动态、乡镇动态等新闻类栏目，天气预报、公文公告、政务公开等便民服务栏目，以及梁羽生、招商引资等特色专栏，全力推介蒙山、宣传蒙山，为蒙山社会发展和经济建设服务。

【网站运行】 政府网服务器主要运行政府网站和政府信息公开统一平台两套信息系统。为加强防范非法入侵等安全保护工作，在日常维护中做到对网站数据及时备份，坚持定期对系统漏洞巡查、修复。做到对网站数据每周备份一次，对系统漏洞巡查、修复每周2次，全年到现场维护共4次。全年，共处置有害攻击信息512次，有力保障政府网站的信息安全和网站的正常运行。2015年，网站全年无故障正常运行，共发布各类信息3568条，其中新闻报道类1743条，各类政务信息1825条，为广大人民群众提供全面、准确的政府工作信息。蒙山政府网站全年共开发维护《2015绩效考评》《十三五规划编制》《民生领域服务》《重大项目建设》《美丽蒙山生态乡村》《群众路线教育实践活动》《防艾专栏》《食品药品安全宣传专栏》8个专题栏目。

【网站监管】 根据工作职责要求，全年对县人社局、教育局、交通运输局、国土局、民政局、农业局、林业局、旅游局、公安局等政府网站进行引导监管，主要开展对县政府网站的普查、安全检查、备案、及网站存在问题督察等工作，切实消除网站“僵尸”“睡眠”现象，推进政府网站信息内容建设，提高政府网站信息发布、便民服务水平，全面提升政府网站的权威性和影响力，维护政府公信力。同时积极做好辖区内依队网、蒙山网等商业网站的监督，每天对这些网站进行浏览巡查，发现存在与社会主义核心价值观相违背、消极、低级的信息及时与商业网站沟通，引导网站的舆论导向与社会责任。

【信息公开】 网站加强对县政府信息公开的力度，推进财政信息、生产安全、食品安全、保障性住户、环境保护、公共资源交易、征地拆迁信息、价格和收费信息、教育等重点领域公开；加强基层信息化平台建设，重点公开监管城乡居民最低生活保障金申请和办理情况。2015年，全县通过蒙山政府网站、新闻媒体等各种载体公开政府信息共6413条，其中在蒙山县政府门户网站（统一平台）公开的信息4988条，部门政务微博公开信息41条；电视、报刊、信息公开专栏等渠道公开信息1380多条，所公开信息均为主动公开政府信息。2015年，县政府统一平台累计公开信息9384条。

（黄　华）

应急管理

【概　况】 2015年，蒙山县应急管理工作的宗旨是减少和预防公共事件的发生，遏制和消除突发事件可能引发的社会危害；工作重点是进一步健全组织机构，加强基层应急管理规范化建设，全面提升应对突发事件的能力。县成立了应急委员会，并常设17个专项应急指挥机构和应急管理办公室，配备3名专职应急管理工作人员；各乡镇和应急委各成员单位常设13个应急指挥机构，配备专职人员，确保及时处置各类应急事件。

【提升应急保障能力】

加强值班及信息报送。各乡镇及应急委成员单位坚持24小时值班制度，做到联络畅通，不擅离职守。利用突发事件多媒体信息报告机制，辖区内发生的各种应急突发事件第一时间发送信息告知县四家班子领导，2015年发送信息总计超过1100多条。

加强应急队伍的建设。全县组建1支近50人的综合应急救援队伍，成立18支专业应急抢险救援队伍，每个乡镇也组建1支以镇长为队长的20人的综合应急救援队伍，并加强救援演练，增强应急救援队伍和专家队伍的应对突发事件的能力。

做好应急物资储备。2015年，积极向上级申请资金扶持，共申请到资金6万元，用于基层应急管理规范化建设，及时更新救援装备及物资，为更好地开展应急救援工作打下坚实的物质基础。

加强应急宣传培训。通过印发宣传册、电视、网络、培训等多种形式，向广大人民群众广泛宣传应急法律法规和预防、避险、自救、互救、减灾等知识，增强人民群众的忧患意识、社会责任意识和自救、互救能力。2015年，全县共印发各类应急管理宣传资料1万多份，发放《公众防灾避险应急手册》2000多册，邀请市应急办专家陈云峰等为应急管理干部授课。

【全市应急管理工作现场会在蒙山召开】 2015年4月28—29日，由梧州市人民政府主办，蒙山县人民政府承办的2015年全市应急管理工作现场会在蒙山县召开。现场会由梧州市副市长、市公安局局长陈荣茂主持。自治区政府应急办领导，市政府副秘书长、应急办主任，蒙山县副县长、公安局局长等80多人参加现场会。会议总结全市2014年应急管理工作经验，并部署2015年全市应急工作重点任务。与会人员还分别到陈塘镇、汉豪乡樟村以及长坪瑶族乡“水韵瑶寨”等地参观考察，详细了解应急救援队伍建设和基层应急管理规范化建设情况。

【梧州市农机事故应急救援演练在蒙山举行】 2015年6月30日上午，按照2015年梧州市“安全生产月”活动方案的工作部署，为提高农机事故科学施救和事故灾难应急救援能力，确保农机事故发生后应急救援工作有效、迅速展开。由梧州市农业机械化管理局和蒙山县人民政府主办，由蒙山县农业机械化管理局承办的梧州市农机事故应急救援演练在蒙山县西河镇桐油坪村举行。参加此次演练的人员有梧州市农机局局长、分管农机安全副局长及局办公室相关人员，梧州市农机安全监理所全体人员；苍梧、岑溪、藤县农机局分管副局长，农机安全监理站站长、分管副站长、事故处理员、梧州市交警事故处理专家和梧州市安监局专家、蒙山县局机关及监理站全体人员；蒙山县各乡镇农机站负责人；西河镇政府分管安全生产的负责人以及公安、卫生、安监、应急办等相关人员共60多人。演练模拟一台号牌为桂04-×××××的小型方向盘式拖拉机在西河镇桐油坪村道路上，与一辆自行车相撞后，造成自行车上1人死亡、1人重伤的一般农机事故为背景，按照农机事故应急救援预案模拟现场演示的形式，各监理站（所）依次分别进行全程演练。整个事故应急救援由蒙山县、苍梧县、岑溪市、市本级轮流演练，历时约60分钟。通过贴近实战的现场演练，检验了市、县、镇三级联动，相关职能部门对实施农机事故应急救援预案的响应配合及农机部门在应对突发事故时的处置能力。

【突发性地质灾害实战应急演练】 2015年7月10日，蒙山县在陈塘镇组织开展突发性地质灾害实战应急演练。演练以陈塘镇寺村村东营组村民莫均德屋后山体因受持续强降雨的影响，出现裂缝，且有继续发展的迹象为背景，按照突发性地质灾害应急预案模拟现场演示的形式进行演练。9时30分，镇国土所接到地灾情报后，迅速向镇政府、县地灾办逐级汇报，相关领导作出批示，立即启动陈塘镇突发性地质灾害应急预案。公安、消防、卫生、国土、民政等救援分队迅速赶往现场，立即成立综合协调组、应急抢险组、医疗救助与卫生防疫组、次生灾害监测组、灾民安置与后勤保障组、安全保卫与交通保障组、宣传报道组7个组。在指挥部的统一安排下，各小组工作有序开展，应急抢险组以最快的速度赶到受灾点组织群众安全转移到临时安置点，对不愿撤离的群众，在劝说无果的情况下进行了强行撤离；医疗救治组快速作好医疗救护的充分准备，在灾民转移过程中，及时对伤病员进行救护；次生灾害监测组对地质灾害隐患点进行应急排查；灾民安置与后勤保障组对受灾群众进行统计并发放物资……演练历时约60分钟，整个过程有条不紊，安全撤离危险区域里的受威胁的10户村民36人。

（李先明）

住房改革

【概　况】 蒙山县房改办全称为蒙山县住房制度改革委员会办公室，编制3人，2015年有人员2人，其中1人抽调到县拆迁办工作。2015年，县房改办认真贯彻执行国家制定的一系列房改政策，结合县情，积极探索，狠抓落实，房改工作取得一定成绩。做好来访群众房改政策的解读解释工作，全年共接待25人次；做好各地政策性住房购买申请审核和证明工作。全年共帮20人在外地购买政策性住房的群众查阅档案，证明其在蒙山期间未享受过房改房、全额集资房、经济适用房、市场运作房等任何福利政策性住房；做好住房档案的建立和网上录入工作。继续完善个人住房档案资料，以便完成个人住房档案信息的录入工作。至2015年年底，共收集到14个单位142人的个人购买政策性住房资料，补办5人的个人住房档案。

（谭庆群）

责任编辑　黄兆伦

政协蒙山县委员会

综　述

【概　况】2015年，县政协常委会牢牢把握团结、民主两大主题，认真履行政治协商、民主监督、参政议政职能，助力“十三五”规划编制，关注精准扶贫攻坚和社会事业发展，加强履职能力和自身建设，推进了政协事业的发展，为加快全县经济社会发展作出了积极的贡献。年内对县政协八届六次会议以来立案的27件提案，均在法定期限内认真办结完毕。协同县绩效办完善有关提案考核机制，对17个单位提案办理工作开展考评。对《关于湄江河重要河段旅游观光进行系统规划的建议》等3件重点提案办理情况开展督察。围绕县委、县政府关注的重大事项和老百姓关注的热点问题，县政协开展了6次专题会议协商和6次专题调研活动，通过组织委员视察活动，积极向上反映社情民意信息20多条。选派50多名委员、机关干部参加“三年一工程”和“美丽蒙山·生态乡村”活动、精准扶贫等工作。政协委员罗火成入选中央文明办“中国好人榜”。

【争取“免费午餐”项目】2015年，县政协和委员共为群众办好事实事100多件。其中，县政协办与县民族局争取中国社会福利基金会免费午餐基金在蒙山县山区11所小学开设“免费午餐”项目，1300多名师生免费享受每人每天4元的午餐，每年注入资金60多万元。

【争取抗战老兵补助】2015年，县政协办与依队网联合探访、调查抗战老兵，收集、整理、汇总资料，向广西壹方慈善会（民间慈善机构）提交审核书，为审核通过的19位抗战老兵，办理了每人每月750元的生活补助。同时向县政府提供老兵的材料，在纪念抗战胜利70周年之际，使他们获得政府的一次性生活补助每人8000元。

【香港“善一堂”道德协会捐资助学活动】10月19日，香港“善一堂”道德协会代表一行，在梧州市侨联主席蔡光天、市政协慈善事业会主任梁华，县委常委、统战部部长马涌涛及县政协办、教育局、侨联等单位负责人陪同下，到蒙山县乡村小学开展捐资助学行动。捐赠善款40万元人民币建设新圩镇四联小学教学楼，到貌仪小学考察在用教学楼，到龙蟠小学察看发放贫困助学金档案情况。

（韦汉浩　韩祖平　黄自斌）

重要会议

【县政协八届六次会议】2015年3月10—11日，中国人民政治协商会议蒙山县第八届委员会第六次会议在县青少年活动中心隆重开幕。来自全县各个界别的144名政协委员充分履行政治协商、民主监督、参政议政职能，为实现富民强蒙新跨越建言献策。县委书记阳永煊到会指导并致词。县委、县人大、县政府全体领导，法院、检察院、人武部、公安局的主要领导及在县城居住的县政协历届老领导，驻蒙山县的梧州市第十一届政协委员以及县直各单位党政主要负责人、部分厂矿企业负责人列席大会。会议审议通过何健主席、吴科副主席代表常务委员会分别所作的常委会工作报告和提案工作情况报告；审议通过政协蒙山县八届六次会议有关决议和提案委员会关于八届五次会议提案审查情况报告；列席县十五届人大五次会议，听取和讨论《政府工作报告》和有关报告；黄昌光、曾碧芳两位委员分别作题为《整合项目资源资金，加快生态乡村示范点建设》《关于进一步加强生猪屠宰管理的建议》的大会发言；表彰2014年度县政协工作先进集体和个人；补选张建旺同志为县政协第八届委员会秘书长，覃健伟同志为县政协第八届委员会常委。会议期间，共收到委员提案27件。

政协蒙山县第八届委员会第六次会议会场　　县政协办　供稿

【政协常委会议】 2015年，政协蒙山县委员会共召开5次常务委员会议，讨论通过有关事项。

八届二十次常委会会议。2015年2月28日在县政协会议室召开，县政协副主席黄鹏主持会议。会议协商通过召开县政协八届六次全会的决定；协商通过召开县政协八届六次全会的日程和议程及有关事项；协商通过《常委会工作报告》和《提案工作情况报告》，并确定何健主席为常委会工作报告的报告人，吴科副主席为提案工作情况报告的报告人；协商通过2014年度政协先进集体和先进个人名单；协商同意1位委员因工作变动辞去政协委员职务。

八届二十一次常委会会议。2015年3月11日在县青少年活动中心大会主席台召开，会议听取县政协八届六次全会各组综合汇报讨论、审议各工作报告的情况及酝酿候选人情况，确定正式候选人；审议通过大会选举办法（草案）；审议正式候选人名单、总监票员和监票员名单（草案）；审议通过八届六次全会各项决议（草案）。本次常委会通过的补选八届政协秘书长、常委候选人和《大会选举办法（草案）》《大会选举总监票员、监票员建议名单》《政治决议（草案）》《常委会工作报告决议（草案）》《提案工作情况报告决议（草案）》分别提交八届六次全体委员会议协商通过。

八届二十二次常委会会议。2015年4月8日召开，县政协副主席何剑珍主持会议。会议协商通过县政协2015年度协商工作计划实施方案；2015年度县政协专题调研课题；县政协2015年工作要点和月工作安排；传达学习贯彻全国政协十二届三次会议精神。

八届二十三次常委会会议。2015年7月10日召开，县政协主席何健主持会议。会议传达学习中共中央办公厅《关于加强人民政协协商民主建设的实施意见》精神；邀请县有关部门通报蒙山县“十三五”规划编制情况，与会人员为蒙山县《“十三五”规划纲要》编制工作协商议政，建言献策。

八届二十四次常委会会议。2015年10月9日召开，县政协副主席吴科主持会议。会议传达学习全区、全市政协工作会议精神；听取县司法局关于推进依法行政工作的发言；听取畜牧局关于生猪屠宰管理工作的发言；对县政协常委罗火成先进事迹作推荐介绍。

八届二十五次常委会会议。2015年12月29日召开，县政协主席何健主持会议。会议听取县人民政府钟学坚副县长通报蒙山县2015年经济社会发展情况及政协提案办理工作情况；听取县政协各专门委员会汇报2015年工作情况；协商讨论同意韩祖平辞去县政协办公室副主任职务；协商通过黄自斌同志任县政协办公室副主任；县政协副主席黄鹏在会上通报编辑出版《县八届政协履职剪影》画册有关事项。

【政协主席会议】 2015年，政协蒙山县委员会共召开5次主席会议，讨论通过有关事项。

八届二十次主席会议。2015年2月26日召开，县政协主席何健主持。会议协商通过召开县政协八届六次会议的决定；协商通过县政协八届六次会议议程（草案）、日程（草案）；讨论常委会工作报告并确定报告人；讨论县政协八届六次全会提案工作情况报告并确定报告人；讨论县政协八届六次全会大会发言内容并确定发言人；协商通过参加县政协八届六次会议的县领导及列席人员名单；协商通过八届六次全会讨论分组划分及召集人名单（草案）；协商通过县政协八届六次会议选举办法（草案）；协商通过表彰县政协2014年度先进集体、个人名单；讨论2014年度县政协三个重点调研报告及向县委、县政府的报告方式；协商通过《中国人民政治协商会议蒙山县委员会提案审查工作细则（草案）》《中国人民政治协商会议蒙山县委员会重点提案遴选与督办办法（草案）》；协商通过县政协八届二十次常委会会议时间、议题。

八届二十一次主席会议。2015年4月2日召开，县政协主席何健主持。会议传达学习全国“两会”精神；协商讨论《县政协2015年协商工作计划实施方案》；讨论确定2015年政协专题调研课题；讨论县政协2015年工作要点；讨论县政协2015年度月工作安排；讨论确定召开县政协八届二十二次常委会时间、议题。

八届二十二次主席会议。2013年10月28日召开，县政协主席何健主持。会议组织开展有关政协业务学习；协商通过召开县政协八届二十三次常委会的时间、议题。

八届二十三次主席会议。2015年9月28日，县政协主席何健主持。会议传达学习全区、全市政协工作会议精神；研究县政协八届二十四次常委会议召开的时间、议程等有关事项。

八届二十四次主席会议。2015年12月21日，县政协主席何健主持，讨论确定县政协八届二十五次常委会召开时间和议题；讨论《政协蒙山县第八届委员会履职剪影》编制出版方案。

八届二十五次主席会议。2015年12月29日召开，县政协主席何健主持。协商县政协办公室有关人事任免事项。

（韦汉浩　韩祖平　黄自斌）

重点工作

【调研活动】 2015年，县政协围绕县委、县政府关注的重大事项和老百姓关注的重点问题，采取沉下去、走出去、请进来等方法，进行系列调研、联合调研和跟踪调研。通过“借智、借脑、借力”，发挥委员主体作用，形成一批能够促进科学发展、民生和谐、能够进入党政决策视野的参政议政精品。年初，开展“提质提速发展我县乡村旅游业”调研，形成《关于蒙山县生态旅游开发建设的几点建议》专题报告；围绕如何挖掘蒙山民俗文化，助推旅游产业发展进行调研，组织委员到县内各乡镇调研，赴融水、三江等县实地学习，邀请部分专家学者和政协委员召开座谈会，广泛听取意见建议，形成《让蒙山旅游插上腾飞的翅膀》专题报告；围绕开展“美丽广西·清洁乡村”工作中存在资金不足问题进行专题调研，形成《整合项目资源资金，加快生态乡村示范点建设》的大会发言；组织政协委员对本县青年创业创新工作进行调研，了解青年创业创新工作情况并提出意见和建议。

【参政议政】 2015年初，县政协正副主席分成6个调研组，分别带领各专委会，部分常委、委员，就“十三五”规划编制课题进行研究部署，全面深入协商，综合形成一份较高质量的调研报告。7月23日，县政协召开加快农民专业合作社建设对口协商会，围绕加快农民专业合作社发展专题议政、建言献策。9月24日，副主席吴科带领县政协提案委、农业政法组委员，通过现场调研和召开协商座谈会的方式，对蒙山县加强食品安全监督管理工作进行专题协商活动。10月28日，县政协召开“创新企业融资机制”协商会，围绕企业融资工作进行专题议政、建言献策。11月6日，县政协经贸活动组召开“挖掘保护利用长寿资源工作”协商会，围绕挖掘保护利用长寿资源工作进行专题议政、建言献策。

【提案办理】 县政协八届六次会议以来，立案提案27件，其中重点提案3件，涉及经济、教科文卫体、市政、社会政法、农林水等方面，所有提案均在法定期限内办结，并分别答复了委员，办结率100%。在提案办理中，坚持常委会听取县政府提案办理情况通报制度，主席会议研究部署提案工作制度，切实加强提案工作的领导。强化提案知识培训，拓宽提案征集渠道，不断提高提案质量。优化提案审查、立案、交办程序，切实将协商纳入提案审查立案、交办督办、具体办理等各个环节，进一步提升提案办理的规范性、实效性。

7月2日，县政府、县政协对2015年度《关于对湄江河重要河段旅游观光进行系统规划的建议》《关于对我县电力、通信等线路进行规划改造的建议》《关于进一步加强生猪屠宰管理的建议》等重点提案进行集中督察。督察组一行先后视察县城长寿江河段、高堆村、北楼村的旅游观光系统规划、建设情况，以及沿途的电力、通信等线路的规划、改造情况。督办会上，县政府办、住建局等12个主（协）办单位负责同志分别汇报了重点提案办理进展情况。副县长钟学坚、政协副主席吴科及县政府办、县政协办、各重点提案的政协委员代表参加了督办会。

【委员活动】 2015年1月9日，县政协组织乡镇活动组委员到新圩镇视察新农村建设；5月27日，县政协组织乡镇组委员对蒙山县乡镇镇区居民饮水工作进行视察；10月15—19日，县政协副主席黄鹏带领政协机关、经贸活动组部分委员走访珠三角的中山、江门、深圳、东莞等地县政协委员和蒙山在外创业老乡，了解他们创业的工作、生活情况，广泛征求他们对政协工作和全县经济社会发展的意见和建议；11月3日，县政协组织住蒙市政协委员对夏宜瑶族乡30周年乡庆项目建设情况及文圩镇城镇建设工作进行视察。县政协领导和部分委员还通过参加县委、县政府召开的各种会议和组织的检查活动，就事关全县经济社会发展的大事、要事进行充分协商。

【文史工作】 2015年，继续按照县政府的部署，组织人员开展《县政协志》的编撰工作。此外，县政协积极组织开展政协委员“四个一”活动，广大政协委员在本职岗位和履行委员职责方面做了大量工作，涌现出了许多先进典型，展现了广大委员的风采。经县政协主席会议、常委会议研究，决定编辑出版《蒙山县八届政协履职剪影》画册，重点记录县八届政协所做的各项职能工作和全县经济社会的发展变化，全方位反映县八届政协委员的履职风采。画册于2016年中旬出版。

（韦汉浩　韩祖平　黄自斌）

政协梧州市第十一届委员会委员（蒙山县）一览表

表 5

姓名	性别	民族	界别
何　健	男	汉	中共党员
马涌涛	男	汉	中共党员
黄　鹏	男	汉	无党派
蒋道炎	男	侗	共青团
陈日邦	男	汉	工会
邹胜凤	女	瑶	妇联
陈再权	男	汉	工商联
欧盛刚	男	瑶	科学技术界
俸远辉	男	瑶	经济界
莫永玉	女	汉	农水界
雷全声	男	瑶	农水界
李世权	男	瑶	教育界
何剑珍	女	汉	医疗卫生界
桂　西	男	瑶	少数民族
赵富球	男	瑶	少数民族

纪律检查·行政监察

纪检工作综述

【概　况】2015年，蒙山县党风廉政建设和反腐败工作坚持“标本兼治、综合治理、惩防并举、注重预防”的方针，加快推进惩治和预防腐败体系建设，强化监督检查，加强党员干部队伍作风效能建设，严肃查处违法违纪案件，纠正损害群众利益的不正之风，着力解决人民群众反映强烈的突出问题。根据全区开展查处发生在群众身边的“四风”和腐败问题专项工作，制定《全县开展查处发生在群众身边的“四风”和腐败问题专项工作实施方案》，推动党风廉政建设落实到基层，以政风肃纪的实际效果取信于民。做好群众身边“四风”和腐败问题线索排查工作，集中精力和力量，重点对本级收到的信访举报中涉及专项工作中重点查处和整治的五类突出问题线索进行排查、筛选，为开展重点督办工作提供保证。以全面开展党风廉政建设和反腐败工作为抓手进一步构建惩治和预防腐败体系基本框架。2015年，全县共走访、夜访、接访群众7230人（户），收集群众反映问题404件，属于群众身边的“四风”和腐败问题线索63件，对其中的14件进行了立案。严肃处理违反中央八项规定精神的问题，立案查处6起违反中央八项规定精神的案件。全县纪检监察机关共受理群众信访举报120件，立案29件。

【县纪委全会】中国共产党蒙山县第十三届纪律检查委员会第六次全体会议于2015年6月19日召开。大会深入学习贯彻习近平总书记系列重要讲话和十八届中央纪委五次全会、自治区十届纪委六次全会、梧州市十二届纪委六次全会精神，总结回顾2014年以来全县党风廉政建设和反腐败工作情况，研究部署2015年全县党风廉政建设和反腐败工作。审议并通过县纪委书记吴裕四代表中共蒙山县纪委常务委员会所作的工作报告。县委书记阳永煊出席全会并作讲话。

【信访举报和纪律审查】健全电话举报和网络举报受理、办理、快速处理机制，认真处理好信访举报问题。推行信访举报查实奖励制度，拓展案件线索的来源。督促有关部门及时办理信访案件。按照“属地管理、分级负责”的原则，对交办的信访案件，县纪委监察局采取督察办理情况或协助办理等方式，及时办理和解决信访问题。完善案件线索、办案流程、案件考核等机制和制度，提高办案效率，确保案件质量。进一步改进办案工作的方式方法，在拓展案源、挖掘线索、突破案件、采取措施、运用策略等方面大胆探索，努力做到以创新破解难题，以创新提升水平。围绕减少腐败存量、遏制腐败增量的目标，深入分析全县党风廉政建设和干部队伍整体状况。改进纪律审查工作的方式方法，探索运用监督执纪的“四种形态”，用纪律管住大多数。在线索处置、执纪审查各个环节，坚持用纪律尺子来衡量，用纪律语言来描述，充分体现执纪的政治性和严肃性。持续加大纪律审查力度，严肃查处领导干部违反工作纪律、财经纪律、作风纪律的案件，以及发生在群众身边损害群众利益的腐败问题。为加强和规范县纪委、监察局机关办案点管理工作，2015 年 9 月 1 日，县纪委、监察局印发《蒙山县纪委监察局机关办案点管理工作规定（试行）》《蒙山县纪委监察局机关办案点突发事件应急预案》《蒙山县纪委监察局机关办案点医务区工作制度及医师岗位职责》管理制度。2015 年，全县纪检监察机关共受理群众信访举报 120 件，信访总量比上年增加 32 件，增长 47%。立案 29 件，立案总数比 2014 年增加 10 件，增长 52.63%，其中，给予党纪处分 16 人，政纪处分 3 人。自办案件共 12 件，挽回经济损失 32 万余元。对查处的典型案件，及时进行通报，以教育广大党员干部，年内先后通报了 7 起典型案件。全县审理各类违纪案件 20 件（县本级审理案件 13 件，乡镇部门审理案件 7 件）；已作出审理报告 20 件，已作出处分决定 19 件（县本级处分 13 件，乡镇部门处分 6 人）。在作出处分决定的 19 件案件中，免予党纪处分 2 人；给予党纪处分 14 人（给予党内警告处分 7 人，党内严重警告处分 5 人，开除党籍处分 2 人）；给予政纪处分 3 人（行政警告 2 人，行政记过 1 人）。审理的 20 件案件中，涉及中共党员 18 人，非党 2 人。

【干部队伍建设】 2015 年年底，全县共有基层纪检组织 46 个，纪检监察干部 105 人。按要求规范乡镇纪检组织的机构设置、人员配备、干部管理等工作。在县直 14 个单位和 9 个乡（镇）成立监察室，分别与县纪委派驻纪检组、乡镇纪委合署办公，选配 7 名监察室主任，纪检监察工作力量得到明显增强。2015 年，全县各级纪检监察机关以建设一支“政治坚强、公正清廉、纪律严明、业务精通、作风优良”的纪检监察队伍为目标，认真抓好纪检监察干部队伍建设。在全县纪检监察系统深入开展学习贯彻中央八项规定精神活动和查处发生在群众身边的“四风”和腐败问题专项工作，组织广大党员干部特别是领导干部认真学习“转变作风，正确履职”主题教育活动，与当前开展的党的“三严三实”教育学习活动结合起来，推动全县领导干部从政道德教育，加强自我养成教育，自觉培养廉洁情感和道德操守，不断夯实廉洁从政的思想道德基础，筑牢拒腐防变的思想道德防线，坚持做到为民务实清廉。县纪委举办业务培训班，组织广大党员干部学习《中国共产党廉洁自律准则》《中国共产党纪律处分条例》《梧州市纪检监察机关约谈领导干部暂行办法》，进一步加强纪检监察干部的业务能力。加强组织纪检监察干部参加中央及自治区、市、县举办的培训班，其中选派 2 名纪检监察干部参加中央举办的业务培训班、4 名纪检监察干部参加自治区举办的业务培训班。加强组织乡镇纪委书记到市、县纪委监察局跟班学习，增强工作能力。

（王秀玲）

党风廉政建设和反腐败工作

【领导干部廉洁从政】 2015 年，严格执行领导干部廉洁从政的各项制度，县纪委负责人同下级党政主要负责人约谈 37 人次，出具领导干部任用、推优廉政鉴定 960 多人次，年终全县 260 多名科级干部结合报告落实党风廉政建设责任制情况就个人有关事项进行报告；认真落实中央和自治区关于党政机关国内公务接待管理的规定，继续开展公务用车专项治理，严格执行公务用车编制管理规定和配备使用标准；认真执行自治区纪委、自治区监察厅关于广西党员领导干部操办婚丧喜庆事宜暂行规定，全县共有副科级以上干部共 28 人次对操办婚丧喜庆等个人重大事项进行了申报；

监督检查中央八项规定精神落实情况，坚决纠正四风。下发《关于开展贯彻落实中央八项规定精神和反对“四风”等工作情况明察暗访的通知》，建立常态化的作风纪律监督检查制度，在元旦、春节、“三月三”等重要时间节点，组织明察暗访活动，严查公车私用、公款旅游、公款大吃大喝、婚庆事宜大操大办、党员干部纵酒、“走读”等行为，点名通报曝光5人，对3位乡镇领导进行诫免谈话，对4个单位领导进行约谈。组织配合有关部门开展专项检查活动，继续对办公用房清理、机关运行经费等问题进行监督检查。严肃处理违反中央八项规定精神的问题，立案查处6起违反中央八项规定精神的案件，给予6人党纪政纪处分。

【加快“三转”落实步伐】 县纪委监察局立足新形势新任务新要求，巩固清理调整议事协调机构的成果。对于撤销或退出的议事协调机构，县纪委监察局不再参与，坚持“执法的再执法，监督的再监督”的工作思路，转变监督检查的方式。县级纪检监察机关调整优化内设机构，由10个职能室调整为6个职能室：（一）撤销党风廉政建设室、纠风室、执法监察室、行政效能监察室，新设立党风政风监督室（挂“县人民政府纠正行业不正之风办公室”牌子），撤销原行政效能监察室加挂的“县行政效能投诉中心”牌子。（二）撤销案件检查室，新设立纪检监察一室、纪检监察二室。（三）撤销监察综合室、宣传教育室，其承担的职能并入“办公室”。（四）撤销信访室原加挂的“监察局举报中心”牌子。（五）审理室加挂“案件申诉复查工作办公室”牌子。在保持原有编制不变的情况下，增加一线办案人员，占比37%。扎实开展“三严三实”专题教育，杜绝跑风漏气、以案谋私、执纪违纪等严重违纪行为。深化体制机制改革。制定出台乡（镇）、县直单位纪委书记、副书记，派驻纪检组组长、监察室主任提名考察办法，促进“两个为主”的落实。

【推动“两个责任”落实】 县委积极召开专题会议研究部署党风廉政建设和反腐败工作；组织召开落实党风廉政建设主体责任和监督责任集体约谈会，增强落实“两个责任”意识；与9个乡（镇）、70个县直单位分别签订党风廉政建设主体责任书、监督责任书，推动工作落实；结合蒙山县实际，制定下发了《落实党风廉政建设党委主体责任和纪委监督责任的实施办法》，进一步理清职责，形成工作合力；在学习领会《实施办法》的基础上，细化个人责任清单内容，实现一人一“单”，确保主体责任更清晰、监督责任更具体。全县纪检监察机关深化“三转”要求，积极履行党的纪律检查和行政监察两项职能，积极协助党委（党组）抓好党风廉政建设和反腐败工作。通过约谈、诫勉谈话等方式，促进存在问题的整改落实，推动全县重点项目和重点工作的开展。2015年，共约谈相关单位党政负责人20人次，给予通报批评4人次，诫勉谈话3人次。

【专项整治】 根据自治区党委和梧州市委的统一部署，在全县开展查处发生在群众身边的“四风”和腐败问题专项工作，重点整治和严肃查处民生资金、“三资”管理等领域侵害民利的严重违纪问题。通过整合反腐败协调小组、精准扶贫工作组及涉农单位等多方力量，走访农户调查摸底；联合相关涉农单位到各乡镇开展专项工作公开大接访活动，进一步收集掌握问题线索，扩大专项活动的影响力；组织2个督察指导组，分别对乡镇、县直部门单位开展专项活动进行督促指导；召开专项工作约谈会、推进会，传导责任和压力；发挥反腐败协调小组的联动作用，从法院、检察院、公安局抽调精干力量，协助信访举报和纪律审查工作。截至年底，全县共走访、夜访、接访群众7230人（户），收集群众反映问题404件，属于群众身边的“四风”和腐败问题线索63件，对其中的14件进行了立案。在立案14件案件中，违反中央八项规定精神案件6件、“四风”问题案件3件、在民生资金使用管理中违纪问题案件5件。

查处发生在群众身边的“四风”和腐败问题专项工作宣传

县史志办　供稿

【党风廉政宣传教育】

廉政教育。抓好各级班子中心组的学习，重点学习《习近平关于党风廉政建设和反腐败斗争论述摘编》、新修订的《中国共产党廉洁自律准则》(以下简称《准则》)和《中国共产党纪律处分条例》(以下简称《条例》)。同时将《准则》和《条例》的学习纳入11月的村级党组织书记、村委会主任培训班中。7月8日，组织科级以上干部参加市宣讲团来蒙宣讲“转变作风，正确履职”专题讲座。7月22日，举办一期纪检监察业务培训班，邀请市纪委业务骨干授课，促进全县纪检监察干部转变作风，正确履职。11月2日，组织全县纪检监察干部专题学习新修订的两项法规。

警示教育。抓好春节、中秋、国庆节等节点的廉政提醒工作，在县电视台播放廉政警醒游动字幕。充分运用现有的两个教育基地开展警示教育活动，并通过借阅电教片、案例通报等形式给各单位自行组织警示教育学习，防微杜渐。5月8日，组织县处级领导干部及县纪检监察干部参观梧州市反腐倡廉警示教育基地（梧州市预防职务犯罪警示教育基地）。通过电视、网站等媒体点名曝光，剖析和通报典型案例，用身边事警示教育全体党员干部。全年，通报贪污、严重违反公务员职业道德、公款旅游、收受危改户感谢费等10起典型案例。

廉政宣传。在蒙山电视台开设《党风廉政建设》专题，邀请9个乡镇及25个县直单位党组织负责人就党风廉政建设和反腐败工作进行电视访谈，倒逼责任落实。加强对查处群众身边的“四风”和腐败问题专项工作的宣传，印发专项工作公告、宣传册、惠民卡等资料5万多份；在全县84个村（社区）设置专项工作宣传栏、宣传画；在县政府、县纪委门户网站，县城公交车、街道灯杆、建筑工地围墙以及户外大型广告屏等显要位置上宣传专项工作开展情况及举报电话，畅通群众参与、举报渠道。

【反腐倡廉教育基地建设】 太平天国永安历史文物陈列馆始建于1981年，目前共收藏陈列2383件历史文物，是国内馆藏太平天国文物最多的陈列馆，为国家级重点文物保护单位。2009年，陈列馆由县纪委确定为蒙山县党员干部警示教育基地；2011年12月，被市纪委监察局命名为市级反腐倡廉教育基地；2013年1月，被自治区纪委监察厅命名为第一批广西廉政教育基地。加强对廉政教育基地内容的更新与管理，在基地第四展厅增设六块典型教育宣传栏，并购置一批太平天国相关书籍和廉政文化书籍，依托基地积极组织开展廉政教育活动。开设太平天国历史警示系列专题讲座，通过县政府网、电视台等媒体对基地进行宣传，并制作宣传册、宣传片等进行大力宣传。同时，结合旅游资源开发，将基地纳入旅游宣传范围，使基地进一步提高知名度；完善基地各项管理制度，做到管理有序、规范，组织县内广大党员干部到基地参观，充分发挥基地警示教育功能。2015年，县委组织县四家班子成员及各级党员干部到太平天国永安历史文物陈列馆开展廉政教育活动，共有145批次4000多名党员干部到基地参观接受警示教育，群众参观1万多人次。县纪委与县人民检察院共同建设蒙山县预防职务犯罪教育基地，采用以案说法的形式进行职务犯罪警示教育。2015年组织3000多人次到县预防职务犯罪教育基地开展教育活动。

（王秀玲）

监督检查

【"美丽蒙山·生态乡村"督察】 2015年，对于撤销或退出的议事协调机构，县纪委监察局不再参与，坚持"执法的再执法，监督的再监督"的工作思路，转变监督检查的方式。执法监察室兼"美丽蒙山·生态乡村"活动督察考评组办公室，主要负责督察考评组日常工作，做好上传下达，协调好五个督查小组督察考评工作。督察清洁卫生时发现存在问题132处，县电视台曝光56处，责令整改132处，整改率100%，出督察专报5期。及时向领导汇报各乡镇、各部门"美丽蒙山·生态乡村"活动推进情况。

【行政效能作风督察】 2015年，县纪委继续贯彻落实中央八项规定，建立常态化的作风纪律监督检查制度，会同县委督察室、县政府督察室组成明察暗访工作组，对蒙山县党政机关进行监督检查。在元旦、春节、端午、中秋、国庆节等重要时间节点，开展针对公车私用、公款旅游、收送送礼、公款大吃大喝、婚庆事宜大操大办、党员干部纵酒、基层干部"走读"等现象的专题检查和明察暗访活动。由县纪委牵头，组成联合调查组，采取电话抽查、实地督察、随机暗访等形式，深入单位停车场、酒店、学校以及住宅小区，检查各单位执行规定、遵守纪律的情况。开展党员干部婚丧喜庆事宜大操大办专项治理，建立事前事后报告制度。着力加强行政效能投诉处理工作，切实维护群众利益。年底，共受理群众行政效能投诉件10件，现办结9件，转办1件。全部做到了及时受理、及时调查、及时处理、及时回复，处理率100%，办结率100%。加强对政务中心行政监督，年内，共收到各类审批申请21277条，系统运行正常。驻政务中心纪检监察干部值班正常，能够按要求回访群众工作。

（王秀玲）

绩效考评

【概　况】 蒙山县绩效考评领导小组办公室（简称县绩效办）是蒙山县绩效考评领导小组的常设办事机构，暂挂靠县纪委、县监察局，机关行政编制2名。主要工作职责：承办县绩效领导小组的日常工作；对各乡（镇）和县直属机关进行年度绩效考评；指导各乡（镇）和县直属机关开展绩效考评工作。2009年先进行试点，从2010年起在全县铺开，从绩效考评单位延伸到个人。经过几年的不断探索，不断完善，从绩效考评程序、方法、结果运用等方面，逐步形成一套合理、可行的绩效考评体系。绩效考评结果分为优秀、良好、合格、较差四个等次，合格等次以上的，发给县设立的绩效奖励，较差等次的，不发放绩效奖励。从2014年开始，年度考核基本称职、不称职人员，以及受党纪政纪处分期间、被立案调查尚未结案人员，也不发放绩效奖励。2015年度，全县绩效考评获"优秀"的单位37个，"良好"的单位52个。

【开展领导评价、公众评议活动】 2015年，领导评价和公众评议采用发放调查问卷方式进行测评。领导评价和公众评议的对象为全县9个乡（镇）、县直各单位。参加领导评价的人员为副处级以上县领导和各乡镇及县直各单位主要领导，共120多名。参加乡镇公众评议人员：本乡镇党代表、人大代表、政协委员、外来投资者、个体工商户、服务对象（种养大户、致富能人、城乡居民、村干或村民小组长代表)、乡镇七所八站、包村干部代表、县直单位代表，共120多名，分为本乡镇评和县直单位评乡镇。参加县直单位公众评议的人员：县党代表、人大代表、政协委员、县直单位各1名代表、乡镇代表、外来投资者、个体工商户、服务对象（城乡居民、村干或村民小组长代表），共220多名，分为乡镇评县直单位和县直单位互评。公众评议活动结束后，县绩效办把全部问卷表交县统计局进行统计，计算出各乡镇和县直各单位公众评议分数。公众评议得分按15%比例和领导评价得分按25%比例计入被考评单位年度绩效考评总分。

【公众评议意见建议整改】 在年度公众评议中收集到的意见建议，县绩效办要求各责任单位逐条进行调查摸底，逐一分析，分类整理。要求认真研究制定整改方案，明确整改的具体目标、责任部门、措施对策、完成时限以及可以检验的成果形式，整改目标要符合当地实际，做到可实现、可核实、可检验，防止说大话、空话。县绩效办在12月上旬前对整改项目进行督察，并对年度整改工作完成情况，包括采取的措施、整改成效、群众满意度情况等进行总结，并将整改结果通过网络、电视、报纸等方式，结合年度工作开展情况向社会公众公布，自觉接受群众评议和监督，确保整改工作落到实处。通过整改社会公众评议中提出的突出问题，促使干部职工的思想观念进一步转变；工作积极性、创造性进一步增强；工作作风和工作方法进一步改进；工作效率和服务质量进一步提升；依法行政和依规办事进一步规范，树立“勤政、清廉、务实、高效”的新形象，确保各项工作取得实效。2015年度全县社会公众评议中提出的意见建议，经调查核实，整理归纳为18条进行整改。

【绩效督察】 为全面提高工作绩效，县绩效办组织人员对全县各乡镇、各单位的绩效考评工作推进情况、全县重点工作、为民办实事工作进展等进行全面督察。在督察中发现有工作不到位、项目工作进度慢慢等问题，立即责令该单位的主要领导说明情况，并进行认真整改；工作推进慢慢，严重影响到工作任务完成的，由县领导约见单位主要领导。2015年开展了两次督察，共督察23个单位，责令进行整改的单位有7个，被县领导约见的单位主要领导有3人。

【年终绩效考评】 2015年年底，县绩效办制定年终考评方案，把年终考评工作向各单位布置。考评分两方面：一是考核组考评，主要是考评部分综合工作指标和县直单位的职能工作指标；二是各数据采集单位考评，主要是考评由他们把工作任务分解到各乡镇和县直单位的指标。考核组由县绩效考评领导小组成员单位抽调人员组成，组长由县领导担任，分成6个组，分别对全县88个考评对象进行考评。考评采用查阅资料和现场核验的方式对照每项考评指标的评分标准进行打分，指标得分按60%比例计入被考评单位年度绩效考评总分。2015年度，全县被评为优秀的单位有37个，良好的有51个。

（温超健）

责任编辑　黄兆伦

社会团体

蒙山县工商业联合会

【概　况】 蒙山县工商业联合会编制3人，2015年在职4人。2015年，县工商联引导非公企业和非公经济人士积极参与民营企业扶助贫困村活动，28个民营企业和2个乡镇商会与30个贫困村以发展产业、就业安置、扶弱济困、改造风貌、培育新风等方式进行结对帮扶。

【执委会议】 2015年5月19日，县工商联召开十三届四次执委会。会议总结2014年工作和部署2015年工作，通报2014年会费收支情况和对部分执委、副主席、副会长进行调整、增补。按照章程有关规定，免去了5名副主席，7名执委；增补了6名副主席，3名副会长，8名执委；增选韦伟、冯宗秈、邹翔、包启存、陈明育、陆祖美等6名副主席，莫靖龙、吴定武、唐丽等3名副会长。会议由县工商联党组书记陆位德主持，35名执委参加了本次会议。

【执委参政议政】 蒙山县非公有制经济人士担任梧州市十一届政协委员2人、蒙山县八届政协委员人数18人；担任梧州市十三届人大代表9人、蒙山县十五届人大代表2人。非公经济政协委员2015年提交政协提案7件；非公经济人大代表2015年提交人大建议1件。

【民营企业扶助贫困村活动】 2015年，根据梧州市"百家民营企业帮扶百个贫困村"活动工作方案精神，县工商联积极开展民营企业扶助贫困村活动，召开了5次部署会议。本着互惠互利、合作共赢的原则，28个民营企业和2个乡镇商会与30个贫困村结对子。其中建立两个活动示范点，一是广西华虹蚕丝股份有限公司结对文圩镇木护村，二是蒙山忠锐酒店管理有限公司结对长坪瑶族乡长坪村。民营企业帮扶贫困村主要以产业扶贫为主，如种桑养蚕、黑土猪养殖、药材种植、水果种植等，有力改善了贫困村的落后面貌和提高了帮扶企业的产业发展水平。4月3日，广西卫视《第一书记》节目播出蒙山县陈塘镇朝垌村相关内容，蒙山县非公有制企业和非公经济人士结合朝垌村提出的公益项目需求，踊跃捐款共计20多万元。9月29日，蒙山县召开了民营企业扶助贫困村现场会，全县30个贫困村支部书记或村委主任和30个帮扶企业负责人参加会议。全体与会人员到文圩镇木护村桑园基地、养蚕大户和华虹公司总部收茧点、生产车间实地参观。10月20日，县委统战部领导、华虹蚕丝股份有限公司负责人、木护村党支部书记作为梧州市代表参加了在崇左市大新县举行的全区"千家民营企业扶助千个贫困村活动"现场会，华虹公司作了题为《产业扶贫惠农农民增收致富》的书面经验介绍。至2015年12月，全县民营企业扶助贫困村资金达1200多万元，就业安置1300多人，参与捐资助学、修桥铺路等光彩事业捐资捐物达40多万元。

2015 年 4 月 14 日，县民营企业扶助贫困村活动动员会暨签约仪式　　县工商联　供稿

【组织非公企业家外出学习考察】 2015 年 11 月 27 日，组织黄勇荣、黄伟峰参加广西民营企业守法诚信“重质量保安全”培训班。2015 年 6 月 29 日至 7 月 1 日，组织陈再权参加“2015 云桂企业广东游学梧州团‘问道’全球十大网商”交流学习活动。2015 年 6 月 2—5 日，组织 18 名非公执委到恭城县、富川县、八步区工商联对生态旅游、养生长寿产业等方面进行学习考察和交流。

【两执委获重要荣誉】 2015 年 4 月，县工商联执委、蒙山镇商会会长、蒙山镇北楼村党总支部书记、金宇特色农业公司总经理黄树新同志被中共中央、国务院授予“全国劳动模范”荣誉称号。2015 年 9 月，县工商联副主席、蒙山县永兴摩托车行总经理罗火成入选中央文明办“中国好人榜”。

（陈　婕）

蒙山县总工会

【概　况】 2015 年，蒙山县总工会在编人数 7 人，专职工会工作者 6 人，其中主席 1 人，党组书记、常务副主席 1 人，副主席 1 人。内设综合办公室、财务部、经审办、保障工作部、组织部、劳动保护部、宣教调研部、女职工部、困难职工帮扶中心、技协办等 10 个部（室），下辖工人文化宫。全县共有基层工会组织 568 个，工会会员 17858 人。

【学习贯彻党的群团工作会议精神】 2015 年 9 月 17 日，县总工会召开学习贯彻中央及自治区党的群团工作会议精神专题会，县政协副主席、总工会主席吴科就如何贯彻中央及自治区群团工作会议作了讲话。县总工会机关全体干部职工，工会工作者，各基层工会主席、负责人 100 多人参加了会议，会议共同学习了中央及自治区关于党的群团工作会议精神。

【劳模免费健康体检】 自 2006 年开始，县总工会连续 10 年组织全县各条战线、各个岗位上的自治区级以上劳动模范、先进工作者进行免费的健康体检。劳模免费体检是落实劳模管理长效机制的侧面，劳模、先进工作者的检查情况全部录入劳模档案。截至 2015 年年底，全县共组织 280 多人次劳模进行免费体检。

【劳模推荐】 2015 年，县总工会积极向自治区、全国总工会推荐本县劳动先进典型，其中蒙山镇北楼村党总支部书记、广西蒙山金宇特色农业发展有限公司总经理黄树新获“全国劳动模范”称号，并到北京参加中共中央、国务院召开的 2015 年庆祝“五一”国际劳动节暨表彰全国劳动模范和先进工作者大会。西河镇古娄村书记农华安、县第二人民医院护工韦文武获自治区劳动模范称号。

【新基层工会组建】 2015 年，全县新增基层工会 43 个，其中非公有制企业工会 20 个，社会组织工会 3 个，自收自支及差额拨款事业单位工会 3 个，机关工会 17 个。全县会员总人数达 1.8 万人，其中农民工会员 4200 人。

【工会工作首次纳入县绩效考核】 2015 年，工会工作首次纳入县绩效考核范围，考核对象为 9 个乡镇和 67 个党政机关及事业单位。考核内容有：组建“六有”工会工作、职工医疗互助保障工作、工会宣传工作、工会档案工作。将工会工作纳入县委、政府的工作绩效考核进一步提高全县工会工作规范化建设的整体水平。

【帮扶活动】 春送温暖。2015年元旦、春节期间，县总工会在全县范围内开展“送温暖”活动，慰问困难企业2家，事业单位2家，各级劳动模范14人，困难职工426人，发放帮扶资金近40万元；开展特困职工日常帮扶活动，帮助患大病的困难职工或职工家属17人，发放帮扶资金6.12万元。

夏送清凉。8月高温期间，县政协副主席、总工会主席吴科带领县总工会领导班子先后慰问华虹缫丝车间工人、城西村乡村保洁员、程村花海工地农民工以及公路局道班线工人，并送上清凉用品，督促企事业单位做好高温补贴工作。

慰问参加高考的困难职工子女。5月25日，县总工会慰问即将参加高考的困难职工子女10人，给他们每人送上500元的慰问金。

慰问留守儿童。儿童节前夕，县总工会领导班子带领县总工会职工到新圩镇古定村慰问了30名留守儿童，为他们送上书包、笔记本、笔等学习用品，和他们一起欢庆“六一”儿童节。

金秋助学。8月27日，县总工会开展“金秋助学”活动。县总工会根据调查摸底和各基层工会申报情况，资助来自困难职工家庭的122名即将进入大学和已在校大学生，共发放金秋助学帮扶资金15.42万元。

【职工文体活动】 2015年4月27日至5月3日，县总工会举办了庆“五一”系列活动，活动内容有乒乓球男女单打比赛，羽毛球男子双打、女子双打比赛，围棋象棋比赛等，全县共152人次职工参赛。12月下旬举办全县工会系统职工“红牛杯”气排球混合团体赛，共有14个基层工会组队参赛。

【举办基层工会经费收支管理专题培训班】 为进一步加强基层工会财务管理，统一规范工会财务行为，使工会经费更好地服务职工，推动基层工会组织更好地发挥党联系职工群众的桥梁和纽带作用，特别是针对广大职工群众普遍关心的哪些工会经费可用于组织职工活动，逢年过节发放慰问品经费来源渠道，有哪些规定等问题，县总工会举办一期基层工会经费收支管理培训班，100多名基层工会主席、财务人员参加了专题培训。通过培训，全县基层工会经费开支管理进一步规范化，确保各项开支符合中央八项规定精神。

（彭　巧）

共青团蒙山县委员会

【概　况】 2015年，共青团蒙山县委员会继续不断深化青年就业创业行动、党建带团建——团建基础工程、服务发展生力军工程、“温暖同行”青年志愿者行动等重点工作，扎实推进青少年维权、预防青少年违法犯罪、学校、少先队、希望工程等工作。至2015年年底，全县有基层团委19个，其中乡（镇）团委9个、学校团委9个、基层团工委1个，团总支4个，共有团支部518个。团县委有专职团干部2人、下属兼职团干部541人，有团委委员19人，常委7人，团员总数6999人。

【“百县千乡”分类示范创建】 2015年11月18日，在团县委会议室开展“百县千乡”分类创建工作述评会。经过精彩、激烈的比赛、讨论，共青团黄村镇委员会的《搭建学习新平台，促青年成长成才》、蒙山镇永安商城团支部的《青年创业联络站服务青年创业》、新圩镇大学生村官团支部的《防艾宣传乡村行》荣获农村基层团建优秀项目，新圩镇、黄村镇荣获蒙山县示范乡镇，蒙山镇镇直机关团支部的《关注未成年人健康成长》项目荣获广西“团建优品汇”的优秀团建项目。

【举办“农村青年电商培训工程”示范培训班】 2015年12月8日，团县委承办自治区举办的“农村青年电商培训工程”示范培训班在青少年活动中心开班，本次培训旨在进一步提高农村青年的创业创新能力，拓宽创业创新思维和发展视野，增强农村青年电商的市场综合竞争力，拓宽农特产品的网络销售渠道，进一步激发青年互联网创业激情，培养一批致力于网上创业的青年骨干，推动农村青年电子商务精英化和品牌宣传网络化。

【开展“青年讲坛”活动】 2015年5月6日，团县委组织创业青年、优秀青年、团员代表召开“庆五四·唱青春”青年座谈会，围绕如何为蒙山共青团的工作出谋划策，从青年创业、学校等自己的领域提出了宝贵的意见和建议。县委副书记覃杏参加会议。

【生态乡村宣传活动】 2015年3月学雷锋活动月，团县委多次组织青年志愿者到乡村、街道、公园等地方开展清洁乡村宣传活动和打扫卫生活动。其中，蒙山中学团委组织团员60多人将古榕公园里面腐烂树叶打扫干净，还一个环境干净、空气清新公园。6月6日，组织各团组织青年40多人在玉梦冲开展“保护生态·绿色出行”全国统一行动日活动。在活动中，团员青年悬挂保护生态环境倡议木牌来提醒游客爱护环境。

2015年6月6日，团县委组织青年开展“保护生态·绿色出行”活动　　团县委　供稿

【为创业青年提供交流平台】 2015年5月19日，团县委组织5名创业青年参加团区委在广西财经学院举办的“互联网+中国梦”北大创业训练营首期大讲堂暨广西青年创业创新大赛。此举拓宽创业青年的视野，为创业青年提供交流平台。

【青年志愿服务】 2015年，蒙山县迎来第四届武汉大学研究生支教团和第十三届西部计划志愿者，共24人。7月16—17日，武汉大学经济与管理学院的“心系八桂传温暖，爱越崇山递真情”主题暑期社会实践队到蒙山县进行社会调研和实践，主要包括关注偏远山区留守儿童成长、感受农村近年经济社会发展等。2015年8月10—14日，武汉大学赴蒙山社会实践队15人在蒙山镇第三小学开展“三下乡”社会实践活动，开拓孩子们的视野，为他们带来不一样的暑期经历和难忘的回忆；同时开展少数民族地区教育资源的调查、研究及相关实践活动。12月29日，在蒙山县举办的自治区、梧州市文化科技卫生“三下乡”活动中，团区委刘玄启副书记参加活动，并捐赠46万元的物资。

【预防青少年犯罪】 2015年3月，团县委组织开展“共青团与人大代表、政协委员面对面”活动，充分发挥人大代表、政协委员联系群众广泛的优势，邀请他们对预防青少年违法犯罪工作进行调研视察，认真听取意见建议。利用“6·26”国际禁毒日，结合青少年工作实际，联合乡镇中心校6月份在各校开展“拒绝毒品进校园”教育宣传活动。活动以“拒绝毒品进校园”为主题，围绕“七个一”内容逐项推进，即举行一次升旗仪式、召开一次毒品知识主题班会、制作一份禁毒黑板报、举行一次队旗下宣誓、与父母一起共同学习《致青少年朋友的一封信》、写一篇心得体会、开展一次校园宣传等内容。联合县法院、妇联到各小中学开展“预防青少年犯罪，我们一起在行动”宣传教育活动，运用生动的案例和幽默的语言向学生讲述当前中学生违法犯罪的现状、特点、成因，介绍一些如何防止中学生违法犯罪及加强自我防范的基本方法和策略。开展“结对帮教”工作，以学校班级为单位，安排教师及品学兼优的学生，与“问题学生”结成二对一“帮教对子”，定目标、定任务、定责任，及时帮助他们解决生活和学习上的困难，做到问题未解决，人员不脱钩、对子不解散。

【希望工程】 2015年上半年，为黄村中学等6所学校争取到希望厨房工程款18多万元，下半年为蒙山镇第一小学等21所小学向自治区争取希望厨房工程款50多万元；为全县40名困难小学生以500元/人的标准共争取到梧州希望助学金2万元；为30名困难小学生以300元/人的标准争取到“关注少年，关爱有我”助学金共9000元。团县委组织志愿者开展“希望工程圆梦行动一日捐”活动，共募集到善款35345.5元，以2000元/人的标准，共资助18名高三贫困毕业生圆大学梦。申请到“国酒茅台——国之栋梁”助学金项目，以每人5000元的标准，资助30名大一新生，总计金额达到15万元。

【聘任少先队活动课程教研员】 2015年9月，团县委为进一步加强少先队辅导员队伍建设，推进少先队工作规范化、科学化、专业化水平建设，根据团市委、市教育局、市少工委《关于区域化推进少先队活动课建设的通知》精神，聘请黄春燕等18位少先工作者为蒙山县少先队活动课程教研员，聘期从2015年9月至2017年9月。

【少先队活动课说课比赛】 2015年12月11日，在县教育局五楼会议室举办的蒙山县“星星火炬杯”少先队活动课说课总决赛，共有来自9个乡（镇）的10支参赛代表队参与。来自全县各基层学校少先队大队的50多名辅导员及少先队代表观摩了此次比赛。经过激烈角逐，蒙山镇新联小学、蒙山镇第二小学、夏宜民族学校代表队获一等奖，其余的7个代表队获二等奖。蒙山镇中心小学、西河镇中心小学等9个单位获优秀组织奖，叶小玉、陈莉良等9名少先队总辅导员获优秀组织者。2015年12月18日上午，蒙山县获一等奖的3个代表队参加梧州市少先队活动课说课展示比赛，蒙山镇第二小学五（一）中队的《我是文明小交警》荣获一等奖，夏宜民族学校阳光瑶寨中队的《瑶乡飘起红领巾，瑶族文化我传承》和蒙山镇新联小学少先队大队的《与文明握手，与美丽相伴》分别荣获二等奖。2015年12月28日，全区少先队活动课说课比赛活动在南宁举行，蒙山镇第二小学五（一）中队李霞辅导员、龙艺等3名队员代表梧州市参赛，荣获三等奖。

【少先队辅导员培训】 共青团县委、县教育局、县少工委于2015年1月26日联合举办2015年蒙山县少先队辅导员专题培训班，80多名来自各乡镇中心小学、各小学的少先队总辅导员、少先队大队辅导员参加了培训。在开班仪式上，团县委书记陆艺罡、县教育局党委书记李世朝分别作了重要讲话，并给“2012—2014年全县十佳少先队辅导员”获得者颁奖。选派有多年少先队工作经验的少先队辅导员组成的“红领巾讲师团”进行授课。2015年，选派25名少先队辅导员参加自治区级乡村少先队辅导员培训班。

（黄春燕）

蒙山县妇女联合会

【概　况】 2015年，县妇联认真贯彻党的十八届四中、五中全会精神，落实中国妇女十一大工作部署，围绕县委的工作大局，团结动员广大妇女为加快实现富民强蒙新跨越而努力奋斗。84个村（社区）妇代会主任（妇联主席）全部进入了“两委”班子；全县妇联系统获自治区妇联表彰的先进集体4个，获梧州市妇联表彰的先进集体3个、先进个人7名。

【组织建设】 县妇联深入开展“党群共建强基固本工程”，切实让党开展妇女工作的阵地更坚强、让妇女群众的“娘家”更温暖。县、乡、村三级妇女组织机构完善，人员落实到位。2015年，有县级妇联组织1个，妇联干部4人；乡（镇）级妇联组织9个，妇联干部25人；村级妇代会78个，妇代会主任78人；社区妇联6个，妇联主席6人。全县84个村（社区）建立了“妇女之家”，有自治区级示范妇女之家2个。

【女干部选拔任用】 县妇联结合县委干部培训规划，举办各级女干部培训班，不断提高女干部自身综合素质、工作能力，为妇女参政议政奠定基础；积极推荐优秀女干部充实各级领导班子，为优秀妇女干部脱颖而出搭建平台。2015年，全县公务员1289人；其中，女性357人，比例为27.7%，处级女干部5人。每个乡（镇）班子领导中都配备了2名以上女干部；县委、县政府的工作部门中有30多个单位配备了女领导干部；全县科级领导干部1057人，其中女领导干部200名，占同级干部总数的19%。全县84个村（社区）妇代会主任（妇联主席）全部进入了“两委”。

【妇女创业就业】 培训与就业。县妇联利用各种培训资源，开展多渠道、多层次的实用技术和技能培训，提高广大妇女依靠科技发展现代农业，创业就业和增收致富的能力，培育一批以女企业家、农村致富女能人和女创新技术人才为代表的妇女创业带头人。2015年，县妇联以全区“万名基层女干部大培训”为契机，举办妇女创业就业培训班，对全县的基层妇干及优秀妇女骨干进行集中培训，联合有关单位举办各种实用科技培训班12期，培训妇女900多人次；县妇联配合县人社局、总工会等单位组织“春风行动”专场招聘活动2次，参加招聘会的企事业单位57个，提供就业岗位400多个，发放宣传资料6000多份。

巾帼文明岗。以创建“巾帼文明岗”为载体，推动“岗内活动，争创一流业绩；岗岗互动，推进优质服务；岗村联动，促进城乡妇女协调发展”目标的实现，积极引导各行业、各单位立足岗位，互帮互学，建功立业，共同成长。发挥“巾帼文明岗”在党群共建创先争优活动和参与社会管理创新中的标杆作用，走进社区、走进农村，为推动城乡妇女协调发展作贡献。2015年，全县有“巾帼文明岗”21个，其中全国级1个、自治区级9个、市级10个、县级1个。

巾帼示范基地。深化巾帼科技示范基地建设，打造一批一流巾帼示范基地，培育壮大巾帼科技特派员队伍，充分发挥基地的科技示范作用、产业带动作用和致富引领作用，指导帮助妇女大力发展现代农业，提高生产能力、经营能力、创业能力，积极引领蒙山妇女创业兴家。2015年，蒙山县绿宝桑蚕专业合作社被自治区妇联定为巾帼示范基地，至此全县自治区级巾帼示范基地达到3个。

【妇女儿童权益维护】 普法教育。结合“六五”普法活动，利用“三八”“六一”“6·26”“12·4”等活动日及发放宣传资料、举办培训班等形式，宣传《宪法》《妇女权益保障法》《未成年人保护法》《婚姻法》《禁毒法》等法律法规，提高公民的法律素质和依法维权的能力，为维护妇女儿童合法权益营造良好社会环境。2015年5月20日，自治区妇联主席王革冰到蒙山县调研，并为全县科级领导干部作了题为《坚持男女平等基本国策弘扬先进性别文化》的专题讲座，让蒙山县广大干部群众深入了解男女平等基本国策内容，使先进性别文化得到广泛传播。

权益维护。扩大妇女儿童维权服务站点的覆盖面，加强妇女儿童维权工作站建设，把全县84个村（社区）“妇女之家”“儿童家园”与妇女儿童维权服务站（点）有机结合，依托“家长学校”面向妇女儿童和家庭，开展维权服务。加大妇女维权队伍培训力度，联合社会力量关注和帮助留守妇女、儿童、老人弱势群体，促进社会和谐发展。蒙山县在开通12338妇女维权热线的基础上成立蒙山县“12338”巾帼维权家园；检察院、法院、人社局、公安局等部门创建“妇女儿童维权岗”4个；全县84个村（社区）成立了妇女儿童维权服务站。2015年，全县有自治区级示范性儿童家园2个，市级示范性儿童家园4个。

平安建设。积极推进“双维双促”“平安建设”工作，开展“巾帼维权行动”，整合社会力量，维护妇女儿童合法权益。借助妇女儿童维权服务站、12338维权热线、综治维稳等载体，提高妇联维权服务的便捷性、有效性；发挥公、检、法、司等部门的妇女儿童维权岗及妇女儿童法律援助服务中心的作用，加大对妇女儿童权益的保护以及弱势妇女儿童法律援助工作的力度；做好群众来信来访工作，为群众排忧解难，保护妇女儿童的合法权益，2015年妇联收到信访18件，处理完成18件，信访处理完成率达100%。

【妇女活动】 清洁乡村。围绕县委、县政府《“美丽蒙山·生态乡村”活动实施方案》及三个专项实施方案，结合上级妇联“千万妇女百万家庭清洁乡村·美丽家庭（家园）”行动，在深入发动组织妇女和家庭参与上下功夫，带领全县广大妇女和家庭参与“生态乡村”建设，不断扩大巾帼志愿者队伍，影响带动广大妇女自觉参与生态乡村建设。2015年，举办清洁乡村培训班12期，培训妇女骨干800多人次；参与清洁乡村活动妇女4万多人次；建立清洁乡村巾帼志愿服务队85个；打造典型示范村12个。

最美家庭。创新“五好文明家庭”载体，开展创建“最美家庭”活动，以家庭和谐促进社会和谐。在全县开展“寻找最美家庭”活动，发出寻找“最美家庭”传承文明家风倡议书，向广大家庭及家庭成员宣传倡导“爱国、敬业、诚信、友善”的价值观，帮助妇女加强社会公德、职业道德、家庭美德、个人品德修养。树立“最美家庭”典型，倡导“夫妻和睦、尊老爱幼、科学教子、邻里互助、清洁生态”的文明家风。2015年，汉豪乡大车村的胡美连同志在2015年寻找“最美家庭”活动中被评为广西“最美家庭”。

关爱帮扶。开展“情系单亲母亲，关爱特困儿童”“关注留守妇女儿童和老人”“春蕾计划”“母亲健康快车”等关爱帮扶活动，传递爱心正能量，有针对性地帮助特困单亲母亲、困难儿童和老人解决一些实际问题，发动更多的单位（部门）、社会爱心人士、大学生志愿者、巾帼文明岗、巾帼志愿服务队参与关爱帮扶慰问活动，帮助妇女儿童老人等弱势群体早日走出困境。2015年，县妇联在“志愿梧州网站”申请注册了蒙山县巾帼志愿服务队志愿团体，在网上注册的巾帼志愿者有50多人；开展了“岗村心连心·共筑中国梦”“关爱留守儿童·助推健康成长”，以及送文艺演出、送主题电影、送体育器材、送法律知识、送书籍礼物、送义诊的“六送”活动等。2015年，各种关爱帮扶慰问活动资金4万多元。

2015年5月29日，县妇联开展庆六一“六送”活动

县妇联　供稿

表彰先进引导妇女树立巾帼建新功、共筑中国梦的意识，通过大力培养、树立和宣传“三八红旗手”“巾帼建功标兵”等先进妇女典型，营造广大妇女学先进、赶先进的氛围。2015年，县妇联表彰了蒙山县“三八红旗集体”1个、“巾帼文明岗”1个、“巾帼建功先进集体”1个、“三八红旗手”12名、“巾帼建功标兵”5名、“五好文明家庭”9户。

（徐　燕）

蒙山县科学技术协会

【概　况】 蒙山县科学技术协会编制2人，参照国家公务员管理。2015年，县科协成功承办了2015年梧州市“十月科普大行动”启动仪式；大力开展科普宣传和科技下乡活动，发放科普资料2万多份，展出科普展板和科普挂图60幅，参加活动群众4000多人次；举办农村适用技术培训班5期，参加培训人数235人次；组织“基层科普行动计划”项目申报，县黑土猪养殖基地被评为全国科普示范基地；与市科协联合举办科普宣讲、科普大蓬车进校园活动，参与师生2000多人；与教育局联合推荐青少年参加自治区的科技创新竞赛，获自治区级二等奖1个、三等奖1个。

【承办2015年梧州市“十月科普大行动”启动仪式】 梧州市科协计划在蒙山县举办梧州市“十月科普大行动”启动仪式后，获得了县委、县政府的大力支持。在这项工作中，县科协制定了切实可行的活动方案，并做好各项组织协调工作，使得2015年9月23日在蒙山县举办的2015年梧州市“十月科普大行动”启动仪式及有关科普活动顺利进行。启动仪式地点设在县行政中心大楼西广场。自治区、梧州市、各县（市、区）有关领导，区、市、县三级科协负责人，区、市有关学会专家，市直、县直有关人员共200多人参加了仪式。

【科普活动】 2015年，县科协开展了“十月科普大行动”、防灾减灾日宣传、食品安全宣传周等主题科普活动。活动形式主要有科普咨询、科普服务、科普图片展览、科普知识有奖问答、义务体检等，活动内容涉及农业、畜牧、种果、养蚕、无公害种植、养殖技术及防灾减灾、食品卫生安全、优生优育、艾滋病防治、保护环境、节约资源、医疗保健等多方面。参加活动群众4000多人次，共免费发放各种科普宣传资料21500多份（册），免费发放印有艾滋病防治知识的小扇子和小袋子一大批。共举办主题展览3次，展出科普图片、挂图60多幅，参观群众600多人次。通过科普活动，丰富了广大人民群众的科学文化知识。

【科技培训服务】 2015年，县科协开展再生能源、特种养殖、水产养殖、沙糖桔种植等农村适用技术培训5次，共培训235人次。

【青少年科技教育】 一是县教育局和县科协联合举办青少年科技创新大赛。2015年，在青少年科技创新大赛中，获自治区级二等奖1个、三等奖1个。县第二中学黄明月同学的《安全快捷凿孔器》作品获自治区级二等奖，黄朝雪同学的《双向刀刃镰刀》作品获自治区级三等奖。二是举办科普宣讲进校园活动。组织专家到湄江中学和蒙山县第二中学举办科普讲座，参加学生450多人。三是举办科普大蓬车进校园活动。9月23日，县科协联合梧州市科协到湄江中学和蒙山县第二中学举办科普大蓬车进校园活动，展出防震减灾、食品卫生、节能环保等多种科普图片400多幅，参加活动学生2000多人次。四是开展第三届广西青少年科学节“学校科技节”活动。县科协组织蒙山县青少年活动中心和蒙山县第二中学开展第三届广西青少年科学节“学校科技节”活动。活动内容有展览展示互动体验、科普宣传、科技竞赛、发明创造机器人活动展演、“美丽广西·清洁乡村”科技环保活动等，参加学生1000多人次。

2015年9月23日，科普大蓬车到县第二中学开展科普活动

县科协　供稿

【组织实施“基层科普行动计划”】县科协根据上级科协开展“基层科普行动计划”申报工作的有关文件精神，结合本县的实际，印发了《2015年蒙山县“基层科普行动计划”实施方案》和《2015年蒙山县“基层科普行动计划”实施细则》，成立了“基层科普行动计划”实施工作领导小组，认真做好2015年的“基层科普行动计划”申报工作。共推荐《蒙山县黑土猪养殖基地》申报全国科普示范基地，推荐《蒙山县北楼程村桑蚕科技示范基地》和蒙山县文圩镇木护村蓝勇分别申报全区科普示范基地和全区科普先进个人。其中《蒙山县黑土猪养殖基地》被中国科协和财政部评为全国科普示范基地。

（汤运忠）

蒙山县文学艺术界联合会

【概　况】蒙山县文学艺术界联合会为参照公务员管理的事业单位。2015年，在职人员2人；下属4个协会，有会员163名。其中，文学协会27人，山歌协会48人，摄影协会53人，书画协会35人。县文联与县文体局联合主办的杂志《魅力蒙山》共出版4期。7月，成立蒙山县诗词楹联协会，并在《魅力蒙山》刊物上开辟专栏。

【文艺创作】2015年，县文联认真组织县内会员创作文艺作品，在《故事会》《中国摄影报》《梧州日报》《西江月》等刊物发表文学作品60多篇、摄影作品50多幅；书画协会展出书画作品一批；山歌协会创作了一批歌唱蒙山建设成就的山歌。主要作品有：苏权华的摄影作品《一叶孤舟》在由美国国际摄影师联盟（AIPU）和北京摄影艺术协会主办的2015“影像中国”纽约国际摄影展中获“优秀作品奖”，杨汉光的小小说《宾馆偶遇》在由广西作家协会和广西小小说学会主办的第九届广西小小说大奖中获优秀奖。开展“蒙山作者写蒙山”活动，创作了一批描写蒙山的文学作品，如杨汉光写的以黄村镇无人卖菜菜市为题材的《无人卖菜的菜市》在《故事会》杂志社举办的“我的故事我的梦”全国优秀故事征文大赛中获三等奖。在自治区党委宣传部、自治区文明办、自治区文联和自治区文促会联合举办的2015年春联大赛中，刘学智获银奖，刁光全获铜奖。刘学智的春联为：打虎猎狐，社稷祥和山河永固；驱霾除垢，神州洁净天地长春。横批：普天同庆。刁光全的春联为：八桂春归，千百万人鼓劲，树新道德，家家欢庆和谐乐；九州运转，二十四字牵情，传正能量，处处践行价值观。横批：国强民乐。书画协会会员关盛华创作的书法作品《铭记历史维护和平》获广西人大系统纪念抗战70周年书画展三等奖。

【文艺活动】2015年，县文联与藤县、岑溪、苍梧等县（市）文联加强联系，相互交流工作经验；与来宾、北流、兴安、临桂、资源、灵川、博白、钟山等市县文联互相赠送刊物，交流办刊经验；8月份，邀请山东书法家“圣地七子”到蒙山开展交流活动，在古榕公园举办书画展。县摄影协会协助县委、县政府举办第二届蒙山“文化古城·养生福地”全国摄影大展；与有关单位举办了夏宜瑶族乡成立30周年摄影大赛、公安杯摄影大赛、文化杯摄影大赛；协助夏宜乡举办建乡30周年大庆，出版宣传画册。县文联组织书画协会会员积极参与文化下乡活动，12月29日和自治区文联、梧州市文联一起为群众义务写春联；发动山歌协会会员创作山歌，经常在山歌歌圩演唱有关蒙山风光及“美丽蒙山·清洁乡村”的等题材山歌，深得歌迷的喜爱。重阳节期间，在梁羽生公园举办山歌大会，摄影爱好者和上千群众前往观赏、拍照；组织大塘村文艺队开展文艺活动，重阳节期间在大塘村举办文艺晚会和知识竞赛。西河镇大塘村已经被自治区文联授予“彩调·山歌村”称号，韦应贵一家被授予文艺户称号。

【文艺人才培养】 2015年，县文联努力培养文艺人才，主要做了两方面工作。一是开展“朝霞工程”工作，培养少年文艺人才，对吴文俊、尹建阳、姚丁3名优秀儿童进行经济扶助和艺术辅导，给他们联系老师，免费进行艺术培训；二是采用座谈、改稿、网上交流等形式，对文艺爱好者进行辅导，提高他们的创作水平。三是开展文艺进校园活动，组织县内文艺家到夏宜民族学校和蒙山中学举办文学讲座，给学生讲解怎样写小小说和记叙文，收到良好效果，广西文联网对此作了报道。

（玉文清）

蒙山县归国华侨联合会

【概　况】 2015年，蒙山县归国华侨联合会在职干部（主席）1人，设兼职副主席2人，侨联委员会委员11人。全县有归侨20人，侨眷600多名，海外华侨、华人1560多人。全县9个乡（镇）除长坪瑶族乡外，其余8个乡（镇）均有分布。其中，蒙山镇230多名，黄村镇200多名，文圩镇140多名。蒙山县的归侨、侨眷中，年老体弱、经济困难的居多，其中2/3以上的归侨、侨眷分布在农村，大部分从事农业生产。

【海内外联谊】 2015年，在端午、中秋、春节等传统节日，县侨联通过电话或寄贺卡等方式向蒙山籍的海外侨胞传达祖国和家乡的问候及祝福，其中通过电话和短信方式发送祝福10多人次，寄送贺卡5张。同时，鼓励广大归侨、侨眷、眷属和港澳台胞眷属通过电话或寄贺卡等形式向海外亲属问候，了解海外侨胞的生活、工作情况，并向他们传递国内亲人的信息、介绍家乡的社会经济建设情况、宣传党和国家有关侨务政策，鼓励和引导他们回乡参观考察，欢迎他们在家乡投资创业，为家乡的经济建设添砖加瓦。同时注重与兄弟县（市）侨联的联谊沟通工作，接待侨乡岑溪市侨联一行到访，并成功承办了梧州市侨联工作会议，向兄弟县（市）侨联学习先进的侨务工作理念，提高自身的工作能力。

【为侨服务】 2015年，县侨联加大对《中华人民共和国归侨侨眷权益保护法》及其《实施办法》和国务院《信访条例》等法律法规的宣传力度，积极联合涉侨部门利用座谈会、走访等机会开展各种形式的侨法宣传活动，努力营造全社会依法维护侨益的氛围。建立与辖区归侨侨眷联系制度，经常性深入归侨侨眷中开展调研活动，加强与侨界群众的联系与沟通，帮助解决具体问题。开展“献爱心、送温暖”活动。中秋节期间，对部分困难归侨进行了入户慰问，发放慰问物品和慰问金。同时，加强信访工作，全年县侨联共接待归侨侨眷来电、来信、来访20多人次，将归侨侨眷日常遇到的困难问题及时与相关部门沟通协调解决，让广大归侨侨眷切实感受到侨联就是代表和维护他们切身利益的团体。

【参与社会建设】 2015年，按照中共中央办公厅下发的《关于加强和改进新形势下侨联工作的意见》的要求，大力发展侨联公益事业，积极争取和牵线侨爱心基金会等慈善机构通过捐资捐物等方式支持教育等社会事业发展。县侨联通过市侨联牵线，争取到香港“善一堂”道德协会捐资人民币40万元用于建设新圩镇四联小学教学楼，该教学楼于是年11月份竣工交付使用。

【全市侨联工作会议在蒙山召开】 2015年9月9日，全市侨联工作会议在蒙山召开，市侨联主席蔡光天主持会议。会议传达学习了中国侨联第九届第四次常委会会议精神及自治区党委彭清华书记在全区党的群团工作会议上的重要讲话精神，并就做好当前全市侨联工作提出了具体的要求。蒙山县委常委、统战部部长马涌涛出席会议并作了讲话，市侨联部分机关干部，苍梧、岑溪、藤县、蒙山侨联主席、副主席参加了会议。

（戴朝辉）

蒙山县残疾人联合会

【概　况】 2015年，蒙山县残疾人联合会以落实1200名“重度残疾人护理补贴”，430名“阳光家园计划”居家托养两项自治区、市、县三级政府为民办实事绩效项目为重点，全面促进残疾人社保、医疗、康复、教育、就业、扶贫、文体、维权等各项工作，为蒙山县残疾人事业在新时期的持续健康发展奠定了良好的基础。全年共办理各类别第二代残疾证件507份，建立残联办公自动化OA系统，开通残疾人就业服务网站。

【组建“助残志愿服务队”】 2015年7月，县残联注册组建蒙山县“助残志愿服务队”，注册志愿者人数12人，可以为残疾人开展家政服务、康复训练、教育培训、就业指导、文化体育、心理疏导、法律维权、公益慈善等各种志愿服务。年度内志愿者共开展政策宣传6次，盲人定向行走训练15人，实用技术培训5期，居家托养服务活动192期。

【持证残疾人专项调查】 2015年，根据国务院残工委统一部署，县残联组织开展实施残疾人基本服务状况和需求专项调查工作，并于同年3月底全部完成全县6020名持证残疾人在经济、住房、教育、就业扶贫、社会保障、康复、无障碍改造及文化体育等专项调查及建档入库工作。

【残疾人社会保障】 2015年，由县政府拨款，为1200名重残残疾人按360元/人·年标准发放护理补助43.2万元；实施“阳光家园计划”项目，筹资43万元对430名处于就业年龄段的肢体、智力和精神重度残疾人按1000元/人·年标准进行居家托养资助；实施“党员扶残温暖同行”工程，以村党支部名义每村扶持1名残疾人创业，扶持金额1000元/人，共计84人，扶持资金8.4万元；做好残疾人机动车燃油补贴发放工作，发放资金2.626万元，受益残疾人101人；做好农村重度残疾人新农合缴费补贴核发工作，发放资金1.62万元，受益人数300人。

【残疾人康复救助】 2015年，共为残疾人发放爱心轮椅40台，其中儿童轮椅3台；完成对25名精神病人防治救助工作，其中门诊救助20名，住院救助5名，救助资金3.4万元；低视力家长训练2人，盲人定向行走训练6人，聋儿家长培训3人；为40名低视力残疾人配发各类适配助视器具100多件；肢体残疾社区康复29人，智障儿童社区康复10人，社区康复协调员8人；脑瘫儿童康复筛选2人，救助1人，孤独症儿童筛选3人，救助1人。

县残联组织盲人定向行走训练　　县残联　供稿

【残疾人就业扶贫】 2015年，县残联加强“阳光助残扶残基地”建设，通过“阳光助残扶残”基地向农村有种植业发展能力100户贫困残疾人免费发放每户价值1200元的生态有机肥，并新安置3名残疾人就业。举办农村残疾人实用技术培训班5期，200多名残疾人参加培训，超额完成年度培训计划。全年收取残疾人就业保障金30万元，促进单位按比例安排残疾人就业17人。扶持10名残疾人开展个体创业，扶持资金6.5万元。

【残疾人无障碍建设】 2015年，县残联筹资10万元，按照平均每户改造费用4000元的标准，在文圩镇、汉豪乡为25户残疾人、老年人家庭免费实施无障碍改造。

【残疾人文艺活动】 2015年5月，县残联组织2支共40人的歌舞队参加在梧州市举办的以“健残同乐迎区运、关心关爱残疾人”为主题的第25次全国助残疾日民族健身舞比赛，分别荣获第一名和第三名的好成绩。

【残疾人信访与维权】 2015年，县残联接待残疾人来访15人次、来信3件、电话咨询21件，网络问政2件，妥善处理涉及残疾人生活和工作等问题。5起信访、问政件全部得到解决，办结率100%。

（陆深明）

蒙山县社会科学界联合会

【概　况】 蒙山县社会科学界联合会（简称蒙山县社科联）是中共蒙山县委领导下的由蒙山县社会科学界各学术团体联合组成的群众性学术团体，负责指导和组织学会、协会、研究会开展学术交流活动，组织开展社会科学知识的宣传普及和咨询服务活动。2015年，蒙山县社科联机关参公编制2名，实有人数3人。

【学习交流】 2015年8月11日，由县社科联主席吴广升带队，与历史协会会员刁光全同志及社科联全体干部一行4人前往平南、桂平、武宣、广州等地考察太平天国史，与当地社科联交流工作经验。

【学术活动】 2015年10月27日，县社科联组织县内社科工作者以及县摄影协会一行13人深入夏宜瑶族乡，参加瑶乡建立30周年活动。用镜头聚焦乡庆活动美丽瞬间的同时，对瑶族婚庆、饮食等民族风俗文化进行调查研究。2015年10月，完成自治区社科联调研课题，撰写1万多字的调研报告《太平军永安建国实证研究》，全面细致地分析太平军如何在永安州建立王朝，对其兴衰过程作了详细的研究，获得全区县级社科联应用对策课题研究优秀论文三等奖。

（蒙春颖）

蒙山县个体协会

【概　况】 蒙山县个体协会是县级一个自收自支单位，下设7个分会，共有工作人员11人。2015年年底，全县共有会员5830人。一年来，协会共组织个体私营会员座谈会合4次，参会人数3300多人次，学习党和国家的方针政策、法律、法规，提高会员与时俱进的思想意识、法制职业道德观念，有效地促进全县个体私营企业经营者在生产、经营中遵纪守法，树立“讲文明、守信用”的良好声誉；开展“今秋助学”活动，28名子女上大学的困难会员获得总工会助学金41500元；春节前夕开展“送温暖”活动，慰问特困会员83户，共发放慰问金46500元；组织会员参加县总工会及乡镇其他文体活动8次，丰富会员的业余生活；协助资金短缺的个体户、私营企业融资3200万元；聘请常年法律顾问为广大会员提供援助，为会员挽回经济损失50多万元；支援新农村建设，资助西河镇瓦冲村、安富村共3800元。

（盘庆超）

蒙山县革命老区建设促进会

【概　况】 2015年，蒙山县革命老区建设促进会常住会工作人员5人。其中，会长1人、副会长1人、工作人员3人。全县9个乡（镇）均设革命老区建设促进会分会，相应设有分会长、副分会长、工作人员等。

【助推老区项目建设】 2015年，老促会加强专题调研，帮助老区拓宽发展思路，着力增强老区造血功能，把调研情况及时向县委、县政府汇报；同时与县有关部门协调，不断加大对革命老区的资金投入和建设力度，使老区基础设施、宜居环境和生产生活条件等得到了较大的改善。全年从老区转移支付资金项目中争取资金110万元，分别为西河镇古楼村、汉豪乡樟村解决了村组道路硬化和夏宜乡芦山村解决了人畜饮水等项目建设资金。在项目实施过程中，老促会跟踪、协调专业技术人员抓紧项目设计等前期工作，督促、助推镇、村抓好项目工程的建设。

【黄村起义纪念碑落成】 2014年，蒙山县老促会向县委、县政府争取筹建黄村起义纪念碑工程项目资金20多万元，并由黄村镇政府负责实施建成了黄村起义纪念碑。2015年1月27日上午，在黄村起义纪念碑前举行了纪念黄村起义65周年暨黄村起义纪念碑落成庆典仪式，副县长唐经键、县直有关单位负责人、参加黄村起义尚健在的队员代表及已故队员的家属代表、黄村镇政府全体干部、黄村镇中心校的学生、县老促会全体工作人员等100多人参加发仪式。纪念碑同时成为蒙山县老区人民光荣传统教育基地。

【老区宣传】 2015年，蒙山县老促会编印了工作简讯10期，分送县四家班子领导及县直有关部门、各乡镇乡（镇）党委和政府。出专栏宣传4期，反馈县老促会的工作动态，对扩大宣传老区工作发挥了重要作用。

【协助市老促会编纂书籍】 2015年，县老促会积极配合市老促会做好《情系革命老区》《调研材料选编》两本书籍的编纂出版工作，认真撰写调研文章及提供有关照片，使两本书顺利出版发行。

（邓继生）

蒙山县关心下一代工作委员会

【概　况】 2015年，蒙山县关工委围绕“关心下一代”这个主题，坚持“急党政所急、想青少年所想、尽关工委所能”的工作方针，开拓创新、扎实工作，在健全组织机构、创新活动载体、创新工作方法、优化青少年成长环境等方面取得了较好成效。全县9个乡（镇）84个村（社区）已建立健全关工委组织。县关工委被评为2015年度全市优秀关工委集体，2015年度关工委系统宣传工作先进集体。

【“五老”志愿服务】 2015年，发展壮大了“五老”志愿者队伍，全县在册“五老”志愿者2600多人。全年，“五老”宣讲团共开展了30场宣讲，其内容涵盖党的十八大精神、革命传统、理想信念、法制教育、国学经典、禁毒宣传、科技知识、环保知识等，听宣讲的青少年学生和教师达9020人，受到广大师生的普遍欢迎。

【宣传工作】 2015年，县关工委印发《关爱简讯》16期，在《中国火炬》有两篇文章发表，突破梧州市关工委系统在国家关爱刊物无文章上刊历史。每月都有多篇文章在《广西成长》、市关工委《简报》刊物上发表。县电视台经常性宣传报道县关心下一代工作。

【关爱活动】 2015年“六一”儿童节到来之际，县关工委专门印发文件，要求各级关工委在广大少年儿童中开展主题为“心向党、讲品德、学雷锋、见行动”的思想道德教育实践活动，全县各单位、乡镇、学校结合各自的实际，普遍开展了寓教于乐的庆“六一”活动。县关工委到黄村镇慰问教师，向黄村镇六埠村关工小组赠送300册图书。县关工委还到新圩镇新圩村看望特困留守儿童，与100多名特困留守儿童代表一起过节，并为20名留守儿童量身订购运动服。

【抓好典型示范】 2015年，县关工委在工作中注重培树典型，打造了蒙山镇二小、北楼村、黄村镇家长学校的“一校、一村、一家长学校”工作示范点。示范点较好地发挥了典型示范、面上带动的作用，为全县关心下一代工作的开展树立了榜样、积累了经验。

【未成年人道德教育】 2015年，蒙山镇关工小组邀请镇司法所所长先后到镇内多所学校上法制课；

县人民检察院开展送法进社区、进校园法制宣传5次，受教育人员1000余人；法院在蒙山中学、县第二中学、县职业学校开展送法入校执法教育活动，2000多名师生参加；县司法局部分退休干部被多所学校聘为校外辅导员，到4所中小学上法制课。为失足青少年提供法律援助，共为青少年办理法律援助32宗，免除诉讼费5万多元。

【举办中小学文艺会演】 2015年七一前夕，县关工委在青少年中广泛开展“知党、颂党、永远跟党走”的教育活动，联合县精神文明办、县教育局等单位，举办“蒙山县中小学庆祝建党94周年暨纪念中国人民抗日战争暨世界反法西斯战争胜利70周年文艺会演”。晚会评出一等奖2名、二等奖3名、三等奖6名、优胜奖10名、优秀指导老师10名、组织奖3名。

【扶贫助学】 2015年，县关工委和教育系统关工委设立关爱留守儿童示范点，积极与爱心企业沟通联系，为贫困留守儿童争取资助款，全年共筹集到资助款12.3多万元，并及时发放资助款到学生监护人手中。其中华顺形象设计公司爱心企业（县外）捐赠4.8万元，帮助捐赠受益儿童26多人；广西中意招标造价咨询有限公司捐赠2.2万元。9月下旬，县关工委组织受资助学生到企业开展“走访爱心企业、真诚回馈企业”等活动，

（欧　华）

责任编辑　黄兆伦

法治·军事

政法委及综治工作

【概　况】中共蒙山县委政法委员会（简称县委政法委）是与中共蒙山县委维护稳定工作领导小组办公室（简称县委维稳办）、蒙山县社会管理综合治理委员会办公室（简称县综治办）、蒙山县国家安全领导小组办公室（简称县国安办）、蒙山县建设平安蒙山活动领导小组办公室实行一个机构、多块牌子合署办公的工作部门，编制9人，其中公务员编制7人，事业编制2人，实有人数8人。内设机构有办公室、政工股和执法监督室（均未定级），挂靠的机构有综治办、县维稳办公室、县国安办均为正科级建制。县委政法委代表县委领导和管理县人民法院、县人民检察院、县公安局和县司法局四个职能部门。2015年，县委政法委继续以打造平安蒙山为工作核心，围绕社会矛盾化解、社会管理创新、公正廉洁执法三项重点工作的目标要求，以深入推进基层综治信访维稳三级平台建设为抓手，狠抓社会治安综合治理，全面促进打击、防范、教育、改造、管理、建设各个领域和关键措施的落实，为全县经济和社会各项事业的可持续发展，创建“平安蒙山”创造良好的社会治安环境和法治环境。

【社会矛盾排查化解】2015年，县委政法委联合相关部门通过“大排查、大调解、大接访”和精准矛盾纠纷排查和精细化解专项活动，构建多元化解机制，实现矛盾化解从单一模式向综合联动转变。构建了一种以人民调解为主，司法调解、行政调解、仲裁调解等调解手段为辅的“大调解”工作体系，综合运用法律、政策、经济、行政等手段和教育、协商、疏导等方法，鼓励群众合理选择纠纷解决途径，规范相关程序，实现纠纷解决机制多元化、合理化和制度化。年内，全县公共法律服务平台，共接待人民调解类来访1869人次，调解纠纷679件，调解成功672件；接待律师服务类来访416人次，办结案件18件；接待法律援助类来访725人次，办理法律援助案件218件；接待公证服务类来访536人次，办理公证事务248件；接待司法鉴定来访1人次，办理司法鉴定来访1人次；接待安置帮教类来访42人次，帮扶人员22人次；接待社区矫正类来访324人次，帮扶人员14人；接待法律宣传来访2452人次。

【社会治安防控体系建设】蒙山县积极探索联建（动员全社会力量参与社会治安综合治理建设。县委、县政府对县直机关、乡镇、企业、学校、在外工作人员和在外创业有成人员进行广泛动员，积极争取社会力量支持）、联防（通过探头监控架设“天网”，通过县、乡、村三级巡防联动和警务室铺设地网，构建起立体化治安管控体系）、联管（充分调动和挖掘广大干群参与社会治安综合治理的积极性，形成了依靠基层党政组织、行业管理组织、群众自治组织共同化解矛盾的良性机制）的“三联”社会管理模式，破解农村基层人员难组织和经费难筹集等难题，实现“人防、物防、技防”的有机统一，有效提升了全县人民群众的安全感和满意度。让群众成为平安建设的主力军，使基层平安建设的力量得到有效整合，各类矛盾纠纷得到有效化解，人民群众的满意度不断提高，形成综合治理综合管的新局面。2015 年，蒙山县群众安全感单项安全感得分 87.65 分，综合得分 83.61 分，两项得分均排全区 111 个县（市、区）第 43 位，单项安全感得分排全市 7 个县（市、区）第 2 位，综合得分排全市 7 个县（市、区）第 1 位。连续 9 年被自治区综治委评为广西壮族自治区平安县。2015 年 10 月，蒙山县获自治区综治委授予 2013—2014 年度建设平安广西活动先进县（市、区）荣誉称号。

【反邪教工作】 自 2014 年年底申报中央和自治区“无邪创建”示范县以来，蒙山县牢固把握“平安蒙山”建设工作主线，通过四项工作措施抓好“无邪教创建”示范县各项工作。一是健全人员机构，夯实基础。创建工作做到人员、机构、经费和设备四落实。二是加强阵地建设，营造良好氛围。确定示范乡镇、示范村（社区），以点带面，抓好典型，并确定警示教育基地和全县 84 个村（社区）都建立“一墙一窗”宣传阵地，全方位开展反邪教宣传教育活动。三是全面摸排，打击防控。制订定期排查制度，对邪教组织做到露头就打。四是落实警示教育，拒绝邪教家喻户晓。全面开展“防邪知识进家庭”和“家庭拒绝邪教”活动，使反邪教警示教育进村、入户、入心、入脑，家喻户晓。通过全县各级各部门互相配合、齐抓共管，使蒙山县没有出现邪教组织滋事肇事，没有出现邪教人员反弹现象，顺利通过中央和自治区检查验收。一人被国务院防范和处理邪教问题办公室记全国防范和处理邪教工作二等功荣誉称号。

【创建“法治文化教育”示范园】 2015 年，县委政法委、县综治委在蒙山镇文平村哪拉组创建了“法治文化教育园”示范基地，整合县法院、检察院、公安局、司法局、公安交警、消防、林业等部门的资源和力量，进驻教育开展法律宣传教育、法律咨询、提供法律服务、宣传本部门政策法规和提升群众安全感和满意度活动，群众在家门前受到了良好的法制教育，取得了较好的成效。《广西法治日报》多次进行了公开报道，5 月下旬，梧州电视台和西江都市报对“法治文化教育园”进行了专题报道。

【网格化管理推进社会管理创新】 2015 年，蒙山县深入开展综治信息平台与网格化社会管理试点工作，创新社会治安综合治理工作的新路子，形成“人在格中走，事在网中办”的局面，使村（社区）服务更加贴近百姓、贴近需求。在县城城区的 5 个社区全面开展网格化服务管理工作，实现县城社区网格服务管理全覆盖。目前县城 5 个社区共划分为 19 个网格，有网格员 24 人，县城社区通过网格化管理共收集动态信息和录入户籍人口信息 25500 多条、特殊人群信息 204 条、关怀对象信息 3696 条、房屋信 8637 条，处理事件 61 条，基本做到了人口服务管理从“静态管理到动态管理、被动管理到主动服务”。

【继续巩固肇事肇祸精神病患者管理模式】 近年来，蒙山县委、县政府高度重视社会治安综合治理工作，大力推进管理创新工作，特别是针对精神病人管理工作进行大胆探索，按照“政府要主导，部门要联动，社会要救助，家庭要监管，医院要救治”的工作思路，创新建立了精神病人管理“五项机制”，即政府主导机制、排查登记机制、部门联动机制、救治保障机制、监管责任机制，取得了显著成效，实现了“一个目标”，即病人得到治疗，家属感到满意，群众感到安全，社会保持稳定。2007 年 4 月至 2015 年，全县无一精神病人肇事肇祸，成为全区唯一没有因精神病人肇事而引发命案的县，为确保全县社会大局持续稳定打下了坚实基础。2015 年年底，全县共收治肇事肇祸精神病人244人，住院56人。

（欧　东）

法治政府建设

【概　况】2015年，蒙山县政府法制工作以加大推进法治政府建设、简政放权、强化行政执法监督等为重点，认真履行法律顾问职责，承办县领导交办的政府法律事务196件；成立了县人民政府法律顾问室，聘请6名执业律师及法律专家为县人民政府法律顾问；收到行政复议申请5件，实现案件审结率100%；行政诉讼案件为5件，其中分管负责人出庭应诉3件；调处三大纠纷83件，调结率95.2%；通过强化对行政权力的制约和监督，全面提高政府工作人员法治思维和依法行政能力，为建设创业、宜居、平安、生态、幸福蒙山营造了良好的法治环境。

【推进依法行政工作】健全领导体制，成立全面推进依法行政工作领导小组，由县政府主要领导任组长，相关单位一把手担任成员，明确部门分管领导和联络员，建立上下沟通，左右联动的依法行政工作网络体系，并将依法行政工作纳入对各乡（镇）、各有关部门的绩效考核体系，保证全面推进依法行政工作顺利进行。为有序推进法治政府建设，县全面推进依法行政工作领导小组办公室下发了《2015蒙山县推进依法行政工作要点》《2015蒙山县依法行政考核指标和评分标准》《2015迎接广西壮族自治区、梧州市依法行政考核工作任务分解表》，把推进依法行政，建设法治政府作为重要内容之一，并作出具体部署、提出明确要求。政府常务会议分别于上半年和下半年听取了依法行政报告，对2014年依法行政工作进行总结，分析了新时期新阶段的形势，对今后的工作进行了部署，并通过政府门户网站发布信息。同时，向同级党委、人大常委会和市政府报告依法行政工作情况。

【严格执行重大行政决策程序】贯彻实施《蒙山县政府重大行政决策实施办法》，完善行政机关重大行政决策合法性审查机制，理清重大决策的决策主体、审查主体和审查程序；对利益涉及面广的决策事项公开征求意见，对经济社会发展和社会稳定及专业性较强的决策事项咨询专家意见或组织专家论证，决策事项经合法性审查后，交政府常务会议集体讨论决定；建立重大决策部门合法性初审制度，明确了未经部门法制机构合法性初步审查和部门集体讨论的重大决策，不得提交本级政府讨论。2015年，大力加强旅游基础设施建设，在改善旅游环境、投资环境和人居环境等方面广泛征求意见，在专业性强的方面咨询专家意见，经法制办进行合法性审查后交常务会议讨论，保证了决策的科学性、合法性。

【推行法律顾问制度】2015年，按照党的十八届四中全会的要求，蒙山县出台《关于建立蒙山县政府法律顾问制度的实施意见》并建立法律顾问制度，于2015年9月1日成立县人民政府法律顾问室，严格按照《蒙山县人民政府聘请法律顾问遴选程序的规定》聘请6名执业律师及法律专家为县人民政府法律顾问，在县内率先组建法律顾问团，为法治蒙山建设和县领导机关重大决策提供法律咨询服务，为防范政府决策的法律风险、稳定风险发挥积极作用。

2015年9月1日，县人民政府聘请6名执业律师及法律专家为法律顾问，组建法律顾问团　　县法制办　供稿

【行政裁决复议诉讼】2015年，全县收到行政复议申请5件，其中有4件做出维持决定，1件撤销被申请人的行政处罚决定，审理行政复议案件人数符合要求，实现案件审结率100%。在行政复议案件的受理、审查过程中，加强行政争议双方沟通工作，运用调解、协调等结案方式，有效化解行政争议。积极推行行政机关负责人出庭应诉制度，并将此项工作纳入依法行政考核体系。2015年，行政诉讼案件为5件，其中分管负责人出庭应诉3件，这标志着蒙山县行政机关负责人出庭应诉制度已在蒙山县全面铺开。

【"三大纠纷"调处】认真做好"三大纠纷"（土地纠纷、山林纠纷、水利纠纷）调处统计工作，及时掌握纠纷的动态。各乡（镇）及有关调处部门每月将"三大纠纷"的排查调处情况统计成表，经县调处办汇总后，及时上报市调处办。2015年，全县共新发"三大纠纷"案件83起，调处79起（含去年积案4起），已调结79起，调结率为95.2%。其中，调结山林纠纷40件（未调结2件），土地纠纷31件（未调结2件），水利纠纷4件。全年没有因"三大纠纷"调处不力而引发的严重危害社会稳定的重大群体性事件，没有使纠纷转化为刑事案件，为全县经济社会发展营造一个和谐稳定的环境。

【执法人员业务培训】落实领导干部学法制度，采用集中与自学相结合等形式，建立健全党校培训、网上自学、任前法律知识培训等领导干部学法用法制度，牢固树立依法行政理念。加强对全县持有行政执法证和行政执法监督证人员的动态管理，组织行政执法人员参加资格（续职）培训、考试，全年全县共有121人报名参加自治区行政执法人员资格续职考试，提高了行政执法人员培训质量，全面提升了行政执法人员素质，建设符合依法行政要求的法治专门队伍。

（彭　晓）

公　安

【概　况】2015年年末，蒙山县公安局设有3个科室、2个中心和7个大队，下辖10个派出所、1个看守所、1个强制隔离戒毒所、1个拘留所；共有民警165人（民警中，大专以上文化程度占95.75%；民警数占全县常住人口的万分之七，职工6人，协辅警90人，文职2人）。一年来，蒙山县公安局坚持以党的十八大精神为指导，以平安建设为主题，开展"三严三实"教育实践活动，紧紧围绕增强人民群众安全感和满意度的总体要求，深入推进"1211"工作思路，大力开展社会治安综合整治，为全县经济发展营造了安全稳定的社会环境。全年立刑事案件653起，受理治安案件824起，受理经济犯罪案件14起。

年内，有12个集体、53名个人获得县级以上（含县级）荣誉称号，1名个人立二等功；1个集体、14名个人立三等功；18个集体、22名个人获嘉奖。县看守所实现连续39年监所安全无事故，2010—2015年连续6年被公安部评定为"全国一级看守所"。

【业务技术用房投入使用】蒙山县公安局争取到国家发改委投资资金952万元，县政府财政资金604万元，建设了占地15亩、总建筑面积达6947平方米的业务技术用房。该业务技术用房于2013年竣工，2015年10月投入使用，为全县公安机关充分发挥职能作用，更好地维护社会稳定、预防惩治犯罪、服务群众提供更加有力的支撑。

【报警服务】2015年，县公安局指挥中心有民警4人、协警3人，实现24小时值班制度，主要任务是指挥调度各部门接处警、公安网络维护、通信保障、视频会议保障、发案警情研判等业务。年内，110报警服务台共接到报警21137次，其中警情类报警1871次（其中抢劫、抢夺警情报警10次），治安案件警情354起，刑事案件警情318起，交通类警情909起，群众求助97起，全部能做到及时处置。

【刑事案件侦查】 2015年，蒙山县公安局全面落实净化社会治安环境大整治活动，严厉打击各种严重刑事犯罪，努力提高侦查破案水平，及时破获一批案件，查获了一批犯罪团伙。全年共立刑事案件653起，侦破586起，抓获犯罪嫌疑人217人（其中抓获网上在逃人员34人），刑事拘留215人，执行逮捕116人，移送审查起诉126人；查处犯罪团伙16个、成员79人（其中黑恶犯罪团伙8个、成员43人）。

【治安管理】 2015年，蒙山县公安局全面推行“一村一警”警务机制，不断推进城乡社会治安人防、物防、技防的落实，加强社会面治安管控和各项基础工作，依法惩治食品药品、涉枪涉爆、涉黄涉赌等违法犯罪，实现“发案少、秩序好、社会稳定、群众满意”的总体目标。全年共受理治安案件824起，查处359起，处理违法嫌疑人544人，分别比2014年下降8.85%、上升12.54%、上升1.87%。其中查处“涉黄”案件32起，“涉赌”案件142起，查处涉黄赌人员330人。加大了对城乡接合部利用游戏机进行赌博的查处力度，没收具有赌博性质的游戏机200台，并对这些游戏机全部进行了集中统一销毁。对全县58家大、中、小型旅馆业全面实行了旅馆业治安管理信息系统化管理，对旅客入住、登记全面实行电脑录入，年内蒙山县的旅客入住登记302001人，上传301956，上传率达99.9%。

【经济案件侦查】 2015年，蒙山县公安局共受理经济犯罪案件14起，立案14起，涉案金额2500多万元；侦破经济犯罪案件14起，抓获犯罪嫌疑人9人，查处犯罪团伙1个、成员3人，刑事拘留9人，执行逮捕3人，移送起诉5人，挽回经济损失200万元。缴获假币1.056万元；立银行卡犯罪案件12起，侦破12起，抓获犯罪嫌疑人12人；立侵犯知识产权和制售伪劣商品犯罪案件2起，侦破2起，抓获犯罪嫌疑人2人，涉案金额20万元。

【户政管理】 2015年，户政中队在做好日常人口管理、居民身份证管理、实施户籍制度改革、推进人口信息管理系统建设等工作的基础上，认真组织开展户口核对和公民身份号码清理纠错、居民身份证办理工作，切实掌握了全县的人口底数。为了解决县内群众办理居民身份证长期以来都需到县局办证大厅办理的现状，经过实地调研，在现有的办证大厅基础上，县公安局投入11万多元分别在陈塘镇、黄村镇、新圩镇、文圩镇（包括夏宜乡）4个派出所内增设4个第二代居民身份证办理点。2015年年末，蒙山县公安辖区常住总人口223273人，登记流动人口1413多人，办理第二代居民身份证9433张。

【重大活动安全保卫】 2015年，全国“两会”召开前夕，县公安局治安大队联合交管大队、消防大队、蒙山镇派出所的民警，精心部署100多人次的警力，对各重点场所进行安全隐患大排查；在会议期间安排充足警力对社会面进行巡逻防控，确保会场议期间，本县的社会大局稳定。4月19日，水韵瑶寨“三月三”节庆暨蒙山文化旅游节在长坪瑶族乡长坪村举行，蒙山县公安局共出动警力30多人，警务车、消防车等车辆6部，设置交通秩序维护组、消防管理组、安全保卫组等，通过活动现场周边巡逻、站岗、疏导交通、备勤等多项工作确保现场秩序良好。10月27日，夏宜瑶族乡举行夏宜瑶乡成立30周年庆典活动，蒙山县公安局共出动警力70人、警车15辆参与安全保卫工作。11月中旬，广西第十三届运动会期间，蒙山县承办了柔道、桥牌、象棋、围棋4个项目的比赛。蒙山县公安局严格按照梧州市公安局，蒙山县委、县政府的要求，制定详细工作方案，共出动警力100多人次、警车30多辆次，认真负责的维护现场秩序，落实各项保卫措施，圆满完成区运会各项安保任务。

【道路交通管理】 2015年，县公安局交通管理大队以营造良好的道路交通环境、预防道路交通事故和提高道路通行效率为工作中心，全面落实“五整顿”“三加强”工作措施，不断提升执法管理和服务水平，最大限度的预防和减少重特大道路交通事故发生。全年，蒙山县辖区道路共发生上报交通事故4起、死亡4人，直接经济损失3700元。交通肇事案件立案8起，破8起，破案率100%。

【集中整治酒后驾驶行为】 2015年，按照公安部和区交警总队关于开展集中整治酒后驾驶违法行为的通知要求，县公安局交管大队集中警力开展严厉整治酒后驾驶交通违法行为专项行动。在行动中，交管大队严格按照公安部的要求落实“四个一律”（醉酒驾驶的，一律刑事拘留；酒后驾驶造成交通事故的，一律行政拘留；再次酒后驾驶被查处的，一律行政拘留；无证驾驶造成交通事故的，一律行政拘留）的规定，严厉查处，确保酒后驾驶违法行为全部处罚到位。采取超常规措施，因时因地制宜，灵活作战方式，打破时间差，实现常态化整治。对饮酒后驾驶机动车的，一律依法从重处罚，并进一步加强与看守所等单位的协调配合，开通醉酒驾驶行政拘留审批快速处理程序，对于达到醉酒驾驶标准的驾驶人，迅速进行调查取证、网上审批，以最快的速度办理拘留手续。广大民警严格执行工作纪律，确保酒后驾驶违法行为发现一例，处罚一例。全年，蒙山县公安局道路交通管理部门查处交通违法行为17863起，教育处罚行人和非机动车交通违法行为205起，暂扣各类违法车辆1700辆，行政拘留违法人员3人。

【“神剑1号”专项行动】 为认真吸取柳城县“9·30”系列爆炸案的深刻教训，蒙山县从2015年10月起至2016年2月止组织开展危爆物品管理大整治暨打击涉枪涉爆违法犯罪专项行动（即“神剑1号”专项行动）。专项行动由蒙山县公安局刑侦大队牵头，联合情报、网安和各派出所等部门，全面排查、梳理、深挖、串并、分析近年来辖区内发生的涉枪涉爆案件线索和尚未破获的案件，保持对涉枪涉爆犯罪的主动进攻和严打高压姿态，做到深挖彻底、打击有力，全力开展涉枪涉爆刑事案件的侦破工作。专项行动开展以来，全局共出动警力200多人次，车辆40多辆次，破获涉枪案件11起，抓获涉枪犯罪嫌疑人11人，刑拘11人，执行逮捕5人。查缴各类枪支24支，仿真枪20支，子弹1768发（其中铅弹1400发），底火36粒，导火索约5.5米，雷管16发，炮弹6枚。与鹿寨公安机关联合捣毁非法制造枪支窝点1个。

2015年11月23日，县公安局召开“神剑1号”缉枪治爆专项行动新闻通报会　　县公安局　供稿

【从速查处入室盗窃金丝楠木案】 2015年1月15日，卢某焕报称其在蒙山镇北楼村经营的根雕工艺厂被人入室盗窃，被盗走一批金丝楠木原木及成品，涉案价值高达56万元。由于该案涉案金额巨大，县公安局党委第一时间指示新成立的合成作战室全力侦破此案。合成作战室抽调几名办案经营丰富的侦查员组成专案组，对案发现场进行详细而周密的勘验检查及走访调查工作，并即时召开案情分析会。通过“天网”视频监控系统，专案组发现在1月15日当晚，有1辆白色小汽车和1辆白色面包车一前一后从荔浦县方向进入蒙

山县城，将这批金丝楠木全部搬上面包车，然后开往金秀县方向。专案组根据这条线索，迅速与金秀县公安机关取得联系，并派出工作组，联合金秀县公安机关展开排查。通过金秀县公安机关的“天网”视频监控系统，追踪到了涉案车辆，并摸清了几名犯罪嫌疑人的活动规律。3月25日，蒙山县公安局联合金秀县公安机关成功抓获了苏某春、黄某明、苏某敏、苏某新等4名犯罪嫌疑人，并把他们藏在一偏远村民房内的一批盗窃得来的金丝楠木原木扣押，成功追回50多万元的经济损失。苏某春、黄某明、苏某敏、苏某新4人已先后被蒙山公安局执行逮捕并移送审查起诉，案件已经办结。

【查处挪用资金案】 2015年3月4日，蒙山县某房地产开发有限公司法人彭某爱到蒙山县公安局经侦大队报案称：其公司分管财务的副经理莫先弟于2014年10月22—25日间利用职务上的便利，挪用公司客户购房款2265420元人民币至今未还。经过初步调查，发现报案所情况属实，遂于3月5日立案进行侦查。随着侦查的进一步深入，专案组还发现在2012年1月至2014年10月间，犯罪嫌疑人莫某弟先后将朱某等人借给蒙山县某房地产开发有限公司开发的业务款1080多万元人民币以及莫某政借给蒙山县某房地产开发有限公司开发的业务款750万元人民币转到其私人账户并用于还其私人债务，至今未还，涉案金额达1900多万元。3月28日，蒙山县公安局经侦大队民警在佛山市三水区三水南站联合当地火车站派出所将涉嫌挪用资金案犯罪嫌疑人莫某弟顺利抓捕。4月30日，犯罪嫌疑人莫某弟被依法逮捕。

（赖　锟）

检　察

【概　况】 2015年，县检察机关深入学习贯彻党的十八届三中、四中、五中全会和习近平总书记系列讲话精神以及全国、全区检察长会议精神，以开展“三严三实”主题教育实践活动、规范司法行为专项活动和“两学一做”活动为契机，围绕县委和政府工作大局，全面履行检察职能，各项工作取得新进展，为维护社会稳定、促进当地经济社会发展作出了积极的贡献。全年共受理审查逮捕案件112件170人，经审查批准逮捕86件122人。受理审查起诉案件117件162人，审结115件165人，起诉106件155人。2015年，被自治区检察院评为“科技强检示范院”。

【职务犯罪查办】 2015年，围绕民生工程和精准扶贫工作，重点查办发生在基层和群众身边的职务犯罪，立案侦查贪污贿赂案件8件8人，其中惠农扶贫资金领域4件4人。立案查办渎职侵权案件1件1人，为重特大案件，侦查终结并移送起诉1件1人。

【职务犯罪预防】 2015年，坚持构建“大预防格局”的工作思路，积极与县人行、县农行、县供电分公司等重点行业、重点部门联系，并将预防网络从县城扩展至乡镇，推动各行业、各部门重视和加强预防职务犯罪工作。在县城精心打造“预防职务犯罪公益广告一条街”；开展行贿犯罪档案查询1967次；全面完成教育基地第6次改版，设计印制宣传手册6000册；开展警示宣传教育34场（其中应邀上法制课11场），接受警示教育4000多人次；完成2014年度惩治和预防职务犯罪综合报告1篇；围绕热点问题，确立预防调查项目2个；撰写个案或类案分析6件，完成调查报告6篇，发出预防检察建议5件。

【刑事诉讼监督】 2015年，坚持惩治犯罪与保障人权并重，加强刑事立案监督，共办理立案监督案件12件12人，纠正漏捕13件13人，纠正漏犯6件6人，书面纠正违法1件，已纠正1件。

【刑罚执行和监管活动监督】 2015年，办理在押人员羁押必要性审查案件8件，提出变更强制措施的检察建议8件。书面监督纠正监管活动违法

8次，书面监督纠正监外执行履行职责不当8次，确保县看守所连续39年无安全事故。对司法行政部门在社区矫正工作中存在的问题，先后发出检察建议3件。

【民事诉讼和行政诉讼监督】 2015年，加强对新《民事诉讼法》和《人民检察院民事诉讼监督规则（试行）》实施后的民事行政案件的监督力度，共受理民事行政申请监督案件数14件，办结14件。向法院提出检察建议8件，获法院采纳7件。

【涉检信访】 2015年，依法处理来信来访，注意结合群众所反映的问题，有针对性地做好法制宣传教育和息访息诉工作，全年共受理各类信访70件次，办结率为95.7%。办理了1件阻碍辩护人、诉讼代理人行使诉讼权案，实现了零的突破。检察长接待批办信访案件34件。实施国家司法救助4人，发放救助金额16000元。

【外界监督】 2015年，加强与人大代表、政协委员、人民监督员联络工作，自觉接受各界监督。向人大代表、政协委员、人民监督员赠阅《检察日报》《公诉人》杂志80多份，增进对检察工作的了解。采取定期或不定期采取召开座谈会或单独走访、寄送函件、发送电子邮件等方式积极向人大代表、政协委员以及人民监督员汇报检察工作情况，认真听取人大代表、政协委员以及人民监督员的意见和建议。2015年以来，与人大代表、政协委员、人民监督员交流沟通10余次，征求工作意见和建议20多条，对征集到的意见建议及时研究，逐条落实，并主动向人大代表、政协委员以及人民监督员反馈。认真落实人民监督员制度改革方案。

【社会治理创新】 一是深入开展“举报宣传周”等法治宣传活动。深入各学校、乡镇开展形式多样、内容丰富的法治宣传活动，共发放法治宣传资料10000多份，为群众提供法律咨询200多人次。二是加强检校合作。设立“青少年维权岗”1个，到学校开展普法活动2次，并与广西财经学院法学院共建教学科研实践基地。三是扎实推进派驻乡镇检察室建设。派驻夏宜乡检察室因地制宜、多措并举，稳步开展工作。共接访群众32人次，参与夏宜乡司法所调解成功纠纷案件20件。四是紧紧围绕检察工作主题积极开展宣传、信息、调研工作，传播检察正能量。在省级以上媒体发表宣传文章110多篇。调研文章在法学类期刊发表文章7篇，在省级各法学会征文及研讨活动中获奖8篇，在地市级以上学术研讨活动交流发言2次，切实做到了检察理论与检察实践相结合。

【信息化建设】 2015年，投入资金抓好科技基础“硬件”建设，注重为业务服务。开发应用涉检网络舆情监控系统，得到了自治区检察院原副检察长曾学愚的高度评价。率先在全区检察系统搭建检察门户网站、创建“一站二微”检务公开的新模式、研发手机新闻客户端。在官方微博发布或转发各类信息1200多条，官方微信开通至今共编发140多期，发布检察工作动态165条。已在检务公开门户网站发布信息238条，其中检察职能信息30多条，重要案件信息13条，生效法律文书30多份，各项检察工作业务、动态信息160多条。

【视频远程接访】 2015年9月17日上午，蒙山县检察院根据梧州市检察院的安排，预约了黄某某与梧州市检察院检察长潘婧奎进行远程视频接访。黄某某因一起道路交通事故造成人身伤害，无法通过诉讼获得赔偿，致家庭生活困难，欲向检察机关申请国家司法救助。接访中，检察长潘婧奎仔细询问来访群众的家庭状况及生活状况，认真了解群众诉求，并表示将依法受理其司法救助申请，鼓励黄某某克服困难，努力渡过难关。通过远程接访系统，黄某某能与梧州市检察院检察长潘婧奎进行面对面交流，并表达诉求，高效便捷。

2015年9月17日，县人民检察院启用远程视频接访系统为上访者诉求提供便利渠道　　县人民检察院　供稿

【检校共建教学科研实践基地】 2015年10月14日，蒙山县检察院在该院举行与广西财经学院法学院共建教学科研实践基地签约仪式。签约仪式上，院长雷裕春详细介绍了广西财经学院法学院的专业建设情况及人才培养情况，并表示将与蒙山县检察院通力协作，通过开展专题讲座、提供专业咨询、参与疑难案件和相关法律问题的论证研讨等方式，协助加强蒙山县检察院的队伍专业化建设，并期冀蒙山县检察院成为该校法学院学生的实习基地，共同致力于复合型人才的培养。李海清检察长表示，将充分发挥教学科研实践基地的桥梁作用和舞台作用，努力为广西财经学院法学院提供实训平台和理论研究素材，以检校对接提高实习学员的业务适应能力和法务实践能力。

【队伍建设】 2015年，认真开展规范司法行为专项整治活动及“执法不严、司法不公”自查自纠活动，主动上门走访了县政协、法院、司法局等相关单位部门，召开座谈会5次，收集梳理涉及规范司法行为的意见建议30余条；坚持对照检查共查摆出同步录音录像执行不到位、退补案件多、接待群众简单粗暴等司法不规范问题35个；扎实开展整改落实，从制度建设、办案规范等方面提出整改措施30余项。

（龙永佳）

法　院

【概　况】 2015年，县人民法院有行政编制72个，后勤事业编制4个，在编公务员66人（其中法官37人，书记员20人，司法警察9人）。院党组班子有成员6人，审判委员会有委员9人。内设机构有立案庭、民事审判第一庭、民事审判第二庭、刑事审判庭、行政审判庭、执行局（庭）、审判监督庭、办公室（含研究室）、政工科（与纪检监察室合署办公）、司法警察大队、信息技术室、审判管理办公室及西河、黄村、夏宜三个人民法庭。2015年，县人民法院共受理各类案件1601件，结案1427件，同比分别上升21.27%和11.83%，收、结案数量再创历史新高，结案标的额达2.24亿元。全年有6个集体、13名个人因工作表现突出获市级以上表彰奖励。

【刑事审判】 2015年，受理刑事案件111件，涉及159名被告人。审结108件，涉及156名被告人，其中判决105件，驳回自诉案件起诉1件，检察院撤回起诉1件，因被告人死亡而终止审理1件。判处十年以上有期徒刑3人，五至十年有期徒刑9人，三至五年有期徒刑17人，三年以下有期徒刑、拘役97人，免予刑事处罚1人，暂予监外执行1人，管制1人，缓刑22人，单处罚金3人。

【民事商事审判】 2015年，受理民商事案件1021件，已审结936件。妥善处理涉及城镇化建设、房地产买卖、投资融资、民间借贷等领域的案件，依法公正审结追索劳动报酬、农村土地、交通事故损害赔偿、教育医疗、住房消费、家庭赡养、相邻关系等与民生相关的案件。

【行政审判】 在行政审判中，注重保护行政相对人合法权益，又支持和监督行政机关依法行政；增进与行政机关的良性互动，随时了解和掌握行政争议情况，积极疏导和化解行政争议，促进行政首长出庭应诉工作的制度化、常态化。新行政诉讼法实施以来，行政首长出庭应诉实现了零的突破。在加强合法性审查的基础上，妥善化解行政争议。2015 年，受理、审结行政案件 8 件，经法院做工作后和解、撤诉案件 3 件。审查行政单位申请执行的行政非诉案件 7 件，对非诉行政案件实行听证程序，在听证过程中，通过审判人员的释法明理，有 2 名被申请人自觉履行了义务。

【执行工作】 2015 年，开展“转变执行作风，规范执行行为”专项活动、“执行案件集中清理月”活动，进一步清理执行积案，破解执行难题。将历年未结案件全部录入全国法院执行案件信息管理系统。依托“执行指挥中心”，共向有关部门查询被执行人银行存款、有价证券、户籍、车辆、税务等信息 8306 条，涉及存款金额 460 多万元，车辆 157 辆。向社会公布 64 名有能力而拒不履行义务的失信被执行人名单。共受理执行案件 465 件，执结 379 件，结案率为 81.50%。申请总标的额 5302.37 万元，到位标的额 880.5 万元，其中，有财产可供执行案件的实际执行率为 91.91%。

【实施立案登记制】 2015 年，全国法院全面实行立案登记制，县人民法院积极采取措施提前应对，确保立案登记制度顺利实施。对群众来信来访有问必答，对符合立案条件的案件做到当场立案，不能当场立案的也做好立案登记工作。立案登记制实施以来，当场立案率达 95% 以上，有效保障当事人诉权。全年接待群众 1803 人，共立案 1601 件，及时送达有关诉讼文书 2137 人次。

【完成人民陪审员“倍增计划”】 2015 年 6 月 2 日，县第十五届人民代表大会常务委员会第三十次会议同意县人民法院关于人民陪审员人数增加至 40 人的议案，审议通过任命陆均安、何天深、韦文胜、谭芯、覃昭惠、蒙刚、陆高信、覃幼飞、韦裕武、覃英群、韩菊贞、覃永坚、龙玉 13 位同志为县人民法院人民陪审员。县人民法院人民陪审员人数增至 39 人，超过现有法官人数 37 人，完成人民陪审员“倍增计划”。

【召开首次新闻发布会】 2015 年 7 月 27 日，县人民法院召开首次新闻发布会，通报立案登记制度实施以来案件受理和审判工作情况。《广西法治日报》、蒙山电视台、蒙山政府网、蒙山网、依队网、蒙山在线等媒体的记者代表，县政法委、宣传部、公安局、检察院等单位的代表以及部分县人大代表、政协委员参加了发布会。县人民法院将实现新闻发布会制度的常态化，每年召开新闻发布会不少于两次。

【法治巡回服务】 县人民法院法院结合辖区山区多、路途远的特点，因地制宜开展巡回审判、普法宣传、回访帮教等各项工作，为各民族百姓提供快速、便捷、优质的法律服务，突破司法为民服务“最后一公里”，打造“法治服务动车组”司法为民服务品牌。2015 年 7 月 5 日，得到了时任自治区高院党组书记、院长罗殿龙的批示肯定。2015 年，县人民法院“法治服务动车组”活动里程超 1 万公里，已遍及全县近百个乡镇、村屯、学校及机关企事业单位；开展便民、利民、为民等普法活动 120 余次，受教育师生群众约 5 万人次；开展基层诉前调解、诉前联动调解 150 余次，巡回开庭 40 余次，为群众挽回直接经济损失 40 万余元；走进国土、林业、交通等部门单位开展普法专项行动 10 余次；到辖区村委会、和谐农事协会开展法治宣传 30 余次，为群众提供法律咨询 1500 余人次。

2015 年 5 月 18 日，县人民法院法官深入西河镇大塘村办理邻里纠纷案件　　县人民法院　供稿

2015年5月13日，法官到长坪瑶族乡开展法治宣传工作
县人民法院 供稿

（郑运华）

司法行政

【概 况】 2015年，蒙山县司法局紧紧围绕全县工作大局，以强化思想建设、提升能力素质、壮大队伍力量为目标，充分发挥人民调解、法制宣传、法律服务等职能，积极主动服务平安建设、法治建设。年内，全县律师共代理各类案件97件，为顾问单位索回赔欠款60多万元，避免经济损失200多万元；法律援助中心办理办理各类案件205件，受援人数54人，挽回经济损失173.7万元；全县排查各类矛盾纠纷759件，调解成功率达98%。县司法局获“梧州市司法行政系统绩效考评二等奖”，莫文兴分别获得国家司法部授予“全国模范司法所长”、自治区司法厅授予“全区社区矫正先进个人”称号。

【法律服务】 2015年，全县律师共代理各类案件97件，其中刑事案件22件，民事案件71件，行政案件4件，担任政府、企事业单位、社会团体法律顾问20家，义务法律咨询750人次。代写法律事务文书40份；草拟、审查合同90多份，其中审查、修改拆迁安置补偿协议及其他相关材料50份；提供法律咨询意见或建议80件；为顾问单位索回赔欠款60多万元，避免经济损失200多万元。县公证处共办理公证事项288件，比上年增加51件，增长率为21%，超额完成了工作任务。其中继承权公证87件，赠与合同公证31件，签名（印签）属实公证28件，亲属关系公证22件，声明书公证53件，领取及保管遗产48件，委托5件，其他公证事项14件。办理公证法律援助3件，为拆迁户办理公证事项27件，办理公证时严格审查、认真把关，保证公证质量，在全市年度考核被评定为“优秀”等次。县法律援助中心分别在妇联、残联、工会、共青团、老龄委、看守所等有关部门建立法律援助工作站，同时依托各乡镇司法所设立9个“法律援助工作站”，在县的两个律师事务所设立法律援助的受理点，在84个行政村（社区）设立“法律援助联络点”，并落实84名的法律援助联络员。老弱病残、妇女儿童等弱势群体在家门口便可及时得到咨询、申请、受理等法律援助服务，畅通了法律援助申请渠道，形成横纵相结合的法律援助网络，构筑法律援助网络的无缝对接，为弱势群体维权创造高效、便捷的法律援助绿色通道和维权工作机制。蒙山县法律援助中心共办理各类案件205件，其中刑事案件40件，民事案件135件，行政案件2件。总受援人数254人，挽回经济损失173.7万元。中心网点接待来电、来访和来信咨询560人次，其中来访482人次，来电78人次（其中通过“12348”法律服务热线咨询18人次）。群众咨询反映的问题主要涉及请求支付劳动报酬纠纷、交通事故赔偿纠纷、婚姻家庭纠纷、承包地纠纷、伤害赔偿纠纷等方面。

【普法依法治理】 2015年，全县加强“法律六进”工作，积极推进法治文化阵地建设。在蒙山镇哪啦自然村建立梧州市首个村级法治教育文化园，辐射周边村屯10个，接受普法教育人口近5万人；在华虹滨江新城创建法治小区，通过法治宣传标语和法治宣传栏的形式宣传法律法规。通过发送普法短信、官方微信微博、举办法治文艺演出等形式，不断扩大普法宣传教育的辐射面，增强法治宣传教育效果。县司法局向领导干部、村（居）民、外出务工人员等广大手机用户共发送普法短信7.44万条，印发了1万册《中小学生普法宣传资料》和1.38万个普法宣传手提袋。全年举办法治文艺演出3场次，出版法治宣传栏200多个，发放宣传资料2万多份，法律咨询5000人次。县依法治县各成员单位按照“谁执法谁普法”的要求，积极利用“三八”妇女节、“3·15消费者权益保护日”、“6·26国际禁毒日”、“12·4国家宪法日”等重要宣传活动日，宣传法律法规、禁毒、艾滋病防治和消防安全等知识。

【社区矫正】 2015年，全县社区矫正工作进一步健全完善工作机制，严格执行刑罚，做好重大节假日及敏感时期的安全维稳工作，为社区矫正安全稳定提供法律保障。积极探索采用“学、练、考”三位一体的社区服刑人员教育矫正的新模式，既能确保每月不少于8小时的学习任务，又能达到教育转化的目的。截至2015年12月，全县累计接收社区服刑人员248人，累计解除172人。无脱管漏管现象。

【安置帮教】 充分发挥安置帮教基地的作用，安置刑释解教人员劳动就业，2015年共有8名刑释解教人员安置在基地就业。积极拓宽适应性帮扶的渠道，与平南监狱结成刑释解教人员帮扶对子，开展了多次心里健康教育的集中教育和个别心理辅导，将社区法律服务、心里健康教育前置到监区，有效地提高了即将刑释解教人员的心里健康水平。

【人民调解】 2015年，全县共有各级人民调解组织97个，其中乡（镇）人民调解委员会9个，村人民调解委员会78个，社区人民调解委员会6个，专业性调解委员会4个（交通事故调解委员会、医患纠纷调解委员会、新世纪物业纠纷调解委员会、工会职工纠纷调解委员会），有人民调解员478人。全县各级调解组织坚持“调防结合，以防为主”的工作方针，坚持“一月一排查”的工作制度，深入开展各种因素引发的多发性、易激化矛盾纠纷排查活动，加强矛盾调处纠纷力度，及时调处群体性矛盾、群体性上访纠纷，竭力将矛盾纠纷化解在基层。全年，全县共排查各类矛盾纠纷759件，调解纠纷755件，调解成功742件，调解成功率98%。

【一村（社区）一法律顾问试点】 2015年7月，在全县开展了一村（社区）一法律顾问的试点工作，通过为村（社区）配备至少一名法律顾问的方式，推进法律服务进基层，增强广大基层干部群众的法律意识，促进村（社区）组织民主决策，依法办事，引导群众通过合法途径表达诉求，解决矛盾纠纷，保障群众合法权益。2015年，全县28个村及4个社区设立法律顾问室，并完善了标示牌、公示牌、工作职责卡、全民联系卡等硬件设施。3名律师和16名法律工作者担任村（社区）的法律顾问，全年共为村（社区）委员会出具法律意见80份次，对村（社区）干部开展法律培训8次，为群众提供法律咨询500人次，共化解基层矛盾纠纷180件，审查法律文书40份，有效地维护了社会的和谐稳定。

（黄兆明）

人民武装

【概　况】 2015年，蒙山县人民武装部深入学习习主席系列重要讲话，认真贯彻军区、军分区党委全会精神和县委县政府指示精神，以国防和军队改革为主线，按照“夯实思想根基、瞄准备战打赢、增强军味战味、确保安全稳定”的工作思路，积极适应国防和军队改革带来的职能新定位、任务新变化，各项工作稳步推进，全面建设呈现出稳步发展的势头。5月份，广西军区安全工作检查组到县人武部检查安全管理工作，给予

“安全意识强、措施到位、设施完善”的较好评价；6月初，广西军区闫副参谋长带工作组到县人武部检查战备训练和安全管理工作，对战备库室建设和民兵整组工作给予了充分肯定；7月中旬，参加军分区半年军事训练考核，总体成绩较好；11月份，参加军分区民兵应急分队考核，参考率达到95.2%，成绩达到大纲标准；11月底，团职干部参加广西军区岗位能力考评，主要课目成绩较好；年度征兵任务完成较好，圆满完成上级下达的征兵任务，大学生比例达到历史新高，占33.7%。此外，加大营区正规化建设力度，完善各类基础设施建设，基本达到上级明确的建设标准。

【党管武装工作】 2015年，县委、县政府坚持把民兵预备役工作、县人武部基础设施建设列入重要议事日程，纳入全县总体规划之中，认真落实议军会、武委会、军事日以及武装部主官参加县委常委会、县长办公会等制度。2015年市武委会召开后，县及时调整国防动员委员会，补充国动委各办公室成员，细化各成员间责任，确保国防动员工作有人抓、有人管。依据国家《宪法》《国防法》《国防动员法》，先后制定完善了《蒙山县国防动员实施办法》《蒙山县国防教育实施办法》等6个实施办法和意见，使蒙山县国防动员建设逐步走向了法治化、规范化的轨道。2015年7月下旬召开县委常委议军会议，重点研究武装部正规化建设、民兵武器装备仓库维修、基层武装部正规化建设和专武干部队伍建设、军属工作安排等问题。全年共拨付经费130余万元用于武装部新营房规范化建设，硬化了出入道路，新建了附属楼，建设大门和营区围墙，规范了武装部的作战值班室，建设了兵检站，民兵武器装备仓库电网和防雷设施得到了维修更新，全县各乡镇基层武装部都按标准配齐了“三室一库”（兵器室、器材室、储藏室，给养库），招聘补齐了专职武装干部。

【政治思想建设】 2015年，坚持把思想政治建设摆在首位，着眼铸牢军魂，在凝神聚气上下功夫。一是抓创新理论学习。认真组织党委中心组理论学习和个人自学，系统学习习主席系列重要讲话精神、全军政治工作会议精神、中纪委五次会议精神、《广州军区党委常委专题会议纪要》、分区党委扩大会议精神等，不断补足精神之“钙”，固牢强军之“魂”。结合广西军区白政委、分区李政委辅导授课，组织广大干部开展了“践行‘三严三实’、干净为官做事”心得体会讨论交流。部长、政委分别以《紧绷严以律己之弦，恪守立身为官之则》和《党员干部要自觉践行“三严三实”》为题，进行了专题党课辅导。组织观看《手机背后的谍网》《中共中央关于部分省市县党委书记违纪违法案件及其教训警示的通报》等防间反特、反腐教育影片资料，引导干部职工爱军精武、爱岗敬业，提高应对突发事件、有效履行使命任务的能力素质。二是抓党委班子建设。2015年，县人武部党委班子变更较大，有2名新进党委成员，但4名党委委员（1名分区借调），不论资历深浅，年龄大小，任职时间长短，还是面临家庭和个人实际困难，都能始终保持较高的工作热情，表现出较高的思想觉悟和精神境界，在深入调查研究，解决单位发展难题上尽心尽力，特别是大项演训活动等急难险重任务，始终做到靠前指挥，确保工作任务圆满完成。三是狠抓廉政建设。“一班人”认真落实党风廉政建设责任制，认真学习《中国共产党廉洁自律准则》和《中国共产党纪律处分条例》，秉公用权，树立领导干部的良好形象。班子成员带头艰苦奋斗，在生活待遇方面不搞特殊，与干部、职工一起在食堂就餐，用车、住房等都自觉按规定办。

【国防教育】 2015年，全年共进行了9场国防教育课，受教育的党政干部近300人次。同时将国防教育纳入中小学课堂，全县所有中专、中小学校的国防教育活动，每个学年至少安排一次，由县人武部领导负责授课。全年有22所中小学共安排了35场国防教育课，受教育学生4000多人次。驻蒙部队共组织200多人次到烈士陵园参观学习，官兵们纷纷表示要以革命先烈为模范，立志报国。人武部利用民兵预备役整组、训练、征兵等时机，深入党政机关、事业单位、社区、厂矿、农村进行国防教育宣传，共20多人次深入基层一线授课30多场，发宣传资料10000多份。

【兵员征集】 2015年，蒙山县征兵工作坚持以《征兵工作条例》和征兵命令为依据，认真贯彻自治区、梧州市人民政府征兵工作会议精神，采取“早筹划、早准备、早部署、严密组织、把好关口、优中选优”的工作原则，依计划、依步骤逐项落实好征兵工作的每个环节，圆满完成了上级下达的征集任务。7月3日，县委阳永煊书记亲自参加年度征兵工作动员部署；8月上旬，宋彤宇县长再次组织征兵工作再发动，并于9月9日亲自参加欢送新兵仪式。

2015年9月9日，欢送新兵入伍大会上县领导给新兵发放入伍证书　　县人武部　供稿

【民兵工作】 民兵政治教育。2015年，蒙山县人武部认真抓好民兵的政治教育工作，严格落实每期军事训练的16小时政治课教育，重点学习民兵的性质、任务、地位作用以及光荣传统教育和民兵入队宣誓。同时结合民兵整组，开展纪念“六一九”、庆祝“八一”等活动以及征兵宣传教育，使民兵增强“兵”的意识和国防观念；组织民兵积极参加全民教育，学习党的路线、方针、政策和精神文明、国防教育、法纪教育、科技教育等，受教育民兵年均1.3万人次。

民兵军事训练。2015年的民兵军事训练，对全县专武干部和民兵骨干进行常态化训练的同时，突出训练民兵应急连、乡镇应急排、步兵分队、安全警戒分队等，训练科目主要有基础队列动作、战术基础、轻武器操作与射击、政策法规、应急行动常识、抢险救灾行动等内容。每期训练结束，对民兵分队进行训练考核，合格率达到85%。3月19—20日，在县人武部组织了全县专武干部集训，重点学习队列动作、武器操作、业务知识等内容。4月28—29日，在县人武部组织了部分专武干部和全县民兵骨干的业务集训，重点训练了武器操作、队列动作、警棍盾牌操和处突演练程序等内容。年度内共组织了3期县民兵应急连集训，每期集训结束后，均对训练对象进行了考核，并把训练情况通报全县各相关部门。11月7日，分区考核组对蒙山县民兵应急连年度军事训练情况进行普考，主要考核了紧急出动演练、3000米徒手跑、轻武器射击、警棍盾牌操、队列动作和民兵骨干“四会”教学等内容。整个考核过程安全、顺利，考核综合成绩良好。

2015年4月27日，蒙山县民兵应急分队组织入队宣誓　　县人武部　供稿

民兵整组。2015年，重点结合民兵整组狠抓战斗力建设，牢固树立“编组是第一战斗力”的观念，切实建好“三支队伍”（应急队伍、支援队伍、储备队伍），为后备力量建设夯实组织基础。严格按照“三个阶段”“八个步骤”组织实施。3月中旬前，逐级召开了党委会、整组工作部署会，学习《民兵工作条例》及上级有关民兵整组工作的指示精神，统一了思想，明确了标准，部署了工作。3月16—20日，针对部分专武干部不懂不会的实际，采取理论学习、经验交流、现场教学、难题会诊的方式集中全县专武干部和分管武装工作的领导，组织了一期整组骨干培训，使大家清楚了整组的目的意义、内容要求、方法步骤和基本流程。

【双拥和涉军维权】 2015年，县人武部根据双拥共建协议，与蒙山中学，蒙山县一中、县职业技术学校开展文明共建活动，协调专武干部、武警组成的教练员指导学生军训，受训学生1300多人。训练期间要求学生实施军事化管理，接受军事教育，做到部队作风进校园、军刊读物进校园，树立了“学习为祖国，献身为国防”的理想。开展“一帮一”扶助失学儿童活动，为5名失学儿童捐款1000元。春节前，县人武部走访慰问了退伍在乡的15名老党员，给每人送了慰问品及200元慰问金。“八一”节前夕，看望慰问了一等战斗功臣梁胜春和5名家庭困难的老复退军人，给他们送去了大米、食用油和300元慰问金。中秋节前，部领导分别到蒙山镇文平村、龙蟠村慰问县计划生育困难户，为每户送上月饼、花生油、毛巾被等一批慰问品和300元慰问金。全县设立“维护国防利益和军人军属合法权益”工作调处中心1个，9个调处站，81个调处点，54名法律工作者担任义务法律咨询员。全年共接待来信来访100余人次，协助解决涉军案件5起。

（彭余樟）

人民武警

【概　况】 2015年，武警蒙山县中队以贯彻落实习近平主席一系列指示精神为指导，以《军队基层建设纲要》和《基层正规化管理规定》为依据，以建设一支听党指挥、能打胜仗、作风优良的现代化武装警察力量为目标，始终坚持依法治警、从严治警方针，全体官兵始终牢记全军的性质宗旨和使命，发扬全军的优良传统和作风，坚持把思想政治建设摆在首位，严格管理，严格训练，科学建队，圆满完成了以执勤和处置突发事件为中心的各项任务，实现了执勤目标连续39年安全无事故。

【执勤处突】 2015年，中队严格落实《执勤规定》、《执勤设施建设标准》和《中华人民共和国人民武装警察法》，坚持以从严治勤为切入点，狠抓执勤制度的落实，确保了中心任务的圆满完成，实现了连续39年安全无事故。7月，在支队组织的勤训轮换集训中，中队官兵表现突出，获得总评第一的好成绩；在支队组织的军事会操中，中队官兵通过努力获得总评第一。全年，中队共出动官兵80余人次，配合公安机关和有关部门完成押解、处突和临时勤务15次，以实际行动维护了蒙山县社会治安的稳定。

【军民共建】 2015年，全体官兵始终坚持服务人民的优良传统，把驻地当故乡，视人民为父母，想方设法为驻地群众做好事、办实事。3月5日“学雷锋活动日”，中队组织官兵到敬老院开展尊老、爱老、敬老活动；清明节期间，组织官兵到烈士陵园扫墓，用革命先烈的先进事迹教育官兵。5月，由于中队拥政爱民工作突出，团蒙山县委给中队颁发了“青年文明号”先进单位奖牌。

【后勤保障】 2015年，中队认真贯彻落实《后勤管理十一项制度》，强化后勤管理，进一步完善“四项设施”（执勤设施、营房配套设施、营区环境设施、文体器材设施）建设，不断提高综合保障能力。在财务管理上，严格实行双人联签制度，大项经费开支能够召开支委会研究，及时请示报告，确保经费开支合理，将有限的经费用在中队建设上，杜绝消耗性开支，达到“三好五无”（文明带兵好干部、尊干爱兵好班长、爱警习武好战士，无亡人责任事故、无刑事案件、无自杀事件、无违反“五条禁令”、无严重违纪）的目标。在伙食管理上，严格落实伙食管理五项制度，搞好伙食调剂，加强对炊事员的教育培训，不断提高炊事技术和服务意识，较好的调剂了中队伙食花样，满足了官兵不同口味的需求。

（夏荣俊）

人民消防

【概　况】 蒙山县消防大队是一支以防火、灭火和抢险救援为中心任务，保卫全县人民生命财产安全和经济建设的正营级现役部队。2015 年，大队围绕“强基础、谋发展、求突破、上台阶”的工作思路，积极推进全县消防工作，为地方经济社会和谐稳定发展创造良好的消防安全环境作贡献。大队政治教导员杨雁获广西消防总队、梧州市消防支队授予“优秀党员”称号，政治指导员冼礼宁获广西消防总队、梧州市消防支队授予“优秀党务工作者”称号，战士李文智获梧州市消防支队授予“优秀党员”称号。

【火灾扑救】 2015 年，全年出警扑救火灾 32 起，火灾造成直接财产损失 260.8 万元，无人员伤亡。同比上年，火灾起数下降了 11.11%，直接财产损失上升 27.29%。2015 年 3 月 19 日 8 时 30 分，蒙山县政府对面华美水岸明珠小区三栋一号五楼住宅发生火灾，县消防大队及时出警抢救被困人员 3 人，疏散人员 10 人，抢救财产价值 60 多万元。

【抢险救援】 2015 年，全县消防部队接警 53 起，出警 53 起，出动消防车 101 辆次，消防人员 507 人次，抢救被困人员 20 人，疏散人员 467 人，抢救财产价值 1398.8 万元。同比上年，接警出动起数下降 57.60%，出动车辆数下降 59.60%，出动消防人员数下降 59.44%，抢救被困人员数下降 66.10%，疏散人员数下降 28.59%，抢救财产价值下降 38.65%。2015 年 3 月 21 日，蒙山县西河镇古娄村明潘组发生一汽车侧翻事故，县消防大队出警抢救被困人员 1 人，疏散人员 20 人，抢救财产价值 50 万元。

【消防监督】 2015 年，县消防大队督促指导基层网格员按照分片包干的要求开展“进村入户”检查工作，对辖区所有人员密集场所、社会福利机构、五供场所、高层地下、施工工地、出租屋、居民楼、九小场所等所有单位场所完成一次信息采集、检查评估，并填写《消防监督检查记录表》，对检查发现的问题下发《责令改正通知书》，督促单位落实整改。逐一录入消防安全网格化管理系统，统一建立单位场所、建筑栋数、隐患情况的《基础排查花名册》，从而达到“底数准、情况清”的效果。在社会面基础排查的同时，消防部门认真履行“每日一查”工作。指导单位落实消防安全主体责任，重点单位 100% 落实“七加一”（开展一次消防安全评估、签订一份消防安全告知书、签订一份消防安全承诺书、维护保养一次消防设施、组织检修一次电器和燃气线路设施、全面清洗一次油烟道、集中培训一次全体员工，并在此基础上建立一支志愿消防队或微型消防站）措施，一般单位落实“四个一”（组织一次消防安全检查、开展一次消防安全讲座、进行一次消防安全演习、体验一次消防站开放日）要求，出租屋群租房配置“四件套”（电筒、口罩、口哨、烟雾报警器），居民楼开展“三清”（清理居民楼院疏散楼梯、走廊、前室等公共区域可燃杂物；清理居民楼院电动自行车等交通工具违规存放充电问题；清理电缆井、管道井等竖井防火封堵不严以及堆放可燃杂物问题）工作，切实督促单位落实火灾隐患自查自纠，加强用火用电管理，及时更换老旧电气线路，保持疏散通道畅通。对排查发现的火灾隐患立即督促整改，对不能立即整改的，以网格为单元，收集整理摸清辖区隐患底数，建立隐患、责任、措施清单，提请政府下发防护管控方案，明确责任、推动排查整治隐患清零、落地见效。全年，县消防大队监督检查单位、场所1761家次，发现火灾隐患或违法行为805处，督促整改762处，下发责令改正通知书485份，临时查封17家，责令“三停”11家，罚款22.87万元，拘留5人，提请政府挂牌督办重大火灾隐患1家，调查处理群众举报投诉火灾隐患23起。

【消防宣传】 重点实施消防宣传“七进”（进机关、进学校、进社区、进企业、进农村、进家庭、进网站）工作，提高群众消防安全常识知晓率。消防部门依托青少年志愿者、退休老年人等社会力量建立“社区消防宣传大使”组织，各类各级重点单位、大型企业、人员密集场所的工作人员、安保人员建立起社会单位志愿消防队、联防队，县综治办建立“红袖标”志愿者团队，通过这三大主体，走街串巷给各类单位场所发放、张贴消防知识海报；依托派出所入户大走访活动，挨家挨户赠送《家庭消防知识读本》书籍；依托当地门户网站、大队官方微博微信账号、短信互动平台发布发送与消防有关内容；依托电影院、网吧、楼宇电视、户外广告屏等播放消防公益广告及字幕。2015年，培训宣传1.55万多人次，发放宣传资料1.5万多份，播放消防公益广告20部，发送公益短信10万多条，大队微信公众号发布信息312次。

【落实消防责任】 针对社会单位、九小场所、居民出租屋点多面广，火灾隐患复杂多变的局面，牢牢抓住《消防法》政府统一领导，部门依法监管，单位全面负责，公民积极参与的原则，本着宣传培训好一个主要领导等于宣传培训好一百个一般干部的理念，通过召开党委政府、系统部门、村委社区、单位场所、检测和维保公司的领导、负责人参与的《消防法》《广西壮族自治区实施〈消防法〉办法》《广西壮族自治区农村消防规定》等消防法律法规宣贯会，播放温州“8·24”出租屋火灾责任追究等案例片方式，推动政府、部门、单位落实消防安全责任制，签订《2016年消防工作目标责任状》，明确责任、细化任务、各司其职、通力合作，做好消防安全各项工作。2015年，组织召开消防法律法规宣贯会3次，播放火灾案例宣传片4部，专题汇报辖区火灾形势2次，提请召开消防工作会议4次，印发排查整治方案、文件3份，陪同主要领导消防安全检查4次，参与火灾应急处置演练6次，签订责任书50份。

【消防基础建设】 县委、县政府高度重视消防业务经费投入，将消防事业和部队建设经费保障纳入地方经济社会发展规划之中。2015年，县政府投入消防业务经费106万元，同比上年增长45.4%。投入70万元作为采购消防云梯车首付款。广西消防总队拨付100万元给蒙山消防大队购买了5套公寓房。

【消防安全网格化管理】 蒙山县政府因地制宜，结合实际，确定蒙山镇永安社区作为广西区14个消防安全“网格化”管理试点之一，将消防安全“网格化”管理纳入社会综合治理平台，建立健全基层消防工作组织，落实基层消防工作责任，夯实城乡火灾防控基础，有效预防和减少火灾事故。2015年年底，经广西区综治办验收合格，在全市推广经验做法。

（李壬宗）

人民防空

【概　况】 蒙山县人民防空办公室（以下简称县人防办）是蒙山县国防动员委员会的常设办事机构，受县政府和县人武部双重领导，既具有政府部门的管理职能，同时又担负国防任务，保护人民生命财产的重要职能。县人防办行政编制数5个，机关后勤服务人员1名。内设2个职能股室：秘书股、指挥通信股。2012年1月，蒙山县实施机构改革，将县人防办由议事协调机构的常设办事机构调整为在县住建局挂牌，运行机制不变。县人防办被梧州市人防办评为2015年度“梧州市人防目标管理工作达标先进单位”。

【古榕公园地下人防工程竣工】 2015年12月21日，县人防办组织相关单位对蒙山县古榕公园地下人防工程进行竣工验收，标志着该项工程已全部完工，即将投入使用。古榕公园地下人防工程，防护等级为甲类核6级常6级，防化级别为丙级，平时用途为停车场或商场。

【梧州市人防会议暨调研活动在蒙山县召开】 2015年3月16日，梧州市县级人防办主任会议暨调研活动在蒙山县召开，市人防办领导和相关业务科长以及各县（市）人防办负责人参加了会议。与会人员首先参观了城北古榕公园地下人防工程，然后召开工作经验交流座谈会，蒙山县人防办在会上作了典型经验交流介绍；各县（市）人防办就2014年县级人防工作情况和存在问题进行探讨和交流；梧州市人防办党组书记、主任孙伟义等领导传达区人防办主任会议精神，并制订廉政建设规定，对2015年全市人防工作提出具体要求。会上，市人防办与各县（市）人防办签订2015年度人防工作目标责任状。

【行政审批和执法】 2015年，县人防办依法依规开展人防行政许可项目审批工作，全年共审批人防行政许可项目8项。同时，根据《人民防空

2015年3月16日，全市人防会议与会人员参观古榕公园防空地下室　　县人防办　供稿

行政执法规定》和《自治区人民防空行政执法办法》文件要求，县人防办依法开展人防执法监察工作，建立行政执法案件报告制度，对不履行好审批事项义务单位、企业，依据法律法规权限，进行调查取证，立案处罚。1家房地产开发企业因未批先建，被罚款3万元。

【战时人口疏散基地建设】 2015年，按照区、市人防办目标责任制要求，县人防办制定了《蒙山县人口疏散基地建设试点工作计划》，完善县人口疏散计划和疏散地区接收方案，进行人口疏散基地建设，年底通过县组织人口疏散基地软硬件设施验收。

【防空警报器建设】 2015年，根据上级文件要求，县人防办制定蒙山县防空警报系统建设工作规划，做好防空警报系统调整、扩充和升级计划。加强对全县的防空警报进行维护检查，定时对警报系统进行维护测试。在“9·18”防空警报试鸣日，警报器鸣响率和音响覆盖城区面积达到90%以上。活动当天还组织县湄江中学1450名学生进行疏散演练。

【人防宣传和教育】 2015年，县人防办积极开展好人防宣传教育“进机关、进企（事）业、进学校、进社区、进家庭”为主要内容的学习和宣传教育活动，通过县电视台、手机短信等网络平台，制作人防宣传板报、横幅等宣传设备，向社会广泛地宣传人防法律、法规，人防知识，为蒙山人防工作的顺利开展打下良好的群众基础，营造良好的社会环境。同时，与县教育局联合做好2015年县直初中二年级学生人防知识宣传教育工作，在县湄江中学、县第二中学开设人防知识课堂，组织人防知识考试以及观看国防教育片，学生开课及受教育率均达到100%；向社区群众发放各类人防宣传册数千份，有效地增强广大群众人防法律意识和国防观念，进一步提高防空防灾技能。

（冯　杰）

责任编辑　黄兆伦

农业和农村

综　述

【概　况】 2015年，蒙山县农业部门认真贯彻执行2015年中央1号文件精神，结合县委、县人民政府提出的“生态立县，特色兴县”战略构想和“特色农业、优势工业、休闲旅游、精品城镇”的发展思路，大力发展特色农业和观光农业，建设特色农业示范区，促进农业产业化发展和农民增收。县农业部门（不含畜牧局、林业局、扶贫办）行政人员编制13人，实有人数13人，其中现职领导5人（包括局长1人，副局长2人，总农艺师1人，纪检组长1人），正科级5人，副科级4人，科员4人。局属二层机构事业单位总编制94人，实有人数95人，其中干部87人，工人8人。有农技干部55人，其中农艺师38人，助理农艺师17人。局属二层机构有：中心推广站、蚕业站、经管站、经作站、植保站、种子站、区划办、水果服务中心、农科所、土肥站、农业行政执法大队、农产品质量安全检测室、农广校。其中农业行政执法大队、经管站、区划办为参公管理单位，农产品质量安全检测室及农广校只有机构无人员编制。

【创建自治区级现代特色农业（核心）示范区】 截至2015年年底，共投资4585万元，在西河镇安富村、广育村、桐油坪3个村，以砂糖橘、桑蚕和现代养殖为重点产业，按照乡村建设和现代农业“五化”的要求，创建自治区级现代特色农业（核心）示范区。示范区规模连片600公顷以上，拓展区333公顷以上，辐射区667公顷以上。编制的《蒙山县特色生态种养（核心）示范区建设规划》于2015年7月5日在广西农科院接受自治区专家评审。大力发展壮大一批本土龙头企业，招商引进一批外来龙头企业，创办一批合作组织为示范区提供优质的社会化服务。依托华虹丝绸股份有限公司、五丰丝绸股份有限公司、广西蒙山城联农业发展有限公司、蒙山县绿康农业综合开发专业合作社等龙头企业和专业合作组织实施标准化生产。蒙山县绿康农业综合开发专业合作社投资500万元在示范区打造无公害蔬菜和瓜果采摘基地，基地面积33.3公顷，种植名优蔬菜品种。广西蒙山城联农业发展有限公司在示范区投资1000多万元的现代化设施猪场基地建成投产，基地占地共6.67公顷，种植区占5.33公顷，养殖场占1.34公顷，年存栏种猪350头，年出栏牲猪6000头。示范区采取统一农资供应、统一技术规程、统一生产标准、统一产品质量、统一品牌销售“五统一”的产业化经营。2015年，示范区砂糖橘平均亩产3146公斤，平均亩产值2.2万元。

【打造农村电子商务新模式】 2015年8月，蒙山县与北京东方财星国际资本管理有限公司签订全面战略合作框架协议，北京东方财星国际资本管理有限公司董事长首席助理高春景，县领导阳永煊、覃杏、韦放、曾凡玺出席签约仪式。公司在蒙山县推广“政府主导、企业运营、社会协同”三位一体的便民服务政企社共建模式，打造农产品“原产者直销”和城乡信息流、物流、资金流融合的“互联网 +”的城乡一体化商贸流通新模式，为蒙山县下一步发展农村电子商务与冷链、物流打下良好基础。

【特色农产品展销】 2015 年，蒙山县组织全县 11 个企业、合作社参加第十届梧州宝石节名优产品展销会，展销了有机木瓜、有机茶、黑土猪、丝绸等蒙山名优产品。通过系列展销活动，加大蒙山县名优产品的宣传力度，增强蒙山县影响力。

【土地确权登记】 2015 年，完成汉豪乡和夏宜瑶族乡 2 个乡的确权登记入户调查任务，其中汉豪乡完成 6 个村 121 个村民小组 3489 户，夏宜乡完成 6 个村 64 个村民小组 1530 户。完成了农村土地承包经营权确权登记信息系统建设任务。2015 年 12 月，农村土地经营纠纷仲裁庭建设项目开工建设，相关配套设施待土建工程完工后，即可购买安装，投入使用。

【专业合作社建设】 2015 年，蒙山县新登记成立合作社 35 家、家庭农场 40 家，全县合作社总数达 174 家、家庭农场总数达 91 家。通过与财政局协作完成合作社申报 2015 年财政扶持资金项目工作，争取项目扶持资金共计 135 万元。做好梧州市 2014 年度新型经营主体扶持项目申报工作。蒙山县庆伟农机专业合作社、蒙山县康顺渔业合作社、蒙山县红土地农民合作社联合社获得市级农民专业合作社示范社资格，蒙山县庆伟家庭农场、蒙山县夏宜乡万丰生态养殖家庭农场、蒙山县利海家庭农场被评为市级示范性家庭农场。

庆伟家庭农场温控育秧室　　县史志办　供稿

【龙头企业的监测】 主要是做好市级农业产业化重点龙头企业监测工作。2015 年，对 5 家企业开展监测工作，其中广西玉兰制药有限公司、广西梧州市明阳生化科技有限公司初步通过监测，保留梧州市市级农业产业化重点龙头企业资格；取消广西亿丰新宇农业发展有限公司、广西蒙山县永安制糖有限公司、广西梧州市正通瑞和牧业有限公司 3 家企业市农业产业化重点龙头企业资格。协助企业做好项目申报工作，其中华虹公司申报获得自治区产业化等项目资金 140 万元，宇远公司共获得区、市产业化等项目资金 80 万元。

【清洁田园】 农业部门把“清洁田园”作为清洁乡村的一项重点活动来抓，深入落实县委、政府“美丽蒙山 · 生态乡村”的活动部署，以落实县田园办《“清洁田园”巩固和提升工程实施方案》为抓手，无逢衔接推进生态乡村建设活动。2015 年，全县推广清洁生产技术面积达 8333 公顷，共清洁田园面积 9267 公顷，清运各样废弃农资包装物 60 多吨。推广测土配方施肥技术，有效提高肥料利用率，促进果粮桑增产、农业增效、农民增收和减少对水源污染，保护农田生态环境。推广土壤有机质提升技术，提高农田土壤肥力，减少化肥使用量，减少面源污染，对实现绿色优质农产品生产有明显作用，对提升蒙山长寿养生环境有良好的作用。推广水肥一体化技术，引导农民科学施肥，推广节水农业技术 3333 公顷，其中水肥一体化示范面积超过 153 公顷。加强生活垃圾资源化利用，促进生态环境改善。2015 年新建无害化处理池 4 个，处理病死动物 1644 头，防止污染农田水源环境。

清洁田园　　县乡村办　供稿

【夏宜美丽乡村建设】 投资427万元建设夏宜垌口至夏宜桥道路，投资25万元进行夏宜街网线改造，投资25万元建设夏宜垌水利三面光工程，投资58.5万元安装夏马桥至夏宜桥路灯，投资531万元对118户民房进行立面改造，投资180万元对夏宜村六寨组进行村道硬化和村屯绿化以及旅游业配套设施建设，投资191万元对夏宜垌口至夏宜桥道路进行绿化，投资203万元建设夏宜村水车及护道工程，投资54.5万元进行夏宜乡四季花海项目建设。

【农业人才培训】 2015年，完成实用人才培养（中专班）教学课程20门共600人次的教学，其中13级4门，14级12门，15级4门。在甘棠村举办种养大户培训班1期，30人参训。编写申报、组织实施新型职业农民培育项目，落实170人参加培育，在水果、桑蚕、养殖班的集中培训阶段，注重与实际生产相关的操作教学。

（陆建均）

农业执法

【概　况】 2015年，全县共出动农业执法人员320人次，发放宣传资料33000多份，检查各类农资生产经营单位和门市部155个次，全年查处违规农资案件6起，其中肥料4起，农药2起，结案率100%。

【农产品质量安全监管】 2015年，县农业局检测站对县城市场果蔬及周边蔬菜基地抽取样品共2172个，合格2164个，合格率达99.6%；完成色谱检测任务51个，检测样品合格率达100%。对6起在市场上检出农药残留超标的蔬菜移交食药监部门没收处理，并在蒙山电视台上发布谨慎食用信息提示；对生产基地检测出农药残留超标的蔬菜，则对蔬菜生产基地下达《限制采收上市通知书》，延期采收。对发现在蔬菜上使用甲胺磷等违禁高毒高残留农药的，及时给农户下达16份《蔬菜禁止采收上市通知书》，并令其自行销毁，禁止采收上市。2015年，全县9个乡镇农产品质量安全检测站共完成检测任务6576个，其中合格6570个，合格率达99.9%，合格率多年来维持较高水平。检测室对这些季节性易出现农药残留超标的蔬菜进行重点监控，有效保证人民群众吃上安全放心的农产品。

【高毒农药定点经营】 2015年，在县辖区内开展高毒农药定点经营工作，成立高毒农药定点经营试点5个。对全县农药经营实行定向布点、分类管理、规范经营，对高毒农药定点经营单位从业人员实行集中培训，并与店主签订了高毒农药定点经营责任书；对辖区内的农药市场及高毒农药定点经营门店进行了全面检查，确保高毒农药定点经营示范项目的顺利实施和高毒农药使用安全。统一印制了高毒销售台账，高毒进货台账，对所有定点单位实行了严格的台账记录与管理，并要求所有批发经营的产品进入电脑存档和销售，基本上实现了高毒农药经营监管“四化”。全年共发放宣传资料8000多份，电视宣传2次，宣传栏2期。同时举办农药经营人员培训1期，以提高他们的守法诚信安全经营意识，引导农药经营人员理解、支持高毒农药定点经营工作。通过实行购买农药实名化、流向记录信息化、定点管理动态化，基本实现了高毒农药销售100%信息可查询、100%流向可跟踪、100%质量有保证的“三个百分之百”的目标，从源头保障了农产品质量安全。

（陆建均）

种植业

【概　况】 2015年，蒙山县种植业形成了粮食、桑蚕、水果、蔬菜并行的局面，其中粮食耕种面积占全县耕地面积的68%左右，保障了粮食安全；桑蚕产业为蒙山县农业龙头企业供应足够的蚕茧，是全县大部分农民经济收入的主要来源；水果生产是全县农民收入另一重要来源，2015年水果总产值约计达到2亿元左右。

【粮食生产】 2015年，全县全年粮食播种面积13167公顷，平均亩产量346.9公斤，总产量达6.85万吨。全年推广种植超级稻面积达4467公顷，建立超级稻示范面积109公顷，为确保示范片、户取得实效，起到示范带动作用。

【水果生产】 2015年，全县新发展种植水果563公顷，全县水果种植面积达到了7300公顷，水果总产量约计为32490吨，总产值约计达2亿元左右。砂糖橘新增种植面积400公顷（其中新种植的山地砂糖橘果园200公顷），全县砂糖橘种植面积达到了4667公顷，投产面积2100公顷。水果生产的快速发展及其良好的经济效益，在发展全县农村经济，促进农民增收，逐步实现农民人均纯收入倍增方面起到了十分重要的作用。

2015年2月8日，农副产品购销公司包装沙糖橘外运

县史志办　供稿

【桑蚕生产】 2015年，蒙山县开展桑园品改种苗调运发放工作，发放农桑14、粤桑51等良种实生桑苗600多万株，指导农户科学种植管护，共完成桑园品改低改268公顷。年底蒙山县统计桑园面积为4087公顷，全年共发放蚕种（标准张）4.8万张，鲜茧产量2000吨，约计蚕农售茧收入9000万元。全县共举办以优质高产新品种桑园改造建设、小蚕共育技术、方格簇营茧技术、蚕沙无害化处理等先进实用技术为主要内容的各类培训班50多期，培训骨干蚕农及乡村技术人员1800多人次。咨询指导蚕农1000多人次。

鲜茧收购现场　　县史志办　供稿

【蔬菜生产】 2015年，全县建设品牌蔬菜总面积122公顷，其中蒙山镇30.71公顷，新圩镇50.49公顷，文圩镇40.80公顷；完成菜篮子工程蔬菜基地78公顷任务，新圩27.36公顷，蒙山镇23.96公顷，文圩镇26.68公顷。

【病虫害防控】 2015年，全县各种病虫草鼠害发生面积为85133公顷次，防治面积为92426公顷次。其中水稻病虫害发生面积为30487公顷次，防治面积为37780公顷次。通过做好主要农作物有害生物的监控、新技术引进、农作物重大病虫害综合防治、统防统治示范演练培训、植保技术宣传、培训和咨询、建立病虫害绿色防控和综合防治展示区等措施，经防治后挽回损失约9695.88吨。

【休闲农业与乡村旅游】 2015年，蒙山县获得了“全国休闲农业与乡村旅游示范县”荣誉称号，进一步规范蒙山县休闲农业与乡村旅游发展，打响“农业观光之旅”等旅游品牌；长坪瑶族乡长坪村申报自治区级休闲农业与乡村旅游示范点，已通过专家评审并公示；夏宜瑶族乡夏宜村申报了2015年中国最美休闲乡村。

【打造“四季花海”】 2015年，蒙山县安排财政预算140万元重点打造千亩“四季花海”，种植荷花、格桑花、马鞭草、百日草等品种，国庆期间花海吸引游客约20万人次，进一步提升蒙山县休闲观光农业品牌的知名度。

（陆建均）

养殖业

【概　况】 2015年，蒙山县水产畜牧兽医局围绕蒙山县委、县政府“生态立县、特色兴县”战略构想和“特色农业、优势工业、休闲旅游、精品城镇”的发展思路，切实做好蒙山县水产畜牧生产、动物卫生监督、重大动物疫病防控和水产畜产品质量安全监管等工作。全年，全县生猪出栏15.08万头，同比增长2.10%；家禽出栏136.86万羽，同比增长5.50%；肉兔出栏137.05万只，同比减少17.26%；肉牛出栏1500头，同比持平；肉类总产量1.69万吨，同比增长0.38%；禽蛋产量1597吨，同比增长0.19%。全县存栏生猪13.72万头，同比增长0.07%，其中能繁母猪1.18万头，同比持平；牛存栏0.32万头，同比增长3.23%；家禽存栏64.55万羽，同比增长0.19%；水产养殖面积1089公顷；网箱养鱼8061平方米，庭院养鱼20000平方米，水产品总产量11800吨，同期增长10%。

【特色养殖】 蒙山县特色养殖主要有黑土猪、蜜蜂、娃娃鱼、白鸽、山羊等。2015年，全县黑土猪存栏2.2万头，出栏8400头，产值1950万元；养蜂5.85万群，蜂蜜产量680吨，产值5440万元；娃娃鱼存塘3.16万尾，出售4400尾，产值550万元；白鸽存栏1.98万羽，出栏4.06万羽，产值75万元；羊存栏0.43万只，出栏1100只，产值95万元。以上特色产业总产值达8110万元。

黑土猪养殖　　县史志办　供稿

【创新动物疫病防控工作方式】 2015年，蒙山县动物疫病防控工作全面推行政府购买服务的方式，通过制订《蒙山县动物防疫技术服务机构防疫补助经费发放及考核办法》、成立乡镇动物防疫技术服务部或组建防疫合作社等服务机构，把重大动物疫病防控技术服务承包给各乡镇动物防疫技术服务机构，各乡镇动物防疫技术服务机构接受蒙山县动物防疫工作考核考评组的监督考核。2015年，春秋两季重大动物疫病防控工作皆顺利通过各级检查验收组的验收，猪瘟、猪蓝耳病、口蹄疫、禽流感等免疫密度全部达到100%，抗体水平达到上级要求，全面完成全年动物疫病防控任务，达到预期的目标。

【动物源性食品卫生监督】 2015年，蒙山县继续做好动物卫生监督工作，加强动物源性食品安全监管：一是加强检疫环节监管。2015年，全县产地检疫生猪65157头，活禽约50万羽；屠宰检疫生猪63414头，牛144头。开展生猪“瘦肉精”检测417头，全部为阴性。动物产地检疫率达100%，屠宰检疫率达100%；二是狠抓畜产品生产投入品监管。全年共开展兽药、蚕药大检查8次，共出动执法人员100多人次，检查兽药店17个，兽药生产企业1个，蚕药经销部8个。立案查处兽药经营企业1个，兽药经营部1个，共罚款4100多元；三是加强畜产品质量安全监测。与规模养殖场签订承诺书43份，开展执法检查85次，出动执法人员200多人次。今年，没有发生动物源性食品安全事故，有力地保障蒙山县食品安全，保障人民群众的生命财产安全。

【标准化规模养殖场建设】 2015年，蒙山县强新生猪专业合作社承担标准化规模养殖场（小区）建设项目，城联农业发展有限责任公司、新牧哥种草养牛基地申请创建自治区级畜禽标准化养殖示范场。当年，蒙山县多家企业获得上级项目资金扶持。其中，蒙山县城联农业发展有限公司获得200万元，蒙山县盛丰家庭农场获得20万元，金富农原种猪有限责任公司获得80万元，富江现代农牧发展有限公司获得15万元，新牧哥种草养牛基地获得50万元，扶持资金专项用于标准化养殖基地建设。

【生猪定点屠宰监管】 蒙山县生猪屠宰监督管理职能于2015年6月正式由蒙山县商务局划入到蒙山县水产畜牧兽医局。县畜牧局通过成立打击私屠滥宰专项整治联合执法队、进行专项整治执法巡查等举措，有力地打击了私屠滥宰行为。自7月起至12月止，执法队共出动101车次，642人次进行执法，巡回检查全县9个乡镇猪肉经营点、学校食堂等。查处问题15起，立案4起，结案4起，共计查处没收私宰肉625公斤，罚款8236元。据统计，2015年蒙山县全年屠宰检疫生猪63414头，同比增长5%。其中蒙山县食品公司城区定点屠宰厂屠宰检疫33554头，乡镇屠宰生猪定点检疫29860头。

2015年8月12日，县畜牧水产局执法人员在黄村镇对流动肉摊进行执法检查　　县水产畜牧局　供稿

【渔政执法】 蒙山县渔政部门采取有力措施，积极开展渔政执法行动，不定期地在辖区内河段开展“电、炸、毒”渔查处行动。全年出动50余车次，人员130多人次，缴获电鱼机等非法渔具4套。

【水生生物资源增殖放流】 2015年，蒙山县水产畜牧兽医局分别于7月8日、30日在蒙山县湄江河、西河镇水秀江段、黄村江段、汉豪江段、长坪江段、夏宜江段，先后投放鲮鱼、本地塘角鱼、黄颡鱼、鳙鱼共313万尾，使县域江河渔业资源得到一定的改善。

（谢　宁）

农业机械

【概　况】 2015年，蒙山县农业机械化工作牢固树立为“三农”服务的思想，以促进农业增效、农民增收和服务蒙山社会经济发展为目标，克服困难、扎实工作。年内共落实农机购置补贴资金169万元，受益农户222户；通过做好农机推广工作，全县农业机械总动力达到12.51万千瓦；完成年检拖拉机580多台，开展农机安全检查50多次；以促进农村劳动力转移为重点，完成农机驾驶员培训50人，其他农机技术培训120多人；认真抓好农机服务工作，共组织农业机械累计完成机耕面积6410多公顷，机械化收割面积达到2712多公顷。年底，全县耕种收综合机械化水平达到59%。

【水稻全程机械化技术推广】 蒙山县列入自治区23个“2015年水稻全程机械化示范推广项目县”之一。县农机局当年在新圩镇四联村“庆伟农机服务专业合作社”顺利实施该项目，共完成总投入480万元，建成投入使用后将每季能供133公顷大田用秧。同时，县农机局把推广水稻全程机械化技术作为促进粮食生产、实现农业增效、农民增收的主要抓手，采取上下联动、宣传发动、示范带动、政策驱动等多种举措，在新圩镇壮村村和西河镇回龙村建立了总面积1.87公顷的两个“基层农机推广补助项目实施基地”，主要用于实施早、晚两糙水稻生产从机耕、机插、机收、烘干方面全程机械化试验示范。

2015年蒙山县主要农业机械拥有量
及农机化发展情况表

表6

项目名称		数量
主要农业机械拥有量	农机总动力	125119.9千瓦
	拖拉机及耕整机拥有量	12335混合台
	联合收割机	51台
	水稻插秧机	78台
	大中型拖拉机	17台
	农用排灌动力机械	1253台
农机化发展情况	机耕面积	6410.5公顷
	机插秧面积	381.3公顷
	水稻机收面积	2712公顷
	粮食烘干量	37吨

【农机购置补贴】 自2008年蒙山县列入广西区农机购置补贴县以后，农机购置补贴和农机推广、农机服务相互结合联动、相互促进成为农机工作的亮点。利用农机补贴政策大力扶持农机专业合作社购买农机具，引导农业生产向规模化、机械化、现代化发展。2015年，农民购置享受补贴的农机具222台，其中耕整机、微耕机71台，联合收割机3台，水稻插秧机8台，大中型拖拉机3台，粮食烘干机1台，自走式旋耕机1台，其他先进适用小型农业机械135台，补贴资金169万元。

【农机服务】 至2015年底，全县有农机专业合作社10个。农机专业合作社的逐步发展对水稻生产全程机械化起到良好的示范、促进作用。县农机局全年共组织农机合作社和农机户拥有的农业机械累计完成机耕面积6410多公顷，机械化插秧面积381公顷，机械化收割面积达到2710多公顷，全县耕种收综合机械化水平达到59%。

【农机安全管理】 2015年，蒙山县农机安全监理站继续实行深入贯彻落实《中华人民共和国道路交通安全法》《广西壮族自治区农业机械管理条例》及农业部有关规章等农机法律法规，牢固树立以人为本、安全发展、依法监理和科技兴安的理念，构建了以源头管理、执法监控、宣传教育为主要内容的农机安全生产长效机制，与全县9个乡镇农机站签订农机安全生产目标管理责任状，将安全生产目标任务细化到乡镇一级。通过每月的农机安全活动日、农机安全示范村、广西农机安全文化乡村行等进行农机安全宣传和辅导，强化田查路检，纠正违章作业；抓好农机监理人员的业务培训和专业培训，不断提高农机执法人员的业务水平，规范牌证管理，全年完成年检拖拉机580台，开展农机安全检查50多次，出动农机执法人员150多人次，检查拖拉机400台次，纠正违法行为90次，全县没有重特大农机事故发生。

【农机教育培训】 2015年，县农机局以服务农村剩余劳动力转移为中心，以不断提高农民群众就业能力为出发点，努力做好农机教育培训工作，完成农机驾驶员培训122人，其他农机技术培训120多人。

（温　强）

林　业

【概　况】 2015年，蒙山县林业用地面积105730.4公顷，占土地总面积的82.4%。森林面积99662.6公顷，占土地总面积（森林覆盖）的77.68%。自治区级以上生态公益林面积为2.13万公顷，其中国家级公益林面积1.70万公顷，自治区级公益林面积0.43万公顷。全县林业系统在职职工130人，林业局内设办公室、计财股、营林股、林政股、调处办、林改办，二层机构有森林防火办、农村能源办、病虫害检疫站、古修自然保护区、苗圃、陈塘木材检查站、新圩木材检查站、林业科学研究所、林业科技推广站、国营白竹林场、木材公司等。根据《中共蒙山县委员会、蒙山县人民政府关于蒙山县人民政府职能转变和机构改革的实施意见》，县机构改革后，县林业局为县农业局挂牌单位。

【造林绿化】 2015年，共投入造林、绿化和抚育款5626.74万元，其中财政资金补助819万元，完成山上造林2003公顷，其中人工造林1623公顷，萌芽更新380公顷。完成主要通道两侧林相改造316.7公顷，抚育施肥166.67公顷，森林抚育6010公顷，桉树纯林改造乡土树种33.33公顷。完成义务植树74.6万株。完成自治区级村屯绿化示范点45个（扶贫村7个），梧州市级村屯绿化示范点5个。示范村屯绿化面积21.42公顷，共种植绿化苗木56079株；完成一般村屯苗木采购招标680个，苗木发放一般村屯680个，一般村屯绿化苗木种植680个，一般村屯绿化总面积50公顷，共发放苗木47472株。

西河镇水秀村水秀组2015年村屯绿化成果

县乡村办　供稿

【退耕还林资金兑付】 2015年，共兑付林农退耕还林补助资金670.57万元。其中兑付2002年度退耕还林工程面积1216公顷，户数11100户，金额182.4万元；兑付2003年度退耕还林工程面积565.1公顷，户数4500户，金额89万元；兑付2005年度退耕还林工程面积87.7公顷，户数80万户，金额8.57万元。

【公益林补偿】 蒙山县自治区级以上重点公益林面积31.84万亩，上级下达森林生态效益补偿资金421.55万元。2015年，全县共发放生态公益林补偿基金379.67万元。

【林政资源管理】 2015年，全县森林面积99662.6公顷，森林覆盖率77.68%，活立木总蓄积528.59万立方米，上级下达年森林采伐限额蓄积为48.39万立方米，实际采伐蓄积为11.59万立方米。年内办理8.12万立方米的木材运输证。

【森林防火】 蒙山县专业森林消防队始建于1994年，实行聘用制管理（非全日制用工），队员来自县城附近村屯（桐油坪、高堆、新联、龙蟠等）的农民。队员工资由县财政安排，县林业局负责组织管理，业务上由县森林防火指挥部办公室指导。2015年，有队员48人，每人每月平均工资600元。2013年1月起，县林业局在向县人社局缴纳队员工伤保险的基础上，再替每位队员交新型农村养老保险。2015年，县防火办补充风力灭火机20台，各类扑火个人装备共300多件；发放给全县各乡镇风力灭火机10台，发放个人装备40多套给县防火办、县专业森林消防队、各乡镇林业站有关人员。补充县专业森林消防队风力灭火机24台，乡镇半专业森林消防队9台，白竹林场2台。年内共出动宣传车、巡逻摩托车300多架次，人员500多人次到各乡镇林区开展宣传巡逻工作，县防火办出动人员10人次在321国道线两旁和进入长坪乡路口、西河镇进入古修自然保护区的路口以及在文圩镇、夏宜乡交界处悬挂森林防火宣传横幅8条。

【森林火灾】 2015年，共发生森林火灾14起（其中一般火9起，较大火灾5起），其中文圩镇6起（其中较大火灾3起）、蒙山镇2起（其中较大火灾1起）、长坪乡1起（其中较大火灾1起）、黄村镇2起（均为一般火灾）、新圩镇2起（均为一般火灾）、陈塘镇1起（为一般火灾），过火面积110公顷，受害森林面积为44.9公顷，森林火灾受害率0.45‰，低于1‰的控制指标，并且没有发生重、特大森林火灾和人员伤亡事故。全县10次森林火情现有7起查明火因，县森林公安机关受理失火案件7起，结案4起（属行政案件），行政处罚4人，火案查处率为50%。

【农村能源建设】 蒙山县农村能源办公室为蒙山县农村能源建设管理机构，属参照公务员法管理事业单位，由蒙山县林业局管理，机构编制6个，有干部职工5人。主要职能是推广农村能源技术、提供农村能源技术服务、实施农村能源项目和农村能源执法等。2015年，全县共有农民沼气生产工198人，其中160人持有国家中级沼气生产工资格证书，38人持有国家初级资格证书。2015年年底累计建成村级沼气服务网点5个，完成2014年度巩固退耕还林成果太阳项目300座太阳能热水器安装，完成2014年300座“旧病池”修复改造。

【林产工业经济】 2015年，蒙山县林业产业总产值49.28亿元，其中第一产业产值10.81亿元，第二产业产值36.91亿元，第三产业产值1.56亿元。林业第二产业产值占本县林业总产值的74.89%。在第一产业中，以木材及林产品销售收入为主；在第二产业中，主要是人造板加工、家具制造、林化产品及缫丝收入。

【林地和森林资源变更调查】 2015年，完成每五年进行一次复查的森林资源调查，并完成本县26个连清样点的森林资源连续清查第九次复查工作。

【开展林改“回头看”】 2015年，累计完成确权勘界面积9.27万公顷，占集体林地面积9.63万公顷的96.3%。确权发证面积9.17万公顷，确权发证率达95.19%；确权到户面积7.66万公顷，确权到户率达79.5%；发证22757本。发生山林纠纷46起，调结44起，调结率95.6%。

【古修自然保护区管理】 广西古修自治区级自然保护区位于蒙山县境内，地垮蒙山镇、西河镇、长坪瑶族乡等3个乡（镇）及国营蒙山县白竹林场，面积8546公顷，是目前梧州市境内唯一一处自然保护区。2009年1月，成立古修自治区级自然保护区管理处，为全额拨款事业单位，独立核算，隶属蒙山县林业局管理，编制4个。2011年转为参照公务员法管理事业单位。保护区有维管束植物181科564属1008种，迄今已知至少有野生脊椎动物208种，隶属于4纲25目72科。广西重点保护动物至少有78种，占广西重点保护动物147种的53%以上。保护区是全国8个鳄蜥栖息地片区之一。

2015年3月，蒙山镇平冲组全体农户（约20人）在库区开垦4.67公顷集体林地种植果、姜，此行为涉嫌滥伐林木。4月14日，县森林公安局介入侦查，17日受案登记。6月11日，蒙山县公安局下达立案决定书，对本案进行刑事侦查。2015年，库区发生6起违法搭建临时建筑案件，经林政、森林公安、稽查大队、保护区管理处等部门联合调查走访发现，其中4起属林业行政案件，2起属国土部门处理案件。

【国营蒙山县白竹林场】 1976年10月恢复建场，隶属于蒙山县林业局，为副科级自收自支事业单位，核定编制41个。2015年有职工60人，其中在职职工30人（其中女职工9人），聘用合同工2人。全场土地总面积4650.9公顷，其中林业用地面积4637.4公顷，森林面积3953.6公顷，公益林面积3082.03公顷。林场改革单位级别定位正科级单位，重新核定全额事业编制，由自收自支事业单位编制41个精减为全额拨款事业单位编制22个。据对国营白竹林场资产清查结果，资产总值达2273.92万元，其中流动资产170.32万元，长期股权投资80.17万元，固定资产29.89万元，林木资产1993.54万元。

【森林公安】 2015年，森林公安出动警力400多人次，出动车辆235台次，处置各类涉林报警35起，立刑事案17起、行政案件11起。查处行政案件28起，破获各类案件18起（刑事案件7起，行政案件11起），逮捕犯罪嫌疑人7人，依法罚款18.26万元。

（黄世芬　许琼文）

水　利

【概　况】 2015年，蒙山县水利局共有职工46人，其中在编人员30人。内设办公室、财务股、防汛抗旱指挥部办公室、水利工程管理站、农田水利股、电力管理站、水政监察大队、水资源股、水土保持站、水利水电工程质量与安全监督站等10个职能股室，下辖各乡镇水利站、茶山水库工程管理站、科学灌溉试验站。全县共有蓄水工程128处，其中中型水库1座、小（1）型水库3座、小（2）型水库6座、小山塘118座，集雨面积199.93平方公里，总库容7863万立方米，有效库容6217万立方米；主要供农田灌溉和城乡居民生活用水、工业用水兼发电、养鱼等。大小引水工程1308处，引水流量10.21立方米每秒，提水工程307处。全县各种水利设施的总有效灌溉面积8141公顷。

【防汛抗旱】 2015年，蒙山县的防汛抗旱工作立足于“防大汛、抗大洪、抢大险、救大灾”的思想，组织专业技术人员对全县10座水库、各水闸及堤防进行汛前检查70多次。县内每座水库均落实好汛期管理值班人员，其中中型水库12人，小（1）、小（2）型水库各3人，共39人。同时，加强值班工作，从4月1日起，严格执行24小时值班，相关领导带班，防汛值班人员到岗到位，加强值班确保汛期安全。做好防汛物资采购、山洪灾害防御、防汛应急预案编制和修订工作。编制县级防御预案1个、乡镇防御预案9个、村级防御预案38个。进一步完善抢险预案，确保专业抢险队伍做到“召之即来、来之能战、战则能胜”，确保洪涝灾害发生前能够提前预警，提前转移群众，确保人民群众的生命财产安全，让灾害减到最低程度。在主汛期期间认真进行水情测报，及时发布汛情，成功抵御了多个强台风。认真进行旱情统计分析、上报和县级抗旱服务队抗旱设备购置工作，较好地完成了各项防汛抗旱工作任务，为经济社会稳定发展和人民群众生命财产安全提供了保障。全年，全县9个乡镇4.087万人不同程度受灾，转移人口300人，因灾倒塌房屋88间。农作物受灾面积4.466万亩，损坏灌溉渠道157处，损坏堤防护岸59处。全县因灾直接经济损失4280万元，其中农业1490万元、工业交通运输业690万元、水利设施2100万元。在抗御灾害中，全县投入抢险人数1000多人次，投入动力15台班，投入编织袋4000多条、沙石料2500多立方米、抗灾用油12吨，总物资消耗折算资金20多万元。

【农村饮水安全工程建设】 2015年，全县农村饮水安全工程总投资400.94万元，兴建农村饮水安全工程10个，解决饮水不安全人口0.8万人。项目分布在6个乡镇，其中黄村镇1个，西河镇2个，蒙山镇2个，文圩镇3个，汉豪乡1个，长坪瑶族乡1个。蒙山县水质检测中心于2014年年底实施，项目总投资 105 万元，依托蒙山县疾病预防控制中心建设，配备指定的水质检测车辆，水质检测能力达到 36 项水质常规指标以上。2015 年已建成投入使用，有力地保证了全县农村居民的饮水安全。

2015 年 5 月 13 日，工人在安装双垌村饮水工程管道

县水利局　供稿

【第五批中央财政小型农田水利重点县建设】 蒙山县获第五批中央财政小型农田水利建设重点县，2015 年实施的 2014 年度小农水重点县建设项目工程总投资 3613.64 万元，分布在新圩镇古定村灌片、新圩镇屯巴山灌片高效节水灌片、新圩镇坝头村灌片、西河镇大塘灌片，项目区位于新圩镇古定村、貌仪村、壮村、坝头村、屯巴山及西河镇大塘村，涉及人口 1.65 万人，项目建成后新增灌溉面积 0.9 万亩，恢复灌溉面积 0.6 万亩，改善灌溉面积 1.1 万亩，新增高效节水灌溉面积 0.4 万亩，年新增节水能力 1109 万立方米。农田灌溉面积 2.62 万亩。

【农业水价综合改革示范县建设】 2015 年，蒙山县实施的农业水价综合改革示范县项目总投资 2000.28 万元，其中中央财政资金 1000 万元，省级财政 600 万元，市县财政 360 万元，群众投工投劳折资 40.28 万元。项目建成后，受益人口 2.29 万人，改善灌溉面积 1.7 万亩，可恢复灌溉面积 0.325 万亩。新增节水能力 252.46 万立方米，新增经济作物产值 567.4 万元，农民人均收入增加 248 元。项目区位于古排河灌区和茶山水库灌区两个灌区内的灌片。项目区主要以古排河、茶山灌区东干渠作为主要水源，灌溉范围为蒙山镇和西河镇的 6 个行政村，即北楼村、甘棠村、回龙村、古排村、龙蟠村和水秀村。

【病险水库除险加固】 狠抓 4 座小型病险水库除险加固项目建设，完成工程投资 800 万元，油麻水库、六社水库已基本完工，已完成蓄水验收工作；斜冲水库、屯众水库已全部完工并组织验收，确保病险水库的安全度汛。县内各座水库的防洪标准大幅提高，安全运行状况得到明显改善，确保了下游群众的生命财产安全。

【中小河流治理防洪工程建设】 湄江河蒙山镇防洪治理工程（城西段）总投资 2053 万元，修建防洪堤 4.1 公里，该项目累计完成投资 1790 万元；蒙山县古西河蒙山镇上游规划城区段防洪治理工程批复总投资 2075 元，新建河堤、护岸 5168 米。征地工作已完成，累计完成投资约 1000 万元，完成堤防、护岸约 1000 米；蒙山县茶山河长坪瑶族乡长坪村段及长坪小学河段整治工程已完工，已通过县级验收；蒙山县湄江河黄村镇段防洪治理工程批复总投资 1585 万元，新建河堤 2097 米、护岸 2431 米。已完成投资 600 万元，建成河堤 600 米；蒙山县湄江河新圩镇、汉豪乡段防洪治理工程批复总投资 2284.39 万元，新

2015 年开始建设的古西河蒙山镇上游规划城区段防洪治理工程

县史志办　供稿

建河堤4458.7米、护岸3977.8米。已完成投资500万元，建成护岸500米；湄江河蒙山镇防洪治理工程（城东段）批复总投资2322.97元，已完成招投标工作，施工单位在12月初将进场施工。

【水生态文明县建设】 经过争取，蒙山县被列为自治区级水生态文明建设三个试点县之一。该项目现正在编制实施方案，项目整合投资23亿元，分三年（2016—2018）分项实施。

【依法治水】 以“3·22”世界水日和“中国水周”宣传活动为主要抓手，利用蒙山电视台滚动播出宣传标语；发放水法、防洪法及河道管理办法等法律法规和宣传画册700本，出动宣传车1辆，并开展水法知识现场咨询等宣传活动，着力营造全社会关心水、爱护水、保护水的良好氛围。加强水资源管理工作，严格水资源费和水土保持费征收工作，做好取水许可审查审批工作。加大水政监察力度，以加强河道水域保护为重点，严厉打击违法水事行为。下发责令停止违法水事纠纷通知书9份，责令其停止一切违法行为，对顽固屡教不改的偷挖河沙个人和船只，予以处罚。

【茶山水库简介】 蒙山县茶山水库位于县城东北角4公里处，始建于1975年冬，1987年建成投入运行。是全国重点防洪工程之一，也是梧州市最大的中型水库，以防洪、灌溉、发电、县城供水为主，兼顾养鱼等综合利用的多年调节水库。坝址位于珠江水系濛江河湄江支流上游茶山河口处。坝址以上集雨面积130平方公里，总库容6300万立方米。多年平均降雨量1725毫米，多年平均流量1.37立方米/秒。水库由三大工程组成，即拦河坝工程、输水道工程（包括一级电站、二级电站引水、县城供水管道及进出口闸门）、排洪道工程。水库按二等工程设计，大坝洪水标准为百年一遇设计，千年一遇校核。设计洪水位211.8米，相应库容为6020万立方米。校核洪水位212.8米，相应库容为6300万立方米，死水位为183.0米，相应库容为880万立方米。防洪库容为300万立方米，有效库容为5120万立方米。坝顶高程为214.2米，坝高60.2米，长200.5米。溢洪道为三孔弧形闸门，每孔高6米，宽12米。最大下泄流量为1305立方米/秒。水库设计灌溉面积6.8474万亩。其中西干渠未建成通水，设计流量3.22立方米/秒，实灌东干渠面积2.08万亩，设计流量为2.93立方米/秒，总长13.5公里，有支渠5条，共长19.16公里。设计县城供水600万立方米，保证率90%。一级电站安装1250千瓦发电机2台，引水流量6.6立方米/秒。二级电站安装320千瓦发电机2台，引水流量3.662立方米/秒，发电尾水流入东干渠供农田灌溉。

茶山水库大坝经过两次除险加固工程：第一次除险加固工程投资278万元，主体工程为大坝灌浆，工程于1997年1月开工，当年完成并通过验收。第二次除险加固工程，分为一、二期工程。第一期除险加固工程投资342万元，工程于2002年10月10日开工，主要为大坝灌浆、进库公路建设，工程于2005年通过竣工验收；第二期除险加固工程投资1630万元，主要为大坝灌浆、排洪道治理、启闭平台重建、更换启闭设备和机电设备，工程于2011年4月开工，2014年大坝主体工程通过业主组织的验收。

茶山水库管理机构为蒙山县茶山水库工程管理站，属准公益性财政差额拨款事业单位，核定编制30人，现有在职职工18人，退休职工41人。

（莫灵隆）

生态乡村

【概　况】 2015年，蒙山县全面贯彻落实自治区、梧州市的“生态乡村”工作会议精神，按照上级的各项决策部署，继续坚持“生态立县、特色兴县”发展战略，统筹推进“美丽蒙山”乡村建设各项工作，整合各方资源和力量，加大投入，统筹环境综合整治，推进乡村建设，加快产业发展，促进生态改良、生产发展、生活改善。截至2015年年底，蒙山县有63个村被评为“市级生态村”，2个乡镇被评为自治区级生态乡镇，蒙山县荣获自治区级文明县城、森林县城、园林城市、首批“广西特色旅游名县”创建“中国长寿之乡”“全国最美生态旅游示范县”称号，并被确定为首批国家级美丽乡村标准化试点县之一。

【绿化、净化、硬化建设】 2015年，致力于美丽乡村“三化”建设。村屯绿化：完成自治区级、市级示范村屯建设50个，项目招投标率、施工率、竣工率均达100%，种植绿化苗木56079株；完成一般村屯绿化苗木采购、招投标及苗木发放680个村屯，发放苗木47472株，完成任务100%。新增绿化面积93.3万平方米。此外，建成规模达133.3公顷的新圩镇壮村白面山、貌仪村六鉴山生态景观林。饮水净化：完成农村饮水安全工程建设投资388万元，占总投资的97%，新增饮水设施11处；完成蒙山县水质检测中心项目投资105万元，建成并投入使用，水质常规检测由原来24项增加到36项；完成沟渠清淤联通工程项目投资2465.25万元，完成清淤、硬化218.5公里；划定饮用水源保护区（范围）13个，已全面完成规划和建设。道路硬化：完成道路硬化总投资3500万元，建设村屯道路91条135.31公里，实现全县80%生产小组路面硬化；完成文圩河村、夏宜六海2座危桥改造投资180万元，完成投资100%；加快陈塘至汉豪、新圩至修仁公路的安保工程建设步伐；完成建设文圩大明、文圩龙定、西河广育、西河大塘、新圩四联、黄村明觉6个村便民候车亭。

村屯道路硬化施工现场　　戴连升　摄

【清洁乡村建设】 2015年，全县清理垃圾1.62万吨，清洁水源2863处，清理回收农业生产废弃物60.2吨，清捡田园面积9267公顷，农村生产技术推广面积8333公顷。新建垃圾处理设施2处，新建污水处理设施1处。建立清洁乡村理事会137个，占行政村总数的100%。建立环卫保洁员队伍的村78个，占行政村总数的100%，有环卫保洁员622人。通过政府向社会购买服务的形式，将全县9个乡镇垃圾收集统一发包给蒙山县长隆保洁公司，县域生活机械化清运辐射全县92%村屯，实现垃圾日产日清，基本实现农村环境卫生“六无”目标，即无暴露性垃圾，无乱堆乱放，无乱搭乱建，无污水横流，无乱贴乱画，无禽畜粪便乱流淌，村屯环境日益整洁卫生。

环卫保洁人员在清洁水源　　县乡村办　供稿

【助推生态经济稳定增长】 2015年，坚持以特色生态农业引领发展，大力培育发展新型农业经营主体，新增合作社7家，家庭农场23家，全县合作社总数达156家、家庭农场总数达78家，蜜蜂、娃娃鱼、努比亚山羊、尖吻蝮蛇、黑土猪、石蛙等特色养殖规模不断扩大。以砂糖橘、桑蚕和现代养殖为重点产业，打造自治区级现代特色农业（核心）示范区，完成投资4000万元。县城湄江“一河两岸”生态景观带、蒙山镇北楼“四季花海”、长坪瑶族乡“水韵瑶寨”、夏宜瑶族乡“醉美瑶寨”乡村旅游区知名度不断提升。

【督促检查】 坚持问题导向，积极探索常态化督察方式方法，采取定人、定向、不定期督察为主，电视曝光、电话举报、随手拍等社会监督为辅，确保每月有督察、有反馈、有回访，季度有评比、年度有总评。借助垃圾清运车载摄像头实时监控沿途环境卫生，在垃圾桶上标注卫生监督投诉电话，接受社会共同监督。对各级暗访、督察和群众投诉发现的问题，及时落实责任单位进行整改，并回访整改落实情况。2015年，开展县级督察考评24次，出动车辆120台次，人员300人次。印发《督查专报》5期，下达电话通知整改57处，有关乡镇、单位责任区环境卫生存在问题整改率达100%。

（莫　蓉）

责任编辑　黄兆伦

工 业

综 述

【概 况】 2015年，蒙山县工业坚持稳中求进的工作总基调，主动适应经济发展新常态，做好稳增长、促改革、调结构、惠民生、防风险各项工作，努力保持经济社会平稳健康发展。全年全县完成工业总产值73.78亿元，同比增长1.7%；工业品销售额67.45亿元，销售率为95%。其中上亿元企业有7家，分别为广西水利电业集团有限公司蒙山分公司、蒙山县耀华矿业有限责任公司、广西蒙山广晋水泥有限公司、蒙山县五丰丝绸有限公司、广西华虹蚕丝股份有限公司、广西蒙山县水电铁合金厂、广西梧州明阳生化有限公司。

广西蒙山广晋水泥有限公司全景　　县史志办公室　供稿

【规模经济】 2015年，全县有规模以上工业企业25家，完成规模以上工业总产值71.05亿元，同比增长3.3%；实现工业增加值21.94亿元，同比增长1.15%。规模企业完成工业销售产值67.45亿元，同比增长4%，产品销售率为95%；实现利润总额为13000万元，同比下降5%。工业投资完成17.7亿元，同比下降2.08%，完成工业投资任务20.8亿元的85.11%；更新改造投资18.63亿元，同比下降6.08%，完成任务23亿元的81.02%；制造业投资13.41亿元，同比下降2.04%，完成任务15.8亿元的84.87%。

【重点工业项目建设】 2015年，蒙山县上马的重点工业项目有：蒙山县大染纺丝绸织造项目。项目总投资1亿元，在县移民创业园上马意大利原装全新进口剑杆织机36台，并于10月份竣工投产；蒙山县日产200吨节能环保型石灰机立窑技术改造及石灰深加工项目。全年完成投资2000万元；中禾木业公司多层实木复合地板项目。正进行厂房基础建设，全年完成投资2500万元；玉兰公司技改项目，全年完成投资1000万元。

【投资环境建设】 2015年，蒙山县继续加大对投资环境的建设投入，为客商提供较好的投资软硬件环境。一方面搞好工业发展硬环境的建设，加大古家坪丝绸产业园区和桐油坪林业产业园区基础设施建设，共投入建设资金1.31亿元，主要用于园区内“三通一平”、道路硬化、绿化和路灯等设施建设，为全县招商引资创造有利条件；另一方面，在政策方面注重工业发展软环境的建设，政府和经济主管部门出台相关惠及企业的政策，进一步加大对企业的扶持力度，切实维护企业的合法权益，减轻企业负担，努力为企业的健康发展营造良好的环境条件，构建工业经济快速发展平台。

【工业节能】 2015年，蒙山县把节能减排工作作为调整经济结构、转变发展方式的突破口和重要抓手，进一步强化节能监察机构能力建设，加大节能监察执法力度，明确节能降耗工作目标，落实节能降耗工作责任，对全县工业节能和淘汰落后产能工作认真进行了分解细化并作出了具体部署，与各重点企业签订《2015年工业节能目标责任书》，确保工业节能减排各项目标任务的全面完成，推动节能减排工作的可持续发展。全年工业用电12001.25万千瓦时，同比下降16.08%，全县规模以上万元工业增加值能耗比上年下降2.7%，重点用能企业节能量为6500吨标准煤，淘汰落后电机250台。

【扶持专项资金争取】 2015年，全县共获得上级扶持的专项资金839万元，其中，广西玉兰制药有限公司《痔疮片等独家中药保护品种扩建及提取车间搬迁装备水平提升项目》获得自治区企业技改资金230万元；蒙山县五丰丝绸有限公司的《191WT63030丝棉横条罗纹绸新产品产业化项目》获得自治区科技创新发展专项资金100万元，《弹力丰豫缎面料研发及产业化应用项目》获得国家茧丝绸发展专项资金90万元；广西八桂蚕坊丝绸有限公司的《建立B2B电子商务体系，开展电子商务营销项目》获得自治区“两化”融合资金20万元；蒙山县辉明丝绸制品有限公司的《丝绸面料生产数码化、智能化技改项目》获得自治区两化融合资金60万元；广西蒙山县广晋水泥有限公司的《水泥磨等生产线高耗能设备及燃煤系统节能降耗技术改造项目》获得自治区节能技术改造财政奖励资金99万元；蒙山县华顺纺织有限公司的《强捻度宽幅素绉缎家纺面料研发和生产项目》获得国家茧丝绸发展专项资金75万元；广西华虹蚕丝股份有限公司的《真丝绸新产品研发和产业化应用项目》获得国家茧丝绸发展专项资金90万元。全县各企业共计获得自治区流动资金贴息专项资金75万元。

（谢志芳）

工业平台

【概　况】 2015年，全县已建立起以丝绸、水泥、制药、木材加工、矿产等产业为支柱的工业体系，有工业园区两个，分别为蒙山县工业集中区古家坪工业园区和桐油坪工业园区。两个园区均有二级公路进入并与321国道相连，同时规划相连两个园区的工业大道正准备开工建设。集中区内有110千伏变电站两座，35千伏变电站两座，保证入园企业用电需要。排水、供水、通信等基础设施基本完善。

【古家坪工业园区】 位于县城南面2公里处，规划面积166.7公顷，主要为丝绸产业园区，一期建设用地折合133.33公顷。初步建成集桑蚕饲养、桑蚕生产、丝绸加工、真丝服装、丝绸家纺的特色丝绸综合产业基地，被自治区人民政府列入《广西循环经济发展十二五规划》，重点引进茧丝绸及丝绸家纺、丝绸服装、丝绸礼品、丝绸炼白、丝绸印染等与丝绸生产相关的产业。2015年，园区有企业15家，其中生产企业7家。有剑杆机156台（其中华虹公司52台、五丰公司38台、辉明公司16台、华顺公司14台、大染坊36台），占广西剑杆机总量71%。全年生产丝绸407万米，实现工业产值3.32亿元，同比增长26.72%；实现税收1091万元，同比增长46.83%。

【桐油坪工业集中区】 位于县城东南面5公里处，规划面积233.3公顷，主要有木材加工、制药、淀粉等相关产业。重点引进林产品加工、清洁能源等产业；大力引进高科技、高附加值产业。2015年，已入园企业有广西玉兰制药有限公司、广西正通瑞和牧业有限公司、广西梧州明阳生化有限公司、广西蒙山宇翔农产品开发有限公司、广西欧蒙人造板股份有限公司、广西蒙山县金桥木业有限公司、中禾木业有限公司等。

广西欧蒙人造板股份有限公司大门　　县史志办　供稿

（谢志芳）

企业选介

【蒙山县五丰丝绸有限公司】 创建于2010年7月，是一家从浙江桐乡市转移过来，以生产真丝面料和丝绸商品为主，集设计、开发、生产、销售于一体的丝绸深加工企业。公司注册资本3000万元。公司占地3.1公顷，建筑总面积11300多平方米。2015年，企业总资产7826.5万元，其中固定资产1835万元，有员工103人。公司经过5年来的不断发展，织绸生产线从建厂初期只有66台GD618有梭织机，扩大到拥有具有国际先进水平的剑杆织机38台（套）生产线，具备年深加工白厂丝300吨、生产真丝坯绸面料250万米的生产能力。2015年，生产真丝面料170万米，销售收入达到6032万元，利润43.6万元，上缴税金64.2万元。已成为广西区内丝绸深加工行业生产规模最大、设备最先进的丝绸深加工企业之一。

【广西蒙山梧华林产科技有限公司】 原名广西蒙山县东方松脂制造有限公司，于2010年9月由杭华油墨股份有限公司收购更名而成。公司注册资本3500万元，信用等级AA。主要从事松香、松节油、树脂及深加工产品的研发、生产、销售。2015年，公司有员工70人，其中技术人员6人，管理人员10人。各类厂房建筑面积7250平方米。2015年年底，已完成一条年产15000吨松香，一条年产4000吨油墨用树脂生产线的技术改造。全年，向753户脂农收购松脂5719吨，收购金额5377万元，脂农平均每户直接收入7.14万元。

广西蒙山梧华林产科技有限公司　　县史志办　供稿

【蒙山华顺纺织有限公司】 创始于2010年，是一家生产丝绸面料的企业，拥有国内最先进的络丝机、拼丝机、倍捻机、整经机和剑杆织机等设备，生产工艺先进，技术达到国内先进水平，关键技术达到国际先进水平。公司主要产品有电力纺、素绉缎、双绉以及交织类等几大系列几十个品种，可年产丝绸150万米。产品达到国内先进水平，大部分产品出口欧洲及美、日等国际高端市场。公司具备真丝家纺、服装加工、电商销售的运营平台，承接东部经济转移的发展契机，创新“丝绸、互联网+”的经营模式，成为广西目前设备最先进的真丝绸缎生产和销售企业之一。2015年，公司有员工70余人，生产真丝绸80万米，销售收入达到2400万元，上缴税金15.6万元，实现利润17.3万元。

（谢志芳）

招商引资

【概　况】 蒙山县招商局原隶属于蒙山县工业和信息化局。2014年1月，招商局从县工业和信息化局独立出来，挂牌设立蒙山县投资促进局，为县人民政府直属的全额拨款事业单位，内设办公室、投资项目股、综合招商股、投资服务股4个机构，核定编制4个。主要负责统筹协调开展全县投资促进工作，组织实施招商引资活动，协调督促招商项目落实，提供招商引资项目手续办理服务，指导县直招商小分队和各乡（镇）开展招商工作。2015年，全县完成招商引资实际到位资金39.48亿元，完成年度任务的106.7%，其中引进区外境内资金37.7亿元，完成年度任务的106.8%，实际利用境外资金2899万美元，完成年度任务的103.53%；新引进项目17个，完成到位资金11.64亿元，完成年度任务的116.4%。项目涉及行业有休闲旅游、丝绸织造、健康养生养老、风力发电以及现代农业开发等。

【团队招商】 2015年4月27—30日，常务副县长梁炎盛带领县招商小分队赴“长三角”地区考察学习生态养生养老、特色休闲旅游项目规划和土地等方面的做法和经验。2015年7月8—10日，县委书记阳永煊率领县发改、住建、农业、投资促进局等部门负责人赴广东惠州、深圳、增城等地，同中国500强企业对接合作、考察养生养老项目。2015年7月23日，县委书记阳永煊、县人大常委会主任杨铁庄率领县农业、投资促进局等部门负责人赴山东淄博市，参观考察中天玫瑰生物科技有限公司开发的中天玫瑰科技推广项目，洽淡项目合作有关事宜。2015年11月15—19日，县长宋彤宇率领县直各相关部门主要领导组成的招商组前往浙江、江苏等地对农村电子信息、丝绸织造、风力发电、村镇银行等项目进行洽谈对接。

2015年7月23日，县委书记阳永煊（右二）、县人大常委会主任杨铁庄（右一）率相关部门负责人赴山东淄博洽谈有关合作事宜

县投资促进局　供稿

【节会招商】 参加第12届中国—东盟博览会。2015年9月18—20日，第12届中国—东盟博览会在南宁市举行。蒙山县由县长宋彤宇带队组团参加，在开幕式上，成功签订新圩、长坪风力资源开发项目协议，项目投资总额9亿元。

参加第十二届梧州国际宝石节。2015年11月8日，第十二届梧州国际宝石节隆重开幕，蒙山县由常务副县长李世超带队组团参加，在开幕式集中签约仪式上，与山东淄博大染纺有限公司成功签约蒙山县大染坊丝绸织造建设项目，合同投资总额1亿元。李世超还带队到毅德商贸物流城参观名特优产品展销会，详细了解蒙山土特产品的销售和产品推介情况，并向前来参观的领导、嘉宾及客商推介蒙山的名特优产品，并真诚欢迎他们到蒙山观光、考察、合作，投资发展。

【重大招商】 2015年3—7月，成功签约1个世界500强企业国电投投资的风能项目和2个中国500强企业（华润集团和中广核集团）投资的风能项目，总投资37亿元。目前均已开始进行测风。2015年6月6日，县人民政府与山东淄博大染坊丝绸集团有限公签订真丝织造项目投资合同，项目总投资1亿元。

（邱镇梅）

责任编辑　黄兆伦

商贸·服务业·旅游业

综　述

【概　况】2015年，蒙山县商贸流通业围绕“精品优闲旅游小镇，推动第三产业发展”思路，坚持“扩内需、保增长、抓项目、求发展”的工作目标，加强市场体系建设和监管，加大商务执法力度，实行“两重”问责，较好地完成了各项目标任务。全年社会消费品零售总额14.25亿元，增长11%；外贸进出口完成278万美元，完成市下达的年度任务239万美元的116.32%；利用外资完成2899万美元，完成市下达的年度任务2800万美元的103.54%。

【内贸工作】积极开展内贸工作，特别是以展销会推动蒙山县的各种名特优产品的交易和电子商务工作。2015年9月18—21日，组织参加在南宁举办的第十二届中国—东盟博览会；11月8—11日，组织参加梧州市宝石节及梧州市第十届珠宝展及农产品展；12月9—13日，组织参加广西第九届农产品交易会，实现签约和交易额3000多万元。

【进出口贸易】积极关注宏观政策变化，抢抓国家扩大内需的政策机遇，争取工作主动，围绕商贸服务业发展、市场体系建设和外贸进出口等，争取上级项目资金支持，积极为蒙山县进出口企业争取“中小企业国际市场开拓资金”项目扶持，引导企业实现出口业绩。2015年，全县实现出口创汇的企业2家，分别为广西华虹蚕丝股份有限公司和广西蒙山梧华林产科技有限公司，两家公司全年出口278万美元，完成市下达的年度任务239万美元的116.32%，区任务254万美元的109.45%。

广西华虹蚕丝股份有限公司出口创汇产品白厂丝

县史志办　供稿

【第三产业培育】蒙山县第三产业企业少，规模小，限额以上企业只有6家商贸企业，培育限额以上企业作为商贸部门2015年绩效考评的一项指标。通过各方努力，2015年新增梧州市蒙山县安达汽车销售有限公司和广西芳草源药业有限公司2家商贸限额以上企业，完成了市下达蒙山新增2家限额以上企业任务，并为企业发展制定了优惠政策。

【商务执法】2015年内重大节假日，县商贸局均组织人员到市场进行督察，确保市场供应和上市食品均衡有序，维持人民群众切身利益，确保市场的稳定。组织人员到加油站检查，没有出现缺油现象，全面满足用户要求。在加油站安全方面，县商贸局多次到加油站进行安全检查，排除安全隐患，并对新建加油站进行服务，指导和监管。2015年9—10月，开展“打击整治贩卖假劣油、走私油”活动中，共出动执法人员78人次、车辆20辆次，进行专项排查，确保县内成品油销售的正规化和规范化。

【电子商务】 根据国务院办公厅《关于促进农村电子商务加快发展的指导意见》（国办发〔2015〕78号）精神，积极引导企业和个体经营者参与电子网店。2015年，电子商务在蒙山县初现，全年发展10家县城网店和农村网，实现网上交易量为1000多万元。其中蒙山县乡惠电子有限公司是全县目前为止发展较为成功的本地电商。2015年，蒙山县乡惠电子商务有限公司参加梧州市电子商务创业大赛，获得第6名，同时代表梧州市参加广西电子商务创业大赛，获得第11名；广西蒙山县祥日果品有限公司是一家立足农村的电子商务网店，自已收购农产品，开建加工厂，进行精包装，在网上销售，为蒙山县农产品找到了网上销售的捷径，带动了本村及全县的经济发展，2015年实现网上销售250万元；蒙山县梵创电子商务责任有限公司是一家通过各商家加盟，形成一个联盟实体利用互惠政策网上销售与实体店相结合的操作方式的电子商务公司，年内在网上交易额200多万元。

（陆春峰）

市场管理

【概　况】 2015年年底，蒙山县共有农贸市场8个，其中2个（中心农贸市场、新世纪农贸市场）处在县城，6个处在乡镇。此外，县城设有4个市场服务点，分别是洲南市场、城北市场、新街市场、供销社市场（为供销社自行开发管理）。全县农贸市场总占地面积27344平方米。负责市场管理的单位是蒙山县市场开发服务中心。1998年10月，蒙山县市场开发服务中心从蒙山县工商行政管理局独立出来，属副科级自收自支事业单位，编制26人，2015年在职35人。蒙山县市场服务中心主要业务是为市场服务中心所属的农贸市场服务，收取摊位费、服务费。2015年，中心完成年市场贸易量为6580万元，收取摊位费、服务费共245万元，完成利税18.2万元。

【县城中心农贸市场】 县城中心农贸市场建于1997年，占地4404平方米，为二层砖混结构，一层设肉类、熟食、疏菜、饮食等摊位；二楼设成衣小百等摊位。其中，猪肉摊位60个，餐饮熟食摊位28个，杂贸摊位40个，小百成衣摊位120个，其他摊位332个。近几年，年交易量约3500万元。1998年，市场改制为股份制公司，有在职职工20人。2015年收入420万元，完成利税60万元。

【县城新世纪农贸市场】 县城新世纪农贸市场建于2006年，占地3500平方米，属于股份制公司，在职工12人。设猪肉摊位16个，餐饮熟食摊位5个，杂贸摊位8个，其他摊位32个，年交易量约2100万元。2015年，收入120万元，完成利税9.1万元。

【乡镇集贸市场】 全县各乡镇除西河镇（西河镇政府座落在县城区域，没有集贸市场），长坪瑶族乡（人口少，交易量小，尚未形成集圩，没有集贸市场）外，都设有集贸市场，主要摊位有猪肉、餐饮熟食、杂货、小百成衣、蔬菜等，圩日设有临时摊点。其中：新圩市场，占地4500平方米，设摊位160多个，年交易量约1280万元，圩日为1日、4日、7日；文圩市场，占地3000平方米，设摊位100多个，年交易量约1210万元，圩日为：3日、6日、9日；黄村市场，占地3200平方米，圩日为：1日、4日、7日，设摊位80多个，年交易量约1350万元；陈塘市场，占地5500平方米，设摊位150多个，年交易量约

2500万元，圩日为：3日、6日、9日；汉豪市场，占地1000平方米，设摊位60多个，年交易量约150万元，圩日为：2日、5日、8日；夏宜市场，占地220平方米，设摊位20多个，年交易量约90万元，圩日为：1日、4日、7日。

【市场管理】 蒙山县市场服务中心按照《梧州市农贸市场管理办法》，严格进行市场主体资格登记，全县申请办理市场登记的11个市场已全部办理；依照有关法律法规加强市场开办者的监督管理，签订食品安全责任等管理制度；会同商务、工商、质监、食药监等部门加强市场巡查，严厉打击在市场内制售假冒伪劣商品、坑害消费者的违法行为，全力维护市场公平交易秩序。另外，除县城中心农贸市场、县城新世纪农贸市场、供销社市场服务点外，其他农贸市场的日常维护及摊位费、服务费的收取均由蒙山县市场开发服务中心负责。县城洲南市场、城北市场、新街市场3个市场服务点主要为该片区群众提供方便，不收取摊租费。供销社市场服务点为供销社进行管理、收费。2015年，市场开发服务中心共收取乡镇农贸市场摊位费、服务费245万元，完成利税18.2万元。

（陆春峰）

医药贸易

【概　况】 2015年年底，全县有药品生产企业1家，药品批发企业2家，药品零售连锁总部1家，药品零售（连锁）药店37家，医疗器械经营企业17家，全行业从业人员280多人。全年全县医药产业实现销售收入7300万元，利税840万元。

【药品生产】 广西玉兰制药有限公司是蒙山县唯一医药生产企业，注册资金1000万元，固定资产9000多万元，2015年有从业人员180多人，公司销售收入3500万元，缴纳税款146万元。企业生产经营品种35种，范围有片剂、颗粒剂、茶剂、糖浆剂（含中药前处理和提取）生产销售等，以及生产用原辅材料收购；经营本企业自产产品的出口业务和本企业所需机械、零配件、原辅材料的进出口业务。企业于2015年年底通过新版GMP认证。

【药品批发】 2015年年底，蒙山县主要医药批发企业有2家，为广西芳草源药业有限公司、广西梧州市杰迅医药有限公司蒙山县药品配送中心，从业员工32人。广西芳草源药业有限公司是以代理经销为主要模式的小型药品批发企业，主要经营灯盏花素注射液、玻璃酸钠注射液等30多个品种，药品主要销往南宁几家医院。2015年，销售收入2500万元，纳税32万元。广西梧州市杰迅医药有限公司蒙山县药品配送中心，取得县级以上医院药品招标采购资格、乡镇卫生院新农合采购供应资格。公司使用专门为药品经营企业设计的超然企业资源管理平台，对药品购进、入库验收、在库养护、出库复核、销售等进行记录和管理，对质量情况能及时进行准确记录及追溯。2015年，公司销售收入1500万元，税利50万元。

广西梧州市杰迅医药有限公司蒙山县药品配送中心药品仓库

县史志办　供稿

【医药零售】 2015年年底，蒙山县境内有药品零售企业37家，医疗器械经营企业17家，其中许多企业为连锁药店，药店已经开到乡镇。蒙山县东江医药连锁有限公司有连锁药品零售店12家，覆盖县城及新圩、文圩、黄村等乡镇，从业人员

100多人，2015年药品、药械销售额达900多万元，税利45万元。

【医药贸易监管】 医药贸易监管工作由县食品药品监督局负责施行。2015年，县药监局进行加强避孕套质量安全管理和严厉打击非法经营装饰性彩色平光隐形眼镜、含特殊药品复方制剂经营管理等专项检查，出动985人次对全县涉药单位进行监督检查。全年立案查处药品案6件，罚没款0.7万元；取缔无证经营户4户。

（潘百友）

石油经营

【概　况】 蒙山石油公司从属中国石化销售有限公司广西梧州石油分公司管理，人员调配、工资发放、产品销售和供给均由梧州分公司负责。2015年，有职工7人，劳务派遣人员25人。有加油站6座，分别是新圩加油站，坐落新圩镇新圩街；永安加油站，坐落在蒙山镇湄江街；城东加油站，坐落在蒙山镇高场村；城南加油站，坐落在蒙山镇新联村；大化加油站，坐落在黄村镇大化开发区；陈塘加油站，坐落在陈塘镇陈塘街。全年轻油销售额11846万元，销售量为16143吨，其中汽油7191吨，柴油8952吨；非石油产品销售额291万元。

【石油产品经营】 蒙山石油分公司经营石油、石油化工、化纤及其他化工产品、润滑油（脂）销售。加油站经营的油品有93号车用汽油（IV）、97号车用汽油（IV）、0号车用柴油（IV），全部由梧州石油分公司供给，物流车辆统一配送到站。

【石油价格调整】 2015年，蒙山县石油价格随着国际原油价格的波动而进行调整，全年共调整价格19次，其中提价7次，降价12次。1月12日24时起降价，90号汽油最高零售价下调每吨180元，93号车用汽油（IV）零售价格5.99元/升，97号车用汽油（IV）零售价格6.47元/升；0号车用柴油（IV）最高零售价下调每吨230元，0号车用柴油（IV）零售价格5.59元/升。1月26日24时起降价，90号汽油最高零售价下调每吨365元，93号车用汽油（IV）零售价格5.70元/升，97号车用汽油（IV）零售价格6.15元/升；0号车用柴油（IV）最高零售价下调每吨350元，0号车用柴油（IV）零售价格5.29元/升。2月9日24时起提价，90号车用汽油（Ⅳ）最高零售价上调每吨290元，93号车用汽油（IV）零售价格5.93元/升，97号车用汽油（IV）零售价格6.40元/升；0号车用柴油（IV）最高零售价上调每吨280元，0号车用柴油（IV）零售价格5.53元/升。2月27日24时起提价，90号车用汽油（Ⅳ）最高零售价上调每吨390元，93号车用汽油（IV）零售价格6.24元/升，97号车用汽油（IV）零售价格6.74元/升；0号车用柴油（IV）最高零售价上调每吨375元，0号车用柴油（IV）零售价格5.85元/升。汽柴油销售价格的变化是根据国际市场油价变化情况和按照现行成品油价格形成机制，执行国家发展改革委的决定。

【非石油产品经营】 由于油品进入微利时代后，中石化从油品供应商向综合服务商转型，中石化易捷便利店利用网络和区域优势，打造比较完善的实体店网络平台，逐渐形成自己的特色，为在途的顾客提供安心、安闲、安享的产品和服务。2015年，非石油产品销售额291万元。

（刘振梅）

粮食贸易

【概　况】 2015年，蒙山县粮食局内设3个职能股室：秘书股（办公室）、调控股、监督检查股（财务）；辖2个独立核算单位：企业化核算管理的事业单位——蒙山县储备粮管理公司，国有粮食购销企业——蒙山县粮丰粮油贸易中心。全粮食系统共有在册干部职工37人（其中：县粮食局

10人、县储备粮管理公司9人、县粮丰粮油贸易中心18人），粮食系统行政事业退休人员17人，企业离退休人员78人（其中离休1人）。2015年，全县粮食种植面积12933公顷，粮食总产量67011吨。粮食收购5012吨，其中县级储备粮轮换购入1758吨（原粮，下同），县级储备粮增储规模购入933吨，增加县级成品粮储备购入成品粮50吨，其他政策性粮食购入2271吨。粮食销售3828吨，其中县级储备粮轮换销售出库1758吨，救灾救济粮、军供粮销售520吨，其他经营粮食销售1550吨。全年，全县粮食企业商品销售收入998万元，商品销售成本1008万元，各种政策性补贴收入345万元，全县粮食企业实现利润2万元。粮食风险基金年规模250万元足额到。

【粮食储备】 2015年初，县储备粮管理公司在储县级储备粮稻谷3571吨。在粮食仓储工作中，按照《关于开展2015年全区粮食库存检查工作的通知》文件精神，遵循"有仓必到、有粮必查、有账必核、查必彻底"的原则，结合平时粮情检查，组成专项工作组，对全县2个储粮企业、3个存粮点、28间仓房进行全面清查，库存粮食共计3571吨（稻谷）。检查结果全部认定账账、账实、账卡相符，粮食质量达到国标中等以上。同时对库区仓储设施和安全生产进行全面的检查，对危仓险库及时进行维修改造，以确保各级储备粮的安全储存。2015年9月，《梧州市人民政府办公室关于2015年增加我市地方储备粮规模的通知》及《蒙山县人民政府关于落实2015年新增县级储备粮规模和应急成品粮储备有关事项批复》下达并落实蒙山县县级储备粮增储规模933吨（稻谷），50吨成品粮（大米）。至当年11月底，在有关财政、农发行等部门的配合支持下，粮食部门全力以赴，圆满完成县级储备粮增储任务，且增储的粮食质量良好，符合安全储存要求。至2015年年底，全县共有县级储备粮稻谷4504吨，大米50吨。

2015年9月16日，县粮食局工作人员到粮仓检查安全工作

县粮食局　供稿

【粮食储备轮换】 储备粮轮换是储备粮管理的一项重要工作，是确保粮食安全的重要措施。按照《中央储备粮管理条例》《广西壮族自治区储备粮管理办法》《粮油仓储管理办法》等相关规定，2015年，蒙山县应轮换出库县级储备粮1758吨。在县财政、农发行密切配合下，通过竞拍等方式，在当年新粮登场前将应轮出的县级储备粮销售出库完毕，确保全社会用粮需要。同时积极组织新粮轮入库工作，在县财政、农发行的支持下，当年10月底全部将轮出的县级储备粮如数轮换入库，且轮入的粮食数量真实、质量良好，达到安全储存要求。

【粮食购销】 2015年，蒙山县粮食收购除了每年完成县级储备粮轮换购入任务外，粮食部门充分发挥主渠道作用，购入粮食2271吨，销售给民政救灾救济用粮290吨，销售给城乡居民口粮224吨，销售给驻县军队用粮8吨，销售给社会用粮1547吨。在市场粮价波动的时候，充分利用储备粮政策，及时加工粮食供应市场，确保全县粮食市场的稳定。

【放心粮油工程建设】 2015年，蒙山县放心粮油工程建设除粮食部门作为中心连锁店外，蒙山县城、文圩镇分别已建成并运营两家放心粮油店，全年完成供应城乡居民用粮224吨，食用油28吨，取得了较好的经济效益和社会效益。

【粮食储备中心库建设】 蒙山县粮食储备中心库已于2015年12月在蒙山县桐油坪工业园区开工建设。中心库集办公、大米加工、粮食质量检测、物流于一体，预计2017年建成投入使用。

（黄竞雄）

供销合作

【概　况】 县供销社为县政府事业单位机构（参照公务员管理），是为农服务的合作经济组织，是党和政府做好“三农”工作的重要载体，以坚持为农服务为根本宗旨，做到为农、务农、姓农。县供销合作联社下属有6个基层社，分别为新圩、文圩、黄村、陈塘、汉豪、长坪社；4个下属企业，即农资公司、土产公司、东方神实业公司、贸易中心。县联社内设办公室、综合业务股、财会审计股3个股室。核定编制7人，2015年年底在编6人，年底全系统有干部职工303人、离退休406人。2015年，县供销社充分利用供销社系统网点优势，构建功能多样、方便实用的农村综合服务网络。成立综合改革领导小组，举办综合改革培训班，成立社有资产管理委员会，推进新网工程建设，新办社区综合服务中心3个。2015年，全系统销售各种化肥7600吨，农膜17吨，各种农药265多吨；新领办农民专业合作社2家；新圩、黄村供销社继续与华虹公司通力合作，分别设立2个蚕茧收购网点，收上鲜茧1381吨，收购额达6014万元。

【成立综合改革领导小组】 根据中共中央、国务院《关于深化供销合作社综合改革的决定》（中发〔2015〕11号）文件精神，2015年4月，县供销社成立综合改革领导小组，县社党组书记、理事会主任覃健伟任组长，监事会主任、纪检组长蒙华道任副组长，成员由各基层供销社主任和社有企业经理组成。领导小组的职责是树立综合改革主体意识，积极主动开展综合改革各项工作，拓展新的现代流通服务平台，充分利用供销社网点优势，积极建设功能多样、方便实用的农村综合服务网络。

【举办综合改革培训班】 2015年8月28日，县供销社在县财政局七楼会议室举办供销合作社综合改革培训班，由县供销社理事会主任覃健伟主持，参加人员为县供销联社全体干部、各公司及基层社全体在岗人员。学习中共中央、国务院关于深化供销合作社综合改革的精神，拓展供销合作社经营服务领域，更好地履行为农服务职责。

【加强社有资产管理】 2014年7月，习近平总书记和李克强总理在中华全国供销合作总社成立六十年的批示和中发〔2015〕11号文件精神要求，全国各级供销社要深化改革、加强自身建设，加强资产管理，确保资产安全、增值，增强服务“三农”能力。2015年，县供销社成立了社有资产管理委员会，依法依规租赁社有资产，对基层社和社有企业的房屋和门面出租做好指导和监督，以市场为主导全面推向市场，对土产公司、东方神公司、贸易中心、文圩社等出租合同期满的门面、仓库等，实行公开对外招租，力使收益最大化，增收50多万元。

【推进新网工程建设】 继续把农副产品、再生资源、日用消费品和烟花爆竹经营网络建设作为重点，以连锁配送为核心，认真推进“新农村现代流通服务网络工程”（简称“新网工程”）建设。农业生产资料公司是县供销社下属企业，充分发挥供销社系统农资经营服务主渠道作用，做到早计划、早组织、早安排、早行动，积极筹措资金，备足春耕农资商品货源，确保生产用肥和用药的需要，服务好“三农”。全县有农资经营网点90个，其中县级改造建设了配送中心1个，“新网工程”及“万村市场工程”的网点35个。2015年，动工建设西河镇大塘村农资配送站，新办社区综合服务中心3个，分别是蒙山县城西农资服务部、新圩镇瑞丰农资服务部、文圩镇国会化肥农药服务部。2015年全系统销售各种化肥7600吨，农膜17吨，各种农药265多吨。

【领办有机水稻种植专业合作社】 蒙山县水韵瑶寨三木有机水稻种植专业合作社是县供销社领办的专业合作社，于2015年6月成立，以现金出资和土地方式募集合作社成员，总投入100万元。带动农民53人以土地方式入股，土地面积20公顷，折价20万元，占股份的20%。

【领办水果商品化处理厂】 长青水果综合开发合作社水果商品化处理厂是县供销社领办的专业合作社，于2015年10月投建，11月底建成投产。处理厂建设共投入了资金110万元，建造了2500平方米铁架厂房，购置安装了一条清洗、打蜡、5级分级一体化成套水果采后商品化处理生产线和水果采收专用周转筐、销售专用包装果筐生产线等设备设施。12月中下旬开工投产以来，水果采后商品化处理生产线共加工处理了砂糖橘等水果2800多吨，收入140多万元，盈利40多万元。果筐生产线加工生产各种规格果筐15万个，销售收入160万元，盈利30万元。合作社还在本县组织收购加工砂糖橘等果品1000多吨直接运往四川成都、浙江杭州等地销售。水果商品化处理厂安排了60—70个劳动力就业，组织1800多人次的采果队伍和农用运输车200多辆次进行水果采收服务，对解决城乡居民的劳动就业起到了积极作用。

长青水果综合开发合作社工人在包装水果外运

县供销社　供稿

【蚕茧收购】 2015年，新圩、黄村供销社继续与华虹公司通力合作，以华虹公司为龙头，以供销社为骨干，在新圩镇、黄村镇分别设立2个蚕茧收购网点，同时吸收社会能人参与桑蚕茧的收购，为蚕农提供便利的收购服务。2015年，全系统克服鲜茧收购价格波动的影响，收上鲜茧1381吨，收购额达6014万元。

（覃威华）

烟草专卖

【概　况】 2015年，蒙山县烟草专卖继续坚持以稳中求进为总基调，抓基层打基础，加大市场监管力度，全面净化卷烟市场环境，各项工作均取得较好成绩，实现了经济效益的快速增长。全年累计销售卷烟187.35万条，销售额17002.58万元，实现利税2015万元。

【加强卷烟市场监管】 县烟草局加强和公安、工商等职能部门的配合，做到内外联动，合力监管，加大对各类涉烟违法违规行为的查处和打击力度。2015年，共组织联合执法专项行动40次，出动联合执法人员398人次，出动执法检查车辆80辆次，办理案件32起，共计查获非法卷烟15.44万支，总案值为8.5万元。

【开展"明码实价"专项整治】 县烟草专卖局采取一系列措施，开展卷烟明码实价工作：一是召开专题会议，制定实施方案；二是印制宣传资料，开展广泛宣传；三是合理安排人员，摆放价格标签；四是通过自律互助小组平台与零售户签订《卷烟零售明码实价倡议承诺书》，开展小组活动，增强客户认同。至2015年年底，蒙山辖区零售户明码实价率在90%以上。

【推进现代卷烟零售终端建设】 按照《市局（公司）推进现代终端建设工作方案》要求，提高客户终端服务能力，提升客户经营能力和盈利水平，以产品销售、形象展示、品牌培育、宣传促销、信息采集和消费跟踪 6 方面为主要功能，指导零售终端“软实力”提升。至 2015 年年底，完成现代终端零售户 100 户，为全县现代终端建设步伐打下基础。

（李雄芬　梁　俊）

个体工商业

【概　况】 2015 年，全县新发展个体工商户 1397 户，从业人员 2894 人，注册资金 16000.29 万元，比上年同期增长 88%、95%、94%。新发展农民专业合作社 43 家，合作社成员 402 人，注册资金 19451.4 万元。新发展家庭农场 51 家，从业人员 223 人，注册资金 3960 万元。年底，全县共有个体工商户个 5668 户，从业人员 9864 人，注册资金 40314.58 万元。有农民专业合作社 183 户，家庭农场 102 家。

【农民新型合作社组织发展】 2015 年，蒙山县按照积极发展、逐步规范、强化扶持、提升素质的要求，加大工作力度，促进农民专业合作社、家庭农场发展。至 2015 年年底，各类农民专业合作社发展到 183 户，其中水果专业合作社 62 户，从业人员 1507 人，注册资金 50267.95 万元；家庭农场发展到 102 家，从业人员 519 人，注册资金 6762 万元。其中从事水果种植的家庭农场 62 家。

【全面推行网上年度报告制度】 从 2015 年开始，将个体工商户、农民专业合作社年度检验制度改为年度报告制度，并全面推行网上年度报告制度，进一步降低门槛，优化营收环境，创新监管方式。2015 年 6 月底，完成 2013 年度个体工商户年报 79.80%，2014 年度个体工商户年报 83.30%，农民专业合作社年报 72.11%。

【个体工商户、小微企业和专业市场党建】 2015 年，在蒙山县党委的统一部署下，蒙山县工商局加强对推进非公有制经济组织党建工作的领导，制订《关于推进个体工商户、小微企业和专业市场党的建设工作方案》，落实了“小个专”党建联系点 13 个，成立小个专党支部 1 个（蒙山县中心市场支部）。

【推进“三证合一”改革】 按照国家工商总局和自治区工商局的部署，从 2015 年 9 月 1 日起，积极推进并实施工商营业执照、组织机构代码和税务登记“三证合一”和“一照一号”登记制度改革，简化办证程序，缩短办理时限，引导扶持个体工商户转型升级为企业，积极推进“个转企，小上限”工作，推进工商注册制度便利化，激发各类市场主体的创业活力。年底，共办理“三证合一”营业执照 120 份，其中个体工商户 85 份。

【开展无照经营违法行为专项整治】 2015 年，全县在专项整治期间共检查各类市场主体 2505 户，排查出未规范亮照经营 137 户、无照经营 13 户，规范未亮照经营 249 户，查处取缔无照经营 13 户，收上罚没款 2.3 万元。引导规范办理注册登记 116 户，向相关部门抄告涉及前置许可经营的 42 户。

（盘庆超）

住宿餐饮业

【概　况】 2015 年，蒙山县住宿餐饮业随着县城区的规模扩展而发展。按照政府宏观部门的规划引导和自由发展趋势，住宿餐饮业网点主要分布在县城中心水岸明珠、永安古城、湄江北路（浅水湾）等区域，主要代表性企业有滨江大酒店、鑫华大酒店、西普大酒店、浙商大酒店等较高档次的综合性服务网点。这些住宿餐饮业场所内部设施齐全，从业人员一般都在 15 人以上 60 人以下，加上单一住宿业务的小型宾馆，城内住宿床位达 2000 多张，平时入住率大约 50% 左右。冬夏两季，入住率达 80% 以上。除了大型的综合性宾馆外，餐饮业网点主要分布在环城地带，有永安古城餐饮业一条街。年底，县城有餐饮业网点

186个，从业人员达697人。

【住宿餐饮经营主体多元化】 随着经济体制改革的深入，住宿餐饮业经济结构发生了明显变化，私营、股份制、连锁店、个体经营企业迅速发展，市场份额逐渐扩大。私营企业、个体经营的住宿餐饮业整体规模和档次逐步得到扩大和提高，多元化的经营主体趋势更加明显。2015年，全县经营住宿餐饮个体私营企业186户，其中股份制私营企业27户。

【餐饮业经营品种】 在城区，既有高档的传统宾馆、饭店、酒店，又有西式快餐店；既有传统的本地菜馆，又有引进来的粤菜馆、川菜馆等。街头巷尾的小炒店、小饮食摊点更是星罗棋布，使消费者在种类上有了更多的选择，餐饮业文化也得到新发展。2015年，全县新发展餐饮业经营户85户，各类餐饮业主共计156户。

【滨江大酒店】 是由蒙山忠锐酒店管理公司经营管理的集住宿、餐饮、会议、娱乐于一体的综合性豪华酒店，位于蒙山县城滨江路，毗邻新行政中心大楼。地理位置优越，交通便利。酒店占地面积1328平方米，楼高14层，建筑面积16000多平方米，总体设计中西合璧，体现现代、时尚、温馨的主流风格。酒店拥有总统套房、行政套房、商务客房、标准客房等各类客房161间（套）；设有中餐厅和格调高雅、设备先进齐全的接待室、会议室、棋牌室等一流的配套商务休闲娱乐设备，是商务旅游、休闲度假的最佳场所。2015年，全年营业额600多万元。

（盘庆超）

物流业

【概　况】 2015年，全县社会物流总额2000多万元，物流市场总规模4000多万元。全县物流经营主体14户，道路运输、仓储经营主体39户，各类水果专业合作社12户，农产品购销经营主体15户。物流业亮点：生产资料流通企业和传统批发市场增加储存、加工、配送、网上交易等物流功能，形成“贸易＋物流”新模式；大型连锁零售企业强化物流系统，构建和完善自身物流网络；网购物流“爆炸式”增长，全年全县网络购物总额达4500万元以上，每天流转快件量高达0.6万票；农业和农村物流集中释放，各类农产品购销量倍增。

（盘庆超）

旅游业

【概　况】 2015年，蒙山县旅游局以创建广西特色旅游名县为抓手，着力打造“长寿养生之旅”“历史文化之旅”“武侠文化之旅”和“农业观光之旅”等旅游品牌，旅游发展取得明显效果，全年全县实施旅游基础设施大会战项目27个，总投资3.1亿元，完成投资2.1亿元。全年接待游客人数125万人次，完成旅游总收入12亿元，同比分别增长16.85%和24.56%。“永安王城”景区成功创建国家AAAA级旅游景区，为梧州市第三家国家AAAA级旅游景区；长坪“水韵瑶寨”获评为广西五星级乡村旅游区，为梧州市第二家广西五星级乡村旅游区；万寿谷生态园获评广西五星级农家乐，为梧州第二家广西五星级农家乐；福人园农庄和荷塘饮食山庄分别获评广西四星级农家乐。全县已初步构建乡村休闲游、山水文化游、长寿文化游、太平天国历史文化游、武侠文化游、祈福感恩游等旅游产品新格局。

【太平天国永安古城文化景区开工建设】 2015年9月，太平天国永安古城文化景区一期工程项目开工建设。蒙山县太平天国永安古城文化景区项目主要建设内容：湄江滨水天国文化休闲带、太平天国纪念园区、天国市井文化体验园区、太平天国封王建制地遗址区、永安历史文化街区。一期工程采用园林式仿古景观建筑风格进行建设，建设内容主要有地下停车场、天朝州署、朝堂、衙门、照壁、东西厢房等，总建筑面积6630平方米。项目建成后，将进一步提升蒙山县的太平天国文化旅游品牌。

【“创特”中期评估指导】 2015年8月，自治区旅游发展委员会对蒙山县创建广西特色旅游名县工作开展中期评估指导，全面了解创建广西特色旅游名县总体规划和建设思路，就如何打造高品位的旅游产品进行详细指导。专家组希望蒙山注重特色文化的挖掘和包装，在“特”字上下功夫，打造出蒙山和周边地区不一样的文化内涵；要根据游客需求打造自己的特色旅游产品，避免“把城市建设得像农村，把农村建设得像城市”的通病，做到开发旅游和保护生态环境相结合，保护好蒙山优美的山山水水，让每一位来蒙山的游客都能看得见山水，感觉得到蒙山之美。

【聘请旅游发展顾问】 2015年9月16日，县人民政府聘请华南理工大学知名专家、资深旅游投资人何秀池，广西旅游景区质量评定委员会专家组成员封祚孟两位旅游界知名人士为蒙山县旅游发展顾问，他们将在蒙山旅游发展上由“外来人”向“蒙山人”的角色转变，在旅游规划、景区景点设计、旅游招商引资等方面给予蒙山更多支持。

【开展旅游宣传推介活动】 2015年，蒙山县组织参加2015年桂林国际旅游博览会；柳州第二届广西旅游电商合作交流大会暨中国—新加坡旅游大数据论坛；南宁、肇庆、云浮、茂名、贵港举办的旅游推介会；来宾2015年“中国旅游日”暨乐游广西夏季推广活动；玉林2015年乐游广西（玉林）秋季推广活动暨大容山旅游文化节；佛山“牵手粤桂黔”旅游推介会；钦州2015年乐游广西（钦州）冬季推广活动暨钦州蚝情节等旅游推介会，走出蒙山，推介蒙山旅游，旨在提高蒙山旅游知名度。5月28—31日，经过改版、升华后的蒙山历史舞台剧《封王大典》以更加华丽的阵容亮相2015年桂林国际旅游博览会，两个场次精彩演出受到嘉宾的赞扬。

【建设星级旅游厕所】 2015年，蒙山县积极响应国家旅游局针对旅游景区厕所脏乱差现象而发起的旅游“厕所革命”活动，全面开展景区景点旅游厕所建设，并对照创建广西特色旅游名县相关标准和要求，在梁羽生公园、长坪“水韵瑶寨”、夏宜“醉美瑶乡”、程村桑蚕农业旅游示范点等地按照二星级标准新建4座旅游厕所，并且全部完成投入使用。

星级旅游厕所　　县旅游局　供稿

【国庆黄金周接待游客近20万人次】 2015年国庆黄金周期间，由于受强台风“彩虹”影响，蒙山县从10月4日开始就连续出现强对流天气，尽管实际有效游玩时间只有三天，但全县还是接待了游客18.96万人次，以广东、桂林、柳州等地的自驾游游客为主。

【举办“三月三”节庆系列活动】 2015年4月19日，蒙山县在长坪水韵瑶寨举行“三月三”节庆暨蒙山文化旅游节活动，吸引大批游客前来参加，他们与长坪水韵瑶寨的瑶胞们一起载歌载舞欢度“三月三”节日。瑶族婚嫁，展现瑶族文化独特的魅力；抛绣球招婿、竹筏迎亲、新人巡礼、瑶家婚嫁剧演出等节目让游客感受瑶族婚礼的浪漫与热烈；千年古榕下瑶家阿哥阿妹以山歌传情，以山歌会友；瑶族传统体育，让游客们在民族体育竞技和文体活动中寻找快乐生活；上刀山、下火海，让游客感受到神奇；糯米甜酒、竹筒饭、瑶家豆腐、五色糯米饭，食在瑶乡、乐在瑶乡。整个活动期间，共吸引 8 万多名游客。

【“永安王城”景区获评国家 AAAA 级旅游景区】 2015 年 12 月 14 日至 15 日，自治区旅游发展委员会派出专家评审组对蒙山县“永安王城”景区创建国家 AAAA 级旅游景区工作进行评审验收。经过专家组实地察看现场和查阅材料，并全面对照 A 级旅游景区评定标准，对景区的旅游服务水平、旅游基础设施、旅游业态等方面给予高度评价，认为蒙山县“永安王城”景区基本达到国家 AAAA 级旅游景区标准。在随后召开的自治区景区景点评审委员会最终评审上，专家组一致认定蒙山“永安王城”景区为国家 AAAA 级旅游景区。12 月 31 日，自治区旅游发展委员会下达文件，正式公布蒙山“永安王城”景区为国家 AAAA 级旅游景区。

2015 年 12 月 14 日，自治区旅发委专家组对蒙山县“永安王城”景区创国家 AAAA 级旅游景区进行评审验收　　县史志办　供稿

【“水韵瑶寨”获评广西五星级乡村旅游区】 蒙山县长坪瑶族乡“水韵瑶寨”景区位于长坪瑶族乡长坪村，村域总面积 35 平方公里，全村居民以瑶族为主。2012 年 9 月，长坪“水韵瑶寨”乡村旅游区建设启动，在原有基础上对当地山水、生态、文化进行深入打造，景区品位得到较大提升，2014 年被广西旅游发展委员会评定为广西四星级乡村旅游区。在此基础上，蒙山县又对景区旅游基础设施、瑶族文化等进行进一步完善和挖掘，整个景区品位和旅游质量得到巩固提升。2015 年 12 月，广西旅游发展委员会评定长坪“水韵瑶寨”为广西五星级乡村旅游区。

【万寿谷生态庄园获评广西五星级农家乐】 2015 年，通过广西旅游发展委员会乡村旅游区质量等级评定委员会和农家乐质量等级评定委员会的验收评定，蒙山县万寿谷生态庄园被评为广西五星级农家乐，荷塘山庄、福人园农庄被评为广西四星级农家乐。至此，全县共有四星级以上农家乐 6 家。

（林孝华）

责任编辑　黄兆伦

经济管理与监督

宏观经济管理

【概　况】2015年，蒙山县发改局分别编制了本年度的国民经济和社会发展计划执行情况及蒙山县“十三五”规划，科学把握经济发展节奏，全县经济社会实现了平稳较快发展，地区生产总值、固定资产投资、财政收入、社会消费品零售总额及城镇居民可支配收入、农民人均纯收入均实现较大幅度增长；向上争取项目资金，加快全县基础设施建设步伐；全县重点项目推进工作进展顺利，全县重点推进项目47项完成投资16.04亿元；积极谋划生态乡村项目建设，完成投资9662.95万元；积极推进医疗改革各项重点工作及扶贫生态移民工程建设。

【规划纲要编制】2015年，县发改局在积极开展“十二五”规划中期评估基础上，结合当前经济发展形势及蒙山县当年国民经济和社会发展计划，认真组织谋划和推进蒙山县“十三五”规划编制工作。按照《蒙山县“十三五”规划编制工作方案》要求，积极开展调研，收集整理重大项目、重大政策、重大工程，在深入调研和广泛征求意见的基础上，初步筛选出事关蒙山县“十三五”规划重大项目94项、重大工程7项、重大政策3项，通过召开5次“十三五”规划编制相关会议，先后形成《蒙山县国民经济和社会发展“十三五”规划基本思路》和《中共蒙山县委员会关于制定国民经济和社会发展第十三个五年规划的建议》，提出继续坚持“生态立县、特色兴县”的发展战略，以及“绿色农业、优势工业、特色旅游、品质城镇、福祉民生”的发展思路。

【经济运行分析】围绕经济平稳较快增长，科学把握经济发展节奏，掌握全县经济社会发展计划执行情况，深入分析本县经济运行形势，认真谋划国民经济社会发展，编制完成《关于蒙山县2014年国民经济和社会发展计划执行情况与2015年国民经济和社会发展计划（草案）》。2015年，全县地区生产总值完成58.95亿元，同比增长5.3%，其中第一产业完成11.72亿元，同比增长5.8%；第二产业完成25.69亿元，同比增长1.4%；第三产业完成21.54亿元，同比增长12.6%。固定资产投资完成54.72亿元，同比增长18.5%。财政收入完成2.8亿元，同比增长9.3%。社会消费品零售总额完成14.4亿元，同比增长11.1%。城镇居民人均可支配收入为23550元，同比增长6.3%；农民人均纯收入为7354元，同比增长9.5%。

【项目资金争取】2015年，根据国家投资导向和产业政策，精心策划，认真研究、遴选了一批对蒙山县经济社会持续发展有较大影响的项目进行向上申报，如县污水垃圾项目、大型沼气、供水、保障性住房基础设施项目、卫生、教育基础设施项目等35个项目，项目总投资约6亿元，拟申报补助资金约4亿元。同期，已为县政法基础设施、农村危房改造、保障性住房、以工代赈等项目争取到约14161万元中央预算内投资和自治区专项补助资金。

【重大项目推进】 2015年，全县重点推进项目47项，完成投资16.04亿元，完成计划投资任务15.53亿元的103.3%。其中市层面19个重点项目完成投资6.43亿元，完成计划投资任务的102.01%；县层面28个重点项目完成投资9.61亿元，完成计划投资任务104.17%。

【固定资产投资管理】 2015年以来共审批项目建议书、可研报告108项，项目投资约7.9亿元；备案22项，项目总投资约29.1亿元。审核邀请招投标和公开招标项目招标工作方案、招标公告、招标文件事项共420项，总投资约4.1亿元。项目招标范围涵盖交通、水利、旅游、教育、卫生、城市基础设施建设等领域。

【“美丽蒙山 · 生态乡村”项目建设】 2015年，生态乡村项目共建设村屯绿化、饮水净化、道路硬化三大项，涉及9个乡镇，确保“美丽蒙山 · 生态乡村”活动取得实效。指导项目业主完成县城供水项目、农村安全饮水项目、通村硬化道路建设、市政设施建设等项目前期工作，全年完成建议书批复、可研批复、环评批复等前期工作节点工作。积极推进项目建设，全年完成计划总投资9662.95万元。

【医疗卫生体制改革】 结合2015年医改各项重点工作，完成基层医疗卫生机构综合改革任务，国家基本药物制度覆盖率为100%。新农合参合率达到99.32%，医疗救助人数不断增加，人民群众真正得到了实惠。基层医疗卫生服务体系逐步健全，县级、乡镇级、村级标准化建设资金不断投入，达标率逐渐上升。医务人员在岗培训人数增多，服务能力不断提高。基本公共卫生服务水平和服务质量逐渐提高。城乡居民健康档案逐渐完善。基层中医药服务能力不断加强，基层医疗卫生服务体系建设稳步提升。积极稳妥推进公立医院改革试点。

【建设工程招标投标监督管理】 2015年，县招投标办严格执行招投标法相关规定，依据招投标活动程序流程，严格审核各类招标的工程项目，规范财政性投资项目招标行为，提高招投标工作质量。加快审批力度，平均每个项目缩短3个工作日的审批时限，全年共审核邀请招投标和公开招标项目招标工作方案、招标公告、招标文件事项共360项，总投资约4亿元。项目招标范围涵盖交通、水利、旅游、教育、卫生、城市基础设施建设等领域。

【扶贫搬迁工作】 按照“搬得出、留得住、能就业、有保障”的总体要求，蒙山县紧紧围绕扶贫生态移民工作目标任务，强化通过结合新型城镇化建设，破解土地落实难问题，结合园区发展，拓宽群众就业增收渠道以及生态搬迁，精准扶贫等主要措施，狠抓落实，扎实推进2014年、2015年扶贫生态移民工程建设。其中，2014年已到位资金591.45万元、2015年已到位资金123万元。按实施方案计划建设内容开始组织实施，落实搬迁对象到村到户到人到点，完成建档立卡等相关申报材料。确定了以购买商品房的无土安置为主，分散安置为补充的搬迁方式，对全县210户892人作为2014年、2015年扶贫生态移民搬迁对

2015年3月11日，自治区督查组到蒙山县督查扶贫生态移民工程推进情况　　县发改局　供稿

象。至年底，各安置点房屋、基础设施设完成建设，积极组织搬迁对象加快购房进度，12 月底完成购置商品房搬迁安置 56 户、分散安置 22 户。

（黄琼慧）

统计工作

【概　况】 2015 年，蒙山县统计局在职人员 11 人，下设综合股、办公室、法制股、工业能源投资股 4 个股室和蒙山县农村社会经济调查队。全年重点做好专项统计调查，包括城镇住户调查、农村住户调查、人口变动抽样调查。共培训工业、批零住餐业、房地产业、建筑业、服务业、农业统计人员共计 6 期，250 余人次。撰写统计分析文章 30 篇，统计信息月报 12 期，通过政府网站及时发布统计数据信息。探索统计数据为民服务的有效形式，开展统计执法检查，确保统计工作按照法治轨道进行。开展第三次全国农业普查和各项专项调查，围绕统计“四大工程”建设，认真抓好全国联网直报工作，按照“快、精、准”的统计要求，完成统计月报、季报、年报等各项工作。2015 年，蒙山县地区生产总值 58.95 亿元，人均 GDP 29579 元，年底全县常住人口 19.93 万人，城镇居民可支配收入 23550 元，农民人均纯收入 7354 元。

【国民经济核算】 蒙山县的国民经济核算主要包括全县生产总值及其增长、结构、三次产业对经济增长的贡献、消费水平等方面的资料。2015 年生产总值 58.95 亿元，同比增长 5.3%，其中，第一产业 11.72 亿元，同比增长 5.8%；第二产业 25.69 亿元，同比增长 1.4%；第三产业 21.54 亿元，同比增长 12.6%。人均 GDP 为 29579 元，同比增长 2.8%。

【开展统计法治宣传活动】 2015 年，按照自治区、梧州市统计局关于集中开展统计法治宣传活动部署，在 12 月上旬集中开展以 12 月 4 日国家宪法日和 12 月 8 日《中华人民共和国统计法》颁布纪念日为重要时点，以宪法和统计法为主要内容的集中统计法治宣传活动。12 月 8 日上午，县统计局组织召开了全体干部职工参加的统计法专题学习会，下午局领导班子带领业务骨干到永安社区向群众进行统计法普法宣传。同时成立 3 个宣传小分队，开展统计法普法宣传“走进企业”“走进社区”“走进农村”活动。

【专项统计调查】 2015 年，开展城镇住户调查，结果显示当年城镇居民可支配收入 23550 元，同比增长 7.0%。开展农村住户调查，结果显示当年全县农民人均纯收入 7354 元，同比增长 11.1%。开展人口变动抽样调查，结果显示：截至 2015 年 12 月 31 日 24 时，蒙山县常住人口为 19.93 万人。全县年末常住人口中，居住在城镇的人口为 6.81 万人，占总人口的 34.2%；居住在乡村的人口为 13.12 万人，占总人口的 65.8%。

【“统计工程”建设】 一是强化名录库建设，夯实统计基础。2015 年通过认真开展“个转企”审核工作，成功申报规上单位 6 家。二是强化一套表上报，提高数据质量。通过构建县局、乡镇和企业三级联动机制，及时采集，滚动更新，确保网报企业报送的统计员、办公室电话和手机号码等信息真实有效，促进报表催报、逻辑审核、执法检查各环节联系畅通，数据生产高质高效。三是强化数据采集处理软件培训。县统计局积极创造条件开展数据采集处理平台系统软件培训，专门邀请技术人员授课，要求所有专业人员认真学习。通过培训，各专业人员熟悉了网络平台报送条件下统计数据的业务流程和统计工作的组织方式，有效提升了统计业务能力。四是强化企业联网直报系统服务。为有效服务企业上报报表，专业人员同计算机人员加强协作、并力破难。专业人员负责本专业网报单位联网直报系统服务，计算机专业作为联络中枢，及时收集、反馈、解决各种共性问题，确保“四上”企业单位在哪里，联网直报系统服务就到哪里。

【统计执法检查】 按照《中华人民共和国统计法》及《统计违法违纪行为处分规定》的有关规定，县统计局统计法制股于2015年9月和10月，对全县重点单位进行了一次统计执法检查。检查前先下发年度统计执法检查通知，布置检查内容，确定检查时间。执法检查采取听看查的方式进行，通过听取单位统计工作情况汇报，查看被检查单位的统计制度执行情况、统计工作开展情况及统计台账建设情况，检查统计报表数据是否做到有来源有依据与上报数据是否相符。至10月底，全县现场检查了16个单位，完成了市局下达的统计行政执法任务。重点检查了上报数据有奇异单位的劳动工资报表，配合市局开展联合统计执法及开展全市事业单位从业人员工资总额专项调查工作。

【统计业务培训】 2015年，共举办统计业务培训班6期，培训250人次。其中，2015年1月16日，召开全县2014年度农业统计年报及业务培训工作会议，重点布置农业统计年报联网直报工作，全县9个乡镇的统计人员参会；2015年1月23日，召开蒙山县统计年报暨固定资产投资统计改革培训工作会议，参会人员为规上工业、限额以上批零住餐业、房地产开发业、有资质的建筑业、规模以上服务业法人单位的统计人员和会计人员；2015年2月4—13日，县统计局分别在全县9个乡镇及县人社局召开了劳动工资、服务业统计联网直报程序专业培训会，全县223个单位相关负责人参加了会议；2015年8月28—30日，举办了统计从业资格考试培训，80名考生及统计局15名干部参加了培训学习。

【统计服务】 2015年，蒙山县统计局深入推进现代化服务型统计建设，全力提升统计服务水平。

服务全县大局发展。紧紧围绕县委、县政府中心重点工作，每月召开一次经济形势分析会，及时准确搞好经济运行态势分析和前瞻性研判，围绕经济发展中的难点热点问题开展专题调研，撰写一批有参考价值的统计分析报告，为县委、县政府决策提供第一手丰富翔实的资料。2015年，全局共撰写统计分析30篇，统计月报12期，解决经济运行中出现的问题8次，向上级有关部门提出建议26条。其中每月撰写的经济运行分析以及专题撰写的《从三经普看我县经济结构的转变》《蒙山县1—8月工业经济运行情况及存在的问题和建议》《从丝绸产业化成果看蒙山工业经济的发展》《微型企业应政策春雨而丛生》《旅游精品名县带动第三产业迅速发展》等文章得到县委、县政府的领导好评，为党政领导决策起了重要作用。

服务社会公众。一是通过政府网站等媒体及时发布统计数据信息，探索统计数据为民服务的有效形式，加大统计指标解读力度，提高社会公众的认知度，严格执行首问负责制，热情及时地为来电来访群众提供咨询服务。二是抓好单位统计指导与企业服务，印发了2015年蒙山县统计基层基础建设实施意见，规范乡镇、县直统计工作，为全县统计基层基础建设各项工作任务明确了方向。三是开展同级干部进企业解难题活动。

服务调查对象。面向调查对象做好统计业务交流培训与一套表操作平台应用技术服务。一是加强统计从业资格及继续教育培训，坚持调查对象依法统计持证上岗。据统计，2015年参加统计从业资格考试的共有80人，统计专业技术资格考试的有5人。二是集中组织企业直报人员对专业报表各项指标的关联审核把握能力培训，对指标间关联有明确的把握。2015年组织相关培训6次，参加人数250人次。

（熊　滔　李家媛）

物价管理

【概　况】 县物价局（包括二层机构）共有在职

在编人员10人，内设价格综合股和收费管理股。二层机构为物价检查所和价格认证中心。2015年10月，县机构编制委员会下文明确物价检查所为副科级单位。2015年是物价收费政策调整较多的一年，行政事业性收费、药品价格、医疗等各类服务价格调整政策出台，价费管理工作进入新常态。

【价格监督管理】 开展2015年减轻农民负担工作，对学校收费进行专项检查，对部分幼儿园违规收取课本费、空调费、用品及玩具等费用，进行责令改正；检查学校食堂执行零利率情况，对部分学校存在的账务不清，管理不规范，缺少价格公示的行为进行批评指正并整改；对农村用电用水价格，农机服务收费进行了抽查，没有发现乱收费的现象；开展医疗、物业管理、停车场、零售商业等行业的各类专项价格监督检查40多人次，重点查处了物业服务收取装修押金的行为，共清退了装修押金10万多元；开展农资价格和涉农收费、成品油价格专项检查，确保农业生产资料和成品油价格无重大违法行为，切实维护消费者的合法权益。

【取消收费许可证制度】 2015年9月6日，县物价局、财政局联合转发区物价局、财政厅《转发国家发改委财政部关于取消收费许可证制度，加强事中事后监管的通知》，县物价局所发收费许可证、收费员证全部收回作废。要求收费单位在收费地点及单位网站醒目位置做好收费公示，接受社会监督。2015年行政事业性收费年度统计，全年应进行收费统计单位140个，实际统计140个，统计率为100%。收费项目共61项，2015年统计2014年收费金额为2847.09万元，比2013年收费金额（3007.24万元）减少5.3%。按收费性质统计，行政性收费1427.21万元，占收费总额的50.1%；事业性收费1419.88万元，占收费总额49.9%。按收费对象统计，涉企收费1351.6万元，占收费总额的47.5%。

【价格公共服务】 开展价格诚信工作宣传和价格服务进万家工作，与县内主要商场加强联系，推进商品明码标价工作。向县内主要商家分发《价格法》《关于商品和服务实行明码标价的规定》《禁止价格欺诈行为的规定》等相关法规宣传资料。2015年7月起，开展商贸流通领域不正当价格行为专项整治行动。中秋、国庆节期间物价、工商部门联合开展以“推行明码实价，倡导价格诚信，规范市场价格秩序”为主题的宣传活动，工作人员到超市、商场以及各类商品经营点，分发《蒙山县物价局关于商品和服务实行明码标价的提醒告知书》。宣传明码标价的经营要求，讲解《关于商品和服务实行明码标价的规定》，解答经营者的一些问题，共发放宣传资料3000多份。根据药品价格放开精神，7月27日召开全县物价、卫生、人社（负责社保方面工作）、工信、财政、商务、食品药品监督等相关部门以及县乡两级医疗机构、药品生产企业、零售药店负责人参加的药品价格改革政策提醒告诫会，传达药品价格放开精神，向业主明确相关政策及在药品价格放开后应注意遵守的价格法规，对医药经营从业人员进行了政策告诫提醒。蒙山县在药品价格放开后，市场保持稳定，当年没有药品方面的价格投诉案件。

【价格鉴证】 2015年，共出具价格鉴证结论书113份，涉案金额151.6万元，其中刑事案件105件，评估金额143.3万元；车损评估8件，评估金额2.7万元。全年不论是刑事案件的涉案价格鉴证还是非刑事案件的涉案价格认证，认证率均达100%。全部鉴证案件中无一例出现复议。2015年，涉税财物价格认定全年总评估户数67户，申报计税价格2218万元，核定计税3673万元，通过评估核增计税价格1455万元，增收税款62.6万元。

【协调价费矛盾】 发挥12358价格举报投诉服务平台和网络问政平台作用，执行按时办结制度处理群众投诉，2015年受理了4件价格举报投诉并及时处理回复投诉者。

【价调基金惠民】 2015年，争取到自治区本级价格调节基金69万元，其中60万元用于扶持农业种养企业，为本地农副产品保供给打下基础；9万元用于建设农副产品平价超市（平价专营区），为平抑市场物价发挥作用。

（黄健源）

审计工作

【概　况】 蒙山县审计局是县人民政府工作部门，主要职责是依法对本级各部门（含直属单位）和下级政府预算的执行情况和决算以及其他财政收支情况进行审计监督，对国家机关和依法属于审计机关审计监督对象的单位主要负责人进行经济责任审计等。内设有综合审计股、行政事业审计股、经济责任审计分局、政府投资审计中心等股室及二层机构。2015年度完成审计项目564个，其中县级财政预算执行审计项目1个，经济责任审计项目4个，专项资金审计项目3个，政府投资审计项目556个。共查出违规金额123.83万元，管理不规范金额12451万元，审核工程造价款4.15亿元，核减工程款1567万元。

【财政预算审计】 2015年，蒙山县审计局在开展2014年度县本级财政预算执行和其他财政收支审计过程中部分采用计算机审计，在上年审计的基础上选择了不同的侧重面（点），点面结合，在审计的方式方法方面取得突破。审计查出管理不规范金额共计121264.82万元，违规金额共计123.83万元。发现存在应缴预算款未及时上缴预算、利息收入未及时上缴预算、预算单位公务支出未按规定使用公务卡结算、预算支出调整未编制方案报县人大审批、列收列支收入达2600万元，不形成可用财力，收入质量待提高等主要问题，切实发挥了审计监督作用。

【专项资金审计】 2015年，对上级审计机关统一安排的2014年全国城镇保障性安居工程跟踪审计、“美丽广西·生态乡村”专项资金进行审计调查及自行安排的蒙山县2014年民政专项资金审计调查，专项审计调查重点审计调查专项资金使用管理的总体情况，分析评价资金使用效益。对涉及的单位及乡镇、村组和群众进行了重点抽查，对审计发现的问题及时反馈，促进整改，促使专项资金的使用得到有效监督。审计查出主要问题有：保障性安居工程未能按项目进度及时拨付资金，拖欠工程款478.2万元；保障性安居工程有5个项目存在工程监理不到位的问题，共316套保障性住房依法应委托而未委托监理；2015年度农村饮水安全工程主体工程已基本完工，县级配套资金10万元未到位；水源地划定保护区工程任务14处，初步预算建设资金42万元尚未到位；道路硬化的5个项目需要县配套资金876万元未到位；医疗救助审批时间长，应救助的弱势群众未得到及时救助；医疗救助档案资料不完善；信息公开程度不够；资金结余大等问题。

2015年11月30日，召开2015年保障性安居工程跟踪审计进点会　　县审计局　供稿

【政府投资审计】 2015年，完成政府投资审计项目556个，审核工程造价款41482万元，核减工程款1567万元，核减率为3.78%。对政府重大投资建设项目开展全程跟踪审计，抽取部分政府重大投资项目和市政建设项目，从项目前期准备阶

段开始全程审计监督，提高政府投资项目质量和效益。

【**经济责任审计**】 坚持经济责任审计工作联席会议制度，按照党的十八大和中央“两办”规定要求，大力推进领导干部经济责任审计。受县委组织部的委托，2015 年安排的 4 个经济责任审计项目年内全部完成，审计查出管理不规范金额 218.1 万元。审计报告客观评价了领导干部的经济责任，真实反映了存在的问题，提出了切合实际的审计建议，为县委、县政府科学决策和加强领导班子建设及党风廉政建设发挥了重要作用。

【**审计整改督查**】 2015 年，对年内完成的审计项目，就审计发现的存在问题，按照审计整改工作的要求，及时督促被审计单位认真整改，确保审计发现的问题能得到有效的整改落实。审计项目 8 个，要求整改单位 8 个，具体单位是：蒙山县住房和城乡建设局、蒙山县民政局、蒙山县财政局、蒙山县新圩镇人民政府、蒙山县统计局、蒙山县残疾人联合会、蒙山县蒙山中学、蒙山县工商业联合会。需要整改的问题有：资金使用和筹集方面存在的问题，医疗救助档案资料不完善，资金结余大，信息公开程度不够，固定资产不登记明细账，费用开支不规范等问题。所有问题已整改完毕。

【**队伍建设**】 2015 年，蒙山县审计局加强审计业务培训，不断创新审计技术方法，通过举办了信息化条件下的审计质量管理培训班、经济责任审计规范化培训班、政府投资项目审计培训班等培训，提升审计干部能力。同时，为加强政府投资审计领域廉政风险防范，除加强投资审计人员廉政教育外，蒙山县审计局还注重完善相关制度，严格执行《蒙山县审计局政府投资审计中心业务管理制度》《蒙山县审计局政府投资审计中心廉政风险点管理办法》《蒙山县审计局政府投资建设项目跟踪审计办法》三个制度，严格实行三级复核制，打造一支作风廉洁、能力突出的审计队伍。

（余志杰）

国有资产管理

【**概　况**】 2015 年，蒙山县人民政府下达《关于对行政事业单位国有资产进行上缴集中处置的通知》，致力于完善和规范行政事业单位国有资产的管理。县财政局国资部门根据文件精神，建立公物仓，旨在把全县各单位有价残值的固定资产上缴财政国资公物仓，并按照公平、公开、公正的原则由国资部门按规定程序进行统一处置，防止国有资产流失。2015 年实现行政事业单位资产管理信息系统网上录入填报，固定资产的购置、处置全部录入资产信息系统，实现对全县 269 个行政事业单位固定资产的实时监控。

【**行政事业资产监管**】 实施资产管理信息系统是实现资产管理动态化、预算编制科学化的重要举措，是编制年度新增资产配置预算的重要支撑，有利于提高工作效率、降低管理成本、实现资产管理与预算管理的有机结合。2015 年，县财政局国资部门举办 6 期资产管理信息系统培训班，共计 186 人次参加培训。完成 269 个行政事业单位上报数据工作，上报资产原值总额为 71942.99 万元，其中土地、房屋及构筑物 39664.23 万元，通用设备 14480.11 万元，专用设备 13552.31 万元，文物和陈列品 0.5 万元，图书和档案 655.25 万元，家具、用具、装具及动植物 3308.43 万元，无形资产 282.16 万元。

【**国有资产处置**】 根据《蒙山县行政事业单位固定资产购置处置管理实施办法》文件精神，加强对全县行政事业单位国有资产处置的管理，进一步完善了行政事业单位资产购置、处置工作的章程，制止资产处置中的各种违纪行为，防止国有资产流失，维护国有资产的合法权益。2015 年资产处置收入152.43万元，已全部上缴国库。

（余恒发）

工商行政管理

【概　述】 2015年，是蒙山县工商局全面推进工商营业执照、组织机构代码证和税务登记证“三证合一”工作，实现全县“一表填报、一窗受理、一站审批、一照核发”企业注册登记制度，提高市场准入便利化程度，优化营商环境，激发社会投资创业活力，促进市场主体加快发展，实现工商营业执照、组织机构代码证和税务登记证合并为“一照一码”的目标。年内新增内资、私营企业242户，个体工商户1397户，农民专业合作社43家，家庭农场51家。年底，全县有内资、私营企业户1798户，从业人员6675人，注册资金253707.1万元；个体工商户5668户，从业人员9864人，注册资金40314.58万元；农民专业合作社183户，从业人员1507人，注册资金50267.95万元；家庭农场102家，从业人员519人，注册资金6762万元。

【推进“三证合一”登记制度改革】 2015年，县工商部门根据《国务院办公厅关于加快推进“三证合一”登记制度改革的意见》（国办发〔2015〕50号）等相关文件的要求，全面推进“三证合一”登记制度改革。县人民政府制订《关于印发推进我县工商营业执照、组织机构代码和税务登记证“三证合一”工作实施方案的通知》，按照方案总体要求，企业登记机关核准企业、农民专业合作社新设登记、变更登记（备案）后，将其基本登记信息、变更登记（备案）信息即时共享到县级信息共享交换平台。税务机关确认纳税人信息后，将该税务主管机关全称即时共享到交换平台。企业登记机关及时到交换平台获取税务主管机关信息，并建立与企业登记信息的关联关系。税务主管机关办理完生产经营地、财务负责人、核算方式等事项变更或出具清税证明后，即时将上述事项的变更信息、清税信息共享到交换平台。企业登记机关及时到交换平台获取且更新相关变更信息、清税信息，并建立与企业登记信息的关联关系。9月，搭建完成跨部门信息共享交换平台，实现登记等信息交换和数据共享。9月2日，蒙山县首张“三证合一”营业执照发放，并在全县推广。年内新增内资、私营企业242户，从业人员1936人，注册资金37148万元，分别比2014年同期增长76%、141%、81%；新增个体工商户1397户，从业人员2894人，注册资金16000.29万元，分别比2014年同期增长88%、95%、94%；新增农民专业合作社43家，合作社成员402人，注册资金19451.4万元；新增家庭农场51家，从业人员223人，注册资金3960万元。核发“三证合一”营业执照312份。

【实施工商体制改革】 2015年，县工商局贯彻落实自治区党委、自治区人民政府关于工商体制调整工作部署，执行自治区工商局新“三定”方案以及自治区人民政府办公厅批转的《全区工商行政管理体制调整实施方案》，根据蒙山县实际实行全县工商行政管理体制由垂直管理向分级管理改革。积极与县委组织部、县人社局联系，做好对接工作。3月31日完成体制改革人员档案移交工作。应移交档案94人，实移交93人：其中在职43人（移交县委组织部24人，移交人社局19人），辞职1人（移交人社局），退休36人（移交县委组织部23人，移交人社局13人），注销13人（移交县委组织部10人，移交人社局3人）。

【严格规范市场秩序】 2015年，县工商部门立案查处各类违法案件34件，罚没金额18万多元。开展打击传销和变相传销行为，创建永安社区为梧州市无传销社区示范点，并向全县铺开无传销社区（村）创建工作；开展重要商品质量抽样检验行动，组织抽检汽车用柴油15个批次、建筑材料20次，对2个经营不合格铝材产品当事人进行立案查处，罚没款0.55万元；开展查处取缔无证无照经营行为专项行动，检查各类市场主体780多户次，立案查处各类无照经营案件13件，处以罚没款2万元；继续深化“红盾护农”行动，抽检农药化肥8个品种、批次。查处违法经营农资行为20件，处以罚款5万多元；保持打击“黑网吧”高压势态，查处黑网吧案件1起，没收涉案电脑主机25台；开展保护知识产权专项整治工作，立案查处商标侵权等违法案件3件，罚没款0.6万元。

【品牌商标建设】 2015年，全县有注册商标200多件，其中农副产品商标18件，服务商标78件。申报广西驰名商标5件。大力开展著名商标认定工作，为有发展潜力的企业制定广西著名商标培育计划，积极引导、帮助企业正确应用商标战略，依法实施品牌经营。把“HHONG”“丽诺丝”“茶山湖”等注册商标列入广西著名商标培育计划。

【政务公开、企业信息公示系统建设】 2015年，县工商部门向社会公示违法处罚案件信息、权力清单、开展相关行政执法专项检查、企业信用等信息54件、行政许可审批工作指南18大项。工作中做到依法履职、审批简化、用权规范，接受社会监督。宣传上通过举办培训班、上门服务等各种形式进行全方位、多层次宣传，进一步提高企业信息公示认知度。

【发挥农民新型合作社组织作用】 2015年，全县共有农民专业合作社183户，从业人员1507人，注册资金50267.95万元；家庭农场102家，从业人员519人，注册资金6762万元。新型农业经营主体带动农户数量为50—100户，主要体现在生产资料购买、农产品销售、资金、技术等方面支持。龙头企业帮助农户统购生产资料金额平均为20万元左右，为农户提供信贷担保户数平均为20户左右，为本县域农民开展现代农业科技知识培训次数平均为5次。35%专业合作社为社员提供过融资服务，30%为社员提供过金融中介服务。已初步形成以农民合作社为纽带、专业大户和家庭农场为骨干、农业产业化龙头企业为支撑的新型农业经营体系，新型农业经营主体呈现出多元多样的发展态势。经营范围包括农产品种养、种苗繁育、加工、收储、物流配送、贸易销售等，涵盖整个农业产业链环节。

【设立经营异常名录】 2015年，县工商局根据《国务院关于“先照后证”改革后加强事中事后监管的意见》等规定，制订《蒙山县工商局事中事后监管制度》，对未按时年报，或者未公示有关企业信息，企业公示信息隐瞒真实情况、弄虚作假等行为的市场主体列入经营异常名录库。全县被列入经营异常名录的市场主体2208户，其中企业278户、个体工商户1903户、农民专业合作社23户。

【户外广告管理】 国务院公布《关于第二批取消152项中央指定地方实施行政审批事项的决定》，取消对户外广告登记行政审批事项规定以来，县工商局做好取消审批事项的后续管理衔接工作，加强户外广告发布事中事后监管，确保广告市场合法、有序运行。2015年，全局出动执法检查人员50余人次，清理违法广告5条处，规范户外广告经营行为20户次。

（盘庆超）

质量技术监督

【概　况】 2015年，蒙山县质量技术监督局由自治区质量技术监督局垂直管理划转地方管理，内设办公室、综合管理股、法规监督股、特种设备安全监察股4个股室。行政编制7人，后勤服务事业编制1人，年底实有人数为7人。年内，县质监局根据区局、市局关于“突出抓质量、保安全、促发展、强质检”的工作要求，重点抓好产品质量和特种设备“两个安全”的管理工作。多措并举加强特种设备安全监督，按照“全覆盖、零容忍、严执法、重实效”的工作要求，共计出动安全监察人员250人次，检查特种设备使用单位80家次，瓶装气体充装单位2家次，涉及200多台次起重机械、电梯、锅炉、压力容器等各类特种设备，下达指令书16份，采取封存措施3家。开展农资、建材等专项整治工作，严厉打击农资、建材等制假售假的违法行为，打劣扶优，维护消费者合法权益。开展“美丽乡村，标准化建设”。开展“质量兴县”活动，加强计量、标准化管理，规范市场经济秩序。年内未发生产品质量安全和特种设备安全事故。

【质监系统行政体制改革】 2015年，根据国务院决定“将工商、质监省级以下垂直管理改为地方政府分级管理体制”精神。蒙山县质监局按照“精简统一效能的原则，强化地方政府责任，理顺权责关系，完善监管体制，提高监管水平”的总体要求，认真做好质监系统行政体制改革的每一项工作：安排专人落实移交过程中的人财物等接管工作，对划转进程中出现的业务办理、人员安置、上报对接、资产报备等内容出现的疑点难题进行统一处理，妥善处理干部队伍思想变动问题；组织办公室、人事、财务等部门加强双边对接，提前着手对单位内的人员档案、编制、财务账表做清理核查，做到“不漏一人，不少一物”；结合质监部门职能监管工作，加强与企业业主沟通，明确安全监管权责，重申安全管理理念，严防和警惕质量安全底线。2015年3月底，顺利完成质监系统行政体制调整机构划转地方管理的全部工作。

【特种设备安全监察】

特种设备安全大检查。2015年，要求辖区内特种设备使用单位做到“三落实、二有证、一检验、一预案”（落实管理机构、落实责任人员、落实相关制度；设备有证使用、作业人员有证上岗；设备依法按时检验；制定特种设备应急预案）。在元旦、春节、三月三、五一节、梧州宝石节、东盟博览会、国庆节和第13届自治区运会等节前节后以及两会期间重点时间段和关键节点，集中开展特种设备安全大检查。全年全局出动执法人员100余人次，对辖区80余家企业与特种设备使用单位进行检查、指导和帮扶。检查在用锅炉18台、起重机械10台、压力容器69台、场内机动车辆6辆、气瓶充装单位2家、电梯100余部。下达《特种设备安全监察指令》8份，查封存在重大安全隐患特种设备3台，指出并要求立即整改的安全隐患和违规违法行为30余起。

电梯安全监管大会战。2015年，针对电梯类特种设备投诉举报增多和区外电梯安全事故频发的情况，根据上级在关文件精神，开展了电梯安全监管大会战，对辖区内住宅小区、超市商场、医院、宾馆等公共场所的电梯开展专项检查。2015年年底，全县共有电梯136台，全年共检查数量145台次，下达整改通知6份，责令整改电梯6台。针对检查出的问题，积极协调维保单位、使用单位、物管公司开展电梯安全隐患整治，确保电梯使用安全。

特种设备使用单位夏季火灾防控专项整治。出动执法人员65人次，共检查了20家锅炉使用单位的23台锅炉，12家压力容器、压力管道使用单位。重点检查了锅炉使用单位和液化石油气充装站。被检查的单位，大多数都建立落实安全责任制，安全管理员、作业人员持证上岗，对特种设备进行日常安全检查巡查，正常开展设施运行和维护保养，有检查记录，有所使用的设备定期检验报告，制定了应急预案。整个夏季没有发生火灾。

气瓶充装站安全专项整治。结合安全生产大检查工作，县质监局开展了气瓶充装站安全专项检查行动，重点检查辖区内2家气瓶充装单位。发现的主要问题：充装记录不够规范，对气瓶充装前后检查不够认真，流于形式；充装记录填写不及时、不准确；充装非自有产权气瓶。县质监局对存在问题的单位提出了具体整改要求，并督促充装单位立即进行整改。

特种设备安全监察会和安全工作约谈会。2015年，召开4次特种设备安全监察工作会议和电梯维保、气站安全工作约谈会，全县40多个特种设备使用单位分管负责人参加了会议。会上传达全国、全自治区、梧州市特种设备安全监察工作会议精神，总结各个阶段工作，部署下个阶段特种设备安全生产工作，对落实区质监局电梯电子监管、流动式起重机械安全、工业锅炉节能排减专项治理的工作进行了工作部署。并对电梯维保单位、液化石油气站的负责人分别进行约谈。

特种设备定期检验和作业人员培训。2015年，全县所有到期的特种设备都能按期按规定进行检验，定检率达到了100%。年内，县质监局还协助梧州市特检所在蒙山举办了2期特种设备人员培训班，共60多人参加了特种设备作业人员上岗培训，获证率100%。

【质量兴县】 蒙山县质量技术监督局结合“质量兴县”要求，组织干部职工深入企业开展各种帮扶活动，到重点企业生产现场就产品生产流程，包装标识及出厂监督检验等环节，帮企业“把脉”，从质量管理、技术创新、生产工艺及产品出厂检测等各方面查找问题，鼓励和引导企业不断提高产品质量，走“以质取胜”及名牌之路，提高产品的市场竞争力。2015年，结合蒙山县的实际情况，充分发挥质监部门职能，为广西华虹蚕丝股份有限公司生产的生丝申报“广西名牌产品”提供全方位支持和帮助，并最终获得“广西名牌产品”称号。2015年，生产领域的产品质量抽检合格率为100%；农产品农药残留监督抽查合格率为99.81%，检测合格率在全区属上游水平；服务质量不断提高，现代物流业顾客满意率为89.9%，通信业顾客满意率为95.8%，旅游业顾客满意率为92.32%，医疗服务业顾客满意率为97.3%。

【美丽乡村标准化建设试点】 国家级美丽乡村建设标准化试点项目在蒙山县正式启动后，结合实际，按照“生态立县、特色兴县”发展战略，开展美丽乡村标准化建设。2015年3月，蒙山县人民政府获自治区质监局批准牵头制定《美丽乡村饮用水水源保护区划分方法》并参与《美丽乡村公共服务通用要求》《美丽乡村饮用水卫生规范》《美丽乡村环境卫生通用要求》《美丽乡村村务管理规范》4个广西地方标准制定工作，促进全县美丽乡村标准化建设试点工作深入开展。2015年5月，江苏省标准化院专家组一行4人，到蒙山县实地参观调研农村污水处理工作情况，为起草《农村污水处理规范》国家标准积累资料和经验。专家们对长坪瑶族乡长坪村清洁水源示范点、西河镇安富村青子组创建青年生态示范点、蒙山镇北楼村程村组创建清洁家园示范点以及蒙山县垃圾清运的做法给予了肯定。

【质监安农】 2015年，全县共开设有7个产品质量安全咨询服务站。县质监局加强“质监安农进千村”的宣传工作，多次组织工作队深入到田间地头向农民传授农资产品的真假辨识技能，现场解答群众疑问。发放无公害家禽养殖管理规范、无公害水果生产技术等种养殖技术书籍200多份，发放化肥和农药等农资产品鉴别知识资料手册500多份。同时加大对农资市场监管，公布全区检测化肥、农药等情况，引导农民科学用肥、用药。

【产品质量监督】 2015年，县质监局对县内的产品生产企业进行产品质量安全风险排查，出动执法人员30人次，检查生产企业13家，对企业进行处罚立案2起，结案2起。对县内生产企业的产品进行定期监督抽查和日常监督抽查，出动执法人员40多人次，抽查烧结普通砖样品5批次，合格率100%；抽检普通硅酸盐水泥样品1批次，合格率100%；抽查混凝土模板用胶合板样品2

个批次，合格率50%。对不合格产品企业采取责令整改、处罚、约谈等多种形式，落实企业主要责任，加强企业自律，督促引导企业改进，提高产品质量。

【执法打假】 2015年，共出动执法人员256人次，检查24个肥料经营单位和门店，发现部分肥料标识不符合强制性国家标准GB 15063—2009和GB 20813—2006等的要求，并对相关违法单位进行了后续处理，严厉打击制售假劣农资违法行为。出动执法人员45人次，检查水泥企业1家，建筑铝合金型材销售企业6家，红烧砖、砂砖企业8家，对生产销售假冒伪劣建材的厂家和门店，依照相关法律法规进行处罚。

【组织机构代码办理】 2015年，开展组织机构代码扩展产品信息库采集和录入工作，完善重点产品生产企业质量信用档案。全年共完成组织机构代码证书新颁证258个，到期换证156个，年检1061个，变更、废置和其他业务132个。2015年共减免小微企业办证费用2万多元，从2015年10月1日起全部组织机构代码实行免费。

【计量监督管理】 2015年，共对集贸市场内245台在用电子秤、台秤进行了现场免费检定，减免检定费1万多元。对于有偏差、不准确的电子秤，技术人员当场进行免费维修，有效地遏制了市场的短斤少两现象。全年完成检定计量器具760台次，强检率98%以上。其中加油机完成300（枪）次检定，强检率100%，确保贸易行为的计量准确，维护消费者的合法权益。

【质监法律、法规宣传】 加强对质监有关的法律、法规、规章制度的宣传。一是开展“5·20”计量日、“3·15”消费者保护日等系列活动。通过设立政策法规咨询、假冒伪劣商品展示、受理投诉、发放识别真假农资资料等形式，向广大人民宣传有关知识和法律法规。二是开展特种设备安全知识“三进”活动。以“三进”（进企业、进社区、进学校）活动为载体，深入开展特种设备安全知识宣传。在企业、社区、学校共发放《特种设备安全法》200多本、办事指南80多份、特种设备安全知识宣传资料500多份。三是开展质监安农活动。向群众大力宣传质监护农政策，切实增强消费者的自我保护意识和能力。

（钟兆友）

食品药品监督管理

【概　况】 2015年，蒙山县食品药品监督管理局以保障公众饮食用药安全为中心，以深化市场整治为切入点，以构建长效监管机制为保障，以推进食品药品监管体制改革为抓手，进一步加强领导班子和执法队伍建设，扎实开展食品药品安全专项整治，全面推进各项工作。至年底，全县纳入药品、医疗器械，食品生产、加工、流通和餐饮服务及保健用品、化妆品监督管理的对象有1320余家，其中涉药涉械单位180余家，涉食单位1100余家，保健品和化妆品专营门店40余家。年内，全县无重大食品药品安全事故。

【食品市场监管】 2015年，县食品药品监督管理局不断加大食品市场执法检查力度，高强度开展儿童食品、粮、油、肉制品、乳制品、米粉、桶装饮用水、月饼等食品安全专项整治行动40余次，责令整改11家，办理违法案件33起，结案33起，没收违法所得11278.2元，罚款56477元，食品市场质量安全水平进一步提升。其中，监督检查各级各类食品生产加工企业（小作坊）320余户次，出动执法人员606人次，监督抽检食品53批次，责令整改7家，移交稽查部门立案查处11家，办理违法案件11件，结案11件，涉案货值17649.2元，没收物品货值9256元，没收违法所得6911.2元，罚款3477元；监督检查食品流通企业2300余户次，监督抽检食品5批次，责令整改2家，办理违法案件19件，结案19件，涉案货值15000元，没收物品货值5000元，没收违法所得4167.5元，罚款44000元；监督检查餐饮服务单位991户次，监督抽检食品33批次，责令整改3家，办理违法案件3件，结案3件，涉案货值1286.5元，没收物品货值1202元，没收违法所得199.5元，罚款9000元。

【重大活动食品安全保障】 2015年，围绕县委、县政府的工作核心，按照“大监管、大安全、大服务”的工作理念和提早谋划、提前介入、突出监管、强化服务、全程跟踪的工作思路，在各种活动期间，县食品药品监督管理局以农家乐、集贸市场、景区餐饮单位和门店为重点，采取“活动前实地查看、活动中全程跟踪、活动后总结归档”的全程监管方式，实施重大活动食品安全保障行动13次，以高度的责任心和扎实的工作圆满完成各项活动保障任务。其中，11月8—16日，蒙山县承办了广西第十三届区运会的成年桥牌、象棋、围棋、青少年女子柔道四个项目比赛。为确保区运会期间饮食安全，采取成立食品安全保障工作领导小组并制定《广西第十三届运动会（蒙山赛区）食品药品安全保障工作方案》、加大巡查力度、开展餐饮服务行业从业人员食品安全知识培训班、加大食品安全快检频次、全程驻点监督等五项有力措施，加大监管力度，选派16名监督执法人员，对负责接待的两家酒店实行24小时驻点监督和巡回检查，共对两家接待酒店约56餐次约1600多人餐次进行了食品安全保障。

【药械安全监管】 坚持专项整治与完善长效机制建设相结合、打击违法行为和促进规范管理水平提升相结合，对辖区内医疗机构药械经营企业依法进行日常监管和专项整治，药械质量安全得到了有效保障。开展药械质量安全集中整治。局积极组织执法力量，结合日常监管相继开展了打击两非、体外诊断试剂、含麻黄碱复方制剂、中药饮片、含可待因复方制剂等8次专项整治。出动执法人员34人次，检查涉药单位118家次，责令限期整改1家，办理违法案件6件，结案12件，涉案货值3954.58元，没收违法所得819.05元，罚款65982元。在专项整治的同时，对医疗机构、药品经营企业开展了日常监督检查，药械安全事故得到有效防控。积极开展药械信息监管工作。建立和完善了医疗机构、药品经营企业药品电子监管系统；加强药品不良反应检测网络建设，网络上报不良反应药品100份和不良反应医疗器械30份；进一步加强药品抽验和快检工作，完成药品抽验20多批次及快检20多批次工作任务。进一步完善药械信息监管体系，规范药械市场秩序。积极帮扶指导，使所有需要认证的药店百分之百通过GSP认证；对各级医疗机构以创建规范化药房为载体，积极从设施设备，药品的购、存、销（使用）和售后全面进行规范，做到无缝隙监管。

【保健食品化妆品安全监管】 2015年，县食品药品监督管理局执法人员督促各企业在门店的醒目位置悬挂警示标牌、公布监督举报电话，随时接受社会监督，促进企业自觉诚信经营。执法人员在实际工作中，通过建立具体制度、下企业监管等方式，督促企业规范行为。严格保健食品化妆品市场监管，相继开展了化妆品不良反应监测、虫草类保健食品监督检查、宾馆酒店化妆品专项监督抽检、药店保健食品专项整治等监督检查行动。加大执法检查的力度，共出动执法人员209人次，监督检查保健食品化妆品经营机构84家，办理违法案件2件，结案2件。

【食品检验检测支撑体系建设】 2015年，县食品药品监督管理局不断加大食品检验检测工作力度，并结合全市下达蒙山县食品安全监督抽检监测任务，针对食用油、米粉、肉制品、面包、牛奶、节令食品、腊肉、腐竹、月饼等老百姓生活密切相关的品种进行质量抽检，共抽检91批次，检出不合格13个批次，其中不合格黄花菜1个批次、不合格花生油7个批次、不合格鲜湿米粉3个批次、不合格月饼2批次，不合格批次均已立案查处；完成快检任务883批次。年内，县食品检验检测中心项目工程建设工作有序推进。

【校园食品安全监督】 以春季校园食品安全专项整治入手，加强对全县开办学生食堂的149所学校及幼儿园的食品安全监管力度，健全其组织机构和规章制度，明确责任主体，规范操作流程和应急救援工作，学校食堂安全管理标准和保障水平较以往有了明显改观。同时，加大各校园长《食品安全责任书》履职情况监管力度，对全县学校食堂认真推行每月检查1次的常态化监管模式，把食品安全监管责任和食品安全事故防控措施切实落到实处。创新餐饮服务食品安全监管的方式，建立学校食堂远程监控平台，已对全县12所有一定规模的学校食堂进行远程监控。

高考前夕，县食药监局到学校开展学生食堂食品安全保障工作

县食药监局　供稿

【宣传教育】 2015年，县食品药品监督管理局坚持把食品药品安全宣传教育纳入全年工作的重要内容，结合科技活动宣传周、12331投诉举报热线宣传、食品安全宣传周、药品安全宣传月等活动开展宣传。参加现场活动咨询的群众达9000多人次，发放食品安全小册子、宣传单和张贴画41000多份，提供咨询1100人次，制作宣传展板37个，制作宣传横幅22条。同时，通过县电视台、蒙山县政府网等媒体宣传食品药品安全知识及相关法律法规、投诉举报电话等信息，大力营造社会各界广泛参与、齐抓共管的良好舆论氛围。共在新闻媒体刊登稿件35篇，制作公益广告3次。

（黄　盈）

安全生产监督

【概　况】 2015年，县安全生产监督管理局有干部职工8人，其中公务员4人，参公人员2人，工勤人员1人，借调人员1人。年内县安监部门以新修订的《中华人民共和国安全生产法》和区、市、县逐级印发的《安全生产“党政同责、一岗双责”实施办法》等文件作为主要内容，进一步开展安全生产大检查和专项整治活动，有效促进政府部门安全监管责任和企业安全主体责任的落实。全年，全县发生各类安全事故3起，死亡4人，直接经济损失1700元，同比事故起数、死亡人数、直接经济损失分别持平、上升33.3%、下降32%。其中生产经营性道路交通事故3起，死亡4人。没有发生一次死亡3人以上的较大事故。

【构建全县安全生产责任体系】 按照“党政同责、一岗双责、失责追责”的要求，扎实抓好党政领导责任、部门监管责任和企业主体责任落实，全面构建全县安全生产责任体系。县人民政府与9个乡镇、县直27个有关部门签订了责任状，各乡镇也完成了与各村、生产经营单位的责任书签订。通过召开生产经营企业负责人工作座谈会、视频培训会等方式，部署安全监管重点，引导企业遵循安全发展理念，督促企业严格落实安全生产主体责任。县委、县政府多次跟踪督促检查全县重要时段、重要领域安全防范措施落实情况。

【狠抓隐患排查治理】 将隐患整改作为防范事故的重要手段，着力构建全县隐患排查治理和安全预防控制体系。

开展安全生产大检查。各乡镇、各部门和各企业按照县安委会的统一部署，认真组织开展各行业领域的安全生产大检查活动。检查务求实效，做到不留死角全覆盖，执法严格零容忍。对检查中发现的安全隐患要求就地整改，或下发责令改正指令书，要求限期整改，有效杜绝安全生产事故的发生。

强化重点时段的安全生产监管。在元旦、春节、夏季汛期、国庆节、区运动会等重点时段，严格按照市安委会和县人民政府的部署和要求，制定各时段、各节点安全生产监管方案，研究落实安全措施，特别是对重点部位，强化防范措施，确保重点时段安全生产工作的稳定。为深刻吸取天津“8·12”事故教训，开展了3次对辖区范围内危险化学品、烟花爆竹、道路交通、非煤矿山、建筑施工、人员密集场所消防安全等领域进行全面排查，重点是涉及危险化学品、烟花爆竹等易燃易爆物品的企业，共排查出8项安全隐患，其中7项要求企业立即按要求现场整改完毕，1项责令企业限期整改，并在规定期限内完成整改内容。

稳步推进“五级”安全隐患整改。认真实施自治区和市县乡（镇）村“五级”重大事故隐患督促整改制度，明确事故隐患整改工作要求，以签订责任状形式逐级落实3项区市县乡村“王级”督办整改安全隐患项目整改责任。2015年，列为区市县乡村“五级”隐患整改项目3项，均为县级督办项目。3项督办隐患项目均能按时、按要求完成整改，并通过验收。

县安监局工作人员到明阳生化公司检查安全生产工作

县安监局　供稿

【重点行业领域专项整治】 2015年，继续做好全县各领域的安全生产专项整治工作。

非煤矿山和尾矿库整治。分别对座落在陈塘镇油麻冲的非煤矿山和尾矿库进行专项整治行动。专项整治重点做到加强矿山企业员工的安全生产知识培训，安全生产管理制度、安全操作规程的完善和企业内部安全生产管理，做到企业员工与负责人互相监督提醒，多个部门齐抓共管，保证安全生产持续稳定发展。共检查矿山（窿口）、尾矿库86个次，下发安全整改指令书17份、整改复查意见书17份、现场检查记录52份。对存在较大问题下达整改指令限期整改，对存在一般问题提出整改或指导性意见。矿山对存在的主要安全隐患都按要求进行了整改治理，消除了事故隐患。

危险化学品和烟花爆竹整治。继续加强对危化学品生产企业和烟花爆竹经营门店的安全大检查和大整治，公安、工商、安监等部门抽调人员组成联合执法检查组，出动50多人次到危险化学品生产企业和全县各烟花爆竹经营场所进行排查和联合执法检查，检查烟花爆竹批发企业和零售店122家次，对非法储存烟花爆竹的经营店暂扣零售许可证4家，并收缴489卷（14箱）烟花爆竹。

道路及水上交通安全整治。对辖区内发生过死亡事故的路段和事故多发路段、临水、临崖、急弯、陡坡等危险路段进行全面排查，落实好县乡道路和三级以下（含三级）山区公路客车通行管控措施；对达不到客车通行条件的，设置禁止客车通行标志，并通过广播、电视、通信等部门加强宣传提示；对辖区内的重型货车、挂车、工程运输车也进行了全面的排查，重点排查是否存在非法改装、违规安装后射灯，车身反光标识设置、侧后部防护装置安装是否规范，是否按规定参加安全技术检验，是否存在轮胎、制动部件磨损严重等安全隐患，保证了农村道路交通安全畅通，全县没有发生农村道路交通死亡事故。水上交通重点排查了乡镇横水渡码头、库区圩渡、船舶等，同时检查安全责任制落实，船主、驾驭员、渡口管理人员培训情况以及清查“三无”船舶。

民爆器材和人员密集场所消防整治。重点排查民爆器材和民用爆炸物品储存、销售、运输、使用的各项安全制度的落实情况；检查民爆器材经营企业的库存、库区设施、运输环节的安全状况。人员密集场所排查了宾馆、商场、车站、歌舞厅和网吧等安全制度落实和持证经营情况，安全施设和安全通道以及火灾隐患监控整改等。对无证经营、未经消防安全核准、不具备消防安全条件、消防设施配置不足、安全出口不畅通的业主责令整改并必须完善应急救援预案，确保安全责任落实，防止安全事故发生。

建筑施工安全整治。重点排查了26家次县城及乡镇施工企业的安全责任制和各项规章制度的建立和落实情况，对施工的现场指挥、具体操作、施工用电、房屋拆除、物料提升等安全管理状况也进行了认真排查，检查了在建工程的深基坑、塔式起重机、外脚手架、高大模板等部位安全情况。共排查出安全隐患30项，并督促企业限期整改完毕。

【安全生产宣传教育】 2015年，“安全生产月”活动主题为“加强安全法治、保障安全生产”。以组织开展第14个“安全生产月”活动为契机，多形式、多渠道开展安全生产宣传教育活动。“安全生产月”活动期间，由县安监局牵头，组织县国土局、住建局、交通局、交警大队、质监局、农机局、气象局、环保局、工商局、消防、供电公司以及蒙山镇和西河镇等单位利用县城圩期举行安全生产法律法规咨询日，现场发放宣传资料1000份，解答各类安全生产和日常安全防火、安全用电问题；分发安全生产宣传资料到全县各乡镇，使安全生产月活动取得良好效果。抓好全县安全教育培训，将安全培训工作纳入安全生产日常监管的重要内容，指导督促企业落实主体责任，将生产经营单位的安全培训与安全生产许可证制度结合起来。继续做好相关单位安管员、生产经营单位主要负责人和安全管理人员安全资格培训、取证、换证工作。共组织举办4期培训班，培训263人。

（李钰冰）

住房公积金管理

【概　况】 梧州市住房公积金管理中心蒙山县管理部是梧州市住房公积金管理中心的派出机构，实行授权管理。主要有缴存、提取、信贷和财务服务窗口，有员工7人，主要负责住房公积金的管理工作。2015年，全县住房公积金缴存人数为6461人，较上年增长率2.12%；缴存额6731.71万元，增长16.67%。

【主要业务】 在授权范围内：提供住房公积金政策、法规咨询；住房公积金制度的催建和催缴；办理住房公积金的缴存、变更、提取、转移、销户、结息等业务；办理住房公积金贷款发放、收贷及催收等贷后管理业务；办理住房公积金的对账和查询；按照国家统一的财务和会计制度，管理住房公积金和其他住房资金。

【住房公积金政策调整】 2015年，住房公积金联名卡制度在全县铺开，职工提取住房公积金除转移和法院强制执行等特殊情况外，提取款项直接转入申请人个人账户；简化租房手续，出台了装修自住住房提取、缴存职工发生住房消费，本人住房公积金余额不足的，可以提取配偶、父母和子女的住房公积金等政策；放宽住房公积金贷款申请时间，提高债收比的上限，最高可按60%计算，取消商品房房屋参考价；住房公积金贷款不限住房套数，开展住房公积金异地贷款业务，最低首付款比例降至20%；2015年7月起，蒙山县的住房公积金缴存基数上下限分别为10521.25元和830元，单位、个人缴存额上下限分别为1263元和42元；放宽住房公积金的提取范围和贷款限制，使更多职工能够使用到住房公积金，体现了住房公积金制度本身的价值。

2015年蒙山县住房公积金缴存、提取和贷款情况表

表7

项目	数量	较上年增长幅度（%）
住房公积金缴存人数（人）	6461	2.12
住房公积金余额（万元）	17601.49	15.83
住房公积金贷款余额（万元）	13660.71	31.79
缴存额（万元）	6731.73	16.67
提取额（万元）	4339.26	55.93
提取人数（人）	1899	19.87
放贷额（万元）	4180.8	64.92
放贷户数（户）	204	75.86
存货比（%）	77.61	13.78
逾期贷款率（%）	0	

（陈菊华）

责任编辑　黄兆伦

财税·金融·保险

财政工作

【概　况】 蒙山县财政局是县人民政府工作部门之一，主管全县财政工作。内设办公室、农业股、预算股、国库股等17个股室。财政局机关编制24人，领导设正副局长、党组书记、纪检组长共5人，中层领导设股长共22人。下辖财政投资评审中心、会计事务管理所、广西中华会计函授学校蒙山县函授站、财政国库支付中心、资金管理局、部门预算编审中心6个事业单位以及9个乡镇财政所。系统在职人数88人，其中会计师7人，经济师1人，助理经济师1人，助理会计师30人，会计员11人。2015年，全县组织财政收入2.81亿元，公共财政预算支出14.99亿元。

【扶持资金争取】 2015年，对照上级财政部门的各类扶持政策，会同县教育、民政、卫生、水利、农业、林业、扶贫、交通、住建等职能部门，积极向上争取扶持资金。全年，共向上争取专项扶持资金5.87亿元。

【优化财政支出结构】 2015年，县财政部门着力优化财政支出结构，加大民生领域支出。全年，全县民生支出95230万元，同比增加17250万元，增长22.05%，占公共财政支出的63.51%。

【"一事一议"财政奖补项目建设】 2015年，全县共有55个行政村开展"一事一议"项目建设，占全县行政村的70.5%，受益人口10.69万人。项目总数72个，总投资1021.34万元，其中群众自筹资金153.04万元，申请自治区财政奖补资金868.3万元。建设村级水泥硬化道路66条，总路长46公里；村级文化活动场所及设施项目3个；人饮项目1个；村容村貌改造项目2个。

【美丽乡村财政奖补项目建设】 2015年，蒙山县村级公益事业建设"一事一议"财政奖补美丽乡村建设项目安排在夏宜瑶族乡夏宜村实施。项目建设总投资112万元，其中申请中央财政奖补资金62万元，申请自治区财政奖补资金50万元。建设内容涵盖道路硬化、村庄亮化、村庄绿化、环境美化等方面。经过项目的实施，极大地改善了夏宜村的村容村貌和农民的人居环境，为本县乡村生态农业、生态旅游起到一个良好的示范作用。

夏宜村夏宜大道　　　县史志办　供稿

【财政投资评审】 2012年1月，蒙山县财政投资评审机构成立。2013年1月，启动财政投资评审工作。2015年，完成工程建设项目审核228个，送审金额为54138万元，核定金额为50735万元，核减3403万元，平均核减率约为6.29%。

【政府集中采购】 2015年，完成政府采购资金预算规模6.44亿元，实际采购资金6.03亿元，节约资金4104万元，节约率为6.4%。

【预算绩效管理】 2015年，在2014年对年度预算安排项目支出开展绩效评价的基础上，对全县预算单位开展部门整体支出绩效评价工作。6月5日，举办推进全县预算绩效管理业务培训班1期。11月，完成对蒙山县2015年度预算绩效评价工作，并把评价结果作为2016年度预算安排的一项重要指标。

【深化国库集中支付改革】 2015年1月，蒙山县公安局交通管理大队、蒙山县工商行政管理局、蒙山质量技术监督局的财政资金支付由垂直管理方式转为纳入县级国库集中支付系统管理。2015年，全面推进乡镇国库集中支付改革，实现县、乡两级改革的全覆盖。全年共发生支付业务42749笔，支付金额85507万元，改革金额占财政支出的64%。

【推行公务卡制度】 2015年，县级公务卡发卡量为1989张，激活卡量1899张，全年公务支出刷卡消费量624.72万元，比上年同比增长64.86%。

【推进预算执行动态监控改革】 2015年，加大对预算单位用款监控的力度，及时纠正支出用途与指标用途不相符的情况，支出方式主要以转账、公务卡结算为主，有效地缩减了现金支出的范围。全年监控支付资金106436笔，51374万元，核实违反动态监控规则资金为1132笔，金额3025万元，占监控资金总额的5.89%。

【稳妥推进预决算公开】 2015年，按照上级部门的部署和统一要求，研究制定县级决算公开工作规程及方案，稳妥推进全县预决算公开工作，包括财政预决算、部门预决算、“三公经费”支出公开。

【推进非税收入收缴管理改革】 根据上级文件精神，要求2015年非税改革覆盖所有执收单位，年内全县已完成上级布置的改革任务。通过非税系统为核心的征收运行载体，全面推行非税改革，实现非税收入缴库无纸化，提高非税收入缴库效率，提升非税收入收缴信息化管理水平。

【农业综合开发土地治理项目建设】 蒙山县2015年自治区立项农业综合开发土地治理项目在陈塘镇陈塘村、下漂村、罗应村、福利村等四个行政村内实施，项目总投资440万元，其中自治区财政资金400万元，县级配套资金40万元。计划建设高标准农田226.7公顷。项目建设内容包括：水利措施计划投资295.49万元，计划衬砌渠道12.9公里，建设渠系建筑物2座；农业措施计划投资10.2万元，改良土壤冬种绿肥66.7公顷；田间道路建设计划投资114.51万元，修筑田间道路1.71公里；其他项目管理费、工程管护费计划投入19.8万元。

【涉农资金专项整治行动】 根据全国统一部署及自治区人民政府办公厅《关于印发全区涉农资金专项整治行动实施方案的通知》的精神，蒙山县从2015年4月起至8月全面开展了涉农资金专项整治行动，完成了部署启动、自查自纠、重点检查、整改完善、全面总结五个阶段，专项整治工作全部完成。根据自治区重点检查组对蒙山县在涉农资金使用、管理方面检查出来的问题及不足，按照政策文件依据，蒙山县逐一进行整改完善，保证涉农资金专项整治行动确有实效。

（余恒发）

2015年蒙山县公共财政预算收入一览表（分税种）

表8　　单位：万元

项目	财政收入		
	完成	比上年增减	
		金　额	%
地方组织财政收入合计	28079	2384	9.27
一、上划中央收入	4888	−1377	−21.98
二、上划自治区“分享”四税收入	2458	−324	−11.65
三、地方一般预算收入	20733	4085	24.54
税收收入	14575	3403	30.46
非税收入	6158	682	12.45

2015年蒙山县公共财政预算收入一览表（分部门）

表9　　单位：万元

项目	财政收入		
	完成	比上年增减	
		金额	%
地方组织财政收入合计	28079	2384	9.27
国税	5271	−1251	−19.18
地税	16923	2894	20.62
财政	5885	741	14.40

2015年蒙山县公共财政预算支出一览表

表10　　单位：万元

项目	年度预算数	年度完成数			
		完成	完成预算数%	比上年增减	
				金额	%
合　计	155834	149878	96.18	41404	38.17
一、一般公共服务	11752	11752	100.00	−538	−4.38
二、国防	1066	1066	100.00	−480	−45.03
三、公共安全	7475	7475	100.00	1923	34.64
四、教育	26728	26635	99.65	3735	15.50
五、科学技术	545	545	100.00	−845	−60.79
六、文化体育与传媒	1692	1692	100.00	27	1.62
七、社会保障和就业	11442	11442	100.00	1749	18.04
八、医疗卫生	16104	16104	100.00	3044	23.31
九、节能环保	2340	2176	92.99	−1046	−32.46
十、城乡社区事务	11284	11284	100.00	7709	215.64
十一、农林水事务	24162	23878	98.82	4339	22.21
十二、交通运输	8230	8230	100.00	6029	273.92

续表 10

项目	年度预算数	年度完成数			
		完成	完成预算数 %	比上年增减	
				金额	%
十三、资源勘探电力信息等事务	1613	1607	99.63	719	80.97
十四、商业服务业等事务	5987	5987	100.00	3540	144.67
十五、金融监管等事务支出	15	15	100.00	9	150.00
十六、国土资源气象等事务	1779	1763	99.10	399	29.25
十七、住房保障支出	22067	16674	75.56	10278	160.69
十八、粮油物资储备事务	640	640	100.00	300	88.24
十九、国债还本付息支出	360	360	100.00	209	138.41
二十、其他支出	1033	1033	100.00	464	81.55

税　务

国家税务

【概　况】 蒙山县国家税务局（简称蒙山县国税局）从属于梧州市国税局，内设办公室、政策法规股等 10 个股室，1 个稽查局，1 个税务分局，在职干部 54 人。2015 年，全县国税纳税人总户数 3369 户，其中，个体工商户 2020 户（达到起征点 155 户），增值税一般纳税人 145 户，小规模纳税人（企业）1204 户，享受小型微型优惠 323 户；超额完成调整后的组织县政府口径税收任务；采取多项措施完善办税服务，开通“蒙山税务”微信公众号，拓宽宣传面，扩大宣传范围；税务稽查选案准确率、结案率、偷税处罚率、查补入库率为 100%。2015 年被评为自治区第四批依法行政示范点、广西国税系统第一批法治税务示范基地、军（警）民共建精神文明先进单位。

【国税收入】 2015 年，组织区局口径收入 5255.86 万元，比上年减收 1252.92 万元，下降 19.25%；组织县政府口径税收 5270.6 万元，比上年减收 1251.59 万元，下降 19.19%，完成调整后任务的 100.85%。

【优化办税服务】 2015 年，开展“便民办税春风行动”，落实纳税服务 2.0 规范，完成办税窗口的设施、流程、岗责规范工作。全面梳理涉税事项，推行文书填写范本和免填单服务；开展“真情服务看国税活动”，采取调查问卷、微信调查等方式，受理纳税咨询 1500 余次，电话咨询 400 余次；探索“互联网 + 税务”服务模式，推行网上申报，实现各个税种申报的线上办理，累计办理网上申报 23733 户，网上申报率达到 96%；搭建 QQ 在线服务平台，利用 QQ 远程协助、QQ 群交流等方式帮助纳税人解决纳税申报、涉税咨询等 56 个问题；开通“蒙山税务”微信公众号，发布资讯 41 条，查询量超过 3000 次。

【税源培植】 协助县政府发展经济，积极培植税源。2015 年，结合本地实际，从经济税收“促增量、保存量”的角度出发，共提出 12 条关于促进县域经济发展的意见和建议，部分建议得到采纳实施并取得良好效果。认真落实税收优惠政策，宣传、落实好结构性减税政策和有关产业调整的税收政策，支持小型微利企业发展，减免税额 3678 万元。

【税源监控】 2015 年，完善税源与征管状况监控分析一体化机制，建立一体化工作平台；试行“扁平化整合性征管模式”（术语：指相对于“等级化”管理架构的一种管理模式），重新划分10万元以上重点税源企业纳入专业化管理；改进纳税评估模式，采取“定管分离”双定模式、“管评分离”评估模式；推行电脑定税和有奖发票，实行阳光征管和效能征管。

【税务稽查】 加大税务稽查力度，提高稽查震慑力。开展专项检查和专项整治，规范税收秩序，营造良好税收法治环境。2015年检查业户18户，已查结18户，查补税款107万元，加收滞纳金5.6万元，罚款2.3万元。选案准确率100%、结案率100%、偷税处罚率50%、查补入库率为100%。

【税收风险防控】 2015年，推行以税务机关与税收管理员两个层次“责任清单”为核心的后续管理风险防控机制，将税务机关职责、税收管理员履职与后续管理事项相结合，实现对涉税风险的实时监控与及时应对，解决税务机关及管理员在后续管理工作中“做什么”、“怎么做”以及“做到什么程度”的问题，实现单位与个人的依法行政与正确履职，保障纳税人权益，防范税款流失，化解单位及个人的失职渎职风险；制订《收购发票后续管理核查表》等23个核查表格共276个核查责任事项，对251户纳税人进行实地核查，其中涉及32户高风险企业。发现执法疑点9户，责成6户使用收购发票企业进项转出35.95万元，责成7户企业自查补报税款、加收滞纳金共计52.32万元。

【党风廉政建设】 落实党风廉政建设责任制，层层落实“一岗双责”，将日常考核和年度考核相结合，推行纪检监察管理信息系统，建立完善制度内控、风险内控、科技内控、用人内控“四位一体”部门内控模式；强化“两权”监督，按季进行执法监察检查，重点加强对税收“征管查”等关键环节对“人财物”等重要岗位的监督；加强勤政廉政教育，开展廉政教育和预防职务犯罪专题讲座等多种形式的廉政教育；向社会聘请特邀监察员，发放廉政效能监督卡，健全外部监察网络，确保干部队伍清正廉明；坚持每月开展“道德讲堂”。

（韦琴芳）

2015年蒙山国税纳税大户一览表

表11 单位：万元

序号	纳税人名称	当期入库数
1	广西蒙山农村商业银行股份有限公司	685.12
2	广西华虹蚕丝股份有限公司	678.61
3	广西蒙山广晋水泥有限公司	595.87
4	广西水利电业集团有限公司蒙山供电分公司	580.94
5	广西壮族自治区烟草公司梧州市公司蒙山营销部	556.93
6	广西华虹绢纺有限公司	168.93
7	中国移动通信集团广西有限公司蒙山分公司	156.99
8	蒙山县耀华矿业经营部	146.98
9	广西玉兰制药有限公司	146.78
10	中国石化销售有限公司广西梧州蒙山石油分公司	130.22
11	广西梧州市明阳生化科技有限公司	127.54
12	广西蒙山县水电铁合金厂	93.80
13	中国电信股份有限公司蒙山分公司	61.54
14	广西梧州超大金晖运输集团有限公司蒙山汽车总站	57.94
15	蒙山县润丰房地产开发有限公司	54.15

地方税务

【概　况】 蒙山县地方税务局从属于梧州市地方税务局，内设办公室、人事股等7个职能股室，派出机构有永安、新圩和陈塘税务分局。2015年年底，在职人员59人，负责全县4753户纳税户（其中单位纳税人1781户，个体工商户2753户，外来报验纳税人103户，代扣代缴义务人109户，代征户7户）的地方税收征收管理工作。2015年，地税税收实现快速增长，共组织政府口径收入16923万元，完成年度任务的141%。2015年，局获得全市地税系统绩效管理优秀等次三等奖、党风廉政建设责任制考评优秀等次；获得梧州市总工会授予“梧州市先进职工之家”称号；办税服务厅获得自治区“三八红旗集体”荣誉称号。

【地税收入】 2015年，受经济下行压力增加、结构性减税、营改增扩围等多重因素影响，全年地税累计组织一般预算收入17740万元，同北增收2885万元，增长19%，完成市局下达年度任务18000万元的98.55%。其中组织政府口径收入16923万元，同比增收2894万元，增长21%，完成年度政府口径任务12000万元的141%。

【服务地方经济社会发展】 不折不扣地宣传、贯彻落实小微企业所得税优惠等各项税收优惠政策，切实把国家的各项税收优惠政策贯彻落实到位，助力地方经济发展。同时把好税收优惠政策法规关，从招商引资、房地产开发、发展壮大旅游业和重大工程项目等方面积极向县委、县政府建言献策，助力地方经济发展。2015年，共计减免地方各税533.41万元。

【全力推行金税三期工程优化版】 2015年，为确保金税三期工程优化版如期顺利上线和平稳高效运行，最大限度降低金税三期系统上线对纳税人正常经营和办理涉税事项的影响，更换一批不能满足系统运行要求的计算机，从硬件上提供了保障；建立重大事项报告制度，面对问题不等不靠，积极向上级局请示汇报，并积极与系统内兄弟单位沟通借鉴解决办法，逐步扫清各种障碍；在电视、报纸、网站等新闻媒体滚动播放宣传片，并组织纳税人培训，向纳税人发放新的网上办税平台操作光盘，确保宣传和辅导到位，争取金税三期上线得到纳税人的支持和理解。2015年9月8日，金税三期工程优化应用系统正式单轨运行。截至12月30日，运行金税三期系统共办理税务登记567户、税费种认定2500户（条），入库税款5428万元。

【启动“三证合一、一照一码”登记】 9月份全区正式启动“三证合一、一照一码”（“三证合一”，即将工商营业执照、组织机构代码证和税务登记证三证合为一证；“一照一码”是指公司、个人独资企业、合伙企业、各类分支机构和个体工商户在申请设立或办理变更后，只发放记载统一社会信用代码的营业执照）登记，地税局联合国税、工商、质检等部门，共同研究探索涉税信息共享制度，确保工商、质监、国地税之间的数据信息顺畅传输和交换，及时解决“一照一码”实施过程存在的问题。截至12月31日，通过“三证合一”系统接受处理工商部门传递办证信息128条。

【举办地税开放日活动】 2015年6月9日，县地税局举办以“新常态、新税风、新规范、新体验”为主题的第五个“地税开放日”，进行征纳座谈互动，让纳税人零距离体验和了解各项标准统一、规范便捷的办税服务，亲身体验办理税收业务的全过程，亲身感受《全国税务机关纳税服务规范（2.1版）》推行以来地税部门办税流程的新变化、办税效率的新提升。有30多名纳税人代表参与座谈会，向地税部门提出意见、建议50多条，主办方现场解答代表提出的税务问题12个。

【开展谈心谈话活动】 面对队伍思想状况出现的新情况和苗头现象，早介入、早部署，立足以人为本，按照梧州市地方税务局下发的《思想政治工作谈心谈话制度》要求，通过落实制度构筑上下级干部谈心谈话沟通平台，明确做到“五必谈”（干部职工之间产生误解、隔阂和冲突，个人对工作的想法、建议未得到组织采纳，得不到同志之间理解的情况必谈；干部职工存在工作压力，担心自己或怀疑别人对工作岗位不胜任，工作环境不适应的情况必谈；干部职工发现个人工作生活中受到社会的议论、讽刺和恶意中伤，导致思想情绪不稳定的情况必谈；干部职工存在家庭压力，特别是干部职工生活遭受重大变故情况、婚姻变化情况以及本人或者直系亲属患重大疾病情况必谈；干部职工存在生活压力，包括身体不佳、遭遇某种挫折，导致情绪低落、影响工作的情况必谈）。2015年，共收集各股室材料20多份、收集干部职工意见建议及思想动态10多条，及时掌握干部职工思想动态，工作和生活状况，切实解决干部职工存在的问题和生活实际困难。

【党风廉政建设】 2015年，在严格落实“两个责任”方面。年初，局党组分别与各分局、各部门签订《党风廉政建设责任书》，层层落实党风廉政建设责任。全年召开两次党风廉政专题汇报会，并组织落实党风廉政建设责任制专项督查，做到与税收中心工作紧密结合、同步推进；在开展多形式廉政教育方面。通过开展主题教育、道德教育、革命传统教育活动，组织参观警示教育基地，举办专家专题讲座等，从正反两面筑牢思想防线；在加强廉政文化建设方面。协同县人民检察院预防职务犯罪局对“预防职务犯罪教育基地”内容进行改版更新，及时更新“廉政之窗”栏目内容，完善更新局里“廉政之窗”网络教育平台。此外，全面开展“六个专项”（公务用车配备使用管理、规范公务接待、规范统一奖金津贴、清理干部参股经商、清理干部多占住房、整治干部参与“黄赌毒”）整治活动。

（李　丹）

2015年缴纳地方税前10名纳税人一览表

表12　　单位：万元

名　次	纳税人名称	税款合计
1	蒙山县永安新城建设开发有限责任公司	5413
2	蒙山县对外经济合作有限公司	1135
3	蒙山县工业集中区泰晖投资开发有限公司	932
4	广西鑫达新世纪房地产开发有限责任公司	776
5	广西蒙山农村商业银行股份有限公司	611
6	蒙山县泰晖资产经营有限责任公司	504
7	蒙山县新世纪建设工程有限责任公司	441
8	蒙山县润丰房地产开发有限公司	401
9	广西华虹永达房地产开发有限公司	326
10	广西恒瑞建设工程有限责任公司	322

金　融

银行业监管

【概　况】 中国银行业监督管理委员会梧州监管分局蒙山办事处（简称梧州银监分局蒙山监管办事处）是中国银行业监督管理委员会（简称银监会）的派出机构，参照公务员法管理。人员编制2人，主任1人，员工1人。主要职责是负责所在县银行业金融机构的监管，重点是对农村商业银行和邮政储蓄机构的非现场监管和现场检查；收集所在县有关金融风险的信息并向上级机构报告。2015年，蒙山县金融部门面对极其复杂的国内外金融形势，推进政银企抱团合作，积极应对国际金融危机带来的困难和挑战，转方式、促规范、防风险、稳增长，各项金融工作取得显著进步。做大蒙山银行业，推进深化广西蒙山农村商业银行产权制度改革，现有工行、农行、农发行、邮政储蓄银行、广西蒙山农村商业银行、邮政局代理邮储行储蓄网点等银行业金融机构6家，银行机构网点数27个。2015年年末银行业金融机构资产总额43.82亿元，各项存款余额46.23亿元，比年初增加6.47亿元，比上年增长16.27%；各项贷款余额28.46亿元，比年初增加2.52亿元，比上年增长9.73%。贷款增量在梧州辖区持续领先。

【加大小微企业和“三农”金融服务力度】 2015年，通过组织宣传，加强监管约谈，传导监管政策，推动银行业机构改善小微企业金融服务，落实深化小微企业金融服务意见。持续开展小微企业金融知识宣传，加大小微企业金融服务力度。并加强监测考核，推进农村中小金融机构公司治理，抓好监管评级工作，督促农合机构继续做深做实“三大工程”，做好基础金融服务“村村通”工作，并引导各机构下沉服务网点，农村金融服务工作水平持续提升。2015年，邮政储蓄银行、农发行、工商银行、农业银行和广西蒙山农村商业银行等向全县中小微企业发放的贷款余额达14.6亿元。向农业专业合作社、种养大户、农户等发放“三农”贷款余额达17.25亿元，为地方新农村建设等开辟了新的融资途径。

【金融监管水平明显提升】 通过抓实重点监管工作，信贷资产质量总体良好。2015年12月末，辖内银行业金融机构不良贷款余额3669万元，比年初增加409万元，不良贷款比例1.27%，比年初增长0.21个百分点。

【金融生态环境创优】 2015年，召集人民银行、银监办、各商业银行、保险机构等定期召开金融联席会，交流工作信息和经验，推动金融工作开展，加强全县各金融机构规范经营管理，有力维护银行业正常经营秩序，确保全县经济金融环境良好运行。还开展金融消费者权益保护宣传月活动，增进金融消费者对维权手段、金融产品及金融知识的了解，引导消费者合法融资、正确理财，促进金融机构更好地服务金融消费者。

【重点领域贷款风险得到有效管控】 开展涉企金融风险监测，召开风险化解处置工作协调会等，督促银行机构加强对涉企金融风险的防范处置化解；按照“总量控制、分类管理、区别对待、逐步化解”的原则，加强平台贷款风险监测和分析，落实全口径管理，全面掌握平台风险情况，分析到期还款来源，提请地方政府及早制定偿还计划，落实还款来源，防止重大违约事件发生；落实“双线”风险防控责任，强化责任落实督导，各机构制定“双线”风险防控责任制实施方案，组织银行业开展风险排查工作，开展专项治理，辖区银行业保持“零案件”目标。2015年12月末，蒙山县政府融资平台贷款户数为2户，贷款余额940万元，其中梧州市苍海建设开发有限公司贷款余额540万元，阳朔县新城区建设投资有限公司贷款余额400万元。蒙山农商行所发放的平台贷款尚未到期，能按时还本付息，不存在欠息的情况，全部为正常类贷款，占各项贷款比例也较小，而且现金流状况也较好，目前来看该社此类风险较小。

（罗力铭）

中国人民银行蒙山县支行

【概　况】 中国人民银行蒙山县支行（下称县人行）是中国人民银行分支机构，从属于中国人民银行梧州市中心支行，内设办公室、综合业务股等5个股室。全行职工29人。主要任务是依法执行货币政策，实施宏观信贷指导政策；完善金融宏观调控体系，负责防范、化解系统性金融风险，维护国家金融稳定与安全；监督管理银行间同业拆借市场、银行间债券市场、银行间票据市场、银行间外汇市场和黄金市场及上述市场的有关衍生品交易；实施金融业综合统计制度，负责数据汇总和宏观经济分析与预测，编制辖内金融统计数据、报表，并按国家有关规定予以公布；指导金融业信息安全工作；管理人民币流通；执行支付结算规则，参与全国支付、清算系统的正常运行；经理国库；承担辖区反洗钱工作的组织协调和监督管理的责任，负责涉嫌洗钱及恐怖活动的资金监测；管理辖区征信业，推动建立社会信用体系；按照有关规定从事金融业务活动。至2015年年末，全县人民币各项存款余额46.24亿元，比年初增加6.47亿元，增长16.28%。其中储蓄存款余额31.87亿元，比年初增加3.66亿元，增长12.98%。各项贷款余额28.47亿元，比年初增加2.53亿元，增长9.74%。

【创新征信知识教育宣传手段】 2015年，在梧州市中支的指导和蒙山县人民政府支持下，与县教育部门合作，通过将征信知识纳入中小学校诚信德育教育规划、设立中小学征信宣传教育基地、开设征信知识有奖竞答比赛等举措，推动征信知识进校园、入课堂，倡导诚实守信的社会主义核心价值观和道德规范。10月22日，蒙山县征信教育“进学校入课堂建基地”签约仪式在蒙山县教育局举行，县人行与蒙山县教育局签署了诚信教育合作备忘录，同时进行《征信》知识读本教材、《现代征信学》赠书仪式和蒙山县重点高中和重点小学“中小学征信宣传教育基地”揭牌活动。这是一次对征信知识教育纳入国民义务教育体系的有益尝试，标志着蒙山县金融知识宣教普及向制度性化、常态化纵深发展。

【提升金融服务效能】 2015年，进一步强化信贷窗口指导，通过差别准备金动态调整考核、加强存款准备金管理、支农再贷款管理、利率管理、召开经济金融运行分析会等手段，引导金融机构在控制风险的前提下保持辖区货币信贷适度平稳增长，重点支持涉农、扶贫、支小、新型城镇化、就业创业、绿色信贷和普惠金融。至2015年年末，累计发放支农再贷款1.86亿元，增强涉农金融机构的支农实力。同时加快推进农村信用体系建设，扎实开展信用户、信用村、信用镇、信用县四级联创活动。年内完成农户信用信息采集、录入培训及信用户、信用村、信用镇评审等一系列工作。

（何光庆）

中国农业银行蒙山县支行

【概　况】 中国农业银行蒙山县支行是中国农业银行分支机构，一级支行。下辖营业室、世纪分理处、蒙城分理处、西河分理处4个营业机构。内设综合管理部、客户部、运营财会部和风险管理部。2015年12月底有员工99人，其中在职员工62人。2015年12月底，总存款额11.75亿元，总贷款额8.73亿元（含划拨农行梧州分行管理和剥离出去的2亿元、信用卡授信额1.8亿元），中间业务收入787万元，盈利2380万元。2015年被中国农业银行梧州分行评为先进单位。

【服务“三农”和县域经济】 中国农业银行蒙山县支行以“面向三农，服务县域”的经营策略和工作要求，切实履行支持地方经济发展的社会责任，积极筹措资金，支持蒙山县经济发展和城镇化建设。

重点企业支持。2015年，以县域大“三农”作为总体支持目标，加大重点企业支持力度，支持工业、农业、矿产业、房地产开发、旧城改造、城镇化建设、农民创业、消费流通和其他领域发展，特别是帮助蒙山润丰房地产公司、广西鑫达新世纪房地产开发有限公司、广西华虹蚕丝公司、蒙山县耀华矿业有限公司、蒙山县宇远农业发展公司等一大批企业做大做强，全年累计发放贷款1.75亿元。

农户小额贷款。2015年，加大农民工返乡创业支持力度，积极扶持农民工发展农业生产，以规模种植、养殖、专业合作社和农村个体生产经营为重点提供资金扶持，全年累计发放农户小额贷款1500万元，比2014年增加450万元。2015年蒙山县红日水果专业合作社（国家级）得到农行130万元贷款后，扩大水果种植规模，年产值达到500万元，盈利150万元，分别增长1倍多。

红日水果专业合作社在农行的大力支持下，2015年沙糖橘喜获丰收　　县农行　供稿

【电子银行及信用卡业务】 2015年，不断加大金融服务创新，加快电子银行建设步伐，大力发展电子银行、信用卡等新兴业务，创新金融服务手段，电子银行、自助银行和银行卡业务发展达到新的高度。年底，全行共有离行式自助银行3个，在行式自助银行4个，自动存取机10台、自动

取款机7台、自助终端9台、自助宝6台、转帐电话170台、POS机280台。电子产品有网上银行、手机银行、消息服务、K码支付、金穗卡等，为广大群众创造更加安全、高效、便捷的服务环境。2015年年底，金穗借记卡总额达到12.5万多张，其中信用卡（含公务员卡）达6900张、惠农卡多12500多张，为广大群众提供更加安全、便捷、高效的服务。

（马小平）

广西蒙山农村商业银行

【概　况】 广西蒙山农村商业银行（以下简称农商行）成立于2011年11月12日，是由原农村信用社改制而成的股份制地方性商业银行，属于县级法人机构，归广西壮族自治区农村信用社联合社直属管理。内设办公室（党委办）、计划信贷部、市场开发部、财务部、资产风险部、电子银行部、法律合规部、稽核审计部、纪检监察室、保卫部等10个部室，下辖营业部、中小微企业贷款管理中心、城东支行、长寿支行等13个固定网点，1个长坪流动营业网点。领导设董事长、行长、副行长及监事长各1人。共有员工148人，其中大专以上学历133人，占比89.86%。2015蒙山农商行继续坚持立足“三农”，以支持“三农”和服务地方经济发展为己任，加大农户贷款投放，支持绿色农业产业化发展，提高金融扶贫精准度，全力服务实体经济发展，社会地位不断上升，牢牢占有蒙山金融支持地方经济发展的领头羊地位。各项存贷款总量、增量均位居全县金融业首位。被经济日报集团授予“2015年度中国服务县域经济领军银行”荣誉称号。

【业务经营】 主要有存款、贷款、融资、结算、银行卡、代收代付、电话银行、手机银行、网上银行等业务品种。截至2015年12月31日，各项存款余额252260万元，比年初增加27546万元，增长12.26%，存款总量、增量分别占蒙山金融同业市场的58.56%、73.18%，位居全县金融业首位；各项贷款余额205758万元，比年初增加17374万元，增幅为9.22%，剔除支农再贷款18600万元，存贷比为74.19%。各项贷款总量、增量分别占蒙山金融同业市场的72.28%、68.78%，位居全县金融业首位。全县78个行政村设立有金融服务点，实现机构网、人员网和电子网“三网”普惠金融服务全覆盖，普惠金融建设渐入佳境，建成全县最大、也是唯一实现县乡村全覆盖的普惠金融服务体系。村民足不出村可通过金融服务点的桂盛通办理小额存、取款，卡（折）余额查询、转账、汇款、还贷款等业务。全年总收入17096万元，总支出12732万元，上缴营业税金1389万元，实现经营利润5662万元。

蒙山农商行设在长坪瑶族乡长坪村的便民服务点

蒙山农商行　供稿

【成立远程集中授权中心】 2015年5月，全区农合机构远程集中授权系统全面上线，蒙山农商行的远程集中授权中心正式开始运行，归属财务部管理，负责营业网点需要授权的所有业务的授权工作。远程集中授权系统的运行，使业务操作与授权分离，进一步优化劳动组合，提高柜面授权效率。

【城东支行新大楼落成】 2015年7月，城东支行新办公室大楼落成，并搬迁开业。新办公大楼建坐落在原址即蒙山镇通文街92号，占地面积181.94平方米，宽敞明亮；充分考虑客户的舒适性、隐私性需要，合理设置功能分区，设施配备齐全；一楼为柜面业务、自助服务、客户等候区域，二楼为信贷室、VIP理财室，是集储蓄、结算、信贷、理财、其他代理业务于一体的全方位多功能的金融服务网点。

【实现网点单人临柜办业务】 2015年11月，汉豪支行和夏宜支行两个网点由双人临柜办业务切换为单人临柜办业务，至此12个网点全部实现单人临柜模式办业务。

（孙健梅）

2015年蒙山农商行存款余额表

表13

存款余额（万元）	比年初增加（万元）	增长幅度（%）	其中：储蓄存款余额（万元）	其中：储蓄存款增加（万元）	其中：储蓄存款增长幅度（%）
252260	27546	12.26	188134	31458	6.09

2015年蒙山农商行贷款余额表

表14

贷款余额（万元）	比年初增加（万元）	增长幅度（%）	其中：涉农贷款余额（万元）	其中：涉农贷款增加（万元）	其中：涉农贷款增长幅度（%）
205758	17374	9.22	193547	16528	9.34

中国工商银行蒙山县支行

【概　况】 中国工商银行股份有限公司蒙山县支行（简称蒙山工行）是中国工商银行股份有限公司梧州分行管辖的一级支行，于2012年1月18日正式成立和挂牌营业，重驻蒙山县。新址位于蒙山县政府广场东侧，营业办公面积1226多平方米，内设支行综合管理部，下辖支行营业室，有员工15人。2015年，蒙山工行充分发挥工商银行整体实力和资金规模充足、产品种类丰富及服务手段多样的优势，为蒙山县经济和社会各项事业发展提供优质高效的综合性金融服务。截至2015年年末，各项存款余额为12745万元，比上年增加3568万元，增长38.88%。其中对公存款余额为6469万元，比上年增加2392万元，增长58.67%；储蓄存款余额为6176万元，比上年增加1176万元，增长23.06%。各项贷款余额为14859万元，比上年增加1631万元，增长12.33%。贷存比率116%。

【业务经营】 通过大力发展个人住房、个人经营、个人消费贷款和信用卡分期付款业务，拉动蒙山城乡居民的有效住房、消费和经营需求。2015年年末，个人贷款余额为13574万元，信用卡（含公务员卡）发卡976张，信用卡累计发卡3675张，办理信用卡汽车分期付款1570万元，累计办理信用卡汽车分期付款3676万元。

【渠道建设】 以工总行“建设人民满意银行”活动为契机，加快渠道建设，优化网点功能，加速电子银行业务发展，为客户提供优质高效的金融服务。截至2015年年末，共有离行式自助银行1个，自助存取款机6台，自助终端机3台，POS机168台。同时加强对排队叫号机和满意度评价系统、自助发卡机、对公回单自助打印机的管理和应用，有针对性地缓解和解决网点排长队问题。积极推进电子银行体验区建设，让客户直观了解和体验网上银行、手机银行功能，切实发挥电子银行的分流、替代及销售功能。

（黄太安）

中国邮政储蓄银行蒙山县城南支行

【概　况】中国邮政储蓄银行股份有限公司是2007年经中国银监会批准成立的大型国有商业银行，拥有全功能营业网点36000处，服务触角遍及城乡。蒙山县城南支行于2012年1月12日挂牌成立，是中国邮政储蓄银行广西壮族自治区梧州市分行管辖的二级支行，参照一级支行管理。地址位于蒙山县城南新区华美水岸明珠一栋1号、2号、3号、5号。内设综合管理部、信贷部、营业部三个职能部门。有4个邮政代理金融网点（西街营业所、东江路支行、民主街北支行、新圩营业所）。截至2015年年末，各项存款余额3618万元，比年初增加601万元，增长19.92%。其中储蓄存款余额2669万元，比年初增加176万元，增长7.06%；各项贷款余额2549万元，比年初增加406万元，增长18.95%。

【业务经营】主要业务有吸收公众存款、企事业单位存款；从事银行卡、电子银行业务；代理收付款项及代理保险业务；代理发行、兑付、承销政府债券，代理政策性银行、商业银行及其它金融机构持定业务；办理各类贷款业务；办理基金代销业务和经银行业监督管理机构批准的其他金融业务。

（苏克宁）

中国农业发展银行蒙山县支行

【概　况】中国农业发展银行蒙山县支行是农业政策性金融机构，于2011年12月28日正式挂牌成立，内设综合会计部和客户服务部2个部门，在编正式员工9人，其中行领导2人，普通员工7人。农发行的愿景是打造一流农业政策性银行；使命是建设新农村的银行；核心理念是至诚服务、有效发展、以人为本、构建和谐；精神是尽职、务实、创新、自强。2015年年末，全行各项贷款余额13233万元，比年初增加4534万元，增幅为52.12%。各项存款余额1484万元。贷款利息收入923.99万元，贷款利息收回率100.18%。全年实现利润95.12万元。

【信贷业务】农发行信贷支持重点是：粮油收购、储备、调销、加工，食糖储备；农业科技；农村土地整治和农民集中住房建设；水利建设；农村路网等基础设施建设；农业产业化，糖、林、丝、麻、水产、养殖等；农业农村流通体系建设和扶贫开发。

【金融服务】自成立以来，不断加大对地方经济发展的支持力度，2015年累计发放地方储备贷款598万元，支持粮食企业累计收购储备粮277万公斤；累计向蒙山县永安新城建设开发有限责任公司发放贷款9100万元，用于湄江河两岸一堤水利整治项目工程，有力地支持了地方基础设施建设。

（成达明）

鸿达小额贷款有限公司

【概　况】蒙山县鸿达小额贷款有限公司成立于2013年1月，注册资本金3000万元，由蒙山县耀华矿业有限责任公司发起设立，是蒙山县独家经批准成立的小额贷款公司。设综合业务部、计划信贷部、风险监察部、财会信息部等部门。公司坚持“立足蒙山、服务‘三农’（农村、农业、农民）、扶持小企业、支持个体、发展共赢”的经营理念，以信用贷款、担保贷款（抵押、质押、保证）等信贷业务为核心业务，致力于为中小微型企业、个体工商户及个人提供小额、中短期的经营和消费贷款。截至2015年年末，各项贷款余额3568.58万元，比年初增加214.59万元，增长6.40%。

（陆中媚）

保　险

中国人民财产保险公司蒙山支公司

【概　况】中国人民财产保险股份有限公司蒙山

支公司（简称人保财险蒙山支公司）是中国人民财产保险股份有限公司分支机构。2015年，有员工21人，其中正式员工9人，派遣员工7人，营销员5人。主要开办企业财产保险、家庭财产保险、机动车辆保险、货物运输保险、种植业保险、供电责任保险、公众责任保险、雇主责任保险、意外伤害保险和健康险等险种。全年实现签单保费2005万元，同比增长9.91%。

【落实发展任务】 提前制订每季度各产品线业务发展实施方案，把保费任务落实到人，并制订相应的奖罚措施，激发员工发展业务的积极性，确保业务发展实现速度、效益及规模同步增长。2015年，实现签单保费2005万元，同比上年增长9.91%。其中，非车非农险签单保费642.05万元，同比增长13.64%；农业险签单保费90.7万元，同比下降5.24%。

【车险续保】 加强车险的续保管理工作，提前3个月把续保清单落实到人，并对客户进行跟踪服务，有效促进车险续保工作。2015年，车险签单保费1362.96万元，同比增加103.7万元，增长8.24%。

（李正平）

中国人民人寿保险公司蒙山县支公司

【概　况】 中国人民人寿保险股份有限公司蒙山县支公司（简称人保寿险蒙山县支公司）于2011年6月15日由中国保监会批准成立，隶属于中国人民人寿保险股份有限公司梧州市分公司，设置经理1人。下设个人保险部、银行保险部、团体业务部、互动部、综合业务部5个职能部门，各业务部门设置负责人1人。在城区设置1个营业部，隶属于个人保险部。2015年，有员工56人，其中在编4人，代理制营销员52人。

【保险业务】 主营业务有人寿保险、健康保险、意外伤害保险和同时与人保财险交叉销售车辆保险业务。2015年，全年保费收入892.41万元，同比增长17.27%；其中长险保费收入737.12万元，同比增长7.55%；续期保费收入117.23万元，同比增长288.17%；短期险保费收入38.06万元，同比下降16.18%。

【险种拓展】 2013年，蒙山支公司列为广西壮族自治区分公司农村意外伤害保险十个试点县之一后，组织员工集中精力在文圩、新圩、西河、黄村等4个乡镇开展意外险业务。通过深入宣传和上门服务，到2015年年底，参保人数达到5000多人。2015年9月，进驻社区、学校开展学生平安保险业务，为学生平安上学提供保险保障。同时，积极配合蒙山县金融监管部门开展各种社会服务，加强“三农”保险下乡服务，让更多的民众享受到保险保障，为改善民生、服务困难群众，为社会保障体系建设提供有力支持与保证。

（康　健）

中国人寿保险公司蒙山支公司

【概　况】 中国人寿保险股份有限公司蒙山支公司（简称中国人寿蒙山支公司）是中国人寿保险股份有限公司的分支机构，领导设经理1人，副经理1人，经理助理1人。内设个人业务部、团体业务部、银行保险部、客户服务部、综合办公室5个职能部门，各部门设置负责人1人，下设城西路、陈塘镇、新圩镇3个营销服务部，各营销服务部设置负责人1人。2015年，有员工157人（在编11人，代理营销员146人），出色完成全年各项工作任务，被中国人寿保险股份有限公司授予“中国人寿系统创新一等奖”荣誉称号。

【业务险种及保费收取】 办理人寿保险、健康保险、意外伤害保险等各类人身保险业务；各类人身保险服务、咨询和代理业务；国家保险监督管理部门批准的其他业务。2015年，保费收入4860万元，其中长期寿险保费收入4434万元，短期险保费收入426万元。

【创新农村小额保费收取】 2015年，采取新办法开展收取农村小额保险保费业务，即通过银行转账代扣方式收取农村小额保险保费，每年的保费自动划扣，当年通过银行转账代扣收取农村小额保险保费20万元。转账代扣可节约上门收费、填写单证、录入数据等人力物力，规避现金代收的资金风险。此项业务在全国首创，2015年被中国人寿保险股份有限公司授予“中国人寿系统创新一等奖”荣誉称号。

（杨盛全）

责任编辑　黄民森

交通·邮电·通信

交通运输

【概　况】蒙山县地处梧州市北部，东邻昭平县，西连金秀县，南毗平南县、藤县，北接荔浦县。2015年，所辖蒙山镇、西河镇、新圩镇、黄村镇、陈塘镇、文圩镇、汉豪乡、夏宜瑶族乡、长坪瑶族乡共9个乡镇及78个行政村全部铺通水泥路或柏油路，公路通车里程472公里。其中，国道70公里、省道14公里、县道117公里、乡道137公里、村道134公里。按技术等级划分：二级公路84公里，三级公路11公里，四级公路299公里，等外公路18公里。全县有班线客运企业1家，出租车企业1家，驾驶员培训机构1所，道路货运业户645户，维修业户127家。有运营车辆768辆，其中客运车辆125辆，货运车辆643辆，开通客运班线24条。全年营运车辆技术等级评定735台次。年内交通运输领域无重特大安全生产事故发生。

【交通基础设施建设】2015年，加快交通基础设施建设，2条高速公路、3条二级公路正在加快建设；重点项目汉豪乡樟村桥建设完成过半，黄村镇明觉大桥进入前期规划；蒙山至天书峡谷、五将至大黎、莲塘至屯治等县重点项目建设进入建设规划。年内完成投资1.8亿元。其中，绕城公路项目完成投资5000万元，路网及农村公路建设完成投资2048万元，水运工程建设完成投资18万元，便民候车亭建设完成投资40万元，农村村屯道路硬化和公路安全防护工程完成投资10975万元。

农村硬化道路　　　　县史志办　供稿

【高速公路建设】荔浦至玉林高速公路是呼和浩特至北海高速公路的组成部分，路线起于荔浦县，接阳朔至鹿寨段高速公路，经过蒙山县、平南县、桂平市、兴业县、福绵区等县市区，终于玉林市玉州区新桥镇，与玉林至铁山港高速公路连接，全长267公里，其中，梧州段长约60公里（蒙山长约43公里，藤县长约17公里），投资额44.8亿元。项目规划在蒙山县城区、新圩镇和文圩镇共设置3个出口。2015年5月，该项目在南宁通过专家组评审，9月完成两个阶段初步设计（修编）路线方案布设；贺州至巴马高速公路是《广西高速公路网规划》中规划的“六横七纵八支线”高速公路主骨架网“横六”中的一段，全长227公里。其中，昭平至蒙山段项目主线全长35.3公里，蒙山境路段全长20.3公里，设一个互通，一个出入口，投资估算约47.86亿元，2015年进入前期工作。

【二级公路建设】 蒙山至金田二级路（蒙山段）进入前期工作。蒙山至金田二级公路（蒙山至平南大鹏段）是《广西普通公路省道网规划》中纵4龙胜至北流和纵5荔浦至陆川的组成部分，全长约72公里，总投资约7.8亿元。该项目（蒙山段）起点蒙山县县城附近，与国道321线K471+200相接，经文圩镇的秀才村、大明村、木护村，夏宜乡的高雷村、庐山村，终于蒙山县与平南县交界的马练乡新利村，与马练至金田二级公路相接，路线长约30公里，估算总投资为2.3亿元；蒙山至金秀二级路进入前期规划。蒙山至金秀二级公路全长约80公里，项目总投资约6.86亿元。项目委托广西交通规划勘察设计研究院编制工程可行性研究报告。县城绕城二级路进入征地拆迁工作。县城绕城二级路经过西河镇、蒙山镇，路线起点K0+000位于西河镇水秀村附近的国道321线K462+350（旧路桩号），向东跨越湄江河，沿山坡布线，经桐油坪西侧，再绕行蒙山镇，跨越湄江河，终点位于蒙山镇北楼村夏龙组附近的国道321线K475+100（旧路桩号）。2015年9月，县成立城绕城公路建设指挥部，推进征地拆迁工作。

【县乡公路建设】 2015年，完成续建项目六海桥、龙定桥、河村桥、乐拥桥、排浸桥等五座危桥改造，完成投资899万元。新建樟村桥，计划总投资949万元，年末完成60%。农村村屯道路硬化项目共228.672公里、计134条，桥梁492.64延长米、计8座，公路安全防护工程23.839公里、计2条，总投资10975万元，年内全部完成。

2015年新建的河村大桥　　县交通运输局　供稿

【水路设施建设】 全县有乡镇渡口7道，通航水库一座，有渡船8艘，全部为非营运渡船，其中，人力渡船7艘、机动渡船1艘。年内全县水路设施建设累计完成投资18万元，分别为汉豪乡罗对码头重建、陈塘镇福祚渡船更新以及渡口标志牌更新。

【农村公路养护】 2015年，县交通运输局管养公路117.66公里。县公路管理所深入开展农村公路养护体制改革，积极推行“县道县养、乡道乡养”的养护管理模式，农村公路管理养护与建设同步发展。全县农村公路养护路况明显提高，县道好路率80%，乡道好路率75%，差路率分别控制率7.0%、15.0%以下。各等级公路的差路率、特差路率均控制在自治区公路管理局下达的指标范围内。

【路政管理】 2015年5月，县成立治理超限超载领导小组，采取联合执法，加大治超力度。年内全县共投入治超执法人员2096人次，检查车辆530辆次，查处超限超载运输车辆93辆，卸载货物820吨，卸载率100%。

【蒙山汽车总站】 蒙山汽车总站隶属广西梧州超大金晖运输集团有限公司，是广西梧州超大金晖运输集团有限公司的二级机构。拥有班线客车125辆，共有班线24条，其中省际7条，客运班线年平均日发18班次；市际11条，客运班线年平均日发83班次；县际3条，客运班线年平均日发16班次；县内3条，客运班线年平均日发410

班次。2015年，完成客运量244万人、旅客周转量36468万人公里，同比分别增长13%和27%。

【春运管理】 2015年春运期间，全县日均投放运营客车125辆，开行6239班次，其中加班110班次，运送旅客17.7万人次，完成旅客周转量1968.38人公里。加强春运车辆管理，严格执行“三关一监督”制度，落实“三不进站、六不出站”制度，检查、督促汽车客运服务站抓好站务管理。春运期间共出动执法人员300人次，检查车辆352辆次，查处违章车辆13辆次，其中查扣未经许可非法营运2辆次。

【发展农村客运】 2015年，完成5个便民候车亭建设。开辟农村客运线路4条，投入农村营运的客车10辆。2004—2015年，农村客运站累计总投资345万元（上级交通运输部门资金295万元，自治区公路建设资金50万元），历年累计建成客运站9个，建成便民候车亭27个。

【安全生产监督】 2015年，发放安全生产宣传资料1300余份，张贴安全宣传标语130余张，悬挂横幅18条，组织人员参加应急演练1次，组织全县渡工培训1次，安全知识进学校活动1次。全年出动人员1950人次，检查运输车辆1064辆，检查渡口142道次，检查船舶160艘次，纠正违规行为12起，排除安全隐患13起。

【机动车维修行业管理】 2015年，县运输管理所继续做好机动车维修行业管理的基础工作，强化动态管理，把好维修开业条件准入关，整顿和规范机动车维修市场秩序。年末全县拥有机动车维修业务127户，年内完成二类以上维修企业2014年质量信誉考核工作，全县3家汽车维修企业参加考核，均为合格企业。

【驾驶行业管理】 2015年，蒙山县有持许可证的驾驶培训机构1所，有持证教练23人，有等级教练车21辆。有汽车训练场1个，面积近12000平方米，有电子桩考仪、互动式驾驶模拟器，网络管理系统和正版的多媒体教学软件等一大批设备设施。全年全县完成培训非职业驾驶员1275多人。至2015年年底，全县持有从业资格证的职业驾驶员2825人。

【出租汽车管理】 2015年，蒙山县智业出租车公司退出后，蒙山县祥兴汽车出租车有限公司成立并运营，登记在册出租车10辆。蒙山县交通运输局积极组织做好出租车车主和驾驶员的思想工作和行业稳定工作，定期召开出租车行业管理工作会议，加强与出租车运输企业、承包车主沟通联系，积极协调、解决存在问题，保持出租车行业稳定。

【城市公共交通管理】 2015年，蒙山县拥有营运公交车辆8台，公交线路6条，其中城乡线路1条。公交现网基本连通县城城区及邻近乡镇，全年完成客运量40.8万人次，同比增长4%；营运里程44.7公里，同比增长4.5%。年内为70岁以上老人提供老人免费乘车IC优惠卡5125张，为老年人、残疾人、离休老干部、军人免费乘车，学生优惠乘车等社会让利13万元。

【交通行政执法】 2015年，出动执法人员1100多人次，检查车辆1400多辆次，查处各种非法违法经营行为183起。航务管理部门共组织28次本辖区渡口、渡船的安全生产大检查，共出动人员110多人次，检查检查渡船200多艘次，下发整改通知书8份，处罚船舶5起。年内共办理交通运输行政处罚案件183件。

（陈永健）

2015年蒙山县交通运输主要指标一览表

表15

指标名称	数量
公路管养里程（公里）	521.535
营运载货车（辆）	643
营运载客汽车（辆）	125
民用运输船舶（载重吨）	0
公路货运量（万吨）	406
公路客运量（万人）	244
水路货运量（万吨）	0

公路管养

【概　况】蒙山公路管理局是桂东公路管理局下属正科级事业单位，内设办公室、政工科、养护与工程管理科、财务科、安全与国有资产管理科、工会，下辖新圩、大化2个养护站，同时对广西壮族自治区蒙山路政执法大队进行管理。现有职工38人，其中：管理23人，养护15人。负责蒙山县境内管养公路里程102.213公里，其中：二级路77.813公里，三级路7.3公里，四级路7.5公里，等外路9.6公里。管养的收费公路66.396公里，非收费公路35.317公里。

【公路养护】加强公路科学养护，公路养护质量上新水平。全部线路优等路0公里，良等路65.813公里（其中国道321线46.396公里，省道207线8.817公里），中等路13.6公里（其中国道321线7.0公里，省道207线2.6公里），次等路4.5公里，无差等路。全部线路2015年年末优良路率78.43%，桂东局下达计划为78.0%，超计划0.43%，差路率为0。全年完成管辖路段98.1公里专项排水整治工作，完成国道321线埋设直径50厘米管涵83米，省道207线埋设管涵13米，县道647线埋设19米，预制加厚盖板道口：国道321线50米，以上合计共完成道口整治埋设管涵和盖板涵165米，有效地解决多年因道口堵塞严重而影响水沟排水的问题。超额完成全年路面挖补任务。对国道321线K477—K479、K488—K494混凝土路面破碎板处治2817平方米，折算面积56334平方米；县道647线厚1厘米封油15648平方米，折算面积15648平方米；国道321线厚3厘米的挖补实际面积1178平方米，折算面积3531平方米。累计完成挖补任务75513平方米，占桂东局下达的挖补任务70000平方米的107.88%，超计划任务的7.88%。

【公路绿化美化】坚持推进公路绿化美化工作，确保无绿化空白路段。持续抓好“生态乡村”公路建设行动，打造旅游名县“畅洁绿美”的公路形象。完成辖区公路种植竹柳8900株，种植紫荆和青竹桂1200株，同时完成国道321线绿化种植的施工管理，打造桂东首个竹柳路树换植示范点，提升公路绿化效果。

【公路建设】坚持抓好桥梁养护管理及危桥改建力度，确保桥梁运营畅通。2015年，桥梁小修保养投入8.36万元，用于完成修复设置限制轴重标示牌及安装桥梁信息公示牌、旱桥桥台、桥墩基础加固、古排桥锥坡水毁修复、木茅小桥和古凿小桥桥面修复以及黄村大桥桥墩基础加固等，完成率100%。同时投入10多万元对1075米的22座专业公路国省干线桥梁进行定期检测，确保通行安全。

【路政管理】强化路政执法管理，深入开展专项治理行动有新成效。2015年，开展4次治超专项行动，截至11月30日，蒙山路政执法大队累计出动执法人员1920人次，共查处路损案件31起（立案17起），依法索取路产损失赔（补）偿款69882元。增设道口项目2起，收取赔（补）偿款3800元。年审项目18起，收取赔（补）偿款39860元。治理超限运输处罚案件92台，收取处罚款94050元。疏通人为堵塞水沟55米，清理非交通标志牌40块，清理堆积物30处计395平方米，清理临时搭棚1处计20平方米。未发生一起执法错案、行政诉讼和需要行政复议案件。

（利　莉）

邮　政

【概　况】中国邮政集团公司广西壮族自治区蒙山县分公司（简称蒙山县邮政分公司）从属于广西壮族自治区邮政公司梧州市分公司，从业人员为66人，领导设正副总经理各1人。2015

年进行体制改革，做好基础服务，强化综合管理，邮政业务总收入1106.6万元，比上年增长8.2%。

【邮政体制改革】 2015年4月9日，蒙山县邮政局正式更名为中国邮政集团公司广西壮族自治区蒙山县分公司，5月1日启用新公章。同月，成立广西鑫达保安押运服务有限公司蒙山县运营部，并划拨12人到鑫达公司蒙山运营部。

【基础服务】 县内有委办邮运线路5条，分别为陈塘至县城、文圩至县城、夏宜至县城和新圩至县城（委托当地客车运输）、长坪至县城（摩托车运输）。柳州邮区中心局的柳州至昭平线邮车，途经县城和黄村，当日往返。全县邮件报刊投递路线25条，其中县城4条，乡村21条，投递人员12人。城区投递里程18.05公里（单程），乡村投递里程451.65公里（单程），覆盖75个行政村。2015年1月8日，文圩邮政所离行ATM正式启用。2015年12月1日起，县城的经济快递件（即原速递营业部投递的经济快递件）由县城封发投递班投递。为做好此项工作，本公司改造扩宽工作场地，配备电动三轮车4辆，设备、人员全部到位，确保经济快递投递服务质量不降低。

【邮政业务】 函件业务：以项目拉动，"政讯通"、户外广告业务实现新突破，分别完成4.34万元和4.11万元。封片业务：幸运刮刮卡业务完成2.17万枚，贺卡、账单业务实现收入3.97万元，《马腾富贵》销售收入10.62万元，蓝精灵大型舞台剧项目收入5.26万元。报刊业务：2015年大收订流转额分别完成185万元。集邮业务：四场巡展活动完成销售37万元。推进包裹快递业务改革：加强邮速联动，调配包裹快递业务发展的急需资源，改造扩宽工作场地，增设投递工具，抽调专职人员，出台奖励政策，加强投递考核，促进包裹快递业务健康发展。11—12月，投递人员上门揽件403件。初步完成电商平台搭建：加大电商业务能力投入，推进农村电商渠道建设，建成村邮乐购标准点29个，示范点1个。金融业务：储蓄余额43430万元，代理保险新增保费1494万元，短信业务收入63.4万元。分销业务：开展疯狂抢客户活动10多场，完成现场销售收入10多万元，业务收入同比增长10.9%。

2015年蒙山邮政各项业务收入情况表

表16　　单位：万元

函件	快包	机要	报刊	集邮	增值	分销农资	代理金融
29.6	15.9	0.4	60	48.1	83.3	42.9	794.8

【综合管理】 平稳推进用工改革，完成本公司16名劳务人员转劳务承揽人员。做好9名优秀劳务工、劳务承揽工招用为B类合同用工工作。

2015年11月，财务ERP（企业资源计划）工程上线。ERP工程是现代企业管理方式和管理手段的重大变革，能够在业财一体化、规范管理、减少人为干预、提升数字真实性等方面发挥着强大作用。

【现场销售活动】 1月5日，在西街营业厅门口首次举办乙未年（羊年）邮票首发仪式，销售当天，早早就有集邮爱好者到营业厅排队等侯，当天销售羊年票品7266元。2月6日、7日、12日，利用外出务工人员大量返乡的契机，分别在陈塘、新圩和县城东江路支行结合农资大肥预收预订、幸运刮刮卡明信片销售开展了"珍稀钱币、生肖邮品巡展"活动，取得邮品销售额19.4万元、农资预订1.52万元、刮刮卡销售0.24万元的佳绩。

（李　萍）

电 信

【概 况】中国电信股份有限公司蒙山分公司（简称蒙山分公司），内设办公室、客户销售服务部和客户支撑中心，下辖政企支局、营业班、综合值守班、综合维护班、城区装维班、城市支局、新圩支局和陈塘支局。2015年，公司用工总量61人，其中在岗合同制员工40人。全年收入任务2353万元，实际完成电信业务收入2212万元，完成全年指标的94%；累计净增天翼用户新增5808户，新增智能手机用户6377户，净增宽带新增2629户；固定电话用户到达11928户，智能手机到达16167户，互联网产品用户到达14551户。

【市场营销】关注商客市场，联动城市支局、政企支局、乡镇支局等渠道，做大做好相关套餐业务推广和宣传。渠道中心参加虎虎项目打造精英团队，建立核心标杆厅店，规模开展一系列炒店活动；通过系列培训渠道经理，通过开展节假日周末炒店，带动代理商日常炒店，提高厅店销售能力，提升厅店效能。2015年，拓展乡镇专营店4家，县城1家专营厅及1家精品卖场，全县渠道份额提升了8%，市场营销取得一定成效。

【通信建设】2015年，完成宽带总投资453.6万元，新建光交接箱80个，扩容光交接箱箱体扩容5个，新增主干光缆约28.5公里，新增及扩容主干纤芯约261.4纤芯公里。通过城区光纤到小区的网络建设，已达到FTTB的88%的城区覆盖率，FTTH覆盖率为36.5%。配线光缆145.6纤芯公里，引入光缆约64.5纤芯公里。通过一、二、三、四期的ODN建设，实现行政村主干光缆100%覆盖，引入光缆通达495个村屯小组，实现41.25%自然村的光网覆盖。实现光网覆盖的村屯小组优先实现了三网合一，百兆宽带到村、到户到小区，较好地完成其他各项生产和维护任务，大力提高了通信保障能力，为保证全年放号任务的完成奠定夯实的基础。

【安全生产】2015年，与各级员工层层签订安全生产目标责任书，搞好各项基础安全管理工作；开展“安全生产月活动”，取得一定的成绩；定期检查和巡查，落实机房值班和线路安全措施，狠抓安全盲点，确保安全生产。年度荣获梧州分公司安全质量标准化劳动竞赛评比奖，成绩名列前茅。

（黄春晓）

移动通信

【概 况】移动通信集团蒙山分公司隶属中国移动通信集团广西有限公司梧州分公司，内设综合部、市场部、政企客户部、工程维护部4个职能部门，共有员工45人，领导设总经理1名，副总经理1名，职能部门各设部门经理1名。负责经营蒙山县域内中国移动通信业务。下辖县城、西街、陈塘、文圩、新圩、黄村6个移动通信服务厅，营业厅员工共计12人，各设厅负责人1名。2015年，实现运营收入5092万元，同比增长10.53%；客户总数9.74万户，其中新入网客户6.76万户、4G客户2.62万户、家宽客户0.36万户。终端销售3.14万台；移动数据流量/WLAN6.61万；全年完成固定资产投资1318万元，新增GSM基站10个（总数达124个），新增TD基站3个（总数达45个），新增4G基站15个（总数达136）。

【主营业务】主要经营移动电话通信业务（包括话音、数据、多媒体等）IP电话及互联网接入服务；从事移动通信、IP电话和互联网等设施的安装、工程施工和维修；经营与移动通信IP电话和互联网业务相关的系统集成、漫游结算清算、技术开发、技术服务、广告业务、设备销售等；各类广告设计、制作，利用自有媒体发布各类广告，代理电视、广播、报刊、网络、手机、户外广告、印刷品、礼品的广告发布；出售、出租移动电话终端设备、IP 电话设备、互联网设备及其零配件，并提供售后服务。

【开展电话“黑卡”治理专项行动】 2015 年 1 月 29 日开始，根据工信部、公安部、国家工商总局联合发布的《电话“黑卡”治理专项行动工作方案》及区市公司相关工作要求，迅速组织开展电话“黑卡”治理专项行动。具体做法是针对“黑卡”治理行动整体方案进行细化安排，对新入网流程规范作出一系列部署，通过入网实名管控进一步强化全渠道包括末梢渠道的管控和梳理，并要求全面使用无纸化设备等支撑手段实现对新用户发展实名制的严格落实。到 12 月底，全县新用户实名率达到 100%、存量客户实名率大于 90%。

【举行消防实战演练】 为进一步加强公司综合楼消防安全管理，提升员工疏散逃生能力，2015 年 8 月 13 日下午 16 点，组织全体员工集中学习公司有关安全行为规范知识。通过 PPT、视频材料、现场观摩等方式，对公司的消防安全制度、灭火器的分类使用方法，以及如何从火场逃生自救、车辆安全管理知识对员工进行宣讲，使员工对火灾形成原因、车辆安全预防措施等知识有进一步了解。随后，员工们一起参与现场消防应急疏散逃生演练。

【通信护航夏宜瑶乡 30 周年乡庆活动】 2015 年 10 月 27 日，夏宜瑶族乡举行 30 周年乡庆大型庆祝活动，公司特邀为通信保障服务提供商。为确保本次大型庆典活动举办期间的良好通信环境，早在活动开始前一周，就对活动场地附近的基站进行扩容，并对举办场地以及周边道路进行反复路测、调整和优化，提升覆盖率，还派出应急通信车前往活动现场进行通信保障。乡庆日早上，网络人员早早便到达现场调试通信设备，按照既定保障方案沉着应战，连同后台技术人员密切监控活动现场以及周边网络运行情况，及时对网络变化进行应对调整，为自治区、市、县代表团 100 多位领导嘉宾和夏宜 2000 多名干部群众的通信畅通保驾护航。

【捐助瑶乡“清洁乡村”项目建设】 积极响应“美丽广西 · 爱在移动——中国移动爱心捐助计划”，帮助夏宜瑶族乡开展新农村建设，让瑶乡群众共享改革发展成果。12 月，向夏宜瑶族乡新农村建设与“清洁乡村”工程建设项目捐赠金额 5 万元，以实际行动支持和参与“美丽蒙山 · 清洁乡村”项目建设工作。

（黄夏军）

联合通信

【概　况】 中国联合网络通信集团有限公司蒙山县分公司（简称蒙山联通），是中国联通在梧州行政区域建立的县级分支机构。内设集客、固网、移网、乡镇、综合支撑 5 个部门，员工共 25 人。有西街和东江路 2 个自有营业厅，二级乡镇营业网点 5 个，业务特许代理点 23 个，便利型网点 11 个。

【进入 4G 发展新阶段】 2015 年 2 月 27 日，工业和信息化部向中国联通发放 LTEFDD 经营许可。至此，中国联通成为拥有 TD-LTE 和 LTEFDD 两种 4G 牌照的“双 4G”运营商，开始进入 4G 发展新阶段。

【拓宽经营业务】 2015 年，深入分析内外部发展境的新变化，基于中国联通自身资源禀赋，确立“实施聚焦战略、创新合作发展”的战略思路。围绕支撑服务“互联网 +”行动计划、宽带中国、提速降费等国家战略部署，全力加快 4G 和全光网络建设，持续提升信息通信服务能力；全面推出“沃 4G+”“为客户提质计划”等一系列为民、惠民的服务新举措，在创新发展、转型升级和服务民生方面迈出新步伐。

【网络建设】 2015 年，加快移动通信网络建设、加大宽带网络建设和改造力度、二次光改宽带提速改造，全面启动 LAN 小区 FTTH 改造工程，加快 China169 骨干网建设，提升宽带网络用户感知，为广大用户提供全方位、高品质的宽带通信和信息服务。

【提高服务质量】 秉承“以客户为中心，用服务促发展”的服务理念，关注客户服务需求，根据客户需求来完善各项服务措施和提供个性化服务；强化员工服务意识，以实际行动来践行中国联通的八项服务承诺、十项服务举措；实施“社会监督员”制度，通过内外监督体制，加强对客户服务的监督力度，确保用户能享受到联通的优质服务。2015 年推出的网上营业厅、短信营业厅、手机营业厅、全国“一卡充”等电子渠道的更方便、快捷、先进的服务，均赢得顾客的满意。

（黄春红）

责任编辑　黄民森

城乡建设与管理

综　述

【概　况】 蒙山县住房和城乡建设局是县人民政府城镇规划建设管理职能部门，内设办公室、城市规划建设管理股、村镇建设管理股、工程建设管理股、市政公用事业管理股、住房保障管理股、法制股和人民防空办公室。有行政编制12人，后勤服务编制2人，领导班子6人，下辖城建管理监察大队、墙体材料改革办公室、建设工程质量安全监督站、城镇环境卫生管理站、园林绿化管理所、房屋征收办公室、县建筑安装工程劳动保险费管理站、县房地产管理所、梧州市基建合同预算审计站蒙山分站等二层机构，核定事业编制数79人，实有人数71人，其中干部39人，工人32人。具体负责全县城乡规划、房地产业、建筑业、勘察设计、市政公用事业管理、房地产管理、园林绿化管理、市容环境卫生管理等工作。各乡镇成立有村镇规划建设站。

【垃圾机械化清运】 在全市率先推行全县垃圾清运向市场购买服务模式运作，将全县生活垃圾清运工作经过公开招标，统一由长隆保洁公司负责全县生活垃圾日常清运工作。县乡村办、县家园办通过建立数字化管理平台，对安装有GPS定位系统和车载摄像头的垃圾清运车作业进行实时监控，实时掌握清运车辆的具体位置。对发现工作人员未能按规定流程操作现象，及时指出纠正，如果出现严重失误按合同规定向承包单位长隆保洁公司进行相应处罚。在全县境内挑选有代表性的主干道实施农村生活垃圾机械化清运新模式，以桶代池全面覆盖全县的生活垃圾收集网点，扩大生活垃圾机械化清运的覆盖范围，把县域内主要交通道路的沿线村庄都纳入生活垃圾“日产日清”工作范围，全县9个乡镇增设收集专用桶3308个。累计清运、处理垃圾38493吨。

【县城自行车租赁服务】 为进一步完善县城区综合交通管理体制，将蒙山县建成绿色的环保新型城区，借鉴外地县市的成功经验，结合生态乡村和市民出行需求，开发建设以公共自行车免费租赁为服务模式的社会公共服务系统，逐步建成一个良性循环、社会价值长效稳定的便民、惠民项目。2015年，在县少年宫门口西向、县政府大楼西面、梁羽生公园门口西面、古榕公园南面、车站门口东面建设5个服务点、80个停车位，投入40辆公共自行车。公共自行车便民服务，采取限时免费租车、异地还车的办法，不仅可以解决市民短途出行的问题，同时也可缓解城市交通压力，增强人们的环保理念。项目建设投资资金32.42万元。

（姚　林）

城乡规划

【概　况】城乡规划由蒙山县住建局内设机构城市规划建设管理股负责，主要职能是组织县城及乡镇总体规划、近期建设规划、专项规划以及控制性详细规划等城市规划的编制，依据规划出具各地块规划设计条件，核查公共建设项目、房地产开发项目、私宅及构筑物初步设计方案和报建项目的地形图确认，核查建设项目选址、用地及建设工程规划红线，对建设工程项目的实地定线进行验查及组织私房竣工核查和牵头行政审批等20多项工作。2015年，全面完成供水、排水、燃气、绿化、照明、市政设施、环卫、节水八项专项规划编制工作，并通过县人民政府审批。

【城区规划设计】2015年，加大城区风貌改造工作力度，进一步加快城区基础设施等项目设计建设工作。协助继续完善民主街、长寿街、永安街风貌改造效果设计；协助完成黄村镇新区的总平面规划及建设方案设计；完成莫家村以西拆迁安置区、城南新区A1、A2地块安置区等规划设计；完善西炮台公园修缮美化工程设计；完成上西街、小东江等地块开发方案设计；完成镇二小及南面地块、红辣椒地块、滨江路东岸零星地块等拆迁安置地的建筑方案设计；协助完善玻璃桥、九曲桥等设计。对拟出让土地的规划技术指标进行严格控制，共出具规划设计条件32份。

【制定城乡建筑风格标准】完善《蒙山县城市规划管理技术规定》和《蒙山县农村建房图集》等规划建设规范性文件及指导农村建房方案图集；严格按照《中华人民共和国城乡规划法》和《广西壮族自治区实施〈中华人民共和国城乡规划法〉办法》，审批办理建设工程、用地规划许可证。

【规划审批】严格规划管理，依法审批规划许可，坚持实施规划“一书两证”制度。2015年，共审批私宅建设工程规划许可证187份，建筑面积9.42万平方米；公建建设工程规划许可证58份，建筑面积28.45万平方米；私宅用地规划许可126份，总用地面积1.08万平方米；公建用地规划许可37份，总用地面积17.25万平方米；选址意见书17份，面积15.35万平方米。

（姚　林）

城市建设

【概　况】城市建设管理由蒙山县住建局内设机构市政公用事业管理股负责，主要职能是参与城市市政建设规划，全县主干道市政工程扩建、改建和大修工程的管理，主干道已建成城市市政设施（道路、排水和部分桥梁）的维护和管理，城市道路破挖、排水许可等行政审批事项审批后的监督和管理，检查、指导、协调城市道路、桥梁、排水等市政设施的养护、维护、管理等10多项工作。至2015年年底，城镇人口达到5.5万人，县城建成区面积5平方公里，全县城镇道路面积80.2万平方米，人均道路面积12.94平方米；县城主街道安装路灯4200盏，装灯率达100%，亮灯率达95%以上；县城建成区绿化覆盖面积190.1公顷，绿化覆盖率38.02%；绿地面积165.2公顷，绿地率33.64%，人均公园绿地面积11.13平方米。

【市政建设】2015年，加大对城区市政基础设施建设投入，督促推进在建市政工程项目，新建完成湄江沿岸综合整治工程西普段、华虹段和永安古城段，湄江人行桥工程，投入2000多万元；河西污水管网改造工程基本完成，投资200多万元；县城湄江西岸亲水栈道工程完成投资200万元；修补县321国道市政道路，完成投资10万元；湄江沿岸综合整治工程年内完成投资2600万元；蒙山县生活垃圾卫生填埋场及转运系统防渗工程（库区铺膜）完成投资1600万元；县一中北面市政基础设施工程完成投资500万元。修复失窃、损坏的井盖近20只，以及部分损坏的道路水沟盖板，修复损坏的零星市政道路及设施，清理道路雨水口，对严重堵塞的雨水、污水管网进行疏通改造，清理疏通东市场公厕的化粪池，排查市政桥梁安全隐患等市政问题。

【九曲桥建设】 九曲桥工程是湄江沿岸综合工程中第五篇章“湄江晚唱”中的一个重要景点，为人行桥，位于华虹滨江新城东面，2015年1月竣工，总投资500多万元。九曲桥由花岗岩构成，通体洁白如玉，每一根石柱顶端上均雕刻一朵莲花，在桥顶面中央有双龙戏珠的铜雕，造型古朴大气，双龙活灵活现。桥下碧水波光粼粼，曲桥如玉带浮水；桥边水草如丝，鱼翔浅底，分外惹人。

九曲桥全景　　黄宗洁　摄

【永安古城建设】 永安古城占地面积为20933平方米，总建筑面积约5万平方米，顺应政府加强建设旅游配套产业的发展政策，一期已建成商住一体的综合性商业体系。永安古城特别借鉴宋城建筑商业古街的建筑风格，还规划古城门、古戏台、灯塔、水系景观等独树一帜的特色建筑，同时规划有约6000平方米的大型地下停车场，以及相应的现代商业配套设施，建成后将成为集旅游、商业、步行街于一体的具有浓郁蒙山特色的地方标性志建筑。

【污水管网建设】 完成推进夏宜乡、汉豪乡两个垃圾中转站建设，总投资300万元；长坪乡污水处理厂配套管网建设完成100%，厂区建设已完成设备采购；夏宜乡污水处理厂项目正在施工之中。

【垃圾处理设施建设】 2015年，蒙山县县城污水厂二期及乡镇8座污水处理工程项目总投资13000万元，开工至2015年年底累计完成投资500万元，年度计划投资1000万元。年底长坪污水处理厂设备已安装完成。

（姚　林）

城市管理

【概　况】 蒙山县城建管理监察大队主要业务是维护县城、乡（镇）总体规划的实施，保证城市基础设施的正常运转，对城市规划、建设、市政园林、环卫、城市内的河道实行管理监察，对严重违反城市管理法规的行为依法进行查处等。一是依法执法，恪守《行政处罚法》等法律、法规的规定，严格按法定权限、法定程序行使职权。二是建立首次不罚制度。三是建立快速机动管理中队，实现对重点区域的全时段管控和随时查处群众举报案件、处理上级交办事项。四是实行每日督察报告制度，做到及时发现问题，及时解决。五是开展专项执法大检查，建立综合执法队伍，坚持日常管理与集中整治的有机结合，改善城区市容面貌。

【临时农贸市场建设】 按照蒙山县临时果蔬分流市场建设方案要求，在五福桥至气象局段（即洲南村东面河堤边空地）设置临时果蔬分流市场。对原在新世纪综合市场周边街道摆摊设点的摊主进行安排管理，通过采取疏堵结合的工作方法取得了一定成效。为了做到创建农产品绿色通道和市容市貌整洁两不误，设置大教岭临时交易分流市场，主要服务于县城周边农民进城季节性水果批发、花圃苗木及竹制品销售等，缓解城市管理压力，提高城市管理水平。

【违章违法行为执法】为进一步巩固违章违法建筑执法取得的成效，建立专职巡查队伍，对违章违法行为力求做到早发现、早劝导、早制止。2015年，查处案件20件，接待群众来电来访213次，下发限期整改通知书79份，责令停止违法行为通知书16份，责令改正通知书16份，处理行政处罚20件。

【跨门槛和占道经营整治】2015年4月，在繁重的执法工作情况下，城管大队对人员进行重新分工，设立专职整治占道、跨门槛经营人员，全年整治各种跨门槛和占道经营1800多次，有效推动各项工作开展。

（姚　林）

城市绿化

【概　况】蒙山县园林绿化管理所在编职工8人。主要业务范围是管理园林绿地，美化城市环境，城市园林绿地的系统规划，城市园林绿地的建设、管理与维护，城市园林绿化工程的设计。2015年，县城绿化改造补植东江路桂花树330棵，共投入绿化资金约100万元。永安古城景区计划投入绿化资金约800多万元，已完成古榕公园第二期绿化工程，投入资金300多万元。至2015年年底，蒙山县城建成区绿化覆盖率、绿地率、人均公园绿地面积分别达到38.42%、33.6%和11.13平方米。

【县城绿化管理】全年重点对县城建成区行道树、街头绿地、西炮台公园、滨江公园等公共绿地的园林绿化植物实施系统的养护管理保洁工作。其中对县政府广场绿地、滨江路绿地、龙藤饭店旁边绿地、降压站旁边绿地、东江路沿河绿地、青少年宫绿地、湄江街（包括新湄江路）绿化带、东环路绿化带等公共绿化地进行除草、松土28次，施肥9次，修剪51次，杀虫防病47次，大树枯、断枝清理清除156次，根部萌发苗7953棵次，行道树以及大乔木树树干涂白5760棵次。

【古榕公园建设】古榕公园位于蒙山县城北新区，与体育馆相邻，园内有三颗古榕，覆盖地面超过800平方米，巍峨耸立，形若罩伞。公园设计方案体现蒙山县太平天国文化和民俗文化的主题思想，以块状绿地布局，通过在造林的方式塑造自然景观，使公园的风光保持良好的状态，将自然引入都市，为人们提供一个充分享受自然美景的休闲地，并形成环境优美的城市景观。

古榕公园　　县住建局　供稿

（姚　林）

市容环卫

【概　况】蒙山县城镇环境卫生管理站，为全额拨款事业单位，主要职能是负责县城区内街道、公共场地的环境清扫、保洁，单位、住户、摊点、店铺门面的生活垃圾收集、中转、运输及其无害处理，妥善处理城区内废弃物，预防生活垃圾污染环境。2015年，完成县城10000多住户，1200多个门店，200多个单位、集体日产的生活垃圾清扫、收集、中转、运输工作。日清扫县城街路及公共场地约73.4万多平方米，日清运、中转、运输、杀虫消毒取土填埋垃圾100多吨。垃圾中转运输、垃圾填埋处理工作正常运行并达到上级规定要求，无害处理率达到90%以上。主要街道实行全天候保洁，保洁面积为20万平方米，保洁时间13小时。及时更换整修果皮箱265个，做到即坏即收即换，无垃圾外吐现象。

【农村垃圾综合整治】 贯彻执行《蒙山县农村生活垃圾收运处理工作方案》，按照建立统一的县域垃圾清运长效机制标准，做到县域生活垃圾日清运、日处理。由县环卫站负责转运所需的两辆乡镇垃圾转运车和5个压缩转运车箱的政府采购工作，并安排清运人员转运乡镇生活垃圾至县生活垃圾填埋场处理。转运镇级生活垃圾及渗滤液运作费用，具体收费标准按上级有关规定执行，确保农村生活垃圾整治工作的落实与长效机制运营管理。积极指导其它乡镇做好中转站压缩设备安装调试工作，做好中转站试行、转运垃圾所需车辆、清运司机的安排工作。努力实现全县6个镇的生活垃圾统一收集、转运进行无害化处理，改善农村环境卫生“脏乱差”面貌。

【保洁公司的监督和指导】 一是在监督三家保洁公司做好责任区清洁保洁工作的同时，努力完成上级下达的应急迎检及突击检查任务；二是督促保洁公司积极做好一线环卫工人的思想安全教育，及时配备必需劳动防护用品（遮阳帽、手套、雨衣、雨鞋、环卫标志服等）；三是督促保洁公司加强内部管理。

（姚　林）

村镇建设

【概　况】 村镇建设由局内设机构村镇建设管理股负责，主要职能是拟定全县建制镇、集镇、村庄建设的中长期发展规划并组织实施，参与土地利用总体规划、城镇体系规划的审查，指导村镇建设和农村住房建设、农村危房改造，以及小城镇、村庄人居环境改善等工作。做好传统村落、重点镇、乡土特色示范县、乡土特色示范村、美丽宜居小镇、美丽宜居村庄、新型城镇化示范县、百镇建设等项目申报工作。2015年，重点镇、乡土特色示范村、百镇建设已申报成功；传统村落方面，有7个村已经通过区审查，报全国传统村落。积极推进西河镇、新圩镇、黄村镇、汉豪乡新区项目建设。长坪瑶族乡生态休闲旅游项目建设及夏宜瑶族乡30周年乡庆项目建设及陈塘镇罗应村4个小组搬迁工作已经完成。

【特色名村建设】 2015年，加大长坪瑶族乡长坪村“生态长坪，瑶乡风情”特色旅游名村打造力度，投入1299万元对长坪村市政道路、演艺小广场、风貌改造工程、榕树景观、景观坝、叠石景观河堤、四季瓜果采摘园、游客服务中心、星级旅游公厕、停车场、娃娃鱼生态养殖基地、污水处理等项目进行建设。2015年4月提前完成建设任务。

长坪村风貌　　县史志办　供稿

【村屯道路硬化】 2015年，完成村屯道路硬化任务10条：蒙山镇高堆村上阳自然村和六纳自然村、西河镇乐拥村屯崩自然村、新圩镇新圩村东秀自然村、新圩镇双垌村中荷自然村、文圩镇文圩村文屋自然村、黄村镇明觉村西明觉自然村、陈塘镇下漂村南蛇自然村、汉豪乡汉豪村以劳自然村、夏宜瑶族乡夏宜村仕吉自然村。年底项目全部竣工，完成总投资263万元。

（姚　林）

拆迁安置

【概　况】蒙山县房屋征收办公室，为蒙山县住房和城乡建设局直属管理的全额拨款事业单位，于2012年3月19日挂牌成立，全额拨款事业编制人员2名。主要职责是：宣传、贯彻执行相关的法律、法规、政策，编制房屋征收年度计划，拟定房屋征收与补偿方案及组织实施等。2015年，共签订拆迁协议的有22户，占地面积0.21万平方米，建筑面积0.33万平方米；拆除房屋22户，占地面积0.21万平方米，拆除房屋面积0.40万平方米。

【房屋拆迁措施】坚持“做宣传动员工作为主，走司法程序为辅”的原则，争取拆迁安置工作有新突破。继续发挥指挥部法制组的重要作用，依法依规推进拆迁安置工作，并按要求做好依法强制拆除的前期工作。2015年，完成县城湄江沿岸综合整治工程福寿广场（长寿阁）、古榕公园和梁羽生公园扩建、永安寺扩建红线图范围内被拆迁户等项目的动迁工作任务。

（姚　林）

保障性住房建设

【概　况】蒙山县保障性安居工程领导小组成立于2012年5月，由原蒙山县保障性安居工程和农村危房改造工作领导小组调整而来，负责对蒙山县保障性安居工程工作的领导，加快推进保障性安居工程建设，领导小组下设保障性安居工程办公室、农村危房改造工作办公室，办公室设在县住建局。2015年，继续实施“安居”工程，建设公租房348套，总建设用地面积3304平方米，总建筑面积10933平方米，总投资2072万元。建设廉租住房40套，总建设用地面积460平方米，总建筑面积2900平方米，总投资440万元。农村危房改造项目完成2200户，总建筑面积176000平方米，总投资13200万。

【公共住房建设】2015年，建设乡镇教师公租房298套，项目总建设用地面积2998平方米，总建筑面积9272平方米，计划投资1758万元；县妇幼保健院公租房20套，项目总建设用地面积157平方米，总建筑面积785平方米，总投资134万元；夏宜瑶族乡政府公租房30套，项目总建设用地面积149平方米，总建筑面积876平方米，总投资180万元。

【廉租住房建设】2015年，建设廉租住房40套，项目建设用地面积460平方米，总建筑面积2900平方米，计划总投资440万元。

【农村危房改造】2015年，全县危房改造任务共2200户，12月底全部竣工，竣工总面积176000平方米，完成投资13200万元，其中中央补助资金1672万元，自治区补助资金1672万元，市配套资金330万元，县配套资金440万元。蒙山县农村危房改造重点补助对象是居住在危房中的农村分散供养五保户、低保户、贫困残疾人家庭、诚信计生贫困户、农村贫困无住房成年孤儿和其他贫困户，以及农村贫困的优抚对象、见义勇为人员家庭。补助标准为：五保户补助22000元/户；低保户补助20000元/户；残疾人家庭19000元/户；其他贫困户补助18000元/户。

【棚户区改造】2015年，蒙山县棚户区改造项目4个，改造户数为1500户，包括梁羽生公园周边、莫家村、蒙山中学周边及永安街旧住宅区综合整治工程。项目建设内容包括棚户区内拆迁安置工程、道路扩建工程、水渠改造工程、雨污水管网工程、环卫设施工程、路灯照明工程、棚户区房屋加固工程以及房屋乡土风情改造工程等。项目总投资8286万元。

梁羽生公园周边旧住宅区综合整治工程。改造区域位于梁羽生公园周边旧住宅区，棚户区改造450户，货币安置2户，乡村风情民宅改造面积20000平方米，房屋加固面积10000平方米，拆迁回建面积4000平方米，绿化面积380平方米。道路扩建12000平方米，水渠改造600米，雨污水管网改造600米，改造路灯40盏，设置垃圾箱60个、垃圾收集池4个，建设宣传栏3处。

莫家村旧住宅区综合整治工程。改造区域位于莫家村旧住宅区，棚户区改造300户，货币安置6户，拆迁回建面积3000平方米，房屋加固面积10000平方米，休闲健身公共场地面积12000平方米，绿化面积600平方米。道路扩建面积14400平方米，水渠改造800米，雨污水管网改造1200米，设置路灯46盏、垃圾箱120个、垃圾收集池6个，建设小型生活污水处理设施1套、宣传栏4处。

蒙山中学周边旧住宅区综合整治工程。改造区域位于蒙山中学周边旧住宅区，棚户区改造250户，改造雨污水管网700米，改造电力电信管道400米，道路建设600米，道路修复面积2400平方米。

永安街旧住宅区综合整治工程。改造区域位于永安街旧住宅区，棚户区改造500户，房屋乡土风情立面改造面积32000平方米，改造雨污水管网1970米，道路建设面积4800平方米。

（姚　林）

建筑业管理

【概　况】 建筑业管理由局内设机构工程建设管理股负责，主要职责是负责监督建筑市场准入，进出县内外施工队伍管理，工程项目的报建审查并核发“建筑施工许可证”，工程造价管理，重点工程建设项目开工后的组织协调、管理等20多项工作。2015年，完成生活垃圾填埋场铺膜工程、教育公租房等重点工程的预算编制。发出工程预、结算造价文件约30份，工程造价约5500万元，年预、结算费收入约17万元。

【招投标管理】 2015年，共对全县132个符合招投标条件的工程依法进行了招投标监督，其中公开招标项目32个，邀请招标项目100个。应招标工程招标率100%，应公开招标项目公开招标率100%。

【工程施工管理】 2015年，共办理施工许可证37份，建筑面积19.97万平方米，造价24877.76万元；办理工程竣工验收备案23份，建筑面积15.40万平方米，总造价18729.41万元；办理地质勘察报告手续45份。

【墙体改革与建筑节能】 蒙山县墙体材料改革办公室负责全县墙体材料改革工作。2015年，共征收上墙改基金124.24万元，核退基金146.77万元；完成55个项目的建筑节能专项验收备案手续，建筑面积达17.13万平方米，住宅商品房的建筑节能验收合格率达100%。

（姚　林）

房地产管理

【概　况】 房地产开发管理由局内设机构房地产管理股和二层机构蒙山房地产管理所负责，房管股负责房地产开发行业、房地产开发企业资质等级、房地产开发竣工项目规划核实、房地产开发项目转让变更的监督，对房地产相关的行政审批事项审批后的监督和管理等工作。房地产管理所负责对全县辖区内的房屋权属登记、抵押登记、他项权利登记、白蚁防治等工作。2015年底，全县房地产开发企业共有17家，其中注册资金3000万元（含3000万元）以上的1家，1000万—3000万元（含1000万元）的8家，500万—1000万元（含500万元）的6家，100万—500万元（含100万元）的2家。2014—2015年，房管股累计签发商品房预售证21份，预售总面积26.03万平方米，其中商品房1305套，面积18.62万平方米；商铺面积3.56万平方米；车库（含杂物间）3.57万平方米。房地产管理所累计发放房产所有权证3165宗；房屋他项权利登记1861宗；房屋预抵押登记1362宗；白蚁防治房屋74宗，面积13.13万平方米。

【个人住房信息系统建设】 2015年，在原来的基础上，投入资金36.65万元，建设了蒙山县领导干部个人房产信息查核报送系统。现在蒙山县房产管理共建立蒙山县领导干部个人房产信息查核报送系统、电脑查询信息软件开发及协同框架通用平台、协同工作流系统、房管登记管理系统、商品房网上备案系统、存量房网上备案系统、从业主体管理系统、房产档案管理系统、档案整理与扫描系统、电子登记簿系统等十个系统，并与梧州市实现数据对接。市县一级的房地产管理部门均能对蒙山县的个人与单位房地产信息进行电脑查询，蒙山县基本上已实现房地产数字化管理模式。

（姚　林）

责任编辑　黄民森

资源·环保

国土资源管理

【概　况】 蒙山县国土资源局为蒙山县人民政府工作部门，并属梧州市国土资源局领导，主管全县土地资源规划、利用、保护、管理、测绘和矿产资源勘查、开发管理以及地质灾害的预防和治理等工作。内设办公室、规划科技和耕地保护股等股室；二级机构有蒙山县土地勘测技术站、蒙山县矿产资源开发管理中心、蒙山县土地整理中心、蒙山县国土资源交易所以及蒙山县国土资源执法监察大队，代管蒙山县土地储备中心。各乡（镇）设国土资源管理所。全系统干部职工 98 人，党员 34 人。2015 年，较好完成土地利用规划修编、建设用地报批、土地划拨及招拍挂出让、耕地保护、土地开发整理、法制法规宣传、国土资源执法监察、矿产资源开发管理和第三轮矿产资源总体规划编制工作等工作。

【土地利用规划】 依据《中华人民共和国土地管理法》等法律法规和国家有关土地利用的方针、政策，2015 年组织完成《蒙山县土地利用总体规划（2006—2020）调整完善方案》和县城周边永久性基本农田划定工作，分别获得自治区国土资源厅、梧州市人民政府和梧州市国土资源局、梧州市农业局有关批复，为全县落实土地宏观调控和土地用途管制、规划城乡建设和各项建设提供重要依据。

【建设用地报批】 2015 年，根据梧州市下达的 2015 年度土地利用计划指标 17.9816 公顷，共组织 4 个批次的用地的报批工作，上报总面积为 17.9816 公顷，其中第一批次城市建设用地面积为 12.8043 公顷，第一、第二、第三批次乡镇建设用地面积为 5.1773 公顷，共 4 个批次均已获得自治区国土资源厅批复，且及时开展批后实施工作，确保全县经济建设项目用地。年内，全县共组织 12 个批次的批后实施工作，总面积 78.3773 公顷。分别是 2014 年第一、第二、第三、第四批次城市建设用地，第一、第二批次乡镇建设用地；2015 年第一批次城市建设用地，第一、第二、第三批次乡镇建设用地。蒙山县城给水工程项目和蒙山县城绕城公路项目征地批后实施工作正在进行中。

【土地划拨及招拍挂出让】 2015 年，继续严格执行土地利用年度计划，依法采取招、拍、挂和划拨方式供应各类项目用地。全县年内划拨和出让供地 43 宗，面积 36.96187 公顷。其中划拨用地 21 宗，面积 22.537574 公顷，划拨价款 22.164 万元；工业、商业、旅游、娱乐和商品住宅等经营性用地招拍挂出让 21 宗，面积 14.372959 公顷，成交地价总额 6450 万元；协议出让 1 宗，面积 0.051337 公顷，补缴出让金 77.6477 万元。办理国有建设用地使用权转让 1119 宗，面积 3.828313 公顷，其中涉及划拨补办协议出让 24 宗，面积

0.12705公顷，补交土地出让金217.837081万元。另外，办理农村宅基地批地建房152宗，面积1.244619公顷。

【耕地保护】 2015年，继续认真贯彻执行《中华人民共和国土地管理法》《基本农田保护条例》，依据《蒙山县土地利用总体规划》对全县的耕地依法进行保护，严格执行基本农田的各项制度。一方面，结合土地执法监察动态巡查，加强基本农田监督检查，确保基本农田不减少，保护面积11507.43公顷；另一方面，切实做好土地开发整理工作，保证全县建设占用耕地占补平衡和耕地总量动态平衡得到实现，2015年度耕地面积约为15066.0186公顷（包括可调整地类2302.81公顷），维持该年度的耕地保护责任目标。

【土地开发整理】 土地整治项目。整县推进土地整治项目是蒙山县的重点推进项目，项目的实施不仅能较大的提高全县的经济效益、社会效益和生态环境效益，同时也是"美丽蒙山·清洁乡村"的重要组成部分。该项目共12个子项目，实施规模6000公顷，涉及全县9个乡镇52个行政村，工程总投资1.24亿元。截至2015年12月，12个子项目已全部进入施工，项目共计完成投资7016万元，有8个子项目基本完工。

耕地提质改造项目。蒙山县耕地提质改造项目于2014年10月申报并经梧州市国土资源局批复立项，共5个子项目，实施面积143.1679公顷，预计新增水田面积108.7541公顷，计划总投资612.65万元。其中：新圩镇等3个镇耕地提质改造项目，实施面积83.1789公顷，预计新增水田面积61.4506公顷，总投资360.84元，其中工程施工中标价格为283.97万元，该项目于2015年4月16日开工建设，已完成项目现场施工并进行县级初验；西河镇等2个镇耕地提质改造项目，实施面积59.989公顷，预计新增水田面积47.3035公顷，总投资251.81万元，其中工程施工中标价格为192.3437万元，该项目于2015年3月30日开工建设，现已完成施工投资94%。

【法制法规宣传】 2015年，按照工作计划，充分利用2月2日大接访、"6·25"全国土地日、查处发生在群众身边的"四风"和腐败问题专项工作大接访活动等重要时机，有组织地开展主题突出、内容丰富、形式多样的国土资源法律法规宣传活动和地质灾害隐患点监测员知识教育培训活动，着重在宣传教育的针对性和实效性上下功夫。结合"三严三实"专题教育活动，在"6·25"全国土地日前后，到各乡镇发放国土资源管理法律法规书籍。11月份在县纪委的组织安排下，先后到文圩镇、新圩镇、汉豪乡、西河镇、陈塘镇、黄村镇、蒙山镇等地，参与开展查处群众身边的"四风"和腐败问题公开大接访活动。接访活动以宣讲不动产登记、耕地保护和地质灾害防治知识为载体，热心接待每一位来访群众，耐心解答群众的提问。据统计，大接访活动累计发放宣传资料1500余份，接访群众50余人，现场解答群众问题45个，收集群众反映问题4件。

【国土资源执法监察】 高度重视土地卫片执法监督检查工作，认真核查2014年度疑似违法用地等图斑，突出抓好违法违规用地图斑的整改落实。2015年，国土资源部下发蒙山县2014年度土地变更调查遥感监测图斑117个，监测土地总面积43.74公顷，其中耕地面积10.02公顷，全年度土地卫片执法监督检查工作再次取得零约谈、零问责。严格落实国土资源执法监察巡查工作制度，按照《广西壮族自治区国土资源厅办公室关于开展打击非法勘查开采矿产资源专项行动的通知》要求，以一级巡查区域为重点，对存在违法现象的矿产开采点、取土场、采石场等下发制止违法行为通知书58份；动态巡查85次，有效制止违法用地8起，违法采矿10起。同时，狠抓国土资源违法案件查处工作，严格查处违法采矿行为，截至12月，共立案查处非法采矿案1宗，涉及采矿用地0.17公顷，已结案1宗，收缴罚没款10万元；发生违法用地案件175宗，涉及土地面积立案查处土地违法用地案件90起，涉及土地面积4.67公顷，已结案63起，收缴罚没款2.13万元，移送法院申请强制执行43起。从4月份开始，由县人民政府组织打击河道非法采砂、淘金联合执法行动5次，有效制止河道外非法淘金行为。

【矿产资源开发管理】 2015年，全县探矿权总数为16个，其中过期探矿权1个；年度应检探矿权15个，实检14个；黄村金矿勘探未送检，已责令矿权人整改，本年度探矿权年检率93.33%；参加年度年检的14个探矿项目，年检初审合格，合格率100%；持有采矿许可证矿山11个，区国土厅发证1个，县级发证10个，其中铅锌矿1个、重晶石矿1个、砖厂5个、石场4个；年内对全县矿山进行安全生产检查220多次，有证矿山年内未发生安全生产事故。从9月份起，矿山部分窿口恢复生产。截至2015年年底，油麻冲矿山已有10个窿口处于生产状态。2015年，油麻冲铅锌矿山调运原矿7687吨，调运铅精矿266吨，调运锌精矿355吨，调运硫铁矿700吨，矿业产值710万元。2015年9月，正式起动第三轮矿产资源总体规划编制工作。按照有关规定，本轮矿规编制任务按政府采购规定，委托广西建隆工程咨询有限公司蒙山县分公司进行公开招投标，最终广西三〇七核地质大队以26万元中标。目前，总体规划编制工作中的两个专题报告已提交梧州市国土资源局评审，其他编制工作正在有序地开展。

国土局工作人员安全检查现场　　县国土局　供稿

【地质灾害防治】 2015年，全县共确定64个地质灾害隐患点，其中长坪乡1处，陈塘镇5处，黄村镇9处，蒙山镇10处，文圩镇9处，新圩镇3处，夏宜乡3处，西河镇9处，汉豪乡14处，各隐患点均已落实监测人及责任人，并按照《地质灾害防治条例》科学编制《蒙山县2015年地质灾害防治方案》。具体措施如下。①签订责任状。由县人民政府组织召开2015年地质灾害防治工作会议，并与各乡镇人民政府签订2015年地质灾害防治工作目标责任状。②加强宣传培训。6月12日，由县人民政府组织，国土资源局主办，邀请梧州市地质环境监测站专家进行一次地质灾害避险知识培训班，对全县各地质灾害隐患点监测人、责任人及负责人共250多人进行了集中培训。同时，利用5月12日防灾减灾日、5月22日全国科技活动周、6月25全国土地日，县地灾办工作人员在县城新世纪广场发放《地灾防治应急手册》《广西地质灾害避险应急知识手册》约700本，发放地质灾害防治知识有奖竞赛专刊约600份。③强化地灾演练。7月10日，在陈塘镇寺村村东营组组织一场约125人参加的突发性地质灾害应急演练。④完善地质灾害群测群防网络。各乡镇按照“属地管理，分级负责”的原则，进一步完善辖区内地质灾害群测群防网络，加强与气象部门的密切联系，及早掌握地灾气象信息，利用网络信息平台及时将气象信息发布到系统全体领导干部以及各乡镇、村组和监测员手中，做好预警预报，2015年发布预警信息24次共5100条。⑤汛期实行24小时值班制度，严格执行地灾信息日报、速报制度。由于防治措施得力，年内全县无地质灾害人员伤亡事故发生。

新圩镇六桂村六伦组地灾隐患点治理　　县国土局　供稿

【地籍管理】2015年，在全县范围内依法依规进行土地确权登记发证工作，全年共进行土地确权登记发证2287本，其中国有土地使用证书1592本，集体土地使用证书695本。农村宅基地和集体建设用地确权登记发证数据库项目工作有序推进。全县9个乡镇，农村宅基地和集体建设用地总面积26.21平方公里，其中重点区域为9.8平方公里，一般区域16.41平方公里。到4月24日，重点区域地籍测量、权属调查和数据库建设已全部完成。至年底，一般区域地籍测量已完成14.52平方公里，完成率为88.48%；权属调查完成10.34平方公里，完成率为63%；数据库建设已完成8.58平方公里，完成率为52.29%。

【行政审批】2015年年初，国土资源行政审批服务中心正式成立并运行，年内共接件6649件。其中，接待群众咨询1672人次，受理业务接件4977件，已在规定的时限内全部办结，办结率100%；受理的4977件业务中，国有土地使用权转让17件；国有土地使用权初始登记85宗；集体土地使用权初始登记120宗，变更登记540宗；国有土地使用权变更登记1418宗；国有土地使用权抵押登记775宗，抵押金额3.63亿元；宗地委托测绘1632宗；农村居民用地审批154户，面积12496.19平方米；核准拆旧重建230户，面积25854.88平方米；探矿权年检15宗；地质灾害危险性评估备案7宗；临时地申请14宗；土地权属争议6宗；土地行政处罚听证申请5宗。

【蒙山县不动产登记局和蒙山县不动产登记中心正式挂牌成立】按照国家及自治区、市、县政府关于不动产登记职责机构整合工作要求，蒙山县不动产登记局和蒙山县不动产登记中心于12月24日正式挂牌成立。不动产机构职责整合、人员编制于2015年6月前由县编制办牵头完成，并将不动产登记职责落实到县国土资源局，县国土资源局于11月前已做好工作衔接、制度建设、窗口建设等工作。

（覃　翔）

环境保护

【概　况】蒙山县环境保护局是县人民政府环境保护职能的工作部门，内设办公室、综合股（行政审批办公室），机关行政编制5个。下辖管理的二层机构分别为环境监察大队和环境监测站，均属于参照公务员管理事业单位，设参照公务员管理事业编制6个。局机关及二层机构共有正式在编人员12人。主要负责提出本辖区环境保护和防治污染方面的建议，重大环境问题的统筹协调和监督管理，协调和组织实施全县主要污染物减排，以及指导、协调、监督生态保护等。2015年，做好节能减排、把好建设项目审批关、开展环境保护执法和创建生态文明建设等；完成63个市级生态村创建，14个区级生态村创建，7个自治区级生态乡镇创建。

【节能减排】2015年，按照《梧州市“十二五”主要污染物总量控制规划》及《梧州市2015年度主要污染物总量减排计划》的要求，实际排放量控制在上级下达的控制指标以内，较好完成上级下达的任务指标，全县共削减化学需氧量、氨氮、氮氧化物分别为9吨、2.3吨、198吨。加强对列入2015年污染减排计划项目的广西蒙山广晋水泥有限公司，蒙山县城联、宇远、金宇特色、莫运庆、青山和陈桂芳养殖场等工程治理减排项目进行现场核查，全年规模生猪畜禽养殖场治理设施运行正常；广西蒙山广晋水泥有限公司的烟气脱硝设施运行正常，各项指标稳定达标排放。

【建设项目审批】 强化服务意识，把好建设项目审批关，做到不越权审批项目、不降低或提高环评标准，严格把好建设项目环境准入关；做好项目审批的后续管理工作，加强对在建项目“三同时”（建设项目中防治污染的设施，与主体工程同时设计、同时施工、同时投产使用）跟踪监督检查，对已竣工的项目，做到符合一个验收一个，并且针对历史遗留的一些久试未验项目进行清理工作，对这些项目进行现场检查，下达限期整改通知书督促企业限期完成验收。2015年，共为各类项目规划选址提供意见55份，办理审批环境影响评价登记表37个，环境影响评价报告表12个，对44个环境影响评价登记表项目进行验收。

【环境保护执法】 积极开展辖区环境保护大检查工作，对辖区涉及重金属、水泥、制药、巢丝加工、电镀、淀粉、造纸、人造板制造、铁合金、工业园区等重点行业企业开展环境保护大检查，协调相关部门，共同协作，把环境风险隐患降到最低，坚决杜绝污染事件发生。特别是对违法违规建设项目进行清理，依照相关规定对企业进行调查或督促未完成项目竣工环境保护验收的企业完善相关手续；对存在问题企业依照规定下达限期整改通知书，2015年下达8份《环境违法限期整改通知书》，立案调查3家，处罚2家企业并罚款4万元。对县城集中式饮用水水源检查情况。茶山水库集中式饮用水水源一级保护区内无建设项目、无工业排污口、无网箱养殖，水库水质量良好。依法对辖区排污企业进行排污申报及排污费征收，对所有排污企业全部采用全程信息化要求收费，2015年共征收排污费50.2万元。处理群众各种环境信访情况，2015年共收到各类环境投诉68起，调查处理68起，处理率100%，其中年农村散户养殖投诉占70%。

【生态文明建设】 全面开展生态创建工作。2015年，开展县城集中式饮用水源环境保护评估。按区、市统一要求，对县城集中式饮用水水源地茶山水库进行调查，按时完成水源地调查评估材料的上报，进行县饮用水源保护区划分工作；继续组织各乡镇开展生态村、生态乡镇的申报工作，截至2015年年底，完成新联村、大塘村、乐拥村、坝头村等63个市级生态村创建，完成北楼村、高堆村、水秀村等14个区级生态村创建，完成蒙山镇、西河镇、文圩镇、黄村镇、汉豪乡、夏宜乡和长坪乡等7个自治区级生态乡镇创建。

【环境监督性监测】 2015年，为全面掌握城区集中式生活饮用水水源地水质状况，根据全区环境监测工作要点的要求，对茶山水库每季度进行一次水质监测。监测结果表明，水质的各项指标均达二类或优于二类标准。配合市环境监测站做好国控源的监督性监测工作，全年全部按要求完成对广西梧州市明阳生化科技有限公司、蒙山鑫进五金工艺制品厂和蒙山县碧清源水资源有限责任公司等3家国家重点监控企业的全年监督性监测。监测结果表明，以上国控企业均能达标排放。对不属于国控源的广晋水泥厂、梧桦林产、各砖厂等17家企业进行一次监督监测，为排污费的征收和日常监管提供依据。完成县域生态功能区的空气、地表水（湄江河）质量监测，其中空气环境质量每季度监测一次，地表水每两个月监测1次。结果表明，空气质量、地表水均达或优于二类标准。

【环保宣传】 2015年“6·5”世界环境日，在新世纪广场设立宣传横幅、搭建咨询平台，向群众发放宣传资料，开展环保法律法规、政策咨询活动，共年发放宣传材料1000多份，取得良好的宣传效果。

【清洁水源专项活动】 2015年，在清洁乡村工作转段后，督促成员单位住建局、水利局、畜牧局、国土局、旅游局、农业局继续开展好清理沟渠、清理池塘、清理河道、农村饮用水水源地周边污染源排查等工作。全县在清洁水源工作方面共印发宣传资料手册1000多份，开展农村饮用水水源地周边污染源排查8次，清理小溪79.28公里，清理沟渠82.25公里，清理池塘9378平方米，清理村庄畜禽养殖点1147平方米。

（陈　霞）

责任编辑　黄民森

教　育

综　述

【概　况】 蒙山县教育局为县人民政府教育管理部门，内设党委办公室、行政办公室、计财股等11个股室，编制13个（含科技局），在编7人，其他人员均为借调。领导设正副局长、党委书记、纪委书记共5人，中层领导设主任（股长）。下辖独立核算单位有：蒙山县教育教学研究室、蒙山县教育局电教仪器站、蒙山县义务教育会计核算中心、蒙山县教育勤工俭学公司、蒙山县教育工作委员会办公室、蒙山县学生资助管理办公室和蒙山县青少年活动中心，在编职工共44人。乡镇设有中心小学（2002年在原乡镇教育委员会办公室机构上改制而成，负责小学业务管理）。2015年，全县有公办高中2所（其中自治区示范性普通高中1所），公办中等专业学校1所，教师培训中心1个，公办初中7所，九年一贯制公办学校、民办学校各1所，公办乡镇中心小学10所、村级完小64所、教学点14个，公办幼儿园1所，民办幼儿园91所。2015年，全县普通高中在校生3636人，全县高中阶段毛入学率55%。初中生7000人，小学生15501人，幼儿园在园幼儿9335人。

【经费投入与支出】 2015年，全县教育经费总收入33442.1万元，比上年增加4151.3万元，增长14.17%。其中财政拨款收入28317.3万元，比上年增加2353.5万元，增长8.31%；其他资金收入5124.8元，比上年增加1797.8万元，增长54%。教育经费总支出33022.1万元，比上年增加3943.5万元，增长0.44%。其中财政拨款支出28072.2万元，比上年增加2363万元，增长9.19%；其他资金支出4949.9万元，比上年增加1580.5万元，增长46.91%。总支出中，人员经费支出20687.3万元，公用经费支出12285.6万元，其他支出49.2元。

【基础设施建设】 2015年，义务教育阶段上级下达蒙山县各项工程建设资金2014万元，新建（改扩建）校舍12850平方米，涉及学校19所。其中新建教学楼7幢，建筑面积5930平方米，投入资金998万元；学生宿舍4幢，建筑面积5650平方米，投入资金795万元；学校食堂4幢，建筑面积1100平方米，投入资金182万元；教师公租房248套，建筑面积7440平方米，投入资金1488万元；新建乡镇中心幼儿园3所，投入资金1500万元。此外，筹措境内外慈善机构、企业、个人援助资金100万元，改造校舍500平方米。

2015年蒙山县幼儿园与中小学情况表

表17

学校	教师数（人）	学生数（人）	所数（所）
县幼儿园	46	641	1
民办幼儿园	468	9335	91
中　学	774	10636	11
小　学	894	15501	74

（刘雪华）

学前教育

【概　况】 2015年，全县有各级各类幼儿园（含小学附设幼儿班）166所，在园幼儿10253人。其中，公办幼儿园1所，教职工65人，在园幼儿641人；民办幼儿园91所，教师468人，在园幼儿9335人；附设幼儿班2153人。学前一年毛入园率94%，学前三年毛入园率78%。

【民办幼儿园】 民办幼儿园以其位居县镇和自然村生活中心、毗邻居住小区、入园方式灵活等特点得到快速发展。全县民办幼儿园占幼儿园总数98.9%，在园幼儿达到9335人，为全县学前教育人数的81.2%，成为提高学前教育入园率的主力。

民办幼儿园小太阳幼儿园大门　　县史志办　供稿

【公办幼儿园】 根据《蒙山县第二期学前教育三年行动计划》文件要求，到2016年年底，在8个乡镇政府所在地各建1所乡镇公办中心幼儿园。2015年，陈塘镇、黄村镇、汉豪乡、新圩镇、文圩镇的中心幼儿园正在建设之中，蒙山镇、西河镇、夏宜乡的中心幼儿园正在办理招投标手续，准备前期有关工作。公办幼儿园建设总投入资金4961万元，其中中央和自治区投入资金4729万元，县本级投入资金232万元。

【多元普惠幼儿园】 根据《广西壮族自治区多元普惠幼儿园认定及管理办法》文件要求，经过自治区组织专家评审等程序，确定大风车祥和、阳光、秀英等16所幼儿园为2015年自治区多元普惠幼儿园，占全县幼儿园总数的17.6%。2015年下达上级奖补资金90.51万元，由各多元普惠幼儿园统筹用于改善办园条件、购置玩教具、支付租金、改善教师待遇、开展教师培训等。

（刘雪华）

义务教育

【概　况】 全县共有义务教育中小学校83所，教学点15个。其中初中7所，九年一贯制公办、民办学校各1所，乡镇中心小学10所，村级完全小学57所，非完全小学7所；全县义务教育在校生22298人，其中初中在校学生7005人，小学在校学生15293人；义务教育阶段中小学教职工1436人、专任教师1413人，其中小学教职工918人、专任教师909人，初中教职工518人、专任教师504人。

【教师节慰问活动】 2015年9月9—10日，县长宋彤宇、县人大常委会副主任覃庆梅、副县长刘念、县政协副主席黄鹏分别率领慰问组，走访部分城乡中小学，与教师们座谈交流，谈教育、谋发展，听取学校负责人关于学校发展情况的介绍，了解学校近年来教育教学工作、基础设施建设、师资队伍建设等方面情况，关切地询问教师们的工作、生活等情况。

【“星星火炬杯”说课比赛】 2015年12月11日上午，共青团蒙山县委员会、县教育局、少工委联合组织举办的蒙山县“星星火炬杯”少先队活动课说课总决赛在县教育局五楼会议室举行。共有来自9个乡镇的10支参赛代表队参加，来自全县各基层学校少先队大队的50多名辅导员及少先队代表观摩了此次比赛。比赛中，各参赛队围绕活动背景、活动目标、活动准备等环节进行说课。经过激烈角逐，蒙山镇新联小学、蒙山镇第二小学、夏宜民族学校代表队分别获一等奖，其余的 7 个代表队分别获二等奖。

【白志繁到蒙山县视察调研】 2015 年 1 月 22 日，自治区教育厅副厅长白志繁，在副县长刘念，县教育局局长林峰、党委书记李世朝等领导的陪同下，深入城乡学校视察调研。蒙山县办学体制多元化、学校管理规范化、校园环境人文化、德育工作实效化、课堂教学高效化、教师成长专业化、教育资源特色化、城乡教育逐步均衡化“八化”亮点受到较高评价。

【开展送教送研活动】 2015 年 1 月 13 日，梧州市教科所茹铭江书记、梁影老师带领长洲区的黄冬、万秀区的冯艳两位优秀教师到长坪民族小学送教送研。上午，黄冬老师给四年级同学上《乡下人间》一课，冯艳老师给三年级同学上《两位数乘两位数复习》。下午，茹铭江书记组织“农村小学教学质量情况调研”座谈会。

【情系山区学生赠书活动】 2015 年 3 月 12 日，梧州市语委“情系山区学生赠书活动”在黄村镇新开小学举行。梧州市教科所书记茹铭江和特级教师梁影，县教研室及黄村镇中心小学领导出席了赠书仪式。仪式上，梁影老师发表了热情洋溢的讲话，并寄语孩子们从小多读书，读好书，让书香满溢校园，享受读书的快乐。此次活动，梧州市语委共向该校赠送图书 100 多册。

【学生营养午餐改善】 2015 年，全县农村义务教育学生营养补助资金为 752.11 万元（上级资金 738 万元，县级安排 14.11 万元），其中，具备食堂供餐条件的学校 397.44 万元，采用政府采购食品配送的学校 354.67 万元。2015 年 11 月 2 日起，追加每人每天 1 元（按自治区要求增加补助为每人每天 4 元），全年共拨款 806.17 万元。

（刘雪华）

高中教育

【概　况】 全县有蒙山中学和蒙山县第一中学两所普通高中，其中蒙山中学为自治区示范性普通高中。2015 年，普通高中在校生 3636 人，其中蒙山中学 33 个班 1988 人，平均班额 60 人；蒙山县第一中学 26 个班 1648 人，平均班额 63 人。万人口普通高中在校生 165 人。2015 年全县共招收高一新生 1216 人，占初中毕业生总数的 54.8%，完成梧州市下达普通高中招生任务的 103.7%，普通高中毛入学率为 55%。

【蒙山中学高考业绩】 2015 年，在考生数量较去年大幅减少、尖子生大量流失外地、本届学生的生源质量也比往届差的情况下，蒙山中学高考取得不俗成绩，一本上线 57 人，上线率较上年提高 0.88 个百分点，其中 600 分以上高分考生 2 人；二本以上上线 589 人，本科上线率 71.4%。理科远志班一本上线 34 人，一本上线率超过 50%，本科上线率达百分之百，是历年远志班高考成绩最好的一年，超过一本线 50 分以上的达 14 人，黄兵同学以 613 分获县理科第一名；文科远志班一本上线 14 人，何倩同学以 613 分获县文科第一名。

【自治区卫生优秀学校复查评估】 2015 年 6 月 11 日下午，自治区卫生优秀学校复查评估专家组专家对蒙山中学自治区卫生优秀学校进行复查评估。专家组通过实地走访校园、食堂、宿舍，并查阅资料，对蒙山中学的校园环境给予了高度肯定，专家组高度评价蒙山中学校园卫生工作以及校园文化建设。最后，蒙山中学顺利通过复查评估。

【招生政策新突破】 根据《县 2015 年秋季高中招生政策》精神，蒙山县第一中学秋季学期高一招 605 名新生，招生人数首次超过县内示范高中蒙山中学，标志着蒙山县普通高中招生政策有新突破，是县全面推进普通高中招生制度改革的一项新举措。

【参加上级读书活动获佳绩】 2015 年 5 月 30 日，县一中 2014 级潘柏林同学代表梧州市参加全区青少年“奋发向上、崇德向善”爱国主义读书教育活动演讲暨讲故事比赛，荣获一等奖。这是读书活动开展以来蒙山县第一位代表市赴区参赛的选手，也是历年来梧州市参赛代表在区级读书比赛活动中取得最好成绩的选手。7月份，潘柏林同学代表广西区参加由团中央举办第二十二届全国青少年爱国主义读书教育活动比赛，荣获二等奖，蒙山县第一中学荣获组织特等奖。

潘柏林在全区青少年“奋发向上　崇德向善”演讲比赛中荣获一等奖　　县教育局　供稿

【一中教学楼拆旧建新】 2015年12月9日，蒙山县第一中学如期拆除80年代初期建造的预制板结构东向旧教学楼。县一中投资420万元，在拆除旧楼的基础上建新楼，将建成四层共20个集教室、理化生实验室、电脑室、通用技术教室于一体的科技楼，建筑总面积达2500平方米，预计2016年6月竣工。

（刘雪华）

职业教育

【概　况】 2015年，全县现有中等专业学校1所，在校学生450人；乡镇成人文化技术学校9所，行政村成人文化技术学校83所。蒙山县中等专业学校被评为梧州市中职招生先进单位、蒙山县规范管理优秀学校。

【专业建设】 2015年，县中等专业学校对开设专业进行重新调整与优化，保留丝绸工艺、汽车运用与维修、计算机及应用、电子与信息技术以及电子技术应用5个专业。全校有实训基地面积1500多平方米，综合实验实训车间8间，校企合作实训车间5间，实验实训设备130多台（套），实训用车8辆，设备总值200多万元。主要包括汽车电工电子、汽车发动机、汽车底盘、汽车电气、汽车空调、整车检修等教学实训区，单班可同时容纳60人进行实践学习。

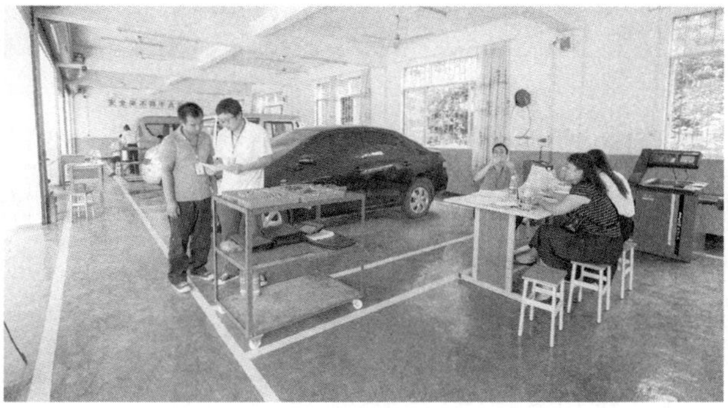

县中等专业学校汽车运用与维修专业实训车间　　县史志办　供稿

【队伍建设】 2015年，县中等专业学校随着职教规模不断扩大和专业建设需要，采取在现有中小学教师中调整、选拔和扩充编制的办法加强教师专业队伍建设；引进和招聘大学本科毕业生；外派教师参加区级和国家级培训；面向企业、社会聘请富有实践经验和特殊技能人员到县中等专业学校任教；招聘特岗教师和定向培养教师。

【创新教学】 2015年，县中等专业学校继续尝试摒弃现行中职教材中偏、难、繁的内容，充实简易、实用、有趣味的校本教材，打破先学理论后学技术的传统教学方法，实行项目教学及小组建设教学模式。在设备设施条件允许下，办成教学工厂。在实训室先利用多媒体进行情景教学，然后实操实训，形成理论—实践—理论—再实践的教学流程。特别注重校企合作办学，打造“企业学校”。

【技能培训】 2015年，与县扶贫办、县人社局、县财政局等部门合作举办贫困村劳动力转移就业培训和职业技能培训，共培训682人次，投入资金91多万元。

2015 年蒙山县中等专业学校技能培训情况表

表 18

培训项目	培训人数（人）	项目资金（万元）	项目管理部门	完成情况
2015 年职业技能培训	401	28.87	县人社局、财政局	按期完成
2015 年“雨露计划”扶贫培训	105	26.25	县扶贫办、财政局	按期完成

（刘雪华）

教师培训

【概　况】 蒙山县教师培训中心创办于 1972 年 8 月，原名蒙山县师范学校，1985 年 1 月更名为蒙山县教师进修学校，2008 年 1 月更名为蒙山县教师培训中心。蒙山县教师培训中心主要负责全县中小学教师学历学位提升；在职中小学教师继续教育培训；农民工职业技能培训等业务。教师培训中心设正副主任各 1 名，中心下设行政办、培训部、后勤部 3 个部门。教职工 18 人，其中高级职称 4 人，中级职称 11 人，初级职称 1 人，管理岗位 1 人，高级技工 1 人。

【能力提升工程培训】 2015 年，组织蒙山县 2 所高级中学、9 所初级中学的在职教学人员、管理人员、技术人员参加 2015 年“国培计划”——中小学教师信息技术应用能力提升工程远程培训。参加培训 709 人，合格人数 709 人，合格率 100%；优秀人数 393 人，优秀率 54.4%。

【开展特岗教师在岗研修指导】 2015 年 9 月，制订《蒙山县 2015 年特岗教师在职研修指导工作方案》，派出服务教师和特岗教师所属中心校的业务辅导（或所在中学的学科带头人）组成帮扶团队，对 2015 年县招聘的 41 名特岗教师进行在岗研修指导。

【少先队辅导员专题培训】 共青团县委、教育局、少工委于 2015 年 1 月 26 日联合举办少先队辅导员专题培训班，80 多名来自各乡镇中心小学、各小学的少先队总辅导员、少先队大队辅导员参加了培训。开班仪式上，团县委书记陆艺罡、县教育局党委书记李世朝分别作讲话，并给“2012—2014 年全县十佳少先队辅导员”获得者颁奖。培训班上，学员们聆听了“红领巾讲师团”老师们的专题讲座。

【举办县外教师研修班】 2015 年 4 月 14—17 日，由县教育局、济南学景教育蒙山课改研究与培训中心联合举办了“自主 · 合作 · 探究”第 22 期新课堂体验式培训精品研修班。本次研修班的学员是来自百色市靖西县第四中学的 21 位老师。培训中心精心为学员制定研修日程，并分配学科指导老师全程指导、培训、解惑。研修期间，学员们分别到新圩中学、文圩中学听课、交流、培训。

【学生资助培训】 2015 年 9 月 16 日，举行学生资助业务培训，全县共 40 多人参加培训。培训中，资助办专干组织学习《广西农村义务教育阶段家庭经济困难寄宿生生活补助费管理办法》《蒙山县学前教育资助管理暂行办法》，并对资助工作操作流程、档案管理进行具体指导。

（刘雪华）

民办教育

【概　况】 全县有义务教育阶段民办学校 1 所，民办幼儿园 91 所，获县教育行政部门审批办学许可的教育培训机构 3 个。其中，蒙山文华实验学校是全县义务教育唯一一所民办学校，开设小学和初中，现有 16 个教学班学生 502 人。

【文华举行建校十周年庆典活动】 2015年10月14日，蒙山文华实验学校隆重举行建校十周年庆典活动。江苏昆山教育集团董事长、清华大学客座教授张雷先生，教育专家张荣云，县教育局局长林峰、副局长莫永隆，县教育局各股室和二层机构负责人，各中小学校长，社会各界人士，文华师生等500多人参加庆典活动。首先是学生、老师、领导代表讲话，接着观看毕业学生祝福留言和视频短片，随后观看文艺节目表演《盛世欢歌》《众人划桨开大船》和师生诗朗诵《校庆十周年光荣与梦想》。

【文华举行课堂展示活动】 2015年6月9日上午，蒙山文华实验学校举行课堂展示活动，应邀参加活动的有广东新会创新中学、贺州平桂管理区教育局、藤县3个镇中小学和县内教育同行共150多人。本次课展活动，除了课堂呈现外，还在多媒体报告厅进行了一场师生沙龙活动。由教师代表和学生代表回答兄弟学校提出的问题，然后由文华的领导和老师现场回答，交流互动。

【文华首次举行校园美食节】 2015年4月11日，蒙山文华实验学校举行了第一届校园美食节。这是学校田汝华董事长别开生面的一个创举，是在原有野炊、烧烤基础上设计的一项校园实践活动。从下午2—6时，整个校园到处洋溢着节日的气氛，450多名师生在校园的各个角落，以班级为单位，支起灶锅，烧柴点炭，制作美味餐饮。

（刘雪华）

队伍建设

【概　况】 蒙山县教育系统总编制1994个，其中中小学1825个（高中271个、初中545个、小学1009个）、职业技术学校28个、教师培训中心18个、县幼儿园65个、局直单位58个（教研室24个、电教站8个、勤工俭学公司16个、招生办3个、青少年活动中心4个、资助办3个）。在编人员1858人（其中专任教师1818人、工人38人），其中中小学1706人（高中257人、初中525人、小学924人）、中等专业学校24人、教师培训中心18人、县幼儿园58人、局直单位52人（教研室21人、电教站7人、勤工俭学公司14人、招生办3人、青少年活动中心4人、资助办3人）。高级职称教师68人，中级职称教师914人，初级职称教师839人，未评级37人。研究生学历8人，本科学历949人，大专学历653人，中专学历208人，高中及以下学历40人。

【举行“园丁杯”篮球赛和“教工杯”气排球赛】 2015年，教育系统“园丁杯”篮球赛、“教工杯”气排球赛于11月30日至12月3日分别在蒙山中学和县体育馆举行。全县17个单位共26个代表队参加比赛。经过3天半的紧张角逐，比赛结果揭晓。湄江中学、蒙山中学、陈塘中学分别获得中学男子篮球组前3名；陈塘中学、湄江中学、西河中学分别获中学女子气排球组前3名；县中等专业学校和黄村镇中心小学分别获小学男女混合气排球组前2名。

【教师队伍结构调整】 2015年，通过双向选择，为乡村初中招聘教师2人，为乡村小学招聘教师5人；通过公开考试招聘为乡村小学招聘教师6人；为乡村中小学招聘“特岗”教师38名。特岗教师转正入编35人继续留在乡村中小学任教，留住率为81.39%。小学全科定向培养生共6人也全部安排在乡村小学。同时通过“公选”在全县选拔21名教师补充县城教师不足，通过双向选择，为县城初中招聘4名教师。

（刘雪华）

教学科研

【概　况】 2015年，全县中小学紧紧围绕“自主·合作·探究”新课堂教学，积极开展教师培训和各种教研活动，大力开展课题研究，努力推进县域教育均衡发展，努力提高全县中小学学生综合素质和教育教学质量。2015年，全县中考成绩继续保持梧州市总成绩第一名，其中语文、数学、物理、化学、思品、历史等6个学科均列全市第一；全县高考一本上线58人，本科以上上线656人，蒙山中学理科远志班一本上线34人，上线率超50%，本科上线率100%，是历年远志班高考成绩最好的一年。

【教师培训】 2015年3月29—31日，分学科对198名青年教师进行“自主·合作·探究”新课堂教学研修培训；2015年8月20—27日，对招聘的54名中小学教师进行了入职上岗培训。同时，2015年还组织教师外出参观学习627人次。

【课改提升工程】 2015年3月，县教育局成立课改提升工作领导小组和课改学科中心组，分批次对全县中小学课改进行调研、提升、验收。第一批为2015年3—5月，分别是蒙山县第二中学、西河中学、新圩中学、文圩中学、蒙山镇第一小学、蒙山镇第二小学、蒙山镇第三小学。

【课题研究】 2015年，课题《农村小学德育教育的研究》《农村小学校本教研有效性研究》《蒙山县新中物理“学案导学”教学模式应用研究》等4个课题通过市级立项并开题研究，有200多编教育教学论文在市、区级论文评比中获奖。

【教学技能大比拼】 2015年5月，县教研室举办小学数学《复习课》教学技能大赛，西河镇陆雪慧获特等奖，蒙山镇谢惠芬、文圩镇莫国燕、陈塘镇覃李娟分别获一等奖；10月举办小学数学《计算课》教学技能大赛，西河镇龚夏萍和文圩镇关盛新、陆福姬分别获一等奖，同月举办初中历史学科录像课比赛，新圩中学韦易宛、县二中官昌琴获一等奖；12月举办初中历史学科课堂优质课比赛，新圩中学韦易宛、县二中官昌琴获一等奖。同时，还积极组织教师参加市、区级赛课比赛，西河镇陆雪慧、新圩中学韦易宛、湄江中学陆海涛获市级一等奖，文圩镇关盛新获区一等奖，湄江中学陆海涛获区二等奖。

【教研活动】 2015年，县教研室小学组分别于3月13日、3月18日、11月3日组织蒙山镇小学骨干教师到长坪瑶族乡民族小学、西河镇安富小学、汉豪乡汉豪中心小学送教下乡，与当地学校教师开展教研活动，共探新课堂教学中遇到的问题。5月7日，县教研室在蒙山镇二小开展“自主·合作·探究”新课堂教学《异分母分数加减法》“同课异构”活动。

【体育优质课比赛和优秀教案评比活动】 2015年11月15—17日，县教育局举行2015年中小学体育优质课比赛和优秀教案评比活动。来自全县各中小学的26名教师参加了比赛。比赛中，参赛教师各展所长，都表现出了自己独有的授课风格及独具匠心的教学设计。经过激烈角逐，最终评出体育优质课比赛一等奖4名，二等奖8名，三等奖6名；体育优秀教案评比一等奖4名，二等奖8名，三等奖8名。

（刘雪华）

学校选介

【蒙山县中等专业学校】 位于蒙山县城西炮台公园附近的关口冲，是蒙山县唯一一所公立中等职业技术学校。学校成立于1985年，2005年成为自治区合格中等职业学校。学校除负责全县中职学历教育外，也是蒙山县特种作业人员培训中心和农民工培训基地。2015年，学校有在校学生450人，教职工33人，其中有教师资格证书人数32人，具有本科以上学历30人，学历合格率达90%；“双师型”教师21人，占专任教师的65.6%，外聘专业教师2人，生师比为16∶1。

学校占地36960平方米，校舍建筑面积12713平方米。拥有集教学、实验、实训及多功能教室于一体的"T"型实验实训楼，教学楼、学生公寓楼、教师公寓楼、学生食堂，装备了图书阅览室、微机室、多媒体教室等功能室，各功能室配备较全。图书7.3万册，生均20.2册。安装了宽带网，建成了校园网络、闭路电视系统和广播系统。设有丝绸工艺生产实训车间、汽车维修实训车间、电子实操室、电子电工实验室、家电维修室、制冷实训室、多媒体教室、CAD实训室、计算机室等50间实训功能室。教学设备价值5198.96万元，生均50927.25元，目前，学校开设有电子技术应用、电子与信息技术、计算机及应用、汽车运用与维修、制冷与空调设备运用与维修、丝绸工艺、音乐教育7个专业。

学校连续多年被评为梧州市中职学生技能大赛优秀组织单位、县教育系统规范管理优秀学校、梧州市中职学校招生先进单位、德育工作先进单位、卫生优秀学校等诸多荣誉。在2012年、2013年梧州市中职学生技能比赛中，分别有2名学生获一等奖，5名学生获二等奖，5名学生获三等奖。2015年有1名学生代表梧州市参加全广西中职学生技能大赛。

【文圩中心小学】 是一所乡镇所在地中心小学。学校始建于民国初年，是一所环境优美、历史悠久、文化底蕴深厚、各种功能室完备的规范化县级示范学校。学校占地面积9993平方米，建筑面积3590平方米，配有电脑室、图书室、仪器室、实验室、多媒体教室等功能室。2015年有1—6年级12个教学班，在校学生479人（无在校住宿学生），全校教师25人，大专及以上学历20人，小学高级教师9人。

学校多年来一直坚持"环境先行，德育到位，教学为主，科研先导，全面育人，协调发展"的管理策略，以"整体优化、个性发展"为办学理念，以"办规范加特色学校，育合格加特长学生"为办学目标，以德导行、注重实效抓教学管理，以服务教学为核心抓后勤管理，极大地调动广大教师的积极性和创造性，努力打造一所既规范又有特色的学校。2009年11月全区义务教育学校常规管理桂东北片区现场会在该校举行活动，先后接待县内外各兄弟学校来访近1000人次；2011年春季学期开始进行"自主、合作、探究"新课堂教学改革，已获得良好的课堂教学效果，目前已吸引了邵阳市、南宁市、桂平市、贵港市、河池市、来宾市等县外2000多教育人士前来观摩学习。

文圩中心小学大门　　县史志办　供稿

近三年来，先后获得区级"卫生先进单位""和谐学校"，市级"2012年教学改革活动年工作先进单位"，县级"规范管理十佳学校""规范管理优秀学校""新课堂建设示范基地""课堂教学改革先进学校""中小学特色大课间小学组一等奖""教学成绩优秀奖"等荣誉称号。

（刘雪华）

责任编辑　黄民森

科　学

自然科学与技术

【概　况】 蒙山县科学技术局是县人民政府科学技术管理职能部门。内设5个股室，在职干部职工9人。下辖县科学技术情报研究所、县生产力促进中心。主要工作是科技项目的组织策划和申报立项、管理全县科技成果及与科技相关的知识产权保护、组织县科技项目的验收鉴定、科技统计、科技示范与成果的推广、科普宣传和专利申报等。2015年，申报科技项目6项，获得自治区科技项目立项3项，获支持资金86万元；组织实施科技项目8项，其中重点做好国家科技富民强县项目“桑蚕茧丝绸技术开发与示范”的实施；建立水稻、桑蚕、黑土猪、沙糖橘、蔬菜等农业生产示范基地5个，引进农业新品种、新技术8项；组织13名自治区科技特派员到全县13个企业、特色产业示范基地开展科技服务，选派21名县级科技特派员到全县21个贫困村开展科技服务。

【科技新产品开发】 2015年，加大新产品研发和节能减排力度，共开发工业新产品12个，包括广西华虹蚕丝股份有限公司开发的格子纺、斜纹绸、素绉缎、电力纺、弹力缎，蒙山县五丰丝绸有限公司开发的丝竹丝绸缎、天丝双乔丝宝等真丝面料品种，广西玉兰制药有限公司的痔疮胶囊、复方百部止咳片、玉叶金花感冒胶囊、利尔眠片等。其中2015年5月蒙山县五丰丝绸有限公司开发的丝竹丝绸缎、天丝双乔丝宝新产品获2014年度梧州市科技进步三等奖。

【科技示范基地建设】 2015年，在蒙山镇北楼村建立黑土猪标准化健康种养新技术示范基地，在西河镇广育村、文圩镇连塘村、蒙山镇北楼村、新圩镇四联村、黄村镇大化村建立科技富民强县项目桑蚕种养示范基地，在蒙山镇甘棠村建立蔬菜无公害生产示范基地，在西河镇安富村建立沙糖橘生产示范基地。

【科技项目申报】 2015年，申报市科技项目2项，指导县卫生系统申报市科技项目3项；获2014年申报的自治区级科技项目立项4项，支持项目资金230万元；获市级科技项目立项4项，其中2项为自筹经费项目，2项为补助项目，补助经费30万元。

【科技项目实施】 2015年，实施创新项目9项，项目资金1092万元；组织实施国家级科技项目1项，项目资金1976万元，其中国家专项拨款150万元，自治区配套80万元；自治区科技计划项目3项，项目资金172万元，其中自治区支持科技经费86万元。广西蒙山华虹蚕丝股份有限公司蚕丝工程技术研究中心建设项目通过被自治区科技厅组织的专家组验收。

【科技培训】 2015年，以“提高自主创新能力、建设创新型蒙山”为主题，抓好科技培训。全年举办种桑养蚕技术、黑土猪无公害养殖技术、沙糖橘黄龙病防控技术、茧丝绸加工技术、艾滋病预防等科技、科普培训班 28 期，45 个班，培训人员 6600 多人次。其中聘请自治区和大专院校技术专家前来举办技术讲座 8 期，培训技术人员、科技示范户 522 人次。组织科技下乡活动 6 次，接受咨询达 6000 多人次，有效促进全县农业优势产业的发展和农业生产主导技术的推广应用。

【科技特派员服务贫困村】 根据自治区科技厅、扶贫办《关于印发（广西壮族自治区贫困村科技特派员选派工作方案）的通知》要求，选派责任心强、专业对口、经验技术丰富的 21 位科技人员，到 21 个贫困村进行科技服务工作。开展实地科技服务 432 人次，开展科技培训 1940 人次，建立示范基地 13 个；引进、推广新品种新技术 44 项，研发新产品 8 个。产生经济效益 1231 万元。

驻长坪瑶族乡六坪村的贫困村科技特派员潘建龙，利用六坪村的环境自然资源条件，采取人工模拟生态建设，引进自然山涧泉水，建设大鲵仿生态规模化养殖池 2400 平方米，仿生态繁殖池 800 平方米，饵料鱼养殖塘 3500 平方米。2015 年，养殖商品鲵 7560 尾，培育大鲵亲本 120 尾，繁育大鲵幼苗 8200 尾。出售大鲵幼苗、商品鲵产值达 277.62 万元。潘建龙还向基地周边农户开展实地科技服务 12 次，为合作社社员开展大鲵仿生态养殖技术培训 4 期，共培训 225 人次。通过科技特派员 + 合作社 + 基地 + 农户的形式带动农户养殖，至 2015 年年底，已带动 62 户瑶乡农户发展大鲵养殖，大鲵存量达 32000 尾。

潘建龙的大鲵养殖场　　县史志办　供稿

【“桑蚕茧丝绸技术开发与示范”项目通过验收】

“桑蚕茧丝绸技术开发与示范”项目是科技部、财政部于 2013 年联合下达的由蒙山县人民政府承担的科技富民强县专项行动计划项目，实施时间为 2013 年 7 月至 2015 年 6 月。2015 年项目实施，建立桑优良品种繁育基地与桑蚕生产核心示范样板基地、技术集成应用示范基地，引进推广桑蚕优良品种 5 个、集成应用种桑养蚕新技术 8 项；开展茧丝绸加工技术及新产品开发和示范，引进、开发茧丝绸加工新技术 10 项，研发新产品 5 个；建设和完善了县桑蚕产业科技服务体系，选派农村科技特派员 10 名，开展产业技术培训 3326 人次，进一步提升产业技术水平；桑优良品种繁育基地亩平均产合格桑苗 10.9 万株，核心示范样板基地，总养蚕 4378 张，平均张蚕产茧 42.26 公斤，平均亩桑产鲜茧 177.91 公斤；集成应用示范基地平均亩桑养蚕 3.71 张，平均张蚕产茧 39.58 公斤；总养蚕 18995 张，平均亩桑产鲜茧 146.84 公斤，茧丝绸加工示范企业实现总产值 3.73 亿元，销售收入 3.45 亿元，上缴税金 952.12 万元。2015 年 7 月，蒙山县“桑蚕茧丝绸技术开发与示范”项目通过自治区组织的专家组验收。

【知识产权】 蒙山县科学技术局知识产权股是管理本县的专利代理工作和专利技术中介咨询、实施服务机构，主要工作是组织重大专利技术项目的产业化开发与推广运用，协助单位、个人进行专利申请，负责调查、统计全县知识产权及其知识产权实施状况。2015 年，举办自主知识产权和专利知识培训班 4 期，有 180 人次先后参加学习培训。开展知识产权宣传活动和特色服务，积极组织科技发明人员申报专利，全年发明专利申请量达到 35 件，同比增长 40%，其中发明类 21 件，实用新型 7 件，外观设计 7 件；授权量 19 件，同比增长 72.73%，其中发明 2 件，实用新型 10 件，外观设计7件；有效发明量5件，同比增长150%。

（谢建英）

防震减灾

【概　况】 蒙山县地震局成立于2010年8月4日，是县教育和科技局所属管理的副科级事业单位（参照公务员法管理），编制3人，在职3人，财政全额拨款。主要职能是检查、监督和指导全县防震减灾工作。2015年主要任务是推进广西地震烈度速报与预警系统项目及地震背景场观测网络项目建设；创建市级防震减灾科普示范学校一所；修订地震应急预案。获得2015年度全区县级防震减灾工作三等奖。

【地震应急机制建设】 2015年，全县防震减灾领导小组成员单位，9个乡镇政府，各中小学校制定或修订本单位本系统的地震应急预案，并认真组织实施。在文圩镇秀才村三石冲建设地震监测基准站一个，黄村镇道冲村建设地震基本站一个，两项目共投入资金约27万元。各乡镇设立有防震办和助理员，制定有防震减灾领导小组职责、防震减灾助理员管理制度。全县设立6个乡（镇）宏观观测点，每个点落实有负责人和观测员，负责地震监测预报工作。

文圩镇地震监测基准站　　县地震局　供稿

【创建市级防震减灾示范学校】 2015年，为了提高全县学校师生对防震减灾的认识，深刻认识到防震减灾事业是一项特殊的社会公益事业，关系人民生命财产安全、经济发展和社会稳定。县地震局与教育局联合在西河镇大塘中心小学县级防震减灾示范学校基础上，创建市级防震减灾示范学校。在创建过程中，学校成立“创建防震减灾科普示范学校”工作领导小组，由校长担任组长，成员由学校班子成员组成，政教处、总务处主任为防震减灾办公室主要成员，主要负责防震减灾具体事务，校长室为指挥部；围绕课堂教学和课外学习，开展以防震减灾为主题，以灾害防御科普知识教育为主线的系列科普教育活动，增强师生的防灾抗灾意识和自觉性，提高灾害防御和自救互救能力；各班主任作为防震减灾科普知识宣传教育辅导员，每学期做到“四个一”，即召开一次防震减灾主题班会，出版一期防震减灾科普知识板报，举行一次自救互救演练，观看一次防震减灾科普教育影片。到2015年年底，共投资金2万多元，印发宣传资料1000多份，宣传展板30多张，应急标志一批，完成创建市级防震减灾示范学校所有工作，评定为市级防震减灾示范学校。

【防震减灾科普宣传】 2015年5月12日，在县城中心广场举行“防灾减灾珍爱生命”大型宣传活动，分发各种防灾减灾资料200多份，受教育群众200多人。按照宣传方案的安排，与教育部门和当地乡镇政府联系，通知学校事先准备好场地，确定和组织好参加活动的班级，调整好课时，确保活动安全有序地进行。5月13日、5月19日，在汉豪中心小学、文圩中心小学进行“防灾减灾知识”进校园宣传活动，通过展示防震减灾知识展板、讲授防震避震知识、开展有奖知识抢答等多种形式活动，共分发“防震减灾宣传手册”等资料600多份，奖品400多份，受教育师生600多人。5月13日晚，按市地震局统一部署，县电影公司在县职业技术学校播放“5·12汶川不相信眼泪”电影，350多名师生参加观看，直观地了解地震灾害时自救互救知识。放映前地震局发放防震减灾知识资料 350 多份。

【地震服务窗口管理】 本着“便民、廉洁、高效、规范”服务宗旨，提高全体工作人员服务质量和服务水平，树立良好的政府服务形象，针对服务窗口管理强化了以下措施：每季度开展一次自查自纠活动，对照依法行政，规范办事，热情服务等方面进行自查自纠；每个人每季度写一篇工作小结，联系各岗位职责，找不足抓整改；每季度组织一次企业回访活动，上门征求企业对窗口审批，服务工作的意见和建议；每季度开展一次业务培训，着力提高窗口工作人员的综合素质和服务质量。按照标准化窗口建设的要求，在窗口放置《服务指南》《告知单》，提供示范文本。当遇到前来办事人员因到下班时间而未能及时办理时，主动延迟下班时间，等群众办完事才下班。2015 年，圆满完成 30 多项建筑工程抗震设防审批工作，没有企业对窗口投诉，满意率 100%。

（黄献智）

气象事业

【概　况】 蒙山县气象局是中国气象局的下属公益性基础型事业单位，实行部门和地方政府双重领导，以部门领导为主。内设办公室、气象台（包括气象探测、气象预报服务、生态和农业气象监测服务）、气象服务与防雷中心，县人工影响天气办公室挂靠县气象局。工作职责是承担本辖区内气象探测、气象预报服务及法律法规赋予的行政管理职能；履行气象探测环境保护、人工影响天气、气象信息发布、雷电防护等社会职能。全县范围内共建设有 19 个自动气象站，采集各地气象要素数据。2015 年年末，在编人员 12 人，外聘 3 人。

【气　候】 2015 年，年平均气温为 20.2℃，比历年偏高 0.3℃，属正常年份，其中 1 月、2 月、3 月、4 月、5 月、6 月偏高 0.5℃以上，最多偏高 1.4℃（2 月），7 月、8 月、9 月、12 月偏低 0.5℃以上，最多偏低 1.3℃（7 月）。年内出现≥ 35℃高温天气有 8 天，没有≥ 37℃高温天气。1 月 29—31 日，受强冷空气影响，气温明显下降，温度降幅达 10℃。年极端最高气温为 36.9℃，出现在 7 月 13 日；年极端最低气温为 2.7℃，出现在 2 月 6 日。2015 年，年降水量为 2366.0 毫米，比历年偏多 624.8 毫米。其中 2、4 月持续偏少 1 倍以上，9 月、10 月、11 月、12 月持续偏多 2 倍以上，其余各月正常。雨量时间分布不均匀，呈春少秋冬多夏正常的趋势。4 月中旬初开始出现轻度气象干旱，下旬初达重旱程度，4 月下旬达特旱级别。前汛期降水偏少，后汛期降水偏多，9—12 月各月降水突破了历史极值，出现了历史上少有的秋冬季山洪暴雨天气。10 月 4—6 日，受第 22 号台风“彩虹”的外围及残余云系的影响，全县出现了暴雨，局部大暴雨天气过程。据统计，4 日 8 时至 6 日 8 时总降水量超过 250 毫米的有 5 个站，200—250 毫米有 1 个站，150—199.9 毫米有 7 个站，100—149.9 毫米有 6 个站，最大降水出现在新圩镇古定村，降雨量为 294.9 毫米。2015 年，年日照时数为 1041.7 小时，比历年偏少 429.8 小时；年蒸发量 801.4 毫米；年平均风速 2.1 米/秒；年有霜日数为 13 日，结冰日数为 12 日。

【气象预报服务】 坚持每天制作气象预报影视产品，定时在县新闻节目后播放短期天气预报；及时更新“12121”语音气象信息及县政府网天气预报信息；通过多种发布渠道，向社会广泛传播气象服务信息，对群众广泛关注的春运和高考天气、节假日天气、转折性的天气，适时发布各类专项气象服务信息。遇到关键性、灾害性天气时及时制作预报服务材料，发布天气预警信息。2015 年，共发布《气象服务信息》100 期、《专项气象服务》13 期、气象预警信号 66 期，接收气象预警信息 85.5 万人次。并与县电视台、电信等部门合作，通过电视台、手机、企信通、邮件加密系统等平台及时发布天气预报和预警信息，县电视台每晚蒙山新闻后播发各乡镇天气预报，接收天气预报短信用户近1万户。

【气象信息员覆盖全县行政村】 2015年年末，全县气象信息员增加到394人，覆盖全县所有行政村。气象信息员承担气象灾害预警信息的接收和传播以及气象灾情的收集和上报，协助开展气象灾害科普宣传，协助完成本地气象设施的维护等。

【山洪业务楼建设】 2014年，国家财政拨款300万专项资金建设蒙山县气象局山洪工程业务楼项目工程，2015年6月启动该工程项目建设，同年8月业务楼项目工程开工建设，计划于2016年年底投入使用。新的业务楼将为气象工作者提供更加优雅舒适的办公环境，适应和满足气象业务现代化建设和县级机构综合改革的发展需求，同时形成由气象行政管理、气象业务服务和社会化气象服务三部分组成的新型事业结构。

【气象防灾减灾】 2015年，继续实施中央财政“三农”（农村、农民和农业）服务专项建设，围绕专项建设的总体目标、主要任务，稳步推进三农服务专项建设工作。年内不断完善乡镇气象服务管理工作，完成基层气象防灾减灾工作考评制度化，各乡镇制定实施乡镇气象灾害应急预案和行政村气象灾害应急行动计划书；制作气象服务手册和明白卡；新圩、西河等乡镇气象服务站配备一台气象服务专用计算机；在陈塘、西河、黄村、新圩等乡镇安装多媒体气象预警信息接收终端；西河镇被中国气象局认定为第三批标准化气象为农服务乡镇；气象为农服务融入农业核心示范区，建设一个农田小气候站，多种措施多种渠道完善农村气象灾害防御体系，解决气象服务“最后一公里”问题，开拓气象服务领域。

【召开涉农专家联盟会】 2015年11月12日，召开蒙山县涉农专家联盟会，来自水果、畜牧、科技、植保、经作、蚕业等相关部门单位的10位专家代表参加会议。会议结合现代农业发展需要，围绕如何健全农业气象服务体系、提高气象为农服务水平问题，针对气象对各行业的影响和各行业对气象服务的需求、质量和方式进行深入探讨和分析，对农业气象服务的精细化和覆盖率提出新的要求，并就面向农业经营主体开展直通式气象服务方式、对象和服务内容等提出建议，还就规范农业气象服务产品用语、格式、内容进行交流。通过研讨，与会人员就共建部门信息互联互通平台达成共同意向。

【防雷避雷】 2015年，蒙山县气象服务与防雷中心对全县防雷设施工程的设计图纸评价、施工监督、竣工验收和各类防雷设施安全性能进行定期检测，引进和开发防御雷电灾害新技术、新产品，对雷电灾害进行调查鉴定，并协助开展雷电灾害风险评估、气候可行性论证、气象灾害风险评估和气象服务效益评估等，切实加强施工监督、竣工验收等工作，保障科技服务质量不断提升。

（钟娟昌）

水文监测

【大化水文站】 大化水文站位于蒙山县黄村镇大化村蒙江河段的西岸，地理位置为东经110° 36′，北纬24° 05′，是珠江流域西江水系蒙江上游控制站。隶属于自治区水利厅和自治区水文水资源局，由梧州市水文水资源局直接管理，是具有社会性、公益性和基础性的正科级参公事业单位。主要职责是对蒙山县境内蒙江流域的水文要素进行监测，收集、研究和传输水文数据，为蒙山及蒙江下游各级党委政府防汛抗旱提供水文预警预报信息，为防灾减灾决策和国民经济发展规划及建设、水利水电、道路桥梁和港口码头等工程建设设计施工提供科学依据。

大化水文站的集水面积1053平方公里，测验项目有：水位、流量、降水量、蒸发，水污染监测等。站下辖有12个托办雨量站：六喇站、蒙山站、陈塘站、六桂站、壬山站、金垌站、长坪站、新圩站、忠良站、文圩站、大塘站、古降站。流量测验主要靠水文缆道，测洪能力达到 20 年一遇。建站以来实测最高洪水水位 113.31m（85 基准，下同），最低水位 106.79m。实测最大流量 2680m^3/s，测最小流量 0.34m^3/s，历史调查最高洪水位 115.15m。

随着西江中下游洪水预报预警系统的投入运行，大化水文站的测报设施得到更新改造，水位台能够测到百年一遇的洪水，水位实现自动采集，部分雨量站也实现了自动采集、固态存储，计算机整编，可通过卫星、超短波、无线电话、有线电话等手段自动报出水情。先进的仪器设备及完备的报汛手段，能及时、准确地传递水文信息，为各级政府防汛抗旱提供可靠的保障，在历年抗洪减灾工作中做出较大贡献。

【兴建蒙山水文站】 新建的蒙山水文站位于蒙山县蒙山镇蒙山街，东径 110° 30′ 37.2″，北纬 24° 12′ 42.9″，是中小河流建设项目，于 2015 年建成土建部份。因县城防洪堤建设，仪器尚未安装，还未投入运行。

2015 年蒙江大化水文站逐月平均水位统计表

表 19　　　　单位：米

测站编码：80606500　　表内水位（冻结基面以上米数）　+0.000　　m =85 基准基面以上米数

日期＼月份		一月	二月	三月	四月	五月	六月	七月	八月	九月	十月	十一月	十二月
月统计	平　均	107.66	107.61	107.71	107.69	108.09	108.16	108.15	107.99	108.20	108.13	108.25	108.15
	最　高	108.23	107.82	108.03	108.00	110.06	110.86	110.37	108.43	109.24	111.39	111.04	108.68
	日　期	12	22	23	2	15	14	25	15	1	6	13	23
	最　低	107.52	107.52	107.52	107.54	107.55	107.62	107.61	107.62	107.66	107.61	107.75	107.60
	日　期	2	21	2	3	1	30	14	12	18	20	6	2
年统计	最高水位：111.39　10 月 6 日				最低水位：107.52　1 月 2 日				平均水位：107.98				
	保证率水位	最　高		第 15 天	第 30 天		第 90 天	第 180 天		第 270 天		最低	
		110.68		108.95	108.47		108.12	107.93		107.70		107.53	
附　注	水位经常受闸门启闭影响而产生突变												

2015 年蒙江大化水文站逐月降水量统计表

表 20　　　　单位：毫米，日

测站编码：80632000

日期＼月份		一月	二月	三月	四月	五月	六月	七月	八月	九月	十月	十一月	十二月
月统计	总　量	70.0	33.0	110.5	69.5	520.5	338.5	274.5	210.0	272.5	265.5	309.5	204.5
	降水日数	12	12	25	11	24	23	18	14	13	11	18	16
	最大日量	31.5	13.5	12.0	19.0	92.0	106.0	67.5	59.0	52.0	110.0	84.5	35.0
年统计	降水量	2678.5				年降水日数		197					
	时段（d）	1		3		7		15		30			
	最大降水量	110.0		203.5		267.0		406.0		520.0			
	开始日期	10 月 5 日		6 月 12 日		6 月 8 日		5 月 8 日		5 月 1 日			
附　注													

（韦泽松）

责任编辑　黄民森

文化·体育

公共文化

综　述

【概　况】 蒙山县文化和体育局为县人民政府文化和体育管理的职能部门，内设秘书股、社文艺术股、文化市场和新闻出版管理股、体育综合股、文化产业股。编制5人，在编11人，领导有正副局长、党组正副书记与纪检组长共6人，中层领导设股长。主要负责全县群众文化、文化下乡、基层文化公共设施免费开放、文物保护、非物质文化遗产保护、文化市场管理和群众体育、竞技体育及体育彩票销售管理等工作。下辖县文化市场综合执法大队、业余体校、文化馆、文物管理所和图书馆。全县9个乡镇均设有文化站，配备专职人员。2015年，元旦、春节期间举办业余团队汇演、迎春文艺晚会、春节系列下乡演出、舞龙舞狮表演、迎春书画展览等活动16场次，观众1万多人次；三月三“魅力长坪”庆典活动和历史舞剧“封王大典”重新排练，已经初现品牌文化效应；积极参加各类文艺赛事，创作女声独唱《请喝一杯蜜糖水》和歌舞《撑起竹排唱起歌》参加全区第十七届八桂群星奖赛事，其中《请喝一杯蜜糖水》进入全区决赛并获三等奖；组织两支业余团队排练节目，参加梧州市广场舞比赛，获得一个二等奖和一个优秀奖；组织三个节目参加全区基层文艺会演，其中歌曲《壮乡四季》和二胡独奏《葡萄熟了》进入全区总决赛；配合县委和县人民政府提出的“美丽蒙山·生态乡村”的中心工作，抓紧创作节目，开展以此为主题的文艺下乡演出活动。全年共组织宣传十八届五中全会精神文艺演出、法制宣传演出、道德模范宣传演出、结对子种文化演出、公安文化下基层演出及各类文艺下乡演出50多场，观众2万多人次。

【文化体育与广播电视正式合并】 2015年11月9日，蒙山县人民政府印发《蒙山县文化新闻出版广电体育局主要职责内设机构和人员编制规定》，蒙山县文化和体育局和蒙山县广播电视局（台）正式合并，设立蒙山县文化新闻出版广电体育局，为县人民政府工作部门。其职责调整为：划入的职责，将原县文化和体育局（县新闻出版管理局）、县广播电视局（台）的职责整合划入县文化新闻出版广电体育局；取消的职责，已由自治区人民政府、市人民政府和县人民政府公布取消的行政审批事项；增加的职责，承接自治区文化厅、自治区新闻出版广电局、梧州市文化新闻出版广电局下放的职责。

【培训辅导文化骨干】 2015年，县文化部门把全面培训辅导文化骨干作为一项重要工作来抓，指派一名副局长具体抓。全年共举办书法、美术、舞台艺术、文化骨干、民族器乐等各种免费培训班58期次，培训人员430多人；下基层辅导1350多人次，3800多小时。

【《魅力蒙山》刊物停办】《魅力蒙山》（季刊）是由县委宣传部主管，县文体局和县文联联合主办的内部刊物。刊物有民间文艺、曲艺、小说、书法、论坛和风景名胜等栏目，是一本推介蒙山、挖掘优秀民族文化和创建旅游名县的综合性文艺杂志。2015年出版4期，12月因多种原因停办。

【上演历史舞台剧《封王大典》】 由覃庆原、姚文松编导的情景舞台剧《封王大典》于2014年在桂林旅游博览会首次上演后，2015年多次在蒙山太平天国封王建制遗址公园上演，深受广大游客喜爱。该剧以舞蹈形式再次展现震惊中外的农民起义军——太平天国起义军在永安州封王建制的光辉历史。该剧参演人数100人，2015年共演出20场次，观众达1.1万人次。

【抢救保护文物】 2015年，筹集资金7万多元对国保文物点武庙，县保文物点诏令碑廊、太平天国南王冯云山塑像等在雨季中受到损坏、损毁的部位进行抢修，对拆迁文物点粤东会馆彩绘、木雕刻进行抢救保护。

【公共文化基础设施场所免费开放】 按照上级文件精神，结合实际，认真制定公共文化基础设施场所免费开放工作方案，补助资金由县文化和体育局监管，统一调拨规范使用，并通过报纸、网络、宣传橱窗、公告栏、致农户的一封信等方式，切实加强对免费开放工作的宣传，提高免费开放工作在广大农民群众中知晓率，吸引更多的广大干部职工和人民群众走进县图书馆、文化馆和各乡镇文化站。2015年，县图书馆、文化馆和文化站均按上级文件要求举办少儿美术学习班、少儿书法学习班、中小学生电脑培训班、儿童摄影培训班、中老年电脑基础培训班和农家书屋等各类培训班110多期，培训人数达5000多人。

【村级文化公共服务中心建设】 2015年，上级下达村级公共服务中心建设任务12个，每个点建设由自治区财政补助20万元、市县各配套资金7万元，其他来源资金14万元。每个中心建设综合楼一栋，建筑面积192平方米；篮球场一个，建设面积608平方米；戏台一个，建设面积96平方米。同时组建村篮球队、文艺队。至2015年年底，全县建成村级公共服务中心59个。

新圩镇古定村古皮自然村文化公共服务中心　县史志办　供稿

【农家书屋管理】 2015年，开展“送书下乡”“农家书屋管理员培训”“优秀征文比赛”“优秀管理员评选”等活动，起到了很好的宣传、推广和提高书屋管理水平的作用，受到广大农民朋友的热烈欢迎，使“农家书屋”真正成为农民朋友的良师益友。新圩镇古定村、蒙山镇洲南村成功创建为数字农家书屋示范点。

（吴彬彬）

群众文化

【概　况】 蒙山县文化馆是蒙山县文化和体育局下属事业单位，在编干部职工19人，主要负责全县公共文化服务和场馆免费开放、非物质文化遗产传承保护、文学创作、文化艺术培训和繁荣平台艺术等工作。2015年年底，全县9个乡镇，有350平方米以上文化站6个，200平方米以上3个；有村级公共文化服务中心37个。

【文艺队伍建设】 深入基层、乡村组建业余文艺团队，帮助他们解决实际困难，指导他们开展文艺活动。到2015年年底，基层业余文艺团体由2014年年底的55支增加到59支。多方争取资金，帮助12支业余文艺团体配置舞台灯光音响设备，并举办多种艺术培训和艺术辅导，提高他们文艺演出功能。

【文艺演出】 2015年，元旦、春节、七一、国庆等重大节日，举办大型文艺演出、书画展览、游园、山歌擂台赛及文艺调演等。全年共举办各种文艺演出和文化活动60多场次，观众达4万多人次。

【参加上级文艺比赛】 2015年，组织参加全国少年儿童艺术比赛，曾慧敏的葫芦丝独奏《灞柳情》获金奖，谭欢峰的葫芦丝独奏《孤独的黑骏马》获银奖；组织参加全区第四届基层文艺会演，陆远民的二胡独奏《吐鲁番的葡萄熟了》、覃赛溪的女声独唱《壮乡四季》获优秀奖；组队参加自治区第十七届“八桂群星奖”比赛，由高如才作词、作曲，覃赛溪独唱的《请喝一杯蜜糖水》原创歌曲，荣获铜奖。

【广西“三下乡”到蒙山服务】 2015年12月28至29日，由自治区党委宣传部牵头，自治区文明办、教育厅、科技厅、农业厅、文化厅、卫计委等17个部委办厅局联合组成的集中服务团，到蒙山县开展2016年广西“乡土情深”文化科技卫生“三下乡”活动。服务团向蒙山县捐赠总价值1550多万元的资金、项目和物品，并通过开展文化科技卫生一条街服务活动、文艺演出以及农科技术培训等，把优秀精神文化、科学知识、实用技术、医疗服务和项目资金送下乡，把文化科技卫生等方面的实惠送到群众心坎上，让群众赶了一次新年科技“大集市”，有效支持、服务“三农”。服务团还到新圩镇古定村古皮组、西河镇大塘村、蒙山镇甘棠村十万组各进行一场文艺演出。

2015年12月28日，“三下乡”服务团在甘棠村十万组演出

县史志办 供稿

【文艺创作】 2015年，县文化馆多次组织创作人员深入基层进行采风活动，经过认真整理，精心创作，生产出多个艺术作品，为各类文艺演出活动提供服务。全年共创作各类舞台作品11个，其中代表性作品有：歌曲《瑶乡美酒敬亲人》，音乐快板《两学一做必先行》等。

2015年蒙山县个人参加上级文艺比赛获奖情况表

表21

序号	姓名	赛事名称	主办单位	比赛地点	时间	节目名称	获奖名次
1	曾慧敏	2015中国·江苏首届葫芦丝巴乌陶笛全国邀请赛	江苏省音乐家协会葫芦丝巴乌学会	南京	2015年7月18—19日	葫芦丝独奏《灞柳情》	金奖
2	谭欢峰	2016中国·江苏首届葫芦丝巴乌陶笛全国邀请赛	江苏省音乐家协会葫芦丝巴乌学会	南京	2015年7月18—20日	葫芦丝独奏《孤独的黑骏马》	银奖
3	何桂健	2017中国·江苏首届葫芦丝巴乌陶笛全国邀请赛	江苏省音乐家协会葫芦丝巴乌学会	南京	2015年7月18—21日	葫芦丝独奏《滨湖春晓》	银奖
4	曾慧敏	2015“星梦想”杯全国青少年艺术教育展演活动暨第八届（CAGC）中华艺术环球大赛	中国青少年科普教育发展促进会、中国国际文化艺术联合会等	北京	2015年8月	葫芦丝独奏《木鼓神韵》	金奖

（胡运信）

非物质文化遗产传承保护

【非物质文化遗产普查】 2015年，县文化馆组织多名“非物质文化普查人员”在县内深入挖掘丰富的人文资源，搞好普查、复查、整理录入工作。普查非物质文化遗产项目3个，其中传统手工艺1项、传统民俗2项。复查确定非物质文化遗产资源项目7个，类别920项，其中传统手工艺155项、传统戏剧3项、传统医药23项、民间文学艺术131项、民俗314项，并做好整理录入工作。

【非物质文化遗产保护】 继续深入挖掘整理非物质文化遗产，加强保护、传承和发展。2015年，“瑶族婚嫁”“跌打还魂丸”获得自治区级非物质文化遗产名录，“桑蚕文化”项目正在筹备实施。瑶族婚嫁、蒙山山歌、蒙山瑶歌等非物遗产正逐步转化为舞台艺术，如《嫁郎》《情浓酒歌》等。截至2015年年底，完成3项非物质文化遗产资料的整理，并把长坪文化站、夏宜文化站建为蒙山瑶族山歌和瑶族婚嫁传承基地，梁雨生公园建为蒙山山歌传承基地。

蒙山县县级以上非物质文化遗产保护名录表

表22

序号	名录	级别	主要传承人
1	瑶族婚嫁	县级、市级、区级	赵秀珍
2	瑶族医药——潘公平跌打还魂丸	县级、市级、区级	潘宝建
3	蒙山话山歌	县级、市级	黄若海
4	蒙山瑶歌	县级、市级	赵有福
5	蒙山歌圩	县级	周国胜
6	舞狮	县级	龙中庆
7	木偶戏	县级	待　定

（胡运信）

文化市场管理

【概　况】 文化市场管理是文化和体育工作的一项重要任务。2015年，县文体局以推进文化改革发展为目标，加强对全县文化市场依法管理、科学管理、有效管理，文化市场持续繁荣有序发展。至2015年年底，全县有网吧16家，歌舞娱乐场所7家，游戏娱乐9家，印刷企业6家，图书报刊零售店9家。

【网吧转型升级】 2015年，全县网吧行业转型升级取得初步成效。先后多次组织网吧业主、执法人员召开关于网吧行业转型升级工作会议，初步探索出县城、乡镇网吧转型升级的新模式。城区网吧向“规范化、多元化”转型发展，重点推荐蒙山县泡泡网吧作为试点发挥示范带动作用，引导网吧行业由低档次、单一式向高档次、多元化转变，重塑网吧良好形象，实现经济效益和社会效益双提升。至12月底，全县16家网吧全部实现行业转型升级。

【专项整治】 2015年，强化日常监管，开展专项集中整治行动。以“净网·2015”“清源·2015”“秋风·2015”“固边·2015”“护苗·2015”五大行动为主线，出动执法人员80人次，检查游戏娱乐场所20家次；出动执法人员92人次，检查歌舞娱乐场所28家次；出动执法人员30人次，检查音像制品10家次。联合公安、工商部门取缔无证照网吧1家，查处接纳未成年人网吧2家，均被处罚款2000元。联合公安、工商、消防等有关部门，组织开展“两会”期间文化市场专项整治、文化市场安全生产工作专项整治、打击非法卫星电视广播地面接收设施集中整治等5次较大规模的专项整治行动，有力打击各类违规经营行为，文化市场经营秩序得到进一步规范。

【网吧专项治理】 2015年，春节和中高考期间，联合文化网络经营单位向全县16家网吧业主发出“谢绝未成年人进入网吧，维护青少年合法权益”

的规定，定期和不定期进行检查监督，每月夜查不少于1次，双休日不少于1次，并连续开展假日、周末、凌晨等突击行动，对各类网吧实行不定期抽查。全年对文化市场常规检查24次，重点对网吧实施检查180人次，检查网吧120余家次，立案查处网吧6家，下达责令整改通知书6份，与公安、工商部门一起取缔黑网吧1家，收缴计算机20台。

（吴彬彬）

新闻出版管理

【概　况】 新闻出版管理是文化体育部门一项重要工作。2015年，全县有新闻出版行业企业38家，其中印刷企业6家，音像制品经营12家，书报刊经营店15家，复印打字5家。至12月底，全县38家新闻出版行业企业完成年检工作；补充完善企业基本信息150多份；做好政府软件正版化相关工作，逐步推进开展企业软件正版化工作。

【出版物管理】 2015年年初，分别制订印刷、音像、书报刊三大类经营管理责任制，由38家新闻出版行业企业负责人与局分管领导签订责任状；全年共举办新闻出版企业业主培训4期，培训业主及负责人90多人次；加强对出版物市场的巡查和清查，执法部门对管辖范围内的出版物经营场所进行梳理，建立台账，突出把清查整治销售、制售各类有害和盗版及非法出版物作为重点，不间断派出检查组，对出版物经营场所进行全面的检查和清理牵头与公安、工商、广电等部门加强对印刷企业的监管；牵头与工商、城管、文化综合执法等部门对无照摊点、游商地摊进行清理整治，对无照经营出版物的游商摊点坚决予以取缔。全年取缔无照摊点、游商摊点5个。

【扫黄打非】 2015年，县“扫黄打非”工作部门共出动执法人员150多人次，检查各类出版物经营场所18家次，检查印刷企业12家次，查缴各类盗版及非法出版物500多册（张），取缔无证地摊游商5个，查处4个销售非法出版物的店铺。

（吴彬彬）

图书管理

【概　况】 蒙山县图书馆建于1989年6月，坐落蒙山镇永安街长墙巷6号，占地面积220平方米，建筑面积880平方米，馆总藏量99628册。2015年，有在编人员4人。共有阅览座席140个，其中少儿阅览室座席36个，阅览室座席40个，电子阅览室座席26个，多媒体视听室座席28个，过期书库阅览座席10个。有计算机36台，其中读者用机25台，工作管理用机11台，宽带接入20Mbps，馆内使用丹诚图书馆集成系统。馆内设有7个对外服务窗口，3个对内窗口，各项工作正常开展，文化信息共享工程县级支中心运行正常。

【馆藏情况】 至2015年年底，文献馆藏量共90855册，图书年均入藏数量939种，报刊年均入藏量186种，视听文献年均入藏量118种。有地方文献专柜1只，专门目录1本，兼职管理人员1人。文化信息资源共享3.5吉字节。馆藏机读目录记录数13383条，占馆藏图书种数38097的35%。

【阅览服务】 2015年，每周正常开放时间为周六到周三，开放时间为上午8:00—12:00，下午2:00—6:00。开架及半开架书刊文献数量91562册，占书刊文献总量的91%。年流通总人数1.6多人次，持证读者数623人，人均年到馆次数为27次。公共空间设施场地全部免费开放，包括电子阅览室、期刊阅览室、图书阅览室、少儿阅览室、大厅等公共场所。读者办证免收工本费，凭证免费上机、免费借阅，政府信息公开咨询、馆内文献检索及普通参考咨询免费，基层业务辅导和读者培训免费，公益讲座、展览、影视展播等全部免费。举办各类讲座培训5次，举办阅读推广活动3次，举办“书香蒙山全民阅读”书展1次。

【业务辅导】 全县共有10个地区街道乡镇图书

馆，参与服务网络建设3个，比例为30%。全县共建立3个服务网络点，分别为甘棠村服务点、北楼服务点、大塘服务点。2015年对三个基层服务网点进行10次业务辅导，举办各种养专业技术辅导班，在基层农民群众中取得良好反响。

（黄玉梅）

文物保护

【概　况】 蒙山县文物管理所（简称文管所），属地方文物保护机构，负责全县的文物调查、征集、保护、管理及研究工作，现有编制4人，属财政全额拨款事业单位。辖区“太平天国永安活动旧址”面积约6800平方米，其中展厅面积225平方米，文物库房面积30平方米；旧址内“太平天国永安历史文物陈列馆”为自治区爱国主义教育基地及广西廉政教育基地。2015年年底，有馆藏文物874件/套，实际数量3871件。文物类别有：铁器、铜器、瓷器、陶器、玉器、竹木器及其它杂类，其中二级文物23件，三级文物337件，一般文物3511件；全县各级文物保护单位105处，其中全国重点文物保护单位1处（25个点），自治区文物保护单位2处，县级文物保护单位68处。

【可移动文物资料整理】 继第一次全国可移动文物普查第一阶段文物调查工作结束后，于2015年开展第二阶段文物认定、信息采集和审核工作。上半年进行了馆藏文物的尺寸测量、重量记录、照片拍摄、文物登记卡填写、文物资料整理和文物信息录入工作。7月30日，全县文物收藏单位全部完成文物信息采集、数据录入及县级审核工作，共录入文物数量969件/套（实际数量3966件），其中文物管理所874件/套，图书馆31件/套，档案局62件/套，史志办2件/套，全部数据已提交到市及区普查办等待审核。通过此次普查，全面掌握了蒙山县国有可移动文物的数量和分布情况。

县文物工作人员采集铜钱资料　　县文物管理所　供稿

【抢救性修缮文物保护单位】 2015年，根据上半年雨季造成道义韦竹平故居及武庙天面严重渗漏、梁木朽腐等情况，下半年抓住天气好转的有利时机，投入修缮资金10万元，对这两个文物保护单位的天面进行了更换梁木和检瓦等抢救性保护工作，使这些古建筑得到及时修缮和保护。

【加大文物保护单位安全巡查力度】 2015年，文管所累计出动300多人次，对全县9个乡镇100多处文物保护单位进行安全大排查。在各乡镇和县城街区系统深入地开展文物安全大检查和整治工作，全面排查各个文物保护单位的消防安全、结构安全、抗灾措施、防偷防盗等方面是否存在隐患，并进行现状记录、拍照及情况反馈。检查过程中，对古建筑和近现代代表性建筑，重点检查电气线路老化和自然坍塌等情况；对庙宇、祠堂和墓葬等宗教信仰活动场所，重点排查违规燃香烧纸、周边环境易发生火灾事故的环境整治情况；对文物库房、陈列馆，重点检查防火，监控系统运转情况，保卫人员防患意识等情况；对桥梁、遗址类野外文物点，重点排查周边环境的安全系数，根据季节特性做一些必要措施，尽量预防自然灾害性的文物毁坏；对可移动文物及墓葬类文物点，重点进行防盗、防无意识破坏等情况排查。在做好文物安全检查工作的同时，进行文物普法宣传教育，提高文物队伍和广大群众的文物保护意识。

【免费开放文物陈列馆】 正常开放太平天国永安

历史文物陈列馆及太平天国历史专题展播厅、廉政图书室，着力改善园区参观设施及免费开放条件，打造爱国主义教育基地，为学生提供社会实践平台；开展廉政教育，为广大干部职工提供教育场所；认真做好景区的讲解接待工作，2015年接待包括自治区党委书记彭清华在内的重要党政领导及各地游客14万人次。另外，还充分利用“太平天国永安活动旧址”开展形式多样的活动，丰富广大群众的文化生活；做好“5·18国际博物馆日”和“中国文化遗产日”期间的各项宣传活动，通过文艺团队表演、民间民俗表演、制作不可移动和可移动文物普查成果宣传专栏等形式，展示蒙山县文物普查成果，向社会广泛宣传文物保护的重要意义。

（黄　宁）

地方史志

【概　况】 蒙山县史志办公室为县委、县政府事业机构（参照公务员法管理），同时承担县委党史业务工作、县政府地方志业务工作，主要业务范围：党史宣传教育、党史资料征集、地情资料搜集、史志书籍编纂、单位业务指导等。2015年，单位核定参公编制4个，机关后勤编制1个，在职5人，同时返聘3名退休老干部协助史志工作。年内完成自治区和梧州市年鉴稿编写、续修《蒙山县志》稿编目调整编辑、《蒙山年鉴（2015）》卷编辑工作；抢救征集党史资料5万多字、图片40多张；出版《蒙山党史大事》《蒙山抗战宣传》两期专栏；慰问10名抗战老兵，并进行访谈活动；举办一期年鉴业务培训班。配合县文物管理所做好第一次全国可移动文物普查工作，确定文物2件。此外，为县委、县政府及各单位提供各种史志资料30余次，2万多字、资料图片40多张。

【史志业务学习】 2015年初以来，多次组织全体编纂人员学习中央、自治区、梧州市关于认真做好党史、地方志工作的要求精神，学习全区党史工作会议、全区地方志工作会议、梧州市党史工作会议、梧州市地方志工作会议精神。在此基础上，要求全体工作人员加强史志编纂业务知识学习,《蒙山年鉴》的编辑还重点学习年鉴编纂知识。还要求工作人员经常浏览中共党史网、中国方志网、广西党史网、广西地情网等网站，学习其他地区史志工作先进经验。4月初，派出5名业务人员到荔浦县志办、平乐县史志办交流学习史志工作经验。6月底至7月初，派出办公室主任参加在北京举办的全国县级党史部门主任培训班。9月中旬，派出3名业务人员参加在梧州举办的广西地方志第二期培训班。

【党史资料征集】 2015年，根据自治区党史研究室的通知要求，县史志办继续系统抢救征集本县新民主主义革命时期各种纸质党史资料、口述资料、图片资料、党史实物等，同时兼顾社会主义建设时期的党史资料征集。全年走访离退休老干部及相关人员20余人次，并进行录音、拍照、录像存档等，共采集到文字材料5万多字、图片40多张，录制视频15个，录音15个。

2015年8月24日，县史志办工作人员访问抗战老兵冯瑞钊

县史志办　供稿

【党史宣传教育】 七一前夕，配合全县建党94周年系列纪念活动，县史志办在县行政中心出

版了一期以“蒙山党史大事”为题材的党史宣传专栏，专栏分“第一个中共党员”“第一个党支部”“黄村起义”“解放蒙山县城”“土地革命运动”“第一届人民代表大会”“第一次党代会”“文化大革命” 8个专题。为纪念中国人民抗日战争暨世界反法西斯战争胜利70周年，史志办又于9月2日在县行政中心大楼出版了一期抗战内容的宣传专栏，专栏分“蒙山抗战大事记”“蒙山抗日战斗”“蒙山抗日将士”“蒙山抗战伤亡损失情况”4个专题。11月27日，协助市党史研究室在蒙山进行为期一周的“西江党旗红——梧州市纪念中国共产党广西党组织建立90周年图片展”。宣传专栏和图片专辑展出期间，有5000多人次干部职工和人民群众前来观展，接受爱国主义教育。4月1日，史志办组织5名干部到荔浦县杜莫（解放前属蒙山管辖）革命老区纪念馆接受一次爱国主义教育。

【举办年鉴组稿会暨业务培训班】 1月30日，县人民政府召开《蒙山年鉴（2015）》组稿会议暨撰稿业务培训班，各单位分管领导及撰稿人员200多人参加会议。县委常委、宣传部部长、副县长李世超在会上作了强调讲话。县史志办负责人、《蒙山年鉴》总编纂在会上总结了《蒙山年鉴（2013）》编撰工作，指出存在问题和不足，对《蒙山年鉴（2015）》各项编撰工作进行详细部署，还就撰稿业务对各单位撰稿人员进行了具体培训。

【区市志鉴稿编写】 根据上级地方志部门的要求及县人民政府的安排，县史志办负责《梧州市志》（第二轮）、《广西年鉴（2015）》、《梧州年鉴（2015）》蒙山部分的撰稿任务。经过本办撰写人员的努力及各乡镇、有关单位通力合作，于5月底按时间、按质量完成自治区、梧州市志办下达给蒙山的年鉴撰稿任务，其中《广西年鉴》1100多字,《梧州年鉴》25000多字。6月底完成《梧州市志》蒙山部分书稿的修改补充完善工作，全稿7800多字。

【完成《蒙山年鉴（2015）》编辑工作】《蒙山年鉴（2015）》是《蒙山年鉴》创刊后的第三卷，记载蒙山县2013年和2014年经济社会发展的基本情况。书籍从2015年1月开始组织编纂，至10月底全部收上初稿，并于12月底全部完成编辑工作，送往印刷厂排版。全书设28个类目，下设196个分目，并设60个反映全县重大事件和发展成就的彩色图片专辑，共80多万字。

【续修《蒙山县志》编目调整】 2014年11月，续修《蒙山县志》初稿经过市志办审阅修改后送区志办审阅。2015年3月，根据自治区地方志编纂委员会办公室审阅意见，以及适应社会发展，续志内容增多的需要，决定改原来分志体为中篇体结构，调整原志篇目，增删内容，全部志稿重新归类，并按照修改意见逐一修改。5月底，调整修改志稿工作完成，共设25篇，有50个单位需要补充材料。11月上旬，全部志稿基本修改补充完善，形成三级评议稿，全书约130万字。续修《蒙山县志》工作进度排梧州各县（市）之首。

【慰问抗战老兵暨访谈活动】 在中国人民抗日战争胜利70周年纪念日来临之际，县史志办组织慰问、访谈小组于8月下旬，对全县10名参加过抗日战争的老兵及1名抗日烈士遗属进行慰问暨访谈活动。开展活动的目的：一是了解和关心抗战老兵的晚年生活，送去史志部门的关怀；二是通过访谈，聆听老兵的抗战经历，接受一次深刻的爱国主义教育，同时收集珍贵的抗战口述资料。这些抗战老兵分布在蒙山镇、西河镇、文圩镇，年龄最长的黎家仕103岁，最少的郭军武89岁，他们大部分能生活自理，语言表达清楚。史志办给每人都送上慰问金和慰问品，并合影留念。

（黄胜林）

档案管理

【概　况】蒙山县档案局（馆），为县委直属事业单位，内设文秘编研股、业务法规股、档案管理股及县现行文件利用中心4个中层机构。在职人数7人，有专业技术人员2人，领导设局长、副局长各1人，中层领导设股长和主任。工作职责是履行《中华人民共和国档案法》赋予的职能，主管本行政区域内档案事业，并对本行政区域内机关团体、企业事业单位和其他组织的档案工作实行监督和指导；负责接收、收集、整理、保管和提供利用分管范围内的档案。2015年，馆藏档案94个全宗，45096卷及38524件，资料19755册；开放档案22个全宗3561卷。

【基层指导工作】2015年，县教育局、工商局、供销联社等10多个单位主动拿档案到局进行整理，局派专人进行指导；派出专业技术人员深入到县机关事务局、统战部、农商行、扶贫办等单位指导档案整理工作；派专人到县农村土地承包经营权确权登记颁证试点乡镇——汉豪乡指导档案材料的收集、整理工作，到12月底止，参与培训指导15人次。汉豪乡樟村村共17个村民小组，508户，总人口2400人，土地确权面积95公顷，17个小组全部完成档案材料收集工作，整理归档工作已基本完成；指导县地方税务局做好各种材料的收集整理，使县地方税务局特级档案室顺利通过自治区的复查验收。

2015年1月6日，县档案局派出技术人员到单位指导档案建档

县档案局　供稿

【档案业务培训】2015年4—9月，共举办12期档案业务培训班，培训档案员240名。培训内容以文件材料归档整理培训为主，兼顾照片、实物、会计、重大活动档案整理，注重实际操作，以此有效提高各单位档案业务水平。

【机关档案工作年检】认真开展机关档案工作年度检查。年初印发《关于开展机关档案工作检查的通知》，要求各机关单位按照区、市有关规定，认真开展本单位2014年度机关档案工作检查，填写《自检评分表》，并形成自检报告（包括基本情况、存在问题、今后工作意见），以书面及电子文件形式报送县档案局。检查分自查、集中检查、下单位实地抽查三个阶段进行。11月底，参加县绩效考评的75个单位全部通过机关档案工作年度检查。

【档案接收】2015年，接收2014年度婚姻档案2623卷，县人大常委会办公室1980—2000年文书档案2036件，县环保局1981—2010年文书档案4582件和第一次全国污染源普查档案872件。接收书法界名人刘艺、蒋华亭等人的书法作品共61幅，梁羽生先生生前用过的《唐宋词选》，莫氏族谱等进馆，其中36幅名人书法作品在8月份举办的“儒风拂面——圣地七子走进广西蒙山暨蒙山馆藏名家书法作品展”中展出，获得广大书法家及书法爱好者好评。

【档案数字化建设】购买扫描工具，本馆人员自行对馆藏重点档案进行扫描，2015年扫描30000页档案，累计共扫描30万页。聘请专人进行案卷级、文件级目录数据录入。2015年，共完成13万条目录的录入工作，累计总录入目录31.6万条。

【档案宣传工作】结合“6·9国际档案日”开展相关宣传活动。利用馆藏档案资料，制作2块展板，3条标语，发放宣传资料80多份，深入宣传国家档案局30号令、档案知识、藏档案情况、馆藏珍品等，让广大干部群众了解档案，关心支持档案工作。

【档案利用服务】 2015年，共接待利用者326人次，提供利用档案资料1025余卷，为全县各项工作的查考、《蒙山年鉴（2013—2014）》的编写、广大干部享受职级并行政策、拆迁安置等提供翔实的第一手资料，并扩大档案工作的知名度，得到社会各界的好评。

（杨世珍）

广播电视

【概　况】 蒙山县广播电视局与蒙山县广播电视台为局（台）合一体制，属县人民政府事业单位。内设6个部室（办公室、新闻部、专题部、广告部、社管部、技术部）。全局（台）在职人数26人（参公编制7人，事业编制19人）。主要负责广播电视宣传，"村村通"广播电视工程建设、售后服务，广播电视乡镇无线覆盖工程等工作。下辖县电影放映公司和9个乡镇文化广播电视站。2015年，围绕县委、县人民政府制定的"特色兴县、生态立县"的战略构想和发展"绿色农业、优势工业、特色旅游、品质城镇、福祉民生"工作思路，进行全方位、多角度、多形式的广播电视宣传报道；完成新圩、文圩、夏宜、黄村、汉豪、陈塘等6个乡镇"村村通"广播电视乡镇无线覆盖工程建设任务，按时开通广西卫视4套，市台2套调频广播节目。2015年11月9日，蒙山县人民政府印发《蒙山县文化新闻出版广电体育局主要职责内设机构和人员编制规定》，蒙山县文化和体育局与蒙山县广播电视局（台）正式合并。

【广播电视节目设置】 以《蒙山新闻》栏目为重点，兼办法制、综治、农业、科技、广告、影视剧场等栏目。2015年，在《蒙山新闻》栏目中，增设"展望2015""优秀教师""优秀党员""文化蒙山""三严三实""党风廉政建设""政协委员风采"等多个子栏目。《蒙山新闻》栏目星期一至星期五每日分7个时段播出，周六和周日播出《一周新闻回顾》。2015年，电视节目制作时间135小时，自制节目播出时间为721小时。县无线覆盖（台）站，全天转播中央1套、7套和广西卫视三套节目，同时转播中央人民广播电台"中国之声"和广西广播二套广播节目。

【电视专题宣传】 采用新闻和专题形式，精心策划系列报道全县开展"生态乡村""党代会"系列专题，"聚焦休闲旅游""聚焦特色农业""三年一工程""创建广西特色旅游名县""精准扶贫"等重点工作。全面回顾和生动展示蒙山县近年来经济、社会改革发展，以及文化、生态等中国特色社会主义建设中取得的辉煌成就。结合蒙山县旅游资源，推出"四季花海"之2015版的策划。推出适合市场需求的广告形式，拍摄制作《蒙山玉梦山泉水》在613广州天河体育馆汪峰演唱会上播出，以此宣传蒙山的长寿文化和山泉水的品牌。此外，制作清洁乡村、生态乡村、禁毒宣传、疾病预防、食品药品安全宣传、消防安全宣传、防拐、防骗宣传片等一系列公益广告，收到良好宣传效果。2015年，共播出新闻1773条；制作专题片31部。

【对外宣传】 着力宣传蒙山优美环境、美丽山水风光和良好的投资环境，推介蒙山县政治、物质和精神文明建设的新成就。2015年，上送市台播出186条、区台播出6条，为全县经济社会的健康发展提供强有力的舆论支持。

【开设《党风廉政建设》系列访谈专栏】 2015年，在开展查处发生在群众身边的"四风"和腐败问题专项工作中，积极配合县纪委扎实推进专项工作，开设《党风廉政建设》系列访谈专栏，共推出单位、部门和乡镇专题访谈节目34期，分别对乡镇、部门主要负责人进行专访，了解乡镇、部门学习《中国共产党廉洁自律准则》和《中国共产党纪律处分条例》情况，以及落实党风廉政建设党委主体责任和纪委监督责任的情况，并让主要负责人对本乡镇、本部门今后党风廉政建设工作进行表态。

【开设《政协委员风采》系列专栏】 为了展现政协委员的风采，电视台还积极配合县政协，奔赴珠三角、南宁、柳州等地，采访10多名县内外的政协委员，推出“政协委员风采”系列专栏，让广大群众深入了解政协委员履职情况，展现新时期政协委员风采。

【组织惠民电影放映】 县电影发行放映公司有计划、有步骤组织惠民电影放映，放映范围覆盖全县9个乡镇，78个行政村（社区），完成上级要求平均每月每村免费放映电影任务。

【安全播出指标全区排名第一】 制定广播电视安全播出规章制度，完善应急预案，以严、细、实的工作对播出设备进行维护检修，确保广播电视安全。元旦、五一、国庆、春节和全国、全区重大会议和重大活动，都能安全播出广播电视节目，达到上级规定停播率≤150秒/100小时的要求，安全播出指标全区排名第一。

2015年蒙山县广播电视获市以上奖励作品一览表

表23

序号	标题	类别	奖项	作者
1	《何仕达：与群众有多亲群众离你有多近》	长消息	市广电一等奖	罗锋
2	《我县作家陈国忠携“天书”邕城论剑等三篇》	系列报道	市广电一等奖	陆金信
3	《“超人”好媳妇胡美莲的幸福观》	长消息	市广电二等奖	陆金信　唐兰帮
4	《灵芝种植撑起“致富伞”》	长消息	市广电二等奖	唐兰帮　韦鳗芬
5	《梧州好老师——何建珍》	长消息	市广电二等奖	潘雪　覃晓
6	《财富·希望·奇迹·梦想》	电视社教	市广电二等奖	黄静　黄俊
7	《文化蒙山》	系列报道	市广电二等奖	罗锋　黄俊　唐兰帮
8	《“导游书记”陆贤军》	长消息	市广电三等奖	陆金信　廖世娟　唐爱宁
9	《易远河：四处谋生志不妥逐梦书法三十年》	长消息	市广电三等奖	陆金信　韦鳗芬
10	《农民陆明：昔日外出打工今朝回乡创业》	长消息	市广电三等奖	陆金信　韦鳗芬　李文全
11	《江献军：扎根基层扶贫攻坚》	长消息	市广电三等奖	覃晓　潘雪
12	《老兵创业：走出军营的“炊事班”餐馆》	长消息	市广电三等奖	罗锋　卢恒 浦春秀
13	《陆子天：传承瑶族文化推进民族团结》	长消息	市广电三等奖	关键　陆金信
14	《小灵芝创出大财富》	系列报道	市广电三等奖	黄静　黄俊

（莫剑锋）

广电网络

【概　况】 广西广播电视信息网络股份有限公司蒙山分公司成立于2004年6月18日，属国有股份制企业单位；2008年2月，对全县各乡镇广电网络资产、人员进行全面整合；分公司内设办公室、财务室、工程技术部、客户服务部、营运销售部、蒙山县广电影视城、农村网络服务部，下辖7个乡镇广电网络管理服务站。公司有员工41人，领导设总经理1人，副总经理1人，职能部门各设部门经理（主任）1人。公司主要经营广播电视网络设计、建设、运营、改造、维护、管理、多功能开发及技术服务，从事广播电视节目和网络信息传输服务。从事广播电视设备及信息设备购销、设计、制作、发布、代理国内外各类广告等业务。2015年，运营收入936万元，比上年增加199万元，增长21.2%。连续五年（2011—2015年）荣获区公司“双效”目标管理工作（经营业绩目标和管理综合指标）一等奖。

【网络建设】 公司成立后全县城乡网络实行“全区联网、统一规划、统一建设、统一管理、统一运营”的运营管理体系，逐步施行县、乡级数字电视整体转换，实现服务平台IP化，并启动高清双向业务试点；网络辖9个乡镇、78个行政村、5个社区。到2015年底，公司拥有城区数字电视平台2套、光缆交接箱40多个、光工作站设备680多个，光缆杆路380多公里、电缆线路500多公里，网络覆盖70%的村、屯和自然组，传送150多套标清数字电视节目、18套高清数字电视节目、25套广播节目。

【网络安全】 2015年，分公司认真贯彻落实县委、县政府、区公司、市分公司等上级部门文件精神和工作要求，扎实稳妥地抓好各项安全生产工作：把安全生产责任落实到各个部门，并签订安全生产责任状，做到层层把关、人人抓落实；不定期召开安全生产工作会议，对员工进行安全生产知识培训，累计举办培训班10期，培训职工330人次，有效提高职工安全业务知识和实战能力；加强安全播出制度落实和演练工作，全年前端机房安全播出检查3次，进行操作演练2次，配合区公司城网备份平台安装工作，完成点播IPQA平台、CMTS扩容、数据网升级等，天网五期已完成验收工作；定期组织安全生产大检查，对存在安全生产隐患的问题及时进行整改。多方位抓安全生产，全年无重大安全事故发生。

【客服建设】 分公司客服部主要担负城网数字电视、双向宽带的维护、安装、搬迁工作，高清互动、付费电视节目的宣传推广；协助技术部做好光纤线路建设、光纤线路维护、小区建设、双向网建设、专网建设。起用客服新系统，努力做好客户公众服务，提高分公司的竞争力，加强对96335派工系统管理和考核制度，全面把乡镇客服工作纳入96335派工管理系统，有效提升96335服务质量。加强应用CRM系统推进大客户服务工作，圆满完成上级机要会议的保障任务。

【农网建设】 2015年，根据区公司要求农村网络由村村通向户户通发展和全力发展农村双向宽带的工作部署精神，分公司在农网网络发展和发展双向宽带业务工作中，发展新入网数字电视用户205户，新发展农网宽带用户450户。截至2015年12月底，农网有数字用户18294户，宽带用户2460户，占数字电视用户数的14.2%。农网部及时做好2015年度农网建设改造项目的竣工资料整理和工程验收工作，确保全年农网宽带业务顺利发展。

【专网建设】 2015年，投入专项资金进行乡镇网络的双向化改造，着力推动有线模拟信号单向传输向有线数字、双向传输的广电网络转型发展。推进广播电视技术和大数据、互联网视等IT技术融合，开通高清双向互动点播、数据专网、宽带接入等三网融合业务。引入互联网思维，先后完成人保专线、区招生考试院、法院路由器安装、水电专网二期、公安厅全区看守所督察监控系统工程等项目建设10个，完成蒙山县公安天网、社会技防、公安督察、机要局视频会议、城管分控室、审计专网、国税局、林业局、监察局、看守所监控、人社局办公系统、武装部监控等专网项目建设共22个，安装综合视频监控点375个。

【广电影城正式公映】 2015年12月15日，由区公司投资400多万元建设的蒙山县广电数字影视城正式面向社会公开开映，结束蒙山县二十多年来没有影院的历史，并带来全国映片同步上映的星级影院标准服务。影视城按照全国一线影院标准建设，拥有 3 个专业电影厅，300 多个座位；放映设备采用日本 SONY4K3D 高清放映机，确保每位观众绝佳的观影效果；厅内有人性化的地脚灯设置，保证观影途中进出的安全性；拥有大排量、低噪音的绿色环保净化装备，为每一位观众提供洁净清新的室内环境。

广电数字影视城开业典礼　　县文新广体局　供稿

（张　健）

图书发行

【概　况】 蒙山县新华书店有限公司隶属梧州市新华书店有限公司管辖，内设办公室、业务股、财务股，下辖门市部、仓库，共有员工 12 人。主要任务是负责全县图书、中小学教材发行和农家书屋图书配送。2015 年，公司实现营业收入 513.05 万元。在第二十二届全国青少年爱国主义读书教育活动中荣获发行先进奖。

【教材发行】 采取一把手负总责，把任务、责任落实到人等多项措施，做好教材发行工作，确保全县中小学生开学“课前到书，人手一册”。2015 年，发行中小学教材 63.36 万册，金额 411.68 万元。其中，发行免费中小学教材 49.55 万册，金额 293.34 万元。

【课外用书发行与销售】 2015 年，发行第二十二届爱国主义读书教育活动用书《奋发向上崇德向善》1.52 万册，金额 11.75 万元。在 2015 年世界读书日期间（4 月 22—24 日），开展以“八桂书香阅读圆梦”为主题的图书大联展优惠销售活动。

【农家书屋图书、设备配送】 2015 年，为县 27 家农家书屋配送“农家书屋”工程补充更新图书 162 件，图书 9207 册，码洋 20.57 万元；音像制品 81 张，794 元；数字系统设备 2 套。

（潘庆凤）

体　育

【概　况】 体育工作是县文化和体育局主要工作之一，设有体育综合股和业余体校，任命股长 1 人，校长 1 人。主要负责全县群众体育、学校体育、竞技体育、业余体育训练和体育彩票销售等工作。2015 年是《全民健身计划纲要》颁布实施第 20 周年，也是贯彻实施《全民健身条例》和《全民健身计划（2011—2015 年）》重要的一年，通过全民健身品牌活动带动全县群众体育、竞技体育、体育产业、体育对外交流、体育基础设施建设、体育人才及民间体育等体育事业全面发展，以多种形式的体育活动和比赛带动更多的人参与到体育健身活动中，掀起全民健身热潮，推动全县群众性体育活动蓬勃发展。

【体育基础设施建设】 2015 年，做好农村村级篮球场建设报送申请，把积极性高的行政村作为建设点，并落实建设用地、资金和施工等。全年投资 100 多万元，完成 12 个村级公共服务中心篮球场建设任务及全县 8 个乡（镇）农民体育健身工程暨村级篮球场项目建设任务；投入 191 万元升级改造蒙山县体育馆的吸音、监控及显示屏等设施；完成 3 个全民健身路径工程项目的建设安装，竣工率 100%。

【全民健身体育活动】 2015 年，县文体局先后在元旦、春节期间举办“迎春体彩杯”系列体育比赛，项目分比赛类和展示类两大项，比赛类项目有：羽毛球、男子三人制篮球、气排球、男子五人制足球、乒乓球、象棋、围棋、中老年门球及气排球比赛；展示活动有：传统舞狮舞龙、武术套路、太极拳、太极剑、体育舞蹈展示。联合组织举办2次区级的赛事活动，协办蒙山县"金融杯"系统气排球比赛、蒙山县"财税杯"气排球比赛、蒙山县总工会"五一"节职工系列体育比赛等。组织举办8月8日"全民健身日"暨第七届"广西体育节"蒙山县系列体育活动。

2015年春节舞狮表演　　县史志办　供稿

【人才培养】 深入贯彻"选好苗子，着眼未来，打好基础，系统训练，积极提出"的训练方针，重点发展和培养田径和举重优秀后备人才，促进蒙山县竞技体育工作科学、合理、有序发展。从2015年下半年起，经县委、县人民政府研究同意，县业余体校与县第二小学联合办学，依托其现有的基础设施及其他软硬件，开展以举重、田径、篮球、足球、乒乓球、羽毛球、武术为主的体育训练和教学工作，目的是提高学校体育水平和为上级输送更加优秀的体育后备人才。至2015年年底，培养有田径运动员38名，举重运动员12名。

【承办广西青少年女子柔道锦标赛】 2015年7月26—31日，县文体局承办"中国体育彩票杯"2015年广西青少年女子柔道锦标赛暨第十届自治区运动会资格赛。全区有11个市级单位共149名裁判员、领队、教练员、运动员参加，观众达2200多人次。

【承办广西第十三届运动会项目比赛】 2015年广西壮族自治区第十三届运动会在梧州市举行，蒙山分赛区承担柔道、象棋、围棋、桥牌等四个项目的比赛。比赛时间从2015年11月5日至11月16日，共11天。蒙山分赛区组委会按照上级要求，精心组织，周密安排，各赛区办事机构协调配合，经过全体运动员、教练员、裁判员以及工作人员的共同努力，四个项目的比赛达到大会提出的文明、热烈、精彩、节俭、安全、和谐、圆满的效果。

广西第十三届运动会象棋比赛场面　　县史志办　供稿

【举办中学生篮球、田径运动会】 2015年4月10—15日，县文体局与蒙山县教育局联合举办中学生篮球运动会，参赛运动员90多人，观众达6600多人次。10月25—28日，与教育局联合组织举办蒙山县中小学生田径运动会，参赛运动员200多人，观众达5000多人次。

【体彩销售】 加大体育彩票公益性宣传力度，加强全县各体育彩票销售网点规范建设及管理，利用春节、三月三、国庆节等公众节假日期间进行即开型"顶呱刮"卖场；县城内增设二个竞彩店，黄村镇、陈塘镇各增设一个体彩兼营店。2015年，全县体育彩票销售任务500万元，年底销售总额644万元，任务完成率123%。其中即开型体彩全年销售 72.81 万元。

【体育对外交流】 2015 年 3 月 10—13 日，县文体局与县老年体协组织参加在南宁市举办的全区第十六届妇女门球比赛，荣获体育道德风尚奖；4 月 25—26 日，组织体育舞蹈协会参加在梧州市举办的梧肇体育舞蹈（国际标准舞蹈）交流演出晚会；7 月 10—12 日，组织羽毛球协会参加平乐县总工会主办的“嘉乐精品装饰建材街”羽毛球混合团体邀请赛，荣获第三名；9 月 10 日，组织参加在灵川县举办的鹏程“金色城市杯”羽毛球邀请赛；9 月 7—12 日，组织参加在苍梧县举办的第四届广西万村农民篮球赛梧州赛区决赛，由新圩镇双垌村篮球队代表蒙山县出征，荣获第四名；9 月 17—19 日，组织参加在梧州市举办“我爱足球”中国足球民间争霸赛五人制成人组梧州赛区足球比赛，荣获第四名；9 月 27—30 日，组织参加荔浦县“体彩杯”篮球五县男子篮球精英邀请赛，荣获第三名；11 月 7 日，组织县体育舞蹈协会参加在梧州市举办的广西第十三届运动会开幕式拉丁团体舞蹈表演，共有 40 名演员参加；11 月 13 日，组织羽毛球协会参加荔浦县“房地产行业工会杯”十一县羽毛球混合团体邀请赛，荣获团体第二名。

2015 年蒙山县运动员参加区级比赛获奖（前三名）一览表

表 24

运动会名称	运动员姓名	运动项目	名次	比赛地点
全区青少年田径锦标赛	莫兴华	男子丙组 1500 米	第一名	梧州市
全区青少年田径锦标赛	欧阳世	男子丙组 4×100 米接力	第一名	梧州市
全区青少年田径锦标赛	欧阳世	男子丙组 100 米栏	第三名	梧州市
全区青少年田径锦标赛	黄俊玮	女子丙组 4×100 米接力	第一名	梧州市
全区青少年举重锦标赛	黄　丽	女子丙组 44 公斤级抓举	第二名	梧州市
全区青少年举重锦标赛	黄　丽	女子丙组 44 公斤级总成绩	第三名	梧州市
广西第十三届运动会青少年田径比赛	黄俊玮	女子丙组 400 米	第一名	梧州市
广西第十三届运动会青少年田径比赛	黄俊玮	女子丙组 4×100 米接力	第一名	梧州市
广西第十三届运动会青少年田径比赛	黄俊玮	女子丙组 4×400 米接力	第一名	梧州市
广西第十三届运动会青少年田径比赛	黄俊玮	女子丙组 800 米	第三名	梧州市
广西第十三届运动会青少年田径比赛	莫兴华	男子丙组 1500 米	第一名	梧州市
广西第十三届运动会青少年田径比赛	莫兴华	男子丙组 4×400 米接力	第一名	梧州市
广西第十三届运动会青少年田径比赛	莫兴华	男子丙组 800 米	第三名	梧州市
广西第十三届运动会青少年田径比赛	欧阳世	男子丙组 100 米栏	第三名	梧州市
广西第十三届运动会青少年田径比赛	欧阳世	男子丙组 4×400 米接力	第一名	梧州市

（明　忠）

责任编辑　黄民森

卫生·计生

医疗卫生

综　述

【概　况】 2015年10月，蒙山县卫生和计划生育局正式设立，为县人民政府管理医疗卫生计生事业的工作部门，内设12个股室，下辖县直属机关计划生育工作站、计生协会、红十字会、初保办、卫校、防艾办6个附属事业单位。在编25人，其中行政编制14人、参公管理编制2人、事业编制9人；另从县内卫生计生系统借调11人。主要职能是贯彻落实党和国家关于卫生和计划生育、中医药民族医药事业发展的法律法规和方针政策，负责拟订全县卫生和计划生育规划和政策措施，配合推进全县医药卫生体制改革，负责统筹规划全县卫生和计划生育服务资源配置，指导区域卫生和计划生育规划的编制和实施等。

【卫生、计生部门正式合并】 2015年10月，县委、县政府下发《关于设立中共蒙山县卫生和计划生育局委员会的通知》文件，县卫生、计生部门正式合并，组建成立蒙山县卫生和计划生育局。经过两个月努力，是年底完成卫生和计生部门合并，实现机构整合、业务融合和人心契合，进一步规范内部协调管理机制，有效提升卫生计生工作实效。

【卫生基础设施建设】 2015年，乡镇卫生院基础设施建设项目完成投资538.15万元。其中汉豪乡、黄村镇卫生院污水、垃圾处理，配电及业务用房建设项目总投资各为130万元，分别完成投资25万元、40万元；文圩镇、夏宜瑶族乡卫生院污水、垃圾处理，配电及业务用房总投资均为125万元，分别完成投资80万元、60万元；医疗保健机构医疗设备购置投资333.15万元。2015年标准化乡镇卫生院建设项目有陈塘镇中心卫生院设备采购100万元，新圩镇中心卫生院业务用房建设项目投资100万元。陈塘镇中心卫生院设备采购安装调试完成，并于10月9日正式投入使用。新圩镇中心卫生院业务用房建设项目，正在进行图纸审查。县人民医院公租房建设（任务200套，总投资约2900万元）正进行基础建设，完成投资150万元；县第二人民医院公租房建设（任务36套，总投资350万元）主体框架完成，完成投资320万元。

【公立医院综合改革】 2015年，蒙山县四家医院列入广西第三批县级公立医院综合改革试点。县财政部门把2015年公立医院综合改革财政补助（基药补助）56.51万元下发至县人民医院、中医医院、妇幼保健院。11月12日全部实施药品零差率销售，医疗服务价格也已经调整完毕。2015年县级公立医院综合改革补助资金390万元已按3.5：3：2：1.5比例由县财政局直接拨付至县人民医院、中医医院、妇幼保健院、第二人民医院。

【新型农村合作医疗基金筹集】 2015年，全县共有182563人参加新农合，参合率达99.32%。人均筹资标准470元/人·年，其中农民个人缴费90元/人·年，收缴个人参合款1643.07万元；各级财政补助380元/人·年，补助基金6937.39万元。当年应筹集基金8580.46万元，基金已全部到位。

【村卫生室一体化管理】 2015年，全县78个村卫生室全部为新建规范化村卫生室，为五室并相对独立分开，布局基本合理，已全部投入使用，按一体化进行管理。全县78家村卫生室有57家开通“一卡通”业务，群众“一元钱”看病得以逐步实施。

【基本公共卫生服务】 2015年服务人口增到19.8万人，人均补助增到40元/人，国家级财政按19.7万人口筹集年度资金，总共筹集788.8万元，完成筹集100%。按照“钱随事走”的原则，在2015年10月30日前，已将48%相应的基本公共卫生服务经费的拨付给承担相应工作任务的村卫生室村医，调动村医积极性，使项目资金公平、公正、公开。截至12月底，居民健康档案建档率达85.1%，规范化电子建档率83.2%。儿童、孕产妇、老年人保健、慢性病中医药健康服务已完成全年任务的100%。

【获县级全国基层中医药工作先进单位称号】 2015年7月，蒙山县创建全国基层中医药工作先进单位通过国家评审，12月获县级全国基层中医药工作先进单位称号；4个乡镇卫生院获得自治区示范中医科建设项目，各单位已按建设标准完成项目建设；8个乡镇卫生院获得自治区基层医疗卫生机构中医馆项目，并按建设项目标准进行建设。9月，县中医医院通过自治区二级中医医院持续改进检查评估；11月，县人民医院向国家中医药管理局申请创建全国综合医院中医药工作示范单位，并于12月24日进行评审验收。为全县78个行政村卫生室配备中医服务包；对全县所有中医药人员及村医进行中医药知识培训，医疗机构中医药人员及村医中医药知识培训率100%；老年人和儿童中医药健康管理服务项目覆盖率达40%以上。

【重大疾病防控】 自2015年12月1日起，结核病防治服务按“三位一体”（疾病预防控制机构负责规划管理、定点医疗机构负责诊断治疗、基层医疗卫生机构负责推介及随访管理的运行机制）管理模式进行，使结核病防治职责明确，由全县各部门按责任共同参与。全县共发现肺结核病人75例（其中新涂阳肺结核病人16例，初治涂阴肺结核病人59例，结核性胸膜炎1例）。2014年同期全县登记新涂阳肺结核病人15例，2015年治愈13例，治愈率为86.7%，达到国家85%以上的要求。共为全县106名肺结核患者办理新农合慢病卡。

【乡村医生养老生活补助】 根据自治区卫生计生委、财政厅、发展改革委、人力资源社会保障厅《关于妥善解决乡村医生养老生活补助的通知》要求，初步审核全县60周岁及以上乡村医生养老生活补助129人、乡村医生一次性生活补助53人、45岁及以上在岗乡村医生65人符合申报条件。按上级下拔乡村医生养老生活补助资金，可发放1—8月60周岁及以上乡村医生养老生活补助，总补助金31.69万元，已提交符合条件60周岁及以上乡村医生养老生活补助129名村医名单到县社会保障局，由县社会保障局发放。

【卫生应急工作】 2015年，第一批疾病应急救助资金已拨付至县人民医院、中医医院；第二批疾病应急救助人员名单已完成核查，待县财政局资金下拨。建立医患纠纷调解机构，畅通投诉渠道，加强医疗纠纷防范管理，同时要求各医疗机构指定专门部门由专人负责医院投诉管理工作。通过开设接待窗口、公布举报投诉电话等形式，建立畅通、便捷的投诉渠道，认真落实“首诉负责制”，在第一时间受理患者投诉，疏导理顺患者情绪，从源头上妥善化解医患纠纷。2015年，共接待来访来信及调查、处理、调解各类医疗纠纷6起，无群体性上访事件发生，医疗纠纷与2014年同比下降68.4%。截至12月底，报告突发公共卫生事件5起，其中食物中毒3起，水痘疫情2起，无迟报、漏报、瞒报现象，均已结案。

（石秋莹）

医政管理

【概　况】 2015年，全县共有医疗卫生计生机构146个，其中医院4个（含妇幼保健院1个），乡镇卫生院9个，村卫生室（包括分室）96个，计生服务站10个，个体诊所19个，事业及其他单位医务室6个，疾病预防控制机构1个，卫生监督机构1个。全县有卫生技术人员776人；实有床位数769张，每千人拥有床位3.4张、卫生技术人员3.7名、执业（助理）医师0.93名、注册护士1.41名，医护比1∶1.50。“十二五”期间，全县医疗卫生机构总诊疗人次由30.63万人次增加到68.16万人次，增长率122.3%；出院人数由16337人次增加到17078人次，增长率4.5%。

【药品、医用耗材统一集中网上采购监管】 加强全县医疗机构实施基本药物制度及医用耗材的培训、督导及监管力度，做好常用低价药品议价、采购工作，大力推进医疗卫生机构医用耗材及检验试剂集中采购，推进高值医用耗材、中药饮片阳光采购、网上交易，加强对医疗机构和医务人员用药行为的监管，促进合理药用、合理治疗。2015年，全县乡镇卫生院、政府办的村卫生室、4家县级公立医院使用的药物、医用耗材及检验试剂（自主采购目录产品除外）全部统一集中在自治区药械采购网上采购，所使用的药物全部实行零差率销售（中药饮片除外），其中乡镇卫生院、行政村卫生室全部实施国家基本药物制度，县级公立医院基本药物占60%以上；同步调整了县级公立医院部分医疗服务价格。2015年，国家基本药物制度覆盖人口数达22.1万人，覆盖率100%。全年举办基药培训班4期，共培训医疗机构分管领导及药品采购人员30多人次，村医170多人次；督察60多家基层医疗机构，出动督查人员80多人次，有效遏制医疗卫生机构不良医药购销行为。

【执业资格审核】 严格医疗机构、医疗技术与卫生专业技术人员的准入管理，规范执业行为，全年完成全县100多家各级各类医疗机构执业校验，批准1家个体诊所设置申请，注销1家综合门诊部，组织300多名考生参加各类资格考试，组织、指导全县18名医师进行医师定期考核，指导县卫生监督所完成50多名执业（助理）医师执业（变更）注册，认真做好全县医疗卫生机构医疗技术准入及招聘人员的审核把关工作。

【医疗质量管理】 推进“进一步改善医疗服务行动计划”及“优质护理服务示范工程”。强化医疗质量管理，规范诊疗行为，县人民医院、县中医医院、县第二人民医院、县妇幼保健院顺利通过市卫计委组织的医疗机构执业校验评审。控制医疗费用不合理增长，加强医疗安全管理，2015年共计受理医疗纠纷6起，与2014年相比下降68.4%；赔偿金额10万元，较2014年下降34.6%。医学学科、科教建设取得进展，全县100多名在职卫生技术人员参加各类医学院校继续教育函授班；外出培训进修200多人次，全县卫生技术人员累计参加医学继续教育总人数达到2000多人次；全年各医疗机构投入科教经费30多万元，获市级科研立项5项，发表医学论文30多篇，6名卫技人员获得卫生专业技术副高级职称。

（石秋莹）

新型农村合作医疗

【概　况】 蒙山县新型农村合作医疗管理中心，为县卫计局直属管理的副科级财政全额拨款事业单位，主要负责全县新型农村合作医疗的综合管理。内设行政办公室、督查室、审核股、信息股、财务股，派出各乡镇新农合经办点。在编23人，其中县办11人，派出各乡镇经办点12人。

【健全基本医疗保障制度】 2015年，全县农民参合率达99.32%，农民每人自缴90元，各级财政补助380元/人（中央268元、自治区88.6元、县23.4元），普通住院年封顶线12万元，在乡镇卫生院住院按90%补偿；在县级医疗机构住院按70%补偿；市内三级医院、区内公立（定点）医院按55%补偿；区外公立（定点）医疗机构按45%补偿；住院分娩纳入住院统筹补偿范围；宫颈癌、乳腺癌等21种病种在二甲以上公立（定点）医疗机构住院按70%补偿；精神病、传染病患者在县内相应专科医院住院按85%比例补偿。中医药、民族医药的医药费补偿比例在上述标准的基础上再提高5个百分点；糖尿病、高血压、冠心病等16种慢性非传染性疾病的门诊治疗费用纳入住院统筹基金补偿范围，每人每年1200元；运动疗法等9项医疗康复项目纳入补偿范围，按普通疾病住院方法补偿；0—14周岁儿童先天性心脏病、急性白血病、儿童重度听障纳入重大疾病保障补偿。

【支付方式改革】 2015年，在前两年实施的住院总额预付支付方式改革的基础上，完善门诊统筹、住院总额预付制。开展"按人头付费"的门诊定额补偿的支付方式改革，根据各乡镇2014年度的参合人数和门诊人次所占比例，测算各乡镇门诊总额预付基金；根据2015年可使用资金情况，结合各定点医疗机构的开放床位数、执业医师人数、住院人次、服务参合人数和2014年度的新农合资金补偿份额，配以权重进行"总额预付、定额包干、超支不补、绩效考核"的住院总额预付支付方式改革。根据市统一部署和蒙山县常见病、多发病的病种临床路径与相关费用支出情况，选定4个病种6项技术进行按病种临床路径定额付费管理的支付方式改革。

【推进大病保险制度】 2015年11月，启动大病保险的理赔工作，对参合农民因患大病发生的医疗费用给予进一步的保障，提高重大疾病医疗保障水平，减轻人民群众大病医疗费用负担，有效解决因病致贫、因病返贫的突出问题。2015年，新农合住院报销22454人次，医疗总费用9673.24万元，新农合补偿5126.61万元。列入大病保险范畴的报销数据12612条，享受大病保险报销1058人次，涉及补偿金额418.82万元。

【推进新农合"一卡通"建设】 全县78个村卫生室，开通村级新农合门诊统筹定点57个，占全县村卫总数的73.08%。2015年度，全县村卫生室报销25068人次，报销金额471944.47元，次均费用19.12元。

县卫计部门开展新农合政策宣传　　县卫计局　供稿

（朱冬兰　覃庆权）

卫生监督

【概　况】 蒙山县卫生监督所为参照公务员法管理的正科级事业单位，前身是蒙山县卫生防疫站。内设办公室、法制稽查科、综合监督科3个科室。全额事业编制10名。2015年有在职人员8人，其中卫生监督执法人员7人。主要负责全县消毒产品、生活饮用水及涉及饮用水卫生安全产品，公共场所、职业、放射、学校卫生，传染病防治、医疗机构和采供血机构及其执业人员执业活动的监督管理，整顿和规范医疗服务市场，打击“两非”、非法行医和非法采供血行为；承担全县9个乡镇卫生监督协管站的业务指导工作。具体承办县卫生局各项卫生行政许可的受理、初审、发证工作。

【卫生监督执法】 2015年，发放公共场所卫生许可证35份，监督检查公共场所163家次，从业人员卫生知识培训合格330名，监测检验公共场所经营单位公共用品用具701件次，合格率99.7%。对辖区内17家住宿宾馆进行量化分级管理评分。对县城集中式供水单位巡回监督检查9家次，乡镇集中式供水单位巡回监督检查4家次，培训供、管水从业人员9名，对高、中考考点学校专项检查5家次。会同梧州市卫生监督所专家，对新建项目“蒙山县城给水工程”（设计日供水6.0万立方米）进行了设置卫生审查。年度办结医疗机构许可证2件，医疗机构许可证变更15件，医疗机构许可证校验31件，母婴保健机构许可证变更1件，母婴保健机构许可证校验1件，医师执业注册8件，医师执业变更16件，放射诊疗校验3件，护士首次注册6件。加大对非法行医的打击力度，出动卫生监督员120人次、检查车辆43辆次，检查医疗机构70家次，查处非卫生技术人员行医案1件。对医疗机构、公共场所、学校和托幼机构的传染病防控措施进行监督检查，共检查医疗机构75家次、公共场所66家次、学校和幼托机构56家次。对辖区集中式餐具集中消毒中心监督检查7次，抽检餐具120份，合格率100%。封存、查处供应酒店使用的不合格集中式消毒餐具16件192套。年度开展打击非法行医专项整治工作、打击“两非”专项行动、“3·15”健康维权专项行动执法、艾滋病防治专项监督、医疗机构消毒产品专项监督等专项行动5项，有力保障群众的健康权益。

（黄国伟）

爱国卫生

【除“四害”工作】 2015年，开展春秋两季灭鼠灭蟑、夏季灭蚊蝇工作，组织动员9个乡（镇）工作人员，按照县爱卫办统一安排，在规定时间内，进行统一灭杀；委托县专业消杀队伍，对县城各家经营场所的鼠蟑进行统一的灭杀防治，鼠蟑密度得到一定的控制，达到了预期效果。5月开始，组织各乡镇进行2次以上大范围、大面积的人工地面打药灭蚊蝇；对蚊蝇孳生繁衍地的生活垃圾场每月都进行两次以上的灭杀防治，始终把蚊蝇密度控制在最低限度。

【城乡环境卫生工作】 2015年，结合每年四月爱国卫生月活动，动员和发动广大职工群众，大力开展春季爱国卫生运动，开展环境卫生整治。城管、美丽办等部门密切配合，开展对城郊结合部、外来人员居住地环境卫生的综合整治，并清理乡镇各类垃圾、废弃物和吊挂物，环境卫生面貌大为好转；进一步加大城乡管理的行政执法力度，严厉查处沿街“六乱”现象，整治规范早、夜市经营管理秩序，环境卫生明显改观；不断加强道路清扫和门前三包责任内卫生保洁，规范垃圾收集、清运和处理，及时清理城乡白色污染及其他一切张贴物、悬挂物和污染物，使城乡环境更加整洁；加强与物业管理部门的协作，进一步加大对居民区内的建筑、装潢垃圾及其它堆放物的清理，并对小区管理的公厕、垃圾房墙体、地面卫生及环卫设施不定时的进行刷洗和保洁，小区环境卫生管理得到明显加强；新农村“五清五洁”环境卫生整治活动，标准化卫生厕所建设取得新进展，乡村卫生面貌不断好转。

【控烟健康教育】 2015年，在中学举行吸烟危害健康的宣传活动，在小学举行“拒吸第一支烟小手拉大手做永不吸烟的新一代”签名活动各1次；利用人民广场、客运站候车大厅等电子屏幕，对控烟、禁烟进行滚动式播放宣传，达到“倡导促健康生活方式、减少吸烟对大众危害”的宣传效果；各乡镇政府、有关单位利用部门文化宣传阵地，举办健康知识讲座，开展义诊咨询服务等形式进行控烟宣传。

【建设健康城乡工程全面启动】 2015年，建设健康城乡工程全面启动。具体措施是加强熟食品加工基地食品卫生的规范化管理，继续实施食品放心工程；对于以暗转明进入熟食品加工基地的经营户，实行集中统一监管，改变过去食品经营难以监管，食品安全难以保障的局面，各项量化考核指标均达到规定标准。

【村容整治】 2015年，以改善乡村环境面貌，推进“五清五改”（清垃圾、清柴堆、清路障、清宅侧、清违建，改水、改路、改灶、改厕、改圈）为目标，全县开展3次以上全民性村容环境整治活动；乡政府动员组织乡政府干部、各村村民，利用农闲之机，对村间道路、自家门前、周边遗撒的畜禽粪便、生活垃圾进行大清扫，对道路两旁的杂草、干死树枝进行全面的清除。全年共清除各类垃圾30余吨，参加环境整治人数达600多人次，村容环境整体面貌有明显改观。

（莫玉琴）

疾病预防控制

【概　况】 蒙山县疾病预防控制中心是蒙山县辖区疾病预防控制的业务指导中心。设行政办公室、疾病预防控制科、免疫规划科、结核病防治科、艾滋病防治科、健康教育与健康促进科等12个科室。2015年有职工39人（在编29人，聘用人员10人），其中副高级职称2人，中级职务14人，初级9人。中心占地面积3464多平方米，工作用房2860平方米（其中实验室用房900平方米），恒温面积90平方米。固定资产900多万元。2015年，国家免疫规划疫苗接种率始终维持在较高水平，有效控制传染病的发生。防治艾滋病5年攻坚工程扎实推进，艾滋病防控环境逐步形成。传染病报告专人专报，渠道畅通，报告及时率达100%。卫生应急能力得到加强，有效应对登革热、流感、水痘和手足口病等重大疫情。结核病防治任务顺利完成，全县结核病转诊到位率、追踪到位率、总体到位率均能达到自治区要求，以乡镇为单位督导短程化疗（DOTS策略）覆盖率达100%。疟疾防控措施到位，自1983年以来33年无内源性病例和输入性引起的继发病例发生。疾控中心获2015年广西东部地区消除疟疾工作先进集体。

【疫苗接种】 每月定时开展1次冷链运转。全县国家免疫规划疫苗常规报告接种率达到99%以上；对AFP、麻疹、新生儿破伤风等疾病进行主动监测，无迟报、漏报现象。2015年全年排查疑似麻疹病例5例，发现并调查AFP疑似病例1例，处理疑似预防接种异常反应（AEFI）17例，未发现脊灰、乙脑、流脑等传染病例报告。4月，对全县3岁以上儿童开展乙脑灭活疫苗普种工作，共接种乙脑灭活疫苗4073人次；4月和11月（分上下半年）对全县2009年1月1日以后出生的儿童进行查漏补种工作，全年查漏补种共调查40830名儿童，漏种儿童525名，累计补种504名，补种率（按人数算）96.00%；漏种剂次658剂次，累计补种633剂次，补种率（按剂次算）96.20%。达到自治区要求95%以上漏种儿童补种要求。

【疫情报告】 设专职疫情管理人员每天4次对传染病和突发公共事件信息、自动预警系统等信息进行动态监控，确保疫情报告信息系统的畅通。2015年发生法定传染病乙、丙两类10种1120例，总发病率为564.29/10万（按照国家2015年蒙山县常住人口数198477人统计），死亡7例，死亡率为3.53/10万，病死率为0.63%。其中，甲类传染病为零。乙类传染病报告6种共460例，发病率为231.76/10万。报告死亡7例，死亡率为3.53/10万，病死率为1.52%。与2014年同期发病数（505例）相比，发病率下降8.91%。7例死亡病例为艾滋病。另外，艾滋病毒携带者死亡4例。乙类传染病发病依次为病毒性肝炎282例，肺结核89例，梅毒33例，痢疾31例，艾滋病21例，淋病4例，分别占乙类传染病的61.30%、19.35%、7.17%、6.74%、4.57%、0.87%。丙类传染病报告4种共660例，发病率为332.53/10万，无死亡病例。与2014年同期发病数（1340例）相比，发病率下降50.75%，无死亡病例。丙类传染病发病依次为手足口病452例，其他感染性腹泻病153例，流行性腮腺炎44例，急性出血性结膜炎11例，分别占丙类传染病的68.48%、23.18%、6.67%、1.67%。

【艾滋病防治】 2015年，全县按住址累计报告艾滋病病毒感染者及病人466例，其中艾滋病病毒感染者247例（占53.0%），艾滋病病人219例（占47.0%），累计报告死亡病例202例；累计存活艾滋病病毒感染者及病人264例（艾滋病感染者145例，占54.9%；艾滋病病人119例，占45.1%）。2015年新报告艾滋病病毒感染者和病人29例，新报告HIV/AIDS流行病调查率均为100%。乡镇预防覆盖率已达100%。年底，全县疫情报告排名前五位的乡镇是：蒙山镇121例、文圩镇111例、西河镇83例、新圩镇46例、黄村镇37例。艾滋病病毒感染者/病人接受结核病检查的比例为97.0%；艾滋病病毒感染者/病人随访干预比例87.0%；艾滋病病毒感染者/病人配偶抗体检测率88.7%。截至2015年底，全县累计接受抗病毒治疗192人，应治疗人数为219人，治疗比例为87.7%。对戒毒所、看守所羁押人员采血检测率分别为107%，每月对城区高危场所内的暗娼进行行为干预，月均覆盖率为90.3%，其中HIV检测率为82.6%。社区美沙酮门诊累计治疗人数223人，在治疗人数102人，保持率54.5%；社区美沙酮门诊在治疗人员HIV检测率为85.9%，HCV检测率为96.7%，梅毒检测率86.3%。2015年艾滋病自愿咨询检测采血共632份，较2014年（574份）相比增长10.1%。

【突发公共卫生事件】 2015年，全县报告突发公共卫生事件5起，其中事件类型为食物中毒事件2起，传染病2起，其他中毒1起，分别占突发公共卫生事件报告的40%、40%、20%。中毒事件报告发病59例，死亡5例；传染病为水痘疫情，发病33例，无死亡病例。级别以一般事件为主，占60%，为传染病疫情事件（水痘）2起，沙门氏菌食物中毒事件1起；其次为较大中毒事件1起，未分级事件1起。中毒事件发生在5月2起，12月1起，水痘疫情事件发生在4月、5月各1起。已全部结案。

【农村饮水安全工程水质检测中心建设】 根据《广西蒙山县农村饮水安全工程水质检测中心建设方案》，蒙山县农村饮水安全工程水质检测中心依托蒙山县疾病预防控制中心现有办公用房进行组建。2015年年底，水质检测中心已挂牌，检验室初步建成，已投入使用，可检测36项水质指标。

【居民慢性阻塞性肺病监测】 自2015年9月中旬至12月中旬，县疾控中心根据《自治区卫生计生委关于开展2014—2016年广西居民慢性病与营养监测工作的通知》文件要求，在监测点乡镇新圩镇、黄村镇、文圩镇开展居民慢性阻塞性肺病监测工作。共监测对象650人，全面完成监测工作任务。

【实施结核病“三位一体”防治新模式】 为适应结核病防治工作新形势，规范各医疗卫生机构的结核病防治服务，自2015年起逐步构建由县卫计局负责组织领导及协调、疾控机构负责信息管理及培训督导、定点医疗机构负责诊断治疗及病人管理、非定点医疗单位负责初筛转诊、基层医疗卫生单位负责追踪随访、县卫生监督所负责执法监督的结核病防治“三位一体”服务模式。自2015年12月起，结核病诊疗工作由县疾控中心移交至县人民医院，正式实施结核病“三位一体”防治新模式。

【寄生虫调查工作】 根据国家卫计委2014—2016年在全国范围内开展全国第三次人体重点寄生虫病调查的工作安排，于2015年5月底开始，对调查点文圩镇龙定村三登组、新圩镇壮村村蒙屋组开展人体重点寄生虫病现状调查。全县发放粪盒583份，收到大便样本509份，受检率87.31%。检出人芽囊原虫45份，鞭虫2份，肝吸虫4份，蛲虫2份，钩虫3份，溶组织内阿米巴1份。感染率分别为8.84%、0.39%、0.79%、0.39%、0.59%、0.20%。

（卢　璇）

红十字会

【红十字知识宣传】 2015年，县红十字会利用“5·8”世界红十字纪念日、“无偿献血日”“全国爱牙日”“12·1”世界爱滋病宣传日等特定日子，在县城繁华地段开展宣传活动，展示红十字知识图片、防灾防病知识、卫生救护、救助项目等内容，发放《中华人民共和国红十字会法》《中国红十字会章程》《实施意见》《红十字会运动基本知识》《红十字急救常识》等资料1万多条（册）。

【救灾、救护、救助】 2015年，县红十字会深入开展“红十字博爱送万家活动”，接待求助的来访群众107例，通过向上级红十字会争取到价值12万元的药品和棉被、棉衣、大米、食用油、面条等生活必须品共3批，全部用于春节、三八妇女节、六一国际儿童节、敬老节期间慰问五保户、特困户、孤儿、特困学生、受灾户、重大疾病手术治疗患者共190户。10月21日（农历九月初九）“重阳节”的上午，县红十字会到蒙山镇北楼村程村片举行学雷锋志愿服务活动，为70岁老人开展义诊，发放苹果礼品87份、衣服25件。11月14—15日，组织潘娇媚等7名“事实孤儿”到梧州参加“城乡儿童心连心·精准扶贫公益行——梧州市与事实孤儿手拉手活动”，7名“事实孤儿”获得衣服、棉被、食用油、大米、面条等捐赠物资及200元慰问金，每人分别受益1500元。11月26日，邀请南宁市第三人民医院心脏病普查专家组，在蒙山县人民医院为20多名群众进行心脏病免费普查活动。

【大病救助和募捐活动】 2015年，县红十字会通过向自治区、市红十字会申请中国红十字基金会救助项目（即小天使基金和阳光行动基金），对多名白血病、先天性心脏病、重型地中海贫血患儿、唇腭裂及其他重大疾病患儿进行救助，直接用于重大疾病患儿在定点医院治疗救助金额共9.67万元。2015年，共收到社会各界爱心捐款4544.1元。

【初级卫生救护培训】 按区市红会要求联合市培训中心，2015年组织全县近2000名司乘人员参加卫生救护培训，对理论考试和操作考核成绩合格的学员发给红十字卫生救护合格证书。

【灾情上报】 2015年，部分乡镇遭受水灾，给人民群众造成经济损失。县红十字会及时将灾情向上级报告，争取到一批价值4万元的药品和救灾物资，全部用于救助受灾严重的文圩、黄村、新圩、西河镇灾民共149户，对2000多灾民赠送药品。

【扶贫项目建设】 2015年，争取到广西红十字会定向捐赠项目款10万元，用于建设陈塘镇沙灵村作瓦组文化活动中心及养殖示范基地扶贫。该项目于2015年12月开始实施，2016年上半年完成。

【无偿献血】 2015年，全县发动完成无偿献血2233人次，献血量82.11万毫升，为梧州市医疗临床用血提供支持。

（莫运献）

人民医院

【概　况】 蒙山县人民医院是一家集医疗、科研、教学及急救为一体的综合性二级甲等医院，县人民政府指定的120急救中心，县卫生和计划生育局指定的产科急救中心。内设行政职能科、临床科和医技科。医院占地总面积26048平方米，建筑总面积29251平方米，固定资产37500万元。编制床位280张，实际开放床位300张。2015年，有职工337人（在编172人、自聘165人），其中卫生技术人员288人（其中高级职务（副高）13人、中级77人、初级158人，其他40人），占职工总数的78%。有地市技术拔尖人才1人，县技术拔尖人才1人，市优秀岗位能手1人。年内，选送18名医务人员到各级医院进修学习。投入资金90多万元添置十二道自动分析心电图机、输液泵、颅内血肿微创清除辅助定位器、医用快速清洗机等医疗设备。全年，门诊196609人次，手术1959人次，出院人数9413人，业务收入8055万元。

【专科建设】 2015年，为提高医院专科技术水平，大力加强重症医学科、急诊科、血透室等专科建设。重症科全年共收治危重病人523人次、麻醉复苏病人201多人次。急诊科全年急诊人次达28854人次，120出诊迅速，多次完成全县重大突发事件抢救工作，全年出车2698车次。对身份不明或无力缴费的患者及时救治，一年共救治5人次，医疗费用共6000多元，无拒绝、推诿或拖延救治现象发生。急救绿色通道畅道，危急重病人先救治、后缴费，全年危重病人抢救169人次。加强血透室的建设，全年血透病人达7780人次，并于2015年11月顺利通过区卫计委血液净化室规模扩大复审考核。为满足广大群众医疗服务需求，发扬中医诊疗特色，积极开展中医科建设，2015年7月20日中医科病房正式开科。

【人才招纳和培养】 2015年，坚持广纳贤才的原则，通过社会、校园等渠道公开招聘，成功招聘17名医务人员，其中临床医师2名，护理人员13名，行政后勤人员2名。采取多种形式培养各类专业技术人才，培养学科带头人，构建专业医疗队伍，共派出18名医护人员、护理管理人员到小榄人民医院、广西中医药大学附属瑞康医院、广西医科大第一附属医院、广西区人民医院、梧州市人民医院进修外科、耳鼻喉科、麻醉科、儿科、检验科及护理管理等。同时，派出参加各类短期学习班、研讨会186人次，院内组织医务人员业务学习5次。每两个月对全院医师、医技和药剂、护理人员进行三基理论考试一次，“三基”培训人员参加率达到95%以上，考核合格率达到99%。

【新项目新技术应用】 同时以对口支援工作为契机，在梧州市人民医院专家及其他上级医院专家帮助下，开展医疗新项目新技术枸橼酸体外抗凝、桡动脉穿刺置管持续测压技术、肺动脉CTA在肺动脉栓塞中的应用、空芯针穿刺取活检送组织学病理在乳腺癌中的应用等20多项。

【科研及论文撰写】 医院制订奖励措施，鼓励医务人员开展科研及发表论文。2015年立项市级科研项目2项：《饮食控制治疗妊娠期糖尿病的临床疗效观察》《支气管镜大剂量生理盐水气管肺泡灌洗疗效观察》；通过市级科研项目验收1项：《七叶皂苷钠、纳洛酮联合治疗重型颅脑损伤疗效观察》。全年医务人员共发表论文15篇，其中国家级2篇，省级13篇。

【文体活动】 2015年，积极开展各种文体活动，活跃职工业余生活：元旦举办职工气排球赛；“5·12”国际护士节，帮助医院单身职工寻觅幸福，邀请23名有为青年与单身护士美丽相约开展联谊活动；“6·26”中国医师节，举办以“弘扬医德医风，托起生命之梦”为主题的演讲比赛；12月30日，举办以“真情服务、共系健康”为主题的元旦晚会。

县人民医院护士节联谊会　　县人民医院　供稿

【首次承办市重症医学学术研讨会】 2015年1月17日，县人民医院首次承办在蒙山县召开的梧州市医学会重症医学分会2015年常委会议暨重症医学学术研讨会。梧州市医学会重症医学分会主任刘俊，县政协副主席、县人民医院院长何剑珍，重症医学分会常委及全市各医院领导专家，以及全县会员共100多人参加会议。此次重症医学学术研讨会的召开为梧州市各级医院重症医学科的建设发展提供翔实的理论依据和临床经验，为全市重症医学工作者构建了相互学习交流的平台，同时为县人民医院2016年重症医学科建设验收提供技术指导。

【医疗机构执业校验】 2015年7月16日，梧州市医疗机构执业校验专家组对蒙山县人民医院进行执业校验。本次执业校验审查按照“医疗机构执业校验汇报”“现场审查”“执业校验反馈”三个主要步骤开展。经过层层审查，梧州市医疗机构执业校验专家组认为蒙山县人民医院在本执业周期内，严格依照《中华人民共和国执业医师法》《医疗机构管理条例》《医疗事故处理条例》《医疗机构管理条例实施细则》等有关法律法规和规章制度加强监督管理、严格规范执业行为、保障医疗服务质量和医疗安全。顺利通过此次执业校验。

【启动“二甲”复评审工作】 按照国家和区卫计委的统一部署，县人民医院计划2017年底申请二级医院等级复评审验收。为做好复审的各项准备工作，2015年12月12日，召开“二级复评审工作动员大会”，第一期“二甲”复评审专题培训班亦于12月12—13日开班，医院全体领导、科主任、护士长、职能科人员及200多名医技药护人员参加动员大会和第一期专题培训班。

【公共租赁住房开工建设】 为改善医疗技术骨干的工作和生活条件，充分调动医护人员的积极性，稳定技术人才而申请拟建的蒙山县人民医院公共租赁住房工程项目于2015年10月18日正式开工建设。该工程项目建设规模为：十三层（含地下二层车库），总建筑面积12860平方米，总投资2322万元。

【参与公立医院改革】 2015年10月9日，县人民医院召开二层机构人员及职工代表会议，组织学习市卫计委有关医改文件精神。利用电子屏幕及宣传栏向群众宣传医改政策，从2015年10月11日起实行药品（除中药饮片外）零差率销售，并按桂价医〔2015〕77号文件调整部份医疗服务项目价格。

（黄献群　张娟娟）

中医中药

【概　况】 蒙山县中医医院是国家二级甲等中医医院和“爱婴”医院。设有门诊部、住院部。2015年底，有职工（含聘用）196人，其中专业技术人员164人［高级职务（副主任医师）7人，中级75人，初级82人］。开放病床195张。医院占地面积10377.94平方米，建筑面积9781平方米。固定资产约3200万元。医疗设备和急救器材有：救护车、CT机、DR、彩色B超、电子胃肠镜、动态心电图机、肺功能检测机、骨密度测定仪等近百件。

【中医人才培养】 2015年，选送9位医师到桂林医学院附属医院进修学习；派出医务人员参加各类短期学习班、研讨会共181人次；共组织全院学习8次。6月，邀请梧州市人民医院放射科主任到院讲课；到中南大学湘雅二医院进修的医师回蒙山后组织培训，主讲糖尿病治疗、甲功报告单的解读等内容；12月份3名医护人员参加“全区2015年新生儿复苏技术培训班”并对医院相关人员进行新生儿窒息复苏理论知识培训和实际操作培训及考核。发表论文有10篇，其中医师发表共7篇，护士发表3篇。按等级分类，国家级期刊3篇，科技核心期刊2篇，省级期刊5篇。

【中医特色专科建设】 2015年，县中医医院有3个自治区基层重点中医专科。“自治区第一批基层重点中医专科”妇科采用治疗中药粉烫疗、中药灌肠、中药内服、中药阴道灌洗、针灸、拨灌、艾灸、穴位注射、穴位贴敷、Leep刀和微波、中频、红外线、多功能电离子手术等中医中药治疗手法，治疗阴道炎、盆腔炎、乳腺增生、不孕症、先兆流产、妊娠剧吐、产后尿潴留等妇科疾病。“自治区第二批基层重点中医专科”骨伤科，2015年12月顺利通过自治区中医药管理局评审验收。开设正骨、草药膏外敷、小夹板外固定、小针刀治疗、软组织损伤中草药烫疗、红外线照射、电滋波治疗、颈腰椎疾病牵引、针灸、按摩配合中药内服等中医效法，治疗各种骨折、关节脱位、扭伤、软组织挫伤、积伤、慢性劳损、骨质增生、颈椎病、腰椎间盘突出症、骨髓炎、风湿疼痛等。“自治区第二批基层重点中医专科”康复科，2015年12月顺利通过自治区中医药管理局评审验收。开设有针灸、推拿、牵引、药线点灸、小针刀、中频脉冲电治疗、神灯照射、刮痧、艾灸、康复训练等治疗项目，对颈、肩、腰、腿痛疾病，中风、面瘫、截瘫、头痛、失眠、眩晕、带状泡疹、风湿性疾病和急慢性软组织损伤等疾病进行治疗。

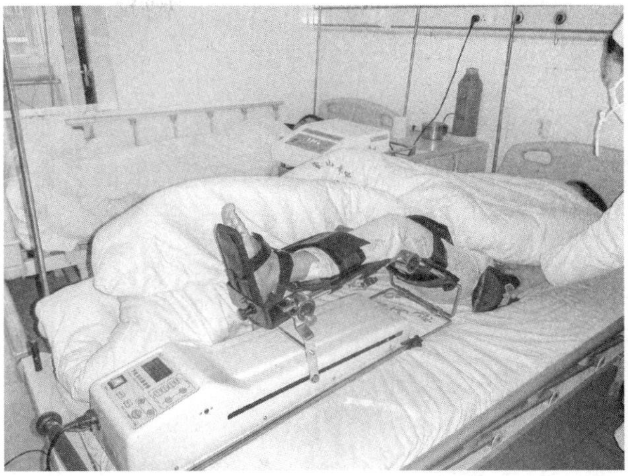

中医特色治疗——下肢康复治疗　　县中医医院　供稿

【中医治疗】 2015年，投入136万元用于添置或更新医疗器械。大型设备包括麻醉机1台、脉动真空灭菌消毒锅1台、信息系统和容灾设备1套、眼底照相造影仪1台、电子测眼压仪1台、中药熏蒸仪1台、生物安全和洗板机各1台等中西医诊疗设备。2015年，医院中医类别医师占医师比例为63%，中药专业技术人员占药学专业技术人员的比例为63.6%，特色中医诊疗设备达30多种，开展中医治疗项目53种。2015年中医门诊病人56287人次，占门诊病人总数40%；门诊处方中，中药处方大于60%，非药物治疗人次大于10%；病房中医药治疗率为85%；住院病案甲级率达95%；常见急危重症救治成功率90%。

【教授专家义诊】 2015年，梧州市中医医院派出口腔科、放射科、妇产科3名专家到蒙山县对口支援并指导各项工作，开展会诊、手术及为门诊病人免费看病等，共诊疗病人120人次。

【医学科研】 2015年，有科研项目2项，为骨伤科《中草药烫疗治疗腰腿痛的方法研究及临床应用》及康复科《瑶医半身不遂奇方外洗治疗中风的临床研究与应用》。上述科研项目，经过1年多临床资料收集及多年临床实践应用，取得较好的临床效果。计划于2016年年初研究结束，同时向梧州市科技局申请评定验收。

（谢有兰）

妇幼保健

【概　况】 蒙山县妇幼保健院是国家一级甲等妇幼保健院，是一所“以保健为中心，保健与临床相结合”的非营利性医疗机构，担承全县妇女儿童预防保健工作及对基层妇幼卫生人员的业务指导和技术培训，是全县妇幼保健业务指导中心。保健院建筑占地面积480平方米，业务用房面积2010平方米。设有门诊部和住院部，门诊部设有妇科、产科、内儿科、妇保科、儿保科、婚前医学检查科和医技科室等；住院设有妇产科和儿科（新生儿科）2个科室，实际开放床位数12张。该院为全额事业单位，有职工52人，其中卫生技术人员43人。拥有西门子、日本阿洛卡三维彩超、定量超声骨密度测量仪、母婴监护仪、新生儿培养箱、麻醉呼吸机、G6PD荧光检测仪、高倍显微系统、视力筛查仪、弱视治疗仪等一大批现代化医疗设备。可熟练开展剖宫产术、子宫全切除术、子宫肌瘤剔除术、卵巢囊肿摘除术、无痛微创人流术、无痛分娩、早产儿培养等，被卫生部授予“爱婴医院”等荣誉称号。

2015年9月12日，县妇幼保健到县城东场市开展“防治出生缺陷·关爱患病儿童”义诊活动　　县妇保院　供稿

【医疗业务】 为提高妇幼保健工作的服务能力和管理水平，加大临床工作力度，新增全自动尿沉渣分析仪、新生儿脑干听性筛查仪、儿童复合电子称等医疗仪器。根据医院的工作性质、人员状况，本着培养人、锻炼人、管理人的精神，加强技术队伍建设，鼓励技术人员参加上级业务部门组织的培训班及各类专业函授以及业务讲座，2015年技术人员到上级医院进修2人。2015年门诊总诊疗人数27485人，住院294人，出院治愈好转率为100%，业务收入380.5万元。

【公立医院改革】 为加快推进县级公立医院综合改革，从2015年10月12日开始实施医改工作：药品零差率销售，所有药品按进货价销售，不再实行加价销售；调整部分医疗服务项目价格；调整床位收费标准。同时对实行药品零差率销售、调整医疗服务价格和医疗收费标准价格进行对外公示。

【托幼机构服务】 2015年，对全县托幼机构进行卫生保健指导，托幼机构工作人员健康检查879人，儿童入园检查1899人，儿童入园检查率为100%。进入到幼儿园进行健康体检5972人，进行视力检查8732人。托幼机构卫生保健管理开始步入规范化管理。

（苏　静）

精神病治疗

【概　况】 蒙山县第二人民医院是一所以精神病专科为主，以皮肤性病专科为特色的非营利性医疗机构，主要承担着本县精神疾病的预防、诊治及公共卫生服务项目（精神障碍疾病管理）等任务。医院编制床位150张，实际开放床位260张。2015年年底，有职工112人（在编职工63人，聘用49人），其中卫生专业技术人员84人（高级职称3人、中级职称26人、初级职称55人）。2015年门诊30131人次，精神科收治住院病人969人次，日均住院240人次。病人的构成有一半为本县的患者，一半为周边县市的患者。

【精神科业务综合楼建成投入使用】 精神科业务综合楼位于蒙山镇湄江街关口冲，为六层框架结构（含地下负一层），总建筑面积7000平方米。

项目总投资1320万元，其中中央投资1100万元，自治区配套资金220万元。精神科业务综合楼项目列入国家补助精神卫生防治体系建设项目2011年中央预算内投资计划，2011年12月正式开工建设，至2014年4月，全部工程竣工验收。2015年8月31日正式投入使用，2—4楼接收精神科住院病人。

【举办精神卫生管理培训班】 2015年5月27—29日，梧州市精神卫生管理培训班在蒙山县第二人民医院举办，市精神卫生医疗机构及各县卫计局相关人员共36人参加培训并进行经验交流，进一步提高精神病管理水平，规范严重精神障碍患者管理工作，极大地推动全县精神卫生工作。

【严重精神障碍管理业务指导】 每个季度派出3—4名业务骨干协助开展基本公共卫生服务工作，指导乡镇卫生院进行严重精神障碍患者规范化管理治疗工作。每年对各乡镇严重精神障碍服务项目情况进行4次日常督导考核。全年共开展2期严重精神障碍管理业务培训，培训78人次。

【业务交流】 2015年1月18日，来宾市第二人民医院院长廖志贤带领部分中层领导共8人到蒙山县参观学习；2015年4月27日，平乐县精神病院院长杨青松及业务骨干共5人到蒙山县学习交流；2015年9月9日，藤县残联、藤县第三人民医院领导及业务骨干一行12人到蒙山县考察学习。

（莫小梅）

人口和计划生育

【概　况】 蒙山县人口和计划生育局内设办公室、规划统计股、政策法规股、科技技术股、宣传股、流动人口服务管理股6个职能股室。下辖县计生技术服务站、县计划生育协会和县直计划生育工作站3个二级机构。2015年10月与县卫生局合并，组建成立蒙山县卫生和计划生育局。2015年，全县人口自然增长率为6.74‰，出生人口性别比为110.3，符合政策生育率为91.53%，奖励扶助政策落实率100%，产前筛查率为77.39%，数字库信息准确率为97.84%，变更及时率为97.28%，均达到市下达计生目标责任制指标值要求。全年共为1301对待孕夫妇提供免费孕前优生健康检查，目标人群覆盖率100.1%。全县发放爱心保险卡782张，为782户农村计划生育家庭完成爱心保险投保。

【落实贫困计生家庭扶贫项目】 2015年，加大对诚信计生工作好的贫困村的支持力度，优先安排诚信计生家庭的扶贫开发项目，增强诚信计生家庭发展能力。全县共有计生扶贫家庭419户，有378户计生贫困户落实扶贫项目，落实扶贫资金20.8万元，计生家庭扶贫项目覆盖率达90.2%。

【流动人口免费技术服务】 按照“属地化管理、市民化服务”原则，实现户籍人口同宣传、同管理、同服务，将流动人口计生管理服务纳入经常性工作范围，提供与户籍人口同等的免费服务。2015年，全县流入已婚育人口106人，其中应提供免费计划生育技术服务211人，已提供免费技术服务211人，计划生育免费技术服务率100%。

【实施单独两孩政策】 2015年，全县开展单独两孩出生人口监测和分析工作，完成单独两孩实施情况评估工作。共发单独两孩生育证102本，已生育40人。全县未出现群众扎堆生育和负面舆论现象。

【诚信计生】 2015年，全县积极开展诚信计生示范创建工作，全县已婚育龄妇女21011人签订了诚信计生合同，参与率达92.6%。经评估验收，西河镇及西河镇古排村、蒙山镇北楼村、新圩镇新圩村、文圩镇河村村、黄村镇明觉村等6个单位荣获全市诚信计生示范单位表彰。

【兑现计划生育奖扶特扶政策】 2015年，全县确认国家级奖励扶对象421人，金额60.624万元；特扶13人，金额13.416万元。确认特扶对象13

人，金额13.416万元，准确率100%。9月24日，均通过农商行发放到对象手中。

【农村计划生育家庭小额贴息贷款】 2015年，小额贴息贷款扶持农村计划生育家庭44户，贷款金额88.2万元，贴息5.37万元。通过扶持，计生家庭发展能力、生活水平显著提高。

【综合治理出生人口性别比】 继续保持出生性别比综合治理高压态势，做到思想更重视、考核更细化、打击更严厉、监管更到位，加强部门联动，严查“两非”案件。2015年，全县加强综合治理出生人口性别比治理力度，年度全县出生人口性别比为110.3，较2014年下降了3个百分点。

（黄扬春）

责任编辑　黄民森

民生事业

民政事务

综　述

【概　况】蒙山县民政局是县人民政府工作部门之一，内设行政办公室、救灾救济股、社会救助股、优抚安置股、基层政权和社区建设股等 11 个股室；行政编制 7 人，机关后勤事业编制 1 人，2015 年在职 10 人。下辖县城镇居民最低生活保障管理所、县婚姻登记处、县救助管理站、县军队离休退休干部休养所、县低收入居民家庭经济状况核对中心、县社会福利院共 6 个事业单位，2015 年在职干部职工共 14 人。2015 年，发放各类民政资金 5700 多万元，城乡低保、五保供养、城乡医疗救助、孤儿生活保障、受灾人员生活救助、困难群众临时救助等社会救助制度进一步健全和完善，优抚安置、老年人优待政策得到全面落实，困难群众基本生活得到保障。

【开展第二次全国地名普查】2015 年，根据第二次全国地名普查工作安排，结合第一次全国地名普查成果和 2004 年的补更材料，统一摸底，对全县 78 个行政村的地名数量进行统计，完成全县所有地名的登记表信息采集。共采集 9 个大类 53 个小类共 2397 条地名信息条目（其中新增地名 284 条，历史地名 11 条），分层面对地名信息资料进行审核把关，到 2015 年年底，已审核通过 1100 多条地名。

【基层政权和社区建设】2015 年，全县有 9 个乡（镇），78 个村民委员会，6 个社区居民委员会，1738 个村（居）民小组。县民政局贯彻实施《中华人民共和国村民委员会组织法》，指导村民委员会深化村务公开，加强民主管理，完善村务公开的内容、时间、程序和形式，落实支农惠农政策，保障群众的知情权、决策权、参与权和监督权。

（曾秋实）

救灾　救济

【受灾情况】2015 年，因洪水灾害，全县农作物受灾面积 3619 公顷，成灾面积 2777 公顷，绝收面积 74 公顷，紧急转移安置人口 292 人，因灾倒塌房屋及严重损坏房屋共计 86 户 192 间，直接经济损失 4509 万元。

【灾害应急救助】2015 年，对因灾紧急转移安置的群众发给转移安置补助，每人 150 元，共发放 31 户 110 人，补助资金 1.65 万元。

【受灾困难人员冬春生活救助】2014 年冬至 2015 年春，给受灾困难群众发放粮食 3 万公斤、食用油 4000 瓶、棉被 3500 床、衣服 11600 件、毛巾被 3000 床、蚊帐 2000 床，计款 210 万元，困难群众得到及时救助。

【因灾倒损民房重建】2015 年，全县因灾倒房重建43户，发放重建补助资金64.5万元，每户补助1.5万元。

【农村住房政性保险理赔】 2015年，全县有88户倒损住房户得到保险理赔，理赔资金24.465万元。

【社会救济】 2015年，全县有补充兵员62人，每人每月发放社会救济80元，全年发放资金5.9万元；退职职业制民警5人，每人每月发放社会救济185元，全年发放资金1.1万元。

（曾秋实）

社会救助和社会福利

【城乡居民最低生活保障】 2015年，城乡低保做到应保尽保，实行动态管理。对符合条件的家庭及时纳入保障范围给予救助，对不再符合低保条件的家庭停止救助。2015年新增城市低保17户，取消60户；新增农村低保489户，取消776户。城市低保按补差发放，农村低保分三个档次发放。根据社会经济发展情况和上级要求，适时提高城乡低保标准和补助水平。2015年全县城市居民最低生活保障标准由每人每月300元提高到380元，农村居民最低生活保障标准由人均年2160元提高到2450元。从2015年10月1日起，全县城市最低生活保障对象平均补助水平每人每月提高20元，农村最低生活保障对象平均补助水平每人每月提高15元。

乡镇开展农村低保集中评议活动　　县史志办　供稿

2015年城乡最低生活保障金支出情况表

表25

类别	户数（个）	人数（人）	发放资金（万元）	月人均补助（元）
城市低保	961	2211	720	265.9
农村低保	6581	16251	2304.8	113.7

【农村五保户供养】 “五保”户生活物资实行定期定量供给。集中供养的“五保”户每人每年补助电费200元，分散供养的“五保”户由电力公司每人每月免费提供10度电。“五保”户门诊治疗每年可报销2000元的医药费，住院治疗全额报销。“五保”户死亡按12个月供养标准补助丧葬费。2015年，全县有农村“五保”对象1243人，其中集中供养87人，供养标准为每人每月200元钱、30斤米、1斤食用油；分散供养1156人，供养标准为每人每月150元钱、30斤米、1斤食用油。全年发放“五保”供养资金343.5万元，发放“五保”户死亡丧葬费17.5万元，发放生活不能自理的农村“五保”对象住院陪护费71人次13.3万元。

【城乡医疗救助】 按标准补助低保户、“五保”户参合参保资金。城乡低保对象、农村“五保”对象、孤儿因大病住院治疗的，按不同类别人员和标准分类给予大病医疗救助。对患有常见病、慢性病需要长期药物维持治疗的城乡低保对象、农村“五保”对象实行门诊医疗救助。对参加新农合的儿童急性白血病和儿童先天性心脏病进行重大疾病补偿。2015年，支出医疗救助资金655万元，其中发放城乡低保对象、农村“五保”对象参合参保补助金106万元，农村低保对象参合每人补助54元，农村“五保”、孤儿参合每人补助90元，城市低保对象参保每人补助40元；发放住院救助资金3540人次532.8万元；发放门诊救助资金1696人次16.17万元。

【城乡困难群众临时救助】 对由于临时性、突发性原因造成基本生活出现暂时困难的家庭，给予非定期、非定量的生活救助。2015 年，救助困难家庭 481 户，资金 99 万元。

【社会救助家庭经济状况核对】 2015 年，县低收入居民家庭经济状况核对中心对全县各类社会救助申请对象进行家庭经济状况核对工作。全年共受理申请核对各类社会救助对象 626 户，其中低保核对 314 户、医疗救助核对 32 户、住房救助核对 230 户、教育救助核对 48 户。

【留守儿童、空巢老人排查救助】 2015 年，开展农村留守儿童、空巢老人普查工作。经排查、统计，全县有农村留守儿童 4901 人、空巢老人 2832 人。县民政局及时将符合条件的农村留守儿童和空巢老人纳入社会救助范围，农村留守儿童享受低保的有 218 人，临时救助 25 人，医疗救助 130 人，住房救助 25 人，其他救助 869 人；空巢老人享受低保的有 429 人，临时救助 3 人，医疗救助 123 人，住房救助 34 人，入住养老机构 1 人，其他救助 166 人。

【孤儿生活保障】 孤儿每人每月发放 600 元生活保障金。2015 年，全县有孤儿 29 人，发放孤儿生活保障资金 17 万元。

（曾秋实）

优抚安置双拥

【抚恤补助】 2015 年，全县有享受国家定期抚恤及生活补助的优抚对象 1309 人，抚恤及补助金额 529.57 万元。

【义务兵优待】 2015 年，全县义务兵家属优待金实行城乡统一标准，每人每年 9970 元，发放 141 名义务兵家属优待金 140.577 万元。

【优抚对象医疗保障】 2015 年，补助优抚对象参加新型农村合作医疗保险或城镇居民基本医疗保险 696 人，资金 6.39 万元。支付优抚对象住院医疗补助 68 人次，资金 14.5 万元。

【退役士兵安置】 2015，接收退役士兵 40 人，发放 76 名 2014 年退役的士兵自主就业经济补助资金 72.5 万元。组织退役士兵 70 人次参加县组织的 SYB 创业培训和汽车驾驶培训。

【双拥工作】 2015 年春节前与八一建军节期间，由县委、县政府组织开展慰问驻蒙部队官兵和优抚对象活动，走访慰问慰问优抚对象 2590 人次，发放慰问金 57.2 万元。清明节举行祭扫烈士墓活动，9 月 30 日举行烈士纪念日公祭活动，缅怀革命先烈，进行爱国主义和革命传统教育。

【军休干部待遇】 2015 年，有军队离休退休干部 3 人，按规定发放生活费 28.5 万元。

（曾秋实）

社会事务

【婚姻登记】 2015 年，全县办理结婚登记 1741 对，离婚登记 355 对，补办结婚证 312 对，补办离婚证 3 对，出具婚姻登记记录证明 936 份。

【流浪乞讨人员救助】 对外籍流浪到蒙山县的流浪乞讨人员，给予衣被、食物、回乡路费等救助，对患重病的流浪乞讨人员送往医院救治。2015 年救助 36 人次，支出流浪乞讨人员救助资金 35 万元。给在第二人民医院长期住院、无法查找家庭住址的 9 名流浪乞讨人员每人每月发放城市低保金 355 元，并为他们缴交 2015 年度城镇医疗保险。

【社会组织管理】 按规定办理社会团体和民办非企业单位申请成立登记和年度检查。全县有社会团体 115 个，民办非企业单位 19 个。2015 年办理社会团体登记 5 个，年度检查 22 个。

【区划地名管理】 2015 年，与藤县开展界线联检，联合检查边界走向、界桩定位情况，对界桩进行维护。了解边界群众对边界的意见，加强平安边界建设。

（曾秋实）

老龄事业

【老年人优待】 2015 年，免费为全县 60 周岁以上老年人办理老年优待证636张。县财政补贴县金晖汽车公司13万元，70周岁以上老年人凭“老年人优待证”可免费乘坐县城公交车。

【发放高龄老人生活补贴】 2015年，全县有百岁老人25人，每人每月发放生活补贴300元；90—99周岁老年人708人，每人每月发放生活补贴80元；80—89周岁老年人4546人，每人每月发放生活补贴50元。全年发放80周岁以上老年人生活补贴351万元。

【开展第四次中国城乡老年人生活状况抽样调查】

2015年，经全国抽样，蒙山县被确定为第四次中国城乡老年人生活状况抽样调查样本县，抽取4个乡镇16个村委会480名老年人作为调查对象。调查采取入户访谈和调查问卷收集数据，围绕老年人生活状况和养老服务需求，了解城乡老年人健康、照料护理服务、家庭、经济、社会参与、维权意识与行动、宜居环境以及精神文化生活等方面的状况。

2015年蒙山县百岁老人一览表

表26

序号	姓名	性别	民族	出生年月	文化程度	家庭住址	亲属（关系）	兴趣爱好
1	何文兰	女	汉族	1910.07	文盲	蒙山镇甘棠村大岭八组	李昌海（母子）	勤劳动，爱吃粗粮
2	吴静文	女	汉族	1914.03	文盲	蒙山镇高堆村平冲组	覃永清（母子）	勤劳动，爱吃粗粮
3	蒙美玉	女	汉族	1915.10	小学	蒙山镇甘棠村甘棠十一组	唐正杰（母子）	勤劳动，爱吃粗粮
4	谭秀英	女	瑶族	1910.01	小学	西河镇安富村林屋组13号	林国庆（父子）	唱山歌，念三字经
5	农建中	男	汉族	1911.08	小学	西河镇古娄村三组	农永观（父子）	听山歌，打牌
6	欧玉珍	女	汉族	1914.01	小学	西河镇龙蟠村恒尾二组	梁瑞权（母子）	做家务，聊天
7	黄福秀	女	汉族	1914.12	小学	西河镇龙蟠村恒尾二组	梁国汉（母子）	做家务，聊天
8	欧玉英	女	土家族	1915.03	初中	西河镇大塘村母伦二组	刁文凤（母女）	勤劳动，爱吃粗粮
9	蔡兰珍	女	瑶族	1915.02	文盲	西河镇福垌村公亿组100号	五保户	性格开朗，生活简朴
10	陈受珍	女	瑶族	1915.09	小学	西河镇大塘村母伦七组8号	蒲朝清（母子）	勤劳动，爱吃粗粮
11	王美珍	女	汉族	1910.12	小学	文圩镇大明村上北三组	廖守思（侄儿）	吃红薯粥、蔬菜
12	李凤珍	女	汉族	1908.09	小学	文圩镇大明村佛子三组	廖清建（母子）	性格开朗，生活简朴
13	何文英	女	汉族	1912.03	文盲	文圩镇文圩村桥头组	李有凤（母女）	性格开朗，饮食正常
14	陈玉芳	女	瑶族	1912.10	小学	文圩镇六夏村屯律二组	黄凤华（母女）	性格开朗，饮食正常
15	钟其美	女	汉族	1913.11	小学	文圩镇六夏村下木架组2号	韦绍玉（母子）	性格开朗饮食正常
16	黄绍荣	男	汉族	1914.09	小学	黄村镇大化村社背组	张胜春（母子）	爱劳动、聊天
17	胡秀琼	女	汉族	1908.01	文盲	黄村镇道冲村江垌组	黄献周（母子）	爱劳动、聊天
18	莫淑英	女	汉族	1914.09	文盲	黄村镇黄村村那郑组	黄素才（父子）	爱劳动、聊天、爱吃粗粮。
19	何桂芳	女	汉族	1909.08	文盲	陈塘镇沙灵村北合组	陆清新（母子）	爱运动，吃清淡食物
20	江海兰	女	汉族	1912.01	文盲	陈塘镇压沙灵村作二组	李陈裕（母子）	爱聊天
21	陆显昌	男	汉族	1913.01	文盲	陈塘镇沙灵村北合组	莫秀清（女儿）	爱运动，吃清淡
22	谭秀芬	女	汉族	1914.01	文盲	陈塘镇罗应村回塘组	陆盛起（父子）	爱走动
23	韦先秀	女	汉族	1911.05	小学	汉豪乡都坡村古官组	郑延林（父子）	爱劳动，吃素食
24	陶仙月	女	瑶族	1911.08	文盲	夏宜乡六洛村三组	莫国华（母子）	爱劳动，吃青菜、植物油，喝茶
25	韦尚华	女	汉族	1913.01	文盲	夏宜乡六海村二组	黄素华（外孙）	吃素食、户外活动

（曾秋实）

城乡就业

【概　况】 2015年，蒙山县人力资源和社会保障局以就业再就业工作为重心，以就业服务制度化、专业化、社会化为标准，通过大力加强就业培训、强化就业服务、推进创业带就业、做好重点群体就业等有力措施，使全县城镇登记失业率控制在4.5%以内，就业局势保持总体稳定。全年，全县完成城镇新增就业630人，农村劳动力转移就业3731人，失业人员再就业109人，就业困难人员再就业59人，城镇登记失业566人。全县完成职业技能培训3693人，核发职业资格证书495本。招聘高技能人才17人，事业单位直接面试签约录用工作人员48名，招录“三支一扶”大学生6名，招聘大学生村官5名。

【基层就业和社会保障服务平台建设】 截至2015年12月底，蒙山县新型乡镇劳动就业社会保障服务中心项目，已完成项目建设5个，其中蒙山镇、西河镇、长坪瑶族乡3个项目正在进行验收，汉豪乡、夏宜瑶族乡2个项目正在进行装修。

【高校毕业生招录】 2015年，组织用人单位到区内外各高校举办专场招聘会13场，共为各紧缺人员的事业单位直接面试签约录用工作人员48名，已全部办理录用入编手续。招录“三支一扶”大学生6名，招聘大学生村官5名。

【劳动用工招聘】 2015年春节前后，召开两次春风行动暨企业用工招聘会，发放就业政策宣传材料1万多份，提供企业用工岗位1100个，达成就业意向562人，帮助下岗失业人员实现再就业66人，帮助就业困难人员实现就业35人。

【职业培训】

技能培训。2015年，完成职业技能培训3693人，完成目标任务2700人的136.78%。核发职业资格证书495本，完成300本目标任务的164.33%。新增高技能人才17人，完成目标任务10人的170%。

订单式培训。2015年，与广东省劳务派遣有限公司合作，两地互建服务站，分别挂牌“广西蒙山县驻东莞市劳动服务站”和“纳佰仕农民工订单培训工作站”，采用“两地合作培训+纳佰仕推荐就业”的订单培训模式，新培训员工120人，“两后生”学生覆盖率达到37%。在劳动维权上，纳佰仕公司负责处理务工人员劳动纠纷诉求及维权诉求，切实保障蒙山务工人员的合法权益。

【小额担保贷款】 2015年8月，从县财政拨付210万元资金作为农民工创业担保贷款的担保基金，确保农民工创业担保贷款工作的顺利地启动。全年发放小额担保贷款300多万元，帮助65人成功创业。创业项目涉及种植、养殖、商品经营等领域，解决群众创业过程中资金不足的问题，推进创业带动就业。

【举办农民工技能大赛】 2015年9月11日，举行首届农民技能大赛，有70名农民技能人才参加初赛，黄宗玲等7人获一等奖，姚莉等14人获二等奖，谢艳萍等22人获三等奖。经过梧州市复赛选拔后，林光信、何洪生、胡再明、楼应登、曾丽代表梧州市参加广西全区决赛，林光信、曾丽获得全区三等奖。

蒙山县农民工技能竞赛中式烹调赛　　县史志办　供稿

【创业孵化示范基地建设】 2015年，经自治区批准，蒙山县成为全区14个农民工创业孵化基地试点县之一，创建县工业园区、永安古城、夏宜瑶族乡、长坪瑶族乡特种养殖基地四个创业孵化基地。年底，认定永安古城和长坪瑶族乡种养基地两个创业孵化基地，已有 20 家企业入驻，带动 40 多人就业。

2015 年蒙山县就业情况表

表 27

项目		完成量
城镇新增就业（人）	目标任务	600
	完成情况	630
	完成百分比	105%
城镇失业人员再就业（人）	目标任务	100
	完成情况	109
	完成百分比	109%
就业困难人员就业（人）	目标任务	50
	完成情况	59
	完成百分比	118%
农村劳动力转移就业新增（人）	目标任务	3500
	完成情况	3731
	完成百分比	106.6%
城镇登记失业率（%）	目标任务	控制在 4.5% 以内
	完成情况	1.72%
	完成百分比	比控制数低 2.78 个百分点

2015 年蒙山县职业技能培训情况表

表 28

项目		完成量
创业培训（人）	目标任务	70
	完成情况	303
	完成百分比	432.86%
农村劳动力转移培训（人）	目标任务	1830
	完成情况	1963
	完成百分比	107.27%
农村党员创业就业培训（人）	目标任务	300
	完成情况	300
	完成百分比	100%
“两后生”及劳动预备制培训（人）	目标任务	200
	完成情况	302
	完成百分比	151%
下岗失业人员再就业培训（人）	目标任务	100
	完成情况	109
	完成百分比	109%

（文千沦）

劳动维权

【概　况】 2015 年，通过劳动保障日常巡查，开展农民工工资支付专项、清理整顿人力资源市场秩序、劳动用工和遵守社会保险法律法规等专项检查，规范蒙山县用人单位的劳动用工，解决劳动纠纷，切实维护劳动者尤其是弱势群体民工的切身利益，并完成劳动保障监察“两网化”建设，进一步促进劳动关系和谐。全年受理结案劳动保障案件 53 件，受理结案劳动争议案件 8 件，为劳动者追发劳动工资 267.81 万元。

【劳动保障巡查】 2015 年，劳动保障巡查单位 337 个，受理结案劳动保障案件 53 件，结案率为 100%，为劳动者追发劳动工资 267.81 万元；受理结案劳动人事争议仲裁 16 件，结案率 100%，切实维护劳动者尤其是弱势群体民工的切身利益。

【农民工工资支付专项检查】 2015 年年底，会同当地公安、工商、住建等部门，成立农民工工资支付情况专项检查工作组，开展农民工工资支付情况专项检查行动，对集中使用农民工的各类用人单位，特别农民工工作较为集中的建筑业、加工制造企业、餐饮服务及其他中小型劳动密集型企业、个体工商户等，开展地毯式排查，督促相关单位按照劳动合同有关规定及时足额支付农民工工资。处理拖欠农民工工资企业 45 家，涉及农民工 226 人，涉及金额 104.36 万元。

【人力资源市场秩序专项检查】 2015 年，开展整顿人力资源市场秩序专项检查行动，检查用工单位 40 家，涉及劳动者 3500 人次，发放《中华人民共和国劳动合同法》《中华人民共和国促进就业法》等宣传资料 700 份。

【建成劳动保障监察“两网化”体系】 2015 年，建立起县、乡镇两级执法、三级管理的横向到边、纵向到底、职责明确、资源共享、动态监管、覆盖城乡用人单位的劳动保障监察“两网化”管理体系，实现劳动保障监察“两网化”管理全覆盖。“两网化”建设网格划分为10个网格（9乡（镇）1园，即蒙山镇、西河镇、新圩镇、文圩镇、黄村镇、陈塘镇、汉豪乡、夏宜瑶族乡、长坪瑶族乡及工业集中园区）。

【劳动人事争议仲裁】 2015年，蒙山县劳动人事争议仲裁院积极处理劳动人事争议案件，有力地维护劳动者和用人单位的合法权益，促进蒙山县劳动人事关系的和谐稳定。全年受理结案劳动争议案件8件，结案率100%。2015年1月，蒙山县劳动人事争议仲裁院在全区劳动人事争议仲裁裁决书评比活动中荣获2013年度广西优秀劳动人事争议仲裁裁决书二等奖。

（文千沧）

社会保险

【概　况】 2015年，蒙山县社会保险事业局与时俱进，不断创新工作方式方法，运用新技术、新方式开展社会保险工作，开展城乡居民养老保险精准落实活动，不断提升窗口单位服务水平和工作质量，努力为人民群众提供优质高效便捷的服务，圆满完成2015年各项社会保险目标任务。全县城镇基本养老、失业、城镇医疗、工伤、生育五项社会保险参保人数分别为14243人、8102人、31587人、9502人、8614人，全县机关事业单位养老保险参保4816人，城乡居民养老保险参保80731人。

【养老待遇“人脸识别”认证】 2015年5月，推进“人脸识别”技术开展养老待遇资格认证，于年底完成，有6700人进行建模，占退休人员的97%。建成涵盖全县、乡镇、社区（村）三级的无障碍认证网络体系，领取待遇人员不管在何时何地，只需通过互联网，便能足不出户完成养老待遇资格认证。

【医药费实时异地结算】 与区内异地就医结算机构合作，对接医疗保险网络系统，实现与区人民医院、肿瘤医院等17家区内定点医疗机构实时异地结算。参保人员转诊至这些定点医疗机构就医前，到县社保部门办理转诊手续和登记，在结算费用时，就不再需要自己垫付医药费，回参保地报销，直接可在转诊医院即时结算个人应负费用，其余费用由参保地医保经办机构和定点医院直接结算。

【养老保险情况排查】 2015年年初，对全县城乡居民参加城乡居民养老保险，特别是60周岁以上未领取城乡居保待遇的城乡低保对象、重度残疾人、贫困残疾人、“五保”户、城镇“三无”人员的参保进行排查摸底工。排查统计出60周岁以上没有享受城乡居民养老保险待遇的“五类”人员84人，已到其户籍所属乡镇城乡居民养老保险经办机构办理了参保登记和待遇申领手续；排查出350人已死亡，家属没及时到公安部门注销户籍；有209人参加企业职工养老保险；有65人身份证号码与城居保信息存在差异（已经参保）。

【养老保险】 2015年，全县机关事业单位养老保险参保4816人，基金收入758万元，发放待遇292人，发放金额882万元。城乡居民养老保险参保80731人，基金收入3790万元，发放待遇25112人，发放待遇2755万元，发放率100%。

【社会保险待遇调整】 从2015年3月1日起，根据自治区人社厅、财政厅相关文件精神，将失业保险费率由3%降至2%，其中用人单位缴纳失业保险费率由2%降至1.5%，职工缴纳失业保险费率由1%降至0.5%。同时，适当提高失业保险金发放标准，调整后的失业保险金发放标准自2015年1月起执行。调整后可为全县400多个参保单位的6600多名参保职工每年减负共约120万元。

【企业退休人员养老金大幅上调】 蒙山县从2015年1月1日起再次上调企业退休人员基本养老金。凡2014年12月31日前按月领取基本养老金的人员，均可按规定上调基本养老金。此次调整，除每人每月增加120元的普遍调整外，还鼓励多缴多得，将调整幅度与缴费年限相挂钩，并对高龄人员、艰苦边远地区企业退休人员适当提高调整水平。全县共有6492人参加此次调整，调整后月人均养老金水平由去年底的1621.48元，提高至1801.71，月人均增加180.23元。蒙山县社保局于4月底前将1—4月退休人员养老金增补部分全部发放到位。

2015年蒙山县社会保险参保情况表

表29　　单位：人、万元

项目	参保人数	基金收入	基金支出
城镇基本养老保险	14243	5080	13529
城镇基本医疗保险	31587	3365	312
工伤保险	9502	153	50
生育保险	8614	103	38
失业保险	8102	267	182

（文千沧）

消费者权益保护

【概　况】 蒙山县工商局消费者权益保护工作，以服务“五位一体”建设为目标，以“开拓创新服务发展”为主线，突出重点，强化责任，加大流通领域商品质量监管和规范有关服务领域经营行为，积极构建科学规范的消费维权监管执法体系，进一步提高“一会两站”（消费者协会分会和消费者投诉站、12315联络站）及“六进”（进学校、进社区、进农村、进工厂、进商场、进市场）工作面和规范化水平，依法打击各种侵害消费者合法权益的违法违章行为，为人民群众营造一个满意的市场环境和安全、放心的消费环境。2015年，共受理消费者各类申诉17件，办结举报案件2件。创建“一会两站”93个，“六进”维权站点29个。先后开展元旦、春节等节日消费维权专项整治15次，查处各类违法案件28件，罚没款6.2万元。

【发挥12315维权作用】 2015年，因部分维权站工作人员调整，重新聘请5名12315消费维权站副站长和11名联络员。对消费者申诉举报办理情况实行月通报制，并将消费申诉、举报办理、纠纷调解成功率和满意率等工作纳入季度督查、半年和年度考核。充分发挥“12315”指挥中心作用，及时快速分流各类消费者申诉案件，并对消费者申诉案件的办结情况及时进行回访，形成消费申诉案件受理及时、流转通畅、处理快捷、查办有力的工作格局。进一步强化数据、信息归集工作，通过对消费申诉、举报和消费热点分析，发布消费警示25条，为消费者科学消费提供可靠的数据支持。2015年，共受理消费者各类申诉17件，办结17件，调解成功率达100%，为消费者挽回经济损失4.8万元。

【开展“12315”消费维权活动】 深入开展“12315”消费维权“六进”活动，不断健全和完善消费维权网络，有效提升工商部门的社会公信力，扩大12315品牌的影响力；加快推进投诉信息一体化建设，在2个商场、2所学校、1家企业、2个行政村设立“快速通道”，指导“快速通道”单位准确及时录入处理消费投诉，落实总局和区局提出的投诉信息一体化建设；结合“无传销社区（村）创建”等活动，广泛开展消费维权知识进社区、进农村活动，通过解答消费咨询，讲解识假辩假知识，举办真假农资商品识别、消费维权知识有奖问答等活动，不断提高消费者的自我维权意识。2015年，共创建“一会两站”93个、“六进”维权站点共设立29个（其中企业8个、集贸市场3个，超市4个、学校8个、其他场所6个），培训维权站工作人员100多人次、义务监督员40多人次。

【开展消费维权宣传活动】 2015年3月15日，县工商局和消费者权益保护委员会联合司法、公安、质检、卫生、烟草、等单位及个体工商户，分别在县城广场、各乡镇开展声势浩大的宣传咨询服务活动。各消费维权成员单位设立咨询服务点，现场向群众宣传相关的法律法规知识，为群众讲解、解答消费过程中遇到的各种法律法规问题，发放法律、法规宣传资料，现场受理消费者投诉。举办假冒伪劣商品展，通过现场展示，真假对比，发放材料等手段向消费者讲授了如何识别假冒伪劣商品以及如何维护自身权益的相关知识以及相关的维权途径，提高广大消费者识假辨假的能力。活动共有参与单位20家，悬挂横幅18条，电子显示屏8个，展板56块，现场展示假冒伪劣商品26余种，发放消费材料20000余份，现场接受咨询200余人次。2015年12月2日，利用“宪法宣传日”，结合工商部门职责，采取悬挂标语、摆放展板、设置“宣传咨询服务台”和“投诉台”、发放宣传资料、发布消费警示信息、现场解答各类商品消费知识、展示假冒伪劣商品等形式，向广大群众大力宣传新《中华人民共和国消费者权益保护法》等法律法规，引导群众安全消费、理性消费，增强群众消费信心。活动发放各类宣传材料1000份，发布消费警示5期，利用手机短信向社会各界发布消费警示信息1000条，悬挂横幅5条，制作宣传展板6块，接受群众咨询200人次。

【开展消费维权专项整治】 2015年，针对国务院对工商部门进行机构改革和职能调整的关键时期，为保护消费者合法权益，以群众日常生活必需品为重点，以学校周边、城乡接合部、农村集市为重点区域，集中开展消费维权专项执法检查。先后开展元旦、春节、端午节等节日日常生活必需品市场专项整治、食用油市场专项检查、打击侵犯知识产权和制售假冒伪劣商品整治、问题食品清查、名烟名酒专项整治、“黑名单”食品清查、校园及周边食品安全专项整治、农村食品安全专项整治等15多次专项行动。共出动执法人员100多人次，出动执法车辆30多台次，检查经营主体700多户次，查处各类违法案件28件，罚没款6.2万元。同时，针对个别不法分子举办所谓“老年人保健讲座”或上门向“空巢”老人推销各类药品、保健品的行为，县工商局整合执法资源，以辖区“经济户口”为依托，以市场巡查为手段，坚持日常巡查与突击检查相结合，将巡查监管工作具体落实到各居民区，一旦发现上述违法行为，坚决予以查处取缔。针对非法行医、非法发布医疗广告及个别医疗机构执业行为不规范等现象，重点加大对从事非法行医的机构、人员的查处力度；对非法发布医疗广告的，依据《中华人民共和国广告法》和《医疗广告管理办法》予以处罚，同时将其违法违规行为向社会公布。对医疗机构夸大产品疗效或用其他手段误导欺骗老年消费者的，依法责令整改，促其规范。此外，还严厉打击以传销方式或利用有奖销售、展销会推销质次价高的商品、对商品质量进行夸大宣传或虚假宣传等违法行为。2015年，共出动执法车辆38车次，执法人员114人次，检查经营户158户次，受理老年消费者投诉1起，挽回经济损失200元。

（盘庆超）

扶贫开发

【概　况】 2014年11月，政府机构改革时，蒙山县扶贫开发办公室由县人民政府工作部门调整为在县农业局挂牌。原扶贫开发办公室职责划入县农业局，原扶贫开发办公室的人员编制划入县农业局；原扶贫开发办公室离退休人员归县农业局管理。2015年，全县共获得各项财政扶贫资金1540万元（比上年增加76.36万元，增长5.2%）、扶贫贴息贷款3635万元，实施基础设施、重点产业、扶贫培训、信贷扶贫、旅游扶贫、生态移民和村屯绿化等项目共67个。通过实施这些扶贫项目，进一步改善贫困群众的生产生活条件，进一步提高贫困群众的自我发展能力。当年贫困村农民人均纯收入5121元，同比增加884元，增长20.8%，增长幅度高于全县平均水平，有贫困人口4725人脱贫。

【贫困村基础设施建设】 2015年，实施贫困村道路（桥梁）建设项目52个。其中，新建砂石屯路3条4公里，新建硬化屯路45条21.17公里，新建桥梁4座31延米。项目总投资569万元，全部是财政扶贫资金。这些道路（桥梁）的建成解决贫困村农户8071户30887人的行路难的问题，进一步改善贫困群众的生产生活条件，促进产业结构调整，增加农民收入。

农村扶贫桥梁　　县史志办　供稿

【重点产业开发】 2015年，在贫困村实施重点产业开发项目9个，项目总投资322万元，其中财政扶贫资金270万元、群众自筹资金52万元。实施桑园低产改造、百香果种植、水果低产改造、玉桂八角低产改造等项目。实施这些产业开发项目，受益户年人均可增加纯收入500多元。

低产改造后的桑园基地　　县史志办　供稿

【扶贫培训】 扎实开展“雨露计划”扶贫培训，提高贫困人口素质。投入财政扶贫资金161.65万元，扶持贫困家庭子女152人进行普通高校本科学历教育，扶持198人进行职业学历教育，扶持105人进行短期技能培训。

【信贷扶贫】 大力扶持扶贫龙头企业发展生产，帮助广西华虹蚕丝股份有限公司、蒙山县五丰丝绸有限公司和广西宇远农业发展有限公司分别获得扶贫贴息贷款1000万元，共3000万元，获得贴息资金共90万元。使这些企业以扩大生产规模，更好地带动贫困农户发展种桑养蚕产业，增加经济收入。争取到扶贫到户贷款635万元，获得贴息资金31.75万元。帮助贫困农户819户发展农业生产，增加经济收入。

【精准识别贫困村贫困户】 根据自治区的统一部署，从2015年10月中旬开始开展精准识别贫困村贫困户工作，全县共派驻精准识别工作队员1040人（其中自治区有关单位62人、梧州市有关单位19人，县直单位276人、乡（镇）干部431人、村（社区）干部252人）参加到精准识别工作。严格按照“两入户两评议两审核两公示一公告”（入户调查评分，入户填写《贫困户建档立卡登记表》；村民小组评议，行政村“两委”评议；乡（镇）对贫困户名单进行抽验审核，行政村“两委”对贫困户名单进行审核；在村民小组公示农户分数，在行政村、自然村（屯）或村民小组公示贫困户名单；贫困户名单公示无异议后，在行政村进行公告）的程序来开展识别工作，运用“一进二看三算四比五议”（工作队员进村入户调查模底；看房子、家庭基本生活设施状况；按脱贫标准逐户测算收入和支出，算人均纯收入账，查找致贫原因，并建立说明台账；家庭中有财政供养人员或担任村干部的，在城镇有门面、商品房的，不得纳入贫困户识别范围；对照标准，逐户评议，并向村民公示公告、取得村民的同意）方法精准识别贫困户。按照自治区划定蒙山县精准识别建档立卡户分数线，全县66分以下的有9535户35301人，61分以下的有7905户28533人，58分以下的有7013户24773人。58分以下的为2015年贫困户，59—61分的为2014年贫困户，62—66分的为2013年贫困户。全县精准识别的贫困村有32个，占全县行政村总数78个的41%。

【行业扶贫】 各部门各单位高度重视，千方百计筹措资金，扎实开展行业扶贫工作。建立健全工作机构，明确行业扶贫工作具体责任单位和责任人，明确相应的工作职责，做好行业扶贫的组织、指导、协调、宣传等有关工作。据不完全统计，2015年全县共投入行业扶贫资金2850多万元，为贫困村进行土地整理、修建道路、建设人饮工程、危房改造等。

【社会扶贫】 加强组织领导，健全工作机制，创新帮扶形式，突出工作重点，加大工作力度，切实将定点扶贫工作提高到新水平，取得新成效。2015年，全县定点扶贫单位共119个，其中：区级单位3个、市直单位19个、县直单位97个。共帮扶21个贫困村，派出蹲点干部96人，其中处级干部5人，科级及以下干部91人；赴定点扶持贫困村考察人次185人次，其中副厅级以上领导12人次、处级干部20人次、副处级以下干部153人次。县直定点单位整合帮扶资金共计投入1870万元，帮扶资金投向：基础设施建设850万元、产业开发项目130万元、教育投入10万，其他投向880万元。

【旅游扶贫】 2015年，蒙山县获得旅游扶贫项目资金200万元。项目由夏宜瑶族乡政府负责实施，建设夏宜垌口水车步道景区、步道挡土墙、养殖蜜蜂、养殖七彩山鸡、养殖土鸡、种植猕猴桃项目等。

【贫困村名单】 2015年10月，重新精准识别贫困村，全县"十三五"期间整村推进贫困村共有32个，分别是：长坪瑶族乡长坪村、东护村，夏宜瑶族乡能友村、芦山村、六洛村，陈塘镇朝垌村、大莫村、陈塘村、下漂村、寺村村、罗应村，汉豪乡都坡村、汉豪村、白竹村、金垌村，黄村镇道冲村、平原村、百合村、明觉村、林秀村、六埠村，西河镇乐拥村、福垌村、瓦冲村、水秀村，新圩镇貌仪村、六桂村，文圩镇桃垌村、木护村、六夏村，蒙山镇回龙村、高堆村。

2015年蒙山县扶贫开发主要项目一览表

表30

项目类别	建设规模		财政扶贫资金（万元）	受益户数（户）
砂石电路	3条	4公里	536	7472
硬化电路	45条	21.17公里		
新建桥梁	4座	31延米	33	599
桑园低改品改		936亩	227	1417
方格蚕簇及配套设施		3150套	10	70
百香果种植		440亩	16	98
水果低改		103亩	11	57
玉桂八角低改		65亩	6	26
短期技能培训		培训105人	26.25	105
职业学历教育		培训198人	59.4	198
贫困家庭子女普通高校本科学历教育扶贫		资助贫困大学生152人	76	152

续表 30

项目类别	建设规模		财政扶贫资金（万元）	受益户数（户）
扶贫项目贴息贷款	3000万元	华虹公司、五丰公司、宇远公司各1000万元	贴息资金 30 万元	
扶贫到户贷款		635 万元	贴息资金 31.75 万元	819
旅游扶贫合作试点		扶持夏宜瑶族乡实施乡村旅游扶贫合作试点项目	200	
生态乡村村屯绿化		种植绿化树苗 10540 株	84	

（欧耀贵）

移民管理

【概　况】 蒙山县水库移民工作管理局为县人民政府直属管理的正科级全额拨款事业单位（参照公务员管理），编制 5 名，在编 6 人，实有干部职工 10 人，设正副局长各 1 名，纪检组长 1 名。内设行政信访办公室、后扶安置股、规划管理股、计划财务股。2015 年，全县水库移民涉及人口 77530 人，移民人口 17851 人，其中中型水库移民 2919 人，分布在蒙山镇、西河镇、文圩镇、黄村镇及长坪瑶族乡等 5 个乡（镇）；小型水库（含水电站）移民 14932 人，分布在蒙山镇、新圩镇、西河镇、文圩镇、黄村镇、汉豪乡和陈塘镇等 7 个乡（镇）。中型水库移民享受 600 元/人·年的后期扶持补助，从 2006 年 7 月 1 日起连续扶持 20 年。同时，通过实施项目扶持，使移民享受到改革发展成果。2015 年，围绕移民利益，实施各项扶持项目，较好完成各项工作任务。

【移民工贸创业园建设】 2015 年 7 月，蒙山县移民工贸创业园项目完成项目竣工验收工作。该项目依托广西华虹蚕丝股份有限公司龙头企业，拟建成茧丝绸深加工，形成产业化的轻工业园，主要以租凭厂房和安排移民就业等方式产生效益，以达到增加全县水库移民增收的目的。年底项目已由山东缁博大染坊丝绸集团有限公司承租，企业已投入运行。

【水库移民基础设施建设】 2015 年，全县共获水库移民基础设施建设项目 11 个（中型水库建设项目 7 个，小型水库建设项目 4 个），总投资 493 万元。其中：中型水库移民基础设施（村屯道路硬化）建设项目分别为：蒙山镇高堆村平冲至二六组、甘棠村新村组，西河镇水秀村屯平组、安富村江坝组、广育村搬迁组、瓦冲村瓦冲二组，长坪瑶族乡东护村六懂组村屯道路硬化建设项目。硬化村屯道路里程总计 11.2 公里，项目总投资 365 万元，惠及人口 2805 人（其中移民 824 人）。大中型水库移民旧房改造 16 户，补助建房资金 19.2 万元。小型水库移民基础设施（村屯道路硬化）建设项目分别为：陈塘镇大莫村古竹组（大莫村至古竹组）、大莫村古竹组（古竹组至四级路口），汉豪乡樟村村六富至六重组、汉豪村以劳组村屯道路硬化建设项目。村屯道路建设项目修路里程总计 5.2 公里，项目概算总投资 128 万元，惠及人口 1661 人（其中移民 1286 人）。

【移民收入倍增计划项目建设】 2015 年，全县获水库移民收入倍增计划“一村一品”工程项目 1 个，为西河镇瓦冲村野生山葡萄种植项目：赠送野生山葡萄种苗 2 万株，建设葡萄架 13.3 公顷。

项目计划总投资149.6万元（其中后期扶持结余资金45万元，自筹资金104.6万元），受益移民142人。

2015年9月2日，市县移民局人员到移民收划项目瓦冲山葡萄种植基地检查　　县移民局　供稿

【水库移民教育培训工程】 2015年，组织全县水库移民创业骨干户参加自治区移民局在玉林农校培训基地举办的移民创业综合能力提高班，参训培训移民人数5人；组织全县水库移民36人赴贺州参加梧州农业学校水库移民劳动力农村实用技能培训；组织全县水库移民20人赴南宁参加南宁水产畜牧学校农村实用技能培训。

【大中型水库移民后期扶持政策实施情况监测评估】 根据《国家发改委、财政部、水利部关于开展大中型水库移民后期扶持政策实施情况监测评估工作的通知》的精神，2015年7月，自治区水库移民工作管理局委托中介机构湖北天门市水利水电勘测设计院，对蒙山县进行2014年大中型水库移民后期扶持政策实施情况监测评估。通过召开座谈会、查阅资料、发放问卷、深入移民村入户调查及选取典型项目进行现场调查等方式，对2014年大中型水库移民后期扶持政策实施工作进行全面客观的了解，并形成比较中肯的监测评估报告，为蒙山县继续做好大中型水库移民后期扶持政策实施工作打下良好基础。

【大中型水库移民后期扶持人口动态管理】 按照《关于印发广西壮族自治区大中型水库移民后期扶持人口自然减员管理暂行办法的通知》的要求，在扶持期内，对登记到户到人的后期扶持人口，以移民户为单位实行动态管理，移民户出现人口增加的不增加后期扶持人口指标，移民户出现人口自然减员的，后期扶持人口指标予以相应核减，即“增人不增，减人要减”，对后期扶持人口自然减员每年核减一次。自然减员人口的扶持资金从次年第一季度起停止发放，该扶持资金用于自然减员人口原所在移民村民小组内的项目扶持，解决该移民村民小组群众生产生活中存在的突出问题。2015年，严格执行有关政策，做好全县大中型水库移民后期扶持人口动态管理工作，将符合大中型水库移民后期扶持人口自然减员的78人上报县人民政府，予以确认、批复。

（黄昌远）

供电　发电

【概　述】 广西水利电业集团有限公司蒙山供电分公司（以下简称蒙山供电分公司）和广西桂水电力股份有限公司蒙山发电分公司（以下简称蒙山发电分公司）是县内发供电主体企业，年末用工分别为277人和149人。2015年，继续实施农网改造升级，加大电站增效扩容改造投入，供电能力、供电质量和发电能力均得到提高。因降雨量减少，以及工业产能调整等原因，全年上网电量比上年下降18.30%。但是，随着城乡生活水平的不断提高，居民生活用电量仍然保持逐年增长的势头，比上年增长8.62%。

2015年蒙山县供电、发电主要经营指标完成情况表

表31

类别	序号	项目	单位	全年完成	比上年增加	比上年增长%	备注
供电企业	一	供电量	万千瓦时	23720.51	-899.54	-3.65	不包括梧州供电局直供电量
	二	售电量	万千瓦时	22368.93	-906.83	-3.90	
	1	居民生活用电量	万千瓦时	7818.4	620.7	8.62	
	2	大工业用电量	万千瓦时	9747.88	-1614.67	-14.21	
	3	一般工商业用电量	万千瓦时	4068.89	58.39	1.46	
	4	其他用电量	万千瓦时	733.77	28.76	4.08	
	三	综合网损率	%	5.70	0.24		
	四	电费回收率	%	94.22	-5.56		
	五	综合电压合格率	%	97.68	-0.06		
	六	县城供电可靠率	%	99.78	0.03		
	七	农村地区供电可靠率	%	99.08	-0.15		
	八	完成电费收入	万元	11971.36	-166.29	-1.37	
	九	上缴税金	万元	666.83	-335.02	-33.44	
供电企业	十	利润总额	万元	7.69	-229.53	-96.76	
发电企业		水电上网电量	万千瓦时	8905.56	-1994.76	-18.30	水力发电上网电量占全县供电量的37.54%
	1	县内电站上网电量	万千瓦时	7802.88	-253.78	-3.15	
	2	县外电站上网电量	万千瓦时	1102.68	-1019.12	-48.03	
内：蒙山发电分公司	一	实现发电量	万千瓦时	4002.92	-89	-2.18	
	二	营业收入	万元	1137.18	-10.5	-0.91	
	三	利润总额	万元	-319.57	-34.32	-12.03	

【继续实施农网改造升级】 2015年，全县继续实施国家扶持的农村电网改造升级工程，进一步完善电网架构。年内完成投资2214万元，新建35千伏变电站1座（汉豪变电站），新建与改造35千伏主干线路8.1公里、10千伏线路24.17公里、0.23—0.4千伏低压线路82公里，新建和改造配电台区54个，新增10千伏配变容量4140千伏安，改造城镇居民用户电表2836个。

2015年12月17日，蒙山供电分公司工程技术人员对35千伏汉豪变电站进行自验收　　蒙山供电分公司　供稿

【开展清产核资工作】 2015年1—3月，蒙山供电分公司开展清产核资工作，对内部往来、存借款余额、库存现金、固定资产和材料等进行全面实地盘点及账实核对。根据盘点统计，报损资产原值3800万元，净值2131万元，集团公司批复计提固定资产减值准备2152.67万元，核销应收账款16.25万元，核准2013年年底资产总额为23697.33万元。

【劳务派遣工转聘】 2015年3—4月，经广西水利电业集团有限公司批准，广西聚贤能劳务派遣公司在蒙山供电分公司工作的33名劳务派遣工和

在蒙山发电分公司工作的138名劳务派遣工被转聘为正式合同工。

【**新圩水电站建成发电**】2015年4月2日，设计年发电量458万千瓦时、总装机容量2×630千瓦的引水式水力发电站——新圩水电站全面建成并正式蓄水发电，当年实现发电量200.78万千瓦时。电站于2013年3月开工建设，总投资2905.82万元，其中获得2014年度中央新农村电气化预算投资补助1000万元。

【**开展反事故应急演练**】2015年4月11日和8月20日，蒙山供电分公司分别在本公司城西变电站和五楼会议室，以现场实操和模拟演练相结合方式，开展电力设备事故应急抢修演练、变电站主变压器火灾事故现场处理和操作演练，参加人员148人次。通过演练，锻炼各生产班组和相关部门面对电力突发事件的应急处理机制、快速反应和协调能力，为确保电网安全、可靠、稳定运行和电力正常有序供应奠定牢固基础。

【**完善阶梯电价政策**】2015年7月1日起，全县执行自治区物价局《关于完善居民生活用电阶梯电价政策有关问题的通知》制定的完善居民生活用电阶梯电价政策，居民阶梯电价以及城乡“低保户”和农村“五保户”免费电量，均从“按月执行”调整为“按年执行”，这样有利于居民用户自行调剂用电量，缓解因季节差异导致不同月份用电量不同所带来的矛盾，保证居民充分使用第一、第二档电量，降低电费支出，减轻生活负担。阶梯电价政策“按年执行”，是指居民用户仍按月抄表并结算电费，当累计电量达到年度阶梯电量分档基数后才开始实际阶梯加价，但阶梯级数及对应电价仍然不变。城乡“低保户”和农村“五保”户每户每年设置免费电量120千瓦时，超出年免费电量后，供电企业按年度电量分档及电价标准执行阶梯电价，收取超出部分电量的电费。

2015年户年用电量阶梯分档标准及电价一览表

表32

分档标准	年用电量（千瓦时）	电价（元/千瓦时）
第一档	2040及以下	0.5283
第二档	2040—3240（含）	0.5783
第三档	3240以上	0.8283

【**电站增效扩容改造工程建设**】2015年9月，建设工期历时两年的蒙山发电分公司所属福利、垌口、古湄和三江口共4个水电站增效扩容改造工程项目，通过由市、县两级水利、财政等单位有关人员组成的专家验收组进行的竣工验收，投运后可增加年发电量800万千瓦时，有效增强电站综合性能和提高水能资源综合利用。

【**水力发电上网电量下降**】由于降雨量减少以及电站扩容改造施工，导致水力发电上网电量明显下降，全年实现上网电量8905.56万千瓦时，其中县内电站上网电量7802.88万千瓦时，县外电站上网电量1102.7万千瓦时，比上年下降18.30%、3.15%和48.03%。

（欧锦成）

水　务

【**概　况**】蒙山县水务有限公司前身为蒙山县供水公司，2012年6月由人民政府投资将私营企业收回经营权，从私营企业改变为国有企业。2013年10月公司进行企业改制提升为蒙山县水务有限公司，改制后公司增设巡检股、校表股等。2015年年底，公司共有员工59人，年供水量为557万立方米，售水量为381万立方米。

【**开通水费代扣业务**】2015年9月，先后在县农商行、农行、邮政储蓄银行开通用户银行代扣水费业务，同时提供刷卡缴水费业务，为广大用水户提供优良的服务。

【**县城给水工程建设**】蒙山县县城给水工程已列

入自治区重大项目工程，计划总投资14862万元。主要建设内容有土方工程、取水工程、净水厂、输水管、配水管网以及附属配套设施。计划日供水量达到6万立方米，可以解决县城8万人的饮水问题。2015年年底，已完成项目土方工程，管道完成公开招投标工作并签订了合同；厂区三通一平工作也正在开展中。

2015年12月21日，市县领导到县城给水工程现场检查工作
县水务公司　供稿

【壬山水库工程筹备】 根据广西壮族自治区水利厅水利项目建设规划，蒙山县壬山水库工程已经列入小型水库实施方案。县政府同意以西河镇壬山水库水源作为蒙山县备用应急水源。该工程设计总库容为699万立方米，总投资为20339.01亿元。2015年年底，已完成前期立项、可研设计、初步设计的编制评审等工作。

【安全生产】 2015年，公司与各级员工层层签订安全生产目标责任书，层层抓安全生产，制定安全生产事故应急预案；开展安全生产应急演练，落实埇口水厂和黄村惠民电站机房值班和线路安全措施，狠抓安全盲点，确保安全生产。至2015年年底，公司未曾出现重大安全生产事故发生的现象。

（黄　媚）

责任编辑　黄民森

乡镇概述

蒙山镇

【概　况】2015年，全镇总面积70.6平方公里，耕地面积1645公顷，其中水田面积1033公顷；山林面积5935公顷。辖8个行政村、5个居委会，188个村民小组、137个社区居民小组。总户数19668户，其中农业户9933户；总人口53896人，其中农业人口30090人。人口自然增长率8.04‰。

2015年，有党支部25个，其中总支部3个，新发展党员13人，党员总数达1546人。排查各类纠纷153起，调处153起。

2015年，实现工农业总产值9.2亿元，财税总收入1917万元，村（社区）级集体经济总收入120.94万元，农民人均纯收入7541元。

2015年，新引进企业891个，引进资金7050万元，主要企业有制造业、批发零售业、农业、林业、牧业、渔业等。

2015年，粮食播种面积1406公顷，其中水稻1006公顷，粮食总产量6952吨。花生等经济作物种植面积452公顷。年内出栏生猪33577头、肉兔241000只、家禽253000羽、肉类总产量3554吨。水产品养殖面积402公顷，产量2442吨。

2015年，享受粮食直补面积1029公顷，金额149万元；享受水稻良种补贴1029公顷，金额46万元；享受退耕还林补贴面积200公顷，金额37万元；享受生态林补贴面积3308公顷，金额73万元；农村危房改造200户，补贴金额372万元；发放城乡医疗救助646人次，119.6万元；发放优抚对象154人，抚恤金91.93万元；发放老复员军人优抚金35人，30.09万元；发放60周岁以上农村退役老兵114人，10.99万元；发放城乡低保对象3388人，低保金735.13万元；发放高龄老人生活补贴1181人，71.63万元；参加新农保11898人，参保率91%，缴费人数6790人，缴费率86.95%，缴费金额105.78万元；参加新农合28015人，参保率98.96%，医疗报销额979.38万元；民政部门发放各类救灾、救济物资价值29.76万元；申报生态移民8户31人；完成全国1%人口抽样调查。

2015年，镇属小学10所，在校学生5151人，教职员工200人。举办各种技术培训班45期，培训人数1565人。出生人口696人，人口出生率12.85‰，免费孕情优生健康检查327对。

2015年，基础设施建设：总投资110.85万元完成8个共5.88公里“一事一议”村屯路项目建设；完成3条共0.87公里扶贫路项目建设，总投资24万元；完成2个贫困村基础设施项目共0.97公里，补助资金31.5万元；完成投资30万元甘棠村十万组“两延伸”村屯内水泥硬化村道0.75公里建设；完成投资200多万元高堆上阳组美丽乡村建设试点工程项目建设；完成总投资909万元蒙山夏龙生态岛健康乡村旅游区争创广西四星级乡村旅游区旅游大会战建设项目；完成3个人饮工程，总投资81.2万元；完成回龙村、文平村各投资30万元文化综合楼建设；水利建设项目有涉及高堆村、城西村总投资100.51万元的农村饮水安全工程，涉及甘棠村、回龙村、北楼村总投资375万元的2014年县农业水价综合改革工程；完成850万元2014年度小农水重点县项目；完成70万元玉梦冲水源地保护一期工程；完成投资1680万元湄江河城西段蒙山镇防洪治理工程；完成投资220万元湄江河城东段蒙山镇防洪治理工程；完成投资830万元古西河蒙山镇上游规划城区防洪治理工程；开工实施的项目还有各投资250万元的北楼、高堆农村环境综合整治示范项目和2200万元涉及6个村整县推进土地整治项目建设。

【党风廉政“两个责任”落实】 积极探索推进反腐败机制改革创新，按照“党委负主体责任，纪委负监督责任”的要求，强化责任担当，促使反腐倡廉工作形成合力：加强廉洁自律的宣传与教育，开展“查处发生在群众身边的四风和腐败问题”专项工作，立案查处1人，给予党内警告处分；发放宣传资料8000多份，走访“六必访户”2000多户，强化源头防治；推进廉政文化建设，把农村廉政文化融入到程村农业观光旅游基地当中；加强北楼村2014年被自治区纪委命名为第一批全区廉政文化进农村示范点的巩固创建。

【“西江党旗红”党建品牌和示范点建设】 北楼程村党支部以北楼村党总支部书记黄树新全国劳模先锋示范带动，打造黑土猪特色品牌，激活传统产业，以发展乡村旅游为带动，拓展黑土猪产业促发展。甘棠党总支部对党建载体和党建品牌进一步挖掘，完善党建工作台账，发挥党员的“双带”作用，创建甘棠十万党建示范点。

【党组织分类定级及“三大工程”实施】 全镇13个村（社区）党组织结合“三大工程”（实施党建创新工程，强化执政能力建设；实施素质提升工程，增强履职尽责能力；实施和谐惠民工程，提升群众幸福指数）的要求，把6个村级党支部进行三大类归类，其中把北楼、甘棠党支部作为示范引领，文平、城西党支部作为巩固提升，回龙、高堆党支部作为整顿转化进行归类，被归类的党支部根据各党组织的实际情况确定目标要求、针对存在的问题制定具体的工作措施，抓好落实，各个基层党组织的建设都能上一个台阶，服务型基层党组织建设水平整体提升。

【建设哪啦法治文化园】 2015年5月，县委政法委和县依法治县领导小组办公室联合在蒙山镇文平村哪啦自然村兴建法治文化园。这是梧州市乃至广西首个开工建设的村级法治文化园。法治文化园占地面积3000多平方米，辐射周边村屯10个，接受普法教育人口近5万人。规划建设法治文化长廊、文体中心、普法广场、平安细胞孵化室、休闲区等5个区，其中文体中心、普法广场由县文体局立项报上级批准拨款35万元建设；法治文化长廊和平安细胞孵化室（包括大门、围墙、排水等基础设施，各单位普法宣传橱窗等）由单位及社会热心人士赞助以及上级有关部门划拨等方式投资15万元建设；休闲区（包括绿化、路灯、健身器材等）由县乡村建设办等部门投资10万元。整个法治文化园于2016年1月全部建成投入使用。

哪啦法治文化园　　　　县史志办　供稿

园内有法治景观，以石雕、碑刻、橱窗等多种形式展示常用法律法规，传达“学法、守法、崇法、善法”的法治理念。法制宣传橱窗主要介绍法治文化园的建设主旨，收录包拯等历史名人的名言警句。同时，通过不锈钢书卷“法治之魂”、名言警句牌、活动广场橱窗、法治故事书台等多种媒体形式，向群众宣传相关法律法治知识和理念。法治文化园以“弘扬法治精神，构建和谐社会”为主题，旨在引导群众在休闲娱乐中增强法律意识。是全县法治建设、法治教育、预防职务犯罪警示教育、反邪教警示教育以及预防青少年犯罪教育基地。

【召开试点党代年会】 作为2015年乡镇党代会年制的试点乡镇之一，于6月11日召开中国共产党蒙山镇第十二届代表大会第二次会议。年会把近四年来的党建宣传片播放、党委委员述职、党代表先进事迹发言等创新点放到镇党代年会议程中来，成功开创乡镇党代年会新做法。

【党建引领特色产业】 镇党委以“党支部+X”或者“创业党员+X”的模式来发展特色产业，使得党建与经济齐发展：以“公司+党支部+基地+合作社+农户”的养殖模式，将黑土猪产业延伸与饮食、旅游产业结合，打造黑土猪系列产品，利用国庆期间大量游客到北楼参观旅游之际向游客宣传展示黑土猪腊肉、肉丸等猪系列产品；以创业青年党员莫龙华建立的文平——甘棠蔬菜生产基地为龙头，在“创业党员+基地+农户”的模式下打造千亩蔬菜种植基地；通过四通名优水果专业合作社和四通党支部党员的强势带动，使甘棠村的砂糖橘种植得到迅猛发展；以北楼程村党支部为引领，成立丝语蚕丝有限责任公司，对蚕茧进行深加工。

【创建特色旅游名镇】 发挥县城镇的区位优势，利用县正在创建“广西特色旅游名县”的契机，在生态乡村建设、新农村建设、农业基础设施、招商引资及特色传统村落项目建设申报等工作中，加强与县直各项目部门的交流和合作，争项目、争资金进一步优化镇旅游发展规划和项目设计。以农业旅游基地建设带动乡村旅游发展，其中以“程村桑蚕养殖示范基地”“北楼黑土猪放养基地”“甘棠十万砂糖橘种植基地”最具特色。举办“农家菜大比拼”“四季花海摄影作品展”“摘蚕茧、摘桑叶比赛”等活动，带动群众参与旅游发展的积极性。建设北楼程村和高堆上阳“四季花海”农业观光带，以“春赏油菜花，夏看荷花，秋冬赏葵花、格桑花”的模式，有力促进绿色生态农业、旅游观光农业的发展。将程村桑蚕专业村打造成广西第一条桑蚕农业观光旅游示范线路，推出摘桑叶喂蚕的农家乐体验游。开发北楼黑土猪“看—吃—带”生态农业旅游线路。

北楼程村“四季花海”之马鞭草　　县史志办　供稿

【创建生态乡村】 2015年申报通过甘棠、高堆自治区级生态村，洲南、回龙、新联市级生态村，进一步抓好生态乡镇创建，重点抓好高堆上阳村和甘棠十万村乡土特色旅游新农村示范创建工作。生态乡村“三化”建设中，“村屯绿化”方面：绿化造林28公顷，对文平、洲南外的6个村发放桂花、紫荆、百香果等村屯绿化苗木11万株，完成新联大有厂、城西六妙示范点的村屯绿化，全镇农村沼气池入户率达71%；“饮水净化”方面：全镇达到饮水净化安全要求；“道路硬化”

方面：8个行政村道路100%硬化，村组道路硬化90%以上。

【城镇化建设】 2015年度，多方筹资资金开展涉及道路、扶贫、旅游、水利、人饮、水源、防洪、环境整治、土地整治等项目建设，有序推进绕城路、湄江水系两岸工程等18个项目（或地块）共89.3公顷征地工作，有力加快城镇化建设进程。

【推进精准扶贫工作】 根据县镇精准扶贫推进工作方案，严格按照"两入户、两评议、两审核、两公示、一公告"程序，运用"一进二看三算四比五评"（即进农户了解情况，看住房生产生活设施和发展状况，算收入、支出等情况，与本村（屯）农户比收入等情况，议评分是否合理，情况是否真实）方法，按时完成8个行政村594户精准扶贫入户、评估、上报工作。

（陈　权）

2015年蒙山镇行政村、社区基本情况表

表33

行政村社区	耕地（公顷）	小组（个）	户数（户）	人口（人）	农民人均纯收入（元）	党员（名）	党（总）支部书记	村、社区主任	村集体经济收入（万元）
北楼村	275	24	1422	4342	7121	135	黄树新	陈茂林	13.51
城西村	165	27	1139	3680	6562	81	谢后荣	何天深	8.7
新联村	190	21	1170	3524	6618	75	申学联	黄建锋	7.97
高堆村	211	27	1258	3873	6475	76	李柱泉	李兆玲	5.91
洲南村	157	20	1397	3795	7031	89	莫运春	王健民	15.5
回龙村	240	19	1139	3622	6709	113	蒙瑞德	梁桂玉	4.93
文平村	180	21	1196	3334	6652	81	蒙　刚	黄昌建	11.30
甘棠村	227	29	1212	3920	6597	102	陈远明	黎荣华	8.72
民主社区		26	1469	3985		85	陈锡恩	陆建翔	21.22
解放社区		26	2122	5365		97	陆小春	李秀娟	9.86
永安社区		41	2693	6325		166	陆均安	廖传盈	6.82
湄江南社区		24	2089	4707		98	关盛强	黄卡妮	2.92
湄江北社区		20	1362	3424		82	李昌健	陈家龙	3.58
合计	1645	325	19668	53896		1280			120.94

西河镇

【概　况】 2015年，全镇总面积216平方公里，耕地面积1884.6公顷，其中水田面积1658公顷。辖13个行政村，290个村民小组。总户数9930户，其中农业户8937户；总人口35515人，其中农业人口35159人。人口自然增长率7.03‰。

2015年，有党支部47个，新发展党员12人，党员总数达1303人。

2015年，实现工农业总产值6.89亿元，财税总收入2600万元，村级集体经济总收入3.39万元，农民人均纯收入7520元。

2015年，新引进企业9个，引进资金13350万元，主要行业有农业、园林。

2015年，粮食播种面积2880公顷，其中水稻1907公顷，粮食总产量14688吨。经济作物种植面积973公顷。年内出栏生猪6.2万头、家禽18.2万羽，肉类总产量5945吨。水产品养殖面积

35公顷，产量550吨。

2015年，享受粮食直补、水稻良种补贴面积1418公顷，金额268.7万元；农村危房改造350户，补贴金额585.7万元；享受退耕还林补贴面积119公顷，金额22.35万元；享受生态林补贴面积2620公顷，金额102.24万元；发放城乡医疗救助66人次，21万元；优抚对象259人，发放抚恤补助金116.31万元；城乡低保对象2407人，发放低保金316万元；发放高龄老人生活补贴861人，58.9万元；参加新农保11785人，参保率85.4%，发放金额485.7万元；参加新农合32965人，参保率99.91%，医疗报销额1183.6万元；民政部门发放各类救灾、救济物资价值48.55万元。

2015年年末，有中小学14所，在校学生2715人，教职员工214人。举办各种技术培训班45期，培训人数5637人次。出生人口468人，完成计生“四术”341例。

2015年，农村基础设施建设投入3813.5万元，实施项目28个。其中，“一事一议”奖补资金支出258.63万元，用于广育、安富、瓦冲、乐拥、龙蟠、大塘、古排、壬山、古娄、桐油坪等村屯道路硬化改造和人饮工程建设；争取扶贫、发改、水利等部门投资85万元硬化、改造乐拥、壬山、龙蟠、瓦冲、福垌等村6条村道；投资1325万元完成农田水利重点县大塘灌片项目；投资228万元完成壬山、福垌两村土地整理项目，建设高标准农田；投资159.44万元完成湄江河西河镇水秀段防洪治理工程；投入114万元建设特色农业示范区项目；投入500万元建设西河辖区农业水价综合改革项目；投入230万元建设乐拥桥；投入126万元建设桐油岭至古苏水库公路；投入120万元实施西河镇安富村青子组新农村建设；投入资金300万元完成安富村青子风貌改造项目；投入250万元建设桐油坪村环境综合整治项目；投资55万元建设水秀村文化活动中心及长廊；投资29万元建设大塘村古天桥；投资33.46万元完成大塘母伦电网改造。

【创建柑橘标准园】 2015年，全镇柑橘类种植面积近2000公顷，其中80%以上为砂糖橘。依托国家级园艺作物标准园创建项目，在安富村创建砂糖橘标准示范园，基地面积66.67公顷，园区配套道路、水渠、电力等设施，推广应用水肥一体化，绿色防控，产品产后处理等关键技术，同时融入更多的现代农业要素，如农产品生产过程质量监控，产品质量溯源系统等等。2015年11月，标准园通过专家组考核验收，经测产，砂糖橘亩产达3.15吨，总产量达3146吨。

【特色养殖促增收】 引进推广良种良法，加快桑蚕产业提质升级。2015年引进农桑14、粤桑51等高产、优质桑品种，推广种植面积68公顷，改良旧桑园53.33公顷，实现全镇桑园升级改造，桑良种率达95%以上。全镇有上规模的小蚕共育点5个，年育小蚕共9000多张，小蚕共育应用率达70%以上；推广应用方格簇营茧技术应用率达65%。2015年，全镇桑园面积达680公顷，完成品改、扩种新桑园121.33公顷。全年养蚕4.5万张，产鲜茧2065吨，农民养蚕增收6190万元。同时，加快发展畜牧业，多样化养殖山鸡、蜜蜂、白鸽、三黄鸡、竹鼠、箭猪，肉类产量达2000吨，增加群众的收入来源。

西河镇古排村桑蚕保护示范区　　西河镇党政办　供稿

【科技培训】 2015年，共举办各种科技培训班32期，其中职业农民培训班15期，760人次；科技富农强县桑蚕培训班5期，250人次；贫困县科技特派员服务项目培训班5期，210人次；其他培训班7期。培训新型职业农民，打造一支有文化、懂技术、会经营的乡土人才队伍，为全镇发展现代农业提供强有力的技术支撑。科技进村入户，采取“农技人员＋科技示范户＋辐射带动户”的技术服务模式，提高技术的到位率。

【精准扶贫】 全镇机关单位抽派精兵强将驻村扶贫，通过拉宣传标语、开两级村民会议、入户发宣传资料、与群众聊天和在人员聚集的村屯入口小店门前张贴宣传资料等各种形式开展宣传工作。分配对村片、组较为熟悉的干部分片包干的办法，以“精准”为核心，入户一看二问（对农户的住宅情况家庭环境查看，对户主进行询问，向邻居核问或者电话向家庭成员询问回答是否一致）、验证件（户口本、房产证、林权证、土地承包证等）、向村两委干部求证和两个工作组交叉复验分数等方法，规避单一渠道“失准”的风险，力求真实反映情况。在评议过程中，采取一组组、一户户、一项项的评议和评议代表进行核实评议。成立专门的督察小组，对各村精准扶贫工作进行督察，督促各村及时完成各项任务。初步识别阶段共完成2863户11104人入户评估录入、财产检索核对等，二次入户工作正按计划进行。

【共创平安和谐西河】 2015年，西河镇列为县级依法行政示范点。镇党委、镇政府根据本镇的实际，把平安乡镇建设工作列入重要议事日程，安排7万多元资金作为平安乡镇、无邪教乡镇建设工作经费；设立人民调解委员会14个，专（兼）职工作人员44人，调解员290名。全年共出版7期法制宣传栏，举办了2次培训班，印发普法宣传资料1000多份，受教育人群达1万多人。共排查纠纷100起，调解、指导调解各类矛盾纠纷100起，调解成功100起，调解成功率达100%。西河司法所和西河法庭共同调解疑难纠纷4起，制作协议书39份，杜绝重大事件发生，保持社会稳定。同时，各行政执法部门利用圩日向群众提供法律咨询服务，书写大小标语张贴在明显位置，镇直单位5条以上，村13条以上。在提升群众安全感宣传活动中，下发宣传提纲1000份，其他资料500多份，出墙报、黑板报14版。

【“美丽西河·生态乡村”建设】 2015年，各村大部分村组都长期有保洁员，结合机械化清运，西河镇所经过的国道、镇道有专职保洁队伍做保洁工作。各村定期组织群众清理房前屋后及村庄的公共场所，共清理家园垃圾2306吨；加大对水源的管理，聘用专职的水源员，共清理水源2795处；加大对田园垃圾处理的宣传及清理，共清理田园面积19278公顷，清理回收农业生产废弃物105吨。大塘、古排、龙蟠、水秀村、广育、壬山、福垌、桐油坪8个行政村在市级生态村的基础上，被命名为自治区级生态村，西河镇也被命名为自治区级生态镇。全年共收上保洁费18万多元。

【电视村村通维护】 积极配合上级业务主管部门做好村村通广播电视工作。到2015年年底，全镇有线电视覆盖率达90%以上，无线电视覆盖率95%；广播电视设备出现各类估障150多起，排除150多起，返修设备120多台次，确保村村通能“长期通”,“正常通”。

【招商引资】 2015年，全镇招商引资任务6000万元，年底到位资金6000多万元。其中，新引进的龙蟠建筑材料综合加工场项目，投资1000万元；喜农水果专业合作社项目投资600万元；蒙山县农业综合开发油茶基地示范项目投资700万元。

【文艺会演】 2015年春节期间，镇政府在各村开展丰富多彩体育比赛和游园及文艺演出活动，参加活动的群众有全镇13个行政村约8500多人次；元旦、三八、七一期间，镇政府结合“美丽西河·清洁乡村”活动，组织各村群众、部分党员，举办多样文体和游园活动五场，参加活动群众2500多人次；镇政府举办村级文艺体育骨干培训班四期，培训爱好者共200多人；村级文艺爱好者组织演出200多场，特别是以吴盛珍为队长的古娄村文艺队，以韦应贵为队长的大塘村文艺队，基本能自编、自导、自演节目，并组织演出100多场，在文尔村组织一场宣传党的十八大专场演出。

【造林绿化】 2015年，镇政府山上绿化造林共266.67公顷。村屯绿化方面，完成水秀村河提路、安富村青子组、大塘村刘屋组的村屯绿化示范点工作；完成全镇9个村142个组的绿化工作，种植桂花710棵、玉兰710棵、紫荆710棵、三角梅1420棵、百香果4260棵、金球桂1420棵；完成义务植树6000多株；完成生态公益林合同签订4915.67公顷，发放资金108.76万元，完成全镇任务的83.7%。

安富村青子组绿化成效　　县乡村办　供稿

（蒲春秀）

2015年西河镇行政村基本情况表

表34

行政村名	耕地面积（公顷）	村民小组（个）	户数（户）	人口（人）	党员（人）	支部书记	村委主任	村级集体经济收入（元）
壬　山	101.6	9	310	1300	41		覃桂英	0
古　排	192.2	37	1200	4500	117	李廷有	玉振新	5500
福　垌	91.5	16	463	1702	46	黄玉华	黄鹏文	0
龙　蟠	170.5	30	1288	3985	82	张兴奎	何　正	500
水　秀	120	25	650	2800	86	何荣华		9500
乐　拥	71.3	14	412	1280	50	程桂森	陈定全	8000
古　娄	191.7	25	810	3200	95	农华安	农瑞金	1000
文　尔	159.3	16	575	2512	87	王　亮	覃慧群	0
广　育	141.3	23	725	2247	67	黄源强	黄贤祥	0
桐油坪	104	14	510	1450	56	刘立基	钟献芬	0
大　塘	323.3	41	1400	5400	150	杨汉才	岑树全	2400
安　富	188.2	27	1320	4135	96	林春献	周　伟	7000
瓦　冲	29.7	13	267	1004	46	潘光权	刁礼飞	0
合　计	1884.6	290	9930	35515	1019			33900

新圩镇

【概　况】 2015年，全镇总面积147.5平方公里，耕地面积2200公顷，其中水田面积1429公顷；山林面积10860公顷。辖9个行政村、192个村民小组。总户数7988户，其中农业户7285户；总人口24243人，其中农业人口23460人。人口自然增长率5.33‰。

2015年，有党支部34个，新发展党员4人，党员总数达981人。排查各类纠纷109起，调处109起。

2015年，实现工农业总产值4.35亿元，财税总收入1080.53万元，村级集体经济总收入3.345万元，农民人均纯收入7492元。

2015年，全年招商引资完成2.7亿元，同比增长125%。在广西鑫牛房地产有限公司、广西荣顺牧业有限公司、蒙山县庆伟农业发展合作社等规模企业的基础上，新增加广西金富农原种猪有限公司。新镇区开发工程推进迅速，完成街道、绿化、亮化、商住楼、河道改造、农贸综合市场等建设；镇区河堤改造工程已完成壮村段防洪堤的修建。

2015年，粮食播种面积2116公顷，其中水稻1959公顷，粮食总产量11271吨。经济作物种植面积497公顷。年内出栏生猪1.52万头、家禽9.46万羽，肉类总产量1534吨。水产品养殖面积100公顷，产量250吨。

2015年，享受粮食直补、水稻良种补贴面积1155.12公顷，金额218.87万元；农村危房改造242户，补贴金额464.416万元；享受退耕还林补贴面积229.1公顷，金额42.955万元；享受生态林补贴面积1923.19公顷，金额42.55万元；发放城乡医疗救助1170人次，666.2万元；优抚对象536人，发放抚恤金108.5万元；城乡低保对象2213人，发放低保金296.7万元；发放高龄老人生活补贴568人，36.5万元；参加新农保10228人，参保率93%，发放金额368.13万元；参加新农合22436人，参保率98.48%，医疗报销额658.845万元；民政部门发放各类救灾、救济物资价值86.79万元。

2015年年末，有中小学9所，在校学生1883人，教职员工136人。举办各种技术培训班15期，培训人数1340人次。出生人口285人。

2015年，农村基础设施建设投入1100多万元，实施项目12个，主要有河堤改造项目、土地平整项目、土地开垦项目、水价改革毛渠建设项目、“一事一议”项目、扶贫道路硬化项目。

【解决京寨瑶胞饮水难】 2015年1月，双垌村京寨组扶贫工作组和瑶族同胞同心协力建设人畜饮水工程储水池。该工程总共投入20多万元，架设5公里长的引水管，建设一个200立方米储水池，用自来水管接通到各家各户。通过驻村工作组和瑶族同胞加班加点，到2015年6月30日，京寨组的人畜饮水工程全部完成并投入使用，彻底解决全组瑶族同胞饮水难的问题。

【新圩村举行庆祝2015年春节文体活动】 2015年2月19日，新圩村举行庆祝2015年春节文体活动，全村1000多名群众踊跃参与。活动项目有广场舞表演，打铜锣、垫圈、投飞标、猜谜、捞乒乓球等趣味游园。还有春联创作大赛，共评选出优秀的原创春联20多副，新圩村主任李永强创作的春联，书法飘逸，对仗工整，获得冠军。

【新圩镇捐款救治地贫患儿】 古定村四组李某斌和新圩村四组傅某毅都是6岁半儿童，因患地中海贫血症计划于2015年6月做骨髓移植手术，各自需要30万元手术费大部分没有着落。2015年5月4日，镇团委、妇联联合开展捐款献爱心活动，各界爱心人士纷纷捐款，慷慨解囊，为患儿献出一份自己的爱心，共筹集到救助款8652元。

【举办水稻机械化插秧现场演示会】 2015年5月8日，蒙山县在新圩镇壮村村举办水稻机械化插秧现场演示会。全县各个乡镇领导、种粮大户、农机合作社、家庭农场负责人，以及县农业局、农机局领导干部参加现场会。在演示会上，县农机局负责人分析当前农业机械化发展趋势和蒙山县农业机械化发展现状，指出农业机械化发展必然性和紧逼性。随后进行机械化耕田现场演示，两台拖拉机和全耕机耕田，不到10分钟便将3亩多水田机耕好，比人工耕田快数倍。接着进行机械化插秧演示，两台插秧机开始作业，一排排秧苗整齐稳定插在田中，省时、省力，又快又好，不浪费秧苗。与会人员还到位于四联村庆伟家庭农场的工厂育秧现场参观，听取工厂育秧负责人介绍工厂育秧技术。

新圩镇水稻机械化插秧　　新圩镇党政办　供稿

【古皮祥日生态桃园迎游客】 2015年5月17日，在新圩镇祥日果品有限公司生态桃子园里，人头攒动、热闹非凡，来自各地的众多游客前来采摘品尝油桃、黄桃。近几年，祥日果品有限公司大力发展绿色名优水果，做大做强生态果品实业，知名度也越来越高。祥日生态桃园占地6.67公顷，计划将桃园、梨园、橙子园、柿子园连成一片，打造成集旅游、休闲、农家乐于一体的"桃梨橙柿"亲情谷。开园几天时间里就接待旅客1000余人次，为生态观光农业的发展做一次有益的探索。

【壮村小学举行"红领巾相约中国梦"合唱比赛】 2015年5月29日，新圩镇壮村小学举行梧州市国土资源局捐资助学仪式暨庆祝六一国际儿童节"红领巾相约中国梦"合唱比赛。梧州市国土资源局是壮村村帮扶包村后盾单位，对壮村小学教学活动给予大力支持帮助，派出工作组到壮村小学慰问全校师生，送上慰问金支持学校购置书籍及学习用品等，并为该校的4名孤儿送上崭新书包。在合唱比赛中，全校6个班的同学分别演出《核心价值观记心间》《牢记核心价值观》《小螺号》《再见》等歌曲。最终四年级的《小螺号》获得第一名，六年级的《再见》和五年级的《牢记核心价值观》分别获得第二名、第三名。

【新圩镇第十二届党代会第三次会议】 2015年6月18日召开。大会应到代表71名，实到代表68名，符合法定应到会人数。镇党委书记梁威龙作《中共新圩镇委员会工作报告》，县委常委、组织部部长潘一清出席大会作讲话。会议听取、审议并通过《中共新圩镇委员会工作报告》、《中共新圩镇纪律检查委员会工作报告》及《中共新圩镇十二届代表大会第三次会议提案和意见建议办理情况报告》。与会人员分别对镇党委委员、纪委委员进行民主测评。

【举行第四届"万村"农民篮球赛】 为贯彻落实全民健身国家战略部署和要求，繁荣全镇农村篮球运动，2015年8月31日，镇政府在双垌村举办第四届"万村"农民篮球赛。来自全镇7个村的7支篮球队，共70名运动员参加比赛。运动员们奋力拼搏，赛出风格，赛出水平，吸引众多群众前来观看。最后，双垌村篮球队获得第一名，新圩村篮球队获得第二名，四联村篮球队获得第三名。通过比赛，有力地促进全民健身运动的开展。

【古定柿子上市外销】 古定村是新圩镇的柿子专业村，全村共种植柿子333公顷。古定村柿子具有肉厚皮薄、甜脆爽口、绿色无公害等特点，历来得到客商青睐。2015年，古定柿子生产运用科学技术，做好肥水管理，并施用生态有机肥料，全村柿子喜获丰收。秋冬季，客商纷纷到果园收购柿子，每公斤收购价2.4元左右，产品畅销广东、福建等地，年底共计外销2000余吨，增加收入160多万元。

【举办灾后水果管理技术培训班】 2015年10月7日，镇政府举办灾后水果管理技术培训班，85名水果种植户参加培训班。10月初，因受台风"彩虹"影响，全镇连续几天出现大雨、暴雨，致使大部分果园遭受洪水浸淹，水果生产不同程度受害。为尽快恢复水果生产，增强树势，减少落果损失，镇政府特邀请水果种植专家举办该此次灾后水果管理技术培训班。培训班对受洪灾后的果树管理、注意事项等进行讲解，收到良好效果。

【开展查处“四风”和腐败问题大接访活动】 2015年11月4日，县委在新圩镇开展查处发生在群众身边“四风”和腐败问题大接访活动，县纪委以及新圩镇党委、县扶贫办、畜牧局、国土局、民政局、人社局、水电局、住建局、教育局、水库移民局、林业局、交通局、工商局、梧州市卫计委、卫生局、农业局等17个单位35人参加大接访活动。当天是圩日，来赶圩农民群众多，挂在工商所门笔直显目的大接访横幅引人注目。活动刚开始，群众就把两排接访台围得水泄不通，有的索取宣传资料，有的咨询法律、农村低保、劳动保险、山林土地纠分、农村医保等，工作人员有条不紊地进行接访，耐心细致解答群众的问题，并对一时解答不了的问题认真记录好，回去调查研究后再作出答复，让群众满意而归。当天的活动共接待人民群众来访50多人次，发放宣传资料2000多份。

【古定村荣获“全国生态文化村”称号】 2015年12月，古定村被中国生态文化协会授予“全国生态文化村”称号。近年来，古定村狠抓乡村清洁工程和生态环境建设，落实长效机制，引导村民建立健康文明科学的生产生活方式，推动农村四个文明建设的实践，初步形成生产发展、生活富裕、乡风文明、村容整洁、管理民主、社会稳定、人和自然和谐相处的良好局面。通过整合文化名村、新农村、村屯绿化等项目，先后完成道路、游客接待中心、停车场、仿古戏台以及配套绿化景观等设施建设，修建34个垃圾池，投放96个垃圾桶，配备了垃圾清运车和专业的环保人员，做到垃圾日产日清，垃圾集中处理清运率达100%，无害化处理率达90%。

“全国生态文明村”新圩镇古定村古皮屯　　县史志办　供稿

【开展艾滋病防治宣传活动】 2015年12月4日，镇政府组织有关部门在镇区开展艾滋病宣传教育咨询活动，悬挂横幅1条，发放宣传小册子以及宣传单2000份、围裙以及环保袋200余份、安全套100余只，接受群众咨询100余人次。通过宣传活动，广大群众对艾滋病的相关知识、国家对艾滋病患者的关怀救治政策有了更深入的了解，并提高参与艾滋病防治的积极性及自我防护意识。

【组织党代表和人大代表到县人民检察院廉政警示教育基地参观学习】 2015年12月10日，组织镇的县党代表和人大代表到县人民检察院廉政警示教育基地参观学习。在展厅里，代表们在讲解员的引领和解说下，依次参观“警示篇”“阳光篇”等各个展厅版块。在“警示篇”参观了波澜壮阔的“反腐2014”，深刻了解一些高级党员领导干部发生的典型贪污腐败、渎职、失职案例，司法、执法和监督领域腐败案例，基层干部腐败案例等；在“阳光篇”重温党中央几代领导人关于狠抓党风廉政建设的重要论述。一个个鲜活的案例，给大家敲响了警钟，大家纷纷表示要认真学习党的十八届五中全会精神，严格执行党中央八项规定，扎扎实实工作，当好党代表和人大代表。

【自治区“三下乡”进村文艺演出】 2015年12月28日，广西“乡土情深”文化科技卫生“三下乡”集中服务活动在新圩镇古定村古皮组进行文艺演出，古定村及周边农民群众300多人兴致勃勃地观看演出。演出的节目形式多样，有歌舞、彩调剧、独唱、杂技、二胡独奏等，共10多个精彩节目，给山区农民群众送上一顿丰盛的文化大餐。

（潘　智）

2015年新圩镇行政村基本情况表

表35

行政村	行政面积（公顷）	耕地面积（公顷）	户　数	村民小组数	人口（人）	党员数（人）	党支部书记	村委会主任	集体经济收入
									2015年
新圩村	1038	262.86	881	18	3594	108	黄昌福	李永强	8100元
双垌村	1100	360	1141	29	3671	76	谢建芳	莫国建	0
坝头村	900	290	580	12	1896	59	韦文仙	黄世坤	7500元
谢村村	1500	283.33	838	18	2564	76	何国生	莫运建	0
四联村	1700	253.33	945	27	3024	77	黄小连	张永杰	7000元
古定村	1300	295.15	1056	27	3547	86	韦保华	黄朝阳	7600元
貌仪村	1423	188	644	18	2196	91	陆明海	莫龙阳	0
壮村村	1890	240	1017	30	2397	85	徐锦贵	官昌学	3250元
六桂村	561	27.33	183	13	571	30	黄红英	吴建成	0
合　计	11412	2200	7285	192	23460	688			33450

文圩镇

【概　况】2015年，全镇总面积143.67平方公里，耕地面积2068公顷，其中水田面积1770公顷。辖12个行政村，300个村民小组。总户数12671户，其中农业户12103户；总人口37473人，其中农业人口36570人。人口自然增长率6.23%。

2015年，有党支部19个，新发展党员12人，党员总数达1086人。

2015年，实现工农业总产值52237万元，财税总收入1006万元，村级集体经济总收入21060元，农民人均纯收入6780元。

2015年，粮食播种面积2816公顷，其中水稻1949公顷，粮食总产量15355吨。经济作物种植面积529公顷。年内出栏生猪3.6万头、家禽33.76万羽，肉类总产量3835吨。水产品养殖面积50公顷，产量65吨。

2015年，享受粮食直补、水稻良种补贴面积330公顷，金额378.3万元；农村危房改造188户，补贴金额353万元；享受退耕还林补贴面积122公顷，金额19.2万元；享受生态林补贴面积122公顷，金额3.6万元；发放城乡医疗救助326人次，20多万元；优抚对象240人，发放抚恤金110.37万元（含发放老复员军人优抚）；城乡低保对象3400人，发放低保金456万元；发放高龄老人生活补贴992人，66.7万元；参加新农保14156人，参保率89%，发放金额172.6万元；参加新农合34597人，参保率97.01%，医疗报销额136.7198万元；民政部门发放各类救灾、救济物资价值313.2万元。

2015年年末，有中小学13所，在校学生2846人，教职员工231人。举办各种技术培训班4期，培训人数450人次。出生人口439人，完成计生“四术”296例。

2015年，农村基础设施建设投入1240万元，实施项目26个，主要项目有文圩村等6个村土地整治及六夏村等4个村土地整治项目、河村六车水利灌溉渠道、木护村母院组村道硬化、大明龙头组村道硬化及路灯工程等。

【万寿谷生态园获广西五星级农家乐称号】 2015年12月，自治区旅游发展委员会下发《关于2015年度广西四、五星级乡村旅游区和农家乐评定结果的通知》，蒙山县万寿谷生态园被认定为广西五星级农家乐。万寿谷生态园始建于2010年，内有餐厅、水产养殖池塘、畜牧养殖舍区、休闲凉亭、桃花林等设施。占地面积23.3公顷，建筑面积3000平方米，各类绿化园林景观面积为23万平方米，建设计划总投资2600万元。一期工程已建成并投入使用，投资总额1280万元。

万寿谷山庄全景　　县史志办　供稿

【村级公共服务中心建设】 2015年12月，新建的道义村、六夏村两个村级公共服务中心投入使用，自治区财政给予每个村级公共服务中心建设补贴资金20万元，市、县（市、区）财政各补贴建设资金7万元，共计安排资金34万元。村级公共服务中心建设严格按照国家有关标准进行建设，符合《广西农村公共服务中心建设工程指导手册》相关要求。村级公共服务中心建设内容包括：1个篮球场、1个文艺舞台、1栋公共服务综合楼，组建1支农民文艺队、1支农民篮球队；进一步完善基层公共服务体系，推动基本服务均等化，满足村民群众对公共文化服务的需求。

【镇社会保障服务中心大楼启用】 文圩镇原本的社保中心是一个建筑面积为40多平方米的办公室，因面积狭小，人多时更是拥挤不堪，给群众办事带来极大不便。2015年，在县社保局的大力扶持下，总投资约30万的文圩镇社会保障服务中心新办公楼通过验收并正式启用。新社保中心建筑面积为300平方米，共三层，打印机、复印机、空调、风扇等设备一应俱全，办公人员均配备电脑，有效提高办公效率，缩短群众办事时间。

【召开第十六届人民代表大会第五次会议】 2015年8月28日，文圩镇召开第十六届人民代表大会第五次会议，应到会代表58人，实到会代表56人。会议总结回顾2014年及2015年上半年全镇经济社会发展情况，并对2015年下半年工作进行了全面部署。全镇各条战线的县人大代表、镇人大代表、在文圩工作的政协委员、特邀代表、列席代表等100多人参加或列席会议。会议听取和审议镇长岑锐同志代表镇人民政府作的《政府工作报告》、镇人大主席刘成同志代表镇人大主席团所作的《镇人大主席团工作报告》。《政府工作报告》从产业发展、项目建设、社会管理、生态乡村工作、作风建设等五大方面对2014年及2015年上半年的工作进行总结，既充分肯定成绩，又实事求是指出问题与不足。报告还对2015年下半年的工作进行详细部署。

【植树造林推进“绿满八桂”工程】 2015年开展春季造林工作，共完成造林面积53.3公顷，其中木荷33.3公顷，油茶16.7公顷。同时配合开展“村屯绿化”活动，共发放桂花树等树种9100株，范围遍及全镇12个行政村130个村民小组，受益农户达3500多户，其中桂花树650棵、金球桂1300棵、百香果3250棵、紫荆树650棵，充分做好村屯绿化建设，创建生态文明新农村。

【农村党员培训】 重点围绕推进新农村建设和农村产业化进程，认真结合本乡镇的区位，产业和党员农民素质参差不齐的情况，因地制宜、精心组织、突出重点、统筹兼顾，扎实有效地开展农村党员培训工作，全镇12个村，1个村党总支，14个村党支部共开展培训班23期，培训865人次，发放书籍1200册。同时，利用各村的党建远程教育平台，大力开展集中培训，实现科技知识与农村党员及群众的“零距离”解除，满足他们对农村实用技术的需求，取得良好的效果。

【宇远公司特色种养基地建设】 广西宇远农业发展有限公司成立于2010年7月，注册资金750万元。已荣获“蒙山县农业产业化重点龙头企业、蒙山县扶贫龙头企业、梧州市重点农业产业化龙头企业”等荣誉称号。公司在文圩镇大龙和屯治村租赁了105公顷的土地，2015年已在园区内建成的产业项目有：生态土猪养殖场一个，年出栏肉猪1万头，年存栏1500头；生态土鸡养殖场一个，年出栏肉鸡2万羽，年存栏5000羽；柑橘标准化种植示范基地33.3公顷，种植品种主要包括沃柑、砂糖橘；富硒水稻13.3公顷，年产水稻200吨；绿色富硒蔬菜标准化种植示范基地40公顷，种植豆角、白茄子、上海青、空心菜、油麦菜、娃娃菜、荷兰豆等品种；其他作物种植14.7公顷，培育有银杏、香樟、红桂、白玉兰、洋紫荆等苗木20万株。公司积极实行“公司＋基地＋合作社＋农户”的产业化模式，以标准化、规模化、产业化的发展思路引领种养领域，产品畅销于粤、桂两地市场，部分高端产品出口供应港、澳市场。

【无病毒柑橘苗木种植初成规模】 2015年，大明村柑橘无病毒苗木繁育基地开始销售无病毒柑橘苗，年末建立起2公顷的柑橘无毒育苗基地。柑橘无毒苗木，顾名思义就是脱了病毒的种苗，因为柑橘会带有黄龙病、衰退病、流胶病等可传染和无法医治的“癌症”，而选择优良的无毒橘苗是第一关，也是最重要的一关。该育苗基地使用的培养杯培育模式，运用茎尖嫁接技术，并且搭建大棚覆盖，确保嫁接培育出无病毒、高纯度的种苗。

文圩镇大明村柑桔无病毒苗木繁育基地

文圩镇党政办　供稿

【大龙村创建种草养牛示范基地】 2015年，大龙村社东坪成功创建“新牧哥”种草养牛养殖基地。该基地是全县首家集品种改良、生态农业、健康养殖、科技培训、肉牛托管托养于一体的草食动物生态养殖示范基地。基地投入资金150多万元，种植牧草5.33公顷，建有钢架天棚式栏舍1500平方米，饲料青贮池500平方米，有配套的办公用房。现存栏奶牛、肉牛50多头，日产原奶100公斤。基地计划利用3年时间建成年出栏肉牛200头，年产原奶300吨的种草养牛示范基地。在基地的示范效应下，目前已发展带动周边30多户农户从事肉牛养殖。

（莫兴丽）

2015年文圩镇行政村基本情况表

表36

行政村	基本情况						村干部		行政面积（平方公里）	村集体经济收入（元）
	村民小组（个）	户数（户）	人口（人）	党员（人）	耕地面积（公顷）	林地面积（公顷）	支部书记	村委主任		
秀才村	34	1084	3141	78	194.5	31	韦燕	李国伟	7.48	0
河村村	18	658	2094	74	136.7	38	陆朝杨	黄克茂	4.31	0

续表 36

行政村	基本情况						村干部		行政面积（平方公里）	村集体经济收入（元）
	村民小组（个）	户数（户）	人口（人）	党员（人）	耕地面积（公顷）	林地面积（公顷）	支部书记	村委主任		
桃垌村	17	802	2444	61	155.9	51	李子杰	彭保强	11.37	0
大明村	43	1876	5607	109	247.1	23	陆廷钊	邓海强	7.89	0
文圩村	27	1901	4788	88	183	18	罗亮富	覃庆机	9.02	15260
莲塘村	16	756	2175	51	130.8	16	王其成	赖定清	7.44	0
道义村	16	770	2309	58	137.5	34	莫宗庆	韦裕武	12.58	0
龙定村	23	860	2746	48	155.8	12	陆万新	韦定毅	13.5	0
屯治村	25	883	2584	63	169.1	30	朱贵宗	周国锦	26.66	1900
大龙村	27	939	2956	93	167	12	陆高信	陈盛德	6.13	2400
木护村	24	892	2724	75	163.9	30	叶超刚	范耀信	15.07	0
六夏村	30	1250	3905	76	226.7	10	韦建坤	韦文武	22.22	1500
合　计	300	12671	37473	874	2068	305			143.67	21060

黄村镇

【概　况】 黄村镇党委、政府分别为隶属于蒙山县委、政府的行政机构。设党政办公室、监察室、人口和计划生育办公室、社会治安综合治理办公室、社会事务办公室、经济发展办公室。下辖社会保障服务中心、人口和计划生育服务站、国土建规环保安监所、交通站、文化体育和广播电视站 5 个事业单位。

2015 年，全镇总面积 239.4 平方公里，耕地面积 1233.82 公顷，其中水田面积 862 公顷；山林面积 16800 公顷。辖 10 个村委会，212 个村民小组。总户数 7344 户，其中农业户 6995 户；总人口 22917 人，其中农业人口 22322 人。人口自然增长率 5‰。

2015 年，有党支部 16 个，新发展党员 12 人，党员总数达 858 人。排查各类纠纷 84 起，调处 83 起。

2015 年，实现工农业总产值 29900 万元，财政总收入 413 万元，村级集体经济总收入 172 万元，农民人均纯收入 6718 元。

2015 年，全镇共有乡镇企业 110 家、家庭农场 26 家、个体工商户 335 户、农民专业合作社 17 家。

2015 年，粮食播种面积 1313 公顷，其中水稻 860 公顷，粮食总产量 6618 吨。花生、甘蔗、药材、木薯等经济作物种植面积 566 公顷。年内出栏生猪 14546 头、肉兔 13400 只、家禽 169200 羽、牛 122 头、羊 517 头，肉类总产量 1472 吨、禽蛋总产量 159 吨。水产品养殖面积 57 公顷，产量 786 吨。

2015 年，享受粮食直补面积 679.52 公顷，金额 98.18 万元；享受水稻良种补贴 679.52 公顷，金额 30.58 万元；农村危房改造 223 户，金额 401.26 万元；享受退耕还林补贴面积 163.5 公顷，金额 30.66 万元；享受生态林补贴面积 723.89 公顷，金额 150.4 万元；发放城乡医疗救助 562 人次，80.25 万元；优抚对象 105 人，发放抚恤金 46.96 万元；发放老复员军人抚恤金 14 人，15.35 万元；城乡低保对象 2326 人，发放低保金 30.75 万元；发放高龄老人生活补贴 610 人，40.27 万元；参加新农保 10146 人，参保率 93%，发放金额 354.43 万元；参加新农合 21332 人，参保率 98.29%，医疗报销额 193.33 万元；民政部门发放各类救灾、救济物资价值 44.1 万元。

2015 年，镇直属初中 1 所，在校学生 503 人，教职工 58 人；镇属小学 13 所，在校学生 1238 人，教职工 127 人。举办各种技术培训班 35 期，培训人数 2000 多人次。出生人口 279 人，人口出生率 11.53‰。完成计生“四术”199 例。

2015 年，农村基础设施建设投入 2600 万元，实施项目 24 个，主要项目有古黎冲排洪整治工程、农村义务教育薄弱学校改造工程、人饮工程、扶贫路（桥梁）建设项目、“一事一议”财政奖补项目和革命老区建设项目。

【成功创建自治区级生态乡镇】 镇党委、政府以创建梧州市级生态村为抓手，以开展乡村建设活动为契机，建立和完善农村生活污染治理系统、推广使用清洁能源、推动生态农业发展，形成浓厚的环境保护社会氛围。平原村、明觉村、新开村、朋汉村、六埠村先后获“梧州市级生态村”称号，群众对环境状况的满意率达到 97.27%，全部完成自治区级生态乡镇 15 项考核指标。在做好生态保护的同时，各村还因地制宜发展各类特色生态产业。六埠村绿色有机蜂蜜生产基地的橄泉蜂蜜蜂产品远销广东、海南等地；新开村红肉蜜柚供不应求，南方市场价高达 14 元 / 公斤；朋汉村在清澈见底的湄江河里用网箱养鱼；明觉村种植野生山葡萄；平原村种植沙糖橘、夏橙、马水橘等特色水果。村民人均年纯收入连续大幅度上升，实现经济发展与环境保护“双赢”。2015 年 12 月 15 日，黄村镇荣获“自治区级生态乡镇”称号。

【成功创建全国基层中医药工作先进单位】 镇卫生院以创建全国基层中医药先进单位为契机，采取培训与下乡指导的方式相结合，定期组织自治区、梧州市和县中医专家，对镇、村两级医疗机构医生进行中医药政策法规、中医药业务管理、中医药基础知识、中医药适宜技术推广等知识培训和指导，累计培训镇卫生院医生和乡村医生 300 多人次，全镇中医药技术服务能力和服务水平有了明显提高。2015 年，全镇中医门诊人次数达 28190 人次，占总门诊人次数 55.1%；中药饮片、普通针灸、火罐、牵引等中医适宜技术能广泛应用于农村居民的常见病、多发病；通过“简、便、验、廉”中医中药治疗，全镇门诊和住院人均费用均得到合理控制。2015 年 12 月，黄村镇卫生院获“全国基层中医药工作先进单位”称号。

【古黎冲排洪整治工程建设】 大化开发区于 1993 年开发建设，镇区面积 0.8 平方公里，常住人口约 4000 人。自开发区建成后，由于大化村古黎冲（加油站后面）集雨面积大、古作冲（大化小学背）排水渠道设计不合理、大化小学以北农田没有直排河道等原因，加上镇区的排水渠道、雨污管道太小，无法满足排洪要求，导致每年形成镇区内涝多次，最深水位达一米多，不但造成国道交通中断、居民房屋受淹，还影响镇区居民日常生产生活和正常商贸活动，造成较大的经济损失。经过镇党委、镇政府积极向上争取，大化街

建设中的黄村新城项目一期工程　　　　黄村镇党政办　供稿

每年洪灾频发治理纳入县人民政府2015年为民办实事工程，即蒙山县黄村镇古黎冲排洪整治工程，并于12月初开工建设。该工程总投资325.55万元，为新建拦砂坝一座（长度为20米，排水涵管316米）以及附属物建筑（消力池、沉砂池、检查井等）。

【黄村新城项目开工建设】 黄村镇围绕县“特色农业、优势工业、休闲旅游、精品城镇”的发展思路，打造生态宜居宜游精品城镇，在大化村开发建设“一河两岸”的黄村新城。该项目位于黄村镇大化开发区南面，一期工程开发约2.44万平方米，规划建筑面积约35000平方米，总投资约9300万元。将打造成集市场、饮食、商住等功能为一体的新街区。4月1日，黄村新城项目一期工程正式开工建设，12月底，一期工程已建成封顶15栋楼房。

【明觉野生葡萄种植农场建设】 明觉古渡口野生葡萄种植家庭农场始建于2013年3月，2015年3月10日通过上级管理部门审核注册。农场位于明觉村西明觉组古渡口（321国道边），种植面积13.33公顷，主要种植野生葡萄、夏黑葡萄、香樟树、葛根、桂花花卉苗木等；设计游玩功能涉及古渡口游船、生态水果采摘、农家乐休闲游玩、摄影钓鱼等。葡萄种植面积达3.33公顷，种植品种为夏黑葡萄和高山葡萄，已挂果1.33公顷。2015年7月1日，农场举办“休闲观光古渡口·自行采摘品尝野生山葡萄”开园活动，吸引了众多游客前来采摘，自行采摘售价达30元/公斤。目前，该农场正在注册产品商标，同时通过挖掘古渡口历史文化资源，加强与周边农户合作，以古渡口自然风光、农耕文化和长寿秘诀为基本点，努力发展以生态农业和健康养生相结合的乡土、乡情、乡趣的特色旅游产业，并围绕重点培育产品的展卖、鲜食、采摘、深加工纵深发展，继续扩大种植面积，实现更好的经济效益。

黄村镇明觉村古渡口野生葡萄种植基地　黄村镇党政办　供稿

【召开第一次工会会员大会】 2015年3月26日，召开黄村镇第一次工会会员大会，27名职工会员参加会议。会议以无记名投票选举产生黄村镇工会第一届委员会委员、经费审查委员会委员、女职工委员会委员，彭南歌任工会主席、覃泳富任工会副主席兼经审委员会主任、陈炫静任工会组织宣传委员兼经审委员会委员、覃勇任工会安全生产委员、陈凯燕任工会财务委员兼女职工委员会主任、范承德任经审委员会委员、陈炫静和陆俐伶任女职工委员会委员。

【举办诗文朗诵比赛】 2015年5月26日，黄村中学举办诗文朗诵比赛，20支代表队30多名选手通过单人或群体朗诵、配乐朗诵等方式，朗诵经典诗文。经过角逐,《感恩父母》等5支代表队脱颖而出荣获一等奖。比赛还决出二等奖7名、三等奖8名。

【举办廉政文化文艺演出】 2015年10月26日，黄村镇党委、政府组织业余民乐艺术队在大化开发区举办以“反四风、惩腐败、扬正气、倡廉洁”为主题的文艺演出。文艺演出节目形式多种多样，内容紧扣廉政文化，有原创三句半《反四风》、山歌《家道好新风》、改编的快板《反腐倡廉》、廉政歌曲《一路凯歌清风扬》、红歌《歌唱祖国》、廉政诗歌《她是一本书》《我心是莲》以及舞蹈《赶圩归来阿里里》《爱的世界只有你》等。节目演出过程中，还结合近期开展的查处发生在群众身边的“四风”和腐败问题专项工作等党风廉政教育宣传重点内容与观众进行互动有奖问答。全镇党员干部、村干和群众共400多人观看演出。

（蒙庆洁）

2015年黄村镇行政村基本情况表

表37

行政村名	耕地面积（公顷）	村民小组（个）	户数（户）	人口（人）	党员（人）	党支部书记	村委会主任	集体经济收入（元）
平原村	103.78	26	580	1932	60	韦子斌	李克安	137695
百合村	136.04	25	695	2227	72	黄培德	黎文明	331135
明觉村	126.86	13	497	1731	65	龙中巧	明日柱	104265
大化村	161.56	20	720	2400	79	孙以平	吕发安	174133
黄村村	200.33	31	1015	3211	85	欧有志	黄世友	68150
林秀村	103.83	22	810	2599	50	黎伟章	张兴秋	273325
道冲村	81.88	20	448	1342	42	杜富华	黄远周	36000
新开村	132.03	20	902	2979	76	黄守良	黄　强	274851
六埠村	52.71	12	412	748	52	陆文凤	彭忠区	249265
朋汉村	134.80	23	916	3153	89	刘德初	刘刚立	71106
合　计	1233.82	212	6995	22322	670			1719925

陈塘镇

【概　况】 2015年，全镇总面积152.29平方公里，耕地面积801公顷，其中水田面积633公顷；山林面积1.1万公顷。辖9个行政村、1个居委会，197个村民小组、5个社区居民小组。总户数7524户，其中农业户6952户；总人口24765人，其中农业人口23423人。人口自然增长率4.02‰。

2015年，有党支部23个，新发展党员11人，党员总数达744人。排查各类纠纷90起，调处90起。

2015年，实现工农业总产值3.75亿元，财政总收入774万元，村级集体经济总收入82.71万元，农民人均纯收入4985元

2015年，新引进企业12个，引进资金450万元，主要有耀华·滨江花园、水产专业合作社、种养殖合作社。

2015年，粮食播种面积1078公顷，其中水稻891公顷，粮食总产量5748吨。花生、薯类、大豆、水果等经济作物种植面积426公顷。年内出栏生猪1147头、家禽9.55万羽。水产品养殖面积35公顷，产量558吨。

2015年，享受粮食直补面积596.7公顷，金额113.05万元；享受水稻良种补贴596.7公顷，金额27.4万元；农村危房改造414户，补贴金额764万元；享受退耕还林补贴金额135万元；享受生态林补贴金额12万元；发放城乡医疗救助108人次，54.1万元；优抚对象115人，发放抚恤金47.7万元；发放老复员军人优抚金14人12.04万元；城乡低保对象2315人，发放低保金410.3万元；发放高龄老人生活补贴497人，33.6万元；参加新农保7495人，参保率91%，发放金额340.25万元；参加新农合22037人，参保率98%，医疗报销额163万元；民政部门发放各类救灾、救济物资价值48.7万元。

2015年，镇属初中1所，在校学生1308人，教职工108人；镇属小学9所，在校学生1817人，教职工139人。兴办各种技术培训班20期，

培训人数1850人。出生人口314人，人口出生率12‰。完成计生“四术”228例。

2015年，农村基础设施建设投入1500万元，实施项目52个，主要项目有路桥建设、道路硬化、人饮工程。沼气池总数达1045个。

【召开十六届人代会第五次会议】 2015年3月27日，召开陈塘镇第十六届人民代表大会第五次会议。应到会代表47人，到会代表44人。与会代表认真听取和审议《政府工作报告》和《人大工作报告》。会议对2015年全镇经济社会发展提出目标任务：认真贯彻落实党的十八大精神，紧跟县委、县政府的发展思路，紧紧围绕“特色农业、优势工业、休闲旅游、精品城镇”十六字方针，坚持扶持特色抓示范，促进生态经济快速发展；坚持夯基础建精品，打造宜居休闲城镇。坚持优环境美生态，建设清洁生态美丽陈塘；坚持重视民生工作，切实提高群众幸福指数；坚持转作风提效能，不断加强政府自身建设，努力争取全镇各项事业建设持续发展。

【市长朱学庆到陈塘镇调研】 2015年5月29日，梧州市市长朱学庆率领市国土、环保和扶贫等部门负责人在县委书记阳永煊的陪同下到陈塘镇，就生态乡村建设、扶贫开发、特色农业发展等工作进行调研。朱学庆实地查看陈塘镇的办公楼设施，听取陈塘镇党委的工作情况汇报，对陈塘镇今后党建、生态乡村、新农村建设等方面工作提出具体要求。朱学庆特别强调扶贫开发要立足镇情村情，与生态乡村建设、乡村旅游开发相结合，切实把政策措施落到实处，帮助贫困群众解决实际困难。

【举办果树栽培技术培训会】 2015年4月25日，镇政府举办果树栽培技术培训会，邀请广西特色作物研究院全金成专家为群众授课，重点讲授沙糖橘种植规模、苗木安全、留树保鲜、病虫防治问题、保花保果等内容。全金成还现场对橘农提出的在培管过程中遇到的问题进行答疑解惑，并通过让群众关注公众微信平台的方式加强与果农的互动交流和技术指导。此次参加培训的村民代表及柑橘种植大户达150余人，发放技术资料和手册300余份。

【朝垌村筹建儿童家园】 2015年，朝垌村第一书记邓满意为了能让朝垌村儿童有一个良好的成长环境，计划在村建设一个儿童家园，他借着“美丽陈塘”乡村建设的契机，在录制广西电视台《第一书记》节目时候，向在场的社会各界人士讲述朝垌村基础设施落后的情况，得到社会各界大力支持，筹集到多套基础设施资金。同时召开村民大会，鼓励村民行动起来，共同为儿童家园建设出力。村民王远光无偿提供自己50平方米的车库和门前场地作为儿童家园的建设用地；市教育局捐赠价值18800元两台太阳能热水器及其他学习生活用品给朝垌小学和儿童乐园；蒙山县五丰丝绸有限公司和蒙山县润丰房地产开发有限公司资助一批设施。2015年6月1日，朝垌村五丰儿童家园正式开放。

【开展突发性地质灾害实战应急演练】 2015年7月10日，陈塘镇开展突发性地质灾害实战应急演练，进一步增强广大干部群众地灾安全防范意识和提高应急处置能力，强化应对地质灾害事故的自救和抢险技能。演练以陈塘镇寺村村东营组村民莫均德屋后山体因受持续强降雨的影响，出现裂缝，且有继续发展的迹象为背景，按照突发性地质灾害应急预案模拟现场演示的形式进行演练。参与演练的单位有派出所、消防、卫生、国土、民政等镇直部门共85人，组成救援分队迅速赶往现场。到现场分别成立综合协调组、应急抢险组、医疗救助与卫生防疫组、次生灾害监测组、灾民安置与后勤保障组、安全保卫与交通保障组、宣传报道组7个组。在指挥部的统一安排下，应急抢险组以最快的速度赶到受灾点组织群众安全转移到临时安置点，对不愿撤离的群众在劝说无果的情况下进行强行撤离；医疗救治组快速作好医疗救护的充分准备，在灾民转移过程中，及时对伤病员进行救护；次生灾害监测组对地质灾害隐患点进行应急排查；灾民安置与后勤保障组对受灾群众进行统计并发放物资……演练历时约60分钟，整个过程有条不紊，安全撤离危险区域里的受威胁的10户村民36人。

【完成精准识别贫困户】 2015年10月，陈塘镇根据上级有关精准识别贫困户工作要求，结合实际制定具体工作方案，成立由镇党委、镇政府班子领导组成的专门工作领导小组和办公室，召开各项动员会222次，发放宣传资料3200份。在具体工作中严抓识别程序，认真执行上级规定的“一进二看三算四比五议”（一进：工作队员进农家了解农户基本情况等；二看：看生活设施和看生产设施；三算：算农户收入、支出和债务等；四比：与本村农户比住房、收入、资产、外出务工等情况；五议：议评分是否合理，是否漏户，是否弄虚作假，是否拆户、分户、空挂户，家庭人口是否真实等情况）方法，精准识别。全镇6个贫困村，精准识别建档立卡户1632户4660人，其中建档立卡贫困户1029户3904人，包括因病致贫242户968人，因残致贫102户340人，因学致贫130户616人，因自身发展动力不足致贫101户351人，缺劳力致贫157户524人，缺资金致贫239户885人，缺技术致贫35户113人。经摸底确认，全镇需要特色产业种养扶持542户，危房改造346户，低保政策551户，教育资助273户，医疗救助451户，转移就业197户，移民搬迁32户。

【举办庆元宵文艺晚会】 2015年3月5日，镇党委、政府联合县兴华矿业、耀华公司和宏基投资有限公司，在陈塘镇中心小学举办“美丽陈塘·生态乡村”活动庆元宵文艺晚会。晚会的表演者为群众自发报名参加，节目有小品、话剧、歌曲、舞蹈、相声等，观看晚会的干部群众有300多人。晚会的成功举办进一步推动“美丽陈塘·生态乡村”活动深入开展，更好地倡导了文明过节、低碳过节，响应了自治区关于全面创建“美丽广西·生态乡村”的精神。

2015年3月5日，陈塘镇举办“美丽陈塘·生态乡村”2015年元宵文艺晚会　　陈塘镇党政办　供稿

【陈塘社区开展在职党员进社区活动】 6月26日，陈塘社区组织开展“在职党员进社区为民服务零距离”活动。镇卫生院、计生站、司法所等9个站所和镇直机关党员干部等30多名在职党员志愿者参加。活动根据党员志愿者所在单位的的工作特点，开展清洁家园、邻里相助、关爱孤残、爱心慰问、政策宣讲、科技惠民、卫生保健等七大志愿服务活动。活动一开始便吸引许多居民前来参与，积极进行咨询，参加体检或是聆听政策宣讲。此次“在职党员进社区志愿服务零距离”活动，共发放各类宣传资料1000多份，接受群众咨询50余次。

陈塘镇政府开展党员到社区服务活动　　陈塘镇党政办　供稿

（余炳松）

2015 年陈塘镇行政村、社区基本情况表

表 38

村（社区）名	村民小组（个）	耕地面积（公倾）	户数（户）	人口（人）	党员（人）	党支部书记	村委主任	集体经济收入（元）
陈塘社区	8	24.65	1118	2633	61	刘治平	林雄伟	0
陈塘村	16	92.9	1058	3515	62	何建萍	梁安旦	0
下漂村	16	56.77	368	1733	50	黄位源	覃红强	272400
罗应村	35	134.90	993	3222	74	欧迈成	欧元秋	517000
福利村	23	85.9	749	2618	66	江炎林	黎文金	无
寺村村	20	82.35	720	2367	58	陆秀群	何德庆	0
青州村	19	67.32	502	1672	42	莫少民	莫兴	19700
沙灵村	19	73.26	506	1827	48	黄盛松	黄华琴	无
大莫村	23	105.33	699	2488	65	莫欢隆	莫金军	无
朝垌村	23	77.91	692	2620	48	姚远芳	王会强	18000
合　计	202	801	7405	24695	574			827100

汉豪乡

【概　况】 2015 年，汉豪乡总面积 106.87 平方公里，耕地面积 467 公顷，其中水田面积 397 公顷；山林面积 8714 公顷。辖 6 个行政村、122 个村民小组。总户数 4244 户，其中农业户 3998 户；总人口 13454 人，其中农业人口 12911 人。人口自然增长率 1.19‰。

2015 年，有党支部 13 个，新发展党员 8 人，党员总数达 469 人。排查各类纠纷 83 起，调处 83 起，调解率 100%。

2015 年，实现地区生产总值达 2.42 亿元，财政总收入 812.87 万元，村级集体经济总收入 904.1 万元，农民人均纯收入 5860 元。

2015 年，粮食播种面积 715 公顷，其中水稻 582 公顷，粮食总产量 5238 吨。玉米、红薯、西瓜、花生等经济作物种植面积 190 公顷。种植砂糖橘 1350 亩，百香果 680 亩，灵芝 10000.5 平方米。年内出栏生猪 4827 头、肉兔出栏 1.97 万只、家禽 7.7 万羽。

2015 年，享受粮食直补面积 342.43 公顷，金额 62.52 万元；享受水稻良种补贴 342.43 公顷，金额 15.41 万元；农村危房改造 278 户，补贴金额 518.9 万元；享受退耕还林补贴面积 314.68 公顷，金额 55.16 万元；发放城乡医疗救助 298 人 56.19 万元；优抚对象 53 人，发放抚恤金 24.38 万元；发放老复员军人优抚金 5 人 5.54 万元；城乡低保对象 1682 人，发放低保金 247.74 万元；发放高龄老人生活补贴 285 人 18.84 万元；参加新农保 5953 人，参保率 98%；参加新农合 12505 人，参保率 99.1%。

2015 年，乡属小学 10 所，在校学生 1020 人，教职员工 104 人。组织农村种养技能培训 340 人，富余农村劳动力转移就业 223 人，城镇新增就业 5 人。出生人口 166 人，人口出生率 6.38%。

2015 年，农村基础设施建设投入 3453.558 万元，实施项目 24 个，主要项目有村道硬化、土地整治等。

【获得“自治区级生态乡镇”称号】 2015 年，争取资金 46.1 万元实施水源净化，1308.4 万元实施道路硬化，224.4 万元实施村屯绿化。村屯绿化种植 14705 棵，6.67 公顷，其中洋紫荆等乔木树种 4593 棵，红继木等灌木树种 4082 棵，坚果等果树 461 棵，三角梅等花类 5569 棵；植树造林面

积203公顷，其中杉木8.7公顷，桉树115公顷，成活率90%；全乡森林抚育527公顷，其中八角、玉桂93公顷，桉树433公顷。都坡生态新农村建设成效明显，2015年完成村的总体规划设计，村内组道硬化、排污工程逐步实施，大力发展土猪养殖、林下养鸡、养蜂和百香果、红心蜜柚、山葡萄种植等产业。2015年汉豪乡获得“自治区级生态乡镇”称号，都坡村获得“自治区级生态村”称号。

【创建“党建微信群”】 2015年，乡党委政府积极使用新媒体工具，创建了“党建微信群”，把全乡党员干部、党代表、普通党员加到微信群里，鼓励全乡非党员干部职工、村干部、人大代表以及经济能人加入，打造全乡党群信息共享大平台，搭建起党员和群众沟通的新桥梁。微信群不定期发布党建以及其他工作信息，内容不仅涵盖党的方针政策、基层党建动态、党的理论知识，还包含就业信息、技能培训、重大信息发布及辟谣，广大党员干部职工借助这一平台，以文字、语音、图片、视频等方式将工作中的好建议、新点子、好资料发布在微信群中交流共享，让每个人随时随地都成为正能量的传播者、接收者、受益者。到年底，通过“党建微信群”发送党建理论、政策法规、支农惠农政策、生态乡村建设等信息580多条，参与加入“微信群”交流平台的党员干部有50多人，为全乡群众解决饮水、道路硬化、产业发展等一大批民生问题，有效提升党委政府的服务效率。

【举办“汉豪乡精准扶贫党代表论坛”】 2015年12月4日上午，在乡政府三楼会议室举办“汉豪乡精准扶贫党代表论坛”，县、乡党员代表、驻村第一书记、经济能人等28人参加论坛。论坛就如何发挥党代表参与决策、民主监督、党的自身建设、联系服务党员群众等“四个作用”进行深入探讨与交流，探索出有效的方法和途径，为群众增收致富做好服务。

【樟村高架桥动工】 2015年10月9日，总投资1000多万元的汉豪乡樟村高架桥破土动工开始建设。根据设计规划，樟村高架桥主桥长186米，宽8.5米，计划于2016年底建成通行，建成后将解决汉豪乡三个行政村及陈塘镇和藤县大黎镇部分群众共计6000多人的日常出行特别是汛期出行难的问题，消除原樟村漫水桥通行的安全隐患。

2015年10月9日，汉豪乡樟村高架桥破土动工

汉豪乡党政办　供稿

【初步完成精准识别贫困户工作】 2015年10月份开始，根据上级有关精准识别贫困户工作要求，结合实际制定具体工作方案，成立由党委书记、乡长等班子领导组成的专门工作领导小组和办公室落实具体工作。召开各项动员会102次，发放宣传资料2200份，抽调各级干部76人组成工作组实行分片包干，根据“一进二看三算四比五议”的方法，严格按照“两入户、两评议、两审核、两公示、一公告”的程序精准识别贫困户，力求识别过程精细化、合理化，确保识别成果客观性、准确性。工作组进入122个村民小组调查2638户村民户，完成入户率达100%。到12月31日，已完成全乡第一阶段精准识别工作。

【开展农村土地承包经营权确权登记】 2015年，汉豪乡和夏宜乡成为全县土地确权登记工作试点乡镇，在2014年樟村村试点成功的基础上，全乡全面开展农村土地承包经营权确权登记工作。到年底，已经在全乡完成入户调查3489户、地块指认11527块，在121个村民小组开展权属调查，确权工作进展顺利。

土地确权工作人员与群众在地图上确认地块

汉豪乡党政办　供稿

【成立基层应急管理互助救援组】 为解决应急救援战线长、群众居住散、出行不便、隐患多等问题，探索出乡党委政府应急救援为主、群众互助救援为补的联动应急管理新机制。每村成立村支部书记、主任为组长，“两委”成员为副组长，村民小组长为成员的村级应急处置工作组。全乡设立12支村级应急救援互助组，由除老弱病残家庭外的家庭主要劳动力组成，其中有村干、组干、党员、团员、退伍军人以及热心青年等人。各村将互助救援工作归项为投工积德行为纳入村规民约，通过“公益积分办法”与惠农政策和伦理亲情相挂钩，有效提高队员积极性，确保互助救援队伍拉得起、能处置、快有效。互助组成员每年至少集中两次学习宣传各类应急处置知识和熟悉应急预案，组织两次应急演练学习。另外在学校设置专题的课时，培养学生应急防范意识和技能，发挥小手拉大手作用，使村级应急处置意识和知识深入人心，应急处置水平整体得到提升。同时，每年乡落实村级应急处置经费3万元，必备物资提前下放到村级仓库，外备物资就近签约挂钩，保证互助组救援的物资和经费。一旦乡应急办收到突发事件信息，立即分析事发地点、路况、环境及事件性质，若是地点偏远或道路不通的立即启动村级互助救援方案，由乡通知村，由村应急办统一指挥救援互助组先行自救。乡镇则成立专门工作组协助上级部门解决处置过程中遇到的问题。村级救援互助组的作用在汉豪乡的应急处置管理工作中越来越突显，通过在村级先行互助救援，有效解决山区群众居住散远，救援不便问题，互助救援为确保群众的生命财产安全赢得时间、赢得主动。2015年4月28日，梧州市应急管理工作现场会在汉豪乡樟村村设分会场，汉豪乡的经验做法得到市领导认可。

【以劳生态示范点脱贫效果初显】 汉豪乡以劳生态示范点距离321国道3公里，地处湄江边，交通条件优越，自然环境优美。全组共59户273人，贫困人口25户84人，有水田9.3公顷、旱地荒山27.3公顷亩、林地72.5公顷。2015年，乡党委、乡政府结合美丽乡村（扶贫）建设等工作，多渠道整合资金228万元进行“三化”示范点建设，道路硬化2.1公里，水渠改造1.2公里，河道整治600米，村屯绿化3000平方米，全部实现安全饮水。以劳乡村旅游扶贫点依托精准脱贫攻坚、美丽乡村建设等一系列政策举措，鼓励青年骨干党员成立合作社，带头示范引领，坚持宜种则种、宜养则养、宜游则游、宜乐则乐发展方向，大力发展特色种植业、养殖业、旅游业等，重点实施或对接洽谈旅游开发、发展绿色循环种养、开展土地流转等项目，有针对性组织贫困户选择项目参与，带动和影响以劳组及周边村组群众1000多人脱贫致富。

【樟村村举办春节文艺晚会】 2015年大年初一晚上，汉豪乡樟村村在村文化活动中心举办迎新春文艺晚会。群众自发组织举办文艺晚会闹新春是汉豪乡樟村村每年不成文的惯例，晚会演员来自本村群众和樟村籍的在校大学生。晚会节目形式多样，多为群众自导自演，内容朴实接地气，演员们身着别具特色的各色服装，让观众们感受到浓浓的节日气氛。晚会还对优秀示范户和先进个人等给予表彰与奖励，树立先进典型，传递正能量。

（肖赵冰）

2015 年汉豪乡行政村基本情况表

表 39

村　别	基本情况							党（总）支部		村委会		党员人数（人）	村集体经济收入（元）	行政面积（平方公里）
	村民小组（个）	总户数（户）	总人口（人）	耕地面积（公顷）			林地面积（公顷）	书记	副书记	主任	副主任			
				水田	旱地	合计								
都坡村	9	310	1043	31.87	6.67	38.54	700	何小燕	江金源	江金源	许辰枫	36	38440	9.1
樟村村	17	725	2265	65.07	14.73	79.80	1712	何仕达	覃庆昌	何炎居	何仕委	78	93064	17.2
汉豪村	27	1634	4953	134.07	22.6	156.67	2307	梁作盛	覃汝琼	覃长忠	江桂斌	91	19926	29.8
大车村	15	411	1376	42.07	5.13	47.20	1352	陈　炎	韦德林	韦德林	莫运木	41	83449	18.0
白竹村	16	416	1385	39.33	9.60	48.93	571	黄元平	何仕鹏	何仕鹏	陆盛坤	56	57428	6.9
金垌村	38	751	2432	84.47	11.73	96.2	2072	易远志	欧海芳	欧海芳	黄绍明	57	79943	25.37
合计	122	4247	13454	296.88	70.46	467.34	8714					359	372250	106.37

夏宜瑶族乡

【概　况】 夏宜瑶族乡位于蒙山县西南部，地处山区，东邻文圩镇，南及西南与藤县大黎镇、宁康镇，平南县马练瑶族乡接壤，西和北面与金秀瑶族自治县忠良乡交界。乡政府驻地夏宜村夏宜集市，距县城 23 公里，有柏油县道东经文圩接 321 国道达县城，西南从六洛村夏马公路通平南马练乡集镇，里程 30 公里，行政村均通汽车。全乡面积 117.4 平方公里，耕地面积 259 公顷。辖 6 个行政村（即夏宜村、六海村、高雷村、能友村、芦山村、六洛村），64 个村民小组。2015 年年末，有 2401 户，人口 6905 人，民族有瑶、汉、壮、苗等，瑶族人口占 90%。夏宜瑶族乡是盘瑶聚居地，与金秀瑶族自治县相邻，语言有瑶语及蒙山话。汉化程度比较深，节日保留有“盘王节”，唱瑶族山歌和蒙山话山歌，有“过火炼”“上刀山”传人。

夏宜瑶族乡农业以粮食、蔬菜为主。粮食以种植水稻、木薯、玉米、黄豆为主，主要经济作物有生姜、八角、毛竹、油茶、油茶等。2015 年，粮食种植面积 215 公顷，总产量 4368 吨。其中实施超级稻高产示范片 6.67 公顷，全面推广超级稻 113.33 公顷。年底生猪存栏 2820 头、能繁母猪 360 头、后备母猪 48 头、肉兔 6800 只、家禽 13200 羽、耕牛 65 头；出栏生猪 3420、家禽 59450 羽、肉兔 22900 只，外运仔猪 3381。服务业以木材加工业、运输为主，总产值 200 万元。有私营企业 5 家，从业人数 63 人。

全乡有九年一贯制学校 1 所——夏宜民族学校，占地面积 8900 平方米，建筑面积 5300 平方米。2015 年，有 12 个班级，教职工 46 名，学生 452 人。中心小学下设芦山、六海、能友、高雷、六洛 5 个村小学，全乡适龄儿童入学率达 100%，初中入学率达 98%。

2015 年，农村基础设施建设投入 3100 万元，实施项目 30 个。以 30 周年乡庆活动为契机，围绕“打造醉美瑶乡——创建四星级民族生态旅游景点”的工作重点，积极向上级争取资金，加大对水利、桥梁、道路、民居立面风貌改造、站所办公楼等基础设施建设力度，项目总投资4384万元。其中投资849万元对夏宜垌口至夏宜桥道路进行绿化、硬化、亮化等改造；投资739万元完成夏宜街道，夏宜村榕树片、六寨片，夏宜民族学校民居立面风貌改造；投资54.5万元建设花海；投资128万元对古榕公园的球场、文化长廊、雕像进行建设并整体绿化；投资220万元建设夏宜村水车及步道工程；投资188万元建设夏宜乡停车场及游客接待中心、公厕；投资209万元建设夏宜乡政府公共租赁住房；投资350万元建设夏宜民族学校教学大楼；投资70万元建设夏宜村卫生室；投资60万元扩建夏宜市场；投资43万元建设夏宜亲水平台；投资约500万元在夏宜、芦山、能友、高雷、六海5个行政村开展土地整治项目。基础设施建设方面，投资15万元修建高雷村北利桥，投资6万元硬化高雷村雷村组丹竹坪巷道，投资4万元硬化高雷村平坦环村道路，投资18.5万元硬化六洛村马六塘至三组道路，投资19.5万元硬化六洛村四组至五组道路。争取蒙山县2015年旅游扶贫合作试点项目资金200万元，在公共基础设施方面投入资金100万元建设夏宜垌口水车步道景点水车项目、景观步道挡土墙工程；在产业开发方面投入资金95万元在全乡实施杉木、松树等产业低改，七彩山鸡养殖、土鸡养殖、猕猴桃种植等项目；在技术培训方面培训770人次，投入资金5万元。

【彭清华到能友村调研】 2015年11月8日，自治区党委书记、自治区人大常委会主任彭清华深入夏宜瑶族乡能友村，先后走进贫困户莫运诗、廖仲秀家中，详细了解贫困户家庭状况及致贫原因，倾听群众对精准识别工作的意见建议，勉励他们坚定信心，在政府的帮助下，依靠自己的双手，立志脱贫致富。

【举办建立瑶乡30周年庆典活动】 2015年10月27日，夏宜瑶族乡举办建瑶乡30周年庆典活动。自治区民委祝贺团团长、自治区民委办公室主任赵武林，梧州市代表团团长、市委常委、常务副市长吴浩岭等参加了庆典大会，到现场参加庆典的总人数达到3.5万人次。庆典大会上，参加表演的节目个个精彩纷呈，富含浓厚的民族底蕴，处处洋溢着欢快的节日气息。庆典大会结束后，还开展民族体育活动，热情的瑶乡人民与远道而来的友人们一起跳起有趣的竹竿舞、玩起抛接绣球等。夏宜瑶族乡成立于1985年。建乡30年来，在各级党委、政府和各部门以及社会各界大力支持下，夏宜瑶族乡的基础设施条件不断改善，产业结构不断优化，民族团结，社会稳定，社会各项事业取得了喜人成绩。

2015年10月27日，夏宜瑶族乡举办建立瑶乡30周年庆典活动
夏宜瑶族乡党政办　供稿

【举办建立瑶乡30周年摄影展】 为纪念夏宜瑶族乡建立30周年，展现夏宜30年来发展的巨大变化，夏宜瑶族乡党委、政府与县摄影协会联合举办“生态夏宜·幸福瑶乡”主题摄影展。大展共收到摄影作品400多幅，作品内容涵盖夏宜概况、领导关怀、瑶乡新貌、瑶族风情、自然风光等方面，反映夏宜发展的细节和全貌的变化、夏宜建设者的心血与汗水、夏宜人民的幸福与喜悦，生动地再现30年来的一个个精彩瞬间。大展最终评出特等奖、一等奖、二等奖、优秀奖及入围奖100幅，除在夏宜乡文化长廊展出外，还集结成册。

【打造“醉美瑶乡”景区】 2015年，重点围绕打造“醉美瑶乡——四星级民族生态旅游景点”工作，在夏宜村开展“六个一”项目建设。即“一条路”，对夏宜垌口至夏宜桥道路进行绿化、硬化、扩宽等改造，打造瑶乡特色“一条路”，道路长1公里，宽14米，在道路两旁种植银杏树；“一面墙”，对夏宜街道、夏宜村榕树片、夏宜民族学校、夏宜村寺脚片和仕吉片民居立面改造，打造瑶乡风貌；“一枝花”，租用4.67公顷土地进行花卉种植，打造花卉景观片区。种植的醉蝶花花形优美别致，形似蝴蝶飞舞，花色娇艳，初为粉白，次转粉红，后变紫红，一花多色，兼具蜜腺，常令飞蝶陶醉；“一个寨”，对夏宜村六寨旅游示范点打造，主要是对房屋立面风貌改造，对村容进行绿化改造，房前屋后种植花卉、树木，打造瑶乡风情典型村寨；“一个园”，围绕古榕公园项目进行球场建设、文化长廊建设、雕像建设和整体绿化；“一条河”，做好对夏宜河进行沿江景观、绿化、防洪一体建设。项目总投资4329万元。项目建设完成后，夏宜村的各项旅游基础设施配备基本完善。

“醉美瑶乡”景区古榕树景点　　县史志办　佚稿

【夏宜村中国传统村落打造】 近年来，夏宜村通过争取各方面力量的支持，先后投入5000多万元对村容村貌进行整治，改水、改厕、村道硬化等，同时对村里的部分区域进行了绿化、美化、亮化等，使村内保持村容整洁、空气清新。村内有田有林，有山有水，山清水秀，鸟语花香，景色秀美怡人。辖内有夏宜峡、茶花山、茶浮冲、拜仙洞、仙人下棋、古榕文化中心、关岳祠等旅游资源。2015年，该村被授予“蒙山县美丽乡村建设示范村”“梧州市新农村建设示范村”“广西乡土特色示范村”“自治区第四批中国传统村落”。

【举办中小学生民族歌舞晚会】 继喜迎瑶乡建立30周年大庆之后，夏宜瑶族乡又迎来了一场文化盛宴，夏宜瑶族乡2015年第四届中小学生“民族魂·成长梦”民族歌舞晚会在夏宜民族学校火热上演，县教育局、夏宜瑶族乡党委书、县扶贫办、县文化馆等单位领导到现场观看演出。整场晚会以少数民族歌舞表演为主，演员们身着各族服装欢聚一堂、载歌载舞。

（韦永春）

2015年夏宜瑶族乡行政村基本情况表

表40

行政村名	耕地面积（公顷）	村民小组（个）	户数（户）	人口（人）	党员（人）	党支部书记	村委会主任	2015年集体经济收入（元）
夏宜村	68.5	12	623	1746	51	李才德	谢周强	54322
六海村	46.9	10	403	1199	37	贤庆文	罗国开	50875
高雷村	41.8	8	393	1159	29	覃祚德	温承华	42159
能友村	33.9	10	297	881	33	莫庆国	李祖春	28056
芦山村	39.2	13	400	1125	40	潘德新	吴文忠	36680
六洛村	28.7	11	285	795	30	李先贵	陆俊良	139604
合计	259	64	2401	6905	220			351696

长坪瑶族乡

【概　况】 2015年，全乡总面积133.2平方公里，耕地面积220公顷，其中水田面积93公顷；山林面积8200公顷。辖5个行政村，40个村民小组。总户数1039户，其中农业户1005户；总人口3086人，其中农业人口3040人。人口自然增长率7.38‰。2015年12月，处在乡政府所在地的“水韵瑶寨”景区被广西旅发委评定为广西五星级乡村旅游区。

2015年，有党支部8个，新发展党员4人，党员总数达276人。排查各类纠纷17起，调处17起。

2015年，实现工农业总产值6609万元，财政收入1395万元，农民人均纯收入4721元。粮食播种面积250公顷，其中水稻132公顷，粮食总产量1004吨。经济作物种植面积130公顷。年内出栏生猪895头、家禽9600羽，肉类总产量116吨。水产品养殖面积15公顷，产量232吨。享受粮食直补、水稻良种补贴面积130公顷，金额14万元；农村危房改造24户，补贴金额47万元；享受退耕还林、生态林补贴面积280公顷，金额38.35万元；发放城乡医疗救助、抚恤金、低保金、高龄老人生活补贴49万元；参加新农保2831人，参保率92.2%；参加新农合2947人，参保率99.1%。

2015年年末，有小学1所，在校学生71人，教职员工15人。举办各种技术培训班24期，培训人数1200多人次。出生人口37人，完成计生“四术”22例。

【基础设施建设】 2015年，东护村棉垌组道路硬化2.35公里，长坪村道路硬化1公里，长坪村冷水组道路硬化0.7公里，长坪村东坪垌片区绿化，长坪村东坪垌旅游公厕，东护村茶挪组水文站建设，长坪村深田组防洪堤建设，六坪村便民候车亭，长坪村西坪垌片区绿化，长坪村和三妹村五保新村均已完成建设。

【特色种养】 利用各村自然资源优势，继续发展“一村一品”或“一村多品”特色种养。在种植业方面，加快发展以杉、松、八角为主，毛竹、油茶等为辅的经济林；在养殖业方面，重点发展大鲵、山猪及竹鼠等养殖。2015年年底，继续维持每村都建有一个特色种养基地。全力支持长坪瑶族乡富源农业土特产品专业合作社、长坪瑶族乡永盛石崖茶专业合作社、南垌村山猪养殖基地发展，努力实现“一村一品”的专业化、区域化、特色化的优势产业。南垌村山猪养殖基地年出栏山猪达600多头。2015年，全乡八角面积9032公顷，年产量约2503吨；竹笋干年产量约10吨，主要为大头竹、黄竹笋干。

【举办“三月三”节庆暨蒙山文化旅游节】 2015年4月19日（农历三月初三），是长坪瑶族乡“三月三”节庆日。县委、县政府为了进一步弘扬瑶族文化，展示瑶乡建设新面貌，推介长坪瑶族乡的特色旅游，与乡政府联合举办“水韵瑶寨·节日欢歌”三月三节庆暨蒙山文化旅游节活动。活动主要有瑶族特色歌舞表演，有瑶胞迎客、竹筏迎亲、过桥仪式、新人巡礼、瑶族歌舞、山歌对唱、抛绣球招婿等节目；瑶乡特技表演及民族体育竞技比赛，有过火海、上刀山、踏红犁头、木板鞋、踩高跷、竹竿舞等项目；品尝瑶乡美食，有糯米甜酒、竹筒饭、瑶家豆腐、瑶家石螺、艾粑粑、野菜、油茶、火熏肉等美食供

2015年4月19日，蒙山县水韵瑶寨“三月三”节庆暨蒙山文化旅游节在长坪瑶族乡长坪村举行　　县史志办　供稿

游客品尝；瑶乡特产展销会，有石崖茶、竹笋干、野生灵芝、木耳、香菇、蜂蜜、茶油等品种供游客选购；瑶族风情及传统技艺展示，通过民族宣传栏摄影大赛展板及瑶族同胞现场山歌对唱、织布、绣花等方式来向游客展示。通过此次活动，长坪瑶族乡的独特瑶族文化风情、秀丽的山水美景得到大力的宣传，促进长坪瑶族乡的旅游产业发展，提高长坪“水韵瑶寨”的知名度。

【建成广西五星级乡村旅游区】 委托桂林旅专专家教授为长坪瑶族乡编制“水韵瑶寨”乡村旅游区总体策划、乡村旅游区总体规划，积极推动乡村旅游项目建设并不断完善。在开展清洁乡村活动净化大地的同时，快速推进民族旅游开发建设。计划总投资1678万元，其中2015年投资1488万元，2016年投资190万元。2015年，建设项目有东坪垌沿河青石板道路工程、环湖栈道建设工程、旅游停车场建设工程、六坪村范水路口大门停车场建设工程、小溪叠石景观绿化工程、镇区绿化工程、长坪村二期（西坪垌片区）风貌改造建设工程、长坪村三期（行政小区片）风貌改造建设工程、长坪村漫水坝续建工程、六坪村范水路口观景平台、镇区太阳能路灯工程、污水处理工程12项。通过抓以上建设，全乡人居环境不断优化。2015年12月，“水韵瑶寨”景区被广西旅发委评定为广西五星级乡村旅游区。

【生态乡村建设】 2015年，深化推进“美丽长坪·生态乡村”建设工作。在生态乡村建设项目中完成山上造林177公顷，义务植树5.6万株，森林抚育547公顷，村屯绿化示范点3个，一般村屯绿化点11个，星级庭院1个。绿化用大树900多株，绿化树种有紫荆、桂花、柳树、香樟、紫薇等。长坪村东坪垌组河堤旁、停车坪旁、小学背及六坪村六兰组等草坪绿化面积1500多平方米，绿化树种有满天星、红绒球、红继木、三角梅球、大红花等花草。将“生态乡村”建设与新农村建设结合起来，统筹“三化”专项活动示范点建设。加大项目资金的整合及投入，突出抓好村屯“三化”工作的实施；建立健全生态乡村活动长效机制建设，确保生态村建设效果得到长期保持；加强对垃圾清运工作的协调和督察，确保“村收县运县处理”垃圾清运管理模式的顺利开展。2015年，全乡村容村貌有很大改善，全乡五个行政村都荣获“梧州市生态村”称号，长坪村荣获“自治区级生态村”称号，六坪村荣获“广西传统村落”称号。

【旅游基础设施建设】 2015年，在招商引资活动中，加大宣传力度，重点宣传旅游资源、农特产品资源和劳动力资源，突出资源优势倾力引荐客商前来投资兴业。为使项目早开工、早建设、早投产，建立“一对一”领导跟踪项目服务制度，成立项目建设服务小组，对项目的全过程予以跟踪，协调解决企业在用电、用工、用水、用地等方面的“瓶颈”问题，使企业以最快的速度投入生产。如跟踪服务蒙山县忠悦管理有限公司，项目落户长坪村，主要建设项目包括天鹅湖大酒店、木屋山庄、瑶族文化街等。计划总投资3800万元，2015年完成投资金额1680万元，天鹅湖大酒店、木屋山庄已完成建设并投入使用。瑶族文化街全部完成建设，部分铺面已投入使用。还有引进蒙山县利民大鲵繁育场建设项目，落户长坪村，计划投资350万元，兴建引进娃娃鱼驯养基地，项目建设已初步完成。

“水韵瑶寨”景区内的天鹅湖大酒店　　县史志办　供稿

【成立石崖茶专业合作社】 2015年，成立蒙山县高岭永盛石崖茶专业合作社，对现有的8公顷石崖茶园发展有机茶叶种植、仿野生菜种植和其他生态种植，不断提纯培育优良新品种，努力开创在开发新品种中保护生态，在保护生态中开发新品种的“双赢”局面。

（唐佳旺）

2015年长坪瑶族乡行政村基本情况表

表41

行政村社区	耕地（公顷）	村民小组（个）	户数（户）	人口（人）	党员（人）	党支部书记	村委会主任	集体总收（元）
长坪村	56	14	293	1211	62	梁永明	李秋兰	4041
东护村	36	7	177	567	49	龚荣英	龚荣英	0
南垌村	51	3	89	315	31	雷振孟	雷振山	0
六坪村	38	10	136	451	39	黄春朝	陆盛林	0
三妹村	39	6	117	421	46	覃助林	周全生	0
合计	220	40	812	2965	227			4041

责任编辑　黄民森

人物·荣誉

人　物

新任领导

阳永煊　男，1968年10月出生，瑶族，广西临桂人，1992年5月入党，1992年7月参加工作，华中师范大学历史系历史学专业毕业。1992年7月至2009年4月在广西师范大学工作，历任人事处干事、秘书，党委办公室秘书、副主任，生物系党总支书记，生命科学学院党总支书记，广西师范大学附属外国语学校党总支书记，经济管理学院党委书记；2009年4月至2009年5月任广西梧州市万秀区委常委；2009年5月至2010年1月任广西梧州市万秀区委常委、副区长，万秀区政府党组成员；2010年1月至2010年3月任广西梧州市教育局局长、党委副书记，万秀区政府副区长、党组成员；2010年3月至2012年1月任广西梧州市教育局局长、党委副书记；2012年1月至2013年6月任广西梧州市教育局局长、党委书记；2013年6月至2014年3月任广西梧州市教育局局长、党委副书记；2014年3月至2014年4月任广西梧州市政府党组成员、办公室党组书记，市教育局局长；2014年4月至2015年2月任广西梧州市政府党组成员、秘书长、办公室党组书记；2015年2月至2015年4月任广西蒙山县委书记，梧州市政府秘书长；2015年4月起任广西蒙山县委委员、常委、书记。

逝世人物

邱怀裕　男，1926年11月出生，汉族，广西昭平县人，2015年3月28日去世。1949年8月参加革命，曾任地下武工队队长。1958年5月入党。历任富川县司法科审判员、蒙山县粮食公司统计股股长、县经理部会计、县食品公司经理、县商业局巡视员等职。1988年6月离休，副处级。

梁景秀　男，1929年10月出生，壮族，广西大新县人，2015年5月27日去世。1949年7月参加革命，地下游击队队员。历任自治区垦殖局灵川所、钦州所干事，贵县糖厂材料科文书，自治区工业厅桂林办事处干事，蒙山县税局干事，蒙山县外贸局业务员等职。1986年3月离休，正科级。

贾文学　男，1928年11月出生，汉族，北京市人，2015年12月23日去世。1948年9月参加革命，解放军49军146师436团卫生员。1950年10月入党。历任平乐公安处科长、地区医院党支部书记、蒙山县食品公司党支部书记、蒙山县爱卫办负责人等职。1984年6月离休，副处级。

朱佩球　男，1926年12月出生，汉族，广西荔浦县人，2015年12月13日去世。1949年6月参加革命，地下党组织成员。1954年3月入党。历任蒙山县公安局侦查员、蒙山县委办公室主任、东风公社第一书记、县委宣传部副部长、部长、常务副县长、蒙山县政府顾问等职。1988年10月离休，正处级。

莫念情 男，1922年12月出生，汉族，广西平乐县人，2015年9月20日去世。1949年5月参加革命，党的地下组织成员。1949年11月入党。历任平乐地委宣传部通信干事、机关报记者、编辑、蒙山县教育科科员、长坪中学教师、蒙山镇中学教师等职。1986年10月离休，副处级。

先进人物

黄树新 中共党员，蒙山县蒙山镇北楼村党（总）支书记，广西蒙山金弖特色农业发展有限公司总经理，2015年获“全国劳动模范”荣誉称号。

作为一名村党（总）支书记，黄树新同志将带领村民致富作为首任，经过调研，他确定了发展特色农业的新路子。2008年发动成立了“强新牲猪专业合作社”并任理事长，以专业合作社为载体，原生态放养模式养殖黑土猪发展特色产业。通过“合作社＋基地＋农户”的模式，共发放了800头种猪，举办养猪培训班10多期，培训1000多人次，共印发资料5000多份，年出栏黑土猪15000多头。并以黑土猪肉为原料，做起肉丸子、腊肠、腊肉等深加工项目，每头猪可多增收1500元以上，“强新牲猪专业合作社”也成为蒙山县农业观光生态旅游点。同时，为发展壮大传统产业，黄树新以“桑蚕专业合作社”为平台，建有8个小蚕共育基地并大力推广小蚕共育和方格簇新技术，提升蚕农的收入。全村桑园面积达2000多亩，年养蚕2万张，仅这一项，全村人均收入就达4500元，2015年全村人年均纯收入已达20000多元，人民群众对社会治安的满意度和安全感主要指标排在全区前列。此外，黄树新同志还带领全村人民开发特色农耕文化旅游，构建农耕文化体验项目，小蚕共育室和高产桑园成为了自治区种桑养蚕观光休闲农业基地，让游人进一步体验了农耕文化的韵味，带动该县特色旅游业的蓬勃发展。2014年北楼村的汇龙岛山庄通过国家AAA级，二叔山庄、荷塘山庄通过国家AAAA级农庄验收。

2015年新增高级职称人员一览表

表42

姓名	性别	民族	出生年月	籍　贯	最高学历	工作单位	专业技术职务
黄展初	男	汉	1974.01	蒙山	本科	蒙山县中学	中学高级教师
冯　新	男	瑶	1977.08	蒙山	本科	蒙山县第一中学	中学高级教师
谢建源	男	汉	1970.06	蒙山	本科	蒙山县第一中学	中学高级教师
黄源海	男	壮	1967.07	蒙山	大专	蒙山县黄村中学	中学高级教师
欧永健	男	汉	1970.01	蒙山	本科	蒙山县黄村中学	中学高级教师
黄国升	男	汉	1972.08	蒙山	本科	蒙山县西河中学	中学高级教师
李耀婵	女	汉	1968.07	蒙山	本科	蒙山县西河中学	中学高级教师
钟兆良	女	汉	1970.11	蒙山	本科	蒙山县西河中学	中学高级教师
何锦贤	男	汉	1956.11	蒙山	本科	蒙山县陈塘中学	中学高级教师
陈高源	男	瑶	1965.12	蒙山	本科	蒙山县陈塘中学	中学高级教师
姚进明	男	汉	1963.03	蒙山	本科	县农业技术推广站	高级农艺师
莫前隆	男	汉	1966.02	蒙山	大专	县永安新城建设开发有限责任公司	高级工程师
梁英凤	女	汉	1968.04	蒙山	本科	蒙山县中医院	副主任医师

续表 42

姓名	性别	民族	出生年月	籍　贯	最高学历	工作单位	专业技术职务
姚玲玲	女	汉	1972.11	蒙山	本科	县第二人民医院	副主任医师
莫运南	男	瑶	1968.11	蒙山	大专	县人民医院	副主任技师
覃文娴	女	汉	1963.06	藤县	大专	县人民医院	副主任护师
莫　婕	女	汉	1971.01	蒙山	大专	县第二人民医院	副主任护师
刘洪成	男	汉	1973.07	蒙山	本科	县中医院	副主任医师
阳育昌	男	壮	1968.04	蒙山	本科	县中医院	副主任医师

荣　誉

2015 年获国家及部委表彰的先进单位一览表

表 43

获表彰单位	表彰名称	授奖单位	备注
蒙山县	全国休闲农业与乡村旅游示范县	农业部、国家旅游局	
蒙山县	国家重点生态功能区		
蒙山县	全国基层中医药工作先进单位	国家中医药管理局	
西河镇	全国文明村镇	中央精神文明建设委员会	
蒙山县新华书店有限公司	第二十二届全国青少年爱国主义读书教育活动发行先进奖	全国青少年爱国主义读书教育活动组织委员会	
广西蒙山农村商业银行股份有限公司	2015 年度中国服务县域经济领军银行	经济日报集团	
长坪瑶族乡“水韵瑶寨”	中国乡村金牌农家乐	国家旅游局	
蒙山县新圩镇古定村	全国生态文化村	中国生态文化协会	

2015 年获自治区及区直部门表彰的先进单位一览表

表 44

获表彰单位	表彰名称	授奖单位	备注
蒙山县	自治区文明县城	自治区精神文明建设委员会	
蒙山县	2011—2013 年度自治区未成年人思想道德建设工作先进县	自治区精神文明建设委员会	牌匾日期 2014 年 12 月，授奖日期 2015 年 1 月
蒙山县	2013—2014 年度建设平安广西活动先进县（市、区）	自治区综治委	2015 年授奖
蒙山县地震局	2015 年度全区县级防震减灾工作三等奖	自治区防震减灾工作领导小组办公室 自治区地震局	
广西水利电业集团有限公司蒙山供电分公司	2014 年度管理工作三等奖	广西水利电业集团有限公司	2015 年授奖
广西水利电业集团有限公司蒙山供电分公司变电巡操班	2014 年度广西“安康杯”竞赛活动优胜班组	自治区总工会、自治区安监局	2015 年授奖
县人社局	2015 年人事天地杂志通联业务先进单位	区人力资源和社会保障厅	

续表 44

获表彰单位	表彰名称	授奖单位	备注
西河镇	自治区级生态乡镇	自治区环境保护厅	
黄村镇			
长坪瑶族乡			
西河镇水秀村	自治区级生态村	自治区环境保护厅	
西河镇龙蟠村			
西河镇古排村			
西河镇桐油坪村			
西河镇古娄村			
西河镇大塘村			
西河镇乐拥村			
西河镇广育村			
长坪瑶族乡长坪村			
蒙山县地方税务局	三八红旗集体	自治区妇女联合会	
蒙山县国家税务局	军（警）民共建精神文明先进单位	自治区精神文明建设委员会	
蒙山县国家税务局	自治区第四批依法行政示范点	自治区全面推进依法行政工作领导小组办公室	
蒙山县国家税务局	广西国税系统第一批法治税务示范基地	自治区国家税务局	
共青团黄村镇委员会	2014 年度广西五四红旗团委	共青团广西区委	2015 年授奖
广西蒙山农村商业银行股份有限公司	2015 年十年改革发展市场拓展优秀奖	自治区信用联社	
广西蒙山农村商业银行股份有限公司营业部	2015 年十年改革发展百佳网点	自治区信用联社	
中国移动广西公司蒙山分公司	区级“企业文化示范县”	中国移动通信集团广西有限公司	
蒙山县武警中队	正规化执勤优秀单位	广西壮族自治区武警总队	
蒙山镇派出所	全区优秀公安基层单位	自治区公安厅	
广西华虹蚕丝股份有限公司生产的华虹生丝	2014 年度“广西名牌产品”	自治区质监局	2015 年授奖
长坪瑶族乡六坪村	广西传统村落	自治区住建厅	
长坪瑶族乡长坪村坪垌组	广西“绿色村屯”	自治区“美丽广西”乡村建设领导小组	
西河镇安富村青子组			
新圩镇古定村古皮组			
夏宜瑶族乡夏宜村			
蒙山镇北楼村程村组			
“永安王城”景区	国家 AAAA 级旅游景区	自治区旅发委	
长坪瑶族乡“水韵瑶寨”	广西“五星级乡村旅游区”	自治区旅发委	
万寿谷生态园	广西五星级农家乐	自治区旅发委	
八桂蚕丝	广西旅游必购商品	自治区旅发委	
蒙山县绿宝桑蚕专业合作社	巾帼科技示范基地	自治区妇联	
蒙山县地方税务局办税服务厅	三八红旗集体	自治区妇联	

续表 44

获表彰单位	表彰名称	授奖单位	备注
蒙山县梁羽生公园游客服务中心	巾帼文明岗	自治区妇联	
蒙山县妇联	《女性天地》宣传推广工作先进单位	自治区妇联	
蒙山县科学技术协会	2015 年广西"十月科普大行动"先进单位	广西十月科普大行动组委会办公室	

2015 年获梧州市表彰的先进单位一览表

（市委、市政府表彰部分）

表 45

获表彰单位	表彰名称	授奖单位	备注
县人社局党支部	梧州市先进基层党组织	中共梧州市委员会	
西河镇安富村党总支部			
蒙山县看守所党支部			
蒙山县园区建设（招商）年活动办公室	2015 年度梧州市园区建设（招商）年活动先进集体	中共梧州市委、市人民政府	
蒙山县特色生态种养（核心）示范区	梧州市级现代特色农业示范区	梧州市人民政府	

2015 年获国家及部委表彰的先进个人一览表

表 46

姓名	性别	单位	表彰名称	授奖单位	备注
黄登源	男	蒙山县农机安全监理站	农机安全监理示范岗位标兵	农业部 国家安全监督总局	
莫文兴	男	汉豪司法所	全国模范司法所长	司法部	
贝荣军	男	蒙山县政法委	全国防范和处理邪教工作二等功	国务院防范和处理邪教问题办公室	
桂　西	男	蒙山县人民法院	2014 年度网络宣传先进个人	人民法院报社中国法院网	2015 年授奖
覃鸿建	男	长坪瑶族乡三妹村团支部	中国乡村旅游致富带头人	国家旅游局	

2015 年获自治区及区直部门表彰的先进个人一览表

表 47

姓名	性别	单位	表彰名称	授奖单位	备注
农华安	男	西河镇古娄村党支部书记	自治区劳动模范	自治区党委、自治区人民政府	
廖家好	男	西河镇农业服务中心	广西第三次全国经济普查领导小组先进个人	自治区人民政府	
吴庆琴	女				
莫运福	男	蒙山县黄村司法所	第三届自治区道德模范荣誉称号	自治区精神文明建设委员会	
江波明	女	广西广电网络蒙山分公司	先进工作者	广西广播电视信息网络股份有限公司	
黎庆森	男				
姚金英	女				
吴贤中	男				
曾庆芳	女				
莫文兴	男	蒙山县汉豪司法所	全区社区矫正工作先进个人	自治区司法厅	

续表 47

姓名	性别	单位	表彰名称	授奖单位	备注
龚庆基	男	蒙山县黄村镇道冲村	2014 年度广西优秀共青团员	共青团广西区委	2015 年授奖
袁新兰	女	西河镇安富小学	2015 年优秀班主任	广西壮族自治区教育厅	
高达林	男	新圩中学	2015 年“广州助学基金”八桂优秀乡村教师	广西壮族自治区教育厅	
何锦贤	男	陈塘中学			
陆福姬	女	文圩镇秀才小学			
朱显驹	男	广西蒙山农村商业银行股份有限公司	2011—2015 年度自治区直属企业优秀党务工作者	自治区信用联社	
江河	男	广西蒙山农村商业银行股份有限公司	2011—2015 年度自治区直属企业优秀共产党员	自治区信用联社	
江河	男	广西蒙山农村商业银行股份有限公司	2015 年十年改革发展优秀员工	自治区信用联社	
龙丽霞	女	广西蒙山农村商业银行股份有限公司			
孙健梅	女	广西蒙山农村商业银行股份有限公司	广西农村合作金融机构“岗位做贡献共筑中国梦”征文比赛优秀奖	自治区信用联社	
覃寿伟	男	长坪瑶族乡人民政府	经普工作先进个人	自治区经济普查领导小组	
陈芳	女	蒙山县人民法院	全区法院第二十五届学术讨论会论文优秀奖	自治区高级人民法院	
彭泽连	男	蒙山县人民法院	2014 年度全区法院办案标兵	自治区高级人民法院	2015 年授奖
曾祥微	男	蒙山县人民法院	全区法院司法警察先进个人	自治区高级人民法院	
李伟梅	女	蒙山县人民法院	荣誉天平奖章	自治区高级人民法院	
黄登远	男				
王其旺	男				
张俊志	男	县物价局	全区价格认证工作先进个人	广西区物价局	
钟玉燕	女	县物价局	全区收费统计工作先进个人	广西区物价局	
黄健源	男	县物价局	全区价格举报工作先进个人	广西区物价局	
张兴西	男	蒙山县公安局	全区优秀人民警察	自治区公安厅	
黄凌烽	男				
黄自立	男	蒙山县法制办公室	2015 年度全区“三大纠纷”调处工作先进个人	自治区调解处理土地山林水利纠纷工作领导小组	

2015 年获梧州市表彰的先进个人一览表

（市委、市政府表彰部分）

表 48

姓名	性别	单位	表彰名称	授奖单位	备注
黄朝业	男	汉豪乡人民政府	2013—2015 年度梧州市优秀共产党员	中共梧州市委员会	
王其旺	男	蒙山县人民法院			
卢金花	女	蒙山县投资促进局	2015 年度梧州市园区建设（招商）年活动先进个人	中共梧州市委、市人民政府	
邓周明	男	西河镇政府	2012—2014 年全市征地搬迁工作先进个人	市人民政府	
黄扬钊	男				

2013—2015年蒙山县先进党组织、优秀共产党员、优秀党务工作者和优秀党组织书记名单

（县委表彰）

一、先进党组织（18个）

中共蒙山镇委员会

中共新圩镇委员会

中共蒙山县教育和科技局委员会

中共蒙山镇北楼村总支部委员会

中共西河镇安富村总支部委员会

中共新圩镇双垌村总支部委员会

中共文圩镇屯治村支部委员会

中共黄村镇明觉村支部委员会

中共陈塘镇下漂村支部委员会

中共汉豪乡都坡村支部委员会

中共夏宜瑶族乡高雷村支部委员会

中共长坪瑶族乡长坪村支部委员会

中共蒙山县农业局支部委员会

中共蒙山县人力资源和社会保障局支部委员会

中共蒙山县国税局支部委员会

中共蒙山县公安局蒙山镇派出所支部委员会

中共蒙山县第一中学支部委员会

中共蒙山县第二人民医院支部委员会

二、优秀共产党员（94名）

何玉松　龙中升　祝　林　吴正洪　黄家珍

陆均安　陆健翔　韦永祥　容盛福　成任兰

陆艳艳　卢建海　李忠万　李廷有　黄源强

何荣华　姚彩云　袁新兰　徐金良　黎　伟

陈　霞　傅创华　黄方华　莫龙华　韦保华

李　丽　黄克祥　岑　锐　李代汉　邓海强

罗亮富　陆万新　韦建坤　叶超刚　黄春兰

黄昌洁　陆盛海　陈炫静　何阳光　欧有志

刘永新　覃英群　范承德　黄元仕　杨立宏

高　燕　覃　其　覃永远　黄位源　江庆源

曾超盛　余炳松　刘　超　覃庆昌　欧廷武

覃长忠　张美清　易值坤　黄榆茗　李家慧

陆俊良　贤庆文　梁巧干　陈爱良　潘建龙

雷元波　罗小玉　何真源　范　燕　韦汉浩

潘明坤　陈雪美　贝维静　陈　瑾　李明霞

刘佐生　贤　维　曾　凯　卢金花　李英杰

明　军　黄昌光　黄朝霞　刘洪凯　黄凌烽

覃靖展　温光阳　江剑明　陈德电　吴寿杰

秦剑华　陈付树　温绘椿　梁　春

三、优秀党务工作者（16名）

王运方　闭　瀚　陈　华　刘　成　彭南歌

蒙　斐　莫文兴　廖仲诗　潘海英　潘家广

邹贵升　李信文　谢志芳　姚雪莉　明冬梅

莫运献

四、优秀党组织书记（16名）

莫运春　林春献　韦文仙　韦　燕　杜富华

江炎林　何仕达　李才德　龚荣英　王　波

黄昌靖　刘　荣　韦　慧　李庆斌　王党生

张　惠

责任编辑　黄胜林

附　录

统计资料

2015 年蒙山县社会经济基本情况统计表

表 49

指标名称	单位	数量	比 2014 年增长（%）
行政区域面积	平方公里	1279	0
耕地面积	公顷	12852	-0.37
水田面积	公顷	7400	-7.5
年末总人口	万人	22.263	0.6
人口自然增长率‰		6.74	
地区生产总值	万元	589470	5.3
第一产业	万元	117136	5.8
第二产业	万元	256927	1.4
其中：工业增加值	万元	219400	1.15
第三产业	万元	215407	12.6
人均地区生产总值	元	29677	3.27
工业总产值	万元	750222	1.7
农业总产值	万元	204665	6
财政总收入	万元	28079	9.28
一般预算收入	万元	20733	24.54
税收收入	万元	22194	3.82
其中：国税收入	万元	5271	-19.18
地税收入	万元	16923	20.63
财政总支出	万元	149865	38.16
年末金融机构存款余额	万元	430700	9.56
年末金融机构贷款余额	万元	284600	9.71
全社会固定投资	万元	585699	14.7
社会消费品零售总额	万元	144015	11.1
粮食产量	吨	67011	0.7
园林水果产量	吨	29699	16

续表 49

指标名称	单位	数量	比 2014 年增长（%）
肉类总产量	吨	16278	-3.3
水产品产量	吨	11355	7.9
城镇居民可支配收入	元	23550	6.3
农民人均纯收入	元	7354	9.5
招商引资	万元	395000	-25.54

主要文件索引

2015 年度中共蒙山县委员会主要文件一览表

表 50

文件标题	文号	发文时间
关于印发《中共蒙山县第十三届代表大会第三次会议会前征求意见工作方案》的通知	蒙发〔2015〕1 号	2015 年 3 月 3 日
关于 2015 年全县理论学习的通知	蒙发〔2015〕2 号	2015 年 4 月 7 日
关于认真组织讲好“三严三实”专题党课的通知	蒙发〔2015〕3 号	2015 年 5 月 26 日
《关于进一步规范机关事业单位工作人员请病、事假纪律及病、事假期间待遇的规定》的通知	蒙发〔2015〕4 号	2015 年 6 月 15 日
关于表扬 2013—2015 年先进党组织、优秀共产党员、优秀党务工作者和优秀党组织书记的决定	蒙发〔2015〕5 号	2015 年 7 月 1 日
关于做好承办蒙山县党代会代表提案意见建议工作的通知	蒙发〔2015〕6 号	2015 年 8 月 17 日
关于印发《蒙山县纪念中国人民抗日战争暨世界反法西斯战争胜利 70 周年活动方案》的通知	蒙发〔2015〕7 号	2015 年 8 月 28 日
印发《关于进一步加强和改进党代表任期制工作方案》的通知	蒙发〔2015〕8 号	2015 年 9 月 2 日
关于印发《落实党风廉政建设党委主体责任和纪委监督责任的实施办法》的通知	蒙发〔2015〕9 号	2015 年 10 月 9 日
关于设立中共蒙山县卫生和计划生育局委员会的通知	蒙发〔2015〕10 号	2015 年 10 月 27 日

2015 年度蒙山县人民政府主要文件一览表

表 51

文件标题	文号	发文时间
关于印发我县第二期学前教育三年行动计划的通知	蒙政发〔2015〕1 号	2015.01.09
关于盘活财政存量资金工作的通知	蒙政发〔2015〕6 号	2015.03.16
关于明确《政府工作报告》重点工作责任分工的通知	蒙政发〔2015〕8 号	2015.04.08
关于印发我县突发地质灾害应急预案的通知	蒙政发〔2015〕10 号	2015.04.03
关于印发蒙山县生猪定点屠宰管理工作方案的通知	蒙政发〔2015〕19 号	2015.04.18
关于印发我县促进房地产持续平稳健康发展暂行办法的通知	蒙政发〔2015〕29 号	2015.09.09
关于印发我县推进工商执照、组织机构代码和税务登记三证合一实施方案的通知	蒙政发〔2015〕33 号	2015.10.26
关于我县取消、接收和调整一批行政审批项目的通知	蒙政发〔2015〕44 号	2015.11.13
关于印发推行我县政府部门权力清单制度实施意见的通知	蒙政发〔2015〕45 号	2015.11.13
关于印发加强全县安全生产监管执法实施方案的通知	蒙政发〔2015〕48 号	2015.12.28
关于认定我县第一批新型职业农民的通知	蒙政发〔2015〕50 号	2015.08.18
关于印发我县林业生态休闲示范区工作方案的通知	蒙政发〔2015〕53 号	2015.12.28

重要文件选录

落实党风廉政建设党委主体责任和纪委监督责任的实施办法

（2015年10月9日印发）

中共蒙山县委员会

为认真落实党风廉政建设党委主体责任和纪委监督责任（以下简称“两个责任”），在全县进一步形成党风廉政建设齐抓共管新局面，确保中央、自治区党委、梧州市委关于党风廉政建设和反腐败斗争的各项决策部署在我县得到不折不扣落实，营造风清气正的政治生态，根据《中国共产党章程》《中国共产党党内监督条例（试行）》《关于实行党风廉政建设责任制的规定》和自治区党委《关于落实党风廉政建设党委主体责任和纪委监督责任的意见》，以及梧州市委《落实党风廉政建设党委主体责任和纪委监督责任的实施办法》等规定，结合我县实际，制定本实施办法。

一、总体要求

全县各党委（党组）必须坚持党要管党、从严治党，把落实党风廉政建设主体责任作为重大政治任务，全面领导、执行和推动本地区本部门本单位党风廉政建设和反腐败工作，切实履行党委（党组）领导班子的集体责任和领导班子成员的个人责任。党的组织、宣传、统战和政法等部门要按照党委部署要求，认真抓好职责范围内党风廉政建设任务的落实。

全县各纪委（纪检组）要全面落实监督责任，认真履行党内监督专门机关的职能，积极协助同级党委（党组）加强党风廉政建设和组织协调反腐败工作，加强对同级党委（党组）成员的监督，重点抓好同级党委（党组）管理的干部执纪、监督、问责，依纪依规履行职责。

二、党委（党组）主体责任

全县各党委（党组）要按照党章要求，对职责范围内的党风廉政建设负主体责任，包括党委（党组）领导班子责任、领导班子主要负责人责任、领导班子其他成员责任。

（一）党委（党组）领导班子责任

1. 加强组织领导。坚决贯彻落实中央、自治区党委、梧州市委和县委关于党风廉政建设的部署和要求，定期分析党风廉政建设形势，研究制定党风廉政建设工作计划、目标要求和具体措施，对党风廉政建设工作任务进行细化分解，明确领导班子、领导干部在党风廉政建设中的职责分工，经常听取汇报，协调解决党风廉政建设重大问题，推动工作任务落实。

2. 健全工作机制。完善党风廉政建设和反腐败工作责任体系，确保党风廉政建设责任落实到下级党组织，形成上下贯通、层层负责的工作格局。建立健全反腐败领导体制和工作机制，改革和完善反腐败协调小组职能，明确职责任务，建立工作联络制度，督促各职能部门充分履职、各负其责、齐抓共管，形成抓党风廉政建设的强大合力。

3. 严明党的纪律。加强纪律建设，把守纪律讲规矩摆在更加重要的位置。强化对党员、干部遵守政治纪律的教育，把维护党的政治纪律放在首位。教育引导党员干部切实增强党性、遵守组织制度、加强组织管理、执行组织纪律，使纪律和规矩成为不可触碰的底线。

4. 加强作风建设。大力弘扬党的优良作风，反对特权思想、特权现象。深入贯彻落实中央八项规定精神和自治区党委实施意见、梧州市委实施办法和县委有关规定，持之以恒抓好作风建设。巩固和扩大党的群众路线教育实践活动成果，持续抓好各项整改任务的落实，坚决纠正和查处

“四风”问题，建立健全作风建设长效机制。

5. 选好用好干部。严格执行《党政领导干部选拔任用工作条例》，健全科学选人用人机制，深化干部人事制度改革，加强对干部选拔任用工作的监督，实行干部选拔任用责任追究，坚决整治、严厉查处选人用人上的不正之风和腐败问题。

6. 维护群众利益。认真贯彻落实党的群众路线，不断完善维护群众利益机制，畅通群众诉求、利益协调、权益保障渠道。认真落实领导干部直接联系群众制度。及时研究群众反映强烈的突出问题，有针对性地开展专项治理，坚决查处和纠正损害群众利益行为。

7. 坚决惩治腐败。领导并支持执纪执法机关依纪依法履行职责，及时听取工作汇报，协调解决重大问题。全力支持和保障纪委（纪检组）执纪办案，做到有案必查、有腐必惩，始终保持严惩腐败高压态势。支持纪检监察机关转职能、转方式、转作风，加强纪检监察机关和干部队伍建设，积极推动纪律检查体制改革，为纪检监察机关履行职责创造必要条件。

8. 推进源头治腐。大力推进体制机制创新，努力实现从源头上防治腐败。贯彻落实中央《建立健全惩治和预防腐败体系 2013—2017 年工作规划》和自治区党委、梧州市委和县委有关源头治腐的相关部署，深化惩治和预防腐败体系建设。抓好改革发展与惩治和预防腐败政策措施的衔接配套，保证改革发展各项工作都体现惩治和预防腐败的要求。

9. 规范权力运行。科学配置权力，推行各级政府部门权力清单制度，完善重点领域和关键环节的廉政风险防控机制，认真落实防止利益冲突，领导干部述职述廉和报告个人有关事项，领导干部亲属经商、出国定居和任职回避等制度。坚持用制度管权管事管人，抓紧形成不想腐、不能腐、不敢腐的有效机制，把权力关进制度的笼子里。

10. 做好巡视反馈意见的整改落实。认真对待中央、自治区党委和梧州市委巡视工作中所发现的问题，及时剖析原因、制定整改方案，明确责任分工、目标要求、具体措施和完成时限，确保整改到位；对巡视组反馈的管辖范围内的干部个人违纪违法问题线索，专题研究，快查快结。

11. 开展巡查工作。把发现问题、形成震慑作为巡查工作的主要任务，聚焦贪污腐败、违反中央八项规定精神、违反政治纪律、违反组织人事工作纪律等问题，扩大范围，加强力量，加快节奏，探索专项巡查，建立巡查发现案件线索快查快办机制。

12. 加强党风廉政教育。把党风廉政宣传教育纳入党的思想宣传和干部教育培训工作总体部署，积极探索纪律教育经常化、制度化的途径，开展经常性理想信念教育、党风党纪教育和廉洁自律教育。大力宣传勤政廉政先进典型，运用典型案例进行警示教育，深入开展廉政文化建设，强化廉荣贪耻的社会价值导向。

（二）党委（党组）主要负责人责任

1. 履行领导责任。负责落实党委（党组）领导班子党风廉政建设责任，积极推进本级本部门本单位党风廉政建设工作。及时传达学习上级有关工作部署要求，结合实际进行专题研究和精心部署。每年至少主持召开两次专题研究党风廉政建设工作的党委（党组）会议。坚持做到党风廉政建设重要工作亲自部署、重大问题亲自过问、重点环节亲自协调、重要案件亲自督办，定期向县委和县纪委报告工作。

2. 管好班子带好队伍。坚持原则，敢抓敢管，抓早抓小，加强对领导班子成员和下级领导班子的教育、监督、管理，督促其廉洁从政、履行党风廉政建设责任。及时掌握其思想作风、工作作风、生活作风和履行党风廉政建设职责情况，发现苗头性问题及时通过廉政谈话、约谈、函询等方式进行提醒、告诫，发现重大问题线索及时向县委、县纪委报告。

3. 当好廉洁从政表率。带头遵守党纪国法，严格执行廉洁从政和改进作风各项规定，严格用制度管权管事管人，严格执行民主集中制和党内政治生活准则，加强对亲属、身边工作人员的教育、监督和管理，自觉接受组织和群众监督，树立廉洁从政的良好形象。

（三）党委（党组）领导班子其他成员责任

1. 强化责任担当。落实“一岗双责”要求，协助党委（党组）主要负责人落实党委（党组）领导班子党风廉政建设责任。按照党委（党组）领导班子部署要求，定期研究、部署、检查和报告分管范围内的党风廉政建设工作情况。把党风廉政建设要求融入分管业务工作，完善制度规定，加强廉政风险防控。加强班子成员之间的协调配合，形成党风廉政建设工作合力。

2. 加强日常管理。加强对分管部门、分管领域党员干部的经常性教育管理，监督检查分管部门及其负责人廉洁从政、改进作风、履行党风廉政建设职责等情况，发现苗头性问题及时提醒、告诫，发现重大问题线索及时向同级党委（党组）主要负责人报告。

3. 自觉接受监督。严格遵守党纪国法，执行廉洁自律和改进作风各项规定，管好亲属和身边工作人员，主动接受组织和群众监督，养成在监督下履职的习惯。

三、纪委（纪检组）监督责任

各纪委（纪检组）要协助党委（党组）抓好党风廉政建设和反腐败工作，聚焦中心任务，认真履行好执纪、监督、问责的职责。

（一）加强组织协调。根据上级党委、纪委的决策部署，结合本级本部门本单位实际，向同级党委（党组）提出党风廉政建设和反腐败工作意见建议。在党委（党组）统一领导下，发挥反腐败组织协调作用，加强执纪执法机关协作配合，整体推进惩治和预防腐败各项工作。协助党委（党组）分解党风廉政建设和反腐败工作任务，加强检查考核。对不认真履行党风廉政建设责任制的领导班子和领导干部，依据党风廉政建设责任制相关规定提出问责建议。协助党委（党组）进一步清理、修订和完善党风廉政建设相关制度，加强对制度执行情况的监督检查，提高制度执行力。及时请示报告党风廉政建设和反腐败重要情况和问题。

（二）严格纪律监督。坚决维护党章和其他党内法规，把严明政治纪律放在首位，严格执行党的各项纪律，严肃查处违反党纪行为。切实维护党的团结统一，克服组织涣散、纪律松弛现象。重点围绕党的路线、方针、政策和决议决定执行情况以及自治区党委、梧州市委和县委重大决策部署落实、反腐败重点任务推进、职能部门履责等情况开展监督检查，确保政令畅通。

（三）深化作风督察。持之以恒反对和纠正“四风”，加强对中央八项规定精神和自治区党委实施意见、梧州市委实施办法和县委有关规定贯彻执行情况的监督检查，抓常、抓细、抓长，弛而不息正风肃纪，推动作风建设常态化制度化。严肃查处违反作风建设规定的典型问题，及时通报曝光，形成强大震慑。

（四）严肃查办案件。严格审查和处置党员、干部违反党纪政纪的行为，严肃查处领导干部违纪违法案件，切实解决发生在群众身边的腐败问题。落实查办腐败案件以上级纪委领导为主，线索处置和案件查办在向同级党委报告的同时向上级纪委报告制度。加强执纪执法机关协作配合，建立健全腐败案件及时揭露、发现、查处机制，充分发挥查办案件治本功能。及时受理党员的控告和申诉，维护党员的正当权益。

（五）强化教育监督。加强对党风廉政教育活动的组织协调和业务指导，深化理想信念、宗旨观念、廉洁自律和警示教育，促进党员干部廉洁从政。对党员干部作风和纪律上的问题早发现、早提醒、早纠正、早查处，对苗头性问题及时约谈、函询，加大诫勉谈话力度，防止小问题演变成大问题。

四、工作保障措施

为确保党风廉政建设党委主体责任和纪委监督责任落实，严格执行以下各项保障制度和措施。

（一）实行“签字背书”制度。每年年初，县委和县纪委分别与各乡（镇）党委、县直各单位党委（党组）签订党风廉政建设党委主体责任责任书和纪委监督责任责任书；各乡（镇）党委和县直各单位党委（党组）也要与下级党组织签订党风廉政建设责任书，形成责任清单，做到传递责任、传导压力，并作为责任考核和责任追究的依据。

（二）实行工作报告制度。每年1月15日前，各乡（镇）党委、县直各单位党委（党组）及其主要负责人要以书面形式，分别向县委和县纪委报告上年度履行党风廉政建设主体责任的情况。县委结合报告情况，适时召开述职评议会听取有关党委（党组）主要负责人工作报告。每年1月15日前，各乡（镇）纪委、县直各单位纪委（纪检组）要以书面形式，向同级党委（党组）和县纪委报告履行监督责任情况。

（三）实行述责述廉制度。每年年底，各乡（镇）党委和县直各单位党委（党组）领导班子成员要结合民主生活会，围绕个人履行党风廉政建设主体责任、作风建设和廉洁从政情况等内容，撰写述责述廉报告。主要负责人的报告报县委，并报县纪委、县委组织部备案。

（四）实行廉政谈话制度。每年结合工作，各乡（镇）党委和县直各单位党委（党组）主要负责人与领导班子成员、下级党政主要负责人、分管联系部门主要负责人进行廉政谈话不少于1次，把廉政谈话作为责任制检查考核、述责述廉、任前教育的重要内容和必要程序。

（五）实行约谈制度。对在落实党风廉政建设责任制检查考核中发现问题较多、群众来信来访反映问题较多、民主测评满意度较低的地方和单位，由县委和县纪委负责同志及时约谈领导干部，听取主体责任落实和个人廉洁从政情况，解决苗头性倾向性问题。对发生严重腐败案件或区域性、系统性“塌方式”腐败问题的地方和单位，由县委、县纪委主要负责人约谈其主要负责人、纪委书记，要求其切实担负起责任人的职责，切实整改。

（六）实行专项整治制度。针对党风廉政建设主体责任和监督责任落实不力、群众反映问题比较集中、作风和腐败问题比较突出的系统、领域，由县纪委组织协调有关方面力量开展专项整治，突出工作重点，提高监督实效。

（七）严格考核评价。坚持把“两个责任”的落实作为年度党风廉政建设检查考核的重点内容，由县委常委和同级党员领导干部带队，每年第一季度对各乡镇、县直各单位党风廉政建设和反腐败工作开展检查考核。考核结果纳入党委（党组）综合目标考核内容，作为领导班子和领导干部表彰奖励、考察考核、选拔任用的重要依据。

（八）推进纪律检查体制改革。认真贯彻落实中央、自治区党委、梧州市委关于党的纪律检查体制改革部署要求，巩固和深化纪检监察机关转职能、转方式、转作风成果，进一步聚焦中心任务、突出主责主业，执好纪、问好责、把好关，不断提高监督执纪问责工作水平。

五、责任追究

严格落实《关于实行党风廉政建设责任制的规定》，对领导班子、领导干部不履行或不正确履行“两个责任”的，分清集体责任和个人责任、主要领导责任和重要领导责任，依纪依规实行问责。严格实施责任追究，实行“一案双查”，在查办违纪违法案件的同时，一并调查发案单位党委主体责任、纪委监督责任是否落实到位，做到有错必究、有责必问。对情节严重、性质恶劣、社会影响大的责任追究典型案件及时公开通报曝光。

（一）党委（党组）领导班子、领导班子主要负责人、领导班子其他成员履行主体责任不力有下列情形之一的，按照《关于实行党风廉政建设责任制的规定》，进行责任倒查追究：

1. 对本地区本部门本单位发生的严重违纪违法行为放任不管、压案不查或阻挠调查的；

2. 在任期内，本地区本部门本单位发生重大腐败窝案，或者在短时间内连续发生重大腐败案件的（主动查处的除外）；

3. 对直接管辖的下属失教失管失察导致发生严重违纪违法问题的；

4. 本地区本部门本单位发生大面积选人用人上的不正之风的；

5. 对上级党委、纪委交办的党风廉政建设责任范围的事项，不传达贯彻、不安排部署、不督促落实，导致党风政风出现重大问题的；

6. 对下级党组织不履行或不认真履行党风廉政建设责任制的问题不及时纠正、处理，或责任追究不力的；

7. 对落实民生政策过程中严重损害群众切身利益、社会反响强烈、带有一定普遍性的问题治理不力的；

8. 其他需要追究责任的情形。

（二）纪委（纪检组）履行监督责任不力有下列情形之一的，按照《关于实行党风廉政建设责任制的规定》，进行责任倒查追究：

1. 压案不查、瞒案不报或包庇袒护违纪违法行为的；

2. 在任期内，本级本部门本单位发生重大腐败窝案，或者在短时间内连续发生重大腐败案件的（主动查处的除外）；

3. 对本级本部门本单位主要领导、班子成员腐败问题失察或不报告的；

4. 对协助本级本部门本单位党委（党组）加强党风建设、组织协调反腐败工作落实不到位，监督不力的；

5. 对落实中央八项规定精神、纠正“四风”问题敷衍塞责、查处不力，导致不正之风长期滋生蔓延的；

6. 以案谋私，违规办案，泄露信访举报内容和案件情况等秘密的；

7. 其他需要追究责任的情形。

六、加强组织领导

（一）强化责任担当。全县各党委（党组）要切实增强管党治党意识、落实从严治党责任，坚持把落实“两个责任”列入重要议事日程，层层传导压力、一级抓好一级，确保工作落实。各级纪检监察机关要认真履行监督责任，加强对“两个责任”贯彻执行情况的监督检查。

（二）强化改革创新。全县各党委（党组）和纪委（纪检组）要按照中央深化党的纪律检查体制改革要求和自治区党委、梧州市委部署，进一步强化上级纪委对下级纪委（纪检组）的领导。加强对“两个责任”落实工作的指导力度，认真总结好经验好做法，及时上升为制度机制，确保落实“两个责任”工作具体化、程序化、制度化。

（三）强化舆论宣传。加大宣传力度，加强统筹协调，在县主要新闻媒体、政府网站广泛宣传各单位落实“两个责任”的经验做法、先进典型和明显成效，以强大的宣传声势凝聚共识，努力营造良好的舆论氛围。面向社会开展履行“两个责任”公开承诺，自觉接受社会监督，不断以党风廉政建设和反腐败工作的实际成效取信于民。

各党委（党组）和纪委（纪检组）要按照本办法的要求，结合本级本部门本单位实际，细化工作措施，推动党风廉政建设“两个责任”的有效落实。

蒙山县促进房地产业持续平稳健康发展暂行办法

（2015 年 9 月 9 日印发）

蒙山县人民政府

为进一步改善人民群众的居住条件，增强投资和消费信心，促进我县房地产业持续平稳健康发展，根据自治区住房城乡建设厅、国土资源厅《关于保持全区房地产市场平稳健康发展的指导意见》（桂建房〔2015〕12 号）精神，结合我县实际，特制定本暂行办法。

第一条　购房实行财政补贴

一、购房补贴时间

从 2015 年 10 月 1 日起至 2016 年 2 月 7 日止。

二、购房类型补贴

凡在我县范围内购买各类商品房（包括经济适用房）、二手房，均给予相应的购房财政补贴。

三、购房补贴标准

（一）购买商品房

1. 购买面积 90 平方米以下的，给予一次性补助 3000 元；

2. 购买面积 91—120 平方米，给予一次性补助 4000 元；

3. 购买面积 121—144 平方米，给予一次性补助 5000 元；

4. 购买面积 145 平方米以上的，给予一次性补助 6000 元。

（二）购买二手房

1. 购买面积 90 平方米以下的，给予一次性补助 2000 元；

2. 购买面积 91—120 平方米，给予一次性补助 3000 元；

3. 购买面积 121—144 平方米，给予一次性补助 4000 元；

4. 购买面积 145 平方米以上的，给予一次性补助 5000 元。

四、购房时间界定

购房时间以缴纳契税的时间为准。

五、购房补贴的领取办法

购房人凭购房合同、购房契税完税凭证、居民身份证和银行账号到县财政局相关股室办理补贴手续，补贴款直接打入购房户账户。

六、购房者领取购房补贴后，因退房需要申请契税退税的，必须先退回购房补贴。

第二条　金融部门大力支持房贷

一、县人民政府出台对公性存款与商业银行发放住房贷款挂钩的奖励办法促进住房贷款发放。

二、各商业银行要推出相关配套政策，改善服务，加快审批，支持房地产业发展，执行最新的住房贷款政策：

（一）对首次申请贷款或已有 1 次或 2 次住房贷款记录并已全部结清的，执行最低 30% 首付款比例，贷款利率按基准利率执行；

（二）对已有 3 次及以上贷款记录并已全部结清的，执行最低 40% 首付款比例，贷款利率上浮 10%；

（三）对目前还有 1 笔未结清个人住房贷款的，执行最低 40% 首付款比例，贷款利率上浮 10%。

第三条　住房公积金贷款支持购房

县住房公积金管理部严格执行梧州市住房公积金管理中心的最新规定，即：

一、不再查询职工家庭持有的住房套数。

二、购房建筑面积小于 144 平方米的普通住房最低首付 20%，大于等于 144 平方米的最低首付 30%。

三、结清第一次住房公积金住房贷款的可申

请第二次住房公积金住房贷款。

四、除二次（包括二次以上）房贷且建筑面积等于或大于144平方米的住房公积金贷款利率上浮10%外，其余实行基准利率。

五、从2015年8月26日起住房公积金贷款利率5年以下年利率为2.75%，5年以上的为3.25%。

六、最高可贷额度为30万元，最长30年（还款年龄不得超过主申请人法定退休年龄后5年）。

七、梧州市辖区（含三县一市）内住房公积金贷款视为同城贷款。

八、外地（梧州辖区外）缴存住房公积金，在户口所在地购房的，可办理异地购房住房公积金贷款。

九、住房公积金贷款的房屋综合保险可自愿选择是否缴交。

十、二手房、自建房评估须选择具有合法评估资质且在梧州市住房公积金管理中心备案的房地产评估公司，出让土地的自建房只须评估在建工程。

上述政策如有变动，以新政策为准。

第四条　全面规范规费征缴，制定优惠规费促购房

一、对不符合政策规定的收费，一律取消。

二、对不属于强制性收费的项目，一律取消。

三、属于县级收取并全额归县级财政的行政性、事业性收费，按50%收取；属于县级收取但要按比例上缴的行政性、事业性收费，按最下限比例收取。（详见附件《蒙山县涉及房地产业各类收费项目表》）。

四、对于各类行政性、事业性收费的征缴时间，县直各单位要从缓解房地产企业资金压力的角度出发，能后置征缴的尽量后置。

五、对于服务性收费，由房地产开发公司自行委托有相应资质的服务单位实施，由其自行与开发企业协商确定收费标准，如房地产开发公司所委托的服务单位在我县备案的，县直相关单位要协调服务单位对服务性收费按优惠条件进行收费，禁止任何单位和个人借助行政审批或验收等方式搭车，人为制造市场垄断。

六、执行时间从2015年6月1日起至2016年12月31日止，以房地产企业在住建局报建的时间为准（如果在此期间中央、自治区出台新的优惠政策，则按新出台的优惠执行）。

第五条　扶贫生态移民购买商品房补贴

一、补贴对象和购房时间、地点

凡列入县扶贫生态移民对象的农户，在2015年8月1日至2015年12月31日内，在蒙山县城和各乡镇开发区购买商品房（拟购置商品房的楼盘必须手续齐全符合出售要求并通过住建部门审核），均可享受补贴，购房时间以缴纳契税时间为准。

二、补贴标准

每套建筑面积不超过140平方米的，购房户贫困对象按每人补助13000元，非贫困对象按每人补助11000元。

三、贴息贷款额度和年限

对购房需申请银行贷款的，贴息贷款额度不超过10万元，且连续贴息年限最长为3年（贷款利率不得高于同期人民银行基准利率，高于部分利息，不予贴息）。

第六条　推行公租房等保障性住房以购代建，支持棚户区改造货币化安置形式，促进存量房销售。

第七条　合理控制住房用地供应规模，优化住房用地结构。

国土部门要按照市场供求情况，合理确定商品住房用地供应规模。控制好住宅地供应规模、布局和节奏；通过完善用地手续，支持未开发房地产用地转型用于养老产业、文化产业、体育产业等新兴产业项目开发建设或用于棚户区安置房和公共租赁住房建设，促进房地产用地结构调整。

第八条　本暂行办法，适用于在我县备案的房地产企业。

附件：蒙山县涉及房地产业各类收费项目表

蒙山县涉及房地产业各类收费项目表

表 52

序号	收费类别	费用名称	收费单位	收费标准	收费依据	调整收费标准	是否后置收费
1	行政性、事业性收费	墙改基金	县墙改办	10.00 元 / 平方米	桂财综基字 0206 号	不调整	
2		农民工工资保障金（房地产企业缴交）	县建设工程交易中心	工程中标价 ×2%	桂财办法〔2000〕117 号文	不调整	否
3		工程劳动保险费（建设单位缴交）	县建安劳保站			不调整	否
4		农民工工资保障金（施工单位缴交）	县建设工程交易中心			不调整	否
5		小城镇建设配套费	县住建局	工程总造价 ×1.5%	桂价房字〔1997〕078 号 桂政发〔2001〕100 号文件	按 50% 收取	
6		防空地下室易地建设费	人防办	按报建规模	桂价费〔2003〕462 号 梧政发〔2010〕85 号	不调整	
7		噪音超标排污费	环保局	3 元 /m^2	国家计委财政部环保总部国家经贸委第 31 号令	按 50% 收取	
8		价格调节资金	物价局	3 元 /m^2	蒙政发〔2015〕42 号	0	
9		建材占道费	县住建城管大队	以实际占道面积计算	桂价涉字〔1994〕164 号 桂财综〔2007〕55 号	按 50% 收取	
10	服务性收费	建筑垃圾处理费	县住建环卫站	20 元 / 吨	桂价费〔2008〕429 号蒙政通〔2009〕6 号	按 50% 收取	
11		其他临时垃圾收费		0.5 元 /m^2		0	
12		住房转让手续费	县住建房地产交易中心	2.5 元 /m^2	桂价费字〔2002〕130 号	按 50% 收取	
13		变更权属调查	县国土局	0.8—1.6 元 /m^2	国土字第 93 号 桂价涉字〔1994〕210 号 财综〔2007〕54 号	按 50% 收取	
14		土地权属调查		0.1—0.3 元 / ㎡			
15		招标、拍卖、挂牌出让服务	县国土资源交易所	成交价 0.1—5%	桂价费字〔2009〕443 号	按 50% 收取	
16		招标、拍卖、挂牌转让服务		成交价 0.1—3%			
17		租赁、抵押、交换等鉴证交易服务		成交价 0.1—2.5%			
18		规划定桩测量	县国土土地勘测技术站	4371.1 元 / 组			
19		建筑物放线		3278.85/ 件			
20		城市电缆工程建设费	蒙山供电分公司	250/KAV	桂价格〔2008〕523 号	0	
21		新建住宅区供配电设施建设维护费		103/m^2		按新标准 90% 收取	
22		预测测绘费	县房地产测绘队	1.5 元 /m^2	财综〔2001〕94 号 国测财字〔2003〕3 号	按 60% 收取	
23		实测测绘费		1.5 元 /m^2		按 60% 收取	
24		放桩费	县规划技术服务中心	500 元 / 个	桂价房字〔1999〕050 号 桂价房字〔2000〕120 号 蒙价字〔2001〕04 号	按 60% 收取	
25		规划服务费		0.80 元 /m^2		按 60% 收取	
26		白蚁防治费	白蚁防治中心	2.40 元 /m^2	桂价费字〔2009〕437 号	按 60% 收取	
27		防雷技术评价	蒙山县气象服务与防雷中心	0.15/m^2	桂价费〔2008〕424 号 梧价费字〔2009〕1 号	按 60% 收取	
28		雷电灾害调查鉴定		双方协商			
29		防雷装置竣工验收		1.05 元 /m^2（均价）		按 60% 收取	
30		防雷装置定期安全检测				按 60% 收取	

推行我县政府部门权力清单制度实施意见

（2015年11月13日印发）

蒙山县人民政府

为贯彻落实党的十八届四中全会关于推行各级政府及其工作部门权力清单制度的精神，进一步转变政府职能，建设现代服务型政府，根据《中共广西壮族自治区委员会广西壮族自治区人民政府关于印发政府职能转变和机构改革三个文件的通知》（桂发〔2014〕5号）和《广西壮族自治区人民政府关于推行各级政府部门权力清单制度的意见》（桂政发〔2014〕78号）要求，为做好我县推行政府部门权力清单制度工作，提出如下实施意见：

一、目标要求

以党的十八大和十八届三中、四中全会精神为指导，实现使市场在资源配置中起决定性作用，深化经济体制改革和加快政府职能转变，深化行政体制改革的目标要求，推行蒙山县政府部门权力清单制度，全面清理政府部门行政权力，科学配置行政权力，明确政府部门责任，将行政权力事项、行政责任事项以清单形式向社会公布，接受社会监督。通过推行权力清单制度，进一步规范政府部门的职责权限，加快形成科学有效的权力运行制约监督和协调机制，全面推进依法行政，激发社会市场发展活力，为加快实现富民强蒙新跨越提供动力和保障。

二、清理范围对象

（一）清理范围主体。纳入此次清理范围的行政权力实施主体和责任主体包括：蒙山县人民政府工作部门；列入党委机构序列但依法承担行政职能的部门（机构）；依法承担行政职能的事业单位和其他组织（详见附件）。中央直属和自治区直属单位推行权力清单制度工作由上级政府统筹安排。

（二）纳入清单的行政权力事项。此次清理的行政权力事项，是指由法定行政机关或组织行使的，对公民、法人和其他组织的权利义务产生直接影响的具体行政行为，包括行政审批、行政处罚、行政强制、行政征收、行政给付、行政检查、行政确认、行政奖励、行政裁决和其他行政权力等10类。不纳入权力清单的事项包括：制定政策法规、发布行政决定和命令等抽象行政行为，政府层级之间、部门之间的行政行为以及部门内部管理职权等。

三、主要工作任务

全县推行权力清单制度工作，在县委、县政府领导下，按照“职权法定、简政放权、权责一致、公开透明、便民高效”的原则，统一标准、分级负责、同步推进。主要任务是：

（一）全面梳理现有行政权力事项。各部门（单位）按照“谁行使、谁清理”的原则，对现有行政权力事项分门别类进行全面梳理，做到不漏条项、不留死角，全面摸清底数，逐条逐项列出权力名称、实施依据、实施主体及其所属层级等内容，形成各部门（单位）现有行政权力事项目录。

（二）依法清理规范行政权力事项。按照转变政府职能、简政放权的要求，最大限度地减少政府对微观事务的管理。各部门（单位）先行自查自清，清理工作必须坚持职权法定原则，严格将法律、行政法规、国务院决定、地方性法规、自治区人民政府规章作为行政权力行使的依据，并结合工作实际，对梳理出的现有行政权力事项逐条逐项提出清理意见。清理意见按取消、下放、转移、整合、暂不执行、保留等6种情形划分。各部门（单位）在自查自清的基础上，形成行政权力事项清理自查报告。

1. 对没有法定依据的行政权力事项一律取消。重点是清理减少投资项目审批、生产经营活动审批、资质资格许可和认定、评比达标表彰、评估、不合法不合理的行政事业性收费和政府性基金项目等，全面清理取消非行政许可审批事项。

2. 对行政机关部门承担的与行政许可有关的鉴定、认证、评估等，以及一般信息、一般统计、科研、培训、考试等辅助性、技术性、服务性事务，各相关单位提出转移意见，原则上转移给事业单位、行业协会或社会中介组织承担。对行规行约制定、行业技术标准制定、行业统计分析、信息预警、行业科技成果评审推广、行业纠纷调解等行业管理事项，原则上转移给行业组织承担。对公民、法人和其他组织水平能力评价、认定，以及相关从业、执业资格、资质类管理事项，原则上交由社会组织自律管理。

3. 对工作中存在多部门职权交叉、管理分散的，或者工作内容相同或相似，具有前后环节反复核准、审查、确认等情况的行政权力事项，相关部门（单位）要提出整合意见，按照简化环节、优化流程、提高效率的原则尽量予以整合办理，按照法定依据规定暂时无法整合为一个部门办理的，要分清主办、协办关系，并按一门受理，多门同步并联办理的流程进行。

4. 对虽有法定依据，但不符合全面深化改革要求和我县经济社会发展需要的，一时难以通过修改相关依据予以取消或调整的行政权力事项，以及没有管理对象、多年不发生管理行为的行政权力事项，可以按暂不执行的意见处理。对需要国家、自治区、市层面调整的行政权力事项，提出调整建议。

5. 对以上 4 种情形之外的行政权力事项，各部门（单位）提出保留意见，依法依规审好管好。

（三）依法集中审核确认。各部门（单位）将行政权力事项目录和清理自查报告上报，由县推行政府部门权力清单制度工作领导小组办公室组织人员集中审核各部门（单位）报送的目录和报告，并充分听取各方面的意见，然后将审核论证通过的意见在各部门（单位）门户网站等平台按规定程序进行公示，广泛征求社会公众意见。最终形成我县权力清单和行政权力事项清理报告审议稿，报县政府常务会议或县长办公会依照规定程序确认。

（四）优化行政权力事项运行流程。依照规范行政权力运行和便民高效的工作要求，各部门（单位）在清理行政权力事项的基础上，对保留的行政权力事项制作行政权力事项运行流程图，优化运行程序，简化办事环节，规范行政裁量权，规范和优化行政审批前置环节，提高行政效能，减轻行政相对人负担。有法定程序的，按照法定要求细化流程；没有法定程序的，按照便民原则设置流程。对同类行政权力事项且运行流程基本相同的，可制作通用流程图；有关键性差异的，单独制作流程图。按照有关规定程序，将运行流程图在县政府门户网站、各部门（单位）门户网站及时更新和公开。

（五）依法依规编制部门责任清单。各部门（单位）要按照权责一致的原则和“法定职责必须为”的要求，梳理部门职责、与相关部门的职责边界、公共服务事项、事中事后监管制度等四方面的内容，编制本部门（单位）责任清单。

1. 根据法律法规规章和部门（单位）“三定”规定，对部门（单位）职责进行认真梳理，分清发展规划、政策法规、专项业务和其他事项等类别，明确并逐条列出具体责任事项。

2. 重点理顺部门之间的职责交叉重叠，对涉及多个部门共同管理的职责，要依据现有规定明确相关部门的职责分工和牵头部门，建立健全部门间的协调配合机制，分清主办、协办关系，建立首问负责制，落实监管责任。

3. 按照强化公共服务的要求，梳理本部门以促进社会发展为目的、直接为行政相对人行使各项权利创造和提供必要条件所开展的具体服务事项，列明服务事项名称、服务内容、承办机构、负责人及联系电话，方便群众办事。

4. 按照简政放权，改善和加强政府管理的要求，完善事中事后监管制度，按本部门（单位）承担的监管责任逐条制定事中事后监管方案，列明监管对象、监管内容、监管方式、监管措施、监管程序、监管处理办法等。

责任清单按规定程序报送县推行政府部门权力清单制度工作领导小组办公室审核后，报县政府审定并对外公布。另外，根据国务院、自治区工作部署，投资领域也要积极探索推行“负面清单”管理模式，适时开展相关工作。

（六）依法公开权力清单和责任清单。经过审核确认的部门（单位）权力清单和责任清单，除依法依规需要保密的事项外，都要在县政府门户网站、各部门（单位）门户网站、县政务电子大厅网站等平台设定固定板块予以公开，完整、准确地向社会公开每一项行政权力事项和责任事项的基本信息，包括权力清单、责任清单和行政权力事项运行流程图。明确行政权力事项的项目编码、项目名称、子项、权力类别、实施依据、实施对象、承办机构和岗位、办理期限、办理流程、服务方式、是否收费、相对人权利、监督投诉途径等；列出责任事项的主要职责、与相关部门的职责边界、公共服务事项、事中事后监管制度等。主动接受社会公众监督。

政府要将财政专项资金管理清单一并列入公开范围，每年将各部门（单位）的部门预算专项、转移支付专项资金清单向社会公开。

（七）建立健全权责运行制约监督机制。

1. 建立权力清单和责任清单动态调整机制。我县政府部门权力清单和责任清单建立后，清单之外的行政权力事项一律不得实施运行，不得以设置具有审批性质的前置性条件或其他形式变相保留或实施。当年因法律法规设立、修改或者接收上级下放而需要新增、取消、调整的行政权力事项以及需要调整、完善的行政责任事项实行“准入制”，相关部门（单位）需报县推行政府部门权力清单制度工作领导小组办公室审核，报县政府确认调整后公布。

2. 整合现有电子政务网络资源，建设行政权力事项运行平台，列入权力清单的事项全部在平台上运行，大力推进网上办事，降低行政成本，提高行政效率。各相关部门（单位）与平台建立接口，依托平台固化行政权力行使程序，根据上网运行的需要优化内部流程，打造优质高效的行政权力信息平台。

3. 进一步完善办事公开、办事承诺、绩效考核、行政监察、责任追究等制度，坚持用制度管权管事管人。建立多渠道社会公众投诉途径，开展企业民众评议，强化对权力运行和职责履行的制约和监督。

四、实施步骤

（一）第一阶段：调查研究和前期准备阶段（2015年6月15日至8月31日）

1. 各部门（单位）做好推行权力清单制度的前期准备工作，尽快落实主管领导、负责股室、直接责任人员和联络员，在2015年8月15日前将名单报送县编办。

2. 各部门（单位）在完成当年行政审批制度改革工作任务的基础上，提出我县推行政府部门权力清单制度工作意见建议，在2015年8月31日前报县编办归纳汇总。

（二）第二阶段：梳理清权和编制清单阶段（2015年9月1日至11月30日）

1. 各部门（单位）按要求梳理本部门（单位）权力事项，提出清理意见，填写行政权力事项清理汇总表和清理自查报告（格式见附件2），于2015年11月30日前将部门（单位）主要负责人签字、加盖公章的行政权力事项清理汇总表和清理自查报告，连同电子版一并报送县推行政府部门权力清单制度工作领导小组办公室（设在县编办）。各部门（单位）直属行政机构、派出机构和事业单位承担的行政权力事项由主管部门统一汇总报送。无行政权力事项的部门（单位）实行零报告。

2. 各部门（单位）在清理行政权力事项的基础上，认真研究编制本部门（单位）责任清单，填写责任事项登记表（详见附件3），并分类编制本部门（单位）事中事后监管制度（参考格式见附件4），于2015年11月30日前报县推行政府部门权力清单制度工作领导小组办公室。

（三）第三阶段：集中审核阶段（2015年12月1日至2016年2月29日）

紧跟自治区、梧州市工作步伐，自治区、梧州市公布一批，我县立即审核一批，县推行政府部门权力清单制度工作领导小组办公室牵头组织对行政权力事项和责任事项进行审核，注重与各部门（单位）沟通，充分征求相关方面意见，于2016年1月15日前提出调整意见第一次反馈各部门（单位）；2016年1月31日前各部门（单位）完成二次报送，领导小组办公室二次反馈；2016年2月15日前各部门（单位）完成三次报送，领导小组办公室提出最终审核意见；最终审核结果按规定程序通过各部门（单位）门户网站公示后，于2016年2月29日前报县政府审定。

（四）第四阶段：公布运行阶段（2016年3月1日至3月31日）

各部门（单位）权力清单和责任清单按程序报县政府审定后，正式对外公布。有关部门（单位）按照权力清单所列权力事项，编制行政权力运行流程图，并逐步将清单内的行政权力事项纳入行政权力运行平台管理。

（五）第五阶段：检查完善阶段（2016年4月1日至12月31日）

各部门（单位）权力清单和责任清单正式公布后，县推行政府部门权力清单制度工作领导小组办公室随时跟踪了解各部门（单位）权力清单制度运行情况，发现问题及时协调相关部门（单位）解决；对遗漏事项，要及时按规定程序调整补充列入清单。制定完善权力运行制约监督和推进部门充分履职制度，确保2016年底前建成相对完善、高效的权力清单制度体系。

五、工作要求

（一）加强组织领导。县政府是推行权力清单制度的责任主体。各部门（单位）要高度重视，主要领导作为第一责任人要亲自抓、负总责，要切实提高认识，认真部署，精心组织，确保按照规定的时间节点完成各项工作任务。我县成立由县长担任组长，县委、县政府分管领导为副组长，县人民政府办公室、编办、发改局、财政局、人力资源和社会保障局、法制办主要负责人为成员的我县推行政府部门权力清单制度工作领导小组。领导小组办公室设在县编办，具体负责相关工作的组织实施。领导小组各成员单位的具体责任分工，由领导小组另行行文明确。

（二）健全机制，形成合力。县推行政府部门权力清单制度工作领导小组各成员单位要加强沟通配合，建立健全工作协作机制。县编办牵头负责总体组织、协调、指导，负责权力清单和责任清单的总体审核工作。县发改局负责推行负面清单制度的相关工作。县财政局负责推行财政专项资金管理清单制度，清理行政事业性收费和政府性基金项目相关工作。县政府办负责牵头组织优化权力运行流程、编制行政权力运行流程图，推进权力清单和责任清单网上公示公开和纳入平台运行等工作。县法制办负责权力清单所涉事项的合法性审查，收集行政权力事项调整涉及法律法规规章修改的调整意见建议，及时向上级报送反映。其他有关部门（单位）按照各自的任务分工协调配合，共同推进。

（三）统一标准，依法清理。按照全面部署、分步推进、依法实施的要求，抓好组织落实。各部门（单位）要严格按照本实施意见设定的时间节点，按时优质完成各阶段工作任务，不得拖延敷衍，紧跟自治区、梧州市工作步伐，做到自治区、梧州市公布一批，我县审核一批，分批分步进行，提高工作效率。要严格对照法定实施依据，认真开展清理规范，确保每一项行政权力事项和责任事项全面、真实、合法、有效，不得擅自增加、扩大或放弃、隐瞒所行使的行政权力事项和所应承担的责任事项。涉密事项按有关规定处理。各部门（单位）要加强上下沟通对接，做到相同的行政权力事项，保持自治区、市、县（市、区）三级部门（单位）在名称、办理时限、收费标准、自由裁量基准等方面的统一标准。

（四）强调纪律，落实责任。各部门（单位）相关负责人员要强调工作纪律，所有申报和反馈材料在未经规定公开程序之前，不得擅自对外公开。因工作需要经领导小组抽调的人员在抽调期间原则上不再负责所属单位其他工作，要做好工作交接和工作准备，确保按时到岗到位。

（五）广泛宣传，强化督查。通过报刊、电视、电台、新闻媒体等多种渠道宣传我县推行政府部门权力清单制度的重要意义，营造氛围、形成共识，接受社会监督。县政府将推行政府部门权力清单制度任务完成情况纳入年度绩效考评，及时跟踪了解工作进展情况，加强督促检查，严格责任追究，防止敷衍塞责、搞形式走过场，确保工作落到实处。

附件：推行政府部门权力清单制度部门（单位）名单

推行政府部门权力清单制度部门（单位）名单

一、政府部门

政府办（法制办）、发改局（物价局、粮食局）、工信局（商务局）、教育局（科技局）、公安局、监察局、民政局、司法局、财政局、人社局、国土局、环保局、住建局（人防办）、交通运输局、水利局、农业局（扶贫办、水产畜牧兽医局、林业局）、文化新闻出版广电体育局、卫生和计生局、审计局、旅游局、工商局、质监局、安监局、食监局、统计局。

二、事业单位

投资促进局、房改办、档案局、直属机关服务中心、农机中心（农机局）、事业单位登记管理局、移民局、手工业合作联社、供销社。

三、其他机构

信访局

媒体视角下的蒙山

蒙山：打响生态招牌激发乡村活力

陈贻泽　吴凌平　黄海峰　关　新

3月6日，记者走访蒙山，实地感受各具特色的乡村风貌。

昔日的吊脚楼成了木屋别墅、盘山而上的泥阶梯成了石板路、民房立面改造修旧如旧……乡村变美了，但少数民族特色依旧，这便是“水韵瑶寨”——长坪瑶族乡长坪村。

山上造蓄水林、山中造精品果园、山下开发乡村旅游，农民人均纯收入超过1.5万元，村屯道路硬化率达95%、绿化率达99%，这是水果专业村——新圩镇古定村古皮组。

“建设美丽蒙山，要积极抓好统筹规划，注重典型引领，紧扣农村特色，发掘乡土文化底蕴，形成具有蒙山特色的生态乡村建设景象。”蒙山县委书记阳永煊说。生态乡村建设活动启动以来，蒙山县突出重点，迅速行动，集中力量打好村屯绿化、饮水净化、道路硬化攻坚战，努力打响生态优良的金字招牌，激发活力建设经济兴旺、生活方便、生态优美的社会主义新农村。

宣传全覆盖群众热情高

3月2日，蒙山县新圩镇壮村白面山，分工明确的20多名瑶胞，有的将沾好定根水的树苗挑上山，有的挥锄挖坑，扶植树苗，回泥培土，压实泥土。在林业技术人员的指导下，植树现场一派火热，瑶胞们合力种下一片片新绿。

“春节期间镇干部到村里宣传生态乡村活动，我们觉得这是建设自己的美好家园，都主动加入建设中来。”瑶胞黄亚珍说。羊年春节期间，蒙山县全方位、多形式、立体化开展温暖春运“美丽广西”乡村建设活动主题宣传工作，让广大群众全面了解乡村建设的重大意义、美好前景、目标任务和重点工作，营造全社会关心、支持、参与美丽乡村建设的良好氛围。

春运期间，蒙山县在321国道、加油站等春运服务站点为返乡务工人员提供便民服务的同时，通过悬挂“共建生态乡村，共享幸福生活”等宣传标语，向返乡务工人员发放自治区党委书记彭清华、自治区主席陈武的新春祝辞以及生态乡村建设宣传资料，让他们了解、支持、参与家乡生态建设。该县加强重点场所的宣传力度，在县城及各乡镇的市场、公园、广场、车站等处，通过设置大型广告牌、横幅标语、宣传展板和橱窗，以及举办主题文艺表演等形式，提升生态乡村整体宣传效果，并组织林业等部门在县城、西河镇和汉豪乡举办大型生态乡村宣讲辅导会，以通俗易懂的语言讲解生态乡村建设的工作目标、基本要求和各阶段工作任务。蒙山各村村干部、驻村干部在春节期间召集亲戚朋友、返乡农民工召开乡村建设恳谈会、户主会等，宣传讲解上级政策，动员大家为绿化村屯、净化水源、硬化道路建言献策。目前，全县悬挂生态乡村建设宣传标语800多条，设置宣传牌210多块，发放宣传资料3万多份，发送宣传短信6万多条，举办主题文艺表演60多场次。

“多位一体”投入强基础

蒙山县坚持科学设计规划先行，认真做好村屯绿化、人饮工程、道路硬化的调查摸底、规划设计等基础工作，广泛征求群众意见和建议，夯实招投标和组织施工的基础。为保障资金投入，该县积极整合资源，通过多层次多形式全方位筹集资金，形成国家投一点、地方筹一点、社会捐一点、部门帮一点、企业助一点、群众出一点的“多位一体”资金投入模式，确保活动经费足额到位。

在村屯增绿中，该县目前共组织党员、干部、群众等开展植树绿化活动20多次，种下树苗4万多株，其中文圩镇河村村共种植桂花、玉兰、香樟等大苗475株，明显改善了河村组绿化分散、绿量较少的现状。

在饮水净化中，各乡镇分别选取一条河流、溪流、河道作重点，组织开展清淤净化水源活动。积极实施人饮工程，目前共完成投资348万元，实施7项农村饮水安全工程。

在道路硬化中，该县积极探索以施工专业队为主导、农民投工投劳，能人带头、全民参与的新机制，在充分利用一事一议、民办公助、以奖代补、扶贫开发等政策的同时，积极发挥群众的主体作用，组织发动鼓励群众投资投劳，采取支持用地、捐助石料水泥等方式参与道路建设，加快建设进度。目前已投入财政扶贫资金100多万元，实施西河镇壬山村壬山一组硬化路、陈塘镇朝垌村桥梁等一批项目。

示范引领绘就生态画卷

小青瓦、坡屋面、马头墙、吊阳台、木花格窗、青石墙裙，一排排绿树掩映着桂北民居建筑风格的小楼，一条清澈的小河从村旁蜿蜒流过……这是记者在该县西河镇安富村青子组看到的美丽景象。

青子组是一个有着60多户290人的村屯，20世纪70年代，因为建设茶山水库，长坪瑶族乡部分群众移民到此定居。如今，随着“清洁乡村”到“生态乡村”的升级，青子组也积极采取各项措施，向生态乡村迈进。组里的道路已全部硬化完成，建立了篮球场、娱乐室，配备大批体育健身器材，路上还安装了节能环保的太阳能路灯，农民也用上太阳能热水器。

“以前什么垃圾都丢到竹林、河边，现在我们村里村外都扫得干干净净，特别是村中水塘种上荷花，花期一到，更是吸引很多游人来观看。”今年83岁的村民黄定贵，深刻感受到生态乡村活动给村庄环境带来的巨大变化。安富村党支部书记林春献说:“今后打算把青子村寨、江边河流开发成旅游景点，打造生态乡村游，吸引更多游客们来享受生态乡村的惬意生活。”

与青子组所不同，新圩镇古定村古皮组则依托山地资源和市场需求，因地制宜规模发展特色水果产业，科学规划大力改造基础设施，积极推动美丽乡村建设，呈现出了“产村相融、宜居宜业”的新气象。如今，在村屯绿化中，古皮组累计投入15万元，在1.5公里道路两旁及文化活动中心附近种植桂花等绿化树木300多棵，村屯绿化率达99%以上。在饮水净化中，当地在古皮冲划定饮用水水源保护区，加强水源地保护和水质监测，铺设了覆盖全组的山泉水管道，保证群众100%使用纯净水源，实现安全饮水100%。道路硬化方面，古皮组通过开展示范点村庄道路硬化工程，目前全组村屯道路硬化率达95%以上。

在“生态乡村”建设中，蒙山县先后实施村容村貌改造、公共服务设施建设等一系列项目，打造一批生态乡村示范点，乡村面貌焕然一新。目前，该县已完成9个乡镇和150个村庄的总体规划编制，凸显乡村地域特色，保持乡土风情、民俗风韵，围绕“生态乡村”活动的总体要求，加快农村基础设施建设，实现“硬化、净化、亮化、绿化、美化”的目标。

（原载于《广西日报》2015年3月9日）

增强生态新优势　激发发展新活力

黄东荣　黄海峰　关　新

昔日的吊竹楼成了木屋别墅、盘山而上的泥阶梯成了石板路、民房立面改造修旧如旧……乡村变美了，但少数民族特色风貌依然显著。这便是“水韵瑶寨”——蒙山县长坪瑶族乡长坪村。山上造蓄水林、山中种经济果园、山下开发乡村旅游，农民人均纯收入超过15000元，村屯道路硬化率达95%、绿化率达99%。这是闻名遐迩的水果专业村——蒙山县新圩镇古定村古皮组。斜屋面、马头墙、小青瓦，绿树成荫、村道干净，节约化的土地流转成效显著，文明之风远近闻名。这就是移民安置新村——蒙山县西河镇安富村青子组。

3月8日，记者走访蒙山县长坪村、古定村、青子组，良好又各具特色的村容村貌，给记者留下深刻的印象。

生态乡村建设活动启动以来，蒙山县统筹安排，突出重点，迅速行动，集中力量打好村屯绿化、饮水净化、道路硬化攻坚战，努力唱响生态的金字招牌，激发农村发展活力，建设经济发展、环境优良、生态优美的社会主义新农村。

强化宣传，扩大宣传覆盖面提升群众参与热情

3月8日上午，在蒙山县新圩镇壮村、貌仪村白面山的劳动现场，分工明确的20多名瑶胞，有的将沾好定根水的树苗挑上山，有的挥锄挖坑，扶植树苗，回泥培土，压实泥土。在当地林业技术人员的指导下，瑶胞们合力种下一株又一株树苗，植树现场一派火热的劳动场景，新种下的树苗为白面山穿上了美丽的“绿装”。

“春节期间，镇干部到村里宣传生态乡村活动，引导大家主动参与生态乡村建设中来，共同推进生态乡村活动深化发展。”瑶胞黄亚珍说。

羊年春节期间，蒙山县全方位、多形式、立体化开展温暖春运“美丽广西”乡村建设活动主题宣传工作，让广大群众全面了解乡村建设的重大意义、美好前景、目标任务和重点工作，营造全社会关心、支持、参与美丽乡村建设的良好氛围。

据悉，春运期间，蒙山县在321国道及沿线加油站等春运服务站（点），为返乡务工人员提供便民服务同时，通过悬挂“共建生态乡村，共享幸福生活”等宣传标语、向返乡务工人员发放自治区党委书记彭清华、自治区主席陈武的新春祝辞和生态乡村建设等宣传资料，让他们了解、支持、参与家乡生态建设。同时，该县在县城及各乡镇的市场、公园、广场、车站等处，通过设置大型广告牌、横幅标语、宣传展板和橱窗，以及举办主题文艺表演等形式，加大对生态乡村活动内容的宣传力度，提升生态乡村整体宣传效果，并组织林业等部门在县城、西河镇和汉豪乡举办大型生态乡村宣讲辅导会，以通俗易懂的语言讲解生态乡村建设的工作目标、基本要求和各阶段工作任务，提高各级干部的思想认识和业务水平。

此外，各村村干部、驻村干部在春节假期召集亲戚朋友、返乡农民工召开乡村建设恳谈会、组务会、户主会等，宣传讲解上级政策，动员大家为村屯绿化、饮水净化、道路硬化建言献策。

截至目前，该县悬挂生态乡村建设宣传标语800多条、设置宣传牌210多块，发放宣传资料3万多份、宣传短信6万多条，举办主题文艺表演60多场次。

科学规划，加快基础设施建设

为加快推进生态乡村建设，蒙山县坚持科学设计规划先行，认真做好村屯绿化、人饮工程、道路硬化的调查摸底、规划设计等基础工作，广泛征求群众意见和建议，夯实招投标和组织施工的基础。

“建设美丽蒙山，就是要积极抓好统筹规划，抓住打造典型，加强示范引领，抓住农村特色，发掘乡土文化底蕴，形成具有蒙山特色的生态乡村景象。”蒙山县委书记阳永煊在接受采访时说，要进一步整合农业、交通、水利、环保等各方面的资源，采取多层次、多形式、全方位筹集资金，努力形成国家投一点、地方筹一点、社会捐一点、部门帮一点、企业助一点、群众出一点的多位一体资金投入模式，确保活动经费足额到位。

目前，在村屯绿化项目中，该县共组织党员、干部、群众等开展植树绿化活动20多次，种下树苗4100多株，其中文圩镇河村村共种植桂花、玉兰、香樟等大苗475株，明显改善了河村组绿化分散、绿量较少的现状。在饮水净化中，各乡镇分别选取一条河流、溪流、河道作重点，组织开展清淤净化水源活动，并筹措340多万元实施人饮工程，改善农村饮水条件。

为了改善边远村屯的通行条件，该县积极探索以施工专业队为主导、农民投工投劳，能人带头、全民参与的新机制，在充分利用一事一议、民办公助、以奖代补、扶贫开发等政策的同时，积极发挥群众的主体作用，组织发动鼓励群众投资投劳，采取支持用地、捐助石料、水泥等方式参与道路建设，加快建设进度。今年以来，该县已投入财政扶贫资金20.5万元，正在修建西河镇壬山村壬山一组硬化屯路、西河镇壬山村刘屋硬化屯路、陈塘镇朝垌村新建桥梁一座。

打造示范点绘就生态画卷

小青瓦、坡屋面、马头墙、吊阳台、木花格窗、青石墙裙，一排排绿树掩映着桂北民居建筑风格的小洋楼，一条清澈的小河从村旁蜿蜒流过……这是记者近日在蒙山县西河镇安富村青子屯看到的美丽景象。

青子屯是一个有着60多户、290人的村屯，20世纪70年代，因为建设茶山水库，长坪瑶族乡部分群众移民到此定居。如今，随着“清洁乡村”到“生态乡村”的升级，青子屯也积极采取各项措施，向生态乡村迈进。屯里的道路已全部硬化完成，建立了篮球场、娱乐室，配备大批体育健身器材，路上还安装了节能环保的太阳能路灯，农民也用上太阳能热水器。

今年83岁的村民黄定贵，深刻感受到生态乡村活动给村庄环境带来的巨大变化，“以前什么东西全部丢竹林、河边，现在我们村里里外外都扫得干干净净，特别是村中水塘里种上荷花，花期一到，更是吸引很多游人来观看”。“今后打算把青子村寨、江边河流开发成旅游景点，打造生态乡村游，吸引更多游客们来享受生态乡村的惬意生活。”安富村党支部书记林春献说。

与青子屯有所不同，蒙山县新圩镇古定村古皮组则依托山地资源和市场需求，因地制宜规模发展特色水果产业，科学规划大力改造基础设施，积极推动美丽乡村建设，呈现出了“产村相融、宜居宜业”的新气象。如今，在村屯绿化中，古皮组累计投入15万元，在1.5公里道路两旁及文化活动中心附近种植桂花等绿化树木300多棵，村屯绿化率达到99%以上。在饮水净化中，当地在古皮冲划定饮用水水源保护区，加强水源地保护和水质监测，铺设了覆盖全组的山泉水管道，保证群众能100%使用纯净水源，实现安全饮水100%。道路硬化方面，古皮组通过开展示范点村庄道路硬化工程，目前全组村屯道路硬化率达95%以上。

在“生态乡村”建设中，蒙山县先后实施村容村貌改造、公共服务设施建设等一系列项目，打造一批生态乡村示范点，乡村面貌焕然一新。目前，该县已完成了9个乡镇和150个村庄的总体规划编制，凸显乡村地域特色，保持乡土风情、民俗风韵，围绕“生态乡村”活动的总体要求，加快农村基础设施建设，实现“硬化、净化、亮化、绿化、美化”的目标。

古定村古皮组：生态宜居新村

近年来，古皮组以发展原生态型经济为基础，全力打造环境优美、生态和谐、经济发展的宜居新村。

古定村古皮组是梧州市社会主义新农村示范点，现有居民60户340人，以种植水果为主。近两年来，古皮组投入120万元完成了古皮一、二组40户房屋的风貌改造，建成了古皮组公共服务中心包括篮球场、戏台、农家书屋、卫生室等，极大的改善了群众的生活环境，逐步开展生态乡村“三化”建设，打造生态强村。目前，全组村屯道路硬化率达95%以上、村屯绿化率达到99%以上、100%群众使用纯生态水源，实现安全饮水100%。该组党支部以“一个支部就是一座堡垒，一名党员就是一面旗帜”为目标，建立规模种植的“红旗示范带”，积极引导群众发展现代农业，构筑绿色立体循环的种养模式：在山上造蓄水林，建成蓄水林园；在山中种果，建成精品果园；与发展乡村旅游开发结合，建成花园式新农村。

该村开展“产业红旗示范带建设工程”，落实一批党员带头开拓市场、联系企业或建立“红旗产业合作社”，实现“种植—加工—运输—销售”的一体化，形成“产供销”一条龙服务。目前，全组水果面积超过6000亩，其中柿子年总产量2万多吨，全组人均年纯收入15000元，成为远近闻名的柿子专业村。

安富村青子组：经济发展生态良好

近年来，蒙山县西河镇安富村青子组着力于

生态文明建设，以新农村建设为契机，打造市级生态文明示范村，把构建和谐村屯作为建设社会主义新农村主旋律，以“清洁环境、美化乡村、培育新风、造福群众”为目标，奏响了一曲和谐乐章。

水稻、砂糖橘，种桑养蚕，养殖竹鼠、豪猪……仅有20多户的移民安置小组安富村青子组，却有着独具特色的是特色经济支柱。目前，全组禾花鱼养殖面积40余亩，年存栏竹鼠2500对，豪猪400对；砂糖橘种植400亩，为农民提供就业，带动附近周边农户增收，起到优化调整农业产业结构，开拓农业产品市场，使农业产业从单纯粮食生产转移效益型农业经济上，使群众走上致富道路。

2012年以来，青子组通过发放宣传资料，制作宣传栏，召开户主大会，“小手牵大手”等活动，提高村民的清洁卫生意识，使“青子是我家，建设靠大家”理念深入人心。同时，推行民主管理，完善村民自治制度，组建“清洁乡村”村民卫生监督理事会，制订完善清洁卫生标准、环境卫生公约、户前三包责任制、垃圾分类等文明村规民约，推动小组的清洁、保洁工作常态化开展。同时，筹措200多万元，实施全组房屋外墙风貌改造工程和屯道硬化工程，屯组路与安富环村路相连，硬化道路直通每家每户，道路硬化率100%，有效促进村容整洁、设施完善、民房亮丽、环境优美。

（原载于《梧州日报》2015年3月10日第三版）

把绿水青山化为竞争力

——蒙山生态乡村与旅游特色名县建设良性互动纪实

陈贻泽　吴凌平　黄海峰　戴连升

每逢周末，一群群来自梧州和大桂林旅游圈的游客，携老带小，驱车到蒙山乡村“串门”，观民俗、赏花海、摘鲜果，体验生态农业、乡村旅游和绿色经济的乐趣。

“青山环抱、绿水长流，优美生态就是我们的竞争力！”蒙山县委书记阳永煊说，在“生态立县、特色兴县”的实践中，作为国家级美丽乡村建设标准化试点县，蒙山力促生态乡村与旅游特色名县建设良性互动，遍地开花的生态乡村、星火燎原的乡村旅游，以及融合的绿色产业，正转化为区域发展的动力。

生态种养“热”起来

深秋的蒙山县新圩镇古定村，红红的柿子挂满枝头，满山花果飘香。今年国庆假期，村里迎来3000多名客人前来摘果游玩。

古定村种植柿子5000多亩，是远近闻名的柿子专业村。曾祥日是土生土长的古定村人，大学毕业后，他先到广东“闯荡”两年。看到家乡的生态资源发挥还有空间，他回乡创业的念头越来越强烈。

“种植户年年增产不增收，主要是没有进行深加工。”2013年，他回乡创业——建设柿子加工厂，当年就建成投产，每批次可生产柿饼成品4吨。“今年产值将超200万元。”曾祥日说。

农产品竞争力的背后，是种植户对生产标准化、高质量的追求，农产品越让人放心，越能卖出高价。当地群众深谙此道，并在“放心”上下足功夫。如今，古定村的柿子都按无公害标准栽培，获得有机种植基地认证，实现“生态种植—原味加工—运输销售”一条龙，今年该村柿子总产量两万多吨，人均纯收入1.5万元。

最近，尝到甜头的曾祥日试水“互联网+农

业众筹”模式养殖土鸡。“仅两天时间首批100只土鸡早被定购一空。”接到订单后，曾祥日安排农户养殖，并且免费提供柿饼皮以及红薯皮给农户作为土鸡的食物，确保土鸡养殖的原生态。

“建设生态乡村，产业是根基、富民是核心，农村产业可持续发展，才能推动‘生态乡村’活动深入开展。”县长宋彤宇说，蒙山引导群众发展生态农业，构筑绿色立体循环的种养模式：在山上造蓄水林，建成蓄水林园；在山中种果，建成精品果园；与发展乡村旅游开发结合，建成花园式新农村。

县财政每年安排资金对生态种养进行扶持奖励，全县有桑蚕、水果等生态种养村65个，13家企业获QS质量认证，全县砂糖橘、无核黄皮、百香果、火龙果、红心蜜柚、葡萄等水果种植面积达10万亩，水果总产值1.9亿元。

生态种养让村屯富裕起来，村民们积极美化家园，带动乡村旅游发展。古定村建成农村生活垃圾综合处理中心和大型沼气池，群众自觉把烂瓜果放入沼气池，转化成沼气和生态肥。目前，该县沼气池、太阳能等清洁能源覆盖率达80%以上。

乡村休闲“活”起来

10月16日，记者从蒙山县城驱车出发，走到321国道蒙山镇北楼村路段，被一片花海迷住了。

公路右边是向日葵，从路边一直铺到远处的山脚下。公路左边全是格桑花。

种花造景，生态富民。走进村民黄展理的小卖部，一排土特产货柜让人眼前一亮：蜂蜜、柿饼……农家最普通的物品成了游客眼中的稀罕货。“游客如碰上村里杀土猪，也会买上一点，甚至连桑果酒也要。”黄展理说。

绿水青山，让乡村休闲旅游成为蒙山的朝阳产业。

长坪村是梧州最有特色的瑶族村落，70多户民居依山而建。青石板步道、瑶乡风雨桥、民俗广场，辅之叠石嶙峋的河岸及岸边摇曳的翠柳、瑶乡土楼……一个别具特色的“水韵瑶寨”。

现在，“水韵瑶寨”正朝着五星级乡村旅游区目标迈进。黄善兰利用自家的房屋开了个瑶家饭馆，独特的瑶家菜肴让生意红红火火。

群众纷纷参与分享“生态红利”。涌现出夏宜瑶族乡“醉美瑶乡”四星级乡村旅游区等一批特色旅游区和天鹅湖家园等一批乡村旅游金牌农家乐，还有村民搞起了农产品加工、工艺品制作，形成家庭农场融合乡村旅游发展的新态势。

该县与桂林携手共同开辟“微旅游”新市场。今年前三季度，该县旅游人数超100万人次，旅游总收入15亿元，乡村旅游占旅游业权重达到62%，以旅游业为支柱的第三产业实现产值13.9亿元，同比增长17.3%。

特色城镇“靓”起来

生态乡村建设不但造就越来越多的“绿、富、美”，更为蒙山建设广西特色旅游名县增添新动力，倒逼城镇转型。

农村垃圾处理，是生态乡村建设首要解决的问题。该县在8条主干线、5条支线上定点设置垃圾桶，向社会购买服务，每天派出清运车辆进行作业，清运量占全县生活垃圾产生量的80%以上，实现90%的农村生活垃圾统一清运、统一无害化处理，是我区第一个实现“县域农村垃圾机械化清运”的县。同时，建设实时监控平台，进行全程监管。

县城不大，却有太平天国、西炮台等5座各具特色的公园，成为蒙山城镇化建设中看得见和品得出的“乡愁”。

湄江像一条玉带，刚流出大山，就进入县城。河上自然有桥，到了蒙山，不可不去长寿桥。那可是一座文化艺术长廊，需要放慢脚步细细欣赏。10月16日晚，记者走上桥头，看到高悬的一块匾额上书“长寿桥”。牌匾下的红柱上，刻有梁羽生撰写的对联：“长剑高歌湄水长虹辉剑气，寿星微笑蒙山寿域应星文。”

长寿桥最早建于明朝。重修长寿桥是蒙山把整个县城按国家AAAA级旅游景区标准建设的一项内容。该县以生态乡村建设倒逼城市转型，充分挖掘丰富的人文和历史资源，将发展生态旅游与建设特色城镇融合起来，加快创建广西特色旅游名县。目前永安古城旅游综合体正按照国家AAAA级旅游景区标准，打造集观光、游乐、休闲、居住等功能于一体的旅游项目。其中，旅游商业步行街借鉴宋城建筑商业古街的建筑风格；滨江公园以湄江为载体打造贯穿县城的绿化带；永安古城文化景区以太平天国封王建制地文物遗址为中心，建设遗址区、博物馆和纪念园区。

记者在湄江沿岸综合整治工程现场看到，蒙山重写“山、水、城、人”关系的新篇章已经揭开，百姓在江岸漫步，观景、觅诗、赏画，怡然自得。

蒙山，一个“望得见山、看得见水、记得住乡愁”的生态乡村典范，一个“水清岸绿、天蓝气净、城水相融、人水相亲”的宜居小城，在向我们召唤！

（原载于《广西日报》2015年10月27日一版）

责任编辑　黄胜林